宍戸常寿・曽我部真裕・山本龍彦 編著

憲法学のゆくえ

諸法との対話で切り拓く新たな地平

Constitutional Law

はしがき

　本書は、2014年から2016年まであしかけ2年間にわたり、月刊誌「法律時報」に24回連載された「座談会　憲法学のゆくえ」を収録したものである。座談会は毎回、憲法学に関心の深い隣接分野の研究者を招いて、計8回行われた。その概要は次のとおりである（ゲストスピーカーの肩書きは、雑誌掲載時のもの）。

第1回　「憲法と刑事法の交錯」（2014年1月20日収録）
　　　　ゲスト：亀井源太郎（慶應義塾大学教授）
　　　　（法律時報86巻4～6号掲載）
第2回　「憲法学と司法政治学の対話」（2014年4月18日収録）
　　　　ゲスト：見平　典（京都大学准教授）
　　　　（法律時報86巻8～10号掲載）
第3回　「憲法学における財政・租税の位置？」（2014年7月22日収録）
　　　　ゲスト：藤谷武史（東京大学准教授）
　　　　（法律時報86巻11～13号掲載）
第4回　「憲法上の財産権保障と民法」（2014年10月26日収録）
　　　　ゲスト：水津太郎（慶應義塾大学准教授）
　　　　（法律時報87巻1～3号掲載）
第5回　「アーキテクチャによる規制と立憲主義の課題」（2015年2月1日収録）
　　　　ゲスト：松尾　陽（近畿大学准教授）
　　　　（法律時報87巻4、5、7号掲載）
第6回　「憲法学と国際法学との対話に向けて」（2015年4月26日収録）
　　　　ゲスト：森　肇志（東京大学教授）
　　　　（法律時報87巻8～10号掲載）
第7回　「憲法と社会保障法」（2015年7月25日収録）
　　　　ゲスト：笠木映里（ボルドー大学・CNRS一級研究員）
　　　　（法律時報87巻11～13号掲載）
第8回　「行政学から見た日本国憲法と憲法学」（2015年10月29日収録）
　　　　ゲスト：伊藤正次（首都大学東京教授）
　　　　（法律時報88巻1～3号掲載）

いずれの回も、まずゲストスピーカーから基調報告を頂き、これに私たちの1人が応答した上で、全員による討論を行う、という順番で進行した。これに対して本書では、雑誌連載時と同じく、憲法側の応答を「イントロダクション」として冒頭に置き、次に基調報告、そして座談会の記録という順番で掲載している。これは、本書をひもとく読者の多くが憲法学に一定の理解があるものと想定して、私たちがなぜその分野との対話を必要と考え、このゲストスピーカーを適任と考えたのか等の各回の趣旨を、あらかじめ示した方が良いのではないかと感じたからである。読者自身の関心に応じて、基調報告から取り組む、座談会の記録に目を通してから基調報告やイントロダクションを精読する等、本書を自由に楽しんでいただければ幸いである。

　座談会で取り上げた論点は、理論的な問題から現下の切迫した争点に至るまで、多種多様である。憲法学が関心を寄せるべき課題の広がり、隣接分野における研究の動向・内容について、各分野を牽引する同世代の研究者から私たちが教えられることは実に多かった。それと同時に、憲法学と隣接分野における問題関心やアプローチの異同が、思いがけない形で露わになったことも、この座談会の特徴として言及しておきたい。

　この間の憲法学では、法解釈論の側面については判例を素材に一定の共通了解が形成してきた。とはいえ、対象である憲法の性質からして、隣接分野の知見に開かれていることもまた、憲法学の特徴である。大学や研究会等の様々な場面で、隣接分野の研究者と議論し、刺激を受けて、その問いかけを咀嚼したり応答したりしようと努める、そうした先達の苦闘があって、学問としての憲法学の現在があることを、改めて痛感している。この座談会がそうした営為の一頁として数えられることを私たちは誇りに思うし、本書が憲法学の新しいゆくえにとって一里塚となること、さらには憲法と憲法学に対して抱かれがちな固定観念を刷新することも、願っている。

　座談会を重ねる間に、憲法と憲法学を取り巻く環境は、激動に見舞われた。2014年の集団的自衛権に関する政府見解の変更、2015年の安全保障関連法制の成立と「立憲主義」への関心の高まりはもちろんのこと、日本の財政・社会保障はさらに厳しい局面を迎えており、少子高齢化、グローバル化、情報化等の社会の変化も加速する一方のように感じられる。司法が注目すべき

憲法判断を積み重ねていることを含め、こうした時代の雰囲気は、座談会での発言にも自ずと現れている。本書の編集に当たっては、収録後の事情の変化を取り込むということも考えたが、むしろ座談会の活き活きとした議論の様子をそのまま記録として一冊に残す方が良いと判断して、ゲストの方々にもご了解をいただいたところである。

　私たちの座談会にお出でいただき、憲法学に理解を示し、しかし時には厳しく切り込んで、白熱した議論を展開してくださった（そしてその後の懇親の場にも参加してくださった）8人のゲストスピーカーに、この場を借りて改めて御礼を申し上げたい。最後に、法律時報編集部の上村真勝編集長と大東美妃氏には、座談会の企画から雑誌への掲載、本書の出版に至るまで、行き届いた支援と協力をいただいたことについて、心より感謝したい。

　2016年7月

宍戸常寿　曽我部真裕　山本龍彦

目　次

はしがき　i

1-1　イントロダクション ………………………………………1
山本龍彦
1　刑訴法学×憲法学
2　刑法学×憲法学

1-2　[基調報告] 憲法と刑事法の交錯 ……………………………8
亀井源太郎
Ⅰ　はじめに　8
Ⅱ　憲法と刑事手続　8
1　憲法と捜査法
2　制度の合憲性
3　憲法を直接の根拠とした判断
Ⅲ　憲法と刑法　15
1　名誉毀損罪と真実性の証明
2　立川自衛隊宿舎立入り事件
3　堀越事件・世田谷事件
Ⅳ　まとめにかえて　21

1-3　[座談会] 憲法と刑事法の交錯 ………………………………24
亀井源太郎　宍戸常寿　曽我部真裕　山本龍彦
Ⅰ　はじめに——問題提起　24
1　刑事法学からの問題提起
2　憲法と刑事手続
3　憲法と刑法
Ⅱ　憲法学からの問題提起　26
1　刑事訴訟法学との交錯
2　刑法との交錯
Ⅲ　憲法と刑事手続　31

　　　　　1　憲法と捜査法
　　　　　2　刑事手続の制度と憲法
　　　Ⅳ　憲法と刑法　42
　　　　　1　堀越事件・世田谷事件
　　　　　2　立川自衛隊宿舎事件
　　　　　3　名誉毀損と真実性の証明
　　　Ⅴ　対話を振り返って　60

2-1　イントロダクション……………………………………63
　　　曽我部真裕
　　　　　1　はじめに
　　　　　2　司法制度改革・最高裁活性化の評価
　　　　　3　裁判官の民主的正統性と違憲審査制の活性化
　　　　　4　動態的憲法秩序形成観について

2-2　[基調報告] 憲法学と司法政治学の対話………………76
　　　　　　　　──違憲審査制と憲法秩序の形成のあり方をめぐって──
　　　見平　典
　　　Ⅰ　司法政治学　76
　　　　　1　司法政治学とはいかなる学問分野か
　　　　　2　憲法学と司法政治学の関係
　　　Ⅱ　違憲審査制の活性化　77
　　　　　1　違憲審査制の機能条件
　　　　　2　日米における違憲審査制運用の相違の背景
　　　　　3　違憲審査制の活性化の方策
　　　　　4　司法の専門性と開放性
　　　Ⅲ　違憲審査制と民主主義　92

2-3　[座談会] 憲法学と司法政治学の対話…………………96
　　　見平　典　宍戸常寿　曽我部真裕　山本龍彦
　　　Ⅰ　はじめに──問題提起　96
　　　　　1　司法政治学とは何か
　　　　　2　違憲審査制の機能条件
　　　Ⅱ　違憲審査制の機能条件をめぐる憲法学からの問い　100

　　　　　1　憲法学からの問題整理
　　　　　2　最高裁は「覚醒期」にあるか
　　　　　3　違憲審査制を機能させる三つの条件
　　　Ⅲ　司法審査と民主主義――「民主主義」のイメージ　112
　　　　　1　民主的正統性の位置
　　　　　2　「民主主義」の意味を考える
　　　　　3　アメリカの現状認識
　　　Ⅳ　司法政治学と憲法学の関係性　124
　　　　　1　リアリズム法学と司法政治学
　　　　　2　規範的資源と裁判所の機能
　　　　　3　座談会のまとめ

3-1　イントロダクション ……………………………………133
　　　宍戸常寿
　　　　　1　はじめに
　　　　　2　憲法学と財政・租税の関係について
　　　　　3　財政と憲法
　　　　　4　租税と憲法

3-2　[基調報告] 憲法学における財政・租税の位置？ ………142
　　　藤谷武史
　　　Ⅰ　はじめに　142
　　　Ⅱ　統治と財政　145
　　　　　1　日本国憲法下の「財政」
　　　　　2　統治と財政―現代的再検討の必要
　　　　　3　財政活動を巡る実体法的規範の構想
　　　Ⅲ　憲法秩序における租税　149
　　　　　1　租税立法と違憲審査基準
　　　　　2　日本国憲法における「租税」と憲法84条
　　　　　3　租税行政と個人の把握

3-3　[座談会] 憲法学における財政・租税の位置？ ……………158
　　　藤谷武史　宍戸常寿　曽我部真裕　山本龍彦
　　　Ⅰ　はじめに――財政法・租税法からの問題提起　158

　　　　1　財政学と憲法学
　　　　2　租税法と憲法学
　　Ⅱ　憲法学からの受け止め　162
　　　　1　憲法学と租税・財政の関係
　　　　2　憲法学からみる財政法
　　　　3　憲法学からみる租税法
　　Ⅲ　憲法学における財政・租税の扱い方　164
　　Ⅳ　財政法と憲法学　170
　　Ⅴ　租税法と憲法学　179
　　Ⅵ　マイナンバー、シチズンシップ　186
　　Ⅶ　税務行政における私人の利用・把握　194
　　Ⅷ　座談会のまとめ　198

4-1　イントロダクション……………………………………………201
山本龍彦
　　1　憲法上の財産権保障論の「隙間」
　　2　森林法判決の読み方——"謎"はどのようにして解明されうるか？
　　3　「森林法判決を読む」ことの意義——"謎"は解明されるべきか？

4-2　[基調報告] 憲法上の財産権保障と民法……………………………210
水津太郎
　　Ⅰ　財産権保障と憲法・民法　210
　　　　1　民法206条と憲法29条
　　　　2　憲法理論
　　　　3　民法学と憲法学
　　Ⅱ　民法上の所有権と共有　215
　　　　1　自由な所有権
　　　　2　共有と個人主義
　　Ⅲ　民法の基礎理論　221
　　　　1　体系と原理
　　　　2　概念と方法
　　Ⅳ　所有権立法の外在的統制　226
　　　　1　外在的統制
　　　　2　所有権と自由

4-3 [座談会] 憲法上の財産権保障と民法 ……………………228
水津太郎　宍戸常寿　曽我部真裕　山本龍彦

Ⅰ　はじめに　228
  1　財産権保障——民法学からの問題提起
  2　森林法判決——憲法学からの受け止め

Ⅱ　森林法判決をめぐって　232
  1　森林法判決の位置づけ
  2　所有権の本質論と森林法判決

Ⅲ　憲法・民法関係論　240
  1　憲法上の財産権の可能性
  2　憲法・民法関係論を振り返る

Ⅳ　民法学の基礎理論　248
  1　民法学からの問題提起
  2　憲法学の受け止め

Ⅴ　ベースライン／基本法としての民法　252
  1　ベースライン論と「議論」
  2　基本法としての民法とは何か

Ⅵ　財産権の制約とその形式　259
  1　財産権の内在的制約・外在的制約
  2　財産権の制約の形式
  3　財産権の手続保障と区分所有法判決

Ⅶ　座談会のまとめ　265

5-1 イントロダクション ……………………………………269
曽我部真裕

  1　はじめに
  2　アーキテクチャ規制について
  3　国家社会二分論と「社会の憲法」
  4　おわりに

5-2 [基調報告] アーキテクチャによる規制と立憲主義の課題 ……278
松尾　陽

はじめに　278
Ⅰ　脱コミュニケーション型規制としてのアーキテクチャと憲法基礎論　280

　　　　1　規制理論の枠組みと法規制の基本的特質
　　　　2　アーキテクチャによる規制的性質
　　　　3　合理主義的憲法観と自生主義的憲法観
　　Ⅱ　非介入的アーキテクチャと自由　284
　　　　1　共和主義的自由論
　　　　2　非支配としての自由の可能性
　　Ⅲ　権力の分散化と統治　288
　　　　1　主権論貫徹の困難
　　　　2　18世紀の立憲主義——機械の憲法、社会の憲法という視点
　　　　3　秩序形成への視点
　　Ⅳ　むすびに代えて　296

5-3　[座談会] アーキテクチャによる規制と立憲主義の課題………297
　　松尾　陽　宍戸常寿　曽我部真裕　山本龍彦
　　Ⅰ　はじめに　297
　　　　1　法哲学からの問題提起
　　　　2　憲法学からの受け止め
　　Ⅱ　〈近代〉とアーキテクチャ　302
　　　　1　アーキテクチャ、人間、尊厳
　　　　2　近代法モデルとアーキテクチャによる規制
　　Ⅲ　アーキテクチャと自由・権利　309
　　　　1　アーキテクチャの多様性
　　　　2　共和主義的自由論と消極的自由拡張論
　　　　3　自由の侵害／憲法上の権利の侵害
　　Ⅳ　権力の分散化と規制概念　317
　　　　1　権力の分散化現象への対応
　　　　2　「社会の憲法」と「民主的憲法論」の概要
　　　　3　グローバル化と民主的憲法論
　　　　4　「社会の憲法」と法秩序形成
　　　　5　民営アーキテクチャの規律
　　Ⅴ　ポスト立憲主義の可能性　332
　　Ⅵ　座談会のまとめ　336

目次　xi

6-1 | イントロダクション …………………………………………339
　　　宍戸常寿
　　　　　1　国際法と憲法秩序
　　　　　2　国際人権と国内人権
　　　　　3　自衛権

6-2 | [基調報告] 憲法学と国際法学との対話に向けて …………348
　　　森　肇志
　　　Ⅰ　はじめに　348
　　　Ⅱ　国際法と憲法秩序（国内法）との関係　349
　　　　　1　国際法学の理解
　　　　　2　国際法学から見た憲法学の立場
　　　Ⅲ　国際人権と国内人権　354
　　　　　1　国際法学における位置づけ
　　　　　2　国際法学から見た憲法学の立場
　　　Ⅳ　自衛権　357
　　　　　1　国際法学の理解
　　　　　2　国際法学から見た憲法学の立場
　　　Ⅴ　おわりに　360

6-3 | [座談会] 憲法学と国際法学との対話に向けて ……………361
　　　森　肇志　宍戸常寿　曽我部真裕　山本龍彦
　　　Ⅰ　はじめに　361
　　　Ⅱ　国際法と憲法秩序との関係　361
　　　　　1　国際法と国内法との理論的な関係
　　　　　2　憲法的な統制の意義
　　　　　3　国法形式としての条約の位置と裁判所による審査のあり方
　　　Ⅲ　国際人権と国内人権　377
　　　　　1　憲法学での議論状況
　　　　　2　「法源論」の取り扱い
　　　Ⅳ　自衛権　383
　　　　　1　国際法学からの問題提起
　　　　　2　憲法学からの受け止め
　　　　　3　7.1閣議決定と憲法学の議論について

　　　　　4　概念の変遷をどう受け止めるか
　　　Ⅴ　座談会のまとめ　395

7-1 イントロダクション ……………………………………………………397
　　山本龍彦
　　　Ⅰ　社会保障法制に対する司法審査　397
　　　　　1　堀木3要素の射程
　　　　　2　社会保障と世代間公平
　　　Ⅱ　社会保障法と〈個人〉　405
　　　　　1　現実反映モデル／規範的変容モデル
　　　　　2　〈個人〉ベースの社会保障法と情報技術

7-2 [基調報告] 憲法と社会保障法 ……………………………………408
　　笠木映里
　　　はじめに　408
　　　Ⅰ　憲法25条と立法裁量　410
　　　　　1　近年の議論の動向
　　　　　2　生存権、社会保障立法への適用可能性
　　　　　3　期待される議論の深化
　　　Ⅱ　憲法14条と社会保障法　413
　　　　　1　日本の社会保障・「日本型福祉社会」と性別・ジェンダー
　　　　　2　性別に基づいて直接に異なる取扱いをする制度
　　　　　3　特定の世帯モデルと社会保障
　　　Ⅲ　社会保障立法と時間　419
　　　　　1　年金立法と民主的決定過程・司法審査
　　　　　　　──マクロ経済スライドを素材として
　　　　　2　既裁定年金引下げと司法審査
　　　　　3　民主的決定過程と年金制度
　　　Ⅳ　社会保障給付費抑制に向けた政策と個人の私的領域への
　　　　　介入について　424

7-3 [座談会] 憲法と社会保障法 ………………………………………428
　　　　　　　─対話の新たな地平─
　　笠木映里　宍戸常寿　曽我部真裕　山本龍彦

Ⅰ　はじめに　428
　　　Ⅱ　憲法25条と社会保障立法　428
　　　　1　憲法25条と立法裁量
　　　　2　社会保障立法と時間
　　　　3　憲法学からの受け止め
　　　Ⅲ　立法裁量と司法的統制　433
　　　　1　基本決定の首尾一貫性審査と社会保障法秩序
　　　　2　生存権論と選挙権論
　　　　3　基本決定と個別事情の読み込み
　　　　4　政策形成過程と司法的コントロール
　　　Ⅳ　世代間公平と社会保障政策　443
　　　Ⅴ　憲法14条と社会保障法　448
　　　　1　社会保障法学からの問題提起
　　　　2　憲法学からの受け止め
　　　　3　労働法と社会保障法の役割分担
　　　　4　政治・行政と司法審査
　　　Ⅵ　社会保障政策と個人の私的領域への介入　455
　　　　1　社会保障法学からの問題提起
　　　　2　憲法学からの受け止め
　　　　3　保険者自治の見方
　　　　4　個人主義と政策の関係
　　　Ⅶ　座談会のまとめ　463

8-1　イントロダクション　…………………………465
曽我部真裕
　　　1　はじめに
　　　2　執政権説をめぐって
　　　3　執政と公務員制度
　　　4　独立行政委員会の捉え方

8-2　[基調報告] 行政学から見た日本国憲法と憲法学　…………474
　　　　　―執政権説の検討を中心に―
伊藤正次
　　はじめに　474

Ⅰ　行政の概念と執政権説　475
　　Ⅱ　執政と地方自治　478
　　Ⅲ　執政と公務員制度　482
　　Ⅳ　執政と各種行政組織　485
　　　1　執政と独立行政委員会
　　　2　執政と内閣法制局
　おわりに　489

8-3　[座談会] 行政学から見た日本国憲法と憲法学 …………………490
　伊藤正次　宍戸常寿　曽我部真裕　山本龍彦
　　Ⅰ　「行政」概念と執政権説　490
　　　1　行政学からの問題提起
　　　2　憲法学からの受け止め
　　　3　執政権とは何か
　　Ⅱ　執政と地方自治　504
　　　1　「地方公共団体」のイメージ
　　　2　国・地方関係における国会の位置づけ
　　Ⅲ　執政と公務員制度　510
　　　1　行政学からの問題提起
　　　2　憲法学からの受け止め
　　　3　公務員制度の位置
　　　4　政治の論理と専門性の論理
　　Ⅳ　執政と各種行政組織　521
　　　1　独立行政委員会
　　　2　内閣法制局
　　Ⅴ　座談会のまとめ　527

索　引　529

1-1 イントロダクション

山本龍彦

「憲法と刑事法の交錯」と題する座談会を始めるに当たって、刑訴法学と憲法学が、そしてまた、刑法学と憲法学が、いま「対話」しなければならない理由について、それぞれ簡単に述べておきたい。

1　刑訴法学×憲法学

刑訴法学と憲法学がその交錯領域を語り出さなければならない理由として、第一に、警察の犯罪捜査・予防において「情報技術（Information Technology）」が果たす役割が飛躍的に増大しているという事実を挙げることができる。そこでは、個人情報の広汎な取得だけでなく、その組織的・体系的な保存（データベース化）や特定のアルゴリズムを用いた情報解析（データマイニング）も行われるようになってきている。しかし、伝統的な刑訴法学が、警察の捜査手法として主力化しつつある情報の保存・連結・解析技術を有効に統制する手立てを有しているのか、疑問がないわけではない。《強制処分／任意処分》とのコードにおいて語る刑訴法学は、（情報を）「取る」ことではなく、（容貌・姿態を）「撮る」ことにフォーカスして（伝統的プライバシー概念）、あるいは、せいぜい情報を「取る」という瞬間にフォーカスしてその正当性を論じてきたために、取得後の情報の管理・利用の在り方については、饒舌に語り得なかったところがある（取得時中心主義）[1]。果たしてそれでよ

いのか、憲法学において積極的に展開される情報プライバシー権論と突き合せて検討する必要があるように思われる。その場合、①保存や解析行為を後ろに従えた情報「取得」行為の権利侵害性をどのように見積もるのか（強制処分該当性）、②後続的情報処理をあくまでも「取得」と切り離して考えるのか、それとも連続して考えるのか、③仮に切断戦略をとったとき、保存や解析行為は独立した権利侵害を構成するのか、などが「対話」の主題となろう。いずれにせよ、個人情報保護法制の一般的拘束から逃れる、警察による個人情報の管理・利用（組織的・体系的保存や解析行為）[2]を法的に聖域化することがないよう、刑訴法学と憲法学とが協同して知恵を絞る時期に来ているといえよう[3]。

　第二に、被疑者・被告人の権利をより実効的に保障するための情報技術もまた発展しつつあるという事実を挙げることができる。例えば取調べの可視化（録音・録画）は、「自己に不利益な供述を強要されない」権利（憲法38条1項）をより実質化するための「技術」利用の一例と見ることができよう。しかし、これまで、こうした技術ないし手続が憲法的なそれとして位置づけられることは少なかった。それは、刑事上の権利保障手続と憲法との連関が、とりわけ憲法学において理論的に論じられる機会が乏しかったことに由来しているように思われる[4]。周知のように、例えば刑訴法198条2項は、いわゆる黙秘権告知の手続を要求しているが、判例はあっさりと、この手続は憲

---

1)　「取得時中心主義」については、山本龍彦「警察による情報の収集・保存と憲法」警察学論集63巻8号（2010年）111頁以下、星周一郎『防犯カメラと刑事手続』（弘文堂、2012年）81頁参照。刑訴法学者の笹倉宏紀は、「刑訴法の立場からすると、我々が従来『取得時中心主義』……の思考に支配され、『取得』の規制に意を注ぐあまり、事後の利用関係の規律に（相対的に）無頓着であったこと、それゆえに、ひとたび取得された情報・資料の利用を規制する有効な道具を持ち合わせていないこと」を指摘する。笹倉宏紀「行政調査手続と捜査」井上正仁＝酒巻匡編『刑事訴訟法の争点』（有斐閣、2013年）103頁。

2)　行政機関個人情報保護法は、犯罪捜査・予防や「国の安全」のための情報実践を、他の一般的な情報実践と区別しており、捜査情報等については行政法的な統制をそれほど強く期待できない。同法10条2項1号および2号、14条4号・5号等を参照。

3)　立法的統制の必要性を説くものに、稲谷龍彦「刑事手続におけるプライバシー保護（一）」法学論叢169巻1号（2011年）1頁以下参照。

4)　ただし、杉原泰雄『基本的人権と刑事手続』（学陽書房、1980年）のような業績がある。この点は、座談会における宍戸常寿の発言を参照されたい。

法38条1項の要請ではないと判断している[5]。この判旨に対する憲法学的批判の不在ないし停滞は、"憲法に由来する"と称される刑事上の手続であっても、憲法がこれを明文で要請するのではない限り（それは政策論的地平へと開放され）、立法によって容易に廃止することができるとの帰結をもたらす。逆に、批判の存在ないし構築は、特定の刑事上の手続を憲法ランクのものとして位置づける可能性を切り拓くことになる。また、一定の「政策」論を、「憲法」論として語る余地を生み出すことにもなる。憲法には明記されない憲法的刑事手続（憲法的情報技術を含む[6]）の理論的な構成と発展は、やはり、刑訴法学と憲法学との「対話」によってもたらされるものであろう。

2　刑法学×憲法学

　刑法学と憲法学がその交錯領域を語り出さなければならない理由として、第一に、政治的ビラのポスティングや政党機関紙の配布といった政治的表現活動にかかわる刑事事件について、近年、重要な最高裁判決[7]が相次いで出されているという事実を挙げることができる。しかし、かかる刑法＝憲法判例に対しては、刑法学と憲法学が平行的に分析を行うのが一般的で、両者が協同してその分析に当たる機会はさほど多くなかった[8]。それがために、学界は、こうした判例に対して有効かつ現実的な批判を繰り出せてこなかったという一面があるように思われる。例えば、反戦団体のメンバーが、自衛隊

---

5)　最判昭和25年11月21日刑集4巻11号2359頁。この判決の理解については、宇藤崇ほか『刑事訴訟法』（有斐閣、2012年）92-93頁（堀江慎司執筆）、小川佳樹「黙秘権の告知と自白」井上正仁ほか編『刑事訴訟法判例百選〔第9版〕』（有斐閣、2011年）160頁以下参照。

6)　多少文脈が異なるが、アメリカのある論者は、「技術的監視（technological oversight）」という概念を提唱している。個人情報の漏洩や濫用を示唆する異常行動を検知するためのデータ分析・パターン分析などを導入することにより、技術的に、国家による監視を監視すべきというのである。See Jack M. Balkin, *The Constitution in the National Surveillance State*, 93 MINN. L. REV. 1, 4-25 (2008).

7)　例えば、最判平成20年4月11日刑集62巻5号1217頁（立川自衛隊宿舎立入り事件）、最判平成24年12月7日刑集66巻12号1337頁（堀越事件）。その他、最判平成21年11月30日刑集63巻9号1765頁（葛飾事件）、最判平成24年12月7日刑集66巻12号1722頁（世田谷事件）等も参照。

8)　もっとも、山下純司＝島田聡一郎＝宍戸常寿『法解釈入門』（有斐閣、2013年）191頁以下など、重要な「対話」も存在する。

宿舎に立ち入って、各室玄関ドアの新聞受けに自衛隊のイラク派遣に反対する内容のビラを投函した事件（立川自衛隊宿舎立入り事件）[9]で、最高裁は、まず刑法130条のいう「邸宅」や「侵入し」という文言の解釈を行い、本件被告人らの行為が「刑法130条前段に該当する」と述べた。その上で、「本件被告人らの行為をもって刑法130条前段の罪に問うことは憲法21条1項に違反する」のか、という憲法レベルの問いを改めて立てている。そこでは、「思想を外部に発表するための手段であっても、その手段が他人の権利を<u>不当に害する</u>ようなものは許されない」という《法理》[10]が使用され、表現の自由の行使のためとはいっても、一般に人が自由に出入りできない場所に「管理権者の意思に反して立ち入ることは、管理権者の<u>管理権を侵害するのみならず、そこで私的生活を営む者の私生活の平穏を侵害するものといわざるを得ない</u>」（下線筆者）がために、その行為を刑法130条前段の罪に問うことは憲法21条1項に違反しないと結論づけられた。しかし、この判決を全体として見たとき、前半の刑法の構成要件解釈（刑法論）部分と、後半の違憲審査（憲法論）部分との関係性や、後半の違憲審査＝憲法論部分における「管理権」侵害および「平穏」侵害の意味（刑法解釈論でいう管理権説、平穏説との異同）、さらには、上記《法理》における「不当に害する」の具体的意味（表現場所の性質[11]が「不当」性判断に与える影響を含む）など、詳細な検討を要する点が少なくない。本判決に漂うこのような曖昧性が、将来の同種事案における画一的・硬直的結論を許す要因になりうるとすれば、刑法学と憲法学とが協同してこの曖昧性の克服に当たる必要は非常に高いといえよう。また、ビラの「内容」に着目した狙い撃ち的な検挙ないし起訴を、刑法＝憲法解釈論のどこに位置づけるのか（1審[12]は可罰的違法性論の中に招き入れ

---

9) 前掲注7) 参照。
10) 最判昭和59年12月18日刑集38巻12号3026頁（吉祥寺駅事件）。この《法理》の起源と適用場面については、木下昌彦「集合住宅へのビラ投函と表現の自由」長谷部恭男ほか編『憲法判例百選Ⅰ〔第6版〕』（有斐閣、2013年）135頁参照。
11) 「場所」論の詳細な検討および刑法論と憲法論との関係について、佐々木弘通「表現行為の自由・表現場所の理論・憲法判断回避準則」戸松秀典ほか編『憲法訴訟の現状分析』（有斐閣、2012年）246頁以下参照。
12) 東京地八王子支判平成16年12月16日判時1892号150頁。

た)[13]、これを実体論で受け入れることが困難な場合、判例が「極限的な場合」[14]しか許されないとした公訴権濫用論の射程を再考する必要があるのかといった問題も、刑訴法学をも巻き込んで議論すべき「対話」的課題となるかもしれない。

　さらに、社会保険庁の年金審査官による政党機関紙の配布が、国家公務員法102条1項が刑罰を以って禁止する「政治的行為」に当たるとして当該公務員が起訴された事件（堀越事件）[15]で、最高裁は、同項にいう「政治的行為」を「公務員の職務の遂行の政治的中立性を損なうおそれが、観念的なものにとどまらず、現実的に起こり得るものとして実質的に認められる」行為へと解釈上絞り込んだ上、本件配布行為の構成要件該当性を否定した。公務員の政治活動に対する広汎な規制ないし処罰を憲法上容認したかに見えた猿払事件上告審判決[16]が、実務や学界に行使してきた従前の影響力を踏まえれば、本件被告人を「無罪」とした本判決の結論自体は積極的評価を与えうるものかもしれないが、本判決が採用した「限定解釈」という手法については、それが刑法の構成要件解釈論の内部で憲法論を展開したものであるだけに（基調報告はこれを「刑法内在的な憲法論」と呼ぶ）[17]、刑法学的視点と憲法学的視点の双方を動員した慎重な分析・評価が必要であるように思われる。例えば、この「限定解釈」が、罪刑法定主義の要請を受ける刑罰法規の構成要件解釈として標準的な枠内に収まっているのか[18]、あるいはまた、違憲の疑いを表明する「合憲限定解釈」とも区別されることで（千葉勝美裁判官補足

---

13) 検挙や起訴以前に、宿舎の管理権者（自衛隊・防衛庁の担当者）の管理行為に表現内容規制的要素が含まれており、《管理》自体が違憲無効であった――ゆえに管理権侵害の事実が、そもそも存在しない――と捉える見解として、木村草太「平等内容規制と平等条項」ジュリスト1400号（2010年）96頁以下参照。この見解によれば、本件は、刑事法の事案である以前に、行政法（公物管理法）の事案ということになる。同100頁（注17）参照。
14) 最決昭和55年12月17日刑集34巻7号672頁。
15) 前掲注7) 参照。
16) 最大判昭和49年11月6日刑集28巻9号393頁。
17) 亀井源太郎「憲法と刑事法の交錯」本書19頁参照。
18) 処罰対象となる公務員の争議行為の「あおり行為」を絞り込んだ「二重の絞り」論に対して、こうした「不明確な限定解釈は、かえって犯罪構成要件の保障機能を失わせることとなり、その明確性を要請する憲法31条に違反する疑いすら存する」と述べた全農林警職法事件上告審判決を想起されたい。最大判昭和48年4月25日刑集27巻4号547頁。

意見)、法令に含まれる憲法的瑕疵が初めから無かったことにならないか、そうであるとすると、この手法は、憲法上の責任概念を消去する魔法的解釈——瑕疵ある法令を制定した立法者の責任と、これを改定する立法者の権限を裁判所が消し去る魔法——とはいえないかなど[19]、「無罪」という結論に踊らされない批判的かつ冷静な——しかも「対話」的な——分析が求められているように思われる。また、仮に本判決の解釈的努力を有効に機能させようとすれば、《実質的なおそれ》を具体的にどう判断するかが重要となるが、それには、同じ「職務犯罪」である収賄罪(刑法197条以下)に関する刑法学的議論(行為の職務関連性をめぐる議論や、保護法益およびその侵害の危険性をめぐる議論)の参照が有意義であろう[20]。

　第二に、これもやはり表現の自由にかかわるが、インターネットやスマートフォンなど、我々を取り巻く情報環境が急速に発展してきたという事実を挙げることができる。掲示板、ブログ、ツイッターなどによって、「プロフェッショナル」(ジャーナリスト)とは異なる「アマチュア」が容易に表現の送り手となれる時代に、名誉毀損罪の成立要件(刑法230条1項)や免責要件(230条の2)に対する従来どおりの考えを維持できるかが問題となりうる[21]。例えば、「刑法230条ノ2第1項にいう事実が真実であることの証明がない場合でも、行為者がその事実を真実であると誤信し、その誤信したことについて、確実な資料、根拠に照らし相当な理由があるときは、犯罪の故意がなく、名誉毀損の罪は成立しない」(下線筆者)とする最高裁の誤信相当性判断[22]が、「プロ」の手になる記事を前提に形成されたものであるとすると、別言すれば、「プロ」のもつ取材「特権」の裏面としての広汎な情報収集義務ないし専門職責任を前提に形成されたものであるとすると(何らの特権なく「確実な資料、根拠」を得ることはそれほど容易ではない)[23]、それを

---

19)　「限定解釈」の根源的問題を抉り出すものとして、蟻川恒正「国公法二事件最高裁判決を読む(2)」法学教室395号(2013年)90頁以下参照。

20)　曽根威彦「公務員の政治的行為制限違反罪と職務関連性」法律時報85巻5号(2013年)73頁以下参照。

21)　問題の所在について、曽我部真裕「情報漏洩社会のメディアと法　プロとアマの差はなくなるのか」ジャーナリズム251号(2011年)44頁以下参照。

22)　最大判昭和44年6月25日刑集23巻7号975頁(「夕刊和歌山時事」事件)。

そのまま「アマ」のネット上の表現行為に当てはめてよいのか——それに肯定的に応えた最高裁判例の存在[24]にもかかわらず——再検討する余地があるように思われる。もちろん、その際には、誤信相当性論の根拠に関する刑法学上の議論（錯誤論、違法論など）と表現の自由に関する憲法学上の議論（プロ／アマ言論の区別論、ネット表現の価値論など）とを突き合わせて考えてみる必要があろう（「基調報告」参照）。ここにも、「対話」が求められる新たな状況の出現を認めることができる。

＊　　＊　　＊

　本座談会の第1回は、「憲法と刑事法の交錯」と題して、1、2で述べたような内容の「対話」を行う（もちろん、議論の対象は上述した内容に限定されない）。この表題にいう「刑事法」は、刑事実体法（刑法）と刑事手続法（刑訴法）の両方を含むため、本来は、我々憲法研究者と膝を突き合わせていただくゲストスピーカーとして、両学問領域から少なくとも1人ずつお呼びしなければならない。しかし、その両者ともに精通する論者がいれば、その必要はない。それどころか、そうしたマルチプレーヤーがもつ分野横断的視点が、「交錯」領域の論点化を強力に手助けするという側面もあろう。そうすると、本座談会第1回のゲストスピーカーとして、亀井源太郎氏をお招きしたことは、最善の選択ということになる。何といっても、『正犯と共犯を区別するということ』[25]を著した亀井氏は、刑事実体法と手続法の境界を軽やかに行き来しながら、その線上に在る問題に鋭く切り込む、《境界の魔術師》であるのだから。

---

23) 前掲注22) の判決も、真実誤信相当性を民事上の名誉毀損事件に当てはめた最判昭和41年6月23日民集20巻5号1118頁も、新聞記事による——いわばプロによる——名誉毀損を問題にしたものであった。ただし、最判昭和51年3月23日刑集30巻2号229頁は、弁護士による表現行為にも上記の判決と同様の法理を適用している。弁護士も「言葉」を扱う専門職という意味では「プロ」といえようか。
24) 最決平成22年3月15日刑集64巻2号1頁。この最高裁判断を支持する見解として、例えば、西田典之『刑法各論〔第6版〕』（弘文堂、2012年）121頁参照。
25) 亀井源太郎『正犯と共犯を区別するということ』（弘文堂、2005年）は、まさに、刑事実体法と刑事手続法との交錯領域を扱うものであった。

［基調報告］
憲法と刑事法の交錯

亀井源太郎

I　はじめに

　本報告は、憲法と刑事法の両領域のはざまに存在するいくつかの問題を略述した上で、憲法学と刑事法学との関係、あるいは、両者の関係のあるべき姿について、概観しようとするものである。
　その際、本報告は、便宜上、三つの視点を設定する。それは、憲法と刑事手続、憲法と刑法、（本報告ではごくわずかに取り上げるのみではあるが）立法と憲法と刑事法である。

II　憲法と刑事手続

　現行憲法と刑事訴訟法は密接な関連を有する[1]。旧憲法と異なり[2]、現行

---

1) 田口守一『刑事訴訟法〔第6版〕』（弘文堂、2012年）3頁が、「刑事訴訟法は『応用憲法』といわれる」としていることは、象徴的である。さらに、田宮裕『刑事訴訟法〔新版〕』（有斐閣、1996年）8頁、長谷部恭男「憲法と刑事手続」刑事訴訟法の争点（2013年）14頁以下参照。
2) 旧憲法は、刑事手続について、以下の3ヶ条のみ規定していた。
　　23条　日本臣民ハ法律ニ依ルニ非スシテ逮捕監禁審問処罰ヲ受クルコトナシ

憲法は、31条以下に比較的規定密度の高い規定[3]を10ヶ条にわたって定めており、刑事訴訟法の法源として重要な位置を占めているのである。

実際、刑訴法上の議論が、憲法の議論を参考にして行われる場面も少なくない。以下、いくつかの場面を例に挙げ、概観する。

1 憲法と捜査法

(1) 憲法と強制処分概念

(a) 憲法と被侵害利益

まず、捜査の許容性や適法性を問題とする場合を取り上げてみよう。この場合、被侵害利益が憲法上の権利であること（あるいは、憲法上の権利であるか否かが問題となること）も少なくない。

例えば、写真撮影の適法性にかかる京都府学連事件判決[4]は、以下のように判示し、当該写真撮影による被侵害利益が、憲法13条由来の「個人の私生活上の自由の一つとして」の「何人も、その承諾なしに、みだりにその容ぼう・姿態……を撮影されない自由」である、としている。

> 「憲法13条……は、国民の私生活上の自由が、警察権等の国家権力の行使に対しても保護されるべきことを規定しているものということができる。そして、個人の私生活上の自由の一つとして、何人も、その承諾なしに、みだりにその容ぼう・姿態（以下「容ぼう等」という。）を撮影されない自由を有するものというべきである。これを肖像権と称するかどうかは別として、少なくとも、警察官が、正当な理由もないのに、個人の容ぼう等を撮影することは、憲法13条の趣旨に反し、許されない」。

　　24条　日本臣民ハ法律ニ定メタル裁判官ノ裁判ヲ受クルノ権ヲ奪ハルヽコトナシ
　　25条　日本臣民ハ法律ニ定メタル場合ヲ除ク外其ノ許諾ナクシテ住所ニ侵入セラレ及捜索セラルヽコトナシ
3)　松尾浩也『刑事訴訟法（上）〔新版補正版〕』（弘文堂、1999年）5頁は、「大日本帝国憲法が、いわゆる法律の留保を伴った抽象的な規定しか持っていなかったのに対して、日本国憲法は、法律の内容を制約する具体的な規定を豊富に盛り込んだ」、「これによって『刑事訴訟の憲法化』が一挙に推進されることとなった」としている。
4)　最大判昭和44年12月24日刑集23巻12号1625頁。

さらに、梱包内容をエックス線検査することの適法性にかかる最決平成21年9月28日刑集63巻7号868頁は、以下のように判示して、「荷送人や荷受人の内容物に対するプライバシー等を大きく侵害するものである」と指摘している。

> 「本件エックス線検査は、荷送人の依頼に基づき宅配便業者の運送過程下にある荷物について、捜査機関が、捜査目的を達成するため、荷送人や荷受人の承諾を得ることなく、これに外部からエックス線を照射して内容物の射影を観察したものであるが、その射影によって荷物の内容物の形状や材質をうかがい知ることができる上、内容物によってはその品目等を相当程度具体的に特定することも可能であって、荷送人や荷受人の内容物に対するプライバシー等を大きく侵害するものであるから、検証としての性質を有する強制処分に当たる」。

これらは、いずれも、当該処分が強制処分に該たるか否かを、当該処分によって侵害される利益の憲法上の位置づけを確認した上で検討しているのである。

(b) 処分時点での侵害性

ところで、前掲・最大判昭和44年（京都府学連事件）は、撮影を行う時点での侵害性に着目しているように思われる（取得時中心主義[5]）。

すなわち、京都府学連事件は、「みだりにその容ぼう・姿態……を撮影されない自由」（圏丸筆者）の侵害を問題とし、さらに、撮影が許容されるための要件として「現に犯罪が行なわれもしくは行なわれたのち間がないと認められる場合であって、しかも証拠保全の必要性および緊急性があり、かつその撮影が一般的に許容される限度をこえない相当な方法をもって行なわれるときである」ことを要求している。このため、同判決においては、処分の時点にかかる事情のみが考慮要素とされているように思われるのである。

このような傾向は近年でも見られる。ビデオ撮影の適法性にかかる最決平

[5) 山本龍彦「警察による情報の収集・保存と憲法」警察学論集63巻8号（2010年）112頁は、（情報の取り扱いをめぐる警察実務についてではあるが）「取得時中心主義」という言葉で表現している。

成20年4月15日刑集62巻5号1398頁も、「公道上を歩いている被告人の容ぼう等を撮影し、あるいは不特定多数の客が集まるパチンコ店内において被告人の容ぼう等を撮影したものであり、いずれも、通常、人が他人から容ぼう等を観察されること自体は受忍せざるを得ない場所におけるものである」ことを適法性判断の材料として掲げており、処分時点の侵害性に着目しているように思われる[6]。

さらに、警察実務においてではあるが、警察における指紋データベースやDNA型データベースが法律上の根拠なく[7]構築・運用されていることも、取得時中心主義の現れである[8]。

もっとも、情報の取得時点（例えばDNA型鑑定のための試料の採取時点や写真・ビデオ撮影時点）における侵害性のみを問題とし、当該情報の管理・利用の場面（例えば集積して解析する場面）での侵害性を問題としないのでは、ことがらの本質を見誤るのかもしれない。

GPS位置情報を捜査上利用することの適法性が、近い将来、わが国の実務においても問題となることが予想されるが[9]、ここでも、同様の問題が存する。GPS情報を取得すること（あるいは、その前段階として、例えば、GPS

---

[6] 山本・前掲注5) 114頁以下、同「警察による情報保管・データベース化の『法律』的統制について」大沢秀介＝佐久間修＝荻野徹編『社会の安全と法』（立花書房、2013年）264頁以下、星周一郎『防犯カメラと刑事手続』（弘文堂、2012年）81頁以下参照。

[7] ただし、捜査手法、取調べの高度化を図るための研究会「最終報告」（2012年）29頁（http://www.npa.go.jp/shintyaku/keiki/saisyuu.pdf〔2014年1月4日最終閲覧〕）は、DNA型データベースの拡充が必要であるとしつつ、「諸外国においては法律に基づいて運用されていること等から、本研究会において、DNA採取やデータベースの根拠の法制化の是非をめぐって議論がなされた」とも述べており、興味深い。

[8] 山本・前掲注5) 113頁、同・前掲注6) ほか267頁参照。

[9] わが国では、未だGPS位置情報の捜査上の利用に関する裁判例はないが（本稿執筆時時点〔2014年1月〕、追記参照）、アメリカ合衆国においては、Jonesケース（United States v. Jones, 132 S. Ct. 945 (U.S. 2012)）が存する。

同事件は、コカイン密売の嫌疑がある被疑者の運転する自動車に捜査機関が令状なしにGPS装置を設置し同車の移動を監視したことの適法性が争われた事案である。連邦最高裁は、GPSを設置し監視する行為は、合衆国憲法第4修正にいう「捜索」に該当するとし、令状なしに行われたこれらの処分は違法であるとした（ただし、法廷意見と補足意見は、理由づけを異にする。前者はGPS監視装置の設置が物理的侵入であることを重視した（トレスパス基準）が、後者は、「社会が合理的と認めるプライバシーの期待を政府が侵害したときには『捜索』となる」ことを理由とした）。

装置を被疑者所有の自動車に設置するために、被疑者方の施錠されていない駐車場に立ち入ること[10]）の侵害性のみを問題とし、その後の管理・利用の侵害性を考慮に入れないのであれば、当該処分の侵害性を誤って低く見積もることにつながる[11]ように思われるのである[12]。

他方、情報取得のみならず、その後の管理・利用の侵害性を刑事訴訟において問題とすることには、困難もある。当該情報を証拠として収集した時点（この段階では、例えば押収に対する準抗告というかたちで、捜査の適法性を問題とし得る）や、当該情報を証拠として利用する時点（典型的には、公判における証拠能力の有無を判断する前提として捜査の適法性を問題とし得る）よりも時間的に後に当該情報の具体的な管理・利用の状況が確定することになるため、「当該情報の具体的な取得・管理・利用の状況を考慮した侵害性の測定」は、刑事手続の進行過程では行い得ない場合も少なくないと思われるからである。

ただし、エックス線検査にかかる前掲・最決平成21年は、「その射影によって……、内容物によってはその品目等を相当程度具体的に特定することも可能であ〔る〕」（圏丸筆者）ことを問題としており、「品目等の具体的特定が相当程度可能な場合もあればそうでない場合もあるけれども、可能な場合のあることが本件X線検査の強制処分性を肯定する根拠になる[13]」としている、と評されている。

このように問題となった処分の侵害性を「『宅配便荷物のX線検査』という限度で捜査行為を抽象化一般化し類型的に把握[14]」する方法によれば、「取得時中心主義」から脱却することも可能となろう。

---

10) 前掲注9)・Jonesケース参照。
11) 大野正博「携帯電話による位置認識システムの活用とプライヴァシー」朝日法学論集39号（2010年）135頁以下は、「今後は、科学的な捜査の許容性・適法性については、情報の取得方法のみに限定した理論ではなく、取得後の記録・蓄積・プロファイルまでを含めて、プライヴァシー侵害の有無や程度を検討していくことが必要であろう」とする。
12) 新聞報道によれば、本年4月から、JR大阪駅の駅ビルで、「通行人の顔をカメラ約90台で撮影し、その特徴を登録して同一人物を自動的に追跡する実験」が始まるという（朝日デジタル2014年1月6日）。このような技術の進化も、本文のような主張が「ハリウッド映画の見すぎ」（山本・前掲注5）123頁参照）ではないことの証左となろう。
13) 笹倉宏紀「判批」平成21年度重要判例解説（2010年）209頁。
14) 笹倉・前掲注13）209頁。

また、任意処分の中でも一定のもの（「茫漠としたデータベースへの転化可能性を内在させた『プロト・データベース』」）について、「取引的＝インセンティブ・アプローチ」を提唱する見解[15]も、一定の捜査手法について立法府によるコントロールを条件に令状主義が妥当しないものとする方策であって、情報の管理・利用を適切に統制する制度の設計を可能とする現実的な試みである。

2　制度の合憲性

制度そのものの合憲性が問題となる場合もある。

例えば、緊急逮捕の憲法33条適合性については、現行刑事訴訟法制定当初から議論があった[16]。最大判昭和30年12月14日刑集9巻13号2760頁は、「〔刑訴法210条が規定する〕厳格な制約の下に、罪状の重い一定の犯罪のみについて、緊急已むを得ない場合に限り、逮捕後直ちに裁判官の審査を受けて逮捕状の発行を求めることを条件とし、被疑者の逮捕を認めることは、憲法33条規定の趣旨に反するものではない」として実務上の決着を付けたが、理論的な説明は行っていない[17]。このため、学説上は、違憲説もなお存する[18]。

近年でも、刑訴法157条の3（証人尋問の際の証人の遮へい）、同157条の4（ビデオリンク方式による証人尋問）が、憲法82条1項（裁判の公開）、憲法37条1項（刑事被告人の公開裁判を受ける権利）、憲法37条2項前段（刑事被告人の証人審問権）に適合するか否かが争われた事案につき、最判平成17年4月14日刑集59巻3号259頁は、遮へい措置が採られた場合やビデオリンク方式によった場合（両者が併用された場合[19]含む）でも「審理が公開されてい

---

15) 山本・前掲注6) ほか287頁以下。
16) このため、刑事訴訟規則は、「憲法適否の問題があることを考慮して、一切規定することを差控えてきた」（寺尾正二「判解」最判解昭和30年度399頁）。
17) 寺尾・前掲注16) 400頁は、「大法廷は問題の理論的解明を回避したわけでは決してない。……最大公約数の意見としては、結局、かような簡明な表現をとらざるをえなかったところに、問題の困難さがある」とする。
18) 例えば、白取祐司『刑事訴訟法〔第7版〕』（2012年）167頁以下。
19) 最高裁は、「さらには、ビデオリンク方式によった上で傍聴人と証人との間で遮へい措置が採

ることに変わりはないから、これらの規定は、憲法82条1項、37条1項に違反するものではない」、証人尋問の際、被告人から証人の状態を認識できなくする遮へい措置が採られた場合でも、「被告人は、証人の姿を見ることはできないけれども、供述を聞くことはでき、自ら尋問することもでき、さらに、この措置は、弁護人が出頭している場合に限り採ることができるのであって、弁護人による証人の供述態度等の観察は妨げられないのであるから、……被告人の証人審問権は侵害されていない」、ビデオリンク方式による場合でも、「被告人は、映像と音声の送受信を通じてであれ、証人の姿を見ながら供述を聞き、自ら尋問することができるのであるから、被告人の証人審問権は侵害されていないというべきである。さらには、ビデオリンク方式によった上で被告人から証人の状態を認識できなくする遮へい措置が採られても、映像と音声の送受信を通じてであれ、被告人は、証人の供述を聞くことはでき、自ら尋問することもでき、弁護人による証人の供述態度等の観察は妨げられないのであるから、やはり被告人の証人審問権は侵害されていない」とした。

　さらに、裁判員制度の合憲性について、最高裁大法廷[20]は、憲法が、刑事裁判における国民の司法参加を許容しており、憲法の定める適正な刑事裁判を実現するための諸原則が確保されている限り、その内容を立法政策に委ねていると判示した上で、裁判員制度が、憲法31条、32条、37条1項、76条1項、同条2項、同条3項、80条1項に違反しない旨、および、裁判員の職務等は憲法18条後段が禁ずる「苦役」に当たらない旨を判示している。

　これらは、いずれも刑事手続そのものの合憲性が問題とされた場面である。

3　憲法を直接の根拠とした判断

　例外的ながら、憲法そのものを根拠として事件を決着させる場合も存する。
　すなわち、最大判昭和47年12月20日刑集26巻10号631頁（高田事件）は、審理が事実上中断され15年余りもの間まったく審理が行われずに経過

られても」、とする。
[20]　最大判平成23年11月16日刑集65巻8号1285頁。

した事案につき免訴判決を言い渡すことが相当であるとするに際し、以下のように述べた。

　「被告人らが迅速な裁判をうける権利を自ら放棄したとは認めがたいこと、および迅速な裁判の保障条項によってまもられるべき被告人の諸利益が実質的に侵害されたと認められることは、前述したとおりであるから、本件は、……憲法 37 条 1 項の迅速な裁判の保障条項に明らかに違反した異常な事態に立ち至っていたものと断ぜざるを得ない。したがって、本件は、……被告人らに対して審理を打ち切るという非常救済手段を用いることが是認されるべき場合にあたる……。〔原文改行〕刑事事件が裁判所に係属している間に迅速な裁判の保障条項に反する事態が生じた場合において、その審理を打ち切る方法については現行法上よるべき具体的な明文の規定はないのであるが、……本件においては、これ以上実体的審理を進めることは適当でないから、判決で免訴の言渡をするのが相当である」（圏丸筆者）。

　このような判示は、「超法規的免訴」・「憲法的免訴」[21]、「おそらく、超法規的に刑訴法を通さず、憲法 37 条 1 項から直接に導き出した免訴[22]」、「〔憲法 37 条 1 項の迅速裁判〕条項はプログラム規定ではなく、自力実効力のある規定であると明示した〔もの〕[23]」、と評されている。

Ⅲ　憲法と刑法

　刑法は一定の行為を禁止し、これに違反した個人に刑罰を科す法である。刑罰を科すことはもちろんであるが、一定の行為を禁止することも、憲法上の権利の制約を伴い得る。
　もっとも、この場合の論じ方については、いくつかのタイプがあり得るように思われる。

---

21)　田宮裕「迅速な裁判と高田事件」法律時報 45 巻 5 号（1973 年）12 頁。
22)　三井誠『刑事手続法Ⅱ』（有斐閣、2003 年）302 頁。
23)　田中開「判批」刑事訴訟法判例百選〔第 9 版〕（2011 年）131 頁。

1　名誉毀損罪と真実性の証明

　名誉毀損罪における真実性の証明は、個人の人格権に由来する名誉の保護と表現の自由という二つの憲法上の価値の調整の問題である[24]。

　真実性の誤信の場合について、判例は、「行為者がその事実を真実であると誤信し、その誤信したことについて、確実な資料、根拠に照らし相当の理由があるときは、犯罪の故意がなく、名誉毀損の罪は成立しない[25]」としている。

　もっとも、最高裁は、単なる真実性の誤信だけでは足りず、確実な資料・根拠に基づいて事実を真実と誤信したときのみ名誉毀損罪の故意を欠くとしたが、なぜそのような場合にのみ故意がないといえるのかについては、理由を示さなかった。

　この点につき、学説は多岐に分かれるが、違法論からアプローチする見解は、本報告の関心によれば、他のアプローチと区別される。

　違法論からのアプローチは、確実な根拠、資料の存在を認識したことにより真実性を確信した場合は刑法35条により正当化される[26]、あるいは、相当な資料に基づく発言は客観的に価値が高く正当な行為であり刑法35条によって正当化される[27]、とする。

　このようなアプローチは、他のアプローチ（錯誤論からのアプローチ[28]、証明可能な程度に真実に基づいていたことを違法性（構成要件該当性）阻却事由と考えるアプローチ[29]、過失犯としてのアプローチ[30]）と異なり、いわば、刑法

---

24)　宍戸常寿「Videant judices et philosophi」法律時報75巻8号（2003年）51頁以下参照。
25)　最大判昭和44年6月25日刑集23巻7号975頁。かつては、最判昭和34年5月7日刑集13巻5号41頁が、真実性の誤信につきなんら言及することなく、「被告人についてはその陳述する事実につき真実であることの証明がなされなかったものというべく、被告人は本件につき刑責を免れることができない」としていたが、大法廷は、本文のように判示し判例を変更した。さらに、民事事件ではあるが、最判昭和41年6月23日民集20巻5号1118頁参照。
26)　藤木英雄「真実性の誤信と名誉毀損罪」法学協会雑誌86巻10号（1969年）1頁以下。
27)　平川宗信『名誉毀損罪と表現の自由』（有斐閣、1983年）88頁。
28)　福田平『全訂刑法各論〔第3版増補〕』（有斐閣、2002年）193頁以下。
29)　いわゆる旧団藤説。団藤重光『刑法綱要各論〔第3版〕』（創文社、1990年）524頁以下。
30)　佐伯仁志「名誉とプライヴァシーに対する罪」芝原邦爾＝堀内捷三＝町野朔＝西田典之編

学内部で完結しない議論[31]であり、違法論からのアプローチの正当性は、憲法上保護される表現の範囲と整合的か否かにより決される[32]のである。

角度を変えていえば、このようなアプローチは、憲法学に対して、保護されるべき表現の範囲を切り分けるための鋭利なナイフを用意するよう要求するものである。

2　立川自衛隊宿舎立入り事件

(1)　外在的な憲法論

立川自衛隊宿舎立入り事件にかかる最高裁判決[33]は、刑法理論に対して外在的に、独立した形で憲法上の議論を展開している[34]。

最高裁は、以下のように判示している。

「〔①〕被告人らの本件立川宿舎の敷地及び各号棟の1階出入口から各室玄関前までへの立入りは、刑法130条前段に該当するものと解すべきである。なお、本件被告人らの立入りの態様、程度は……、管理者からその都度被害届が提出されていることなどに照らすと、所論のように法益侵害の程度が極めて軽微なものであったなどということもできない。」

「〔②〕所論は、本件被告人らの行為をもって刑法130条前段の罪に問うことは憲法21条1項に違反するという。〔原文改行〕……確かに、表現の自由は、民主主義社会において特に重要な権利として尊重されなければならず、被告人らによるその政治的意見を記載したビラの配布は、表現の自由の行使というこ

『刑法理論の現代的展開 各論』（日本評論社、1996年）83頁以下、山口厚『刑法各論〔第2版〕』（有斐閣、2010年）146頁以下。

31)　もちろん、いずれの議論も、表現の自由という憲法上の価値の重要性を議論の契機としている点においては、憲法（学）の影響を受けていることはいうまでもない。

32)　違法論からのアプローチに批判的な立場からではあるが、憲法上の表現の自由との関連でこのアプローチの正当性を検討するものとして、佐伯・前掲注30）84頁。これに対し、相当な根拠に基づいていたが結果として虚偽であった事実摘示も憲法上保護されるべきであるとして違法論からのアプローチを採るものとして、拙稿「名誉毀損罪の真実性の証明とその誤信」島伸一編『ロースクール生のための刑事法入門』（現代人文社、2004年）130頁。

33)　最判平成20年4月11日刑集62巻5号1217頁。

34)　山下純司＝島田聡一郎＝宍戸常寿『法解釈入門』（有斐閣、2013年）207頁〔宍戸常寿〕は、このような手法を、「緻密に構築された犯罪論体系の外側で、憲法論固有の戦場を設定すること」と呼んでいる。

とができる。しかしながら、憲法21条1項も、表現の自由を絶対無制限に保障したものではなく、公共の福祉のため必要かつ合理的な制限を是認するものであって、たとえ思想を外部に発表するための手段であっても、その手段が他人の権利を不当に害するようなものは許されない……。本件では、表現そのものを処罰することの憲法適合性が問われているのではなく、表現の手段すなわちビラの配布のために『人の看守する邸宅』に管理権者の承諾なく立ち入ったことを処罰することの憲法適合性が問われているところ、本件で被告人らが立ち入った場所は、防衛庁の職員及びその家族が私的生活を営む場所である集合住宅の共用部分及びその敷地であり、自衛隊・防衛庁当局がそのような場所として管理していたもので、一般に人が自由に出入りすることのできる場所ではない。たとえ表現の自由の行使のためとはいっても、このような場所に管理権者の意思に反して立ち入ることは、管理権者の管理権を侵害するのみならず、そこで私的生活を営む者の私生活の平穏を侵害するものといわざるを得ない。したがって、本件被告人らの行為をもって刑法130条前段の罪に問うことは、憲法21条1項に違反するものではない。」

　このように、同事件において最高裁は、①では被告人らの立入り行為が邸宅侵入罪に該当するとしつつ、②では被告人らの行為を同罪に問うことの憲法適合性を問題としており、刑法上の議論をした上で（①）、それとは切り離された形で憲法上の議論を行う（②）、という判断枠組（いわば、「外在的な憲法論」）が採用されているのである[35]。

(2) 内在的な憲法論

　これに対し、同事件第一審判決である東京地裁八王子支判平成16年12月16日刑集62巻5号1337頁参照は、「構成要件該当性の有無について」と「違法性の有無について」、それぞれを個別に検討し、「被告人らの各立ち入

---

[35] もちろん、最高裁は、②においても「管理権者の管理権を侵害するのみならず、そこで私的生活を営む者の私生活の平穏を侵害する」ことを「したがって、……刑法130条前段の罪に問うことは、憲法21条1項に違反するものではない」と結ぶ直前に述べているから、後段においても邸宅侵入罪の構成要件該当性を論じていると理解することもまったく不可能ではなかろう（その意味で、最高裁の書きぶりには若干不分明なところもある）。しかし、本文のように整理しておくことが素直ではなかろうか（山口裕之「判解」最判解刑平成20年度224頁以下も同様に整理している）。

り行為は住居侵入罪の構成要件に該当するが、……法秩序全体の理念からして、刑事罰に処するに値する程度の違法性があるものとは認められず、結局、被告人らはいずれも無罪である」と判示していた。

また、同事件控訴審判決である東京高判平成17年12月9日刑集62巻5号1376頁参照も、第一審判決とは結論を異にするものの、「構成要件該当性について」、「いわゆる可罰的違法性について」、それぞれ検討しており、第一審判決と類似の判断枠組に拠っていた。

ここでは、いわば、「内在的な憲法論」が採られていたのである。最高裁がこのような内在的な憲法論を斥けた理由ははっきりしない。上告趣意に対応する形で論ずる中で、外在的な憲法論に馴染む書きぶりが採用されたのかもしれない。あるいは、表現の自由と住居権（あるいは住居の平穏）を利益衡量することの困難さを考慮したのかもしれない[36]。

学説に目を転ずると、本件行為に邸宅侵入罪の構成要件該当性を認めた上で、「被告人らの行為に可罰的違法性があるか、そして、被告人らの行為を刑法130条前段の罪に問うことは、表現の自由を定める憲法21条1項に違反するか[37]」というかたちや、刑法130条における「正当な理由がないのに」との文言の解釈に際して表現行為処罰の憲法適合性を考慮するかたちで[38]、内在的な憲法論を展開しようとする見解が存する[39]。

---

36) 比較困難な価値の迷路に立ち入ることを避ける思考が看取されるものとして、例えば、Winny事件最高裁決定（最決平成23年12月19日刑集65巻9号1380頁）における大谷剛彦裁判官の反対意見がある（「本件Winnyの持つ法益侵害性と有用性とは、『法益比較』といった相対比較にはなじまないともいえよう。本件Winnyの有用性については、幇助犯の成立について、侵害的利用の高度の蓋然性を求めるところでも配慮がなされているところであり、改めてこの点を考慮しての実質的違法性阻却を論ずるのは適当ではない」とした）。
37) 上嶌一高「判批」ジュリスト1431号（2011年）160頁。
38) 曽根威彦「ポスティングと住居侵入罪適用の合憲性」法曹時報65巻5号（2013年）20頁以下。同論文23頁は、「立川・葛飾両事件における管理権に基づくビラ配布のための立入りの排除は、ビラの内容を理由とするものであって、そこで主張されている管理権侵害の性質・程度は『不当な』ものとは言い難く、被告人の行為を『正当な理由がないのに』侵入したと評価することはきわめて困難である」としている。
39) これに対し、十河太朗「判批」刑事法ジャーナル14号（2009年）92頁は、「違法性阻却を認めるためには、その行為をとらざるをえない緊急性・必要性があるとか、他にとるべき方法がないといった例外的な事情が必要であろう」とし、違法性阻却を認めない。さらに、葛飾ビラ投函事件（最判平成21年11月30日刑集63巻9号1765頁）にかかる同「判批」平成22年度重要判

3 堀越事件・世田谷事件

いわゆる国公法二事件（堀越事件[40]・世田谷事件[41]）上告審判決は、いずれも、国公法102条1項[42]（政治的行為の制限）違反の罪による処罰の是非が争われた事案である。

最高裁は、「〔国公法102条1項〕にいう『政治的行為』とは、公務員の職務の遂行の政治的中立性を損なうおそれが、観念的なものにとどまらず、現実的に起こり得るものとして実質的に認められるものを指し、同項はそのような行為の類型の具体的な定めを人事院規則に委任したものと解する」（堀越事件）、「〔人事院規則14-7第6項7号〕については、同号が定める行為類型に文言上該当する行為であって、公務員の職務の遂行の政治的中立性を損なうおそれが実質的に認められるものを同号の禁止の対象となる政治的行為と規定したものと解する」（世田谷事件）と、国公法あるいは人事院規則の文言を制限的に解釈した上で、同罪の成否を検討した。

ここで採用された解釈について、各判決に付された千葉補足意見は、「国家の基本法である国家公務員法の解釈を、その文理のみによることなく、国家公務員法の構造、理念及び本件罰則規定の趣旨・目的等を総合考慮した上で行うという通常の法令解釈の手法による」ものである、とする。

このような整理には、異論も見られる。

蟻川恒正教授は、堀越事件について、「本件行為には『公務員の職務の遂行の政治的中立性を損なうおそれ』は『実質的に認められ』ないとの理由から被告人を無罪とした……。その形式は、法令解釈とそれにもとづく行為該

例解説（2011年）209頁も、違法性阻却について同様の枠組を掲げている。
40) 最判平成24年12月7日刑集66巻12号1337頁。
41) 最判平成24年12月7日刑集66巻12号1722頁。
42) 国公法102条1項は、「職員は、政党又は政治的目的のために、寄附金その他の利益を求め、若しくは受領し、又は何らの方法を以てするを問わず、これらの行為に関与し、あるいは選挙権の行使を除く外、人事院規則で定める政治的行為をしてはならない。」と規定し、人事院規則14-7第6項7号はこれを受けて、「政党その他の政治的団体の機関紙たる新聞その他の刊行物を発行し、編集し、配布又はこれらの行為を援助すること」が国公法102条1項にいう政治的行為に該当すると規定している。

当性判断であ〔る〕」、「この『限定』規範の定立を実質的な憲法適合性判断と性格づけることができるか否か〔について〕」、「千葉勝美裁判官の補足意見は、これを消極的に捉えるが、私は、社保庁職員事件最高裁判決による上記『限定』は、実質的な憲法適合性判断といいうるものであったと解する」とされる[43]。

千葉補足意見前掲引用部分に対する賛否という憲法学上の問題について、憲法学者の面前でしたり顔で語ることは避けよう。ただ、本報告の関心からは、これらの二事件においても内在的な憲法論が採用されていること、(当該手法を合憲限定解釈と呼ぶか、通常の法令解釈と呼ぶかはともかく) 憲法学上の議論を刑法上の概念を解釈する際に反映する術[44]がここに存在していることを確認しておきたい[45]。

Ⅳ　まとめにかえて

本報告は、大変雑駁ながら、憲法 (学) と刑事法 (学) のはざまにあると思われる問題について、概観してきた。

---

43) 蟻川恒正「国家公務員法二事件最高裁判決を読む (1)」法学教室 393 号 (2013 年) 87 頁以下。さらに、市川正人「国公法二事件上告審判決と合憲性判断の手法」法律時報 85 巻 5 号 (2013 年) 70 頁注 15 は、「多数意見の限定解釈は合憲限定解釈であるとの見方が有力である」としている (これに対する反対説として、駒村圭吾『憲法訴訟の現代的展開』(2013 年) 404 頁注 1)。また、前田雅英「公務員の政治活動の禁止と構成要件の実質的解釈」警察学論集 66 巻 3 号 (2013 年) 164 頁は、最高裁が「構成要件が予定する『処罰に値するだけの国民生活への侵害性 (その危険性)』の有無を慎重に判断した……。これを合憲的限定解釈と呼ぶこともできよう」とする。

44) 宍戸・前掲注 34) 208 頁は、「法律家として、2 つの法分野の要請を調和させる 1 つの解釈論である」と評価する。

45) 堀越事件最高裁判決に付された補足意見が「表現の自由の規制立法の合憲性審査に際し、このような適用違憲の手法を採用することは、個々の事案や判断主体によって、違憲、合憲の結論が変わり得るものであるため、その規制範囲が曖昧となり、恣意的な適用のおそれも生じかねず、この手法では表現の自由に対する萎縮効果がなお大きく残ることになろう。個々の事案ごとの政治的行為の個別的な評価を超えて、本件罰則規定の一般的な法令解釈を行った上で、その構成要件該当性を否定することが必要であると考えるゆえんである。」とすることに対し、前田・前掲注 43) 173 頁は、原審による手法と最高裁による手法で、「判断の明確性で、いかほどの差があるのであろうか」と疑問を呈している。

以上では言及できなかったが、共謀罪にかかる刑法等改正法案、特定秘密保護法等の立案・審議過程においてみられたように、立法（学）と憲法（学）と刑事法（学）が交錯する領域も存在する。

　通信の秘密に関しては、通信傍受法の制定をめぐって憲法（学）上の問題も含めた厳しい議論の対立が生じた。また、近年では、刑訴法197条3項（通信履歴の保存）の新設をめぐって、やはり憲法（学）上の問題も含めた議論があった[46]。

　（あまりにも当然のことながら）世の中で生ずる法的な紛争が学問領域の垣根に配慮してくれるわけはないから、本文で概観した法解釈に際しても、あるいは、ここでごくわずかに取り上げた立法の場面においても、各学問領域間の「隙間」に気付かされる場合がある。このため、（実務家はもちろん）研究者も、このような隙間に対応するという、いわば「隙間産業」の仕事を求められる場合がある。

　私の見るところ、現在では、憲法学者であれば憲法学の特定の領域を専門とする、刑事法学者であれば刑事法学の特定の領域を専門とするというように、多くの研究者の研究対象領域は、担当する講義の科目名としての領域（あるいは「座っている椅子（ポスト）」に付けられた名前としての領域）と、いわば「1対1対応」しているように思われる[47]。

　このような「1体1対応」が、各問題領域における研究の深化を支えてきたことに疑う余地はない。このため、今後も、「1対1対応」が研究者とし

---

[46]　もっとも、曽我部真裕「通信の秘密の憲法解釈論」Nextcom16号（2013年）20頁以下も指摘するように、憲法学上、通信内容に対する憲法上の保護と通信の当事者の身元、日時、発受場所等の外形的事項の保護のあり方の相違にかかる議論は、やや手薄であるようにも思われる。この点については、憲法学に更なるご教示をお願いしたいところである。なお、通信の秘密の保護範囲につき沿革も含めて検討するものとして、宍戸常寿「通信の秘密に関する覚書」長谷部恭男ほか編『現代立憲主義の諸相』（有斐閣、2013年）508頁以下。

[47]　もちろん、本文のような記述は議論の整理のためにデフォルメしたものではある。佐伯仁志＝道垣内弘人『刑法と民法の対話』（有斐閣、2001年）、佐伯仁志『制裁論』（有斐閣、2009年）、小林秀之＝安冨潔『クロスオーバー民事訴訟法・刑事訴訟法〔第3版〕』（法学書院、2010年）等、領域の垣根を越える法的な問題に正面から向かい合ってきた優れた先行研究が存在することはいうまでもない。また、拙著『正犯と共犯を区別するということ』（弘文堂、2005年）も、共謀共同正犯論をめぐって刑法学と刑事訴訟法学の両領域に目配りしつつ論じようと試みたものである。

てのあり方の王道であり続けるだろう。

　ただ、前述のような「隙間」の存在に鑑みると、「隙間」に対応する人材の必要性も否定し難い[48]。その意味で、最高法規たる憲法を研究対象とする専門家が、本企画のような、諸領域の紐帯となり得る場を設定されたことは、まことに喜ばしい。本企画の今後の発展に大いに期待する次第である。

　　法律時報誌掲載時追記（2014年3月）：報道によれば、福岡地裁は平成26年3月5日、捜査上GPS端末が用いられた事案について、「『GPS端末の設置と覚醒剤事件に関連性はない』としたものの、弁護側が捜査手法を問題にした点については『傾聴に値する部分も多々含まれている』と述べた」、という（朝日新聞デジタル2014年3月5日）。

　　追記（2016年1月）：座談会の基調報告としての本稿の性格に鑑み、本稿は一部の微修正を除き原則として法律時報誌掲載時のままとした。ここでは、以下の3点を特に補っておきたい。

　　前掲・福岡地判平成26年3月5日はLEX/DBに収録された（文献番号25503382）。

　　また、平成27年には、大阪地裁において、GPS装着型捜査（車両にGPSを装着して位置情報を取得する捜査）につき、2件の注目すべき決定が行われた（大阪地裁平成27年1月27日決定LEX/DB文献番号25506264、大阪地裁平成27年6月5日決定LEX/DB文献番号25540308）。

　　GPSを利用した捜査手法等、監視捜査と称される手法にかかる問題（本文中では「取得時中心主義」と整理した問題）については、その法的規律のあり方を巡り、近時、議論が活発化している。

---

[48]　曽根威彦「不法行為法における『違法性』概念」早稲田法学85巻1号（2009年）21頁以下は、「もう一つの〈比較法学〉の試み」という文言をサブタイトルとして掲げ、また、平川宗信「判批」刑事法ジャーナル24号（2010年）98頁は、「日本の刑法学は、いまだに刑法理論の枠内で憲法的名誉毀損法理論からは立ち遅れた議論をしている。刑法学は、憲法理論にもっと目を向ける必要がある」と指摘している。

［座談会］
憲法と刑事法の交錯

亀井源太郎　宍戸常寿　曽我部真裕　山本龍彦

I　はじめに——問題提起

宍戸（司会）　本日は亀井さんをお迎えしています。まずは亀井さんから、「［基調報告］　憲法と刑事法の交錯」のうちから、要点もしくは強調されたいポイントをご説明いただいて、そこから議論に入りたいと思います。よろしくお願いします。

1　刑事法学からの問題提起

亀井　大きく分けて、2点申し上げたいと思います。一つは「憲法と刑事手続」と題して、刑事訴訟法と憲法、ないし刑事訴訟法学と憲法学の交錯領域について、もう一つは「憲法と刑法」と題して憲法学、刑法学の交錯領域について、議論をしていきたいと思います。また、必ずしもそれらにおさまりきらない問題として、立法の議論、あるいは少し大きなテーマですが、そもそも学問領域の垣根に配慮した形では現れない法的問題への対応について、若干触れることになるかもしれません。

2 憲法と刑事手続

憲法と刑事手続の中では、まずは、捜査との関係を考えてみたいと思います。刑事手続上のある処分が強制処分にあたるか、あるいはそもそも憲法上許容されるかということを考えるときに、そこで侵害される利益の性質を考えながら、その利益の性質や侵害の程度との兼ね合いで議論を進めることになります。そこでは当然、憲法の議論が参照されます。

亀井源太郎 氏

ただし、従来はどちらかというと、山本さんが「イントロダクション」で取得時中心主義と整理なさっているように、ある処分を行う時点での侵害性に着目してきたように思われます。憲法学でも議論があるようですし、刑事法の方も徐々に議論が動いてきているところですので、このあたりは今回議論の対象になるのではないかと考えています。

また、刑事手続法上の制度の合憲性が問題となることもあります。戦後すぐには、新憲法下で新刑事訴訟法の中のいくつかの制度について、その合憲性が問題となったことがありましたし、近年でも、例えば裁判員制度の合憲性が争われたのは記憶に新しいところです。このあたりも憲法学と刑事法学で関心のあり方が異なるかもしれませんが、角度の違いも含めて、議論すべきかもしれません。

また、刑事手続において、憲法を直接根拠とした判断が行われる場面もあるように思われます。例えば高田事件（最大判昭和47年12月20日刑集26巻10号631頁）は、「現行法上よるべき具体的な明文の規定はない……が、免訴の言渡をするのが相当」としており、憲法が直接の根拠とされているようにも思われるのです。

3 憲法と刑法

次に憲法と刑法ですが、ここでは刑罰を科すことが憲法上の権利の制約になるのではないかという場面をいくつか取り上げてみました。

一つは名誉毀損です。名誉毀損については古くから議論がありましたが、近年では、インターネット上の表現、とりわけインターネット上のプロではない者による表現について、表現媒体がインターネットであること、あるいは表現主体がプロではないことに配慮するのかといった問題が起こっています。

また、立川自衛隊宿舎事件（最判平成20年4月11日刑集62巻5号1217頁）に代表されるような、一定の文書、とりわけ政治的な表現にかかる文書を配布するために一定の場所に立ち入ることを建造物侵入罪や邸宅侵入罪等で処罰することについて、表現の自由等との調整をどのように図るのか。刑法学上どのような位置づけで議論するのかも含めて、議論があり得ます。

ここでは大きく分ければ、刑法学上は建造物侵入罪なり邸宅侵入罪が成立することを認めた上で、さらにその処罰の憲法適合性を問うという形で、外在的に憲法の議論をするという方向もあるでしょう。これとは異なり、立川事件の下級審のように構成要件該当性のレベルでは、客体の性質等から議論を進めた上で、違法性の有無について憲法上の議論についての配慮をするというやり方、いわば内在的な憲法論を展開することがあるかもしれません。

同じような整理が、国公法二事件（最判平成24年12月7日刑集66巻12号1337頁・1722頁）においてもできそうです。これらの事件については、それぞれに付された千葉補足意見の読み方について、憲法学上も争いがあるようですので、ご教示をいただければと思っています。

II　憲法学からの問題提起

宍戸　多岐にわたる論点について、問題を整理していただいたと思います。次に山本さんから、どういった背景のもとに憲法学からの問題提起があるのか、ご説明いただければと思います。

1　刑事訴訟法学との交錯

山本　では、私の方からも、「イントロダクション」で触れた点を、少し敷衍させていただきます。

一つは、先ほど亀井さんからご紹介いただいた、「取得時中心主義」にかかわるものです。刑訴法学は、警察による個人情報の収集・取得の正当性については、「強制処分か、任意処分か」というコードで縷々論じてきたのだけれど、取得個人情報のその後の取扱いについては、あまり関心をもってこなかったのではないか。刑訴法学における「取得後」問題への一般的無関心はどこから来るのか、というのが最初の問題提起です。

　亀井さんもご指摘のように、実際のポイントは、情報取得行為の被侵害利益をどのように捉えるかにあります。「イントロダクション」でも指摘しましたが、刑訴法学における、あるいは実務における伝統的な強制処分該当性判断は、情報を「取る」ことではなく、容貌・姿態を「撮る」ことや「見る」こと、つまり、古典的なプライバシー概念を前提にしていたように思います。また、情報保存技術の限界やコストから、「取得後」問題をそれほど深く考える必要もなかったのでしょう。その意味で、被侵害利益も、瞬間的・1回的・短期的なものを想定すればよかった。技術的限界から、取得した情報は、いま捜査中の事件のみに使われること、つまり「使い捨て」が前提とされて、それを将来起こりうる無数の潜在的事件のために、半永久的にストックし、使い回されることはあまり考える必要がなかった。そうであれば、「取得時」のみをみて被侵害利益を見積もることにも、理由があったのかもしれません。

　他方、憲法学は、佐藤幸治先生の自己情報コントロール権論を手がかりに、本人の意に反する情報の保存や利用・提供、最近の情報技術を前提にすれば、特定のアルゴリズムを用いた解析（データマイニング）に対しても一定の関心を払ってきました。取得後の情報の管理・取扱いに対するセンシティビティを、ある程度もってきたのだと思います。そうすると、情報取得行為の被侵害利益も、取得時の瞬間のみを切り取って評価するのではなくて、取得後の保存・利用・解析などを含めて、より時間拡張的に評価するという考えが出てきてもおかしくはありません。私は、姿態を撮られることで感じる瞬間的な羞恥よりも、その情報が将来どう使われるかわからないという不確実性の方に、より強い脅威や権力性を感じます。現在の情報技術の発達を踏まえて、事件ごとの情報の「使い切り」ではなく、「使い回し」を前提にした

議論が重要なのだとすれば、情報取得行為の強制処分該当性についても異なる考慮が必要になってくると思います。

ただ、こうした考えが、刑訴法のパラダイムや実務とどの程度フィットするのか。これも「イントロダクション」で問題提起したことですが、ある事件のための情報取得行為と、別の潜在的事件のための保存・利用・解析行為を分けて考えるという切断戦略も理論上ありうるところです。この場合、情報取得行為の侵害性は、やはり取得時だけをみて判断することになる。その後の取扱いについては、別途争いなさい、と。こちらの方が、過去に起きた犯罪の捜査にかかわる刑訴法の基本的枠組みになじむという意見もありえます。

いまの点に深くかかわりますが、警察による情報実践と法律の必要性との関係についても触れておきます。日本では、DNA型データベースも指紋データベースも、法律の根拠がありません。また、Nシステムの合憲性が争われた事案で、原告側は、ドイツの議論などを参照して、法律の根拠なく運用されていることの問題性を指摘したのに対して、ある下級審は、「我が国においては、警察は、警察法2条1項の規定により、強制力を伴わない限り犯罪捜査に必要な諸活動を行うことが許されている」と述べて、具体的な法律の根拠を要しないと結論づけています（東京高判平成21年1月29日判タ1295号193頁）。これも、情報の組織的保存や利用に関する被侵害利益の査定問題とかかわってきますが、ガバナンスの問題として客観的に捉えた場合にも、情報の適正な管理を担保するための構造を法律上明記しておくことは重要だと思います。法律の留保の考え方についても、議論を深めていきたいところです。

捜査の問題から離れますが、裁判員制度の合憲性についても触れておきます。最高裁はこれを合憲と判断しましたが（最大判平成23年11月16日刑集65巻8号1285頁）、最高裁自ら「刑事司法の基本に関わる問題」と捉え、非常に丁寧な憲法解釈を行いました。しかし、最高裁が同時に、「裁判員制度が規定する評決の下で、裁判官が自らの意見と異なる結論に従わざるを得ない場合があるとしても、それは憲法に適合する法律に拘束される結果である」から、違憲との評価を受けない、と述べている部分がやや気になります。

「憲法に適合する法律」という文言のうち「法律」という部分を強調すると、それは司法権の法律化という問題と結びつくからです。例えば、アメリカでは量刑委員会が量刑ガイドラインを策定しているわけですが、そういった制度を「法律」で立ち上げれば、憲法上の問題は消失するのか、政治部門が法律を通じて司法権の基本構造をデザインしていくことの憲法上の限界が厳格に問われてよいかもしれません。

それから、高田事件判決は、亀井さんご指摘のように、憲法37条1項の「迅速な裁判」という言葉の抽象性・相対性にもかかわらず、この条項から、直接、「免訴」という具体的な手続を引き出しました。こうしたことが、他の条項では起こらないのか、議論してもよいと思います。例えば、古い判例は否定的ですが、憲法38条1項の自己負罪拒否権から、黙秘権の告知を受ける権利や手続が本当に引き出されないのか。これは、現行の刑訴法上の手続の中に憲法ランクを得ている憲法的刑事手続があるのか、という問題にかかわります。また、その延長に、取調べの可視化などの憲法的位置づけをめぐる問題があるのだと思います。

2 刑法との交錯

次に、刑法との交錯ですが、まずは堀越事件の読み方を問題にしたく思います。ここでなされた「限定解釈」を、「合憲限定解釈」とみるべきか、それとも千葉補足意見のように、合憲限定解釈ではなく、「通常の法令解釈」ないしは「丁寧な解釈」とみるべきか。亀井さんの基調報告では、両者の区別にはさほどの実益がないと考えられている印象を受けましたが、本当にそうなのか、議論できればと思います。特に、ご著書で、合憲限定解釈とは異なる「憲法適合的解釈」という解釈技法を紹介されている宍戸さんのご意見を伺いたいところです（宍戸常寿『憲法 解釈論の応用と展開』305頁）。

さらに、公務員の属性や人間観をどう考えるのかも、重要な論点になると思います。世田谷事件は、限定解釈を施しつつも、堀越事件と異なり、被告人が管理職であったために、勤務時間外の、いわば「私人」としての政治的行為であったにもかかわらず、構成要件該当性を肯定しました。ここでは、裁量権をもつと、それを自分の政治的傾向のために行使せずにはいられない、

公私のけじめのつけられない弱い個人が前提になっているように思われます。

　他方、世田谷事件に付された須藤反対意見は、「各公務員の自律と自制の下では、……職務の遂行に当たって、そのような〔自らの〕政治的傾向を持ち込むことは通常考えられない」(傍点山本)と述べています。ここでは、公私のけじめをつけられる強い個人を前提にしている。こうして、須藤反対意見は、勤務外に、「いわば一私人、一市民として」政治的ビラを配った本件被告人の行為を、その管理職たる地位にもかかわらず、限定解釈後の構成要件から外したわけです。公務員の属性やその人間観が、世田谷事件で多数意見と反対意見を分けたポイントになっているとすれば、この点を検討しておく意味もあるのではないでしょうか。

　立川自衛隊宿舎事件については、これまでお話してきたことと関連する二つの問題に触れておきます。一つは、ここで最高裁が、亀井さんのご指摘のように、刑法外在的な憲法論を展開したこと、すなわち、刑法の構成要件解釈に関する議論と、憲法の表現の自由に関する議論とを切り分けたことと関係しています。これは、堀越事件が、刑法の構成要件解釈レベルで憲法価値を考慮したのと対照的です。このようなアプローチの違いはどこから来るのか、そして、その違いに規範論的な意味はあるのか、構成要件の保障機能や表現の自由の行使に与える萎縮効果などを踏まえて具体的に議論できればと思います。

　ところで、立川自衛隊宿舎事件は、憲法学からは評判のよろしくない判決ですが、この判決が、憲法論を刑法論から独立させて、表現手段が「他人の権利を不当に害する」(傍点山本)か、という法理を使ったことは注目されてよいと思います。これは、ビラ投函・配布の「場所」や「態様」に関する考慮に対して開かれた法理であり、「不当」性判断の中でこうした事項を綿密に検討することで、表現の自由に配慮した結論を導出しうるものだと思います。こうした検討を拒否して、ただやみくもに判決を批判することは、あまり生産的ではないと思います。

　二つ目は、やはり公務員の属性にかかわります。この事件が「公務員」の宿舎で起きたという事実を重視すれば、国公法二事件と同様、公務員と政治との距離が問題になったものといえます。ここでは、公務員の「政治的中立

性」を維持するために、彼らをあらゆる政治的意見から隔離・遮断しておくべきか、むしろ、あらゆる政治的意見との接点をもたせておくべきかが問われていたようにも思えます。判決は、この点について語っていませんが、結論からいえば、前者の考えを伏在させているようにみえます。これは、先ほどの人間観とも整合的です。

最後に、亀井さんは、プロの言論とアマの言論とで、名誉毀損の免責要件、とりわけ誤信相当性の判断が変わってくるか、という問題を提起されました。消極的な方向で、最高裁がすでに決着をつけた論点のように思えますが（最決平成22年3月15日刑集64巻2号1頁）、真実性の誤信につき「確実な資料、根拠に照らし相当な理由があるとき」という免責要件は、あくまでも新聞社などによるプロの言論を前提にしたもののようにも思われます（最大判昭和44年6月25日刑集23巻7号975頁〔夕刊和歌山時事事件〕）。「確実な資料、根拠」は、プロの取材「特権」なしでは入手困難なようにも思えるからです。

たしかに、弁護士による表現行為にもこの法理が適用されていますが（最判昭和51年3月23日刑集30巻2号229頁）、弁護士も言葉を扱う専門職だ、という点では、「プロ」に分類できるかもしれません。

この論点については、「情報漏洩社会のメディアと法　プロとアマの差はなくなるか」という論文（ジャーナリズム251号44頁以下）をお書きになっている曽我部さんのご見解を伺えればと思います。

Ⅲ　憲法と刑事手続

1　憲法と捜査法

宍戸　まずは憲法と刑事手続の中でも、特に情報の取得等にかかわる「憲法と捜査法」から議論を始めましょう。

亀井さんから、山本さんにご指摘いただいたことにいまの段階で何かあれば応答していただき、あるいは曽我部さんから補足していただければと思います。

亀井　山本さんからの問題提起は非常によくわかりました。かつては、情

報取得後にデータベース化する、あるいはそれを解析するといっても、大したことはできなかったのかもしれません。しかし、現在の技術は相当進んでいて、例えば大阪駅で顔認証による自動追跡の実証実験をやってみようというところまで来ているようです。『マイノリティ・リポート』、あるいは『ブレードランナー』的な世界まであと一歩という感じもするので、そこに着目しようというご関心はよくわかります。

ただ、それを刑事手続の中でどのように取り上げるかは、問題です。権利侵害に対する刑事手続における争い方はいろいろあるわけですが、例えば捜査段階で争う場合、押収にかかわるものであれば、押収について準抗告で争う、という選択肢があります。しかし、準抗告で争うに際し、保存やその後の解析・利用といった、まだ生じていないことを当該押収による侵害性の中に織り込むことは可能なのか。従来の、例えば写真撮影の侵害性が問題となった場面であれば、写真撮影一般ではなくて、「こういう場面での写真撮影」と具体化された処分の侵害性の見積もりをするという方法とは、かなり違うのではないか。つまり、従来は当該具体的な処分の侵害性を測定してきたところ、その種の侵害一般が持つ抽象的な侵害性も織り込むべきだとすると、少なくとも、従来の方法とはかなり異なるように思われるのです。

また、山本さんが指摘されているところの、DNA 型データベースの根拠は公安委員会規則で足りるかという問題についても、その侵害性をどのように見積もるかが問題になるでしょう。さしあたり、これくらいでしょうか。

曽我部 取得時中心主義が問題だという問題提起そのものはまったくおっしゃるとおりかと思います。これは結局、プライバシーの話ですが、まさに先ほど亀井さんがおっしゃった大阪駅の事例が刑事手続ではないということに示されているように、憲法の場合は訴訟の場面だけではなくて、全般を視野に入れて議論する必要もあるということです。

情報の保存・解析をどういう形で憲法に乗せていくのかということですが、従来、プライバシー権を拡張していくなかで、自己情報コントロール権という発想があったわけです。しかし最近では、個人情報の扱い方を例えば事業者なり行政機関にどう課すかという話で、プライバシーをある意味で客観法化しているところがあります。それに対して権利を付与する形になっていく

部分もあるでしょうか。

　客観法化していくと、やはり法律で規律すべきということにもなっていきます。基本的に警察の情報管理・解析の現状は個人情報保護法の適用除外が多く、十分な規律がされていない点に、そもそもの問題があると思いますので、実際にはこの辺りを考えていく必要があるかと思います。

　法律の留保との関係ですが、前提として、強制処分、任意処分という区別と法律の留保でいうある種の権利侵害、例えば侵害留保でいう侵害と非侵害のラインはずれているのではないかという気がしています。職務質問の場面で手をかけて制止した場合も任意処分なのかという議論がありますが、こうした場面でも本当に法律の留保でいうところの侵害に入らないのかどうか。微妙なずれがあるかと思うので、亀井さんにお伺いしたいと思います。

　それから、実体の規制と手続的な規制との関係も気になるところです。刑訴法の先生方はアメリカ法を専攻なさっている場合が多いので、実体的な根拠がなくても手続的規律で何とかしようという発想があるかもしれません。しかし憲法の場合、ドイツ法的な発想の先生方も多く、そのことがこの問題についても微妙に表れている印象を持ちました。

　宍戸　曽我部さんのお話を受けまして、もう少し別の角度からお伺いしたいと思います。一つは、憲法学の側からは、公権力によるいろいろな情報取得の問題をプライバシー侵害にとらえ直して規律をかけようとするわけです。ところが刑事手続の中では、例えば令状を出して強制処分を行うときにも、任意処分を行うときにも、その取得時の段階で適法性が判断されます。そのために、取得以降の情報管理や再利用のあり方という問題については、令状発布であるとか、あるいは証拠能力を判断するといったときには、うまく規律が届きません。

　そこで憲法学者としては、例えば国家賠償によって問題を追いかけていくことを考えるわけです。ところが国家賠償で捜査上の問題を追いかけようとすると、それは捜査の適法性の問題なのだから、最終的に有罪・無罪を判断する裁判の中で基本的に判断するのだとされており、議論として取り上げてくれない傾向があったのではないか。そうすると、問題が刑事訴訟と国家賠償訴訟の狭間に落ちてしまいます。

その打開の一つの方法は、立法で類型的に令状の対象となるような処分を定めて、例えば顔写真を撮るとか、DNA を採取することは後に利用される可能性が高いので、捜査に本当に必要なのかを確かめる、あるいは後のことまで考えた上で、裁判官が令状を出すかどうかを決める。そして、立法と裁判所の判断の連動で捜査権力を抑えていく。国賠がうまく機能しないとすれば、こうして適切なコントロールをかけていくというやり方ぐらいしか思いつきませんが、それがはたしてうまくいくのか、うまくいかないのであれば、どこに問題点があるのかという疑問を、亀井さんと山本さんに投げてみたいと思います。

　もう 1 点、先ほど曽我部さんから法律の留保と強制処分法定主義の問題にずれがあるというご指摘がありました。これがどういう関係に立っているのか、私自身長年疑問に思っていました。本来、憲法学の観点からすると、捜査はそれ自体が人身の自由に対する強烈な侵害です。人権思想を持ち出すまでもなく、あるいは憲法上の権利が立法や行政、司法を拘束するという第二次世界大戦後の憲法理論に立つまでもなく、捜査はそれ自体が自由と財産に対する強烈な侵害なのであって、コントロールしなければいけない。そういうことで、まず先に強制処分法定主義があって、その警察法の領域から、より一般的な法律の留保や比例原則が次第に発展してきたはずです。

　ところが、警察法の上に乗っかっていろいろ発展した内容が、いまの我々の人権理論となり、プライバシー権となっていったものが、刑事手続の中ではうまく対応できないとすれば、何が問題なのか。法律の留保論でうまくいかないとすれば、手続の中で適正に処理していくアメリカ型の方向性になる。おそらく田宮裕先生の刑事訴訟法理論がそういうものだったろうと思うのですが、裁判官を強く信頼して、裁判官が実定刑事訴訟法の文言にとらわれることなく、ある程度柔軟に due process を追求していく中で、法創造的にコントロールしていくこともあれば、捜査手法を認めていくこともある、ということになるのではないか。

　田宮先生の後、こうした問題は、現在の刑事訴訟法でどのような理論展開を遂げており、そこに憲法学のつけ入る隙があるのか、ということを少しお伺いしたいと思います。

亀井 たしかに法律の留保の議論は強制処分該当性の議論とずれるところがあります。そのことは、例えば、厳密には捜査ではありませんが、自動車検問について根拠規定をどこに求めるかといった議論からも看取されます。いわゆる警察の責務説は、警察法2条1項に根拠を求めて、交通検問については、それに加えて自動車運転をすることが許されていることに伴う当然の負担だから、という補強をする。そのような議論は法律上の根拠を求めようとしていますが、強制処分だからというわけではない。さしあたり、このようにお答えすべきかと思います。

　もう一つ、はたしてきちんとした議論として成立するか迷いますが、刑事手続の中で情報の再利用や、その前提としての解析について考慮するのがなかなか難しく、国賠でも難しいという話については、ある種の処分一般の侵害性を抽象的に織り込んだ立法や令状にかかる仕組みを考えられないかということを検討してみる必要があるかと思います。

　どこまで最高裁が意識したかはわかりませんが、基調報告で取り上げた平成21年のエックス線の判例は、エックス線検査をすることは「内容物によってはその品目等を相当程度具体的に特定することも可能」であるという言い方をして、強制処分としての検証であるとしています（最決平成21年9月28日刑集63巻7号868頁）。これは、「内容物が現実にこれこれとわかってしまったから、侵害性が高い、強制処分である」という言い方とは距離があります。事例の限定がついた上ではありますが、そういったエックス線検査一般の侵害性が高いという言い方をしていて、裁判所は、一定の抽象的な、まだ起こっていない侵害も織り込んだ上で、強制処分だと考え始めているのかもしれません。このような判示は、侵害性を見積もる際に、取得以降に起こる侵害の強さを織り込むという議論につながっていくのかもしれません。これは平成21年判例の読み方としてはかなり乱暴かもしれませんが、ここに議論のきっかけはあるのかもしれません。

山本 亀井さん、宍戸さんからは、取得時段階で、取得後の問題を取り込む連続戦略の難しさをご指摘いただきました。確かにここでは、再利用や解析などが将来行われるリスクや危険を考慮せざるをえません。ただ、侵害概念の査定に、漏洩などが将来起こるリスクや危険を読み込んだ判決として、

住基ネット判決（最判平成20年3月6日民集62巻3号665頁）があります。そこでは、漏えい等が起こる具体的危険性が、実際にそれが起きていない段階で見積もられています。情報技術の発展と、個人情報保護法制の具体的規律が及ばない警察の情報実務を踏まえれば、「使い回し」や多目的利用を前提にした侵害概念の査定があってもよいように思えます。

　この点で、エックス線判例の亀井さんの読みは興味深いです。宅配便荷物に具体的に何が入っていて、実際に何が見られたかではなく、何かが入っている「可能性」や、それが見られる「可能性」が、当該侵害概念の中に前倒し的に読み込まれています。

　また、私も、取得後の情報の管理などについて法律による規律が重要だと思っています。ただ、問題は、法律制定をどのように促していくかでしょう。私は、連続戦略を、法律制定を促すインセンティブになるのではないかと考えています。取得後の情報管理について具体的な法律的規律がなければ、侵害性が高く見積もられる反面、それがあれば、リスクは軽減しますから、逆に侵害性は低く見積もってもよい。非常に取引的になります。立法があれば、裁判官は取得時だけをみればよいことになりますから、結果的には切断戦略に近くなり、刑訴法の伝統的枠組みにも親和的となるのではないでしょうか。

　強制処分法定主義と法律の留保論とのずれは重要な論点ですね。DNA型データベースのための登録などは、正面から強制処分といえないまでも、DNA型データベースの創設・運用自体が、予防国家にもつながる重要事項として、法律という形式で民主的に決めるべき事項といえるかもしれません。

　曽我部　いわゆる田宮説であるところの新しい強制処分説についてですが、あの議論は刑事立法がほとんど動かない時代を前提にして、その中でどうにか令状主義という角度からコントロールを広げていくという試みであったかと思います。そのときに、裁判所ないし裁判官を通じて一定の価値を実現していくという方策をとられたように思うので、いまの時代でまったく同じ議論がされるかというと、今日ではむしろ正面から立法が議論されるべきではないかという感じはしています。

2 刑事手続の制度と憲法

宍戸 この論点は、刑事手続に関する制度と憲法の問題につながってきます。田宮先生を挙げたことにもつながりますが、亀井さんの基調報告で取り上げていただいた裁判員制度の合憲性の議論を手掛かりに考えてみたいと思います。

最高裁は、裁判員制度合憲判決で、非常に巧妙に立ち回っていると私は考えています。というのは、最高裁によれば、刑事裁判の基本的な担い手が裁判官であるということを謳い、そうであるがゆえに、刑事司法の基本的担い手としての裁判官という部分を崩さないから裁判員制度は合憲であり、そしてそれに従う限りで、裁判官の独立には反しないというロジックを組み立てているからです。最高裁は、裁判員制度を導入する際に、同時に自分たちが刑事司法の基本的担い手であるというフレーズをもって、非常に大きなものを確保しているというのが私の見立てです。そのことは、しかし、この判決に限りません。自分たちが刑事司法の基本的担い手であるという線を、最高裁は過去一貫して譲ってこなかったのではないか。

代表的な例が、尊属殺事件最高裁判決（最大判昭和 48 年 4 月 4 日刑集 27 巻 3 号 265 頁）でしょう。基本的な理屈としては、普通殺と尊属殺の間で刑の加重の程度が著しく均衡を失しているという理由で、旧刑法 200 条を憲法 14 条 1 項違反にしたわけです。しかし、実態として見れば、裁判官の量刑判断の相場観があって、それに対して、立法でおかしな介入をしており、裁判官の手足を縛っていることが良くないのだという判決ではなかったか、と感じています。

刑事裁判所自身が、違憲立法審査権を持って自らの規律する法律を判断しているという構造が、憲法裁判所とは違い、あるいは普通の刑事手続についてダイレクトに自分が判断するのではなく法令の合憲性の判断に事実上機能を純化させているアメリカの連邦最高裁とも違って、日本の刑事司法に関する裁判所の強力なポイントではないか。

さらに踏み込んでいえば、法制審議会に刑事裁判官が参加しており、事実上、最高裁が拒否権を持っています。制度の設計について、自分たちが刑事

裁判でやりにくい立法は通さないし、逆に法務省を介したチャンネルで刑事立法を通しているという実態があるのではないか。刑事法の分野で、そのこと自体あまりにも自明ないし当然のことと思われてはいないだろうかということを、お伺いしたいと考えています。

曽我部 宍戸さんの指摘は説得力に富んでいると思いますが、他方で裁判員制度においては、裁判員が、事実認定、それから法令適用、有罪の場合の刑の量定について意見を述べ、評決を行います。裁判員制度の合憲判決では、これらの判断は「司法作用の内容をなすものであるが、必ずしもあらかじめ法律的な知識、経験を有することが不可欠な事項であるとはいえない」としています。私はこの部分に引っかかりがあるのです。特に司法修習においては、刑事裁判修習の中心が事実認定のトレーニングであることからもわかるように、司法権において事実認定は重要な要素となっています。こうした視点からすれば、判決のこの部分は、実は非常に重要なことを言っているのではないか。もちろん、デフォルトは裁判官が担うのだと、それにどこまで入っていけるのかという判決の構造だとは思いますが、この部分は注目されるのではないかというのが一点です。

もう一点、高田事件にかかわりますが、刑訴法上の原則を憲法ランクのものとして位置づけることについてです。これは外国では珍しいことではなく、例えばフランスでは、法律の規定に基づいて、憲法的な価値を持つ原理を、憲法院が創出するといった例もあります。結社に関する法律を憲法レベルの効力があるとした判断が、その一例です（憲法院1971年7月16日判決）。こうした例が、日本でもあるのかどうか、ということだと思います。

ここで関連があるのか、これまた微妙な例ではありますが、例えば日本の最高裁は国民意識の変化といった点を強調する判決を、近年多数出しています。このような一定の定着した刑訴法の原則を、国民意識の変化のような形で格上げしていくといったことも、ロジックとしては使えるかもしれません。

別の方法として、制度後退禁止原則があるかと思います。ただし、現状では裁判上なかなか認められないので、先ほど申し上げたことも含めて複合的な論拠として、これから開発できるのかを探ってみたいところです。

宍戸 曽我部さんのご指摘を受けまして、もう一点だけ追加します。ある

種の刑事手続上の原則を憲法ランクのものとして位置づけることの実際上の意味が、どこにあるのか。憲法化して捉えるということは、硬直化を促し、良くも悪くもいろいろな制度改革を妨げるという弊害があるわけです。しかし裏返せば、裁判所が立法の分野にも出張ってきていて、自らが違憲審査権も行使する、あるいは違憲審査権を行使しないでも刑事に関する法律を解釈運用している。その場面では、刑事手続上の原則が憲法化されたものであると捉えることには、刑事法学なり憲法学なり、法学が裁判所をコントロールする最後の審級を確保して、裁判所の手を縛るという意義があったわけです。

　ところが、起訴状一本主義、当事者主義、弾劾主義がどうしたといった、刑事法の根本原則が憲法上のランクに位置づけられるものだといった大きな議論は、最近ではあまりしなくなったのではないか。このことは、裁判所に解釈上ないし立法を通じて、刑事手続の形成についてフリーハンドの余地を広げていくという連関があるのではないか。こうした連関を、亀井さんが刑事法学者として、あるいは山本さんが憲法学者として、どうご覧になっているかをお聞きしたいと思います。

　亀井　それぞれが難しい問題ですね。まず尊属殺の件ですが、相場観ということと関係があるかは何ともいえないところがあります。ただ、量刑については、一定の幅を持った刑の中で、行為責任に応じたところを選択していますから、尊属殺を違憲とする背景に普通殺との差がありすぎ、尊属であることがそれほどの重みを持たないはずだという点、量刑の考え方から出てきたとはいえるようにも感じました。

　質問に質問で返すべきではないかもしれませんが、特に宍戸さんが紹介されたような裁判員制度に関する最高裁判例の読み方からすると、最高裁は陪審員制度を禁止したと読むべきなのか。その点、もしご意見があれば、伺いたいと思います。

　それから、事実認定の話がありましたが、事実認定についても裁判官がリードし得るとすると、裁判員制度はその仕組み上、プロの手が入っていないことにはならないという制度設計だとも考えられます。それとご紹介いただいた読み方と併せて読むと、裁判員制度は巧みに作られていると評価できるわけです。

刑事法における、憲法上の原理原則といった議論は、やや穏やかになっている面があるのは確かだと思います。刑法の議論でもそうですが、大きな概念によって議論を整理するということを続けていくと、そこにいろいろな意味が持ち込まれます。そうすると徐々に対立軸の意味がぼやけてくるので、そういった大きな議論・大きな概念を意識しながらもそこを主戦場とはせずに、各論的な議論をやろうといった揺り戻しが来ている時期なのかと思います。

ただ、刑事法も含めてこれだけ立法が動くようになってくると、立法や裁判所の判断、解釈によって乗り越えることができない大原則が何なのかを、強く意識しないといけない局面に来ています。先行きは、なかなか読めないのですが、議論の局面はまた変わっていくのだろうと思います。

それから、刑事訴訟法の関心からいいますと、例えば司法取引や類似の諸制度についての議論が法制審特別部会ではなされていますが、これらも憲法が許容するかどうか。ある原則が憲法上の原則であるとすれば、憲法改正まで要るのか。そういったことは立法との関係で非常に大きな意味を持ってくると理解しています。

山本 裁判員制度の判決では、宍戸さんがご指摘のように、裁判所が積極的に自らのアイデンティティを彫琢しているところがあると思います。そこは評価できると思った半面で、立法も立ち入れない司法権や刑事裁判の本質について、改めて議論しておく必要があると感じた次第です。

というのも、アメリカでは、時の支配政党の政治的イデオロギーによって、連邦法を通じて、いわゆる原告適格が拡大したり、縮小したりすることがあります。他方で、このあたりは色々な見方がありうるのでしょうが、連邦最高裁は、憲法論を展開して、他機関によって侵食されない自らのアイデンティティを積極的に描出してきたようにも思えます（Lujan v. Defenders of Wildlife, 504 U.S. 555〔1992〕）。いまの日本の政権を見ていると、政治による裁判所の囲い込みもなくはなさそうなので、こうした緊張感が重要かと思いました。

亀井さんに伺いたいのですが、例えば量刑判断のところで憲法上の問題が出てくる可能性は現実にあるのでしょうか。法定刑の範囲内で、尊属殺であ

ることが考慮されたり、政治的ビラの内容が考慮されたり、といった事態です。それがあるならば、裁判所の政治からの距離はなおさら重要になるように思います。量刑の話を持ち出した背景には、こういう問題意識がありました。

　もう一つは刑事手続の憲法化の議論ですが、これは、司法権や刑事裁判の本質が静態的で、法律と対抗的関係に立つのに対して、人身の自由規定に由来する憲法的刑事手続は、科学技術が発展する以上は動態的で、法律や制度と親和的関係に立つことがあるという考えを前提にしています。アメリカ憲法も、いわゆるミランダ・ルールやミランダ警告を規定しているわけではありませんが、自己負罪拒否権を実効化するものとして、あるいは自白強制を効果的に予防するものとして憲法上の位置づけを与えられています（Dickerson v. United States, 530 U.S. 428〔2000〕）。

　ただ、興味深いのは、アメリカの最高裁が、ミランダ・ルールを絶対的なものと捉えているのではなく、それ以上に、自白強制を予防するために効果的な手段・技術が現れて、国民意識も変化すれば、それがミランダ・ルールに取って代わることを認めていることです。アメリカの憲法学者は、取調べの録画が、ミランダ・ルールに代わる憲法的刑事手続になる可能性を指摘しています（Michael C. Dorf, *Legal Indeterminacy and Institutional Design*, 78 N. Y. U. REV. 875, 966〔2003〕）。こうみると、取調べの可視化のような政策論が憲法論とリンクしてくる可能性もあるのかと思ったということです。

　宍戸　まず、最高裁は、陪審制を排除する趣旨だと思います。

　いまの山本さんのお話のうち、後者は歴史法学につながりますね。法学が形成されてきた国民の規範意識を表現して、それを立法につなげていく。亀井さん、この辺りも含めて、いかがでしょうか。

　亀井　少し斜めから、山本さんの冒頭発言も踏まえてお答えする形になりますが、量刑と司法の独立について現在のところ、先に山本さんが言及された量刑ガイドラインに相当するものは日本にはありません。周知のように、量刑判断についてガイドラインを立法府等が設けることについては、アメリカでも違憲ではないかという議論があります。

　ただし、そこで行われている議論は、「イントロダクション」や冒頭発言

における山本さんのご関心とは異なる角度からのものです。

すなわち、その一つは、量刑改革法が量刑委員会に委任した立法権が憲法の許容する範囲内か否か、ということです。また、もう一つは、量刑ガイドラインの定める上限・下限を超えた量刑が裁判官に許されているところ、法定刑の上限・下限を超えるために一定の事由を陪審によらずに裁判官が認定する、それが陪審員裁判を受ける権利との関係で問題ではないか、とされているのです。これらの議論以上にご懸念のような司法権が有するべき権限を立法府が縛るとの議論は、いまのところ、アメリカでは見られないように受け止めています。

他方、立法府が、行為責任原則から考えておかしいような法定刑を規定した場合には、問題が生ずるのだと思います。しかしそのことは、司法権が持っているべき権限を立法府が不当に縛っているという形でではなくて、おそらくは行為責任に反した不当に軽い、あるいは重い法定刑だという形で、刑法内在的な議論として行われるのではないかと思います。

宍戸 論点は尽きませんが、前半はここまでとして、後半に続けたいと思います。

Ⅳ 憲法と刑法

1 堀越事件・世田谷事件

宍戸 引き続き、「憲法と刑法」というテーマについて、議論を進めたいと思います。曽我部さんから、ご意見をお願いします。

曽我部 堀越事件（最判平成24年12月7日刑集66巻12号1337頁）についてですが、限定解釈の評価につき、これを合憲限定解釈とするのか、憲法適合的解釈とするかで争いがあります。他方で、別にどちらでもよいといった見方があるのですが、私は千葉裁判官がなぜあれほど「合憲限定解釈ではない」と強調したのかについて関心があり、考えていました。

どのように限定するのかは立法作用のイシューであって、司法の範囲を超えるか超えないかという議論があり、もう一つは国の基本法だということを

理由として挙げています。私なりにこれを理解すると、おそらく公務員法制としては、大きな立法主義としてスポイルズシステムとメリットシステムというのがある。そのどちらを採るかによって、公務員の政治活動の範囲は変わってくるという理解があり、どちらをとるかは立法者の選択に委ねられているところがある。

　こうした中で、公務員の政治活動の規制が許される範囲を憲法上の解釈として示すと、仮に例えば、スポイルズシステムでは政治活動がより広く許容されるのだとすれば、この後そちらに転換することはできなくなってしまうということがあり、その辺りを考えているのかとも想像します。こういう理解を前提とすると、合憲限定解釈なのか、憲法適合的解釈なのかという点は、結果だけ見ると大して変わらないのですが、本件では非常に重要な区別なのだろうと思われます。

　それから、山本さんが問題提起された「人間観」ですが、多数意見は、そもそも管理職たる者、法律など何もなくても私生活において、ある程度節度を持って行動すべきであり、私生活でそれができない人間は仕事でもそうするのだろうといった間接事実的な形で使っている感じがします。勤務外での行為の評価について、そこが須藤反対意見と若干ニュアンスが違う。法律がなくとも、私生活上でも節度を持って行動すべきだという前提であるのだとすると、それも一つの考え方かという気がします。

　宍戸　私も、「憲法適合的解釈」ということを学生向けの自著の中で取り上げたことがありました（『憲法 解釈論の応用と展開〔第2版〕』309頁）。それは判例を個別に割り当てる分類上の問題としてではなくて、ポレーミッシュなものとしてこの手法をくくり出してきたつもりです。例えば高橋和之先生がお書きになった論考などを読んでも（例えば『立憲主義と日本国憲法〔第3版〕』416頁）、実は憲法適合的解釈という発想は従来の憲法学の中にもともと存在していたのだと感じています。

　ただ、このポレーミッシュな意義にも二つあると思います。一つは、法令の規定が違憲か合憲かとか、処分が違憲か合憲かという形ではなくて、法令解釈の段階で憲法解釈が働く余地が、実際にこれまでも多かった。そして、そのことの良し悪しも含めて争点化して評価するための居場所として、憲法

適合的解釈という概念装置を置くことの意味がある、と思っているところです。

さらにいえば、これまでも、「明白かつ現在の危険」基準を用いて扇動罪の規定を解釈すべきだという主張や、刑事法からは外れますが、泉佐野市民会館事件における「おそれ」の解釈は、まさに憲法適合的な解釈だったわけです。特に今回の堀越事件は、おそらく刑法上のわいせつ罪に関する裁判所の判例の展開と、パラレルに捉える余地があるだろうと思います。

そもそも刑法上のわいせつ文書頒布罪などについては、憲法学者はいまでも憲法21条に違反する可能性があると論じており、『チャタレイ夫人の恋人』事件でもそういう主張がなされましたが、最高裁はそれを一蹴したわけです（最大判昭和32年3月13日刑集11巻3号997頁）。しかも、その際には、「わいせつ」概念を伝統的なわいせつ3要件で理解してきました。それをご承知のとおり、『悪徳の栄え』事件で柔軟化した上で（最大判昭和44年10月15日刑集23巻10号1239頁）、『四畳半襖の下張り』事件において、文書の思想性、芸術性というものも考慮要素に挙げながら、わいせつ概念を緩和して、表現の自由という憲法価値を取り込んできました（最判昭和55年11月28日刑集34巻6号433頁）。

おそらくそれと同じことを、最高裁は堀越事件でもやろうとしているのではないでしょうか。法令違憲や判例変更を避けて、小法廷限りで考慮要素を挙げて、判断を柔軟化するという点もそっくりです。

さしあたり外在的に観察すれば、最高裁が置かれている制度的なアレンジメントの下で、ある違憲判断をするためには、小法廷限りではなく、大法廷まで持っていかなければならず、それが必要以上に判例変更にとって足かせになっており、それを避けるために、いわば実務の知恵が同じ道をたどらせているのではないかと、いえそうです。

ただし、その上で堀越事件をどう説明するか。これを憲法適合的解釈と呼ぶべきかについては、蟻川恒正先生の強いご指摘があるように（「国公法二事件最高裁判決を読む(1)(2)」法教393号84頁以下、395号90頁以下）、たしかに少し違和感がある。とりわけ千葉裁判官の補足意見は、合憲限定解釈を憲法判断回避の準則と非常に強く結びつけて、これは裁判官が法律の規定を違憲だ

と思ったときに回避するためのルールである、それに対して多数意見の解釈は、そのように裁判官が追い込まれたものではなくて、裁判官の ordinary work としてこなしたものだ、と説明しています。私は、そのこと自体に反対ではないのですが、裁判官が憲法解釈を持ち込むことによって、憲法違反の法令を解釈によってかなり大胆に書き換えてしまうという、まさしく山本さんがご指摘になった問題に対するブレーキが議論に入っていないことが、気になります。

そしてもう一点、亀井さんにお伺いしたいのですが、刑事法の分野では、構成要件の明確性が強く求められています。そして、「政治的行為」が明確性と結びつけば、それはまさしく政治的行為のことなのであって、公務員の政治的中立性を害するおそれのある行為一般である。それは明確ではあるが、過度に広すぎると、我々は考えてきたわけです。

先ほど曽我部さんからご指摘のあった点ですが、管理職的地位の有無もまったく問わずに、丸ごと明確なものとしての一定の決まった範囲の行為を処罰し得る、ということに、憲法学者は違和感を持って、例えば管理職的地位にある公務員に処罰範囲を限定すべきだなどと、議論してきたわけです。

このように本来、明確性と結びついていたはずの政治的行為を、判決のような形で平然と柔軟化することが許されるのか、違和感があるところです。私自身の態度表明はこのくらいにして、亀井さんのご意見を伺いたいと思います。

亀井 最後の点はお答えしやすいと思います。伝統的には、刑法学は構成要件は明確でなければならないとし、そこに規範的な要素を持ち込むことを嫌う傾向がありました。ただしその場合に、ただ構成要件を明確にするために幅広く処罰しておけばいいとは当然考えませんので、それを絞り込む仕掛けを随所に施してきました。

例えば違法性段階で絞り込む形で、違法性の段階で憲法上の価値の問題を持ち込むというのが一つのやり方です。このやり方についてはいろいろな評価があると思いますが、私などは後から絞り込むのであれば、構成要件段階で一定の絞り込みをやったとしても同じことだと強く考える流派に属しているわけです。

また、そういったやり方をしたときに処罰範囲が一見して明らかではないという問題が生じるわけですが、二つのお答えの仕方があると思います。一つは条文のレベルできちんと明確に書かれていなければいけないということと、解釈の明確性の間には少し差があると考える。したがって解釈については、いわばプロ向けのものであっても差し支えないのではないか。もう一つは構成要件段階で明白であったとしても、結局、処罰されるかどうかは違法性の段階で決まるというのであれば、構成要件段階では一見明確であっても、どこまで実際に処罰されるかという問題を先送りしているだけではないか。このように考えれば、憲法的価値の問題を構成要件解釈のレベルに持ち込む余地はあるように思います。

　ただし、文言解釈との関係もあります。住居侵入罪のように「正当な理由がないのに」というような文言があれば、そこにひっかけて価値の問題を持ち込む余地はあるかもしれません。しかし、その他の構成要件で同じような作業が常にできるかは、何ともいえないところがあります。

　他方で、違法性のレベルに憲法的な価値を持ち込むという判断が本当にできるのかという問題があります。これは憲法学でも議論されているようですが、利益衡量を、しかも大きな価値同士の対立という形で行うというのは、実際にできるのでしょうか。だからこそ憲法学は苦労を重ねてこられたのだと思いますが。

　どこかのレベルで憲法的な価値を持ち込む必要があるとしても、それを違法性のレベルで行うのは難しいかもしれません。基調報告でも触れましたが、Winny事件（最決平成23年12月19日刑集65巻9号1380頁）でも、Winnyの開発による利益と侵害性の比較を違法性の段階で行うことについて、大谷裁判官はやや躊躇するような論調の議論をしており、実務家としてはなかなか厳しい場面もあるのかと感じています。

　ところで、千葉意見の読み方ですが、先ほどのご説明で憲法上、非常に意味があるということはわかりました。つまり、この千葉意見の存在を前提にして、どこまでの立法が許されるかは読み方によって変わってくるだろうと理解したのですが、それがはたして刑事法の、さしあたり目前の具体的な事件を処理する上で違いが出てくるようなものであるのか。これはむしろ私が

お答えしなければいけないのかもしれませんが、ご教示いただければと思います。

宍戸　内在的／外在的の憲法論について後で触れることとしまして、それ以外の点について山本さんからお願いします。

山本　亀井さんの最後のご質問ですが、憲法適合的解釈とみるか合憲限定解釈とみるかで、具体的事件の処理は変わらないのでしょうね。変わるのは、裁判所と立法府の関係だと思います。堀越事件の限定解釈を「憲法適合的解釈」とみた場合、それは、立法府の憲法配慮的意図を「擬制」することになりますから、立法府の現実の憲法軽視をカバーする一方で、立法府が、あるいは民主主義が、このことを反省・再考する機会を裁判所が奪うことになります。ややマクロ的な問題ですが、どちらとみるかは、憲法学的には看過できない問題だと思います。

　話を少し戻しますが、宍戸さんが、憲法適合的解釈の存在をポレーミッシュなものとして一般的に前景化しようとしたことの意味は、大変よくわかりました。私も、有用性のある解釈技法だと思います。他方で、堀越判決を憲法適合的解釈とみることについては違和感があるという点も、よくわかる。憲法適合的解釈に限界があるとすると、堀越判決はやはりそこから逸脱していると考えるべきでしょうか。

宍戸　先ほど亀井さんがお答えになった議論の中に、まさにその着地点があると私は思っています。「正当な理由」とか「おそれ」といった規範的・抽象的な概念は、裁判所が解釈で埋めることがもともと想定されている。そのときには、憲法ないしその背後にある道徳価値であったり、先ほどの国民の法意識であったりを、埋め込んで解釈することが、裁判所に委ねられているのだろうと思います。この意味で、そういった場所では、憲法適合的解釈の手法はあり得るでしょう。

　それに対して、堀越事件で問題になっている政治的行為という概念は、はたしてそういうものだったのか。国公法の解釈問題として詰めなければいけないのですが、私自身はもともとそういうものではなかったのではないかと感じています。そうだとすると、判決の理解とは別に、この事件で憲法適合的解釈という手法を使うべきではなかったのではないか、という気もしてい

ます。

山本 ありがとうございました。

2 立川自衛隊宿舎事件

宍戸 次に立川自衛隊宿舎事件（最判平成20年4月11日刑集62巻5号1217頁）について、議論を進めたいと思います。ここでは、先ほどの亀井さんのお話にもあった内在的／外在的な憲法論についても、少し議論を深めたいと思います。曽我部さん、ご意見を伺えますでしょうか。

曽我部 内在、外在の憲法論ですが、亀井さんの基調報告でまとめられているこうした整理は非常に示唆的で、参考になりました。ただ一方で、区別がよくわからないところもあります。それぞれ意味合いがはっきりしない部分も残っているのと、使い分けに意味があるのかという点が不明点です。この立川の事件ですと、共用部分が刑法130条のどれにあたるのかという刑法上重要な解釈論がありました。他方で憲法論も一応あったということなので、それを便宜、分けて議論していると読むのか。そういう程度のものとして考えることもできるかもしれません。しかしこういった類のものは、事例としてはたくさんあります。昔の税関検査事件（最大判昭和59年12月12日民集38巻12号1308頁）などもそうですし、広島市の暴走族条例の事件（最判平成19年9月18日刑集61巻6号601頁）もそうです。これらも通観して、こういう区別の意義は考えなければいけないように思います。

また、本件でどういった形で憲法的な考慮を刑法解釈に取り込んでいくのかは、憲法論上重要だと思います。ただ本件は、集合住宅の建物内で表現をする自由が、そもそも憲法上、どの程度保障されているのかについて疑問があるという立場にも、もっともな部分があって、あまり真面目に憲法論を構える気が最高裁になかったのではないかという気がします。だから結局のところ、外在的な論の運び方につながったのかという気もするのです。

ただ、違法性論や構成要件解釈につき、憲法的価値を刑法解釈にどのように持っていくかが問題となるもっとシリアスな事案はあり、その方法論は開発しなければいけないと思います。

それとの関連で話が飛びますが、外務省秘密漏えい事件（最決昭和53年5

月31日刑集32巻3号457頁）で、宍戸さんご執筆の『法解釈入門』の中でも、取材手法の相当性を国公法上の刑罰の違法性阻却事由の中で考慮するのは、刑法学者からはどうも評判が悪いという指摘があったわけです。そこは憲法論と刑法論でのスタンスの違いを如実に示す点だと感じており、この辺りを手掛かりに議論すべきではないかという気もしています。

ところで、刑法上、違法性阻却事由、正当業務行為といった領域は、どれだけ議論が深まっているのか。そもそもそれらの基本的な考え方も、憲法学者の側として踏まえなければいけないと感じています。この辺り現状はどうなっているのかについて、教えていただけるとありがたいと思います。

宍戸 若干意見を述べさせていただきます。先ほど亀井さんが指摘された、前田雅英先生によって彫琢された実質的な構成要件解釈の立場が、さらに人権保障の方向で働くようになってくれればよいな、と私は思っております。

他方、それが構成要件の明確性との関係で、この外在的な憲法論を使うか、内在的な憲法論を使うかの分岐が、場面に応じて生じてくるのかと私は思っています。

それから、違法性論で憲法解釈の成果を受け入れるべきかという点で、曽我部さんからご指摘のあった正当行為や正当業務行為がある。加えてもう一つ、素人考えで出てくるのは可罰的違法性論です。しかし、刑法上の可罰的違法性論は、問題になっている対抗利益が憲法上の利益だから、刑法上の保護法益が負けるという法益の質ではなく、1厘だとかちり紙1枚盗んだといった場面が議論されている、と理解しています。そうだとすると、可罰的違法性論を使って、表現の自由の行使のためにちょっと立ち入っただけなので不可罰というような議論は、今後の可能性が見いだせないように思っているのですが、相場観を教えていただければ、と思います。

亀井 最後の可罰的違法性論の話ですが、軽微だから無罪とすべきだという議論には二つタイプがあります。一つはいわゆる絶対的軽微型といわれるもので、それ自体軽微である、例えば髪の毛1本抜いたら傷害罪に問えるのか、といった場面です。

それから、相対的軽微といいまして、侵害自体が軽微だということだけでは正当化できないけれども、他の利益等との関係で問題とするほどではない

という場面です。後者の議論を体系的にどこに位置づけるかは、いくつかの方法があるでしょう。ある侵害があったかどうかの認定だけではないので、おそらく違法論に落とし込むのがわかりやすいでしょう。このような議論状況を背景として、ご指摘のあった外務省秘密漏えいの受け止め方に憲法学と刑法学の違いがあるというのは興味深い点です。しかし、あの事件での取材方法の問題、もっといってしまえば男女間の倫理というようなものを違法性阻却の段階で考慮することが、少なくとも現在共有されている違法論の中で可能かというと、なかなか難しいと評価するべきではないでしょうか。

　また、立川事件で問題となっているような憲法上の価値が問題となる場面であっても、そこで違法阻却するときに他に手段があったか否かを考慮要素とする場合には、他に手段がなかったと言い切れる事案は少ないのではないか。立川にしても葛飾にしても、各住居のドアのところまで行っています。そこまで行かなくても、集合ポストに投函することで足りたのではないか。そこを、「いや、入り口のところでは足りません」「各戸の住戸まで行く必要があるんです」として、乗り越えるような憲法論があるとすれば、また結論は変わってくるのでしょうけれど。

　こうしてみると、違法論の枠組みに落とし込んだときに、憲法論が効きにくくなるところがあるのかという感じがします。違法論の中に憲法論を押し込めるのは、憲法上の問題が隠れてしまうことにつながるのかもしれません。

宍戸　山本さん、いかがですか。

山本　私は、憲法上の権利の行使が、ある刑法規定が処罰しようとする典型的な行為に当たるような場合には、法令レベルの処理、すなわち法令違憲か、構成要件の限定・修正が望ましく、ある刑法規定が憲法上の権利の制約を予定しておらず、偶然的・例外的にこうした権利と衝突するときは、一般性と安定性をもつべき法令自体はいじらず、違法性レベルの処理や、処罰そのものの違憲性を論じるべきではないかと思っています。牧会活動事件などは、後者の例でしょう（神戸簡裁昭和50年2月20日判時768号3頁）。

　異論もありうるとは思いますが、刑法130条は、もともと表現の自由の制約を予定した規定ではなく、これが憲法上の権利とぶつかるのは例外的と考えられます。この点は、もともと公務員の表現の自由を制約しようという国

公法の規定とは根本的に異なる。こう見ますと、自衛隊宿舎事件が、構成要件に手をつけず、刑法外在的に「処罰」の憲法適合性を問うたことは、妥当だったのではないかと思います。

また、民間分譲マンションへの立入りを問題にした葛飾事件（最判平成21年11月30日刑集63巻9号1765頁）の調査官解説（西野吾一・最判解刑事篇平成21年度532頁以下）が、違法性論と「処罰」審査は「実質的に重なる」と指摘しており、そこで行われる衡量的判断の実体は変わらないのかもしれませんが、後者を選択した方が、憲法問題をより可視化することにつながると思います。

さらに、堀越事件が処罰審査に使った「不当」性の法理が、吉祥寺駅事件（最判昭和59年12月18日刑集38巻12号3026頁）以来の由緒正しい法理であることも軽視すべきではないでしょう。そうすると、この種の事案では、この法理を前提に、憲法上適切な解決の途を探るのが現実的であるように思います。

そうしたときに、具体的に詰めるべきは、「不当」性判断の内容です。判決は、一般に人が出入りすることのできない「場所」に、管理権者の意思に反して立ち入ること、そしてそれが、「管理権者の管理権を侵害するのみならず、そこで私的生活を営む者の私生活の平穏を侵害する」ことをさしあたり重視しています。亀井さんにお聞きしたいのは、ここでいう管理権侵害と平穏侵害の関係です。

内在、外在の議論についてもう一点。自衛隊宿舎事件からは離れますが、私のイメージでは、憲法適合的解釈は法律内在的な憲法論、合憲限定解釈は、同じ構成要件レベルの処理であるにしても、外在的な憲法論のように感じています。

宍戸 憲法によって法律を外在的に解釈する。

山本 はい、その辺りをどう考えれば良いかについて、教えていただければと思います。

宍戸 後者の点ですが、当該法令ではこの人を処罰することになっているが、この人の行為はそれ自体として、あるいは比例原則で判断した場合に憲法によって守られていることによって、適用上違憲とするというような場合

が、ここでいう外在的な憲法論になるのかと私自身は思っています。

さて、亀井さん、いかがでしょうか。

亀井 住居侵入罪や邸宅侵入罪等をめぐっては、保護法益の理解が判例上も二転三転しており、一つの見方としては特定の立場を採らないという説明の仕方をしたのかもしれません。また、別の可能性としては、最高裁は、立川事件で、当該建物を邸宅と解して、宿舎の管理者に対する権利侵害を見て、個別の住居内に住んでいる居住者らの意思を問題としなかった。後者のように考えれば、平穏の部分はいわなくてもよかったはずです。

山本 私も、刑法の構成要件解釈論として、管理権説か平穏説かが議論されてきたのは存じ上げています。ただ、ここでいう管理権侵害や平穏侵害は、まさに刑法外在的な憲法論の中で、処罰審査の「不当」性判断の中で出てきており、刑法の構成要件解釈論とは異なる分析が必要なように思います。

そうすると、管理権侵害に加えて平穏侵害を認定したことの意味が重要になってくるのではないでしょうか。しかし、それにもかかわらず、本件で最高裁は、比較的簡単に、また具体的な理由を述べることなく、平穏侵害を認定しています。各住居の新聞受けまで立ち入ったことや、被害届が出ていたことなどが、この認定とどう関係していたのかが見えません。それによって、「不当」性法理が不透明でアドホックな判断規範となり、萎縮効果を招くものになっているように思います。逆に、処罰を免れるポスティングがどういうものなのかがわからない。

亀井 確かにご指摘を受けて考えれば、最高裁が、「本件被告人らの行為をもって刑法130条前段の罪に問うことは」憲法違反ではないという部分は、いわば刑法の議論としての保護法益論からは独立したものですね。

山本 そう読みました。

亀井 そうだとすれば、先ほどの発言は軌道修正を図らねばならないのですが、立川事件も葛飾事件も、130条前段の罪にあたることを説明するために平穏侵害があるということをいっているのではないこととなる。そうだとすれば、平穏侵害を構成要件解釈のレベルで扱っているわけではないので、「正当な理由がないのに」という文言の意味が見えにくくなるという構造になっているのではないでしょうか。

山本 刑法130条の「正当」性はとてもドライに判断され、実体的な議論は憲法論の「不当」性判断が引きとることになりそうですね。いずれにせよ、刑事制裁が科されるとなれば、表現行為に対して重大な萎縮効果が生じますから、「不当」性判断の枠組みとして衡量を用いざるをえないとしても、ある程度は考慮要素をはっきりさせておく必要があると思います。先ほど宍戸さんが仰っていたような、明確性の議論と共通した問題です。管理権者の意思に反した立入りイコール平穏侵害なのか、それとも、両者の間に別の考慮要素が隠れているのか。そのあたりを明らかにする必要があったと思います。

宍戸 具体的な聞き方になりますが、例えば一般人が自由に出入りすること自体はできている集合ポストの部分について、一応、看板だけは立てておいて、特定の人間が入ってくることだけを管理者が排除しようとしている。そして、ピンクチラシの場合は何もいわないけれども、政治的なビラの場合は文句をいうという場合は、この判決だとどうなるのでしょう。

管理者の管理権は害しているけれども、住居者の私生活の平穏は害していないということで無罪になるのか。逆に管理権者の管理権を侵害しているということだけで、有罪にするのか。この点はそういう問題に帰着していくのかと思います。

葛飾事件の最高裁調査官解説でもこの問題は取り上げられており、もう少し丁寧に具体的な議論をしているので、そちらの方が手掛かりになる。この平成20年判決だとよくわからない気がしますね。

亀井 そうですね。たしかに調査官解説では、ピンクチラシなどについても、現に検挙し、事件にしていると指摘されており、そうだとすると、おそらくはまず内容にかかわらず、ドアのところまで立ち入ることについての判断をしているのではないか。

そこから処罰範囲がどこまで広がっていくかというのは事例判断の形式を採っていますから、直ちに明らかではない面があるわけです。例えば立川の言い方だと、管理権者の意思に反して立ち入ることは管理権を侵害するのみならず、平穏を侵害するということです。そうすると、先ほどのご指摘にもあったように、どこに立ち入るかにかかわらず、一定の管理している範囲内であれば、管理権者の意思に反している場合がある。

あとは平穏といえるのがどこまでなのかという解釈にかかると。そこに、例えばドアポストのところまで行くのは平穏ではないけれども、集合のポストのところまで入るのは平穏なんだというような言い方ができるかどうか。平穏というのは刑法上、非常に多義的に使われ、単に静かにしているかという話ではないように使われてきていますから、そこにかなり価値的なものを読み込む解釈は従来からあるわけです。もちろん、そのような解釈には一義的に処罰範囲を明らかにするような、切れ味のいいものではないという問題もあるわけですが。

ともあれ、その平穏の解釈の中には、ある程度、価値を読み込む余地はあると思います。

山本 こういう議論に、刑法と憲法の交錯点がありますね。「不当」性に関する憲法法理の具体的展開の中に、管理権侵害や平穏侵害といった刑法上の概念が絡んでくる。そういう意味で、刑法でこれまで議論してきた概念を、憲法的に受け取る、ないし吸い上げる必要が強調されていると思います。まさに「対話」している感じがします。

宍戸 私も議論を伺っていて、そう感じます。憲法学者はこれまで法律について、その法律の立法目的と目的達成手段に関して、立法事実に照らして判断するというふうに、ある種、一般的、抽象的な議論をしてきたわけです。

しかしここでの問題のように、刑法と対応しようと思うと、まさにケースローというべきか、具体的な被告人の行為や態様、環境といったいわゆる司法事実をどう憲法的に評価して、それを解釈論として組み立てていくかが問われてくる。刑法学と従来うまく対話ができなかった憲法学側の要因の一つがこれかな、といった意識を持ちました。

曽我部 この決定だけ読むと、山本さんと亀井さんのいずれの読み方もできると思います。ただ、「思想を外部に発表するための手段であっても」、不当に他人の権利を害するものは認められないという判示も、その「不当に」という限定が機能した事例は見当たらない。結局、本件でも単に住居侵入罪にあたるから、それ自体不当だという解釈なのかもしれません。最高裁に、判決文の中でもう少し説明を求めるということが必要ではないかと思います。

3　名誉毀損と真実性の証明

宍戸　最後の論点として、名誉毀損と真実性の証明にかかわって議論をしていきたいと思います。これは曽我部さんからご発言いただいて亀井さんにご意見をいただく形か、疑問なりを提起していただきたいと思います。いかがでしょうか。

曽我部　亀井さんも名誉毀損の免責事由については、違法性である種の利益衡量的な観点が捉えられるべきだというお立場であると理解しています。従来の相当性の法理が一定の利益衡量の均衡点を示しているとして、例えば現在ではツイッターのユーザーが何かの報道をリツイートしたが、その元となった記事は誤報であったというような場合も名誉毀損に問われて、かつ免責事由もないことにおそらくなるわけです。こうした場合をどうするのかということですね。

従来の考え方としては、例えば公人であれば一定の範囲の批判を甘受すべきだというようなことで、単に表現の公共性、表現自体の要保護性だけを考慮しているのではなくて、名誉毀損される側の事情も考えているわけです。そして、名誉毀損する表現行為の側もかなりの資格を備えていないといけない。それによって初めて要保護性が認められるということだったと思います。

この点を踏まえると、現状の一般ユーザーを想定するなら、刑法論的に見て、そういうものを免責していくことが認められ得るのかというのは疑問の余地があるかと思っています。確かに、実際問題としては、すべての名誉毀損責任を問うとすれば、一般のユーザーの表現はほとんど成り立たないという事情はあるのですが、従来の説明の仕方からして説明しきれるのか気になるところですが、いかがでしょうか。

亀井　平成22年の最高裁決定（最決平成22年3月15日刑集64巻2号1頁）をめぐっては二つ問題があり得ます。一つはいま、曽我部さんが指摘されたような、プロのジャーナリストによる行為ではないという点をどう捉えるか。それから、むしろ判例上はこちらが問題になったように理解していますが、インターネット上の表現だということをどう捉えるかという問題です。

下級審から最高裁まで、結論の違いはあれ、それらにおいては、インター

ネット上の表現であることに着目した議論がされてきたかと思います。しかし、各審級で指摘されてきたことは、インターネット上の表現であるということに妥当するのみならず、アマチュアによる表現であるということも妥当するのではないでしょうか。

アマチュアによる表現であっても、深刻なものになり得るわけですし、また、特にインターネットを介した場合、表現主体がプロである場合とアマチュアである場合で閲覧者の受け取り方にどれほどの差があるのか疑問もあります。そうだとすると、なかなかプロとアマチュアの差ということでもって、アマチュアの免責要件を正面から緩める議論は難しいのではないでしょうか。

この分野の第一人者である平川先生も、インターネットだから特別だという扱いには反対だとされています（平川宗信「判批」刑事法ジャーナル24号99頁）。それから、プロかアマかというような表現主体によって分けることにも反対されているように思われます（同97頁）。ただし、平川先生も指摘されるように、免責の要件を全体として少し緩めるという方向はありうると思います（同100頁）。

具体的には、相当性の基準を使いながら、事実が真実であることを一応推測させる程度の資料、根拠で足りるとする、要するに要求される資料の水準を少し下げるという方向が、あり得るのかもしれません。

これならば、従来の議論と比較的整合しやすいというか、従来の議論の改訂版だということはいえるのだろうと思います。

平川先生の議論において参照されているのはニューヨークタイムズ対サリバン（New York Times Co. v. Sullivan, 376 U.S. 254〔1964〕）です。

憲法学は、この問題について、いまのような時代状況も踏まえてどう考えるのか。投げ返すようで恐縮ですが、こちらとしてもお伺いしたいところです。

曽我部 確かにロジックとしては、根拠のある言論は保護するという限りでは変わりありません。現状の判例はかなり厳しくラインを引いていますが、絶対の根拠がある話ではありませんから、そこを緩めていく方向はあり得る筋だとは思います。

ただ、それで一般ユーザーが救われるのかというと、なお疑問が残ります。結局、ソーシャルメディアの発信はグレーのままで扱われるのでしょうか。他方で、大した根拠もない発言で名誉毀損をしたといった場合に、憲法が救済をしてもよいと判断するかは、よくわからないところではあります。従来の免責事由の意味、すなわち公共性があるから免責されるのか、根拠があるから免責されるのかについて、もう少し考えないといけないかと思います。

　宍戸　別の点ですが、この平成22年の事件はラーメンチェーン店とそのカルト性を追及する人の間の問題であり、もともと言い合いのようなところから始まった事件ですよね。そもそも社会的評価の低下があったのかという水準で、構成要件該当性の段階で考慮する道があったのではないか。本当に社会的評価の低下がなかったというのではなく、そのことはインターネット上の問題として考えてもよかったのではないか、あるいは今後、そういう余地はあるのではないかと私自身は考えています（宍戸常寿「インターネット上の名誉棄損・プライバシー侵害」松井茂記ほか編『インターネット法』57頁以下）。

　構成要件の明確性との関係で問題があることは承知しておりますが、こうした対抗言論の法理の可能性はないのかという点について、少し補足していただければと思います。

　亀井　私が憲法上の議論である対抗言論について補足する立場にあるかは疑問ですが、まず、一定の閉じたネットワーク内で行われている言い合いであれば、対抗言論の法理はよく妥当するように感じます。つまり、例えば10人くらいの中で行われている閉じたBBSのようなものがあって、そこで言い合いが始まる、「また、あいつらがやっている」「お互いさまだな」と周囲が思う、というような状態であれば、一方の名誉が一方的に低下することはないので、そこでは法が介入する必要はなく、放っておけばいい。その閉じたネットワーク内でお互いにやりとりを繰り返していくことを求めれば足りる。

　それに対して、インターネットにおける表現といってもいろいろな態様がありますが、例えば、Web上の掲示板のように不特定多数が見るという場面だと、いつもその掲示板を見ている人は「またか」と思うような場合であっても、さらに新しい人が見ることによって社会的名誉が新たに低下する

ことはあるでしょう。そうだとすると、開かれた掲示板のような場合に対抗言論を行わせるというのは、かえっていわゆる炎上を起こして「観客」が増えるというだけであり、事柄の解決としてもあまりうまくないように思います。

　だからといって直ちに処罰するのかはさらなる検討を要しますが、少なくともそこで言論をもって対抗させれば足りる、という話でもない。さらに、インターネット上のどこかで知らないうちに社会的な名誉を低下させられているケースもあるでしょう。それを発見して乗り込んで対抗せよというのもあまりうまくないのではないかという気がします。

　曽我部　名誉毀損の構成要件に該当して絞るという話ですが、他方で現状、名誉毀損罪はすごく広く適用されていて、それこそアイコラとかリベンジポルノの類も、名誉毀損罪で処罰されています。他に適用条項はないからということでかなり拡大、拡散している。これには構成要件論的に問題がある一方で、宍戸さんが指摘されたようなアプローチは、バランス的には難しさを感じるところです。

　山本　私は、免責要件を考える前の構成要件部分で検討する必要があるのではないかと思っています。これは、ネット言論の信頼性を現実にどう評価するのかという問題と、ネット言論の信頼性を今後維持ないし促進していくべきかという問題にかかわっています。

　前者の問題は、先ほど宍戸さんが指摘されたとおりです。後者の問題は、裁判所があえて社会的評価が低下していないと判断することで、ネット言論などというのは、それほど信頼できるものではないのだから、そもそも人の社会的評価を下げるものなんかではないという規範的評価を生み出す可能性があります。構成要件該当性を否定し、その言論の根拠まで探索しないことで、言論の信頼性を曖昧にし、逆説的に、被害者の名誉を保護するというアイロニカルな戦略です。

　これにより、ネットというのは正しいことも間違っていることも混在している空間なんだと位置づけられる。他方でプロの言論にはしっかりと責任を課すことで、その信頼性を相対的に上げられます。

　もちろん、一口に「ネット言論」といっても、ヤフーのポータルサイトと

掲示板などの書き込みとでは、性質が異なります。こうしたサイトごとの違いを考慮に入れながら、構成要件該当性を判断していくべきかと思います。

宍戸 ただ、これは刑法230条なり、230条の2の解釈でどこまで受け止められるか。それこそまた別の意味で立法が必要な話かもしれないですね。

亀井 仰ることは一般論としては非常によくわかります。インターネット上の表現に限らず、社会的な評価を下げるに至らないような類のものは観念できると思います。

ただ、繰り返しですが、インターネット上の表現が社会的な評価を下げる力のないものとして受け止められているかというと、一概にそういえるか、やや疑問を感じます。インターネットを使って選挙運動をしようという時代ですから、一昔前のように、インターネットを現実社会と切り離された違う世界にあるものと位置づけることはできないように思います。

曽我部 いまの点は、名誉毀損罪はある種、抽象的危険犯だとされているところの問題性が指摘されているということだと思います。抽象的危険犯ではなく、もう少し実質的に社会的評価の低下を捉えるべきだとすると、先ほど私が申し上げたように名誉毀損はかなり弛緩している部分があるので、逆に名誉毀損罪全体の再構成につながる議論かと思います。例えば、名誉毀損なのかその他の人格的利益の侵害なのか、保護法益をそれぞれ明確化したうえで、刑事的なものも含めたサンクションを個別的に定めていく方向です。

宍戸 現実のおそれが実質的に認められるか、といった観点でしょうか。

亀井 やや大上段のお答えになるのですが、抽象的危険犯論一般について、本当に何の侵害もない場合でも処罰するのかという疑問を唱える見解は有力に主張されています（謝煜偉『抽象的危険犯論の新展開』86頁以下）。そしてこのような議論は、私の見るところ、支持を広げているのではないかと思います。

もう一つはご指摘のように、保護法益が社会的名誉と区別されうるプライバシーにまで広がって運用されている面があるのは確かだと思います。近年、温泉に入浴しているところを盗撮して、その盗撮ビデオを売るという行為を名誉毀損で処罰した例があります（東京地判平成14年3月14日裁判所ウェブサイト）。温泉に入るような人だというのが社会的名誉を低下させるとは思

えないし、社会的名誉を低下させるような裸であると法が考えるはずもないので、従来の説明からはかなり外れたところまで名誉毀損罪の処罰範囲を広げている例が見られることは事実です。裁判所も、「自ら進んで裸体をさらしているのではないかという印象を与えかねない」と、指摘して、従来の議論と接合しようとしているのではありますが。

ただし、それがどの程度の件数があって、どの程度不当なところまで広がっているか、私の見るところではさほどではないのではないか。この点は精査する必要があると考えています。

V 対話を振り返って

宍戸 議論を重ねて参りましたが、最後に一言ずつのコメントをいただいて、座談会を閉じることにしたいと思います。いかがでしょうか。

曽我部 やはり憲法は新参者だと感じました。もちろん、法学各分野の自律性のようなものは当然あるのでしょうけれども、刑法などの場合、刑法学として完結する議論が完成されてしまっている。憲法の指摘はそれこそ外在的な指摘になっていて、対岸で何かいっているといった感じがあるので、どういう形で乗り入れるかについて、もう少し考えないといけないと思います。

具体的な事例を通じて、「これは保護に値する行為だから、刑法学でも受け止めてください」といったことをいっていくしかないのでしょうか…。そのような感想を持ちましたが、同時に、今回の議論では、憲法学の方でももう少し踏み込んでいく必要性と、その可能性の萌芽が示されたような気がします。

亀井 まずは、憲法のお三方に感謝を申し上げます。

私は、研究者になって以来、どうも「隙間産業」のようなことばかりをして参りました。ついには、山本さんに「境界の魔術師」(イントロダクション)と、「焼却炉の魔術師」のようなあだ名を付けられたわけです（笑）。個人的には、思えば遠くに来たものだと、感慨を新たにしました。

他方で、こういった境界領域についての知見を深めていく必要性は、非常に高いと感じています。例えば先ほどの名誉毀損にしても、立川事件のよう

な政治的ビラの配布にかかる刑法上の問題についても、憲法学でどういう議論がされているかをもっと正面から受け止める必要があると思います。

　こういうことをいうと多方面から叱られそうですが、大上段の憲法論だけでなく、普段使いの憲法論を、刑事法学においても日常的に議論に反映させる、そんな対話のための仕掛けがあるとよいと、本日、改めて強く感じました。

　こうした境界領域は何人かのいわば「個人の芸」によって支えられている「隙間産業」なので、この「産業」の担い手を育てていくことも必要ではないか。もちろん、隙間だけを手がけるのではなく、それぞれの専門領域において守備すべき範囲をしっかり守っていることが前提ですが、その上で隙間にも入り込めるような人材を恒常的に育成していく必要があるのではないでしょうか。

　このような役割は、現状では、最高法規としての憲法学に期待するところは大きいのです。また、中長期的には、どちらかというと特定の専門をひたすら勉強してきた我々ではなくて、法科大学院経由の方々のような、あるいは法科大学院ができたことによって入ってきた実務を経験された方々のような、これまでと違う人材もこの領域で活躍してくださると嬉しいですね。

　山本　連載1回目の座談会ということで緊張しましたが、大変エキサイティングな議論ができたのではないかと思っています。

　それと同時に、刑事法学と憲法学とがぶつかり合うような事案で、裁判所がどのように処理していくかという体系的な整理を、これまで、両者が本腰を入れて協同的に行ってきたわけではなかったようにも感じました。これは、学問の発展という観点から問題であるだけでなく、現場における救済可能性にも否定的な影響を与えてきたのかもしれません。例えば、「不当」性の法理の出発点である吉祥寺事件の段階で、もっとこの法理の詳細を詰めていれば、自衛隊宿舎事件などに違う光を当てられたかもしれない。このように思いました。

　また、この座談会を通して、憲法学が独自に検討を深めるべき問題もはっきりしてきました。それは、裁判所と立法府との権限関係をめぐるマクロ的な問題です。前半に議論した法律の留保論や、後半に議論した憲法適合的解

釈か合憲限定解釈かといった問題は、憲法学の領分に属するものなのかもしれません。以上が、全体を通じた感想です。

宍戸　かつて都立大学時代の同僚であり、刑法、刑事訴訟法の両分野にお詳しい「境界の魔術師」である亀井さんをお迎えして（笑）、刑事法と憲法とのかかわりでご指摘をいただきました。

杉原泰雄先生が『基本的人権と刑事手続』というご著書の中で、憲法31条以下、刑事手続と憲法とのかかわりは、憲法学にとって失地であって、失地回復を図らなければいけないと仰っておられました（39頁以下）。杉原先生のご趣旨とは少し違う方向かもしれませんが、その現状が30年経ってあまり変わっていなかったのだとすれば、この座談会は、失地回復、レコンキスタのための一つの手掛かりになっているのではないかと思っております。

亀井さん、本日はお越しいただき、どうもありがとうございました。

（2014年1月20日収録）

2-1

イントロダクション

曽我部真裕

1 はじめに

　基調報告は、司法政治学の観点から違憲審査制の機能条件を分析し、「違憲審査制と民主主義」をめぐる憲法学の重要論点につき、通説の理解の再考を迫る極めて興味深いものである。

　基調報告は、政治的資源、規範的資源および実務的資源という三つの角度から、違憲審査制の機能条件を分析している。そこで提示されている要素は、憲法学における従来の違憲審査活性化論において取り上げられていたものと重なる点も多いが、基調報告は実証的な研究成果に基づき、より包括的かつ整理された形で機能条件を提示するもので、今後の議論は見平の整理を必ず出発点としなければならないだろう。本稿ではこうした整理の仕方およびその要素については基本的に異論はないが、基調報告の中で言及のない「学説」について若干議論をしてみたい。

　次に、基調報告での機能条件論のうち、憲法学の通説にとってもっとも刺激的なのは、政治的資源に関する議論、特に、違憲審査の活性化のためには裁判所の民主的正統性が重要であるという指摘だろう。この点をどのように捉えるかにより、日本の違憲審査の今後の展望が異なってくると思われるので、議論したい。

さらに、基調報告の中で興味深い指摘に、アメリカにおける動態的な憲法秩序形成のメカニズムがある。近年、日本の憲法学でも、機関間、特に最高裁と政治部門との対話の契機を重視する議論が登場しており、それとの関係で論点として取り上げたい。

2　司法制度改革・最高裁活性化の評価

(1)　近年の動向の評価等について

まず、司法制度改革の成果や、近年の「覚醒期」とされる最高裁の動向をめぐって議論したい。

司法制度改革が違憲審査制の機能条件に与えた影響について、見平は基調報告や著書等[1]の中で、規範的資源については重要な変動があったものの、実務的資源や政治的資源については大きな変化はないと述べている。すなわち、規範的資源については、法の支配の観念を基礎に立法・行政に対する司法のチェックの充実・強化を正当化した司法制度改革審議会意見書が司法制度改革推進法によって政治的正当性を付与されたことが、より能動的な司法を必要と考える裁判官の規範的資源として機能し始めているという（役割規範の変化）。また、司法制度改革の一環としてなされた行政事件訴訟法の改正は、規範的資源の充実という点で重要であったとされる。

これに対して、実務的資源については、1998年の民事訴訟法改正による上告制限の導入が期待通りの負担軽減効果を産まなかったとされる。また、政治的資源については、大幅な変化は未だ見られないものの、裁判員制度の導入による国民的基盤の強化や、司法制度改革を通じた最高裁と弁護士会の関係の変化や法曹人口の増大は、潜在的には最高裁の政治的資源の充実につながると指摘されている。

実際、投票価値の平等の問題に関しては、有力な弁護士グループが法廷内外で強力な活動を継続的に展開してきているが、こうした動きが裁判所に影響を与えているのではないかと思われる。また、法曹人口の増大をめぐって

---

1)　見平典「最高裁判所をめぐるポリティクス——20世紀後半におけるアメリカ連邦最高裁判所の積極化の背景と日本への示唆」法律時報82巻4号（2010年）63頁、同『違憲審査制をめぐるポリティクス』（成文堂、2012年）179頁以下。

は、現在法曹界の中でさまざまな摩擦が生じているが、中長期的には弁護士の活動領域が拡大することは間違いなく、違憲審査制の活性化にとっては確かにプラスであると考える。

以上が現状の整理であるが、基調報告ではさらに、違憲審査に必要な諸資源の増強のための方策としていくつかの提案が行われている。そのうち、裁判官の民主的正統性の問題について後に取り上げることとし、ここでは、専門的正統性に依拠した違憲審査制の活性化策という観点から、アミカス・キューリー制度と規範的資源としての法理論とを問題にしたい。

アミカス・キューリー制度とも関係する最近の日本の出来事として、知財高裁がアップルとサムスンとの間の特許訴訟で争点となった法的な問題について、双方の代理人を通じて一般から意見を募集し、その結果、日本と欧米8カ国から合計58件の意見が寄せられたということがある。これについて裁判長は、法廷で「予想を上回る件数。十分吟味し、精緻で納得できる判断を出したい」と述べたと報じられている[2]。

ここで問題となったのは特許法に関する極めて専門的な論点で、規範的資源としての法理論なのか実務的資源としての情報なのかはともかく、事実上のアミカス・キューリー制度として機能する。今後、このような実務が広がっていくかどうか注目される。

ただ、このような実務が広がっていったとしても、実際に質・量ともに優れた意見が提出されるのでなければ、十分に機能しないだろう。

次に、規範的資源としての法理論について触れたい。「覚醒期」における最高裁の違憲判決を見ると、結論はともかく、その理由づけには説得力に疑問の残るものも少なくない。例えば、最近出された非嫡出子法定相続分に関する違憲決定（最大決平成25年9月4日民集67巻6号1320頁）は、ある論者から本決定の「論拠やその論理展開は、(……) 近時の最高裁判例の中でも最悪の脆弱性を示している」と酷評されている[3]。実際、さまざまな事実を

---

2) 日本経済新聞2014年3月31日。その後出された判決が、知財高判平成26年5月16日判時2224号146頁。小田真治「知的財産高等裁判所の大合議事件における意見募集（「日本版アミカスキュリエ」）について」判タ1401号（2014年）116頁。
3) 山崎友也「判批」金沢法学56巻2号（2014年）189頁。

列挙した上で、「家族という共同体の中における個人の尊重がより明確に認識されてきたことは明らか」、「子を個人として尊重し、その権利を保障すべきであるという考えが確立されてきている」といった主語のないことに象徴される「ふわっとした」理由を総合考慮して違憲の結論を導く同決定には大いに疑問を感じるところである。

　最高裁は「違憲の論理に渇望＝欠乏」[4]していたとの評もあるが、基調報告の表現で言えば規範的資源としての法理論が乏しかったということだろうか。このような観点から基調報告を読み直すと、学説に関する言及がないことが注意をひく。日本の憲法学は伝統的に、判例に対しては外在的かつ批判的な観点から応接する傾向があり、近年はより内在的な理解を試みる潮流も目立つようになったが、やはり前者の立場が中心であるように思われる。つまり、裁判所は、学説の主張を一部では採用しているように見えるが、理由はともあれ、重要部分において、学説との協働によって判例法理を発展させるという契機を欠いてきたといえる。

　また、先述のアミカス・キューリーの運用や、後述の動態的な憲法秩序形成において学説の果たすべき役割があるのではないかと思われる。

　司法政治学的に見て、学説の果たしている役割については、どのようなことが言えるのだろうか。

(2) 「覚醒期」は続くのか

　さて、話を戻すと、前述のように最高裁は2000年以降、これまでよりも能動的な判断を見せてきた。しかし、現段階では、こうした流れにも限界が見えてきたような印象を受ける。

　例えば、投票価値の平等の問題について、最高裁は審査の厳格度を高めてきたが、国会の反応は鈍いままである。また、非嫡出子法定相続分違憲決定を受けて、民法900条4号ただし書の削除は実現したが、自民党からは最高裁を公然と非難する声も上がった。こうした状況を受けてもなお、今後も「覚醒期」は続くのか、重要な局面に来ているように思われる。

---

4) 蟻川恒正「婚外子法定相続分最高裁違憲決定を読む」法学教室397号（2013年）106頁。

すなわち、見平の研究によれば、アメリカにおいても違憲審査制の活性化はプロセスとして実現したことが示されている。ある創造的な判決がそれを支持する勢力の後押しによって、後の判決においてさらに前進するという動態的なプロセスである（後にさらに触れる）。

民法900条4号ただし書の削除については、批判的な自民党議員も少なくなかったようであるが、他方で、自民党執行部としては最高裁決定をそのまま受容した。前者の側面を見れば最高裁の能動性に対するバックラッシュのようにも見えるが、後者を見れば「司法積極主義の政治的構築」[5]の端緒と見えなくもない。どう見るべきだろうか。

3　裁判官の民主的正統性と違憲審査制の活性化

基調報告では、アメリカにおける違憲審査の機能条件として、最高裁が専門的権威と並び、民主的正統性を調達してきたことが挙げられている。また、このことは、違憲審査制と民主主義との対立を緩和する要素であるともする。

他方、日本では、裁判所は民主的基盤をもたない機関であり、また、それが司法府のあるべき姿であるという前提理解の上で違憲審査権の行使のあり方が論じられてきた。そこでは、民主的基盤をもたない裁判所は、原則として国会の制定した法律は合憲と推定すべきであり、表現の自由の制約に代表される、民主政の過程自体を毀損するような法律については例外的に厳格な審査を行うべきだとされた。そして、この観点から、日本の最高裁の過度な消極主義が批判されてきた。

基調報告によれば、日本の憲法学の通説は、裁判所に専門的正統性のみに依拠して積極的な違憲審査を行うことを要求してきた点で無理があるということになる[6]。日本国憲法上、最高裁長官は内閣の助言と承認により天皇が、長官以外の最高裁裁判官は内閣が任命するとされ（6条2項、79条1項）、一定の民主的正統性をもちうるものとも理解しうるが、出身母体別の「枠」な

---

5)　見平・前掲注1) 論文65頁、同・前掲注1) 書53頁以下。
6)　「コオルとしての司法」論を批判的に検討する山元一「『コオルとしての司法』をめぐる一考察」藤田宙靖＝高橋和之編『憲法論集（樋口陽一先生古稀記念）』（創文社、2004年）263頁も参照。

ど内閣の裁量を限定する慣行の存在が学説上むしろ是認され、任命における民主的正統性付与の契機を過小評価する見解がとられてきている。

とはいえ、違憲審査を行う裁判所における民主的正統性の意義に着目する論者も、もちろん存在する。ここでは、比較憲法の見地からこの問題を鮮やかに類型化した樋口陽一の見解を見てみたい。

樋口は、「違憲審査をする裁判官の正統性と法解釈観」という論文において[7]、憲法解釈という営みの把握の仕方（解釈観）と、違憲審査をする裁判所の正統性の根拠とを関連させつつ三つに類型化している。

すなわち、第一に「裁判官による法解釈が制定法規範を多かれ少なかれ忠実に再現するもの」であるとすれば、「違憲審査をする裁判官の正統性は、制定憲法そのもの、従って憲法を制定した主権者＝国民の意思によって根拠づけられる」とする。もっとも樋口は、このような牧歌的な法解釈観は、今日ではほとんどないといってよいとする。

第二に、「『既存の法規範 existing law』のありのままの認識としての法解釈、という考え方を放棄しながらも、なお、裁判官は『正しい答え right answer』を見出すことができるし、またそうしなければならない、という見地」からは、「違憲審査をする裁判官の正統性を、そのような正解を獲得する能力によって根拠づける考え方」になる。

第三に、前二者の考え方を否定して、「決定的な要素はやはり裁判官の『意思』なのだ」という「意思主義型の議論」をとれば、「裁判官の正統性の根拠は、主権者＝国民の意思ということに帰着するほかない。こうした文脈で、裁判官の任命の方式——場合によっては、罷免の方式——に焦点があてられ、主権者＝国民の意思がそこに少なくとも間接的に反映している点に、裁判官の正統性の説明が求められる。」とする。

そして樋口は、第三の立場を敷衍して、「違憲審査をする裁判官が、『政治的動機に基づき政治的機関によって』選任されることを強調する」ルイ・ファヴォルーの見解を引いている。

---

7) 樋口陽一「違憲審査をする裁判官の正統性と法解釈論——比較考察」同『転換期の憲法？』（敬文堂、1996年）159頁以下（初出1994年）。

違憲審査制の活性化が裁判所の法創造機能を正面から認めるものであるとすれば、樋口のいう第三の「意思主義型の議論」として位置づけられ、裁判官の民主的正統性が求められることになり、基調報告の議論と符合する。

　しかし、そこでも言及されている樋口の「コオル（Corps）としての司法」論[8]を見れば、比較憲法的な類型としてこのような型が存在することは指摘しつつも、これが日本でのあるべき姿であるとは考えられていないようである。実際、樋口は、日本の違憲審査制がアメリカ型でも大陸型でもない「第三の類型」として発展する展望を描く。すなわち、「法廷にあらわれた具体的な生活関係に憲法をこう解釈適用しなければ妥当な法的解釈を導き出すことができない、という問題場面で、専門法曹としての職業裁判官によって憲法の意味が示され、下級審の判断のつみ重ねが、憲法解釈についての『終審』としての最高裁判所の判例として成熟してゆく、という型」である[9]。

　これは、裁判所が専門的正統性の領域内で、付随的審査制の特徴を生かして具体的な事案における当事者の救済を図る中で憲法解釈を示していく姿を描くものであると言えよう。「覚醒期」における最高裁の広い意味での憲法判例には、こうしたイメージに近いとも思えるものもある[10]。他方、近年の法令違憲判決は、付随的審査制の特徴を生かしたものとは言えないかもしれないが、立法者の政策的選択との抵触を回避しつつ、解釈技術を尽くして違憲の結論に至ったものもあり[11]、専門的正統性の領域内のものと言える。

　さて、民主的正統性に基づく違憲審査の活性化論は、確かに、アメリカの状況を説明するには極めて説得的であるが、これを日本に移植するにはさまざまなハードルがあるように思われる。

　基調報告は、アメリカの最高裁裁判官が民主的正統性を調達する場として、裁判官選任手続、特にそのうちの上院の承認過程の重要性を強調する。そこ

---

8) 樋口陽一「"コオル（Corps）としての司法"と立憲主義」同『憲法　近代知の復権へ』（東京大学出版会、2002年）136頁以下（初出2000年）。
9) 樋口・前掲注7) 178頁。
10) 例えば、堀越事件判決（最二小判平成24年12月7日刑集66巻12号1337頁）は、どこまで憲法解釈を示したものかについては争いがあるが、具体的な事案に即して救済を図ったものだと言える。
11) 例えば、国籍法違憲判決（最大判平成20年6月4日民集62巻6号1367頁）を想起されたい。

では、候補者はメディアや利益団体の注視のもと、国民的な論争の中でその影響を受けつつ上院司法委員会（その構成員の法的な資質は極めて高いとされる）での厳しい精査にさらされることで、専門的正統性と民主的正統性が獲得されるという。また、別次元の機能として、上院での承認過程が憲法に関する国民的な議論の場となり、過去の憲法判例が承認されていくプロセスとしても捉えられるという。

　日本でこのような選任手続が実現可能だろうか。周知のように、日本でも、最高裁裁判官の選任手続について改革論議がないわけではない。最高裁発足直後には、裁判官任命諮問委員会が設置され、内閣はその答申に基づき任命ないし指名を行うこととされたが、短命に終わった。2001年の司法制度改革審議会の意見書では、「最高裁判所裁判官の重要性に配慮しつつ、その選任過程について透明性・客観性を確保するための適切な措置を検討すべきである」とし、いま述べた裁判官任命諮問委員会の制度が参考になると述べられている。しかし、この制度によって透明性はともかく、客観性は改善するとしても、この制度は「基本的には法曹による専門職としての判断に正統性を求める手続」[12]であり、国民的な議論の場とはなりえない。

　現行憲法下でアメリカのような国会での事前審査手続を導入することは困難であろうが、仮に憲法改正によって最高裁裁判官の任命を国会同意人事としたとしても、国会審議がアメリカ上院の承認過程のような意味合いを持つ見込みは薄そうである。

　結局、現在の日本で最高裁裁判官の民主的正統性の重要性を説くことは、内閣による「政治主導」人事を正当化するだけの結果に終わりかねず、民主的正統性の強化による違憲審査制の活性化を構想するアプローチには、リスクが大きいのではないか。このような観点からは、民主的正統性の中でもやや間接的な要素（開放性の向上など）を取り入れつつ、1でも言及したよう

---

12)　今関源成「最高裁裁判官の任命慣行の問題点」ジュリスト1400号（2010年）29頁。裁判官任命諮問委員会の委員は15名であり、衆議院議長、参議院議長、全国の裁判官から互選された者4人、全国の検察官および行政裁判所長官・評定官から互選された者1人、全国の弁護士から互選された者4人、法律学の教授で総理大臣の指名する者2人、学識経験者で総理大臣の指名する者2人からなるとされた（裁判官任命諮問委員会規程〔昭和22年政令第83号〕）。

な実務的資源の充実によって、主として専門的正統性に基づく違憲審査制の活性化を地道に目指していくという戦略もあり得よう。前述の裁判官任命諮問委員会のアイデアも、こうした枠内での提案だと位置づけられるが、実際に機能するような制度設計には工夫が必要だろう。

他方、民主的正統性をより正面から導入するアプローチのリスクが大きいからといってチャレンジをしてはいけないということはない。アメリカでも人種差別や人工妊娠中絶などに関連して、社会に大きな価値観の対立があり、それを乗り越えて平等を推進するには最高裁の積極的な違憲審査が不可欠であったものと思われる（これが唯一の要因であるわけではないことはもちろんであるが）。

アメリカにおける人種差別や人工妊娠中絶に匹敵するような問題があるとすれば、かつての家制度にまつわる諸問題であろうか。この問題は天皇制の問題にもさかのぼりうるが、違憲審査における論点で言えば、非嫡出子の処遇をめぐる問題や、夫婦別姓等の女性の地位をめぐる問題[13]、同性婚に関する諸問題などがあるだろう。これらの問題に関する日本の法制度は、諸外国と比較してすでにガラパゴス化しているとも言えるが、政治が積極的に向き合う姿勢を見せないのは、支配的な価値観が根底にあるからだろう。これを違憲審査の活性化によって乗り越えることができるとすれば、リスクを取る意味があるかもしれないが、どうだろうか。

4　動態的憲法秩序形成観について

基調報告は、アメリカでは、憲法秩序は最高裁の憲法判例によって一回的に形成されるのではなく、各統治過程（立法過程、執行過程、司法過程）の内部に存在する諸グループが、他の統治過程内部や市民社会にある同じ憲法秩序構想を持ったグループと連携しつつ、他の交渉・妥協や討議・説得を重ねながら秩序形成を巡って争っており、憲法解釈はそのような機関横断的なグループ間の対話と競争の中で継続的に形成される動態的なものであるとする

---

13)　最大判平成27年12月16日民集69巻8号2586頁は、夫婦同氏制（民法750条）の合理性を承認している。

（多元主義的憲法秩序形成）。そして、このように見ると、最高裁の憲法解釈は決して「最後の言葉」ではないことから、「違憲審査と民主主義」の問題は緩和されるという。

確かに、従来の日本の憲法学でも、この点を捉えて違憲審査と民主主義の対立的契機を過大に見るべきではないとする見解は少なくない[14]。また、フランスでも「持続的民主政（démocratie continue）」という概念を立ててこの観点から違憲審査と民主主義の問題にアプローチするドミニク・ルソーのような論者もいる[15]。

基調報告は、司法政治学の立場から、諸政治勢力間の競争に焦点を当てて動態的な憲法秩序形成を語っているが、国家機関間関係の観点からであれば、これまでの日本の憲法学でも類似の主張は存在する。

その最新かつもっとも詳細な研究は、佐々木雅寿によってなされたものであるが[16]、それによれば、日本国憲法は、憲法問題に関する対話を要請しており、最高裁、国会、行政府、地方公共団体、そして国民などが参加する憲法的対話が実際に行われているという[17]。

もっとも、佐々木が詳細に分析する過去の事例を見ても、「憲法的対話」の内実は必ずしも豊かなものとは言い難いように思われる。むしろ、佐々木の意図は「今そこにある対話を、対話として正しく認識し、対話をより適切な方向へと導き、憲法保障をよりよく実現するための最初の一歩として本書は書かれた。」[18]という同書の最後の一文に現れているような将来志向的なものである。

また、佐々木が憲法的対話として指摘するものと、基調報告が念頭に置い

---

14) 樋口・前掲注 7)、棟居快行「プロセス・アプローチ的司法審査観について」同『憲法学再論』（信山社、2001 年）414 頁以下（初出 1996 年）、佐々木・後掲注 16) 212 頁以下など。

15) 山元一「『法治国家』論から『立憲主義的民主主義』へ」憲法理論研究会編『戦後政治の展開と憲法』（敬文堂、1996 年）175 頁以下、井上武史「憲法裁判の正統性と民主主義の観念」曽我部真裕＝赤坂幸一編『憲法改革の理念と展開（下）』（信山社、2012 年）135 頁以下等を参照。また、ルソー自身の最近の見解として、ドミニク・ルソー（徳永貴志訳）「立憲主義と民主主義」慶應法学 27 号（2013 年）219 頁以下。

16) 佐々木雅寿『対話的違憲審査の理論』（三省堂、2013 年）。

17) 同書 241 頁。

18) 同上。

ているものとの間には少なくとも力点の置き方にズレがあるようにも思われる。すなわち、基調報告のいう動態的な憲法秩序形成は憲法典の解釈が中心であり、典型的には、最高裁の違憲判決を契機にそれを骨抜きにする立法がなされ、さらにその立法に対する最高裁の憲法判断がなされることで憲法典の解釈が明確になっていくというプロセスが想定されている。これに対して佐々木のいう憲法的対話は、あるいは日本の論者の同種の議論は、最高裁の憲法判断を契機にした立法裁量のより良き行使に焦点があたっており、むしろ、憲法典の解釈というよりは、いわば実質的意味の憲法の形成に関わるものである。

その上で、佐々木の議論では、そのような意味での憲法的対話の促進に向けて裁判所や政治部門に求められる要請が提示されており、基本的に支持しうるものであると思われるが、ここではこれ以上立ち入らず、基調報告の指摘に示唆を受けて別な論点を議論したい。

日本では、基調報告のいうような動態的な憲法秩序形成を語りうるのだろうか。アメリカでは、法創造的な憲法判例を基点として諸政治勢力による抗争が行われ、最高裁裁判官任命の承認過程などで国民的な正統性を獲得するものもあるという。こうしたプロセスは、ブルース・アッカーマンの用語法とは異なるかもしれないが、一種の憲法政治と言ってもよいだろう。

この点についても、樋口陽一が示唆的なことを述べている。樋口はある講演の中でアメリカについて、「法的な判決には法的な手段で、立法府として憲法及び法律にしたがって出来る手段を動員する、正面から法的な手段を総動員して両方が対決する、というところにご注意を促したいのです」とした上で、「文化、社会というのはおよそ摩擦を起こしつつ進歩していくのだという感覚が、政治部門と司法、あるいは裁判というものを考える場合にも必要なのではないか。」と述べる[19]。

日本では、最高裁の違憲判決を基点としてこのようなプロセスが起動するということはほとんどないのではないか。国会は基本的には違憲とされた規定を受動的に改廃するか、あるいは放置するのであって、立法府として取り

---

19) 樋口陽一『転換期の憲法』（敬文堂、1996年）214-215頁。

うる法的手段を動員して対抗することはない。その結果、「摩擦」は顕在化せず、動態的プロセスのスイッチは入らない。

　もちろん、憲法政治は違憲判決あるいは憲法訴訟を基点として展開する場合だけではなく、憲法改正に関連して展開されることもある。例えば、フランスで憲法裁判を担う憲法院はアメリカの最高裁ほどには大胆ではないが、2008年に大規模な憲法改正がなされたことをはじめ、憲法改正をめぐる憲法政治の存在を語ることができる。また、これはヨーロッパ諸国に共通だろうが、EU等ヨーロッパの枠組みで進められる人権政策をめぐって国民的な議論が行われる。

　日本では、1990年代後半から憲法改正を巡る議論がやや活発になり、2000年には各議院に設置された憲法調査会が2007年には各議院の憲法審査会に引き継がれ、また、同年には憲法改正国民投票法も成立するなどの動きがあったが、憲法改正の現実味が乏しいこともあり、多様で質の高い憲法構想が競い合うという状況ではなかった。

　この点、昨今の集団的自衛権の合憲性をめぐる憲法解釈論争は大変興味深い。そこでは、内閣法制局が営々と練り上げてきた解釈と、専門家からなる会議体が議論を重ねて構築した解釈との対立が論争の軸となっていること、国民的な関心事となりメディアでも熱心に論じられていることなどから、ここでいう憲法政治の一事例と言っても良いように思われる。

　憲法はもちろん「不磨の大典」ではなく、国民によって折に触れ読み返され、論議されるべきものである。国民主権の概念についてはさまざまな議論があるが、仮に権力性の契機を警戒する立場を取るとしても、このような営為が否定されるべきではないだろう。この意味での憲法政治は、憲法の正統性を支え、憲法の規範力を強化する。

　そして、憲法政治が成立するには憲法訴訟が介在する必要は必ずしもないが[20]、しかし、違憲審査制の活性化は動態的憲法秩序形成プロセスの端緒として、憲法政治の活性化にもつながるはずである。このような観点からは、

20）　前述の集団的自衛権をめぐる論争には砂川事件判決（最大判昭和34年12月16日刑集13巻13号3225頁）の読み直しという要素もあるが、現在までのところ、判決の読み直しという点では、政治的な便宜の域を出てはいないように思われる。

やはり違憲審査制の飛躍的な活性化が必要なのだろうか。

　違憲審査制の活性化の問題は、単に基本権保障の充実に関わるだけではなく、民主主義の活性化とそれを受け止める市民の力量の問題でもあることを改めて痛感させられる。

2-2

[基調報告]

憲法学と司法政治学の対話
違憲審査制と憲法秩序の形成のあり方をめぐって

見平　典

　本稿は、日本の憲法学の違憲審査制論における二つの積年のテーマ——「違憲審査制の活性化」と「違憲審査制と民主主義」——について、司法政治学の観点から検討を加えることを通して、違憲審査制と憲法秩序の形成のあり方に関する、憲法学と司法政治学の対話の端緒を開こうとするものである。以下では、まず司法政治学という学問分野について、ごく簡単に紹介をしておきたい。

I　司法政治学

1　司法政治学とはいかなる学問分野か

　司法政治学とは、司法に関わる諸アクターの行動や相互作用を記述し説明することを任務とする、政治学の一分野である。日本の政治学では、司法に関わる事象は法学の領域であるとの見方も手伝って、これまでそうした研究はほとんど取り組まれてこなかったが、この分野に関する蓄積がもっとも豊かなアメリカでは、司法政治は議会政治や大統領政治と並ぶ政治学研究の重要な対象として位置づけられている。

　司法政治学の具体的な研究課題としては、主なものに、司法行動を規定し

ている要因の解明、政治・政策に対して司法行動が及ぼす影響の解明、裁判官選任手続の実態の解明などがある。なかでも一つめの課題は、長年司法政治学研究の中心をなしてきており、各種の法制度的・政治的・社会的・主体的要因が、司法行動の規定要因として析出されてきた。本稿の以下の分析も、これらの研究の成果を参照しつつ行われる。

2 憲法学と司法政治学の関係

　憲法学も司法政治学もともに憲法過程を分析の対象としているが、両者の対話はこれまでアメリカにおいてさえも必ずしも活発とはいえなかった。しかし、分析対象が重なる両者の知見には、相互に有意義なものも少なくないと考えられる。本稿では、日本の憲法学の違憲審査制論における2大テーマ、「違憲審査制の活性化」(Ⅱ)と「違憲審査制と民主主義」(Ⅲ)を順に取り上げ、司法政治学が各テーマに関していかなる知見や示唆を提供しているかを論じることを通して、憲法学と司法政治学の対話の有用性と必要性を示したい。

Ⅱ 違憲審査制の活性化

　日本の憲法学では長年にわたり、「最高裁判所の違憲審査権の行使が消極的であること、そしてこのような現状に対してわが国の違憲審査制度を活性化しなければならないということ」が「共通の認識」になっており[1]、違憲審査制をいかに活性化していくかが重要な課題として議論されてきた。こうした制度運用の評価・改善に関する議論では、当該制度が機能する条件や現状の背景要因を精確に把握することが必要になるが、それには法制度論的分析にくわえ、政治学的・社会学的分析も求められることから、上記議論に司法政治学が貢献しうる場面は少なくないように思われる。

　以下では、日本の憲法学の上記問題関心と議論に照らし、(1)そもそも違憲

---

1) 畑尻剛「具体的規範統制再論——最近の憲法裁判所論との関連で」法学新報103巻2・3号（1997年）498頁。

審査制が機能するための条件は何か、(2)日本の最高裁判所による消極的な違憲審査制の運用の背景にはいかなる要因が働いているか、(3)違憲審査制の活性化を志向するのであれば、いかなる方策が求められることになるかの3点について、司法政治学の立場から論じたい[2]。

1 違憲審査制の機能条件

(1) 裁判所の保有する資源量

司法政治学の諸研究の成果に照らせば、違憲審査制が機能するためには、裁判所がこの制度の運用を支える諸資源を保有していることがまずもって重要である。

そのような資源として、具体的には、まず規範的資源——実定法・法理論・役割規範・権威など——が挙げられる。裁判所の規範的資源の保有量、具体的には、①積極的な違憲審査の根拠となりうる制定法・先例・法理論が、どの程度の厚みを持って存在しているか、②積極的な違憲審査を正当化するような裁判所の役割規範が、国民にどの程度浸透しているか、③裁判官および裁判手続がどの程度の正統性を有しているか、④裁判所がどの程度の権威を有しているかは、違憲審査制の運用に大きな影響を及ぼしうる[3]。

①②が重要であるのは、裁判官が法の有権的解釈者としての専門職業意識から、また、判決の受容の確保や裁判所の独立性維持の要請から、判決の法的正当性に強い関心を抱いているためである。特に、積極的な違憲審査権の行使は民主主義原理との間に緊張をはらむ（と考えられている）ことや、政治部門との衝突も起こりうることから、違憲審査の場面ではこの関心は通常以上に強まらざるをえない。裁判官はたとえ違憲の結論を志向していても、その法的正当性について確信を得られない限り、違憲判断には踏み込まないであろう。それゆえ、①②が、違憲審査制の運用に大きく影響を及ぼすこと

---

[2] なお、これらの論点について、見平典『違憲審査制をめぐるポリティクス——現代アメリカ連邦最高裁判所の積極化の背景』（成文堂、2012年）も参照。

[3] なお、「司法積極主義」の用語は多義的であるが、本稿では憲法学・司法政治学におけるもっとも一般的な用法に従い、違憲判断に対する積極性を表す概念として用いる。「違憲審査制の積極的運用」「積極的な違憲審査」も、同様に違憲判断に対する積極性に関わる意味で用いる。違憲判断に限定して用いるのは、議論の拡散を防ぐためである。

になる。

　また、裁判官は前記のように、判決の履行の確保や裁判所の独立性の維持も意識しているが、違憲判決の履行を確保し、起こりうる政治的攻撃に対峙するためには、裁判所が一定の正統性や権威を備えていることも必要である。それゆえ、裁判官は憲法判断にあたり、③④も強く意識していると考えられる。

　また、裁判官がこのように、判決の履行の確保や政治的攻撃の可能性について考慮せざるをえないことは、裁判所の利用可能な政治的資源の量、具体的には、各種の敵対的な行動から裁判所を防衛するとともに判決の履行を促す有力な政治勢力がどの程度継続的に存在しているかどうかも、違憲審査制の運用を大きく規定することを意味している。

　さらに、規範的資源・政治的資源にくわえ、実務的資源の量——裁判官の保有する時間と情報の量——も違憲審査制の運用を規定する。というのも、違憲判決を下すにあたっては、前記のように、その法的正当性がとりわけ問題になるが、法的正当性の高い判決を執筆するためには、学説・判例の状況、憲法や当該法令の制定過程、関連する社会諸科学・自然諸科学の成果などについての多様で豊かな情報と、それを精査・分析して法理論を構築する時間が必要になるからである。

(2) 裁判所内の価値観の構成

　充実した資源の存在は、違憲審査制の積極的運用の前提条件であるが、最終的に積極的運用が実現するかどうかは、裁判官がその資源を活用しようとするかどうかにかかっている。このため、裁判所内の価値観——特に憲法や違憲審査制に関する価値観——の構成も、違憲審査制の運用に大きな影響を及ぼす。そして、司法政治学の成果によれば、この構成を規定する主要な要因としては、①裁判官選任手続（制度とその運用のあり方）、②任命権者の司法政策のほか、③裁判所を取り巻く規範的環境（裁判所の先例や、法学コミュニティにおける学説の布置、司法哲学や役割規範の状況など）、④現職裁判官および補助者（調査官等）がリーガル・トレーニングを受けた際の規範的環境が挙げられる。

2　日米における違憲審査制運用の相違の背景

　前項では、司法政治学の知見に基づきつつ、裁判所の違憲審査制の運用を規定する主要な要因として「資源」と「人」を指摘したが、実際に日本の最高裁判所の消極的な違憲審査制の運用の背景には、これらの要因が働いていると考えられる。以下では、この点について、同一の司法審査型違憲審査制を採用しつつも対照的な制度運用を示しているアメリカ連邦最高裁判所と比較しながら敷衍したい。

(1)　規範的資源

　日米の両最高裁判所の間には、これまで違憲審査に関する規範的資源量に大きな格差が存在してきたといえよう。すなわち、アメリカでは、「司法的ステーツマンシップ」の概念が示唆するように、もともと司法も統治機関として実質的正義の実現や社会のニーズへの応答に能動的に取り組むことが期待される傾向にあるうえ[4]、このような役割期待や司法の権威は、政治的理由から積極的司法を必要とする政治指導者によってしばしば強化されてきた[5]。さらに、そうした指導者は司法省を通して創造的な法理論を連邦最高裁判所に提供し、その後の積極主義の先例的基礎となるような、画期的違憲判決を形成してきた[6]。また、裁判官選任手続や裁判手続の開放的な運用は、後述のように、裁判所の専門性と民主的正統性の両方を強化してきた。

　これに対し、日本では従来司法に対する役割期待・役割規範としては、アメリカのような「応答的法」型のものよりも「自律的法」型のもの——政治から距離を置き、安定的に法令を適用すること——が中心になってきたといえる。それは、法創造的・政策形成的な側面が強く、政治との交錯が避けられない違憲審査を支えるよりも、慎重さを促すものであったといえるであろ

---

[4]　ロバート・A・ケイガン（見平典則訳）「『応答的法』型の司法に向けて——可能性と危険性」棚瀬孝雄編『司法の国民的基盤——日米の司法政治と司法理論』（日本評論社、2009年）参照。応答的法・自律的法の概念については、フィリップ・ノネ＝フィリップ・セルズニック（六本佳平訳）『法と社会の変動理論』（岩波書店、1981年）参照。

[5]　見平・前掲注2）3・5章。

[6]　見平・前掲注2）3・5章。

う。また、安定性を重視する役割規範は、しばしば先例との区別や個別意見の提示に制約的に作用することで、活発な違憲審査に必要な規範的資源の蓄積をむしろ阻んできた[7]。

さらに、一党優位制の下、政治指導者には積極的司法を構築する誘因がなく、それゆえ政治指導者が最高裁判所の規範的資源の充実に貢献することもなかった。くわえて、最高裁判所は新憲法により三権の一翼とはされたものの、前身の大審院は長く「二流官庁」としての地位にあったこともあり、現実の統治過程において立法部・行政部に比肩し対峙しうる権威を備えるには長い時間を必要とすることになった[8]。

また、最高裁判所裁判官選任手続は、透明性を欠いているうえ、選考に関与する主体がきわめて少数であり、それらは内閣を除きいずれも民主的正統性を有していないことから、選ばれた裁判官の民主的正統性は著しく希薄化している。この結果、裁判官は自己の民主的正統性を顧慮して、民主主義原理との間に緊張をはらむ（とされる）違憲審査権の行使に対して躊躇を感じざるをえなくなってきた[9]。

(2) 政治的資源

アメリカでは、人的規模・進出範囲の両面で一大社会勢力となっている法曹集団や、数多くの訴訟団体・公益団体が厚みのある裁判所の支持構造を形成しており、さらにその背後には、司法のあり方に関心を持つ多くの多様で能動的な市民が控えている。また、統治過程では二大党派が機関横断的に拮抗して競争しているため、連邦最高裁判所の多数派は、他機関内の自党派を自己の有効な政治的資源として期待できる場合が少なくない。くわえて、政治指導者は前記のように、しばしば政治的理由から連邦最高裁判所の政治的資源として行動してきた[10]。

---

7) 伊藤正己『裁判官と学者の間』（有斐閣、1993年）91-95頁。溜箭将之「先例拘束性と司法の権力」小谷順子ほか編『現代アメリカの司法と憲法——理論的対話の試み』（尚学社、2013年）269-270頁。
8) 矢口洪一『矢口洪一　オーラル・ヒストリー』（政策研究大学院大学、2004年）142頁。
9) 泉徳治「法律家の役割」大東ロージャーナル6号（2010年）21頁参照。

他方、日本では法曹集団の規模が小さく、さらに長年最高裁判所と弁護士界は対立的な関係にあったうえ、市民によって支えられた訴訟団体・公益団体も乏しく、アメリカの支持構造に匹敵するものは存在してこなかった。また、一党優位制の下では、最高裁判所は前記のように積極主義に対する政治指導者からの政治的支援も、他からの政治的に実効的な支援も期待することができない状態にあった。

(3) 実務的資源

　アメリカでは、アミカス・キューリー、ロー・クラーク、サーシオレイライの各制度[11]が連邦最高裁判所の時間や情報等の実務的資源を充実化することに役立ってきた。これに対し、日本の最高裁判所においてはアミカス制度はなく、調査官も各裁判官専従ではないことから、各裁判官が調達できる情報は限られてきた。また、1998年まで民事訴訟には上告制限がなく、裁判官は膨大な数の事件を抱えてきたため、時間を要する大法廷に事件を回付して新しい憲法判断を下していくことが難しくなってきた[12]。

　こうした状況に鑑み、1998年から民事訴訟に上告制限と上告受理制度が導入された。しかし、裁判官は上告受理・不受理の判断にあたり、立ち入った実質的な審理を行っており、裁判官の負担は制度改正前とあまり変わっていない。裁判官がこのような形で新制度を運用しているのは、最高裁判所の持つ最上級審機能と憲法裁判所機能のうち、前者も後者と同様に、あるいはそれ以上に重視しているからといわれる。その背景には、最高裁判所裁判官が、最終判断者として個別事件における下級審の誤りを是正し救済を図ることに国民からの期待を感じ取っていることがあるが[13]、この結果、裁判官が憲法判断に十分な時間を割くことは依然として難しい状況にある。

---

10) 見平・前掲注2) 3・5章。
11) アミカス制度の詳細については、Ⅱ4を参照。他制度については、見平・前掲注2) 5章5節参照。
12) 大野正男『弁護士から裁判官へ——最高裁判事の生活と意見』(岩波書店、2000年) 42頁。
13) 滝井繁男『最高裁判所は変わったか——一裁判官の自己検証』(岩波書店、2009年) 41-42頁、44頁、47-48頁。

(4) 裁判所内の価値観の構成

　アメリカでは、裁判官の任命権者・承認権者の党派が定期的に交代していることから、裁判所は多様な価値観を持った裁判官から構成されているうえ、前記のように、政治指導者は党派を問わずしばしば積極的司法を必要としていることから、違憲審査に積極的な者が裁判官に任命されることも少なくない。また、法教育の場では道具主義的な法の見方が伝達されてきたため、能動的・応答的な司法観が法律家の間で広く浸透してきた[14]。

　一方、日本では一党優位制の下、積極的司法を必要としない同一党派が一貫して裁判官を任命してきたため、最高裁判所内では謙抑的かつ政権と大きな乖離のない価値観が支配的であったとみられる。また、1990年代中期まで、権利保障に法律の留保が付され違憲審査制もなかった旧憲法の下で法学教育を受けた世代が、最高裁判所裁判官を務めてきた[15]。

(5) 小括

　以上のように、日米両最高裁判所の間には、違憲審査に関する資源量の圧倒的な格差と価値観の構成の相違が存在しており、このような違いが両国の対照的な違憲審査制の運用を形成してきたと考えられる。

　こうした相違は、すでにみたように、両国の政治構造の違いに由来しているところが少なくない。アメリカの場合、政治構造が多元的であり拮抗した党派的競争が行われている結果、法形成的・応答的な司法を必要とする有力かつ多様な政治アクターが生み出され、それらのアクターが司法に規範的資源や政治的資源を供給するとともに、能動的司法を志向する多様な裁判官を裁判所に送り込んできた。これに対して、日本では前記のように、一党優位制の下で、法形成的・応答的な司法を必要とし、かつそれを支えられるだけの力を持ったアクターが存在してこなかった。このため、司法は能動的であるために必要な規範的資源・政治的資源を獲得する機会に恵まれず、自己の

---

14) ケイガン・前掲注4) 216-217頁。
15) なお、藤田宙靖『最高裁回想録——学者判事の七年半』(有斐閣、2012年) 122-123頁は、裁判官と調査官の世代交代が、近年の最高裁判所判決行動の変化の一因であることを指摘している。最高裁判所の近年の変化の背景については、見平・前掲注2) 179-193頁参照。

役割を限定せざるをえなかった。また、上記構造の結果、謙抑的で優位政党と比較的同質的な価値観を持った裁判官が、最高裁判所内で多数を占めることになってきた。

このような状況の中で、日本の司法は、自己の専門性を強く主張できる領分（司法固有の領分とみられている民刑事法）を除いて法形成や公共政策への関与を控え、法令の安定的な適用に努めることで、自己の自律性を確保しようとしてきたとみることができる。そして、こうしたあり方が、翻って司法の資源量を再規定してきたといえよう。（その規範的資源への影響は前記(1)参照。また、安定的な法適用の強調は、最高裁判所の最上級審機能の強調へとつながっており、前記のように違憲審査に必要な実務的資源量も制限してきたといえる）。

3　違憲審査制の活性化の方策

それでは、このような日本の文脈において、違憲審査制の活性化を志向するとすれば、それはいかにして可能であろうか。以下では、違憲審査に必要な諸資源の増強という観点から、この点について検討を行いたい。

(1)　政治的資源

前項の議論に照らせば、違憲審査制の活性化を図るのであれば、司法の政治的資源の充実が強く求められる。もっとも、日本の政治構造も近年流動化しつつあるとはいえ、アメリカのように、司法に実効的な各種資源を供給する意思と能力を持った政党勢力が今後現れるかどうかは未だ明らかではない。それでは、そのような日本の文脈において、いかなるアクターが潜在的に司法の政治的資源になりうるであろうか。

まず第一に、法曹集団を挙げることができよう。専門職業集団として司法の権威の向上に共通の利害を有し、かつ「司法の独立」や「法の支配」などの価値を共通に内面化している法曹界は、一つの政治アクターとして、潜在的には司法の有力な政治的資源を構成しうると考えられる。近年の司法制度改革により、法曹集団の人的規模や進出範囲が拡大し、さらに最高裁判所と弁護士界の関係も協働的なものに変化しつつあることは、その意味で注目に

値するといえる。

　もう一つの潜在的な政治的資源としては、国民を挙げることができよう。司法に対する基本的な信頼と理解に基づきつつ、そのあり方に関心を抱く能動的な市民が厚みをもって存在することは、政治動向に左右されにくい、裁判所の確かな政治的基盤になりうる。したがって、こうした市民の育成が課題になるが、近年の裁判員制度の導入や初等・中等教育における法教育の取り組みは、それに資するものとして注目される。また、裁判官選任手続を司法のあり方に関する国民的討議の場とすることや、裁判手続にアミカスとして市民の参加を認めることも、そうした課題に寄与しうるものであり、検討に値するであろう。

(2) 規範的資源

　違憲審査制の活性化を志向するのであれば、司法の能動性・積極性を支える役割規範の形成が求められるであろう。この点で、近年の司法制度改革は、より能動的・積極的な司法を支える方向で役割規範を再構成する試みとして注目される。特に、2001年の司法制度改革審議会意見書は、法の支配や国民主権の観念を基礎に、司法部門を政治部門と並ぶ「公共性の空間」を支える柱として再定位し、立法・行政に対する司法のチェック機能の充実・強化を規範理論的に正当化した点で重要である[16]。この意見書が、同年の司法制度改革推進法によって政治的正当性を付与されたことは、能動的司法に必要な資源を増強するものであったといえよう。実際に、近年の最高裁判所の違憲審査活動は「覚醒期」[17]と評される状況を示すに至っているが、このような最高裁判所の変化の背景には、以上の役割規範の変動が大きく作用していたとみられる[18]。

---

16) 司法制度改革審議会『司法制度改革審議会意見書——21世紀の日本を支える司法制度』(2001年) 3-6頁。
17) 宍戸常寿「司法のプラグマティク」法学教室322号 (2007年) 24頁。
18) 見平・前掲注2) 184-189頁。なお、近年の最高裁判所の変化の背景には、このような役割規範の変動や、それに即して行われた実定法の改正（行政事件訴訟法の改正等）による裁判所の規範的資源の充実、さらに、裁判官および調査官の世代交代による裁判所内の価値観の構成の変化などが作用している。同書179-193頁。

ただ、違憲審査制のさらなる活性化を求めるのであれば、役割規範の再構成にくわえ、それに応じた司法の正統性の強化も必要になるであろう。そのためには、憲法判断機関としての専門性を高めることがまずもって重要であるが、この点に関して、アメリカ連邦最高裁判所が20世紀後期に受理事件中の憲法事件の比重を高めるとともに、憲法問題を処理するために必要な実務的諸資源を増強することを通して、憲法問題の専門機関としての能力を高めつつ、その地位を固めていったこと（憲法裁判所化）は参考になるであろう。

さらに、連邦最高裁判所においてはこの時期に、後述のように裁判手続や裁判官選任手続の運用を通して、専門的権威のみならず開放性や民主的正統性も強化されてきたことが見逃されるべきではない。法形成的性質の強い違憲審査活動を行っていくには、司法は専門性と並んで、一定水準の開放性（決定過程の透明性、多様なアクターの参加）や民主的正統性（国民の参加に開かれた討議に基づく意思決定)[19]を備えることが必要であるように思われる。たしかに、司法が開放性や民主的正統性を求めること、国民が司法に関与することは、権利保障を損なうことにつながりうるのではないかとの懸念も生じうるところである。実際に、日本の憲法学はこうした懸念から、司法が開放性や民主的正統性を求めることには慎重であり、もっぱら専門性のみから正統性を調達することを重視してきた[20]。だが、徹底した専門性の強化（それは特別裁判所を必要とすることになろう）と専門知に対する社会内の強度の信頼が存在しない限り、司法と国民との関わりを極小化することが、現実の政治力学の中で果たして活発な違憲審査活動につながりうるか、立ち止まって考える必要があるように思われる。

---

[19] 民主的正統性はこれまで主に、国民と公職者との人的連鎖や、国民意思（≒多数者意思）と公的決定との合致という点から捉えられてきたが、近年の民主主義論においては、ラディカル・デモクラシー論の発展に伴い、規範理論の次元においても経験的分析の次元においても、この概念を公共的議論への市民の参加能力・参加機会という観点から理解する傾向がみられる。本稿も、民主的正統性・民主主義の概念を基本的に後者の観点から捉え、文脈に応じて前二者の意味でも用いる。

[20] 代表的な例として、樋口陽一「"コオル（Corps）としての司法"と立憲主義」同『憲法 近代知への復権へ』（東京大学出版会、2002年）136頁以下（初出2000年）。

そもそも、積極的な違憲審査権の行使は一般に民主主義原理との間に緊張をはらむと考えられていることから、司法の開放性や民主的正統性が希薄な場合、裁判官は民主主義原理への規範的コミットメントから、積極的な違憲審査権の行使に慎重にならざるをえない[21]。また、司法の開放性・民主的正統性の水準は、社会の判決受容行動や敵対的行動にも影響を及ぼしうる。特に、裁判官の選任に十分な民主的契機が存在していない場合や、裁判手続に当事者以外がまったく参与できない場合、政治部門や国民に大きな影響を与える違憲判決は、「裁判官による非民主的支配」との批判に一層さらされやすいうえ、そうした批判に脆く、司法が判決の履行を確保し敵対的行動に対峙することは一層困難になるであろう。さらに、司法があらかじめ適正な民主的回路・開放性を備えていなければ、行き場のない民意が剥き出しの多数者意思として、司法の制度的基盤に対する攻撃という形で発現するおそれもある。

それゆえ、違憲審査制の活性化にあたっては、司法が一定の民主的回路・開放性を備えていることが求められる。もっとも、そのことは、司法が剥き出しの多数者意思の強要に服することを意味するものであってはならない。国民の司法への関与は、司法の制度的使命に相応しい形、すなわち法的討議の実質を備えた形で行われなければならない。この点で、アメリカの裁判参加手続（アミカス・キューリー制度）と裁判官選任手続（上院公聴会制度）は、そうした形の関与を実現し、さらに後述のように司法の専門能力も併せて高めるものとして注目に値する。また、こうした適正な形での司法の開放性は、先にも触れたように、国民の司法に対する役割の認識と信頼を増進し、国民を司法に対する脅威としてではなく、司法の政治的基盤として構成する機能を果たすことにも注意を促したい。

---

21) 泉・前掲注9) 21頁参照。泉・元最高裁判所裁判官は、国会同意人事である日本銀行総裁および同審議委員人事と対比しながら、最高裁判所裁判官人事に「国民の意見が反映されるわけでは全くない」ことを指摘したうえで、そのようにして選ばれた裁判官が「15人いて、国論を二分するような憲法問題について判断していいのか」と述べて、この点を示唆している。

(3) 実務的資源

実務的資源の充実のためには、アミカス・キューリー制度の導入、調査官の配置・規模の拡充、調査官のバックグラウンドの多様化などが検討に値するように思われる。また、上告受理制度の運用のあり方についても検討が必要であるが、その際には、前記のように、この問題が最高裁判所の機能に対する国民の役割期待に関わっている点に留意する必要がある。上告受理制度が当初の狙い通りに運用されるためには、一審の事実認定他の審理の強化にくわえ、最高裁判所の役割期待・役割規範が国民の間で再定位される必要があるといえよう。ただ、上告受理制度の意義や最高裁判所の任務の比重の変化に国民的理解を得られない場合には、三審制に対する期待に応えつつ、最高裁判所が憲法裁判所機能も果たすことのできるような機構改革——例えば「特別高裁案」等[22]——を検討することも必要になるであろう。

4　司法の専門性と開放性

前項では、違憲審査に関する諸資源の強化にあたり、アメリカのアミカス・キューリー制度と、公聴会を軸とした裁判官選任制度が参考になることを指摘した。特に、専門性と開放性の両立は容易ではなく、一方の強化が他方の弱化につながることも少なくないなか、両制度は司法の専門能力と開放性・民主的正統性の両者を強化する機能を果たしている点で注目される。さらに、両制度はアメリカの憲法秩序形成の重要な一局面としても機能しており、憲法理論上も一定の含意を有していることから、以下ではそれら制度の実態について、司法政治学の知見を踏まえつつ記述したい。

(1) アミカス・キューリー制度

アミカス・キューリー制度とは、事件の第三者も、両当事者の同意か裁判所の許可が得られれば裁判に参加することができる制度であり、この制度によって、多様なアクターが裁判に参加することが可能になっている。司法政治学の諸研究によれば、現在では連邦最高裁判所は開放的にこの制度を運用

---

22)　笹田栄司『司法の変容と憲法』(有斐閣、2008 年) 1 章。

しており、9割以上の事件において、当事者以外のアクターが書面を提出し、重要な憲法事件においては、社会のさまざまなセグメントから多数の団体・個人が書面を提出し裁判に参加している[23]——社会のさまざまな立場が代表されている。それらの書面は、当事者の書面では触れられていない、関連する判例、代替的な法解釈・法理論、政策的含意、関連諸科学の知見なども示しながら主張や反論を行っており、裁判所の情報量を豊かにして専門的能力を高めているとともに、書面総体で豊かな憲法的討議を形成している[24]。そして、裁判官の判決行動が実際にこうした討議の影響を受けつつ形成されていることが、司法政治学の質的・量的分析の双方で実証されている[25]。

(2) 裁判官選任制度

アメリカ連邦最高裁判所裁判官は大統領による指名と上院による承認を経て任命されるが、20世紀後期以降、大統領に指名された候補者は、上院の承認過程において国民的な審査を受けるようになっている。すなわち、上院司法委員会が候補者の資質や司法哲学を、公聴会を通じて精査するとともに、マス・メディアも承認手続の動向や候補者の経歴・憲法観・司法観等を詳報している。また、さまざまな利益団体が活発なロビイングや大規模なキャンペーンを通して、候補者の承認権を持つ上院に圧力活動を展開しているほか、一般市民も各上院議員に対する草の根の個別行動や各種世論調査を通して賛否の意思を表明し、上院の投票行動に影響を及ぼしている[26]。

このように、現在の裁判官選任手続は開放性が高く、候補者は厳しい精査

---

23) 例えば、1989年の中絶に関する事件では、400にのぼる団体・個人が、合計78もの書面を提出した。Susan Behuniak-Long, *Friendly Fire: Amici Curiae and Webster v. Reproductive Health Services*, 74 JUDICATURE 261 (1991).
24) Paul M. Collins, Jr., FRIENDS OF THE SUPREME COURT: INTEREST GROUPS AND JUDICIAL DECISION MAKING (2008).
25) Id., Chap. 4 & 5; Behuniak-Long, supra note 23.
26) 以上の連邦最高裁判所裁判官選任手続の実態については、Michael Comiskey, SEEKING JUSTICES: THE JUDGING OF SUPREME COURT NOMINEES (2004); Richard Davis, ELECTING JUSTICE: FIXING THE SUPREME COURT NOMINATION PROCESS (2005); Lee Epstein & Jeffrey A. Segal, ADVICE AND CONSENT: THE POLITICS OF JUDICIAL APPOINTMENTS (2005) 等参照。

にさらされることから、任命権者が自己の政治的選好を優先して資質を欠いた者を選ぶような恣意的任命には、強い抑制がかけられている。むしろ、高度の専門的資質を有した者でなければこれをくぐり抜けることは困難になっており、現在の手続は裁判官の専門的正統性を高める機能を果している[27]。それと同時に、現在の手続は、人事が上記のように、候補者の資質や憲法観・司法観をめぐる国民的な論争の中で、その影響を受けつつ進められることを可能にしており、選ばれた裁判官の民主的正統性を強化する機能も果たしている。

さらに、このような裁判官選任手続は、現在存在する重要な憲法問題に関する国民的討議を促しており、憲法秩序形成の重要な一局面を構成している。すなわち、公聴会では、上院議員が国民および将来の裁判官（＝候補者）の前で、現在の重要な憲法問題の所在を明らかにし、それに関する自己の見解を述べることが少なくない[28]。また、マス・メディアや利益集団も、現在の憲法問題や、それに関する連邦最高裁判所判例を盛んに論評しており、選任過程が憲法に関する国民的議論の場として機能している。そして、こうした議論の蓄積がアミカスによる参加や、今後の裁判官指名、判決への立法的対応などに反映され、連邦最高裁判所に影響を及ぼしていくとともに、そのようにして形成された判決が新たな議論を喚起していくことを通して、憲法解釈が形成されていくのである。その意味で、裁判官選任手続は、憲法秩序形成の重要な一局面をなしている。

---

27) 実際に司法政治学の諸研究は、候補者のイデオロギーと並んで、候補者の資質が大統領の指名過程・上院の承認過程・市民の見解形成過程のいずれにおいても決定的な役割を果たしていることを実証している。Epstein & Segal, supra note 26; James L. Gibson & Gregory A. Caldeira, CITIZENS, COURTS, AND CONFIRMATIONS: POSITIVITY THEORY AND THE JUDGMENTS OF THE AMERICAN PEOPLE (2009). また、アメリカ法律家協会（ABA）は候補者の専門的資質を審査しており、その結果は上院司法委員会に報告されている。

28) なお、こうした現在進行中の個別の問題に関しては、一般的な憲法観・司法観や確立した憲法法理に関する場合とは異なり、候補者は質問を受けても、将来裁判官として審理する可能性のある問題について公約すべきではないことなどを理由に、回答を拒否することが一般的である――そして、このような慣行により、裁判の公平性が担保されている。もっとも、そのような場合においても、候補者は関連する判例や問題の所在、衡量すべき諸価値などについてはコメントすることも少なくない。このような形で、裁判官選任手続における開放性・民主性の要請と、裁判の公平性・司法の独立性という、二つの緊張関係にある要請のバランスが図られている。

また、現在の公聴会制度は、こうした時間軸の中で形成された憲法解釈が最終的に公的な民主的承認を獲得し、確立した憲法秩序の一部として組み込まれていく場としても機能している。すなわち、法形成的・権利創設的、あるいは反多数者的な連邦最高裁判所の違憲判決は、判決当時に激しい国民的議論や政治的バックラッシュを巻き起こすことが少なくないが、それらの中には、裁判官の選任や判決への立法的対応の際の議論、繰り返しの訴訟提起と判決の往復、その過程での修正や発展などを経て国民的議論が進む中で、次第に党派を超えて受け入れられていくものもある。そして、司法政治学の研究によれば、公聴会ではそのような判例や法理に対する候補者の支持が、候補者承認のための実質的要件として機能しているという[29]。それは、議会の場で、そうした判例や法理に党派を超えた民主的承認が与えられることに他ならない[30]。現在のアメリカの裁判官選任過程は、過去の法形成的・権利創設的・反多数者的な憲法判例が、民主的に承認された、確立した憲法秩序の構成要素としての地位を得る場としても機能しているのである[31]。そしてこれにより、裁判官がこうした憲法判例に依拠して積極的に違憲審査権を行使することにも、一定の民主的正統性が担保されることになる。

　以上のように、アメリカにおいてアミカス・キューリー制度や公聴会を軸とした裁判官選任制度は、司法の専門能力と開放性・民主的正統性の双方を高めているとともに、動態的で民主的な憲法秩序形成の一場面として機能している。アメリカの裁判官選任制度については、日本ではその政治的側面にもっぱら注目が集まり、否定的に評価される傾向にあるが、上記のような諸

---

29) Paul M. Collins, Jr. & Lori A. Ringhand, SUPREME COURT CONFIRMATION HEARINGS AND CONSTITUTIONAL CHANGE (2013). コリンズらによれば、そのような法理・法原則としては、具体的には、「分離すれども平等」の考え方は人種の文脈では憲法上成立の余地がないこと、プライバシーに対する基本的権利が存在すること、性差別に対しては高密度の違憲審査が実施されるべきこと、「一人一票」は憲法上の原則であること、表現の自由の保障は政治的表現以外にも及ぶこと、憲法上の自由は憲法典に列挙されたものに限られないことなどがある。Id. Chap. 7.

30) Id.

31) もっとも、アメリカの憲法発展をみると、確立した憲法秩序の構成要素といえども、異議申立から完全に遮断されているわけではなく、中長期的な変容の可能性には開かれており、再び国民的議論の場に付されることもありうる。

機能を果たしていることも見逃されるべきではない。司法の資源を強化する制度として、両制度には参考になる点も少なくないように思われる。

次に、このようなアメリカの憲法動態に関する経験的知見が、規範的議論——「違憲審査と民主主義」論——に対して有する含意について、ごく簡単ではあるが検討したい。

Ⅲ　違憲審査制と民主主義

「違憲審査制と民主主義」論とは、違憲審査制の民主主義的な正当性——「民主主義」はこの文脈では通常、多数決主義として理解されている——を問うことを通して、適正な違憲審査権の行使のあり方を規範理論的に解明しようとするものである。このテーマは、日本の憲法学では特に1980年代以降活発に議論されてきたが、その背後には、裁判所が自己の憲法解釈に基づき、政治部門によって民主的に定立された法令を否定することは、「民主主義」と「厳しい緊張関係」[32]に立つことになるとの問題意識がある。

この問題に関し、これまで憲法学は基本的に違憲審査権行使を民主的に制定された憲法の執行、あるいは民主政の保全として正当化する方向で規範理論を構築してきたが、それでは司法政治学はこの問題にいかなる知見を提供しうるであろうか。

まず、Ⅱ1においてもみたように、司法政治学の知見によれば、裁判官は法的正当性を意識しつつ、主観的価値判断も伴いながら、他の裁判官をはじめとする諸アクターとの相互作用の中で、ありうる複数の憲法解釈の中から一つを裁量的に選択しており、いわゆる「法の価値中立的発見」ではなく、実践的・法形成的な「公共的意思決定」に従事しているといえる。このような判決行動は憲法条文の抽象性・多義性や、判決の集合的決定としての性質に照らせば不可避であり、こうした実態を踏まえれば、裁判官が民主的に制定された法令を覆すことの正当性を問うことには重要な意味があるといえよう。

---

32)　野坂泰司「『司法審査と民主制』の一考察（一）」国家学会雑誌95巻7・8号（1982年）2頁。

そして、司法政治学の成果は、司法の基幹的使命を損なわない形で、司法の民主的正統性や開放性を強化する方途を指し示すことにより、この問題を制度的に緩和することに寄与しうるであろう。アメリカのアミカス制度や裁判官選任制度に関する前節の検討も、「違憲審査制と民主主義」論の文脈では、このような意義を有するものといえる。これまで憲法学は「違憲審査制と民主主義」の問題に対して、憲法解釈方法論の構築のように規範理論的解決を与えることに主に努めてきたが、このように制度的に対処する方向性を併せて模索することにも意味があるように思われる。

また、司法政治学のアメリカ憲法過程分析は、「違憲審査制と民主主義」の問題を軽減するような、憲法秩序形成のあり方自体についても指し示すであろう。前節でみたように、司法政治学の成果に基づけば、アメリカの憲法過程は多元主義的憲法秩序形成と呼びうるものであり、そこでは、各統治過程（立法過程・執行過程・司法過程）の内部に存在する諸グループが、他の統治過程内部や市民社会にある同じ憲法秩序構想を持ったグループと連携しつつ、他との交渉・妥協や討議・説得を重ねながら、秩序形成をめぐって争っている。憲法解釈はそのような機関横断的なグループ間の対話と競争の中で継続的に形成されており、連邦最高裁判所の多数派の憲法解釈によって論争に終止符が打たれるのではない。むしろ、それは新たな憲法論争を創出するのであり、そこでの議論が判決に対する立法的対応、今後の裁判官指名、新たな訴訟提起とそれへのアミカスとしての参加などに反映され、連邦最高裁判所内の諸グループに影響を及ぼしまたそれが繰り返されることを通して、時間軸の中で憲法解釈が形成されていくのである。したがって、特定の時点で公的に通用している憲法解釈は、上記競争過程において動態的均衡状態にある暫定的な性格を持つものとして理解できよう。（そして、憲法秩序の構成要素として確立されたものについては、公聴会等で公的かつ民主的に確認される。）このような憲法秩序形成のあり方においては、最上級裁判所の判決によって憲法解釈をめぐる論争が終結するわけではないことから、「違憲審査制と民主主義」の問題は緩和されることになるであろう[33]。その意味で、司

---

33) 動態的憲法秩序形成観に基づく、憲法学における近年の代表的研究である佐々木雅寿『対話

法政治学のアメリカ憲法過程観は、「違憲審査制と民主主義」のディレンマを和らげるような一つの憲法秩序形成のあり方を示唆するものといえよう。

このような司法政治学のアメリカ憲法過程観は、近年の憲法学の動態的憲法秩序形成観[34]に近似するものといえるが、後者がどちらかといえば機関間の相互作用、特に判決とそれへの立法的対応に着目する傾向にあるのに対し、前者は上記のように、異なる憲法秩序構想を抱く諸グループ間の機関横断的な相互作用に着目しており、そうした相互作用が、判決とそれに対する立法的対応の間のほか、機関内部の意思決定手続、裁判官選任手続、裁判参加手続、異なる審級間などの多様な場面でみられることを明らかにしている。こうした司法政治学の視点は、憲法をめぐる対話と競争の（潜在的なものも含めた）さまざまな場面に光を当てることにより、豊かな国民的議論に基づく憲法秩序形成を構造化・制度化していく際の手掛かりを与えるであろう。

とりわけ、民主主義概念を「多数決主義に基づく決定」ではなく「討議／闘技のプロセス」[35]として捉える場合、こうした構造化・制度化の作業は「違憲審査制と民主主義」の問題をさらに和げるものとして重要な意味を持つであろう。というのも、このような民主主義観においては、憲法秩序が国民に開かれた、さまざまな場面における活発な討議／闘技を通して形成されることは、民主主義の具体化として捉えられることになるからである――そして、違憲審査もそうした民主的実践の一部として位置づけられることになる[36]。

的違憲審査の理論』（三省堂、2013年）は、最高裁判所と政治部門の対話を通した憲法秩序形成においては、最高裁判所の憲法解釈が「最後の言葉」ではないことから、「違憲審査制と民主主義」の問題が緩和されることを指摘する（213頁）。

34) 代表的な例として、佐々木・前掲注33）のほか、土井真一「憲法判例と憲法学説」公法研究66号（2004年）130頁、畑尻剛「憲法訴訟における立法府と裁判所との協働――立法事実の変化とその対応をめぐって」日本法学72巻2号（2006年）427頁等。

35) ラディカル・デモクラシー論の中でも、討議（熟議）民主主義論と闘技民主主義論の間には鋭い対立がみられ、両者を本来一括りに論じることはできないが、本稿の議論はいずれの立場をとった場合にも妥当することから、両者をさしあたり並記している。

36) もっとも、このことにより、「違憲審査制と民主主義」の問題が、完全に解消されるわけではないであろう。なぜなら、議会は国民から直接負託された数百名の代表者からなる討議／闘技の場であり、その意味で（捉え直された民主主義概念の下でも）強い民主的正統性を帯びており、そこで成立した法令に対する相応しい違憲審査権の行使のあり方が（憲法裁判制度のあり方と相

そもそも、立憲的意味の憲法は多数者の決定によっても侵すことのできない権利を保障するものではあるが、その権利の内実や具体的場面における適用のあり方については一義的に明らかではなく、それも何らかの形で公共的に判断されなければならない。この判断をいかになすべきかに問題の所在があるわけであるが、そうした判断を単なる多数決に委ねることはもちろん、専門家に委ねきってしまうことも、立憲主義と民主主義の双方を希求する立憲民主主義のあり方として問題があるように思われる。そのように考えれば、民主主義概念を上記のように捉えたうえで、そうした判断が国民に開かれた統治機関横断的な討議／闘技に基づき時間軸の中で形成されるものであり、憲法裁判もそれを構成するもっとも重要な一場面——諸アクター（裁判官・当事者・アミカス）による討議／闘技の場——として理解することは、単に「違憲審査制と民主主義」の問題を緩和するのみならず、立憲民主主義における一つのありうる憲法秩序形成モデルとして魅力的であり、それを構造化・実質化するための方策を考究することも憲法学の課題として有意味であるように思われる。

関しつつ）やはり問われうるからである。また、憲法過程における討議／闘技を促進・可能とする違憲審査権の行使のあり方も、違憲審査制と民主主義の関係に関する問題として問われるであろう。

[座談会]
憲法学と司法政治学の対話

見平 典 宍戸常寿 曽我部真裕 山本龍彦

I はじめに——問題提起

山本（司会） 本日は見平さんにお越しいただきました。すでに「憲法学と司法政治学の対話」と題して基調報告をいただいていますが、要点あるいは強調したい点をお話しいただければと思います。よろしくお願いします。

1 司法政治学とは何か

見平 本日はお招き下さいまして、ありがとうございます。基調報告の要点に入る前に、はじめに司法政治学という学問分野について、少し説明をさせて頂ければと思います。

司法政治学も、憲法学あるいは法学も、司法過程を扱っている点では変わりありませんが、その出発点となる認識には大きな違いがみられます。すなわち、法学の場合、基本的には司法過程と政治過程の峻別が議論の前提になっていますが、司法政治学の場合、司法過程は広義の政治過程の一部として把握されており、裁判官・裁判所もすべて公共的意思決定に従事する一つの政治アクターとして分析が行われます。そして、そのような前提に立った上で、狭義の政治過程と司法過程各々に固有の制度的条件などの分析を通し

て、両過程の差異が見出されていくことになります。このように、法学と司法政治学とでは、出発点となる見方、議論の前提に大きな違いがあります。

　また、価値的な力点をみますと、憲法学は立憲主義を重視します。これに対して、司法政治学は政治学の一分野として、いかに民主主義を実質化するかという点に関心をもってきました。もちろん、司法政治学は経験的分析を任務としていますから、分析の際に民主政はいかにあるべきかといった議論が直ちに出てくるわけではありません。ただ、司法政治学研究の背後には、多くの場合民主主義に対するコミットメントが問題関心としてあります。

　以上のような憲法学と司法政治学の違いは、憲法過程や憲法秩序形成のあり方に関する、憲法学と司法政治学の見方の違いにも現れてくるのではないかと思います。そして、このように両者の視点が大きく異なるからこそ、両者の対話は相互に良い刺激になるのではないかと考えています。

2　違憲審査制の機能条件

　次に基調報告の要点に入りますが、基調報告では、裁判所の保有する資源量と裁判官の価値観が違憲審査制の運用を規定する主要な要因であるということを論じました。裁判官の価値観の重要性はこれまでも広く認識されてきましたが、私はそれと並んで、資源の重要性を強調したいと思います。たとえ裁判官が違憲審査に対して能動的な価値観を持っていたとしても、必要な規範的・政治的・実務的資源を十分に保有していなければ、積極的に違憲審査権を行使することは難しいということに留意する必要があります。

　実際に、このことは日本と同じ司法審査型違憲審査制を採用しているアメリカと比較するとはっきりとします。両国の最高裁判所の制度運用は対照的ともいえる様相を呈していますが、その理由を探りますと、一つには裁判官の司法観の違いがありますが、もう一つには、両裁判所の保有する資源量の圧倒的な格差があることが明らかになります。もし日本において違憲審査の活性化を求めていくのであれば、これらの資源をいかに司法に供給していくかを考えなければなりません。

　この点、これまでの日本の議論は、上告制度や調査官制度の改革など、実務的資源の強化策が中心になってきたように思われます。たしかに、アメリ

見平　典氏

カ連邦最高裁判所も積極化の過程で、調査官制度の拡充を連邦議会に求めたり、裁量上告制度の運用を工夫したりと、実務的資源の充実に努めてきました。日本においても、実務的資源の増強は急務といえます。ただ、ここでは、連邦最高裁判所の積極化は、実務的資源とともに、豊かな規範的資源と政治的資源にも支えられて初めて可能になったということに注意を促したいと思います。

　基調報告では、潜在的な政治的資源として国民が重要であることや、規範的資源の関係で司法の専門性を高める必要があることなどを指摘しました。それとともに、司法の開放性を高めていく必要性も指摘しましたが、おそらくこの点がもっとも見解の分かれるところではないかと思います。私がこのような立場をとるのは、一つには立憲民主主義における憲法秩序形成のあり方に関する規範的な問題意識がありますが、もう一つには、現実の政治力学の中では、そもそも国民とのかかわりを極小化した司法が能動的であることは難しいという認識があります。その理由のいくつかは基調報告の中でお示ししましたので、ここではそこであまり触れることのできなかった点を中心に補足させて頂きます。

　まず、そもそも司法があらかじめ適正な民主的回路・開放性を備えていなければ、違憲審査権を積極的に行使したときに、行き場のない民意が剝き出しの多数者意思として、司法の制度的基盤に対する攻撃という形で現れるおそれがあります。くわえて、「国民」シンボルという強力な資源を、政治部門が排他的に動員できることにもなります。もともと基盤が脆弱な司法にとって、これらのリスクが現実の政治力学の中で持つ意味を、よく考える必要があります。また、国民が司法にとっての脅威ではなく、実効的な政治的資源となるには、国民が司法の役割について深い認識と一定の信頼を抱いていること、司法の動向に関心を抱いていることが必要ですが、それは司法との深いかかわり合いの中で育っていくものです。両者の距離が遠ければ、司

法に対する国民の理解や信頼は根の浅いものにとどまらざるをえません。そのような脆弱な基盤のもと、司法が能動的に行動し、政治部門に対峙することは困難でしょう。以上の点や基調報告で指摘した点などを踏まえますと、司法が一定の開放性を備えていることは、能動的であるための前提条件、必要条件であるといえます。

また、もう1点付言すれば、専門家の間のみならず国民の間でも、憲法問題に関して活発に議論が行われる社会では、人々の憲法問題・人権問題に対する感受性が磨かれることにもなりますし、憲法を援用した異議申立も行いやすくなるといえます。しかし、憲法が専門家の手にのみあり、憲法秩序の形成に国民が当事者意識を持つことができなければ、そうした社会を展望することはなかなか難しいのではないでしょうか。司法の開放性を高め、憲法秩序の形成に国民が専門家とともに参与する機会を拡充することは、そうした社会の形成に寄与するものと考えられます。

もっとも、基調報告でも強調しましたように、司法の開放性が剥き出しの多数者意思の流入を意味するものであっては決してなりません。したがって、司法に相応しい開放性や民主的回路をいかに整えるかということが重要な課題になります。そしてこの点で、私は裁判参加制度（アミカス制度）や裁判官選任における公聴会制度を導入することも、検討に値するのではないかと考えています。特に、開放性と専門性を両立させることは容易ではありませんが、これらの制度の構築の仕方によっては、その両方にポジティブに働きうるように思われます。

以上が違憲審査制の機能条件に関する議論ですが、私が司法の開放性を重視する背景には、もう一つ、立憲民主主義における憲法秩序形成のあり方に関する規範的な問題意識もあります。基調報告では、裁判官の憲法解釈が法の価値中立的発見ではなく、価値判断を伴った実践的な法形成活動であることを踏まえつつ、違憲審査制と民主主義の関係、憲法秩序形成のあり方についても若干議論させて頂きました。本日はこの点についても、議論できればと思います。

II　違憲審査制の機能条件をめぐる憲法学からの問い

1　憲法学からの問題整理

山本　続きまして、憲法学の観点から見た問題提起ということで、曽我部さんにお願いします。

曽我部　見平さんのお話は、司法政治学の観点から違憲審査制の機能条件を分析して、違憲審査制と民主主義という憲法学の重要論点について通説の再考を迫るものであり、重要な問題提起だと思います。政治的資源、規範的資源、実務的資源という三つの観点から分析されていて、その内容についてはまったく異論のないところです。従来の憲法学でも、違憲審査制の活性化ということでいろいろな提案がなされており、それと重なる部分もありますが、これらの提案を理論的・体系的に位置づけ、この問題に関する見取り図となる貴重なご議論だと感じます。

近年の日本の最高裁は「覚醒期」にあると指摘する議論もあります（宍戸常寿「司法のプラグマティク」法学教室322号24頁）。見平さんの議論をこういう文脈において検討してみるというのが今回提起したい問題の一つです。

もう一つは、違憲審査の活性化のためには裁判所の民主的正統性が重要であるという点です。日本の憲法学の通説は、政治部門と裁判所は切り離して異なる正当化原理でもって運用されることを前提としてきました。その上で違憲審査の活性化ということを提唱してきたわけですが、そうした前提に対して問題提起をされる点が重要なポイントだと思います。この点についても議論したいと思います。

最後に、基調報告で指摘された、動態的な憲法秩序形成プロセスについても議論したいと思っています。

2　最高裁は「覚醒期」にあるか

まず1点目は近年の最高裁の動きです。司法制度改革を背景に、この10年ぐらい最高裁の違憲審査が活性化状況を呈しているということが指摘され

ています。見平さんの分析を踏まえて考えると、規範的資源については司法制度改革によって非常に大きな変動があったと言えるでしょう。しかし、実務的資源、政治的資源についてはそれほど大きな変化は顕在化していないというご議論であったと思います。その上で見平さんは具体的なさらなる活性化の方策ということで、アミカス・キューリー制度の導入や調査官制度の改革などを挙げておられます。

基調報告を拝見して、学説の位置づけということについて印象が残っています。「イントロダクション」にも書きましたが、最近、知財高裁で実質的なアミカス・キューリー制度の試みが行われました。これは専門的な知見を募集するということであり、アミカス・キューリー制度の一つの側面にすぎないと思いますが、もっと広く考えたときにアミカス・キューリーが機能するためには市民社会の充実が必要となります。市民団体などがいろいろな意見を出す際に、法的な知見を提供する学説の役割が重要だろうと思います。

それから裁判所の規範的資源の話に目を向けると、規範的資源の一つとして法理論があります。法理論を提供する重要な主体の一つとして学説というものがあると思います。

このように、学説の果たす役割は本来大きいと思いますが、日本では必ずしも判例と学説の協働が、少なくとも憲法分野ではうまくいっていなかった部分があるのではないかと思います。これには歴史的な事情があるわけではありますが、このままでよいのかということを考えてみたいと思います。基調報告では、この点について特段指摘がなかったので、少しお伺いしてみたいと思いました。

山本 いまの曽我部さんからの問題提起を踏まえて、見平さんから何かあればコメントをお願いします。

見平 学説の役割についてですが、まさに曽我部さんがご指摘のように、違憲審査制の運用において学説が果たしうる役割は相当に大きいと考えております。

拙著(『違憲審査制をめぐるポリティクス』)では若干触れておりますが、学説のあり方も日本とアメリカとではかなりの違いが見られます。これまでの日本の判例分析では、自己の憲法体系から判例を眺めて、その距離をもとに

判例を評価することが多かったように思われます。このような作業自体は、法や法学の発展にとって非常に重要な営みですが、他方で、その体系とは異なる判例体系の中にいる現場の裁判官にとってみれば、参考にすることが難しかった面もあるように思われます。

　アメリカの場合、もちろん法学者は各自の憲法体系なり憲法理論なりを構築しているわけですが、その見地から裁判所の判例体系を再構成して、実務裁判官に提示したりしています。また、「区別」の技法などを用いながら判例を内在的に分析し、判例があるべき方向へと発展していくための道筋や余地を示したりもしています。実務裁判官にとっての規範的資源の充実という点から見れば、学界においてこのような作業が行われることにも重要な意味があると思われます。

　この点で、日本においても法科大学院が設置されてから、学界・教育の双方の場面で、判例の内在的分析や区別が活発に行われるようになってきたことは注目されます。こうした傾向は、法科大学院制度の重要な副次的効果と言えますが、裁判所の規範的資源の充実に寄与するものと言えるでしょう。もちろん、こうした分析を通してあるべき方向へと判例の発展を促していくためには、「あるべき方向」に関する研究も深められている必要がありますから、理論研究や比較法研究も引き続き精力的に取り組まれる必要があります。その意味で、学界に課せられた任務は広く、大きいと感じています。

　次に、アミカス・キューリー制度が機能するためには、市民社会の充実が必要であるとのご指摘は、私もその通りであると思います。アメリカでは、耳目を集めるような憲法事件になってきますと、アミカスとして参加する団体や個人は多数にのぼり、かつ多岐にわたっています。例えば、人工妊娠中絶規制の合憲性をめぐる事件ですと、法学界のみならず、医学・歴史学・ジェンダー・宗教などに関する、さまざまな専門家集団や市民団体が裁判所に書面を提出してくるわけです。そこでは、統治のあり方、そして憲法のあり方に市民が能動的に参与していくという、アメリカの市民社会のあり様を垣間見ることができます。そして、まさにそうしたあり様が、アミカス制度を討議の場として成り立たしめているといえます。ですから、アミカス制度のような開放的制度を機能させていく上では、そうした市民の育成が必要で

す。ただ、そのためには、まず先に制度ができていることが重要であると思います。まず制度があり、実際にそれを利用することが可能な中で市民は育っていくものですから、市民が十分に成熟していないということで制度を設けないのではなくて、むしろ司法の開放性を高めて、実際に市民が参加できる機会を用意していくことこそが求められるのではないでしょうか。これは司法に限らず政治一般、統治一般について妥当することですが、自らの声が届かない、疎外されていると思っている市民が、司法や統治のあり方について関心を持つ、主体的・能動的な姿勢を持つというのは考えにくいことです。ですから、司法や憲法のあり方に関心を抱く成熟した市民を育成しようとするのであれば、まず司法と市民との間に適切な回路を整えることが重要であると考えています。

3　違憲審査制を機能させる三つの条件

山本　ありがとうございました。論点が多く出されていますが、座談会の流れを確認します。

まず、憲法学説の役割と市民社会の役割という二つの重要な論点が出てきましたが、これらについては改めて座談会後篇で議論できればと思います。

次に、違憲審査制の機能条件ということで三つの要素を出していただきました。まずはこれらについて、日米比較を踏まえつつ議論していきたいと思います。

さらに、司法の開放性と民主的正統性とのつながりについて、アミカスと選任手続等とのかかわりでお話をいただいたと思います。これらは、おそらく「違憲審査制と民主主義」との関係に結びついた議論でありますし、よりマクロ的には、憲法秩序形成観とも結びついていると思います。

座談会の流れとしては、違憲審査制の機能条件についてご議論いただいた後に、民主的正統性や、司法審査と民主主義との関係、あるいは憲法秩序形成についてご議論いただき、最後に、憲法学説・理論と司法政治学との関係についてご議論いただければと思います。

早速、最初のブロックである違憲審査制の機能条件について議論をはじめたいと思います。宍戸さんからコメントをお願いします。

宍戸 違憲審査制の機能条件については私もまだ考えがまとまっているわけではないのですが、大変刺激的なご報告を受けまして、思いついたことを何点かお伺いできればと思います。

第一は、見平司法政治学の中では「資源」という言葉あるいは捉え方と、主体ないし能動性、端的に言えば人の問題とがどう位置づけられているのか、この機にお聞きしたい、というのが中心的な問題です。

例えば規範的資源の四つ目の一般的な資源として、裁判所がどの程度の権威を有しているかといった問題があります。例えばアメリカの連邦最高裁は違憲審査権があると、1803年のマーベリー対マディソン以来、早くから論じられてきました。しかし、それと同時に、連邦最高裁は連邦制の担い手であり、大統領府や連邦議会よりもはるかに強い担い手で、それこそトクヴィルが見たとおり「裁判で保っている国だ」というほどの高い権威、地位を持っています。同時にそのようなリソースがあるので、違憲審査にも乗り出していける、そういう側面が連邦最高裁にはあるように思います。

これに対して日本の最高裁の場合、そこでの本来の権威は、民事あるいは刑事裁判所として法秩序なり社会秩序なりを安定的に維持することであって、それを裁判所にとって使えるリソースだと見るのか。むしろそれは裁判所自体の役割規定のようなもので、逆に裁判所を拘束しているところがあるのではないか。それが、「資源」という言葉から見てお伺いしたい点です。

次に、ご報告では、主体の問題についても、少し触れられていました。アメリカの連邦最高裁の場合は9人がそれぞれ長い任期を務めるので、一人ひとりの裁判官の顔が見えやすい。それに対して日本の最高裁の場合、たしかに司法行政の面では長官のカラーがあり、例えば「竹﨑コート」といった言い方ができるとしても、裁判の内容についてそうした物言いがどこまでできるのか。この点は、個々の裁判官を見てもわからない。そういう15人の集団が、自分たちが積極化しようというイメージを共有して、リソースを使って動き出すということが、なかなか想定しにくいのではないか。

ですから、見平さんの議論も、裁判所が能動的に動くアクターとしてのイメージではなく、むしろ裏側から、一人ひとりの裁判官が持っている価値観の問題として論じているような気がします。そこは、見平さんが自覚的にそ

のようにされているのか。つまり日本の最高裁のあり方を議論するために、そのように工夫されているのでしょうか。アメリカだったら、もっと能動的に一人ひとりの裁判官について議論したり、裁判所というアクターについて政治学的に議論したりすることがいくらでもできるのに、日本だと最高裁の主体性が出てこないというのは、方法論的にそうされているのでしょうか。日本の最高裁を主体としてどう見ているのかについて、お伺いしたいと思います。

最後に、ご著書の中ではとりわけ顕著ですが、「司法積極主義の政治的構築」という形で、他の国家機関、大統領あるいは連邦議会の有力な政治家、司法省といったアクターが最高裁に対して働きかけます。これは後で議論になるところだと思いますが（Ⅲ1参照）、多元主義的な政治プロセスの中で諸勢力が連邦最高裁に対して働きかけているわけです。この場合の連邦最高裁は、1個のアクターというよりは、さまざまなアクターがせめぎ合う一つのフィールド、アリーナのイメージで捉えられています。議会についてもアリーナで捉えるか、アクターとして捉えるかという問題がよくありますが、これは連邦最高裁についてアリーナの側面が強調される場合で、特に外部からの攻勢、「政治的構築」という観点で強く出てくるものと思います。

他方、見平さんが日本の最高裁について議論するときには、この点があまり出てこないようにも感じられます。外部の政治勢力ないしは機関が日本の最高裁を能動的に利用するという議論は、これも慎重に回避されているのか、それともそういうことはもともとないと考えられているのか。以上、まとまりのない質問で恐縮ですが、伺いたいと思いました。

山本　3点ほどご質問があったと思います。見平さんお答えいただけますか。

見平　いずれも大変重要なご指摘だと思います。まず1点目ですが、アメリカの連邦最高裁判所の場合は、もともと連邦制の担い手としての権威を備えているのに対して、日本の最高裁判所の場合は、民刑事の裁判所というところに本来の権威が存在している。このことを「資源」という点から見て、いかに評価できるかということですね。

ご指摘のように、アメリカ連邦最高裁は、もともと連邦制国家における統

合の担い手としての役割が期待されていました。こうした背景の中で、連邦最高裁は早い段階から州法を積極的に審査してきており、そうした実績の積み重ねの中で、さらに連邦法に対する高密度の審査も可能になってきたという面があります。その意味で、連邦最高裁は違憲審査にとって正の方向で働く資源を持ってきたと言えます。

これに対して日本の最高裁では、ご指摘のように、民刑事の最終裁判所というところに本来的な役割が見出されてきました。このような大審院以来の役割規定は、法的安定性の強調とも連関しつつ、最高裁の違憲審査機関としての性格を副次的なものにしてきた、さらには違憲審査に対してむしろ抑制的な方向で作用してきたと言えるでしょう。その意味で、こうした従来の日本の最高裁の役割規範や権威の所在は、一つの言い方としては、違憲審査にとって負の資源ということになるのかもしれません。

宍戸 そうですね。負の資源という捉え方になるということですね。

見平 はい。私はそのように理解しておりますので、宍戸さんとはその点について理解を共有しているのではないかと思います。

次に、2点目のご質問ですが、アメリカの場合は各裁判官や各コートの個性や主体性を語り得るのに対し、日本ではこれを語りにくいのではないか、ということですね。

たしかに日本では、裁判官の個性や主体性を語りにくい面があります。その理由としては、日本の最高裁では、同一政党が裁判官を任命してきたこともあって、時期によって差はあるものの、もともと裁判官の同質性が比較的高いことや、ご指摘のように、裁判官の在任期間が短く、頻繁に入れ替わりが発生していること、さらに、もともと裁判官は顔がむしろ見えない方が良いという規範意識が存在してきたことなどが挙げられます。

宍戸 そうだとすると、理論的な枠組みの問題としては価値観という形で捉えようとされている、ということでしょうか。

見平 司法行動分析にあたっては、裁判所内部の価値観の構成というものを見ていくことになりますが。

宍戸 一人ひとりの裁判官に着目するというよりは、同質性の高い裁判官という集団の背後にある価値観という形で、操作可能なものとして扱おう、

そういう方法論なのでしょうか。

　最近、最高裁が一定程度積極主義化してきたと言われます。その説明の一つとして、日本国憲法のもとで法学的トレーニングを受けてきた方々が裁判官になって、学説と同じような憲法理念ないし理解を共有している、という価値観による説明があります。このように、一人ひとりの裁判官というよりも集団としての裁判官に着目して、それが共有する価値観を想定されているのかと思ったのですが、いかがでしょうか。

　見平　それは両方ですね。

　宍戸　個々の裁判官についても、価値観が語り得るというお考えですか。

　見平　方法論的に言えば、一般に司法行動分析では、司法行動の主要な規定要因である、各裁判官の価値観を見ます。ただ、個々の裁判官の価値観は、その裁判官に固有の価値観と、同時代的な裁判官団内で共有されている価値観から構成されています。アメリカの場合、連邦最高裁は多様な裁判官から構成されていますので、司法行動分析では、各裁判官固有の価値観と、それに由来する個性や主体性というものに焦点が当てられる傾向にあります。他方で、日本の最高裁の場合は、比較的同質性が高いなどの先程申し上げたような事情から、司法行動を理解する上では、むしろ世代や同時代的な裁判官団の価値観というものを中心に見ていくことになります。もっとも、日本でも裁判官によっては、その裁判官固有の価値観と、それに由来する個性なり主体性なりが司法行動に特徴的な影響を与える場面もありますので、そこも見ていく必要はあります。

　それから最後のご質問ですが、拙著ではアメリカ連邦最高裁について、「司法積極主義の政治的構築」という観点からアリーナ的に描かれているのに対し、日本の最高裁についてはそうした観点が出てこないのはなぜか、ということですね。

　宍戸　そこをどのように説明されているのかを、伺いたいと思います。

　見平　日本については、司法と政治の関係の実態や裁判所内部の状況について情報が乏しく、未解明のことがたくさんあります。拙著では現時点で実証的にわかっていることのみを記述しておりますので、そのような状況が拙著の内容に影響を及ぼしている面があります。

日本における「司法積極主義の政治的構築」の有無についても、実証的に確認できているわけではありません。ただ、次のようなことは指摘できるかと思います。

そもそもアメリカにおいて「司法積極主義の政治的構築」が発生するのは、政治過程が多元的・流動的なため、大統領や議会指導部であっても自己の政策を立法過程・行政過程で実現し定着させることが容易ではないという事情があります。これに対し、日本の政治過程は長年一党優位の状態にありました。優位政党は恒常的に立法過程・行政過程を押さえてきましたから、優位政党には政策実現・政策定着のために積極的司法を形成するという動機は、アメリカと比較して生じにくかったといえます。むしろ、優位政党には、抑制的な司法を構築するインセンティブの方が高かったと言えるでしょう。

また、司法のアリーナ的側面に関して言えば、アメリカの場合は、いま申し上げたような事情から、政治指導部も能動的に司法過程に参加して、諸勢力とともに競争を展開してきました。また、裁判官選任に関わる大統領と上院の党派も定期的に入れ替わっていますから、裁判官も多様であり、互いにせめぎ合いながら裁判に臨んでいます。これに対し日本では、先ほど申し上げたように、政治指導部は自ら能動的に司法過程に参加する動機は低い上、優位政党が一貫して裁判官を任命してきましたので、最高裁も政権からそれほど乖離のない、比較的同質性の高い裁判官から構成されてきました。こうした事情の違いが、両国最高裁の描き方の違いにつながっている面はあります。

宍戸 わかりました。ありがとうございました。

山本 私からも2点ほど簡単な質問をさせていただきます。1点目は、宍戸さんの三つ目のご質問とかかわってきますが、アメリカにおいては「司法積極主義の政治的構築」、つまり、司法積極主義を政治的につくり上げていくという能動的な動きが見られるというお話でした。その背景として見平さんがご著書の中でご指摘されていたのは、まずアメリカの憲法構造です。大統領制あるいは連邦制により、連邦法の成立が憲法構造上抑制されており、連邦法を通じた政策の実現が難しい状況が起こりうる。だから、政治的指導者は、司法過程を通じた政策の実現を図る、つまり、積極主義を政治的に構築するモチベーションが生まれる、というご説明です。もう一つの背景とし

て、ご著書では、党派的対立の存在を挙げておられたと思います。最近は、ティーパーティーなどの影響もあって、共和党と民主党との間のイデオロギー的分極化はさらに進んでいると言われ、政治過程の行き詰まりはより深刻化しているようにも思われます。そうすると、そこにもまた、政策実現過程として裁判所に着目するインセンティブが生じえます。

　ここで、まず前者の憲法構造という点に着目したとき、大統領制と議院内閣制など、同じ構造をもたない日本で、積極主義の政治的構築に向けたモチベーションが、アメリカの場合と同様に生まれるのか、というご質問を投げかけたいと思います。

　後者の党派的対立については、近年、日本でも、「ねじれ国会」のような政治的膠着やグリッドロックが起きており、アメリカの場合と似たモチベーションが生まれないとも言えないように思います。この点、見平さんはどう観察されているのか。

　また、仮にこうしたモチベーションが日本の政治指導者に生まれた場合、それは規範的にどう評価されるのか。司法積極主義の政治的「構築」というと格好いいけれども、それは単に司法の政治的「利用」であり、政治的機能不全の司法への責任転嫁ではないか、という批判もありうると思います。別の言い方をすれば、政治的に構築された司法積極主義とは一体何であるのか。

　もう一つは役割期待と権威に関する質問です。まず、そこでいう役割期待は、誰からの期待か、ということを具体的にお教えいただければと思います。

　また、日本の場合には、裁判所に対して、応答的というより、法を安定的に適用するという役割期待があるというお話があったと思います。この点で、曽我部さんもイントロダクションでご指摘されているように、先日の婚外子相続分規定違憲決定（最大決平成25年9月4日民集67巻61号320頁）は、法の安定的適用や論理性というよりも、国民意識の変化に対する応答性を重視した、と見ることも不可能ではないかもしれません。また、国籍法違憲判決（最大判平成20年6月4日民集62巻6号1367頁）などに見られる事情の変化論の積極的使用も、見方によっては、論理性よりも応答性を重視するものとみることもできる。そうなると、裁判所の役割期待に変化の兆しが見られる、といえるのか。

そもそも日本の法令違憲判決の一つである森林法判決（最大判昭和62年4月22日民集41巻3号408頁）も、森林法の問題の規定は非常に古いものでしたから、これを違憲にしたという点で、応答的な側面も有していたと考えることができるのかもしれません。

見平 まず1点目は、日本において「司法積極主義の政治的構築」が起こりうるのかというご質問でした。55年体制下では、先ほど申しましたように、そのようなダイナミズムは働きにくかったと言えますが、政治構造のあり方によっては、今後日本においてもそのようなダイナミズムが生じる可能性はあると思います。例えば民主党政権時代のような政治環境は、潜在的に司法積極主義の政治的構築を生む余地のあるものと言えます。すなわち、衆議院と参議院でねじれが生じていると、政権は自己の政策を国会で実現することが難しくなります。また、官僚機構と対立していると、政権は立法過程のみならず行政過程においても政策を追求することができません。さらに、仮に政策を実現できたとしても、定期的な政権交代の可能性があると、その政策が今後も維持される保証はありません。その一方で、90年代以降、政治指導者は調整型よりも目的型のリーダーシップを追求する傾向が強まっており、自己の政策を実現することに強い意欲を持つようになってきています。

このようなことを考えますと、今後定期的な政権交代が起こる、あるいは衆参両院にねじれが生じるという事態が発生した場合、政権が能動的司法の有用性に着目する場合もあり得るのではないかと思われます。

特に投票価値の格差の問題に関して言えば、例えば都市型政党が政権を取った場合、理念的な考慮にくわえ自己の選挙上の党派的利益に対する考慮から、投票価値の格差の是正を司法に対して求めるということもあり得るわけです。したがって、今後の政治の展開によっては、日本でも積極的司法の政治的構築というものが生じる余地はあるのではないかと思います。

2点目は、仮にそうした積極的司法の政治的構築が生じた場合に、政治指導者が問題を司法過程に投げてしまうということが、規範的な問題を生じさせるのではないかというご指摘ですね。たしかに、アカウンタビリティの点で問題が生じえます。

山本 ご著書でも不可視化されていると書かれていらっしゃいました。

見平 そうですね。国民に見えない形で積極的司法を構築することは、それを通して実現される政策に対してアカウンタビリティを回避していることになりますので、やはり問題があると思います。ただ、自己の掲げた構想を実現するために司法と協働していくということを明らかにしながら、積極的司法を構築していくのであれば、それは少なくともアカウンタビリティの点では正当化されうるように思います。

続いて3点目ですが、日本の最高裁は民刑事の最終裁判所というところに本来の役割が存在するとされてきた、という話が出てきたけれども、そのような役割に対する期待はいったい誰からのものであったのか、というご質問でした。過去の最高裁裁判官の発言などを見ますと、彼らはそれが国民からの期待であると述べています。もっとも、それが本当に国民の期待であったのかどうかは、きちんとした実証研究が必要なところです。そもそも多くの国民がはっきりとした具体的な役割期待というものを持ってきたわけでもないでしょう。ただ、私が大学（学際系学部）で最高裁の違憲審査機能と終審裁判所機能を説明した上で学生に意見を求めると、後者の機能の方が重要であると答える学生の方がやや多い傾向にあります。非常に小さなサンプルであり、一般化はできませんが、最高裁の裁判官が国民の望むところとして民刑事の終審裁判所機能を重視してきたことは、必ずしも的外れでもなかったようにも思われます。

ただ、国民の期待に応えて、という面に加え、あるいはそれ以上に、裁判所が自己の役割規範を民刑事中心に自己抑制する形で定位してきたという面もあるように思われます。戦後司法は大審院以来の役割規定を引き継ぎつつも、初期には大審院時代とは違うのだ、裁判所も活発に動いていくのだという気風が、特に下級裁判所を中心にかなりみられたように思います。しかしながら、1960年代末に司法が時の政権与党から激しい政治的攻撃を受け、いわゆる司法の危機の時代などを経る中で、司法、特に最高裁は自己の領域を限定しながら自律性を確保していくという方向に動いていったように思われます。当時の政治環境の中で、司法は自己の役割規範を限定的に定位して内面化し、強化・再生産してきたという部分もあるのではないでしょうか。

もっとも、日本の政治環境・社会環境も変わり、そうした役割規範が司法

外部の幅広いセクターから問い直されるようになりました。それが司法制度改革であったように思われます。

　ご指摘の最後は、近年の最高裁は国民の意識の変化を根拠として違憲判決を下すようになってきており、応答的な姿勢を見せていると言えるのではないかということですが、たしかに最近の違憲判決には、ノネとセルズニックの言うところの応答性（フィリップ・ノネ、フィリップ・セルズニック（六本佳平訳）『法と社会の変動理論』）に近い面が見られるように思います。特に、国民の意識の変化といっても、実は世論調査をすれば婚外子の相続分を2分の1にすることには相当数の支持があり、調査によってはそちらの方が上回っていることもありますから、最高裁は当該問題に対する国民多数派の意識の変化を後追いしたというよりは、平等原則の目的・理念に照らしつつ、国際動向や共同体の価値の発展の方向性を見定めながら、国民の半歩先を行く形で実質的正義を追求しようとしたと言えるのではないでしょうか。そして、このような姿勢は、ノネとセルズニックの言うところの応答的司法のあり様に非常に近いものがあるように思います。

　山本　ありがとうございました。民主的正統性については、後半で触れるということにしたいと思います。

Ⅲ　司法審査と民主主義——「民主主義」のイメージ

1　民主的正統性の位置

　山本　引き続き、司法審査と民主主義の関係にかかわる議論を深めていきたいと思います。その前提として、見平司法政治学でいう司法審査の民主的正統性について、少し確認しておきます。

　見平さんの議論では、「開放性」ということが一つのポイントになっていました。アミカス・キューリーや選任手続などを通じて司法の開放性を高めることで、司法審査の民主的正統性も高まり、司法審査と民主主義という憲法学における重要テーマにも一定の示唆を与えるというお話だったと思います。この点について、曽我部さんからご意見を伺えますか。

曽我部　日本の憲法学ではこの問題は非常に重視されています。ただ従来から問題の取り扱いについて厳しい批判もあり、位置づけは必ずしも固定したものではなかったと思います。ここで民主的正統性を正面から問題提起されている点、重要な指摘だと思いますが、そういう議論を突きつけられると、結局、日本の今後を考える場合にどちらの路線を行くのかが重大な問題になってきて、真剣にその点を考えなければいけないように感じました。これはイントロダクションでも触れています。

　アメリカの場合も民主的正統性が提唱されていますが、基調報告にもあるように司法の特性に則した形で民主的正統性を付与することが重要であって、むき出しの民意という話ではない。そこがうまく収まっていくかは難題ですが、それゆえそこに踏み出すかどうかは一つの重要な選択になると思います。イントロダクションでは、専門的な正統性を拡充していく形で進めていくのが一つの道ではないかということを選択肢として示してみました。もう一つは、そうではなくてアメリカのようにもっと司法を政治化して違憲審査制を活性化していくという戦略ももちろんあり得ると思いますので、そこは重要な選択問題かと思います。

　専門性を強化していく方向としても、日本の現状でどの程度が求められるか。アメリカも人種差別の問題や人工妊娠中絶など、価値観が社会の中で大きく分かれている問題について、司法積極主義によって一つの方向に進んできたという経緯があると思います。日本でもそれに匹敵するような問題、司法積極主義の力を借りて乗り越えていかなければいけない問題があるのかどうかが、一つのポイントです。

山本　いまのお話を受けて、宍戸さんからご意見をいただけますか。

宍戸　曽我部さんから的確なご指摘があったとおりです。見平さんの議論は「司法審査と民主主義」という古くて新しい問題をもう一度はっきりとクローズアップさせたという点で、特に解釈論を専門にする立場の人間に対して、非常に大きな問題提起をされている、と思います。

　見平さんの議論は、解釈論として提示されているわけではありませんが、ドイツでいうとペーター・ヘーベルレの有名な、開放性を重視する憲法理論・憲法裁判理論に近い印象があります。ヘーベルレの議論は日本語でもす

でに紹介があるとおりですが（畑尻剛・土屋武訳『多元主義における憲法裁判』）、多元的な政治プロセスを強調して、憲法裁判もその民主主義プロセスの一局面である、とします。そして多元的な諸勢力が自らの公共体についての構想を専門家の憲法解釈と同等・同列のものとして憲法解釈の名で語ることができ、憲法裁判の場で争いながら、さらに民主主義プロセスが自己更新していき、どんどん多元的に開かれていくというのが、私の理解している限りの議論です。

　そのようにうまく回っていくのであれば、これは非常によいのですが、本当にそううまく回っていくのか。理論的な観点もさることながら、この日本で本当にうまく回るのか。これも曽我部さんから適切に問題提起いただいたように、婚外子法定相続分差別規定の大法廷決定やそれをめぐるリアクション、あるいは最高裁決定が本当は何をしたのかを考えると、私はそこまで踏み切る度胸はないところです。

　私自身が現時点で考えていることをお示しして、もう少し踏み込んだ議論をさせてください。第一に、見平さんのいう「民主主義」という言葉には、非常にポジティブなイメージが与えられているように思います。「応答する」とか多元主義といった観点ですね。しかし民主主義といったときには、誰かが決める、しかも社会的に対立のあるところで、誰かが決め、最終的には勝つ人と負ける人が出てくる面があります。そのロジックを裁判にそのまま持ってくるならば、個々の裁判を政治プロセスの論理に必要以上に巻き込むことになるのではないか。もちろん裁判も勝ち負けの世界ですが、民主主義のプロセスは、それが非合理だという趣旨ではないけれども、極端にいえば、最終的には理由よりも勝ち負け自体が重要です。これに対して、裁判とは「理」のある者が勝つという意味での勝ち負けのはずであり、このロジックには、佐藤幸治先生や土井真一先生をはじめ、多くの論者がこだわってきた点だろうと思います。民主主義の提唱によって、こうした「理」の面がどこかへ行ってしまうのではないか。

　おそらく見平さんの議論では、「理」の面は専門性の問題であり、あまりにも専門知にこれまでの憲法学や違憲審査が偏ってきた、とお考えなのではないか。非専門性とのバランスをうまくとっていかなければいけない、と見

平さんはお考えなのだろうし、その点は私も理解できるところです。

　ではなぜアメリカでは、「政治的構築」という形で裁判官の選任がうまくいくのか。それは曽我部さんが「社会の成熟」としてお話しになりましたが、社会的諸勢力それぞれの中に、専門性を持ったエリートがおり、そしてその中から人材をピックアップすることが可能であるからではないか。要するに、政治的立ち位置を異にする専門家の中に、ハーバード出身、イエール出身、スタンフォード出身の人がいる。いざとなれば最高裁判事でも国務長官でもできるという人材のプールを、それぞれの勢力が持っているわけです。おそらく日本の場合には、そこにかなりの偏りがある。そのために、日本の現実社会においては、さまざまな第三者機関の人員構成、例えばNHKの経営委員の人選についても、大変な問題が起きているわけです。そうだとすると、やはり、社会の成熟と合わせながら議論を進めないといけないのではないでしょうか。最高裁が民主主義化するのであればいいけれども、非専門化するだけで終わるのではないのか。むしろ現段階では、15人の裁判官のうち5人は狭義の法律家でなくてもよいという仕組みを、もっと活用していくルートを考えていくべきではないか。以上が1点目です。

　2点目として、私がここで先生方にご議論いただきたいと思っているのが、動態的憲法秩序です。佐々木雅寿先生が最近ご著書にされたように（『対話的違憲審査の理論』）、政治部門と裁判所の対話もその動態の一つですが、本来の動態は時間軸の問題だろうと思います。社会の変化に対して民主主義が対応できるかどうかではなく、法が対応するということ、法秩序が対応するということにいまの日本の裁判所が適しているのか、という側面ですね。政治部門対裁判所という「横」の問題だけではなく、時間軸という「縦」の問題も大きいのではないか。

　日本の最高裁判所は戦艦大和のようで、ドラスティックに方向転換することはないわけですが、4本の大法廷違憲判決、あるいは部分違憲の手法や時の経過の議論といった、まさに見平さんのいう規範的資源が蓄積してきて、転回があったわけですね。

　そうなると、私がかつて使った表現ですが、「覚醒期」は終わった、と見るのが正しいのではないか。そこで蓄積された規範的資源を専門家が使って、

理論的にはあやしいものの、婚外子法定相続分差別違憲決定を出せた。このように、曲がった後も専門家がそのまま走っていってくれるのであれば、それはそれでよい、というのが一つの見方です。

しかしここでの本当の問題は、最高裁が判例変更をしたがらないということです。この大法廷決定が理論的に不整合だと指摘されていますが、平成7年決定の反対意見を採れば理論的に筋が通ったことは、一目瞭然です。しかし、そうした判例変更の途はまさに実務的資源の問題として最高裁がとり得ないから、時の経過のようないままで蓄積した規範的資源を投入して、何とか違憲決定を出した、と見るのが正しいと思います。

さて、そうだとすると、最高裁にとって時間の変化に対応するための一番大きいリソースは下級審の判決であり、その下級審の判決を引き出すのは最高裁の少数意見、あるいは調査官解説といえるでしょう。調査官たちが、東京地裁、東京高裁のような裁判所内の主要なセクションに戻っていって、さらに物事を前に進める判決を出す。それに支えられて、最高裁が少しずつ軌道修正を図る。やはりこれも、民主主義というよりは専門家の中のプロセスですが、この部分をもっと重視していくべきではないか。時間軸に合わせて変えることとの関係でも、実務的資源の拡充こそが本当の課題であり、政治的資源に頼るのはむしろこの流れを阻害してしまうのではないかというように、現状では私は懐疑的なのですが、いかがでしょうか。

山本 いくつかの問題提起がありました。見平さんからお答えいただいて、私も何か付け加えることがあればお話ししたいと思います。

2 「民主主義」の意味を考える

見平 まず、民主主義概念についてですが、この文脈で私が民主主義というときは、多数者主義的なものではなく、ラディカル・デモクラシー的なものを念頭に置いております。ラディカル・デモクラシーにもさまざまな立場がありますが、私はその中でも、異議申立や多元性の意義を重視する立場に共感しております。

このような民主主義観に立っておりますので、憲法裁判を民主的実践の一部として位置づけるといっても、それは司法判断と多数者意思（あるいは多

数者意思として理解された国民意思）との合致を単純に求めるものではありません。そうではなく、憲法裁判を、憲法をめぐる開かれた活発で継続的な議論プロセスの一局面として捉えようとするものです。そして、このようなプロセスは多元的な手続・回路から構成されることが望まれますが、その中にあって憲法裁判は一定の開放性を備えつつ理が軸となる手続として重要な意味を持つことになります。

　ただ、現代の日本の政治的・社会的文脈において、このような意味での民主的な憲法秩序形成過程の成立条件が果たして整っているのか、というのが宍戸さんの二つ目のご指摘ですね。

　宍戸　曽我部さんのご指摘も同じだと思います。

　見平　そうですね。ご指摘の通り、市民社会の成熟は不可欠であろうと思います。能動的な市民層が厚みをもって存在し、専門家もそれを支える能動性を有していればこそ、活発な議論、やりとりが可能になります。そして、そのような議論やせめぎあいの中で、剝き出しの多数者意思の発現による行き過ぎも防がれることになります。ですから、そのような市民層が育っていないところで、先ほど申し上げたような憲法秩序形成は可能なのかどうかが、問題になります。そしてこの点、私の考えを申しますと、市民が成熟するのを待っていては、結局いつまでたっても成熟しない、ということになります。

　宍戸　鶏が先か、卵が先かという話ですね。

　見平　はい。本日の冒頭に申しましたことと重なりますが、自らの声が届かない、疎外されていると思っている市民が、憲法や統治のあり方について関心を持つ、主体的・能動的な姿勢を持つというのは、なかなか難しい想定ではないでしょうか。憲法過程・統治過程の開放性が、市民の憲法や統治に対する理解と関心を高め、市民を育てていくのではないかと思います。ですから、私は一度トライしてみることを提唱するタイプです。

　もちろん、その方法は重要であり、着実な進め方が求められると思います。憲法過程や司法過程の開放性の度合いを少しずつ高めていき、市民の能動性、統治主体性を涵養していくことになるでしょう。裁判員制度はまさにそのような意義を有するものであるといえます。また、アミカスのような裁判参加手続を整えることも、出発点としてよいように思います。そして、これらの

制度に定着が見られれば、最高裁裁判官選任手続についても、公聴会制度の導入などを通して、開放性・民主的契機を高めることが検討されてもよいのではないでしょうか。公聴会制度では議員の力量が問われますが、こうした制度が実施される中で議員も市民もメディアも鍛え上げられていくのだと思います。

　次に、市民社会の成熟に関連して、諸勢力間で専門家層の厚みに違いがあるとのご指摘がありましたが、たしかにこの点は否定できません。ただ、アメリカでも法学界においては勢力間で人材に偏りが見られることが指摘されています。昨今の日本の公職人事をめぐる問題、そしてアメリカとの違いは、むしろ、党派的選好を優先して資質を犠牲にするような恣意的人事が行われようとしているときに、どの程度チェックが働くかどうかという点が大きいように思われます。アメリカでは、各種の公職任命時の公聴会制度が、そのようなチェックの仕組みとして重要な役割を果たしてきました。公聴会制度は任命の民主的契機を強化するのみならず、専門的資質を担保する機能も持っています。

　また、宍戸さんから、「覚醒期」を経た今後の最高裁にとって必要となるのは、審級間の対話や個別意見制のような専門的討議を通した規範的資源の充実と、それを支える実務的資源の強化ではないかとのご指摘がありました。私も、下級裁判所が最高裁の判例を区別する技術を磨いて、審級間の議論を活発なものにすること、最高裁の個別意見を活性化すること、最高裁の口頭弁論を実質化させること、各裁判所とも理由を丁寧に提示することなどを通して、司法過程の随所に活発な討議過程を構造化することが重要であると考えております。ただ、私は、そうした討議が専門家集団の内部で自閉するのではなく、一定の開放的な回路を備えておく必要があるのではないかと考えております。

　このような私の考えの背後には、一つには、規範的な問題意識があります。基調報告でも申しましたように、憲法を専門家の手に委ねきってしまうことが、果たして立憲民主主義の目指すところなのであろうか、疑問を感じております。もう一つには、現実に司法はそうした回路なくして、果たしてどこまで行動できるのであろうか、という疑問があります。この疑問の主な理由

についても、基調報告や座談会の冒頭で申し上げましたが、そこで触れられなかった点を少しだけ付け加えさせて頂きます。

　それは、現代日本における専門家や専門知の位置を考えたとき、裁判所が専門性のみを拠り所として、どこまで違憲審査に踏み込むことができるのであろうか、という点です。社会において専門知に対する強度の信頼が存在し、専門家集団が高い権威を獲得していれば、専門家集団は自己の専門性のみを資源として公共的意思決定を行っていくことも可能かもしれません。ただ、日本社会において、特に法律専門家集団に関して、そのような条件が整っているといえるかどうかが、問われうるように思われます。また、現代の重要な憲法問題の多くは法律専門家の間でも意見が異なりうるわけですが、そのようなとき、特に最高裁の内部でも多数意見と少数意見が対立しているとき、裁判所は専門性という資源のみを支えとして、現実にどこまで行動できるかということも考える必要があります。まして、裁判官の憲法解釈が、法の価値中立的発見ではなく、価値判断を伴った実践的な法形成活動であることが広く知られるとき、この点は、いま申し上げたような社会的文脈の中では、なおさら問題になるように思います。専門性は裁判所のもっとも重要な資源ではありますが、これのみでは、裁判所の活動の範囲は非常に狭いものにならざるをえないように思われます。この点からみても、専門性以外の正統性資源も求められるのではないでしょうか。そして、私は、裁判官が国民に開かれた討議の中で自己の見解を形成しているというところに、専門性に次ぐ正統性資源があるのではないかと考えております。

　また、私は司法には規範的資源・実務的資源と並んで、やはり政治的資源が必要であると考えます。違憲審査活動には政治的バックラッシュのリスクがついてまわる以上、それに対峙しうる政治的基盤がなければ、裁判所は独立性や制度的基盤の維持という点で高いリスクを負うことになるからです。今後司法が能動化していく中で、司法の潜在的な政治的資源としての国民や法曹集団の持つ意義は大きいように思われます。

3　アメリカの現状認識

　山本　私自身は、司法過程が政策的・法創造的な側面をもつことを認めつ

つも、憲法が、そこに、立法過程とは異なるプロセスと構造を要求していることで、この政策形成が過度にイデオロギー化・政治化することがギリギリ抑えられ、まさにその点に、司法審査の正統性が生まれる可能性があると考えています。ドゥオーキンの厚い原理観には立たない法原理機関説とでもいいましょうか。

　ですから、憲法の要求以上に、司法の開放性を求めることにはそもそも懐疑的です。さらに、現在のアメリカで、いいかえますと、憲法起草時に想定しなかった政党間分極化の下で、最高裁裁判官の任命手続が司法の民主的正統性や権威を本当に高めているのかも、やや疑問です。周知のように、最近では、上院での承認手続もかなり党派化しているといわれます。上院自体の党派化もあるでしょうが、承認手続の性格は以前とはだいぶ変わってきていると思います。えげつなくなってきている。仮にこれをむき出しの民意というならば、果たしてそれによって司法の民主的正統性は高められるのか。

　見平さんがこの辺りをどうご覧になっているか、伺いたいと思います。

　もう一点は、市民社会の成熟度にかかわる質問です。先ほどのお話を伺うと、見平さんは、市民の能動性を高めるために、劇薬の投入を考えているのかな、という印象を受けました。司法積極主義の政治的構築というご議論を、司法も「領地」に含めた政治の陣取り合戦と考えれば、市民に「やられたらやり返す」という思いが出てくる。開放された司法＝政治過程で敗北してしまうと、自分と政治的イデオロギーの異なる方向で積極化した最高裁にこてんぱんにやられることになる。だからこそ、司法＝政治過程に参加する意欲、と申しますか、闘志が湧く。これが、市民の能動性を高める、というプロセスです。政治にかかわることで、最終的に最高裁という「領地」を取り、違憲審査を通して、敵をこてんぱんにやっつけられる。シャンタル・ムフ的なラディカル・デモクラシーにも近い考えのようにも思いますが、こういうイメージでよいのか。最高裁まで「取られる」という、ある種の危機感が、市民性を駆動させる、というイメージでよいのか。この辺りを確認できれば、と思います。

　もう一つだけ、いまの点と関連して最後に伺いたいのは、仮にこうしたラディカル・デモクラシー観をとるにしても、誰がその「条件」をモニタリン

グし、維持するのか、という問題が生じます。結局、最終的には民主制の「外」に監視者がいなければいけない。「理」の、あるいは法律専門職が必要になるのではないでしょうか。そうすると、結局は、法原理機関としての要素を最高裁に認めざるをえないのではないか。こうした要素がないと、シュミット的な、「敵」を抹消するような世界になってくるようにも感じました。

見平 まず一つ目の、開放的なアメリカ司法の現状に対する評価、特に連邦最高裁裁判官選任手続に対する評価について申し上げます。アメリカの選任手続は政治化が進んでいるということで、日本では消極的な評価が多いのではないかと思います。特に最近では、ご指摘のように、アメリカ政治や社会一般の分極化の影響も選任手続に見られます。ただ、上院の司法委員会の公聴会においてどのような質疑がなされているのか、実際に議事録を読んでみますと、そこでは質の高い議論が展開されていることに驚かされます。議員は純粋に党派性のみに基づいて行動しているわけではなく、司法政治学の実証研究が示すように、候補者の資質に対する評価も議員行動を強く規定しているのです。そこでは、責任の意識と名声への関心、市民が注視していることへの考慮が働いています。指名権者の大統領も、自己の憲法構想や政策の実現ということを考えながら候補者を選んでいますが、同時に、大統領職にある者として相応しい候補者を選ばなければならないという責任の意識も持っています。また、その責任を果たさないと、候補者が上院の厳しいチェックを潜り抜けることができず、指名した自己の権威が失墜してしまうという認識も働いています。

つまり、政治アクターが連邦最高裁裁判官を選任することについて一定の責任の意識を持っているということと、そういう責任の意識を欠く行動をとったときに実効的な批判が加えられるということの両方が働いているといえます。その意味では、必ずしも日本で考えられているほど、アメリカの手続はネガティブなものでもないのではないでしょうか。党派性がすべてを支配しているわけではなく、裁判官を選ぶということの持つ意味が政治アクターを規定しているということが指摘できそうです。

山本 私はやや異なる認識をもっていますが（山本龍彦「分極化する政治と憲法」法学研究87巻2号）、見平さんとしては、ある種の社会の成熟性が、

過度の党派化にブレーキをかけていると。

見平 そうですね。実効的な政治力を持った諸勢力が互いに抑制しあっており、そこでは連邦最高裁裁判官の地位の重みゆえに、党派性とともに一定の規範意識も働いている。さらにそれを注視している市民、必要ならば自ら行動する能動的な市民も多数存在しているということです。

山本 そうすると、成熟した民主主義社会をどう実現させるか、という次の問題ともかかわってきますね。

見平 アメリカの場合、開かれた統治過程が、統治に対する市民の理解や能動性を涵養してきました。特に司法過程に関していえば、陪審制度等がそのような役割を果たしてきました。ただ、現在見られる、市民の司法過程に対する能動性の背後には、連邦最高裁が論争的な判決を下し、それに対する反応として市民が動き出してきたという事情もあります（なお、動き出してきたのは判決反対派だけではありません。判決を拡張しようとして判決支持派も動き出してきました）。市民の統治過程に対する能動性が司法の能動的行動を支え生み出してきたわけですが、その一方で、司法の能動的行動が市民の能動性をさらに引き出してきたというわけです。日本においても、同じようなプロセスを考えることができるでしょう。すなわち、統治過程・司法過程への市民の参加の回路を拡げ、統治・司法に対する市民の関心と理解、それに裏打ちされた能動性を涵養していく。その進展に支えられながら、司法も能動的な方向へと舵を切っていく。そして、論争的な判決などが出される中で、判決を拡張しようとして、あるいは反対して、司法過程にコミットしようとする集団や市民もさらに出てせめぎあいも生じてくるというプロセスです。ただ、そのコミットメントが適正な形で行われるためには、前半のプロセスが重要な意義を持っているということを指摘したいと思います。

最後の、民主主義の外に監視者がいなければならないのではないかとのご指摘についてですが、私は規範的な民主主義概念を、先ほど申しましたように、多元性や異議申立の意義を重視するラディカル・デモクラシー論的な観点から捉えております。したがって、裁判所は一定の開放性を備えつつ、理が軸となる固有の構造・手続を有した機関として、政治部門の決定に異議を申し立てていくことが期待されます。政治部門に対するチェック機関として

の任務が失われるわけではありません。

　また、本日の冒頭にも申しましたが、司法の民主的契機を適正に強化することは、政治部門に対するチェックの強化にむしろつながりうるということも、指摘させて頂きたいと思います。現実の政治力学の中では、民主的契機が希薄な司法は、能動的に政治部門を監視することも、かえって難しくなるように思われます。

　曽我部　先ほど私は二つの選択肢を申し上げました。専門知を中心とする違憲審査の形と民主的正統性を押し出していく形がある。穏当なのは現状の延長線上で前者だと思います。他方で後者についても魅力的だと思う部分はあります。それは見平さんのおっしゃった、それによって民主性が活性化するという点です。

　日本の場合、憲法秩序は非常に静態的なもので、それが民主政を外から制約するというイメージで捉えられており、それは司法審査の場面に限らず政治全般についていえることだと思います。しかし、アメリカをモデルとして描かれたお話は、憲法秩序は変えられるというイメージで捉えられていました。日本の場合、歴史的な経緯があって現状に至っているわけですが、もう少し動態的なイメージに移行していくべきではないかと感じます。おそらく中長期的には漸進的に移行していく必要があり、その一つの契機として「物議を醸す」判決があるように思われます。樋口陽一先生が「摩擦」と表現されたような刺激が必要なのでしょう。見平さんのアプローチ、とりあえずやってみるというのは、その意味では選択肢として考えられると思います。

　山本　たしかに、魅力的な構想ですね。ただ、「物議を醸す」判決が、「摩擦」を生み、次の戦いに向けた敗者の政治的再編を実際に導くのか、それによって動態的な憲法秩序が形成されるのか、慎重に検討する必要があると思います。市民や議会のリアクションが期待できなければ、「陣取り合戦」は機能しない。客体意識の抜けない日本人に、果たして「よいリアクション」を期待できるのか。

　アメリカでも、1959年には、議員の40％が、裁判所は議会の憲法解釈こそ支配的なものとみなすべきだと考えていたようですが、1999年の段階では、この数字が14％まで減少しています。70％を超える回答者が、最高裁

は議会の判断に重きを置くべきではない、あるいはまったく無視すべきであると考えている。議員自身が、です。裁判所が積極的に違憲審査をすることが、政治に良い刺激を与えるのか。むしろ最終的に裁判所が何とかしてくれるから、政治は茶番でよい、という風潮を生み出すのか。

見平 日本において市民の能動的な行動を期待できるかという点ですが、先程「(司法過程への市民の) コミットメントが適正な形で行われるためには、前半のプロセスが重要な意義を持っている」と申し上げたのは、この点を念頭に置いています。

また、アメリカの数字については、各数字の背景に何があるのか興味があります。59年の数字の背景には、実はロックナー・コートやニューディール期の積極主義の影響もあるように思われます。ただ、いずれにせよ、確かに裁判所の積極的な違憲審査に期待して、議員や大統領が憲法上疑義のある法案にもログローリングを通して賛成することなどがあります。これは確かに問題とされるべきところです。

もっとも、現在でも、議会が本当に重要であると考える憲法問題については、連邦最高裁の積極主義に対抗的な姿勢をとっていますし、司法の積極化が進んでいるからこそ、裁判官選任や裁判所への規範的資源の提供という局面で、議員も含めた政治アクターは自己の憲法理解を提示して争っています。司法の積極化により、憲法過程全体をみると、憲法をめぐる政治アクター間の論戦も活性化しているように思われます。

Ⅳ 司法政治学と憲法学の関係性

1 リアリズム法学と司法政治学

山本 最後に、「司法政治学」と「憲法学」のあるべき関係性について論じていただき、座談会のまとめに入りたいと思います。

まず私から問題提起をさせていただきますが、法の政治性を暴いたのは、いうまでもなく、1920年代に力をもったリアリズム法学であり、その継承者である批判法学 (Critical Legal Studies) だと思います。これらは憲法学に

も非常に重要な影響を与えたわけですが、しかし、憲法学において主流になることはなかった。このことを考えるとき、司法政治学と憲法学との関係は果たしてどうあるべきなのか、少々思い悩んでしまいます。

例えば、1990年代のレインキスト・コートの時期は、保守的な方向で積極主義化していました。そこでは、人権擁護的な連邦法が、連邦議会権限の制限的解釈によって違憲とされることも多かったわけです。見平司法政治学では、この積極主義も、共和党政治の勝利の賜物ということで、れっきとした「司法積極主義」ということになり、批判の対象とはなりませんよね。他方で憲法学は、「司法積極主義」というとき、人権擁護的だった50年代・60年代のウォーレン・コートの積極主義をイメージしてきたように思います。

また、1930年代後半の最高裁は、ルーズベルト大統領の「裁判所抱え込み計画（court-packing plan）」の影響などもあって、経済政策立法に対しては司法消極主義の姿勢をとり始めます。憲法学では、この消極主義は肯定的に評価することが多いわけですが、見平司法政治学では、どうなるのか。

ところで、この消極主義というのは、見方によっては、政治が積極的に構築した「消極主義」ともいえます。そういう意味で、資源を投入すると必ず積極主義化するというわけではない。資源を投入してむしろ消極主義になることもある。こう考えると、何のために資源を投入するのか、という「理論」がないと、積極にも消極にもなるし、積極になっても保守的方向で積極化することがある。司法政治学的には、それでよいと考えるのか、それとも、見平さんがわざわざ「司法積極主義」の政治的構築というときに、「積極主義」に何か規範的な意味を込めているのか。憲法学としては、現実的に積極化には資源投下が必要だ、という司法政治学の重要な知見を受けつつ、規範的理論でもって、この資源投下をあるべき方向にもっていこうとすると思います。単純なリアリズムには、やはり乗らない。

見平 リアリズム法学と司法政治学は、ある意味では双子の関係にあるといえます。リアリズム的な認識が社会科学において広まったときに、法学の世界ではリアリズム法学が誕生し、政治学では政治過程論が生まれました。そして、その政治過程論的な分析が司法過程に対しても行われるようになり、現在のような司法政治学が形成されてきました。

司法政治学は、現実の司法過程の動態を経験的に記述し説明する学問です。ですから、例えば、レインキスト・コートの積極主義についても、司法政治学の直接的な課題は、そのような司法行動を生み出した政治的・社会的・制度的要因や、その政治的・社会的・制度的影響を解明することにあります。そこでは、司法積極主義の概念も、違憲判断に対する積極性を表す経験的概念として用いられています——したがって、同コートの行動が規範的に肯定されているわけでも否定されているわけでもありません。現象の経験的説明と現象の規範的評価（あるいは経験理論の形成と規範理論の形成）は異なる作業であり、両者の区別は重要であると考えます。

　もっとも、このことは、司法政治学が規範的議論とまったく無関係であることを意味するわけではありません。そもそも、判決を生みだした諸要因や判決の影響についての理解は、判決を多面的・批判的に吟味する上での土台になります。また、私も基調報告において試みましたように、司法過程に関する司法政治学の経験的知見から示唆や手掛かりを得て、自己の制度論や規範的議論を展開していくということはよくあります。ただ、そこでは、リアリズム的な認識や民主主義に対するコミットメントが比較的強く出てくるでしょう。実際に、私は司法の正統性の一端を、開かれた討議という開放性・民主的正統性に求めようとしていますし、その理由の一つには、裁判官が価値判断を伴った法形成に従事しているという、司法行動に関するリアリズム的な司法政治学の知見があります。ですから、それとは異なる視点やコミットメントを持つ憲法学者との対話が双方にとって有用であると思います。

　山本　お答えありがとうございました。司法積極主義が反対勢力を刺激し、逆転・再逆転のサイクルをつくり出すことが、見平さんの規範的民主政モデルにとって重要ということでしょうか。

　宍戸さん、別の観点からコメントはございますか。

2　規範的資源と裁判所の機能

　宍戸　先ほど山本さんが、憲法理論の必要性をおっしゃいました。他方、見平さんから出された資源としての学説の可能性は、曽我部さんも強調されています。これまでの憲法解釈論は、抽象度の高い憲法理論に力点があり、

裁判所が裁判で使えるような形での規範的資源を提供してこなかったという問題があるのではないか。見平さんの議論によって、そのことが明らかになっている側面もあると思います。我々の反省が促されているのかもしれません。

　それと同時に、最近、高橋和之先生がある媒体で執筆されていたことですが（高橋和之「ロースクールを去るにあたっての個人的総括」Oh-Ebashi LPC & Partners Newsletter Vol. 21)、調査官を通じて学説が非常によく読まれていることもわかってきました。ブリーフという形でなくても、調査官を通じて学説と裁判所の対話が成立している現実もあるのではないか。この点について、お伺いしたいと思います。

　それからもう1点、最高裁が憲法についての専門性を高めるということは、単に専門性を閉じていくだけではなくて、見平さんがおっしゃるように民主主義過程にも開いていくことが可能性として含まれると思います。しかし、民刑事の終審裁判所であるという部分を軽減していかないと、憲法という意味での専門性も高まらないし、逆にどうしても法律専門家という面が強くなってしまい、民主的なアリーナとしての機能も果たせないのではないか。

　その点からすると、曽我部さんが強調されたことですが、昔の中二階案、すなわち最高裁の大法廷と小法廷を分離して小法廷判事を数多く任命し、そこに上告審的機能を担わせ、大法廷に憲法裁判所的機能を特化させるという方向はどうか。あるいは笹田栄司先生が主張されているように、東京と大阪に特別高裁を設置して、そこに現在の上告審的な機能を移し、現在の最高裁判所はできるだけ憲法裁判所的に運用していくのはどうか（笹田栄司『司法の変容と憲法』）。そういった制度改革について、司法政治学の観点からのご意見を伺いたいと思います。

　見平　近年の学説と裁判所の関係ですが、たしかに近年では、退官後の最高裁裁判官や調査官のお話などから、最高裁においても学説が調査官を通じてよく読まれていることが明らかになってきました。それは、学界と裁判所の協働という点で望ましいことですが、ただ、今後はその協働が目に見える形で行われていく必要があるのではないでしょうか。互いに向き合って応答していく営みこそが対話であり、そうした営みの中に学説・判例双方のさら

なる発展の糸口もあるのではないかと思います。

　次に、中二階案や特別高裁案についてですが、これらは有用な選択肢であると思います。ご指摘のように、民刑事の終審裁判所としての機能を軽減しなければ、憲法判断機関としての専門性を高めることも、憲法をめぐるフォーラムに相応しい裁判官構成を確保することも難しいと思われます。しかし、他方で、国民の間で三審制に対する期待も存在するとすれば、特別高裁案等は、そのような状況下における現実的な解として検討に値すると思います。

　なお、これらの案を導入する際には、最高裁裁判官（あるいは中二階案の場合、大法廷裁判官）の構成や選び方の議論が避けられないでしょう。その時には、最高裁の正統性をどこに求めていくのか、憲法秩序形成のあり方はいかにあるべきかといった、今日のテーマが大変重要な意味を持つことになりますので、学界もこうした議論を深めておく必要があるように思います。

曽我部　規範理論ということについて、感想を申し上げたいと思います。今回のお話の底にあるのは、民主主義と違憲審査の関係性ということですが、この関係というのは非常に複雑だと思います。松井茂記先生のように、民主主義と違憲審査を対立的に捉える理論がありますよね。

宍戸　問題設定としての入口ですね。

曽我部　はい。しかし、必ずしも対立的には捉えられない部分があります。そういう意味で見てみると、ヘーベルレ議論の紹介がありましたが、違憲審査を民主主義の中にビルトインして考えていくという見方も実は結構ある。ドイツ、そしてフランスでも、イントロダクションで引用しましたが、ドミニク・ルソーはそのような立場です。まさに立憲民主主義の理解に関わる議論ですね。

　ただ、日本では、紹介はあるものの、この議論が深められていない。その辺りを軸にして、違憲審査のあり方を考えていく方向が一つのオルタナティブとしてあるでしょうか。イントロでも触れましたように、最近提唱されている対話理論などは、この中に位置づけられ、佐々木雅寿先生は違憲審査手法まで視野に入れて具体的な提言をなさっています。日本の現状説明としてはなかなか厳しいものがあるとは思いますが、アイディアとしては押し進め

ていく必要があるかと思います。

　それとの関係で、判決の中で学説との対話を可視化するような意図が必要だということでしたが、最高裁の判決はもっと詳しくあるべきだという気がしています。一つは思考過程を明らかにするという、権力機関としての説明責任は当然あると思います。そして、民主主義的な議論を促進するという意味でも、もう少し丁寧な説明があってしかるべきではないかということです。フランスなどは判決文が極めて短くて何の説明もなかったりしますが、それはそれで学説のあり方を規定している部分があります。また、先ほど宍戸さんが触れられた議論ですが、憲法裁判所制度については、見平さんはどのように評価されるのでしょうか。

　見平　憲法裁判所制の導入は違憲審査機関の資源獲得という点からみると、一つの選択肢ではあります。といいますのも、先ほどのお話にもありましたように、現在の最高裁では、専門的資源や役割規範は終審裁判所機能を中心に編成されています。しかし、憲法問題に特化した裁判所であれば、違憲審査機関としての役割規範や専門的正統性は大幅に強化されることになりますし、実務的諸資源もそれに相応しい形で編成されることが見込まれます。

　ただ、私自身は立憲民主主義のあり方として、多元的で活発な議論を通した憲法秩序形成に魅力を感じていることもあって、下級裁判所が自己の憲法判断を社会に提示し、そうした議論に寄与することの意義は大きいと考えています。このため、憲法裁判所を設置し、それのみが憲法判断を行うということが、果たして憲法秩序形成のあり方として規範的に見て望ましいのか、疑問を感じております。

3　座談会のまとめ

　山本　ありがとうございました。それでは、最後に一言ずついただいて、この座談会を締めたいと思います。宍戸さんからお願いします。

　宍戸　見平さんのお話は、非常に刺激的で魅力的な議論でした。日本憲法学説史を思い返してみると、「行政権までの民主化」論争が、学界を活性化した側面があると思います。しかし裁判員制度の際には、「司法権までの民主化」というところまでは行かなかった。見平さんの問題提起は、重く受け

止める必要がある、と思いました。

　これは、私個人にとっても非常に重要な問題です。私はかつてドイツの憲法裁判の勉強をしたのですが（『憲法裁判権の動態』）、憲法裁判が一定程度定着してきて成熟する中で、政治プロセスの中に憲法裁判を位置づける議論がありました。ラディカルなヘーベルレのような議論もあれば、逆に裁判の世界に閉じ籠もるべきことを盛んに強調する議論もあります。アメリカ憲法を学んだ人たちは、裁判所を民主主義プロセスの中に位置づけなければいけない、と提唱しましたが、その中に完全に回収するのではなく、憲法裁判の機能をある程度特定し、民主主義プロセスの中で、それなりの活性化、そこそこの民主主義との調和を議論していたと思います。私もそうした議論に魅力を感じて、いわばそこそこの憲法裁判の開放性が日本でできないかを、一定の時期まで研究してきました。しかし、もっと大きな、司法権の民主化ということから見ると、私自身が考えてきたことはある意味で不徹底だったのかなと、考えさせられました。

　最後に、泉徳治元最高裁判事や滝井繁男元最高裁判事などが、公法学者や憲法学者が最高裁の各小法廷に一人ずつ入ることを提案されています。これは我々の業界にとってありがたいことなのかもしれませんが、そんな人材はそれほどいないわけで、すぐに実現はできないのではないか。社会の成熟化、市民社会の成熟化が進み、専門家が多様な勢力にあって活躍していかないと、難しいのではないかという、なおペシミスティックなイメージを私は持っています。ロースクールあるいは司法制度改革の成果に期待して、将来、10年後、20年後に、憲法も理解している優秀な実務家の方が登場する。あるいは、憲法研究者の中で実務家としても能力がある方が社会の中で活躍し、裁判所の中に入っていく。そうやって裁判官の選任手続も機能したときに、見平さんの世界が実現されていくのではないか。将来の理想としては、私は非常に共感するところがあります。

　曽我部　繰り返しになりますが、司法審査制を考えるということは民主主義をどう考えるかということであると、強く感じています。日本の民主政のダイナミズムを引き出すような仕組みを考えるべきだと思います。そのためにどうすればいいのか。違憲審査が民主政の活性化のきっかけになるのかど

うかという目で見ていく必要もあるかとは思います。

山本 ありがとうございました。それでは見平さん、今日の座談会を振り返って一言お願いします。

見平 安易な多数決に委ねるわけでもなく、また、専門家の手に任せきりにもしない憲法秩序形成のあり方について、民主主義概念も捉えなおした上で、考えてみたいとの思いがありました。

そのための条件が日本の政治的・社会的文脈においてどこまで存在しているのか、どこから手を付けていくのか、中長期的な視点からさらに考えを掘り下げていくことが課題であると感じました。

曽我部 アメリカで司法政治学の展開が見られるというのは、いろいろな情報があるからですよね。

見平 そうだと思います。日本で同じことをするのは難しい状況です。

宍戸 外国の研究者の議論を見ると、アメリカの公開性を感じさせられます。日本でも、少なくともアーカイブなどで公表されないことには始まらないでしょう。やはり、裁判所自身の情報公開も必要なのではないかという気がしますね。

曽我部 その点は非常に重要だと思います。フランスでも評議は25年経つと公開されています。日本ではまったく何も公開されません。

見平 ご指摘のように、日本においては、司法政治研究は難しい状態にあるといえます。日本で司法政治学が学問分野として形成されてこなかった背景には、法学と政治学の谷間にあったということや、司法と政治の分離という意識が非常に強くて、司法政治という概念自体に違和感があったということもあると思いますが、何よりも資料面の制約から実際に取り組むことが難しいという事情があります。

しかし、司法過程の動態を精確に理解することは、より良い司法制度を構築していく上でも、現実的基盤を有した規範理論を構築していく上でも、第一歩になります。また、重要な公共的意思決定に関するプロセスについては歴史的検証に付される必要もあると思われます。アメリカでは裁判官が退官後にインタビューや伝記作成等に応じたり、在職中のメモや日記を遺したりしていますが、その背景には、このような意識があるのではないでしょうか。

評議の空洞化を招くことのない範囲で、日本もそうした方向に進んでいくことになれば、と思います。

山本 最近は、最高裁を退官した元裁判官たちが語りはじめていますね。司法過程の可視化という点では意味があるかもしれません。

曽我部 そうした動きがないと、結局、憶測で物を言っていると切り捨てられてしまいます。

見平 おっしゃるとおりです。

山本 私から最後に一言だけお話しさせていただいて、今回の座談会を閉じたいと思います。

一つは、繰り返しお話ししているように、見平さんのようなゲーム的・動態的な憲法秩序観をとるにしても、やはりルールとアンパイアは必要ではないか、ということです。ゲームにはルールが必要で、ルール違反が放任されれば、ゲーム自体成り立たない。全員がプレイヤーであっては、ゲームは成り立ちません。ここに、民主主義の「外」に憲法が存在し、裁判官が存在する意味があるのではないでしょうか。もちろん、現実として、裁判官が無色透明なはずはありませんが、そのプレイヤー性を、プロセスと構造とで何とか抑え込むのが、リアリズム以後のプロセス法学の知恵だったのではないかと思います。

もう一つは、司法積極主義に何を望むにかかわらず、積極化にはとにかく「資源」が必要である、ということです。司法政治学のこのリアルな洞察は、積極的司法判断を望む問題領域を異にする憲法理論家たちの間でも、共通して受け入れられる要素だと思います。少なくともこの点については、司法政治学と憲法学とは、確実に手を取り合える。今回の座談会でお互いに刺激を受けたところは少なくないはずで、今後は、さまざまな交流や連携がありうると思います。

見平さん、今日はお越しいただきまして本当にありがとうございました。以上で今日の座談会を終わりにします。

（2014年4月18日収録）

3-1

イントロダクション

宍戸常寿

1 はじめに

　本企画では、「憲法解釈論が外部(憲法学のそれ以外の領域、他の法分野および実務)からどのように捉えられているのか、その課題としてどのようなものがあるかを発見し、その克服の途を探るという方針」の下[1]、これまで刑事法、司法政治学と対話してきた。今回は、私たちは、財政・租税法と向き合うこととする。

　ゲストスピーカーとして招いた藤谷武史氏は、かつて非営利公益法人の所得課税が、国家活動の経済的・物質的基礎に関わるだけでなく、社会内の経済的資源の使途に関する議会からの「私人に対する授権」でもあるという側面を強調することで、財政法と租税法の密接な連関を剔抉した。それに加えて、租税法が「国家と民主主義の位置づけを通じて公法学や政治理論と、向き合う」ものであることを宣言した[2]。憲法学が、こうした財政・租税法からの問題提起をこれまで正面から受け止めてこなかったことは、率直に認めねばならない。精緻な概念分析と柔軟な機能的思考の二刀流で、公法学の幅

---

1) 宍戸常寿＝曽我部真裕＝山本龍彦「連載の開始に当たって」法律時報86巻4号(2014年)85頁。
2) 藤谷武史「非営利公益法人の所得課税」ジュリスト1265号(2004年)130頁。

広い分野で活躍する藤谷氏の登場が、有益な対話のきっかけとなることを期待したい。

2 憲法学と財政・租税の関係について

(1) 憲法学の関心の低さ

まず、基調報告が指摘する財政・租税に対する憲法学の関心の低さについて、取り上げてみたい。

そもそも財政・租税と憲法の関わりは古い。アメリカ独立戦争、フランス革命を劃期とする近代立憲主義の成立は、課税に対する臣民のコントロールの要求を触媒とするものであった。19世紀後半プロイセンにおいて、議会が予算を否決したにもかかわらず鉄血宰相ビスマルクが軍事力を強化するための支出を強行したことは、真性の「憲法争議」を喚起した。この経験を強く意識して、大日本帝国憲法が「会計」の章を設けて帝国議会の予算議定権を制限していたこと、にもかかわらず、軍事力増強のための歳出圧力が藩閥政府と民党の「提携」を強いて政党内閣への地均しをしたことは、いずれも日本憲法史のイロハに属する[3]。

ところが、一転して日本国憲法の下では、予算の法的性格論を除き、また一部の優れた業績を別にすれば[4]、憲法学が財政・租税を熱心に論じることは少なくなった。その理由は、いくつか考えられる。

第一に、財政をめぐる対立が憲法争議へと展開することは、議院内閣制の確立によって、構造的に相当程度で抑え込まれている。

次に、1970年代以降に隆盛を究めた二重の基準論からすれば、財政・租税をめぐる国家実務が政策的・技術的な色彩を強めるにしたがって、憲法学が関心を失っていったのは当然の成り行きであったように思われる。その限りでは、憲法学の租税法に対する関心の低さが、大嶋訴訟最高裁判決（最大

---

[3] 大石眞『日本憲法史〔第2版〕』（有斐閣、2005年）162頁以下、254頁以下、273頁以下。憲法争議と日独における「憲法裁判権」の関連について、宍戸常寿『憲法裁判権の動態』（弘文堂、2005年）30頁以下、340頁以下参照。

[4] ここではさしあたり、『憲法解釈の諸問題』（木鐸社、1989年）のⅢに収められた小嶋和司の諸業績を挙げるにとどめる。

判昭和 60 年 3 月 27 日民集 39 巻 2 号 247 頁）の緩やかな審査基準に由来するのではないか、という基調報告の指摘は、正当といえよう。

　もっとも、経済の成長・安定期に限って考えれば、財政・租税における政治部門の優位の承認は、憲法 22・29 条に「社会国家的公共の福祉」を読み込む憲法学の姿勢と、十分に整合しうるものである。

　別の論攷で藤谷氏は、包括的所得概念の背後にある政治秩序構想を、次のように描き出している。それは、「経済的資源の再分配〔を〕（経済的）自由の問題として要請」しながら、「前者〔交換的正義（経済的自由）の領域〕への影響を最小限にとどめつつ後者〔分配の正義の領域〕に介入できる所得税を再分配の手段として用いることで、古典的自由主義の倫理的前提を再建しよう」とするが、「必要な再分配の程度」についての「判断を民主的政治過程に委ねた」、というものである[5]。かかる記述のうちに、立憲主義と社会国家の両立を説いてきた戦後憲法学が、自らの財政・租税に対する姿勢の洗練された定式化を見いだすことも、不可能ではないであろう。

(2) 財政・租税領域の憲法問題化

　しかし、租税法学における包括的所得概念に相当する「立法者の恣意に対する制約原理」[6]は、憲法学の武器庫にはなお存在しない。財政立憲主義と財政民主主義が区別されないまま互換的に用いられるという事実ひとつを取っても[7]、財政・租税をめぐる原則・概念が彫琢されていないことは明らかであり、租税法律主義についての租税法学の研究の蓄積[8]を咀嚼しているともいえないのが、現状である。

　いまから振り返ってみれば、55 年体制という Verfassung の崩壊をもたらしたという意味で、消費税の導入はまさしく憲法問題であった。ねじれ国会における予算関連法案の処理をめぐる与野党の攻防は、憲法争議をめぐる憲

---

5)　藤谷・前掲注 2) 126 頁。
6)　藤谷・前掲注 2) 126 頁。
7)　大石眞『憲法講義 I〔第 3 版〕』（有斐閣、2014 年）271 頁以下の指摘参照。
8)　金子宏『租税法〔第 19 版〕』（弘文堂、2014 年）71 頁以下、佐藤英明「租税法律主義と租税公平主義」金子宏編『租税法の基本問題』（有斐閣、2007 年）55 頁以下等。

法論の必要性を改めて痛感させている[9]。

　とりわけ1990年代以降の国家財政の悪化は、憲法学にも大きな影を落としている。「気の遠くなるような膨大な財政赤字をかかえ、冷戦構造の終焉した国際社会に投げ出された現在、従来のような割拠主義体制でやっていけないことは明白」[10]という佐藤幸治の発言が、財政と統治構造改革を支えた憲法論の密接な関係を、象徴しているといえよう。

　もっとも、この発言は、憲法学の関心が財政・租税領域それ自体よりも、統治構造全体へ向かってしまう傾向があることも、同時に示している。「憲法学が正面から財政や租税を論じなければならない状況」にあるとの基調報告の挑戦を、憲法学は重く受け止める必要があろう。以下、雑ぱくであるが、対話のための論点をいくつか提示することにしたい。

3　財政と憲法

(1)　財政と政治プロセス

　手はじめに、日本国憲法の「第7章　財政」の位置づけを改めて考えてみよう。石川健治は、日本国憲法が、「執政」を統制する〈権限〉〈責任〉〈象徴〉〈財政〉の諸体系を有することに、注意を喚起する[11]。この指摘を踏まえていえば、長らく「防衛費GNP1％枠」が日本の防衛力の最も重要な歯止めであったという事実が如実に示すように、憲法学の関心とは別として現実の統治機構における〈財政〉の体系のプレゼンスは傑出していた、といえるのではないか。権力分立論全体の見直しの起点として、予算制度を中心とする〈財政〉の体系が選択され、それが「国家指導」として把握されるのも、こうした事情からは当然といえよう[12]。

　他方、社会権の実現ひとつ見ても明らかなように、「行政作用に対する『手段』にすぎないはずの財政作用が、公共団体と私人の間の法関係に実質

---

9)　高見勝利「『ねじれ国会』と憲法」『政治の混迷と憲法』（岩波書店、2012年）63頁以下、藤谷武史「財政システムと立法」西原博史編『立法システムの再構築』（ナカニシヤ出版、2014年）87頁以下。
10)　佐藤幸治「〔講演〕個人の尊重とこの国のかたち」法学教室242号（2000年）67頁。
11)　石川健治「統治のゼマンティク」憲法問題17号（2006年）68頁以下。
12)　櫻井敬子『財政の法学的研究』（有斐閣、2001年）参照。

的な影響を及ぼす場面が少なからず存在する」[13]。しかし、国家財政の危機は、こうした個々の憲法運用の局面を超えて、憲法体制の危機に直結する。それは、財政出動を正当化するための粗雑なアジェンダ設定であったり、「執政不能」の隠蔽・突破のため内外の「敵」への関心の喚起であったりといった形で、議会と世論が担う政治プロセスを破壊しうるからである[14]。

　他方で、デモクラシーに内在する歳出圧力は、「その時々の『大きなうねり』（例えば景気対策の最優先の合唱）に対して、憲法的統制を及ぼすことができないという『むなしさ』を感じさせやすい原因」でもある[15]。そのことからしても、政治プロセスそれ自体の働きによって財政危機から脱出することは、制度的に難しいといわざるを得ない。

　例えば、都市と地方の利害対立を背景にして、一票の較差の是正が、公共事業費の削減と結びつけて語られることがある。しかしそれを超えた大胆な歳出削減が選択されるためには、国民各層が幅広く「痛み」を感じていない限り、難しい[16]。さらに、政治家が再選を期待しにくい選挙制度や、政党制が不安定な情勢は、財政をめぐる与野党間の協働を阻む方向に働く。

　加えて、政治プロセスと「時間」の観点からみた場合には、一年サイクルの財政システムの問題点がある[17]。予算案の編成、国会提出、審議、議決といった予算をめぐる一連の流れは、政治プロセスを時的に整序する役割を果たすとともに、政府の政治責任を追及する機会を生み出してきた。しかし、このシステムは中長期的な財政運営を困難とする反面、補正予算の恒常化のせいで財政規律がいわば裏口から侵されることを、必ずしも阻止し得ない[18]。

---

13) 藤谷武史「財政・租税法」亘理格＝北村喜宣編『個別行政法』（有斐閣、2013年）102頁。
14) かかる政治プロセスと憲法の見方については、宍戸常寿「『憲法改正』とはどういうことか」RATIO 4号（2007年）122頁以下。
15) 碓井光明「憲法と財政」法学教室233号（2000年）85頁。
16) 勤労所得への源泉徴収制度の合憲性は、最大判昭和37年2月28日刑集16巻2号212頁においてひとまず決着済みだが、租税法律主義ないしプライバシーからの疑義とは別に、徴兵制や選挙人名簿登録と同じ意味で、政治プロセスのあり方に深く関わる問題であることも、意識される必要がある。
17) 碓井光明「複数年予算・複数年度予算の許容性」自治研究79巻3号（2003年）3頁以下。
18) 宍戸常寿「予算編成と経済財政諮問会議」法学教室277号（2003年）72頁。

(2) いくつかの解決策

　デモクラシーの論理からすれば、議院内閣制の国民内閣制的運用は、こうした財政危機に対する最も素直な解決案でありうる。政党が4年間の政策プログラムとして財政規律を掲げ、有権者が総選挙においてそれに納得して強力な政権が樹立されれば、安定した財政運営が可能となるはずだからである[19]。もっとも、複雑な経済・財政状況に適合したプログラムを建てる能力、さらにはそれを有権者に訴えるだけの意欲を政党に期待することは、民主党政権下の「子ども手当」等の実例に照らして見る限り、心許ないといわざるを得ない。

　そこで逆に、財政に関する一定の決定・統制を通常の政治プロセスから独立させることが、考えられる。代表例は決算における会計検査院であるが、より広い視点から見れば、通貨制度を担う日本銀行もそのような存在と捉えることができる[20]。しかし、こうした試みは、財政民主主義の建前と衝突する。「民主的正統性とのバランスを意識しつつ適切な水準の独立性による効率性の向上を担保するような制度設計」[21]、憲法学としては財政民主主義の根本的な捉え直しが必要となるだろう。

　その他、財政学の分野では、よりラディカルに、世代別ないし年齢別の選挙制度の導入も説かれているが、「全国民の代表」に関する解釈、すなわち「いずれの地域の選挙区から選出されたかを問わず、全国民を代表して国政に関与することが要請されている」(最大判平成23年3月23日民集65巻2号755頁)との抵触は避けがたい。「鶏が先か卵が先か」のきらいもあるが、まずは若者の政治参加を促す等、デモクラシーの活性化を図るべきであろう。

　このように考えてくると、憲法学は財政危機に対して手詰まりの感が強い。財政構造改革法の挫折という苦い経験もあるが、藤谷氏の試みる「財政の実

---

19) 高橋和之「統治機構論の視座転換」『現代立憲主義の制度構想』(有斐閣、2006年) 6頁参照。
20) この点、憲法学における財政・金融研究を牽引する片桐直人の諸研究が注目される。ここでは「財政金融と憲法」法学教室393号 (2013年) 4頁以下を挙げるにとどめる。さらに片桐直人＝高橋亘ほか「〔座談会〕日本国憲法研究⑱中央銀行論」論ジュリ16号 (2016年) 149頁以下参照。
21) 藤谷武史「財政活動の実体法的把握のための覚書(1)」国家学会雑誌119巻3=4号 (2006年) 48頁以下参照。

体法的規律」に、期待したいところである[22]。

4　租税と憲法

(1)　国家主権の融解と租税法律主義

旭川市国民健康保険条例事件最高裁判決（最大判平成 18 年 3 月 1 日民集 60 巻 2 号 587 頁）は、租税法律主義（憲法 84 条）について、「国民に対して義務を課し又は権利を制限するには法律の根拠を要するという法原則を租税について厳格化した形で明文化したもの」と述べている。この説示にはいささか記時錯誤のうらみがあるが、国家の課税作用も一般行政作用以上のものでないと考えてきた憲法学からは、さも当然のごとく受け止められてきた。

他方、課税作用の内容が違憲の疑いがあるとすれば、それは、基調報告の指摘する財産権（29 条）に加えて[23]、幸福追求権（13 条）、法の下の平等（14 条）あるいは生存権（25 条）等の問題である[24]。換言すれば、そのような個別の人権問題に分解・解消されてしまい、租税それ自体を憲法問題として議論する流儀は、憲法学からは失われて久しい。その背後には、租税法学が、租税実体法論の構築に成功して以降[25]、取引法としての色彩を強め法と経済学に接近していった[26]――憲法学から見ると疎遠になった――という事

---

22)　藤谷・前掲注 21）に加え、藤谷武史「財政赤字と国債管理」ジュリスト 1363 号（2008 年）2 頁以下参照。
23)　渕圭吾「財政権保障と租税立法に関する考察」神戸法学雑誌 65 巻 2 号（2015 年）55 頁以下。基調報告の財産権をめぐる指摘に対して若干コメントすれば、課税作用が財産権を侵害するかどうかという議論が出てくるのは、憲法 29 条 3 項の射程を財産価値保障にまで拡大したことによるところが大きいように思われる（石川健治「財産権②」小山剛 = 駒村圭吾編『論点探究憲法〔第 2 版〕』（弘文堂、2013 年）241 頁以下参照）。なお、中里実「憲法上の借用概念と通貨発行権」高橋和之先生古稀記念『現代立憲主義の諸相』（有斐閣、2013 年）652 頁以下は、財産権について「借用概念である以上……法律のみならず憲法によってもそれ本来の本質的な内容を変えることはできない」と主張する。一面において説得的であるが、憲法 29 条 2 項は、財産権の「制限」ではなく内容形成を国会に授権している点からすると、やや強すぎるテーゼのようにも思われる。この点の検討は後日を期したい。
24)　租税に関する憲法上の論点を概観したものとして、渕圭吾「政策税制と憲法」海外住宅・不動産税制研究会編著『欧米 4 か国における政策税制の研究』（公益財団法人日本住宅総合センター、2014 年）92 頁以下。
25)　金子宏「租税法における所得概念の構成」『所得概念の研究』（有斐閣、1995 年）1 頁以下参照。

情も与っている。

　こうして見ると、租税が憲法学にとって固有の関心領域になることがあるとすれば、それはむしろ「代表なくして課税なし」以来の立憲主義のあり方が動揺させられる場合ではなかろうか。基調報告が挙げるグラクソ事件最高裁判決（最判平成21年10月29日民集63巻8号1881頁）は、租税条約とタックスヘイブン税制の抵触という、まさに国家主権の融解に関わる事案であり、だからこそ「国家主権の中核に属する課税権」が言及されたのだ、と考えられる。

　すでに「法律の定める条件による」という憲法84条の文言や関税法等のしくみが示唆するところであるが、法律形式による代表者の「決定」にすべてが包含されねばならないというフィクションに固執することは、憲法解釈論としてももはや生産的ではないように思われる。この点、「議会の（法律・条例による）決定と（予算等による）統制とが適切に配置され、全体として民主的コントロールの水準が担保されているかについて裁判所が審査すべき」[27]との藤谷氏の指摘が参考になる。憲法は、政治的共同体を支える負担であり、かつ複雑化する経済社会活動と密接に関わる租税に対して、実効的なコントロールを要求している、と解すべきであろう。

(2) 租税法規と違憲審査

　近時の行政訴訟の活性化の相当部分を租税関係事件が占めているが[28]、そこでは租税法律主義に反するとの主張で、実質的には租税法規の解釈のあり方が争われることが多いようである。ここでは、租税訴訟において法令の合憲性が争われる場合について、考えられる点をコメントしておきたい。

　ある法令の規定が憲法の人権条項に反するかどうかが争われる場合、当該規定を立法目的と目的達成手段に分解し、目的の正当性、目的達成手段の合理性および必要性を検討するというのが、近時の違憲審査のスタンダードな

---

26) 藤谷武史「公法における『法と経済学』の可能性？」法学教室365号（2011年）16頁以下参照。
27) 藤谷武史「判批」租税判例百選〔第5版〕9頁。宍戸常寿「判批」同15頁も参照。
28) 杉原則彦「活性化する憲法・行政訴訟の現状」公法研究71号（2009年）202頁。

枠組みである（目的手段審査）。そして租税法規の立法目的としてしばしば税徴収の効率性と税負担の公平性が挙げられるが、これはあらゆる租税法規を正当化しうる抽象的な目的にすぎない。違憲審査においては、当該規定が具体的にどのような目的を追求しているのかを、より特定する必要がある。

次に、大嶋訴訟最高裁判決が提示した、租税法規に関する広汎な立法裁量については、当該事案に限られた説示としてその射程を限定することが考えられる。立法裁量を「外」から枠づける租税法律主義・租税公平主義がいっそう緻密化・具体化されるべきことはもちろんだが、「内」側からの裁量統制の手法の彫琢も検討に値しよう。例えば、大嶋訴訟最高裁判決は、税制調査会答申における給与所得控除の調整機能に関する記述を事実上無視している。この点、近時の判断過程統制の手法に依拠すれば[29]、異なる評価も可能であろう。

また、納税者の租税法規上の地位の遡及的適用に関する最判平成23年9月30日判時2132号39頁で、千葉勝美裁判官の補足意見は、法が防止を企図した駆け込み売却ではない「ケースは類型的にその適用から除外するなど、附則上の手当てをする配慮が望まれるところであった」と指摘している。この考えを一歩進めて、そのような事案類型に適用されないものとして規定を限定的に解釈する手法が、租税訴訟において採用できないか、検討に値しよう[30]。

---

29) 例えば、生活保護費における老齢加算廃止に関する最判平成24年2月28日民集66巻3号1240頁参照。
30) 合憲限定解釈と呼ぶか憲法適合的解釈と呼ぶかどうかは別として、刑事法分野におけるかかる手法の可能性については、本書の「〔座談会〕憲法と刑事法の交錯」Ⅳで議論した。

[基調報告]
憲法学における財政・租税の位置？

藤谷武史

I はじめに

　国家の経済的基盤を構成する財政・租税制度が現実の統治作用に占める圧倒的な重要性に比して、(一部の優れた例外[1]を除き) 憲法学とりわけ憲法解

[注記] 本章の基となった論文と座談会が執筆・収録されたのは 2014 年夏 (法律時報誌掲載は 2014 年 10〜12 月) であったが、その後も、財政危機と民主主義の緊張関係の深刻化 (消費税増税と軽減税率) や「異次元金融緩和」の問題点の顕在化など、財政・租税をめぐる情況は大きく展開している。このような状況に鑑み、原論文に補足・訂正を加えざるを得ない箇所、あるいは端的に報告者の認識が甘かったと反省すべき箇所が多数あることも認めざるを得ない。他方で、[基調報告] を受けて座談会が行われるという本書の構成からすれば実質的加筆は「後出し」でありアンフェアの謗りは免れない。そこで、本文の論旨や座談会での論点に影響しうる加筆・訂正については＊ [補注] という形で明示した。それ以外にも適宜付加的な情報の加筆も行っているが、煩瑣を避けるためにそれらについては逐一明示することはしていない。

1) 　概説書のカテゴリーで財政に関する叙述の充実が目を惹くのは、大石眞『憲法概説〔第 3 版〕』(有斐閣、2014 年) である。学術論文では、統治における〈財政〉の枢要的位置に注意を喚起する石川健治「統治のゼマンティク」憲法問題 17 号 (2006 年) 65 頁 (特に 71 頁以下) が極めて示唆に富む。さらに、財政と踵を接しつつ緊張関係にも立つ通貨制度の憲法学的分析を基軸として、財政と金融を通観する憲法学的把握の構想を示されつつある片桐直人教授の一連の業績は、「国家と市場の結節点としての財政制度」という報告者の問題関心からも非常に注目される。参照、片桐直人「憲法と通貨・中央銀行法制に関する一考察 (1) (2・完)——クナップ『貨幣国定学説』を手懸りに」法学論叢 158 巻 1 号 94 頁、3 号 111 頁 (2005 年)、同「日本国憲法第 83

釈論から財政・租税領域へと注がれてきた関心は、（少なくとも近年までは[2]*）決して高いものではなかった、というのが財政法・租税法を専攻する報告者の率直な感覚である。租税法学や財政法学による憲法学の参照は一方通行になりがちであり、他の領域のように憲法学者と租税法学者・財政法学者の間で実質的な議論が交わされることは少なかった。こうした状況はなぜ生じたのか、この領域において憲法学が本来論ずべき（と財政法学・租税法学の立場から期待される）問いは何か。本報告はこれらの問題意識から出発して、憲法学との新たな議論のための足場を探りたい。

まず、憲法学からの議論の低調さの背景にある事情を門外漢が勝手に忖度するならば、以下のようになろうか。

一方で、財政や租税は確かに国制の重要部分であるが、その基本構造（枠）さえ固まっていれば、あとは実定法令を扱う法学分野（租税法学や財政法学）に委ねるべき法技術的問題である、という（正当な）認識があるのかもしれない。租税に関しては申告納税制度の導入（昭和22年）や国税徴収法・国税通則法の改正（昭和34年・同37年）等を経て、国制としての租税制度は安定していると言えよう[3]*。財政に関しては、狭義の憲法典には含

条と通貨法律主義（1）（2・完）――その歴史的淵源に関する一考察」法学論叢161巻5号（2007年）58頁、163巻1号（2008年）69頁、同「財政金融と憲法」法学教室393号（2013年）4頁、同「通貨政策と財政政策のあいだ――欧州中央銀行の国債買入政策をめぐる憲法問題」松井茂記ほか編『自由の法理（阪本昌成先生古稀記念論文集）』（成文堂・2015年）485頁など。

2)＊　［補注］冒頭の［注記］で述べた事情もあってか、憲法学における財政への関心もにわかに高まっているように思われる。そのため、本書刊行時点で本文に述べたような「関心の低さ」がなお妥当しているかについては留保を付さざるを得ない。

3)＊　［補注］もちろん、租税実体法の側面では、抜本的税制改革（昭和60年～）による消費税の導入を筆頭に重要な改正がいくつも行われており、租税法学においてこれらは「租税政策学」として論じられてきたが（租税政策学の位置づけにつき参照、金子宏『租税法〔第21版〕』33頁）、こと憲法論との関係では、租税法律主義（後掲注24）で述べる昭和60年最高裁判決を参照）＝財政議会主義のフィルターによって租税実体法＝政策的側面は憲法学的議論の埒外に置かれてきた（その反作用として、租税法解釈論への憲法規範の読み込みに対する判例の冷淡さも看取される）と言ってよかろう。この点で、宍戸教授がイントロダクション（137頁）において、その後の政治変動の端緒となった消費税の導入を「憲法問題」と位置づけたことは、以上のような捉え方をしていた報告者にとっては蒙を啓かれる指摘であった。あるいは、基幹税目としての所得税と消費税の選択自体をある種の国制選択に関わる問題と捉える立場もあり得るかもしれない（ただし報告者自身は、これらは租税国家の枠内での制度設計の問題に過ぎないと考えるため、こうした立場には与しない）。

まれないものの憲法の財政規定と密接な関わりを持つ関係法令からなる「実質的意味における財政(憲)法」があり、特に近年の統治構造改革の中で、あまり注目されないながらもこの領域も変革の時期に入っている。とはいえ、一見極めて技術的なこれら諸制度が持つ憲法的含意を抽出することは必ずしも容易ではないかもしれない4)*。

　他方で、憲法が用意した制度的前提の枠内で現実に財政・租税をめぐってなされる政策的・政治的決定は、それ自体として法学の対象とはなりにくいことは否めない5)。翻って、憲法学が正面から財政や租税を論じなければならない場面(あるいは法の問題と政治の問題の境界が曖昧化する局面)とは、その国の統治構造が不安定な状況であって6)、必ずしも喜ばしい事態とは言えないかもしれない。つまり、近年までの憲法学における財政・租税への関心の低さは、日本国憲法の下での統治構造が比較的安定的なものであったことの反映かもしれないし、これと対照的に(?)今回の「憲法学のゆくえ」において財政・租税が対話相手の一つに選ばれたことと、現在わが国の統治構造が根底的なレベルでの流動化・変動の過程にあること7)*との間にも、お

---

4)* ［補注］この点についても重要な指摘を行っているのが、片桐直人「財政」佐々木弘通・宍戸常寿編『現代社会と憲法学』(弘文堂、2015年) 151頁(156頁以下)、である。
5) 例えば、樋口陽一『憲法〔第3版〕』(創文社、2010年)は、財政の項を「国会」の節に位置づけた上で、［問題状況］として(財政に限定せず)日本の政治過程の実情に問題意識を向けている。なお、報告者自身は、同じく政治的な決定(政策論)の問題であって法学的検討には馴染みにくいと思われる「政策税制」について、租税法理論は、制度選択(政策決定)の契機を正面から承認しつつ、各選択肢を(経済学等の知見を踏まえた機能主義的観点から再構成された)法概念によって構造化・分節化することを通じて、見通しのよい議論を可能にし、結果として「選択」それ自体の質を高めることが可能である、と論じたことがある(藤谷武史「非営利公益団体課税の機能的分析(一)」国家117巻11・12号(2004年) 59-61頁)が、そのような説明をせざるを得ないこと自体、公法学が政策そのものを論じることの厄介さを示唆しているようにも思われる。「公法学が政策を語ることがどのような営みであるか」という問いに取り組むものとして、太田匡彦「対象としての社会保障——社会保障法学における政策論のために」社会保障法研究創刊第1号(2011年) 165頁も併せて参照されたい。
6) 明治憲法体制下で財政規定が憲政上の重要論点を形成したこと、戦後の「予算の法的性質」論が、日本国憲法下での統治機構間の関係(したがって、財政権の編成)が固まるにつれて熱を失っていったように思われることは、いずれも示唆的である。
7)* ［補注］この点について、片桐直人「日本銀行法改正問題・再論」論究ジュリスト5号(2013年) 142頁(特に149頁)は必読である。また、かなり不十分なものにとどまっているが、藤谷武史「国家作用と租税による費用負担」法律時報88巻2号(2016年) 4頁も参照。

そらく相当の理由があると考えるべきであろう。

ともあれ、財政法学・租税法学が（従来の）憲法学における関心の低さを嘆くのではなく、何が憲法学的解明を要する問いであるかを共に見極めることが、有益な対話のためには求められよう。そこで、本報告では、財政・租税の領域で、憲法学・憲法解釈論からの新たなインプットが求められていると考えられる論点を挙げ、議論のための素材を提供したい。なお、財政（法）と租税（法）は、本質的には表裏一体をなす領域（広義の「財政法」）であるが、以下では便宜上、講学上の「財政法」と「租税法」に分けて論じることとする8)＊。

II 統治と財政

1 日本国憲法下の「財政」

まず、財政領域に関する憲法学の関心の低さは、ある意味では、日本国憲法が（戦後民主化の支柱としての〈財政〉の重要性を十分に認識した上で9)）財政制度についてかなり詳細な規定を置いた——すなわち、財政制度の「（憲）法化」に成功した——ことを反映したものかもしれない10)。もちろん、日本

---

8)＊ ［補注］報告者自身は、租税（社会→国庫の金銭給付）と財政支出（国庫→社会の金銭給付）が法的に切断されてきたことの意味を踏まえた上で（参照、藤谷・前掲注7) 論文6-7頁）、公共経済学の知見をも織り込んで改めて両者の「法的な」統合的把握を目指すべきであると考えてきた（参照、藤谷武史「財政活動の実体法的把握のための覚書（一）」国家119巻3=4号（2006年）127頁以下、各論的検討としては同「国の《資産》の法と経済学」フィナンシャル・レビュー（財務省財務総合政策研究所）通巻第113号（2013年）111頁がある）。もちろん、租税と財政支出の両局面を自覚的に区別すること自体には憲法学的含意があり、これが政治的・経済的に維持できなくなるとすればそのこと自体が国制のあり方に関わる問題である。この点を鋭く指摘し、憲法学の観点から課税（「入」）と財政支出（「出」）の峻別論から統合論への趨勢を予言する、棟居快行「『右肩下がり時代』における税のあり方——憲法的視点から」租税法研究39号（2011年）77頁、82頁以下を参照されたい。［なお、本書の基となった座談会報告において、租税と財政を区別することの憲法学的意味にこそ焦点を当て議論を喚起すべきであった、との悔いが残る。憲法学的な議論を喚起する前提としての、当方の問いの精緻化の必要性を痛感する次第である。］

9) 参照、杉村章三郎「財政——財政法の変遷と学説」法律時報30巻1号（1958年）。さらに、高見勝利『芦部憲法学を読む——統治機構論』（有斐閣、2004年）367-369頁。

国憲法下の実定財政制度において解釈上の論点が存在しなかったわけではなく[11]、例えば基本原則とされる「財政民主主義」を巡ってもさまざまな見解が戦わされてきたように、学説上、財政憲法（Finanzverfassung）に関する議論自体が不活性だったというわけではない。しかし、財政制度設計・運営がこれらの議論から現実に影響を受けた例がほとんどない[12]という事実に照らせば、憲法学が、国制上ヨリ重要性が高いと判断した他の論点へと知的資源を集中させる一方で[13]、憲法学の体系において〈財政〉に積極的な位置づけを与えてこなかった（むしろ、憲法25条の生存権論の文脈で制約要因として持ち出される「裏側の」問題として財政が論じられてきた[14]）ことにも、相応の理由があったのではないかと思われる。

また、「財政民主主義」概念を巡る論争[15]（財政「議会」主義の契機を重視するか、国民の参与の契機を重視し議会主義を相対化するか）が示すように、〈財政〉を憲法的に論じることは、民主政理念の潜勢力を解き放つ議論へと直結しかねない。現に、55年体制下で統治構造が安定していた時期には財政を巡る議論も実質的進展を見せず、統治構造が変革の時代を迎えた1990年代

---

10) 参議院憲法調査会事務局（調査担当・大石眞教授）「財政条項と予算制度に関する主要国の制度」（2002年7月）1頁以下は、日本国憲法における財政規定が（ただし、国会法・財政法等の憲法附属法による規定もこれに含める（同25頁）ならば、であるが）かなり詳細であること、および、実定財政制度に関する憲法学の関心の低さ、を指摘している。

11) 財政領域としては例外的に憲法学からの議論が多くなされる憲法89条の意義と射程のほか、「予算」の法的性格論、継続費の憲法適合性、財政法3条と憲法84条の関係、複数年度予算の許容性、などが挙げられる。全体像を俯瞰するものとして参照、木村琢麿「予算・会計改革に向けた法的論点の整理」会計検査研究29号（2004年）51頁以下。

12) 逆に、昭和30年の国会法改正による同法56条1項但書および57条但書～57条の3の導入（議員の財政事項発案権の制限）のように、必要性が認められる場合には制度改正が行われてきた面もある。

13) したがって、〈財政〉が憲法学における重要論点に関わる場合には、積極的に（しかし、その関心に沿って部分的に切り取られた形で）論じられてきた。例えば、宍戸教授による本章「イントロダクション」が挙げる憲法9条と「防衛費GNP1％枠」の関係、憲法89条と政教分離原則などがそれに当たる。

14) 憲法規範としては国家責務が先にあり、租税等の財源（費用負担）がそれに従う、という関係にあるはずであるが、財政民主主義の下での費用負担決定（租税法律制定）と使途決定（予算議決）の構造は、むしろこれと逆の関係を常態化させている。この点については、藤谷・前掲注7）9頁を参照。

15) 参照、藤谷・前掲注8）国家論文143頁。

以降は予算編成過程の改革が焦点の一つとなった[16]。本章のイントロダクションで宍戸教授が適切に指摘するように、憲法学の関心が財政・租税を通り越して統治構造全体へと向かうことは、むしろ当然の事理と言えるかもしれない。

2　統治と財政——現代的再検討の必要

とはいえ、記憶に新しい「ねじれ国会」の問題が最も先鋭に表れたのが予算関連法案の処理をめぐる混乱であったことが示すように、財政は、統治の従属変数であるのみならず、統治過程の死命を制する存在ともなり得る。特例公債法案不成立を巡る国政上の混乱は、統治機構の観点からは日本国憲法特有の二院制の問題として把握されるが、構造的な財政赤字に対する民主的統制のための制度的選択肢は何か、という財政憲法の問題でもある[17]。政治システムと市場システムの結節点としての財政は、政治や人権の論理のみでも、市場の論理[18]のみでも、十分には把握できない。市場システムが（さらには社会が）国民国家の枠を超える現代において、相互に矛盾し拮抗する両

---

16) 参照、宍戸常寿「予算編成と経済財政諮問会議」法学教室 277 号（2003 年）71 頁、片桐・前掲注 4）167-168 頁。

17) 報告者自身による論点整理として、藤谷武史「財政システムと立法」西原博史編『立法システムの再構築』（ナカニシヤ出版、2014 年）。ここでは特に、二つの「時間軸」の関係を憲法学がどう概念化するか、という問いを指摘しておきたい。すなわち、財政活動の実践は国家の経済活動の連続性を前提とした「1 年周期で途切れることなく循環する予算過程」である一方、かかるプロセスが作動する前提およびそれがもたらす帰結は「世代間の問題にも関わる時間的連続性を持つ財政」（公法研究 74 号所収の碓井光明論文、神山弘行論文が有益な検討を行う）、という不整合性である。両者をつなぐ工夫として中期財政フレーム等が導入されてきたが、法的拘束力を持たせるには至っていない（し、それが一概に望ましいとも限らない）。さらに、神山弘行「国家作用の費用負担と時間軸——基金・保険・公債」法律時報 88 巻 2 号（2016 年）23 頁以下も参照。

18) 財政制度と市場の論理の関係について、藤谷武史「財政赤字と国債管理」ジュリ 1363 号（2008 年）2 頁で部分的に検討を試みた。ただし、これを財政規律のための装置として「利用」することにはかなりの難点が伴う（参照、片桐・前掲注 1）「通貨政策と財政政策のあいだ」論文 489 頁注（6））。むしろ、国家の意のままにならない金融市場をも要素に含む財政「制度」の作動メカニズムの把握が必要であり、そのために市場の論理をも参照するべき、と位置づけるべきであろう。報告者がいう「制度」の意味内容については、藤谷武史「財政制度をめぐる法律学と経済学の交錯——法律学の立場から」フィナンシャル・レビュー（財務省財務総合政策研究所）通巻第 103 号（2011 年）3 頁以下を参照されたい。

者を架橋し繋ぎ止めるための（抗事実的な）規範のあり方を示す、憲法学の構想力が大いに期待される。

3 財政活動を巡る実体法的規範の構想

もっとも、日本国憲法は、財政制度の設計、あるいは財政民主主義の制度的具体化については、立法者に相当程度の幅を許容していると思われ[19]、たとえば財政の民主的統制と財政規律の関係について、憲法解釈論によって一義的な解決策が示されるものでもない（特に憲法訴訟論の発展と共に解釈論へと重点を移していった憲法学において、財政に対する関心を低下させた原因の一つであろう）。憲法上の財政条項のみならず、実質的意味における財政（憲）法を総体として把握し、日々の具体的財政運営を支える技術的諸規定に理論的見通しを利かせた上で国制の基本原理との結びつきを言語化し、憲法規範と連絡しつつ財政制度設計・運営の「質」を高めることに資する、いわば「中二階」的な財政法理論の枠組みが必要となるゆえんである[20]。

なお、憲法規範による財政規律の実現、という発想は新しいものではないが、近年の欧州金融危機を契機に締結され 2013 年 1 月に発効した欧州新財政協定などの動きもあり、再び関心が高まっているように思われる。ただし、実現が困難な財政目標を設定しても本当にエンフォースされるのか（どの機関がそれを担うのか）、財政ルールが現実に強制力を持つとすれば、かえって低い目標しか設定されないのではないか、という（報告者が「設計者問題」と呼ぶ）問題の存在を指摘することができる[21]。むしろ、財政規律を守ること

---

19) 例えば参照、小嶋和司「実定財政制度について——主として憲法的立場から」公法研究 41 号（1979 年）84-87 頁。
20) 報告者自身が模索する「財政活動の実体法的把握」の試みは、まさにこの層に位置づけられる。財政民主主義の下での財政運営に関わる政治的裁量を承認しつつ、その決定の質を高めるための理論的道具を提供することがその目的であり（前掲注 5）も参照）、そこで参照されるべきは憲法典・実定法令のみならず、財政運営に関わる諸主体の相互作用やそれを媒介する期待（ソフトローもそのような役割を果たしうる）をも包含する財政「制度」である（前掲注 18）も参照）。なお、中里教授によるポレーミク（中里実「憲法上の借用概念と通貨発行権——憲法が前提とする憲法外の法概念・法制度」『現代立憲主義の諸相（高橋和之先生古稀記念）』上巻」（有斐閣、2013 年）641 頁以下）も、この観点と親和的に位置づけられるであろう。
21) 参照、藤谷・前掲注 18) フィナンシャル・レビュー論文。

が政治リーダーにとって合理的な行動となるような制度的環境をいかに創出・強化できるか（憲法規範はその重要な構成要素であるが、すべてではない）、が鍵を握るように思われる。そこでは少なくとも、①会計検査院のような憲法上の機関の活用可能性、②憲法や法律の形式をとらない（ソフトな？）規範形式の活用可能性[22]、等の論点を指摘できる[23]。

III　憲法秩序における租税

1　租税立法と違憲審査基準

　財政法領域と比較すると、国家の課税権行使と私人の法的地位が対峙する租税法領域では、潜在的には憲法解釈論の関心を惹きつけ易い面があるはずである。ところが、いわゆる大嶋訴訟＝サラリーマン税金訴訟の最高裁判決（最大判昭和60年3月27日民集39巻2号247頁）[24]が、租税立法につき極めて寛大な広範な立法裁量を許容し、その後も繰り返し判例として引用されたことにより、［憲法訴訟論への関心を強めた］憲法学の観点からは、あたかも

---

22) 財政制度の実質的構成要素として、閣議決定という形式がしばしば用いられてきたことは注目に値する。例えば先にも触れた「防衛費GNP1％枠」は三木内閣の閣議決定（1976年）であり、その後1986年12月の中曾根内閣の閣議決定で撤廃されるまで、後続の内閣にも引き継がれた。また、経済財政諮問会議の議を経て策定される中期財政計画や民主党政権時代の中期財政フレーム設定を行った「財政運営戦略」も閣議決定の形式であった。もとより、これらの事例が自ら示すように、その効力は弱く、法規範的分析には馴染みにくいことは否めないが、むしろ弱い規範形式であるからこそ、財政規律に向けた政治的均衡の成立を媒介するということもありうるかもしれない。参照、藤谷・前掲注18) 論文18-21頁。
23)＊［補注］従来、（憲）法学的に扱うことが困難であった対象に接近するためには、我々の持つ思考枠組み自体を（およそ法学でなくなってしまうリスクと背中合わせであることを弁えつつ、慎重に）拡張する必要がある。東京大学「ソフトロー」プロジェクト、北海道大学「多元分散型統御」プロジェクトなど、こうした方向性の手がかりとなる試みは既に存在している。これらを一過性のものに終わらせずに成果を引き継いでいくことが必要ではないか。
24) 同判決は租税法の体系上・教育上、極めて重要な位置を与えられている。例えば参照、金子宏＝佐藤英明＝増井良啓＝渋谷雅弘『ケースブック租税法〔第4版〕』（弘文堂、2013年）24頁〔金子宏執筆〕。なお、きわめて些末なことではあるが、同事件の租税法学における一般的呼称が（原告の名をとって）「大嶋訴訟」であるのに対して、憲法の教材では一般に「サラリーマン税金訴訟」とされており、両分野の隔たりを感じさせる一齣となっている。

租税法分野への「この先、立入禁止」の標識のように受け止められてきたのではないかと推測される[25]。

また、同判決は、租税立法に関する憲法判断のリーディングケースとして長年位置づけられてきたが、憲法14条に関する判断枠組みとして登場した昭和60年最判の広範な「立法裁量」論が、憲法13条・22条適合性の判断枠組みへと特段の論証なく転用可能なのか（参照、最判平成元年12月14日刑集43巻13号841頁《どぶろく裁判》、最判平成4年12月15日民集46巻9号2829頁《酒類販売免許制》）。一見すると、憲法学においてこの点はあまり疑問視されていない様子にも思われ[26]、やや不思議に感じている。というのも、租税政策は窮極的には「誰からどれだけ税を取るか」の問題に尽きるのであり、課税要件の設定は「区別」を設けることにほかならない。つまり、租税政策は潜在的には常に憲法14条の問題を孕むところ、84条（と30条）を除き、憲法が租税について沈黙している以上は、立法府による「総合的な政策判断」によるほかはない、という（昭和60年最判の背後に見え隠れする）論理は一応首肯しうる[27]。ところが、酒税法の事案では、経済的自由と対立関係にあるのは税の徴収確保という「財政目的」であり、これが直ちに「立法府の政策的、技術的な判断にゆだねるほかはな（い）」との一言で処理されるのか、むしろ平成4年12月15日最判の園部補足意見が示唆するように、財政目的であればむしろそれに即した立法事実の論証が必要となるのではないか。

もっとも、施行日以前の取引に「遡及的に」適用される税制改正法の規定の憲法適合性が争われた最近の最高裁判決（最判平成23年9月22日民集66巻6号2756頁）は、昭和60年最判を少なくとも明示的には引用せずに、憲法84条の趣旨が及ぶ財産権保障の問題として事案を処理している[28]。これ

---

25) 例えば参照、戸松秀典「租税法規の不利益遡及立法に関する憲法問題」税務事例42巻1号（2010年）42頁。
26) もっとも、例えば平成4年最判に対する長谷部恭男評釈（法学協会雑誌111巻9号1417頁）はこの点に明確に疑問を呈しているので（1424頁以下）、憲法学において疑問は共有されつつも、教科書レベルで深く取り上げるほどの重要論点としては認識されなかったということであろうか。
27) 棟居・前掲注8) 79-81頁は、このような場面でも憲法的統制の可能性が開かれていると説く。
28) ただし、渋谷雅弘「判批」ジュリ1440号221頁が示唆するように、この引用の不在が意味す

は、「租税立法＝広範な立法裁量」という画一的図式からの離脱を示唆するようにも思われ、今後の展開が注目される。

2　日本国憲法における「租税」と憲法84条

前項で指摘した租税立法の違憲審査基準にも関連しうる解釈論上の論点として、日本国憲法秩序における「租税」および「課税権」の位置づけ、という理論的な問題を指摘できる。

第一に、わが国の租税法学においては、日本国憲法が租税法律主義を宣言する明文規定（84条）を有すること[29]が重視され、委任立法の限界付け[30]や租税法令の解釈方法[31]等に関する法命題が導かれてきた。そこから、かような特殊性が認められるべき「租税」とは何か（憲法解釈論としては、憲法84条が適用される金銭賦課の範囲はどこまでか）という問題が意識されるのであるが、これが明示的に争点となった旭川市国民健康保険条例事件をめぐる租税法学と社会保障法学の見解の相違[32]、これに終止符を打った大法廷判決（最大判平成18年3月1日民集60巻2号587頁）による「84条の「適用」はないが「趣旨」は及ぶ」という解決は、憲法学の視点からはどう評価されるか、という問いが浮かぶ。これを言い換えれば、「租税（法）は特殊な国家作用である」と我々租税法学者はつい考えたくなるが[33]、租税法学のみで議

るところは必ずしも明らかとは言えず、今後の展開を見守る必要があろう。

29) 比較憲法的にみて、「租税法律主義」を個別の条文で明示的に規定する例はそれほど多くはなく、理念としては当然に共有される一方で、法規範としての具体的効果や射程は各国によって区々である（例えば参照、中里実「フランスにおける租税法律主義の原則―序説」市原昌三郎＝杉原泰雄編『公法の基本問題（田上穣治先生喜寿記念）』（有斐閣、1984年）407頁以下）。なお参照、法学協会『註解日本国憲法　下巻 (2)』1269頁（「租税法律主義は……国民代表による立法の原理が確立するとともにこれに吸収され、租税法律主義をとくに謳うことは、歴史的意味以上をもつものではなくなった。……しかし規定の有無又は規定の仕方如何に拘らず、この主義がすべての近代憲法に含まれる公約数たることに変りはない。」）。

30) 参照、金子宏『租税法〔第20版〕』（弘文堂、2015年）76頁以下。

31) 参照、中里実＝弘中聡浩＝渕圭吾＝伊藤剛志＝吉村政穂編『租税法概説〔第2版〕』（有斐閣、2015年）41頁以下〔増井良啓執筆〕。

32) 国民健康保険という制度を背後に有する国民健康保険料につき、租税法学からは社会保険料の賦課強制性を根拠に「租税」該当性が主張され、社会保障法学からは社会保険性を強調し「租税」との区別を維持すべきとの主張がなされる、との構図がみられた。

33) なお、文脈は異にするが、米国における "tax exceptionalism" に関する議論につき参照、渕

論するのではなく、外部の視点（憲法学）との対話が必要な時期に来ているのではないか、ということになる[34]。

第二に、前述した平成 23 年最判は、「租税法規上の地位」に憲法 84 条の「趣旨」を媒介させることによって、事後的立法と財産権保障の判例（最判昭和 53 年 7 月 12 日）の枠組みに乗りうる程度には高められた憲法上のステータスを、この「地位」に認めている。「期待権以上、財産権未満」という曖昧な地位であれば、行政法過程を通じて形成・変更される地位一般に通じる問題であると思われるところ、憲法規範として憲法 84 条はいかなる役割を果たしているのか。あるいは、単なる目眩ましに過ぎず、所得税法の具体的な仕組みの解釈が実質的な決め手となったとみるべきか。

第三に、憲法 41 条が想定する「立法権」一般と、憲法 30 条・84 条が前提とする国家の「課税権」[35]の関係、という問題がある[36]。「法律による行政の原理」と「租税法律主義」の歴史的出自の相違は多くの論者によって指摘されているが[37]、この相違は、現在の憲法解釈論において何らかの意味を持ちうるものか。特に、租税立法に関しては国会が法律形式で決定することが不可欠である、という要請を強く読むことは、多層的システムへと開かれつつある統治構造において、どのような位置を与えられるべきか。ここでは詳

　圭吾「（判例紹介）Mayo Foundation for Medical Education and Research et al. v. United States, 131 S. Ct. 704（2011）—内国歳入法典によって財務省に与えられた一般的な規則制定権に基づく財務省規則が示した制定法の解釈は，財務省以外の行政機関によるルールと同様に，Chevron 敬譲の対象となる」アメリカ法 2011-2（2012 年）582 頁以下。

[34]＊［補注］「決定」と「統制」の区別に着目する宍戸常寿「課税要件明確主義——秋田市国民健康保険税条例事件」『租税判例百選〔第 5 版〕』15 頁の指摘は［背後に高橋和之教授の統治構造に関する問題提起（「決定—執行」モデルと「統治—コントロール」モデルの対比）との関連をも読み込むことも出来るように思われるし、その点をさておいても］極めて興味深い。

[35]　近時の最高裁判例の中にも、その憲法理論上の意義は曖昧であるものの、「課税権」の語はしばしば登場する。例えば、前掲昭和 60 年大法廷判決および平成 18 年大法廷判決（「国又は地方公共団体が、課税権に基づき、……課する金銭給付」）や、国内租税立法と租税条約の抵触が争われた最判平成 21 年 10 月 29 日民集 63 巻 8 号 1881 頁（「国家主権の中核に属する課税権」）がそれである。

[36]　両概念の相違を強調する議論として参照、中里・前掲注 20）655 頁以下、同「主権国家の成立と課税権の変容」金子宏ほか編『租税法と市場』（有斐閣、2014 年）28-53 頁。

[37]　参照、山本隆司『判例から探究する行政法』（有斐閣、2012 年）12 頁、中里実「予算の議決と租税法律」フィナンシャル・レビュー（2016 年刊行予定）。

細に立ち入る余裕はないが、たとえば地方自治との関係（地方公共団体の課税権と法律の関係が問題となった神奈川県臨時特例企業税事件最高裁判決（最判平成 25 年 3 月 21 日民集 67 巻 3 号 438 頁）の判示[38]をどう読むか）、統治のグローバル化との関係（国際的徴収共助条約が憲法 84 条の潜脱に繋がるのではないかとの懸念[39]）は、それぞれ憲法秩序からみてどう評価されるのか。

報告者はいずれの論点についても妙案を持ち合わせていないが、日本国憲法の構造を俯瞰した憲法学からの考察が加わることによって、バランスの良い議論が展開される必要があると思われる。

3 租税行政と個人の把握

租税法に対する憲法学からの分析が有益と思われるもう一つの問題領域が、「税制による個人（情報）の把握」に関する近時の動向である。この点に関連しては、行政調査の典型としての税務調査と適正手続保障（憲法 35 条・38 条）、税務調査（質問検査権の行使）で取得収集した証拠資料を刑事手続（租税犯則事件）で利用することが許されるか、という論点がよく知られているが[40]、これに限らず、「租税と情報」の問題は、グローバル化の動向も交錯

---

[38]　「普通地方公共団体が課することができる租税の……事項については、憲法上、租税法律主義（84 条）の原則の下で、法律において地方自治の本旨を踏まえてその準則を定めることが予定されており、……法律において準則が定められた場合には、普通地方公共団体の課税権は、これに従ってその範囲内で行使されなければならない。」なお、報告者自身は、同判示は限定的に読まれるべきであるとの考えを示したことがある。参照、藤谷武史「判批」『平成 25 年度重要判例解説』（2014 年）217 頁。

[39]　（広義の）徴収共助とは、他国の領域内においては租税滞納者に対する執行活動（これには、法的文書の送付や証拠収集も含まれる）を行い得ないという限界に対して、課税の実効性を確保する手段として、各国税務当局が相互に協調し、互いの税務執行に協力する（条約相手国当局からの要請を受けて、自国の課税行政権行使の枠内で調査・執行・徴収等を行う）ことを意味する。
　　徴収共助の憲法上の懸念をいち早く指摘したのが、石黒一憲教授である。石黒教授は、外国からの徴収共助の要請に応える結果として憲法上の人権保障が潜脱される懸念を指摘する。特に、①（条約に基づく）徴収共助制度が共助対象たる課税の対象および内容（課税要件規定の充足の認定）を相手国に白紙委任するものと評価し得る点、および②（実質再審禁止との関係で）司法審査の保障を損なう点、の 2 点につき、憲法 84 条と抵触する、との疑義を呈する。同説も含めた関連論点の検討につき参照、吉村政穂「徴収共助の許容性に関する法的視点——レベニュー・ルールの分析を素材として」フィナンシャル・レビュー（財務省財務総合研究所）94 号（2009 年）57 頁。

[40]　参照、笹倉宏紀「行政調査と刑事手続 (1)～(3)」法学協会雑誌 123 巻 5 号 818 頁、10 号

しつつ、近時急速な進展を見せつつある。ただし報告者はこの問題について専門家とは言えないため、以下では専ら、租税法学における優れた先行業績[41]に依拠して、議論の概要を紹介しておくことにしたい。

(1) 租税情報の保護

2013年に成立したいわゆるマイナンバー法は、他の行政目的と並び、税務行政目的での利用を想定しているが、租税法学でもかねてより検討されてきた納税者番号制度と憲法13条で保護されたプライバシーの問題[42]がいよいよ具体化することになる。憲法論としては、ひとまず住基ネット訴訟最高裁判決（最判平成20年3月6日民集62巻3号665頁）が枠組みを示したものと理解しているが、今後、さまざまな租税情報と番号が紐付けられ、それらが他の情報と結びつけられる中で（しかも利便性の観点からは常に利用範囲拡大への圧力が働くことが予想される）、租税情報の許容される利用範囲や手続等、憲法学的観点からの検証が必要になるものと思われる[43]。

また、国際的な動向としては、近年の世界金融危機以降、国際的な租税情報交換ネットワークの整備が急速に進展していることが挙げられる。すなわち、多国籍企業や富裕層が、租税上の透明性（Tax Transparency）を欠く国や法域を利用して節税ないし脱税を行っている状況への対抗手段として、

2091頁（2006年）、125巻5号968頁（2008年）、吉村政穂「租税法における情報の意義――質問検査権行使により取得した情報の流用を素材に」金子宏編『租税法の発展』（有斐閣、2010年）161頁以下、同「国際課税における金融口座情報の共有体制の確立」金子宏他編『租税法と市場』（有斐閣、2014年）532頁以下（特に544-550頁）。

41) 増井良啓「租税条約に基づく情報交換：オフショア銀行口座の課税情報を中心として」金融研究30巻4号253頁（2011年）、吉村政穂「コンプライアンス確保に向けた租税行政手法の共通化」ソフトロー研究18号（2011年）29頁以下、同「行政内部における租税情報の共有と制限――アメリカにおける納税者番号（TINs）をめぐる議論を中心に」税大ジャーナル14号（2010年）29頁、同・前掲注40）『租税法と市場』所収論文。

42) 金子宏「納税者番号制度の意義と機能」『所得課税の法と政策』（有斐閣、1996年）197頁（初出1978年）。また、『納税環境の整備（日税研論集67号）』（日本税務研究センター、2016年）所収の各論文も参照のこと。

43) 棟居・前掲注8）87頁は、納税者番号制の導入を、税と社会保障の一体的把握という文脈で捉えた上で、これはプライバシー保護の問題に限らず、「税と社会保障のどのような公平を実現するのか」、「国家論としてどのようなものが構想されているのか」という、「それぞれ途方もない大問題が背後に控えている」ことを指摘する。

OECDやG20を中心に、Tax Transparencyの強化（これによる資本所得課税の維持）を目指した、「国際的に合意された租税基準」の形成とその実施が進む現状がある。日本も多国間条約によってこのネットワークに加入し、金融口座に関する自動情報交換もすでに実施段階に入った[44]。ここでは、租税秘密の保護（調査における手続保障、転用に対する制限ないし禁止）という伝統的な論点が、他国主権および国際的な秩序との関係で再登場している。これについても、さしあたりは従来の（国内における）適正手続保障の水準との均衡を保つことを目的とした制度設計が行われると思われるが、この分野が今後、憲法学とも密接な関連を有する「情報法」に格好の素材を提供するのではないかと考える。

(2) 租税行政における私人の「利用」

租税行政の根幹が、私人の側にある情報をいかにして当局が入手するか、にあることを考えると[45]、租税情報移転の前提となる制度や手続も重要な意味を持つ。ここでは特に、(ｱ)源泉徴収制度や情報申告制度のように、私人（特に金融機関や雇用主企業）を税務当局のagentとして用いる仕組み、(ｲ)納税者自身から「自発的」納税協力を引き出すためのインセンティブの許容性、について触れておきたい。

わが国の税制が、企業をagentとする多様な源泉徴収制度に税収の多くを依存することはよく知られている[46]。これは徴税機構として極めて効率的な

---

44) 前掲の徴収共助の一環としての情報交換が税務調査の必要性を踏まえた相手国の要請を受けて行われるのに対して、ここでは個別の調査に拘らずex anteかつ「自動的に」行われる点で大きく異なる。その意味を理論的観点から問うものとして参照、増井良啓「非居住者にかかる金融口座情報の自動的交換——CRSが意味するもの」論究ジュリスト14号（2015年）218-223頁。
45) 情報の利用可能性こそが税務行政の根幹にあり、税務行政こそが租税政策を実際上規定する。例えば、経済学の租税理論においては、個人の能力（才能）を計測することができれば、より理想的な（公平かつ効率的な）税制が設計できる（ができないのでセカンド・ベストとして所得税や消費税がある）、というのが、議論の出発点となっている。さらに歴史を振り返れば、検地や地券発行のように、税制と、所有権の把握（および戸籍による人口の把握？）が、密接な関係にあったことも想起されるべきであろう。
46) 増井良啓「租税条約の不在?!——国際取引と租税法」法学教室425号（2016年）34頁は、「巨大な存在」としての源泉所得税に注意を喚起する。加えて、企業を納税義務者とする徴税メカニズムが多数存在する。例えば、平成24年分の国税収入（約48兆円）のうち、企業を徴収納

仕組みである反面、申告納税制度を空洞化させ納税者の財政民主主義に対する感覚を鈍化させることが繰り返し批判されてきたし、より具体的にも、（特に）給与所得の支払者に対して（年末調整までも含めた）精密で事務負担の大きい源泉徴収義務を課す現行制度の合理性については、議論の余地があることが指摘されている[47]。憲法論との関係では、国庫のための役務である源泉徴収事務の負担を給与支払者に無償で課すことが憲法29条3項との関係で問題とならないか[48]が争われた事案において、判例（最大判昭和37年2月28日刑集16巻2号212頁）はこれを合憲としたが、現在では、一方では就労形態の多様化が進み、他方では「給与所得」概念が解釈上かなり広範な範囲に及びうることを考えると、適用違憲となりうる場面もまったく考えられないとまでは言えないように思われる[49]＊。

　もう一つ、(イ)については、一定の基準の下で協力的な行動をとる納税者について税務行政上も優遇する（税務調査の頻度を減らす等）、という「協力モデル」による税務行政アプローチが、OECDなどを中心に熱心に議論されていることが紹介されている[50]。従来の日本の租税法学は、例えば税務訴訟における和解も原則として容認しないなど、税の執行の局面でも租税法律主義の含意を厳格に捉えてきた[51]。もっとも、独禁法におけるリニエンシー制度や、近時導入に向けた動きがみられる司法取引のように、（ただし、これらはいずれも事件発生後の規制当局と被規制者の「コミュニケーション」であり、「税務行政における事前アプローチの強化」とも言われる上記動向とは区別される

　　付義務者とする源泉所得税は13兆円強、企業が納税義務者となる法人税および消費税（＋地方消費税）がそれぞれ約11兆円と約13兆円であるのに対して、個人の申告納税に依存する申告所得税はわずかに3兆円余、相続税は1.8兆円弱であるにすぎない。
[47]　渡辺徹也「申告納税・源泉徴収・年末調整と給与所得」日税研論集57号（2006年）41頁、佐藤英明「日本における源泉徴収制度」税研153号（2010年）22頁。
[48]　なお参照、杉村章三郎「源泉徴収義務の合憲性」シュトイエル6号（1962年）23頁。
[49]＊　［補注］最判平成23年1月14日民集65巻1号1頁は、支払者と「特に密接な関係」がある場合に限って源泉徴収義務があるという所得税法の解釈を行ったが、これを合憲限定解釈とみることは可能か。
[50]　吉村・前掲注41)「ソフトロー研究」論文。
[51]　渡辺裕泰「租税法における和解」中山信弘編集代表、中里実編『政府規制とソフトロー』（有斐閣、2008年）209頁。

必要があるが）納税者の協力と私的情報（private information）を引き出す「アメとムチ」という性質を帯びている。ここでもまた「憲法秩序上、租税行政は行政一般との関係で何らかの特殊性を帯びていると考えるべきか」という(2)の論点が登場することになりそうである。

[追記]　本稿の校正段階で、片桐直人「基調報告　日本国憲法の下における中央銀行制度の位置づけとそのデザイン（日本国憲法研究（Number 18）中央銀行論」論究ジュリスト 16 号（2016 年）140 頁以下、に接した。中央銀行論は報告者自身も含め従来の財政法学がうまく扱うことができていない重要問題の一つである。憲法学からの鋭い問題提起をどう受けとめるか、今後の宿題としたい。

3-3

[座談会]
憲法学における財政・租税の位置？

藤谷武史　宍戸常寿　曽我部真裕　山本龍彦

I　はじめに——財政法・租税法からの問題提起

曽我部（司会）　本日は藤谷武史さんにお越しいただきました。まず藤谷さんから基調報告のポイントをお話しいただき、続いて宍戸さんに憲法学からの受け止めをお話しいただいて、議論に入りたいと思います。

藤谷　東京大学社会科学研究所の藤谷です。私は租税法と財政法を主に勉強してきたのですが、その間、憲法学との関係ではある種の「一方通行」の感覚を持ってきました。つまり、租税法や財政法の研究者が折に触れて憲法学の議論に言及し、憲法学からの新たなインプットを希求するのに対して、憲法学から租税・財政領域への関心は必ずしも高くないのではないか、ということです。

確かに、日本国憲法の成立後、遅くとも昭和30年代以降は、日本の税制・財政の枠組みは概ね安定していますから、憲法学からすれば関心を持ちにくく、法技術的な問題ということで実定法分野にお任せ下さってきたのかもしれません。また、憲法学が財政や租税を熱心に論じなければならないとすればそれは、国家の統治インフラが不安定化している場面でしょうから、それ自体喜ぶべき状況とは限りません。ただ、例えば、昨今話題となった

「ねじれ国会」の問題が最も先鋭に表れたのが、予算関連法案、特例公債法案の処理を巡る混乱であったように、租税・財政分野において憲法学が応答すべき問題が存在しないわけではないと思いますし、租税法や財政法の理論構築の観点からも、最近の憲法学の展開から教えを乞いたいと思う論点が少なからずあります。

本日は、こうした貴重な機会を頂きましたので、租税法・財政法の立場から憲法学からの知見が求められる論点をいくつか提示させて頂き、あわよくば憲法学の先生方に、財政・租税領域への関心を強めて頂ければと思い、参加させて頂きました次第です。

1 財政法と憲法学

私自身の財政法への関心のあり方自体、あるいは異端なのかもしれませんが、出発点は国家学会雑誌に 2006 年に公刊した「財政活動の実体法的把握のための覚書（一）」という論文で示した問題意識にあります。この論文は収拾をつけられずに現在も未完状態のままで恥ずかしいことになっているのですが、それ以降も、根本の問題意識は維持しつつ、細々と考えたり書いたりしてきました。

その問題意識というのは、一方には日本国憲法の財政規定に関して憲法学や財政法学にはすでにかなりの（しかし抽象的な）議論の蓄積があり、他方で、日々現実に動いている財政過程は財務会計法と言われるテクニカルな領域として日々粛々と運営され実務的な議論の蓄積もあるけれども、これら両極の間には、法学がうまくアプローチできていない間隙があるのではないか。例えば財政規律をどうするかといった財政運営の政策的・動態的な側面については、いずれの観点からも上手く捉えられていない。そもそも我々法学者は、財政の実体的、政策的部分については語る言葉を持たないのだろうか、というものでした。

基調報告論文では「中二階」的理論枠組み、ということを書きましたが、そうした理論的作業を進める上でも、憲法学からの示唆を頂きたいと思う論点を二つほど考えてきました。

第一に、憲法が予定する財政過程は、1 年サイクルで繰り返すことが前提

藤谷武史 氏

とされており、ここに財政立憲主義的統制のエッセンスがあります。他方で、財政自体は年度どころか世代を跨ぐ形で継続性を保ち、だからこそ「負担の先送り」や巨額の累積債務という問題も生じるわけです。後者は2011年の公法学会でも議論になりましたが、財政統制の制度設計の問題として、この二つの異なる時間軸のギャップをどう考えるか、という問題です。すべては立法政策ないし内閣と議会の財政運営に委ねられている、と考えてよいのでしょうか。

　第二に、最近の「ねじれ国会」やそれに関連する議論に触発された問題意識ですが、予算過程を中核とする財政制度においては、先に述べた1年サイクルが間断なく回っていくように配慮された仕組みが、実定法および実務慣行上、用意されています。憲法上、予算における衆議院の優越ほか、時間軸を意識した特別な成立要件が定められていますし、立法実務上も、内閣提出の予算関連法案は基本的に翌会計年度の開始前、3月31日までに成立させるように優先的な審議日程が組まれるようです。しかし、予算関連法案は「法律」である以上、法律としての成立要件を満たさねばなりません。立法過程論で veto gate という言葉が使われることがありますが、立法とは政治的諸力が高まって閾値を超えたときに初めて作動する、基本的に間歇的な国家作用と捉えることが可能であり、ゆえに法案不成立でも（日切れ法案などの場合を除き）少なくとも法秩序の現状は維持される。会計年度ごとに失効してしまう予算を中核とする財政はそうは行かないわけです。切れ目のない連続性が重視される財政作用と、むしろ断絶の契機を伴う立法作用とが、国政の中心部分で踵を接する関係に立っていることは、興味深いところです。うまくまとまりませんが、両者の合理的な関係のあり方について、憲法学の知見を伺いたいところです。

2　租税法と憲法学

　続いて、租税法と憲法学の関係について、簡単に4点述べたいと思います。

一つは憲法訴訟論との関係です。従来の憲法学が租税法領域について冷淡な態度をとらざるを得なかった背景には、サラリーマン税金訴訟の最高裁判決（最大判昭和 60 年 3 月 27 日民集 39 巻 2 号 247 頁）が、極めて広範な租税立法裁量を容認する基準を立てたことが影響したと理解しています。確かに、この判例の下で憲法学が租税法に言及しても「報われない」という気になるのかもしれません。しかし、最近の最高裁判決（最判平成 23 年 9 月 22 日民集 66 巻 6 号 2756 頁）などでは、必ずしも昭和 60 年判決に拠らない議論が展開されています。憲法解釈論の進化によって租税立法裁量の軛が解かれつつあるのか、先生方のお考えを伺ってみたいと思います。

　第二点は、「租税」や「課税権」という概念の憲法理論および解釈論上の意味如何、です。この問題意識の出発点にあるのは、酒類販売免許制を合憲とした平成 4 年 12 月 15 日最高裁判決における園部補足意見の「財政目的」への言及です。同意見自体、二重の基準論という特定の理論的磁場の下で発せられたものかもしれませんが、国法秩序や国家運営における財政の位置づけ、という問題にも関係しそうに思えます。最近の判例では「課税権」という概念に言及するものもありますが、租税法学者はこれを真に受けた方がいいのか、憲法学からの冷静な読みをご教示頂ければと思います。

　以上は解釈論寄りの論点でしたが、制度設計論との関係で 2 点、論点を呈示させて頂きます。

　一つは、昨年成立したいわゆるマイナンバー法に代表される、租税情報の問題です。これは第一義的にはプライバシー保護の問題ですが、それと並んで、税と社会保障の統合的制度設計といった福祉国家目的の実現のために国家はどの程度深く個人の情報という領域に手を突っ込んで良いのか、という問題にも関わります。

　第二点はもっと端的に、税務行政による私人の「利用」の憲法的限界、ということです。理論的にはいろいろ考えられますが、基調報告ではすでに存在する具体例として源泉徴収制度について触れました。特に給与所得者の源泉徴収制度は、国の税務行政が担うべき事務を無償で使用者に負担させる仕組みですが、これを合憲とする最高裁判決（最大判昭和 37 年 2 月 28 日刑集 16 巻 2 号 212 頁）は、現代の変わりゆく就労形態や市場のあり方の中でも所与

としてよいのだろうか、という問いも可能です。ともあれ、源泉徴収制度それ自体を云々するということよりも、国家が「財政目的」のために私人をどの程度「利用」してよいのか、というのが問題意識ということになります。

II　憲法学からの受け止め

宍戸　精緻な概念分析と、柔軟な機能的思考の二刀流で活躍される藤谷さんにお越しいただき、我々憲法学に鞭を入れてくださるということで、本日の座談会を楽しみにしていました。

さて、先ほどの藤谷さんの問題提起に対する応答は、私一人ではなく、座談の中で展開することとして、私からはいくつかの論題について触れたいと思います。まず憲法学と財政・租税の関係についての一般的な話、次に財政と憲法、三つ目は租税と憲法ということで若干の問題提起ないし弁明をさせていただきます。

1　憲法学と租税・財政の関係

憲法学と租税・財政の関係について、憲法学からの応答はなく一方通行であるとのご指摘がありました。これになぜ応えられなかったのか。それほどの熱い思いに気づいていなかっただけかもしれませんが、実際は別の恋人を追いかけていたのだと思います。両者の間には、昔は密接な関係がありました。言うまでもなくプロイセン憲法争議であるとか、明治憲法の起草過程においては、会計の問題こそ憲法の中心的論点でしたが、議院内閣制が成立することによってその問いが消滅してしまった。さらに、デモクラシーが普及し、あるいは社会国家の実現が求められるという現代憲法においては、どうしても財政・租税への関心が後退していかざるを得なかった面があると思います。人権論においても、公共の福祉論や二重の基準論からは、租税あるいはそれを運用する財政の問題に裁判所の司法審査が届かず、政治部門の優位ということで憲法学が後退していく結果、租税法・財政法にお任せしていく、という流れがあったのでしょう。

いまから考えると、消費税の導入とそれに伴う1989年の参議院選挙は、

与野党伯仲、あるいはねじれ国会のトリガーになったわけですし、実は非常に大きな憲法問題だったのだとも言えます。財政赤字の逼迫が行政改革を支える憲法論を推進したこともよく知られているところです。ただし、それも、租税・財政という事物領域について解釈論を深めていくというより、財政の問題から出発して統治構造のあり方全体を考え直さなければいけないという、より抽象度の高い方、あるいは実践的な政治的関心の方へ、議論を方向づけてしまった。これが「一方通行」の原因ではないかと私は見ています。

2 憲法学からみる財政法

他方、藤谷さんの問題提起にあったように、憲法学が租税・財政を論じるべき時代が到来したとすれば、それはわが国の統治インフラが不安定化していることによるものだと思います。財政危機はこれ自体、構造的な憲法危機の問題です。

財政危機であることは衆目一致している。民主主義の下で、財政出動の圧力がかかる。そうなったときに、それを正当化するための粗雑なアジェンダ設定がなされる傾向が政治プロセスの中で起こる。そして、リソースのない中で、状況を解決できずに放っておくと、国民の支持が失われていく。このことを突破するために、内外問わず敵を作り出す対決型の政治となる。財政が外圧的な形で、憲法が保障しようとする合理的な政治プロセスへ圧力をかけていかざるを得ない、あるいは憲法それ自体に攻撃が向かざるを得ない。その意味で、一つの憲法危機をもたらすということです。

他方、政治プロセス自体において財政危機を回復する方法はあまり考えられません。ここはむしろ財政の実体法的な規律について、藤谷さんの議論に期待しており、今回伺ってみたいと思っています。

3 憲法学からみる租税法

租税についても触れます。

例えば、旭川国民健康保険料事件判決（最大判平成18年3月1日民集60巻2号587頁）の定式、すなわち法律の留保の延長線上に租税法律主義を位置づける方法は、発生論的には問題があります。他方で、主権国家の下での法

の支配、法治主義を志向するという憲法学の構えからすると、租税の問題も一般行政作用の一つです。だから、憲法84条は一般的な法律の留保に上乗せしたものであるという捉え方が出てくることも理解できます。租税がその実質において人権問題であるとすれば、29条や13条、あるいは25条にいう「健康で文化的な最低限度の生活」が課税によって侵害されているかどうか、等の問題設定にならざるを得ません。

　さらに我々から見ると、金子宏先生以来、租税実体法論が拡張されて、さらに取引法としての租税法の色彩が強まった結果と、租税法が公法から私法へとシフトしていった観もあります。憲法学としては、一族を失った悲しみも味わってきたわけです。

　もし憲法学にとって租税が固有の関心領域になるとすれば、それは主権国家の下で法治主義を確保するという前提が壊れてきているからではないか。国家主権の融解やグローバル化によって、「代表なくして課税なし」以来の租税法律主義が揺らぐという問題が大きい。そうなってきた場合に、どれだけ実効的な統制を確保するか。藤谷さんも指摘されていますが、そちらに力点を置いて議論する必要が生じるかと考えています。

　課税作用については司法的統制になじみやすい面があろうかと思います。これについては、ご指摘のとおり、憲法における立法裁量論の統制についての議論等で、税務訴訟と接合できる部分がいくつか見つかるのではないかと思われ、財政よりもやや楽観的に考えています。

Ⅲ　憲法学における財政・租税の扱い方

　曽我部　ありがとうございました。今回は、統治機構論と基本権論が交錯する領域であり、財政・租税作用固有の問題と一般統治作用全般に通ずる問題とが交錯する、非常に複雑な領域を議論することになります。後者の問題についても、伝統的な問題もあれば、グローバル化や地方分権といった問題、あるいは規制のあり方の援用といった現代的な問題も絡んでいて、多様な論点が考えられます。しかも、憲法学の側では、従来これらの問題意識は全般的には不十分であったと思いますので、無理に議論を収束させず、問題提起

の意味も含めて自由にご議論いただければと思います。

　それではまず、憲法学における租税・財政の扱い方の傾向と、現状確認を議論したいと思います。

　山本　財政・租税に対しては、確かに憲法学の応答は十分ではなかったと思います。この点で、両者の関係を再構築しようとする藤谷さんのアプローチに、まずは敬意を表したいと思います。

　藤谷さんのご論文の中でも、ねじれ国会による政治の機能不全によって特例公債法案がスムーズに通らなかったケース、つまり、財政の問題が党派的駆け引きの道具となってしまったケースが紹介されていました。偶然か必然か、アメリカでも似たようなことが起きているわけです。例えば、政府機関の一部閉鎖まで招いた、2013年の債務上限の問題でも、オバマ大統領による上限の引き上げ要求に対して、議会多数派である共和党が断固拒絶した。オバマケアに対する「兵糧攻め」です。1990年代までは、議会自身が一旦承認した政策を実現するために、議会は、大統領による法定債務上限の引き上げに応じてきたわけですが、近年は党派間の激しい対立のために、議会が大人の対応をとらなくなってきたといわれます。

　こうみると、アメリカでも日本でも、党派的対立による政治過程の膠着が、国家活動の停滞や断絶に直結する、財政立法ないし予算関連立法の成立過程の再検討が求められる時期に来ているといえそうです。私は、この原因の一つは政治の幼稚化にあると思っています。経済状況が悪くなると顕在化する、激しいイデオロギー的対立も背景になっているわけですが、それにしても、政治過程が単なる党派的抗争の場となり、いったん決まった政策の財政的裏づけの部分までもが、こうした抗争に浸食されてしまう。予算の場合には、憲法上、内閣のイニシアチブや（憲法73条5号、86条）、衆議院の優越が認められていることで（60条）、政治的なデッドロックは回避されるわけですが、問題は予算そのものではない財政立法、予算関連法案でしょう。

　ここで藤谷さんに2点伺いたいと思います。一つは予算についてこのように憲法が特別の手続を用意した趣旨とは何かです。予算の形式が何であるのかという従来の議論では、予算は単なる内部的規律か、といった問題が中心を占めていましたが、これと異なる観点はないのか。憲法の諸規定は、どこ

にどれだけ経済的資源を投下すべきかという政策的・政治的な決定の領域と、この決定を受けて、具体的にどれぐらいの金をつけるかという専門的決定の領域とを、一応切り離したのではないか。財政の問題を考えるうえで、どこまでが政策・政治＝policyの問題で、どこからが専門性＝expertiseの問題なのかという区別が憲法上非常に重要になると思います。

　この区別を前提にすると、前者が授権法律の制定の問題であり、後者が予算作成の問題ということになる。そして、後者に関する憲法73条5号や86条の規定のいう「内閣」は、執政的要素のない執行機関としての内閣、つまり「官僚」ということになる。このアイデアだと、予算作成は政治的マターというより、専門的・官僚的マターとなり、そこに党派性を持ち込むべきではない、ということにもなります。また、86条の「国会」は、予算の恣意性をチェックする統制機関としての位置づけになりますね。こうしたアイデアについて、藤谷さんのお考えはどうか。

　もう一つは、内閣は「法律を誠実に執行」する（73条1項）こととの関係です。例えば、国会が特例公債法を成立させず、内閣が、法律が実現を命じている政策を執行できないという事態に陥った場合、これを、73条1項の内閣の執行権を侵害するものと見ることができるか。これは、実はアメリカで議論のある論点なのですが、日本でもこういう観点から問題提起ができないか、伺ってみたいと思います。

　曽我部　2点ありますが、お答えいただけるでしょうか。

　藤谷　冒頭から非常に難しいご質問をいただきましたが、宍戸さんが示された全体構造について簡単なレスポンスをした上で、山本さんのご質問にお答えしたいと思います。

　まず、財政・租税領域への憲法学の関心が後退していった経緯に関する宍戸さんの整理は、大変納得のいくものでした。また、消費税導入に端を発する政治変動を憲法問題と位置づける見方は、非常に新鮮に感じました。逆に、日本国憲法の下で1980年代末までは財政が憲法問題化しなかったのは、その間は財政が政治的に重要でなかったからではなく、もちろん高度経済成長による税収の自然増という幸福な歴史的偶然があったこともありますが、それに加えて、さまざまな財政制度上の仕組みが財政問題の政治的前景化を遅

らせるのに寄与した面も指摘できるかと思います。

　これは「財政制度」としてどの範囲を把握するかにも関わりますが、戦後の早い段階から進行したのは、日本国憲法が想定する財政の基本構造、これは国会中心主義を強調する点に一つの特徴がありますが、その外側に新たな仕組みが次々と登場し、本来的な財政制度からその外側の仕組みへと実質的比重が動いていった、という変化です。租税で財源調達し毎年度の一般会計予算で分配するというのが日本国憲法の想定する財政の基本構造だとすると、まず、社会保険料が国・地方両方で巨大な財政資金の流れを生み出し、特別会計という形で半ば自動的に処理されることが、大きな例外を構成しました。さらに、かつての郵便貯金を原資とした財政投融資とか、あるいは旧大蔵省の金利統制を中心とした金融行政権限を背景とした産業資金の供給、これは金融政策を使った財政政策と言えますが、こうしたさまざまな仕組みが、憲法が明示的に想定した財政制度の外側で行われてきたということです。これらの仕組みは、法制度の整備こそ国会が行ったものですが、毎年度の運営すなわち具体的な分配については、相当程度、政府の裁量に委ねられてきた面があります。

　以上を踏まえて、山本さんの第一のご質問へのお答えに移りたいと思います。ご質問は、財政に関わる政治的・実質的決定の領域と専門的・計数的処理の領域の区分を前提に、両者を繋ぐものとして予算の位置づけを捉え直す可能性をどう考えるか、ということであったと思います。これに関しては、憲法では単に「予算」とのみ規定される内には、政治的決定としての予算における基本方針の策定と、その基本方針の下での具体的細目の編成作業という二つの異なる要素が含まれていると考えられ、このうちの前者を目に見える形で担う政治的機関として経済財政諮問会議が登場したことが、日本国憲法下の財政構造上の大きな画期であったと思われます。これについては宍戸さんが2003年に法学教室誌に公表されたご論文（宍戸常寿「予算編成と経済財政諮問会議」法学教室277号71頁）が大変勉強になりました。

　ここでの補足的な論点の一つは、政治的リーダーシップと財政規律の関係です。いわゆる55年体制下の状況は、自民党の政調部会があり、これと結びついた各省庁が分配政策に関する事実上の拒否権を持っていて、せいぜい

ゼロシーリング等の増分主義的手法でしか対応できませんでした。この限界を克服する上で、経済財政諮問会議に代表される首相および内閣の予算基本方針策定権限の強化は理にかなっていますが、これを積極的に活用した小泉内閣の下で生じた変化は、公共事業費は実際にかなり減ったのに対して、社会保障費はそれほど変化せず、そして増税は政治的に難しいので回避される、というものでした（グレゴリー・W. ノーブル（豊福実紀訳）「財政危機と政党戦略」樋渡展洋・斉藤淳［編］『政党政治の混迷と政権交代』〔東京大学出版会、2011年〕71頁以下）。皆が少しずつ「つまみ食い」するタイプの財政規律の弛緩には対応できたけれども、構造的な問題には対応できなかった、ということではないかと思います。

　さて、山本さんの一つ目のご質問の後半部分、予算の特殊な性質を前提とした国会の統制機関的役割をどう考えるかという問題ですが、これについては憲法が予算サイクルとして明示的に「会計年度」という時間的区切りを設定している（86条、さらに90条、91条）ことの意味をどう考えるか、という点が気になっています。つまり、憲法は、本来連続的な活動である財政を、人為的に時間で区切って、毎年度の予算議決を要求することで、議決という関門による国会の財政統制を重視していると言えます。他方で、本当に国会が財政プロセスを寸断してしまうことは困る、というわけで、例えば時間的制約にも配慮して、成立要件を法律よりも緩和している。つまり、国会が実際にブロックしてもらっては困るという、相矛盾したメッセージを憲法は伝えているようにも思えます。ねじれ国会の下での予算関連法案を巡る混乱は、ご指摘のように「政治の幼稚化」が顕在化した現象と言えそうですが、他の政治的状況を所与としつつ、この部分についてのみ国会の財政統制手段を弱めることが適切なバランスに繋がるのか、見極めが必要ですね。

　この点で、山本さんの第二のご質問が関係するように思います。内閣の執行権侵害という立論の可能性を憲法論上どう評価するか、については、憲法学者ではない私に定見はないのですが、法律の執行とそのための財政的裏づけのバランスの取り方、ということであれば、例えばドイツの例が参考になるかもしれません。これは日本でも明治憲法下で議論された既定費と法律費、義務費という区別に関わりますが、ドイツの基本法111条では、予算が成立

していなくても、法律費や義務費については政府に支出権限が与えられています。また、同条第2項は公債発行についても、前年度予算の最終総額4分の1を上限として、第1項に挙げている法律費、義務費のための資金調達を議会の承認なしに行う権限を政府に認めている。そういう形で調整を図っています。これとて、デッドラインを少々遅らせているだけという見方もあるでしょうが、理屈としてはわかりやすい区別ですね。

　もう一つ、第一のご質問に関連して付け加えさせていただくと、政治的決定の場ということでは、補正予算の問題があります。当初予算については、均衡財政、プライマリーバランスといった議論が熱心にされるのに対して、補正予算ではそうした議論はなく、比較的短期間で編成・審議・議決され、時の政権の肝煎りの政策が通りやすく、財政規律が効きにくい傾向にあります。そして、財政法29条は補正予算を例外的なものと想定していますが、現実には恒例化しています。ご指摘の政治の幼稚化、不合理性はもちろん問題ですが、水圧がかかったときに隙間から水が漏れてしまうような制度設計にも問題がありますから、こうした制度設計論のレベルで財政法として取り組むべき課題があると認識しています。

曽我部　宍戸さんのご指摘にあったように、戦後憲法学では民主主義原理の優位が顕著に見られました。この問題に詳しい片桐直人先生が常々提唱されていますが、戦後の日本憲法学、あるいは日本国憲法自体が、国会中心主義を強調してきました。財政あるいは租税法律主義も含めた国会中心主義の確立を憲法上求めてきて、それを強化する解釈に取り組んできた。

　他方、民主主義原理の優位は、現象面では歳出の増大で、歳入が伴わないという事態を招きました。現状において、民主主義のある種の過剰をいかに主題化するかという課題が考えられようかと思います。この点、例えばEUでは、財政協定があり、外在的な枠づけがある。しかもEU司法裁判所でサンクションも用意されている。あるいは、国債や通貨の暴落といった市場の圧力による統制もあります。国債暴落の懸念はひとまず措くとしても、日本の場合、これらはいずれも欠けています。そうなると、日本では国内法で何とかしなければいけません。特に財政は長期のコミットメントを要し、他方で毎年繰り返す営みですから、プリコミットメント的な要素が統制のために

重要ではないかと感じます。そう考えると、本来憲法にも出番があり、憲法学も関心を持つべきテーマだと言えるでしょう。

　憲法による統制の道具立てのうち、一つは民主的な統制であり、もう一つは裁判による統制が考えられます。しかし宍戸さんも触れていたとおり、日本では裁判による統制は緩やかです。アメリカでは付随的審査制とはいえ、事実上、憲法裁判所的な機能を果たしていますから、統治領域にもかなりコミットしているように思われます。ドイツでは憲法裁判所によって統制されている。日本の付随的審査制の現状では、裁判的統制にも頼れず、民主的な統制にも頼れません。

　そうだとすれば、まずは現状の道具立てを何とかする必要がある。国会では審議能力の向上を図り、裁判所は政治部門への敬譲は改める。後者は、本書の見平典さんの回でも取り上げられましたが、そのようなことが考えられるでしょう。これは、租税や財政固有の問題ではなく、統治機構全体の課題です。その意味では、憲法学の関心が租税・財政という事物領域より統治構造全体に向かったという経緯には、ある種の必然性があるようにも感じます。

　しかしその上で、租税・財政領域のより固有性の高い統制手法を検討していく必要があるのではないか。ここまでのお話を伺っての感想です。

Ⅳ　財政法と憲法学

曽我部　財政についての議論を深めていくことにしましょう。宍戸さん、いかがでしょうか。

宍戸　先ほどの山本さんのお話を伺って、かつての予算行政説を思い浮かべています。曽我部さんが強調されたように、憲法学は国会中心主義を重視してきた経緯があり、私も財政については国会中心主義であるべきだと思いますが、他方、予算行政説が主張していた中身が等閑視されてきたようにも感じています。国会の民主的正統性を強調するあまり、例えば予算の内容は計算表であるといった、予算行政説の本来のポイントまで、一緒に捨ててきたのではないか。この問題を一般化して突き詰めていくと、天皇制が象徴天皇制になった後に、執政作用はどこに行ったのかという、石川健治先生が立

てた問いに帰着しそうです。しかし、いまの日本国憲法の建前だと、機能ないし作用として執政を考える姿勢は可能だとしても、固有の行政領域を観念するのは難しいのではないか。財政についていえば、立法あるいは国会による授権もなく、政府がお金を支出することは難しいのではないか。

そうなると、憲法学の議論から活用が考えられるのは、小嶋和司先生が説いた予備費の位置づけです（小嶋和司『憲法概説』520頁）。予備費は本来、予算に載せるものではなくて、予備金というファンドの形で運用するものである。予算が3月までに成立しなかったというときに、その予備金の中から内閣が責任支出するという形でやりくりしていく。実際には、藤谷さんがおっしゃったように、予算の議決を2、3か月繰り延べさせるだけかもしれないし、予備金が底をついたときに国会はそれを充塡するのかという問題はありますが、これは考えておくべき論点だと思います。

もう1点、曽我部さんのお話との関連ですが、財政問題が真の憲法問題であるならば、その観点から統治の構造改革について、憲法学も正面から切り込む必要がありそうです。具体的には参議院の位置づけや、違憲審査権ですね。例えば、財政作用について長期的な視野を持つように構成した参議院と、歳出増をしたい衆議院との間で、憲法機関同士の対決をさせて、それを憲法争議として一定の裁判手続で解決を導く。このように、統治構造と違憲審査権の関わりを動態的に描くことはできないか。

こうした、政治と法が微妙に交錯する難しい領域において、藤谷さんは概念を突き詰めて、政策論議についての透明化を図っています。誰が決めるべきか、決めるときにどのような点に注意すべきか、そこに力点を置いた議論を実体法的把握の試みとしてされてきたと思います。その狙いは何なのかについて、ご説明を伺いたいと思います。

藤谷　財政を巡る政治と法の関係をどう考えるのか、そしてその中で財政法理論の役割は何か、というご質問と承りましたが、私は、財政については本来政治的な問題だと思っています。財政を何らかの規範で法的に統制することは、一筋縄ではいかないだろうと考えるためです。もちろん、裁判所による司法的統制に意味がないということではありませんが、その場合にも、すぐ後で述べますが、規範の立て方、統制の仕組み方に工夫が必要、という

ことです。そうした基本的な考え方を前提にした上で、財政にまつわる政治的な決定を構造化し透明化するための、つまり、誰に決めさせるのが良いのかという問題と、それによって「何を」決めているのかという問題を可視化することが、私の目指す「実体法的把握」というものだという自己認識です。

案外、私は財政に関しては消極的な民主主義者なのかもしれません。つまり、財政政治をめぐる錯綜した状況を透明化し有権者から見えるところまでまずは持って行く、という控えめな目標設定です。その意味で経済財政諮問会議による中期プログラムの議論と連動した予算配分の大枠の決定などを通じた財政の可視化は、それだけでは不十分とはいえ、良い方向への変化ではあっただろうとの考えです。

さて、曽我部さんがご指摘になった点、政治部門の優位と最高裁判所の憲法裁判所的な運用も含めた、民主的統制以外の財政統制のルートの必要性に関してですが、民主的統制を議会の中での統制だとすると、外からの統制としては、EUのような国際機関による統制、裁判所による統制、そしてこれは言及されていませんが、市場的な統制、ということになると思います。

まずEUの統制ですが、うまくいったのは基本的に統一通貨発足までです。財政基準を満たさないと通貨同盟に入れないという統制は強力でしたが、一度入ってしまうとルールが弛緩する。例えばドイツとフランスは2000年代半ばに基準を遵守できませんでしたが、サンクションは発動されなかった。欧州債務危機後の加盟国財政規律に対するヨーロッパレベルでのガバナンス強化が今後どうなるかは興味深い論点ですが、最近では緊縮財政の弊害も強調されるように、政治的圧力による事後的なルール弛緩の可能性があるということです。

また、金融市場によるコントロールは、脅しとしては効くとも言えそうですが、実際に市場によるサンクションが発動するのは手遅れになった段階で、財政のみならずその国の金融市場・為替市場全体を巻き込んで致命的な打撃となってしまう。IMFのような国際機関による緊急支援もありますが、日本のような財政規模の大きな国の破綻を支えられるようなリソースはありません。

先生方が重視される裁判所による司法的統制ですが、これが機能するため

には、要件と効果の書き方に相当の工夫を要するでしょう。裁判所に何を判断させ、何を統制させるのか。わかりやすい財政規範としては均衡財政規定がありますが、歴史的経験に照らして、うまく行かないことの方が多い。アメリカでも州の憲法レベルで例がありますし、ドイツでもそうですが、赤字財政やむなしという政治的・経済的圧力の下で、「均衡財政」の定義が解釈論上、緩められ骨抜きにされてしまうことを本当に防げるか、ということです。もっとも、最近の憲法改正で財政規律条項を強化したドイツでは、少なくとも今後当分の間、実効性を持つでしょう。憲法裁判所が均衡財政を擁護し政治部門を苦境に立たせる判断を下したとしても、自分たちは均衡財政を重視するという憲法改正を行った、ということを忘れない国民がそれを支持する、という予測があれば、司法府は自信を持って財政ルール執行を行うでしょうし、結果的にそれが実効性を持ちます。

　また、憲法上の財政規律条項の効果をどう考えるか、という点もあります。条項に違反する場合に予算全体を無効にするのではなく、例えばアメリカの1990年予算執行法（Budget Enforcement Act）が採った手法ですが、超過分だけ全予算項目一律に（按分して）歳出削減することを議会ではなく政府に義務づけるとか、さまざまな方法があると思います。司法府が政治部門の財政決定を全面的に無効にするような規定ぶりだと、強すぎて逆に抜けない刀になってしまうと思います。むしろ可能性があるとすれば、手続的統制を部分的に発動させることですね。

　また、財政責任法という方法が英連邦諸国で見られます。内閣に、政権運営に先立ち、自らの政権で財政的数値をどの範囲で均衡させるのか、自ら目標設定させコミットさせる。実際に政権運営してみるとうまくいかないことがありますが、その際は国民に説明が要求される。同じくイギリス由来の制度ですが、最近の会社法改正で、社外取締役設置に関して「comply or explain」ルール（社外取締役を置いていない場合の理由の開示義務）というものが導入されましたが、同様の発想がうかがわれます。さまざまな政策的判断に基づいてルールから離れる裁量は認めるが、その合理的理由を説明せよ、という方法は考えられるのではないか。

　財政規律を巡る政治と法を考える上で格好の素材は、イタリアの事例では

ないかと思います。2009年以降、国債の信用不安を収拾すべく、大統領の要請に基づきモンティ内閣が発足して、緊縮財政を行いました。首相になったマリオ・モンティ氏は政治家ではなく経済学者ですから、財政運営に合理性を持ち込んだわけです。最初は支持率も高かったのですが、緊縮財政の効果が全貌を現すにつれて批判が高まり、結局、政権が維持できなくなってしまいました。やはり国民の支持がないと緊縮財政断行は難しく、counter-majoritarianな規律づけが機能するためには、もう一段の仕掛けが必要になるのでしょう。財政責任法というのは、財政規律を優先する決定に対する国民の支持を、徐々に醸成していく学習プロセスになるのではないか。日本国内の例としても、たしかにかなり足踏みをしたものの、90年代と2010年代とでは消費税増税に対する国民の受け止め方はまったく違っています。その辺りは、希望がないこともないと私は思っています。

　曽我部　均衡財政原則というのは、ある種の実体的な構成だと思います。日本でも行われてきた、例えば中期財政計画のようなものは完全な自己拘束であり、失敗に終わる。これにもう少し強制力を持たせる形で統制していくという方法が、外国では見られるとも聞きます。あるいは民主制のポテンシャルを発揮させるということは、comply or explain に近いのかもしれませんが、予算透明性や手続準則といった形での統制もある。しかし日本では原則として立てられても、エンフォースできていません。これがエンフォースできるようになると、一つの処方箋になるのかもしれません。

　木村琢磨先生が書いていらっしゃいますが、フランスの場合、透明性や効率性といったものが、憲法附属法、つまり、一般の法律よりも上位の効力を持っている。したがって、それを基に憲法院が予算法を統制できることになっています。予算法は毎年審査され、それに基づいて一定の統制が行われているということです。結果としてうまくいっていないとのご指摘もありましたが、日本のような状況にはなりません。

　藤谷　もっとも、ミクロレベルの効率性とか経済性はともかく、それを超えた財政運営の合理性といった規範は裁判所も適用が難しいでしょうね。

　曽我部　主には透明性でしょうか。

　藤谷　そうですね。たしかに透明性はあり得る手段です。先ほどの山本さ

んのご指摘のとおり、政治的決定として透明性を高める部分と、テクニカルに処理する部分で別途考えられるかもしれません。

宍戸 憲法上、内閣は国会に財政状況を報告しなければいけませんが（91条）、うまく機能していない。この規定の活用もあると思います。

藤谷 そのとおりですね。財政状況の報告は公開されインターネットでも見られるようになっていますが、国会ではおそらくまじめに審議されていない。同様に、会計検査院の検査を経て内閣が国会に決算を提出しますが、議決案件でなく、報告案件扱いになっています。制度はあっても、政治的リソースが割かれていません。

メディアのあり方も影響しています。終わってしまったことを追及しても仕方ないという感覚でしょうけれど、そこは explain に該当するところですね。政治的なコストはかかりますし、確かに一年に一度内閣が代わっていると、誰が何に対して責任を負うのかも困難ですが、過去の政策判断の説明を求め、透明性を画餅にしない仕組みを構築する必要があるのではないでしょうか。

曽我部 藤谷さんが指摘されていた「設計者問題」が、いまのお話と直接にかかわると思います。政治的リソースを割くかどうかも制度設計者次第であり、ジレンマがあると。そこをブレークスルーしないとどうにもなりません。他方で財政改革がうまくできている国もあるわけですが、どのような点がポイントになるのでしょうか。

藤谷 主要な政治アクターの間での長期的なコミットメントの有無も影響していると思います。2012 年の社会保障と税の一体改革の成立に至るプロセスは、2009 年の政権交代の前の麻生内閣の時代から始まっていました。また、主要なアクターにも、例えば与謝野馨氏が典型ですが、政権交代を超えて連続性がありました。そうした超党派的組織を作るのが一つの手ではあるものの、議論が熟すには時間がかかります。

日本では消費税に対してかつて激烈な反対がありました。戦後日本の租税国家のあり方は、基本的に企業と富裕層からしっかり取るという制度設計であり、所得税についても中産階級層の負担感を緩和するために累次の減税を進めて対応してきました。そのことに慣れていた時代から、国際競争と日本

経済の停滞で法人税が以前ほどにはとれなくなり、いよいよ財政負担の「痛み」を感じざるを得ない時代と言われはじめて二十年以上が過ぎ、国民の多くにも、増税けしからんと言うだけではどうにもならない、という感覚が広がってきた。そのような国民の理解を中心とする政治的前提条件があってはじめて財政制度設計の合理性も論じうると私は思っています。国家の財政運営に対する信頼を醸成するための透明性の確保を前提に、国民の見える場所で財政の基本構造について継続的な議論をすることが必要なのでしょう。

　曽我部　宍戸さんはイントロダクションで、その点についてやや悲観的な見解を示されていたように思います。

　宍戸　統治構造全体に波及させてしまうかもしれませんが、考えを申し上げたいと思います。

　政権交代があって、政権を4年間委ねて長期的な運営をする。その際に財政削減を目標に立て、それに対して国民が4年の猶予を与える。国民内閣制論からはこうしたイメージが描けましたが、民主党の子ども手当問題等からすると、説得力が失われてしまいました。そうした事態を見るにつけ、複雑な市場や経済の動きについて、4年先を見通すような能力が政党にあるのか、懐疑的にならざるを得ません。実際にも、東日本大震災のような突発事態が起きると、その状況に政治は引きずられてしまう。

　ご指摘のあった、社会保障と税の一体改革はうまくいった例だと思いますが、事情を見通している、有り体に言えば財務大臣を経験した政治リーダーたちが、それぞれ与野党のトップ等の中心に座っていたという偶然的状況が作用して、そうでなければ、実現不可能だったでしょう。

　いまの選挙制度は、できるだけ政党を対決させる方向に向かっています。そのこと自体は一つの民主主義のあり方ですが、そうなると政党間の協働は働きにくいのではないか。ドイツでも財政危機がうまく解決されたときには、比例代表で、議員の地位が保障され、政党や政治家が長いプロセスを経て、協働の必要性を学んでいたように思います。そうしたことも踏まえると、日本のいまの憲法政治と財政の関係は、やや悲観的に見ています。

　藤谷　総論としてはいまのご指摘に賛成です。その上で付け加えるとすれば、財政支出項目には実にさまざまな時間的幅のものが混在しており、国民

内閣制的な4年間のパッケージでも短すぎるもの、例えば社会保障制度も含まれている、ということでしょうか。もちろん政権交代で新たな方向性を打ち出すことは構いませんが、数十年という継続性を前提に設計された社会保険財政を4年の政権で変えることは合理的とは言えないでしょう。

そこで超党派で、という話になりますが、宍戸さんからそれは甘いと一蹴されました。この辺りは、先ほどやや悲観的なことを申し上げたように、憲法や法律で規定できるサンクションはそれほど考えられないにしても、議会の内部規則も含めたルールの外側にあるソフト・ローによる政治アクターの緩やかな規律づけ、が考えられないか。認識の共有を含めての財政制度であり、財政憲法だと思いますが、現状、我々はそれを持っていないと思います。

宍戸 そこを言語化していただくのが、藤谷さんのいう、財政の実体法的把握の試みではないかと思います。

藤谷 学問的には、現状の込み入った財政の仕組みを腑分けして透明性を高め、政治アクター・有権者間で共有認識を醸成することから始める、というかなり低い目標から考えています。橋本内閣の財政構造改革法は、野心的な目標設定で出発して頓挫し、これが政治アクターの間では負の教訓にされてしまいました。まず小さく産んで、これが大きく育つかどうかは、たしかに宍戸さんご指摘のような属人的な要素が大きいのですが、それ以外に設計者問題に対する解法はないと思います。

山本 宍戸さんのお話を伺って、やはり財政における政治の限界、あるいは民主主義の限界を再確認しました。憲法上も、予算について内閣と国会の協働が予定されていることの意味や、そこでの「内閣」の位置づけなど、検討すべき点が少なくないように思います。アメリカでも、予算総額の膨張が問題視されて以降、大統領府の行政管理予算局（OMB）の機能強化など、大統領のプレゼンスが向上し、それが今度は、議会の自己規律的立法を促すという流れを見ることができます。議会と大統領との権限をめぐる「綱引き」が、政治や民主主義の過剰をある程度抑えてきたという側面もある。

ところで、藤谷さんの実体法的把握をどう把握すべきかについて、お聞きしてみたく思います。ご論文から、私なりにイメージした内容をお話しますので、正確な理解か、ご確認いただければと思います。

日米の所得課税実務に大きな影響を与えている、あるいはベースライン化している包括的所得概念は、実は価値中立的な概念ではなく、政治的な概念であり、市場社会と国家の役割に関する構想、すなわち特定の政治秩序構想を前提にしている。つまり、所得課税の機能的目的は、経済的資源の再配分であり、所得課税により経済力が調整されることで、自由市場の公正ないし自由競争が維持される。だからこそ、経済財に対する支配権、いわば力の増加が、課税の参照点とされるべきだと。これに課税されることで、経済的な力の偏在と権力の集中が和らぎ、動態的で自由な市場が維持される、と。

　そうなると、所得課税には、レッセ・フェール的な秩序を維持する、という基本的な価値選択が組み込まれていることになります。藤谷さんのご議論は、例えば租税法理論の役割は、このような「根本的な価値選択のレベルの決定」を、租税制度の実体的な準拠点として探り出し、そこから個別の規定を統制していく、あるいは、この準拠点から逸脱する規定に正当化論証、すなわち説明責任を強く求めていく。これが、藤谷さんの考える「実体法的把握」のように思いました。これは、近年、違憲審査の手法として注目されている制度準拠的な思考と共通点があるように思います。

　ただ、そうすると、なぜこの「決定」が準拠点になるのか。例えば、バージニア学派の公共選択論が、憲法政治期の財政規律が憲法規範化するという議論を行っていますが、それに近いのか。ただ、藤谷さんは、従来の財政法学が、財政の民主的決定の公共性を理念化しすぎていた、とも指摘されています。「『公益の体現者としての議会』を極めて重視しその判断を信頼するものであった」、と。そうすると、なぜ立法者による根本的価値選択が準拠点とされるのかが、より問題になってくると思うのです。

　藤谷　今のご理解でほぼ間違いありません。一つだけ付け加えるとすると、私自身は、その準拠点をアプリオリに望ましいとは考えていません。例えば包括的所得概念も、現実の税制において純粋な形では存在せず、実現も不可能です。ただ、仮の足場としては利用でき、それと現実の距離は測ることができる。その結果、議論が構造化されれば、ひとまずはそれで良いという考えです。非営利公益法人についてはまさにそうです。どちらを選択してもよいが、我々は何を決定したのかを明確にすべきである。そうしないと、政治

的決定の名に値しないのではないか。

　いまご紹介くださったのは非営利公益法人課税の論文のエッセンスですが、これと同じ方法を財政についても及ぼそうというのが、「実体法的把握」の論文での試みでした。複雑で見通しの利かない財政の仕組みを、ただ全体の総額として捉えるのではなく、どういう基本構成要素でできているか。例えば、財政規律を獲得するために一つの行政領域を切り出して、特定の租税収入と割りつけてやると、そこはより可視的になりますよね。最近の例では東日本大震災復興特別会計と、復興特別税に紐づけられた復興費の仕組みが挙げられます。そのようにさまざまな資金のフローの作り方があるとき、それらを経済学的にも公法学的にも整理し、それぞれのメリット・デメリットや相互関係も明らかにして「道具箱」を用意する。選択は財政決定者が行い、有権者に説明すべきことですが、ツールの性質の解明や、具体的技術的な制度設計、これは専門家集団に任せるべきという話にもなるでしょう。

　実体法的把握とは何か、というご質問に、明確にお答えできた自信はないですが、さまざまな概念を混ぜて財政民主主義とか包括的所得概念だと言ってしまう前に、それを腑分けすることが理論の役割であり、もちろんそれは合理的な財政決定がなされるための必要条件でしかない、と考えています。

V　租税法と憲法学

　曽我部　続いて租税法と憲法の関係を主に議論したいのですが、山本さんからコメントを伺えるでしょうか。

　山本　藤谷さんの基調報告では、昭和60年の大嶋訴訟判決（最判昭和60年3月27日民集39巻2号247頁）の立法裁量論は首肯できないではないが、それが、他の領域に無批判に拡張されていないか、といった問題を提起されました。私も同感で、その背景には、憲法学において「立法裁量」論の十分な検討がなされてこなかったという事情があるように思います。

　例えば、大嶋訴訟判決では、租税法律主義を定める憲法84条を引用した上で、「租税は、今日では、国家の財政需要を充足するという本来の機能に加え、所得の再分配、資源の適正配分、景気の調整等の諸機能をも有してお

り、国民の租税負担を定めるについて、財政・経済・社会政策等の国政全般からの総合的な政策判断を必要とするばかりでなく、課税要件等を定めるについて、極めて専門技術的な判断を必要とすることも明らかであ」り、「したがつて、租税法の定立については、国家財政、社会経済、国民所得、国民生活等の実態についての正確な資料を基礎とする立法府の政策的、技術的な判断にゆだねるほかはなく、裁判所は、基本的にはその裁量的判断を尊重せざるを得ない」(傍点山本)と述べていました。

　裁量の形式的根拠として、まずは憲法の条文が引用されるわけですが、その実体的・機能的根拠については、「政策的」判断の必要性と、「専門技術的」判断の必要性の二つが挙げられている。私は、両者の連関について、もっと突き詰めて検討する必要があると思っています。ただ、「租税法の分野における所得の性質の違い等を理由とする取扱いの区別」が問題となった本件では、藤谷さんもご指摘されているように、基本的には広い立法裁量を認めてよいかもしれません。もちろん、この事件でも、課税要件そのものが問題となったのか、それとも、「必要経費は控除する」という「政策的」判断を前提に、その具体的な方法――実額控除なのか概算控除なのか――が問題となったのかは問題になりえます。政策的裁量が前面に出たのか、専門的裁量が前面に出たのか。藤谷さんにご意見を伺いたいと思います。

　他方、酒販の免許制事件判決(最判平成4年12月15日民集46巻9号2829頁)を見ると、ここでは、租税の賦課徴収の方法が問題となっています。そうすると、判決は積極的に区別していませんが、そこで認められる「裁量」が、大嶋訴訟でいう「裁量」と本当に同じか、議論してみる価値はありそうです。判例は、84条解釈から、租税の納税義務者、課税標準、賦課徴収の方法・手続についてはすべて法律の定めるところに委ねると、一緒くたに考えているようですが、例えば納税義務者の決定と賦課徴収の方法の決定を、同じ「裁量」論で処理して良いのか。

　実は、このことと関連して、藤谷さんにお聞きしたいのは、生存権保障における裁量論の実相です。例えば、生存権の実現については、判例は「財政事情」を、ある意味で切り札的に用いて、その裁量性を導いてきました。ない袖は振れないわけで、社会保障制度の組み上げの際に「財政事情」を考慮

に入れるというのはある程度わかります。しかし、その制度をいったん立ち上げた場合に、「財政事情」はどこまで裁量の根拠となるのか。

　例えば、アメリカの pay-as-you-go 原則は、新たなエンタイトルメント・プログラムの立ち上げによって支出がもたらされる場合には適用されますが、すでに存在するエンタイトルメント・プログラムには適用されないと聞いています。この認識が正しければ、いったん立ち上げた社会保障制度については、義務的支出の対象になるために、財政的な裏づけは保証される。そうすると、「財政事情」は、例えば資格ある者に支給を見送る理由にはならないと思います。何が言いたいかと申しますと、社会権の実現のような場面で、「財政事情」が裁量の根拠として、緻密な論証もなく、安易に使われているような気がするのです。興味深いことに、同様に「財政事情」が考慮されてもよさそうな場面で、判例はこれを一切考慮していない。例えば損害賠償や損失補償の事案です。政府の懐事情を考えてもよさそうなのに、判例上まったく出てこない。この差をどう見るのか。「財政事情」論については、財政法研究者からの、現実の政治過程を踏まえた検証が必要であるように思います。

　藤谷　大嶋訴訟について、政策裁量と専門的裁量に分節する可能性、興味深く伺いました。おそらく最高裁判決も租税法学者も、必要経費控除の有無という基本決定と、専門的判断としての実額か概算かの方法の選択、という区別は意識していないと思います。なお、「必要経費」は実定法上の概念ですが、要は純所得を計算するときに費用は控除するという意味であり、これは所得税の不可欠の構成要素であるとする考え方が、おそらく一般的でしょう。

　それについて、谷口正孝裁判官の補足意見が興味深いことを言っています。給与所得控除は概算控除ですから、給与所得者の実際の「費用」に関係なく、給与収入額から機械的に算定されますが、その額が本当の費用を下回っている結果、実際の収入以上、所得のないところに所得税を課すということになるのは許されない、と言っています。なぜ許されないのか。これには違憲審査の一類型としての、立法裁量行使の一貫性・整合性の要請といった、駒村圭吾先生が最近の『立法学のフロンティア』所収のご論文（駒村圭吾「熟議

の担い手としての議会と裁判所」西原博史編『立法システムの再構築―立法学のフロンティア2』〔ナカニシヤ出版、2014年〕）で書かれている話と関わってくるかと思います。ただ、私の感覚としては、実額／概算という選択も、必ずしも専門性に還元されない実質的な租税政策判断の問題であろうと思います。

　酒販免許は酒税の賦課徴収の仕組みそのものというより、その前提となる環境整備に関わる問題かと思います。酒類製造者を納税義務者として酒に特別な税金をかけるというのが政策決定ですが、その前提として価格転嫁のメカニズムに期待している点が特徴的です。しかしそこで免許制が必要かと問われれば、租税政策決定との関わりは薄いと思います。その点の疑問につき、憲法学としてもそうだとおっしゃっていただき、安心しました。

　後半のご指摘は非常に重い問題です。前半で議論した法律執行義務の話にも関連するかと思います。ご指摘のとおり、ひとたび法律が定めた制度に基づく財政需要があるときに、財政全体の状況が苦しいといったことは、財政支出切り詰めの法的根拠にはならないでしょう。問題は、法律がそこで何を要求しているか、です。その点で、生活保護法8条が広範な裁量を厚生労働大臣に与えていますが、これが許されるのか。法律の規律密度の問題が、ここではむしろ議論されなければならないと思います。

　この点、例えば国家賠償法上の損害賠償義務については、財政事情があるので払えませんという話にはならない。損失補償は微妙ですが、損害賠償に関しては、民事法上、不法行為と判断されたものについては、その法的ベースラインに従って国家は支払う。ところが生活保護はそうではない、という発想がどこかにあるのかもしれません。

曽我部　宍戸さん、いまのやりとりについて何かコメントがありますでしょうか。

宍戸　お話に少し補足したいと思います。一つは酒税の件です。酒税法10条10号ではなくて、10条11号の需給調整の要件が、最高裁によって合憲とされています（最判平成10年7月16日判時1652号52頁）。しかし、この判決は平成4年判決における園部補足意見から見ても疑問で、ここまで来ると租税に関する裁量も語るに落ちたというのが私の印象です。租税に関する裁量を安易に認めてきたことのいかがわしさが、露呈しているように思いま

す。

　もう一つの補足は、生存権に関わります。最高裁は、堀木訴訟（最大判昭和57年7月7日民集36巻7号1235頁）でも学生無年金訴訟（最判平成19年9月28日民集61巻6号2345頁）でも、生存権実現立法について平等違反が問題になった際、最後はセーフティネットとしての生活保護制度があるから許される、というロジックを持ち出してきます。他方で、生活保護の実際の受給水準を憲法上の「健康で文化的な最低限度の生活」として捉え、かつそれを課税による侵害のベースラインに置く。しかもその設定に当たっては、国の財政事情も考慮できるとなると、話がぐるぐる回っている気がします。まさに実体法的把握が求められるというか、問題が言語化できていない状況があるように思います。

　本来は、健康で文化的な最低限度の生活をどこかで決めて、そこから租税・社会保障について統合的に考えるということでないと、それこそ社会保障と税の一体改革も何をしているのかわからなくなるのではないかという気がしています。もっとも、それを本当に決めることができるのか、租税法的な観点からご感想がありましたら、ご教示ください。

　藤谷　話が循環しているとのご指摘は、まさにそのとおりだと思います。租税法学の側でも、生活保護と他の社会給付制度や所得税制度が連動していない、との問題は指摘されています（高橋祐介「貧困と税法（1）（2・完）」民商法雑誌142巻2号1頁、3号1頁〔2010年〕）。本来、貧困層に対して憲法25条は生存権保障を要請しているはずですが、生活保護も含めたどの制度も最終的に責任を持っていない、ということかもしれません。

　棟居快行先生も最近の租税法学会でご報告くださったのですが（棟居快行「「右肩下がり時代」における税のあり方―憲法的視点から」租税法研究39号（2011年）77頁）、本来は憲法論として何が法的に不可欠の財政支出であるかという基準を固めて、そこから制度全体を統合的に組み立てるべきというのはそのとおりだと思います。最高裁が議論の循環を許してしまっているのは、それぞれの制度ごとの趣旨の確認で済ませている面があるからだと思います。

　宍戸　部分均衡ですね。

　藤谷　そうです。部分均衡になっていて、そもそも社会権自体が制度に

よって規定されると、最高裁は定式化していますから、その定式に乗って済ませてしまう。

曽我部 そこは裁判で争うことの限界なのでしょうか。

藤谷 最高裁がそうした定式を構えている以上は、ということになると思いますが、ここはむしろ憲法論が前面に出るべきところだと思います。

曽我部 先ほどの租税に関する立法裁量と関連しますが、租税のあり方は人々の行動を規定するという面があります。これは意図的な政策誘導もあると思いますが、必ずしもそうでないものもある。例えば最近、配偶者控除が国家のライフスタイルに対する中立性を阻害しているのではないかといった指摘が見られますが、これは意図的に誘導しているわけではなくて、時代の変化で問題が顕在化してきた面があると思います。いずれにしても直接的な規制をするわけではなくて、経済的な誘因によって間接的な形で人々の行動を誘導する。これは補助金なども含めて現代の行政では幅広く見られるところで、行政法などで議論されているところだと思います。

ただ、行政法での議論は、直接の権力介入的規制ではないから、例えば訴訟が難しいとか、実体的な統制は困難であるということで、情報公開とか、政策評価といった手続的アプローチで対応していくべきだといった方向が強いと思います。憲法学ではこの点に関する関心はあまり高くないと思いますが、それはやはり権力的な介入ではないからだと思うところです。しかし、租税による誘導を考えると、最終的には権力的に徴収されて訴訟に乗ったりしますから、立法サイドの統制の余地もあるように感じます。

税制がライフスタイル中立的でないといった問題があったときに、先ほどの大嶋訴訟や酒税法事件と同様に処理されていくのか。それともこういう価値的な問題についてはもう少し違うあり方があるのか。このような点について租税法分野で議論があるようでしたら、教えていただきたいと思います。

藤谷 租税による誘導ないし非中立性については、政策論としては議論があるところですが、訴訟的統制については議論が限られているところです。もちろん他の人たちに当然認められているベースラインを、特定の人にだけ認めないというのは、不当な侵害だという構成があり得るのかもしれません。ただ、それで原告適格が認められたとしても、本案勝訴判決を得るのは難し

いのではないでしょうか。

　先ほどの大嶋訴訟もそうですが、憲法訴訟の役割は、違憲判決を獲得するだけではなく、立法事実をあぶり出すことにもあって、負けるとしても、どういった制度趣旨なのかを表に出す意義があるのではないかと思います。概算控除についてはある種なあなあでやっていた面があったところ、昭和62年改正で一部改正され、最近また大きく変わりました。その改正議論のベースは、この訴訟で出てきたわけです。おそらく当局は、便利で執行コストがかからないからという理由で一律概算控除にしていたものの、訴訟の場面を通じて具体的に問題点を指摘され、圧力をかけられることで、それが直ちに制度改正を帰結するとは言いませんが、立法過程にインパクトを与えることは十分あると思います。

　行政法での議論の仕方としても、誘導的租税の形を借りた規制ではないかといった指摘もあり、もちろん法律の留保の問題もあります。いずれも実体政策判断そのものというより、作ることは構わないけれど、制度趣旨を明確化させ、首尾一貫した制度設計と執行を要求することによって、少しでも透明性を上げる努力が学説上なされてきたように思われます。

　曽我部　概算控除見直しのお話は、ある種の説明責任が発生するという捉え方にも通じると感じました。

　大嶋訴訟で14条の適用が緩やかであることの一つの理由として、判決文では、租税法の分野における所得の性質の違い等を理由とする取り扱いの区別は緩やかで良いといった言い方をしています。そうすると、事の性質によってはもう少し厳格な審査が行われる可能性も、少なくともこの判決に限るならば、残されていた感じもします。しかし、その後の展開を見ると必ずしもそうでもないと考えるのが正しいということでしょうか。

　藤谷　曽我部さんが注目された部分は、租税法学者はあまり踏み込んで議論しないように思いますが、ご指摘のとおりだと思います。租税制度がもたらす「区別」の中にもいろいろなパターンがありうる、という観点からいま一度洗い直してみる必要がありそうです。

　曽我部　調査官解説（泉徳治「判解」『最高裁判所判例解説民事篇（昭和60年度）』91頁）の中に、それについてのコメントがあります。14条後段列挙事

由類似の区別が意識されていて、当時としては少なくともそういう含みがあったものと思われます。

宍戸 そこは伊藤正己補足意見で強調されている点ですよね。大嶋訴訟判決は、税制調査会の答申および立法の経緯に一応は触れて、いろいろな調整機能があるのだけれど、結局は立法政策の問題だと言い、給与所得控除をもっぱら給与所得にかかる必要経費の控除に限定したわけです。

ところが、いまの憲法学における裁量統制の議論に照らすと、行政法における判断過程統制の手法がここで使えるようにも思われます。複雑な調整をするためにできている給与所得控除の仕組みを重視して、行政過程の内部に表れた判断に則して制度がつくられているか、あるいは実際に運用されているか、という形で議論を詰める。そういう作業が租税法と憲法の間でできれば、と思います。

藤谷 租税法に関しては、立法過程の内部でどのような判断がなされたか、の確定も問題になります。税調答申が一つの手かがりになりますが、答申と現実の立法の間には若干の距離ないし抽象度の差があります。そこで我々租税法学者が立法趣旨として参照するのは『改正税法のすべて』という財務省の担当者が書いたものであることが多いのですが、法的にそれでよいのかはともかく、ご示唆いただいた方向のポテンシャルはありそうです。

宍戸 山本さんのお話にあったとおり、政治的決定の部分と専門技術的決定の部分は、本当は区別できるのではないか。専門技術的な部分であれば、いまのように、例えば税調での議論がどうであったのかを確認することに、馴染む気がします。

藤谷 おっしゃるとおりです。むしろこの判決の今日的射程が、改めて重要だと思われます。実はその射程が思っていたよりも狭い、という可能性はあり得るでしょう。

Ⅵ　マイナンバー、シチズンシップ

曽我部 ここまでの議論は一段落したようですね。続いて、藤谷さんが基調報告でも取り上げていたマイナンバーの問題について検討してみたいと思

います。まず山本さんからいかがでしょうか。

山本 税と社会保障との公正、もっと言うと、社会保障の不正受給防止を一つの制度趣旨とするマイナンバー制からすると、社会保障関連の役所から税務署への個人情報の流れというより、税務署から社会保障関連の役所への個人情報の流れが、まず重要であるように思います。社会保障実務において、収入の正確な把握が、まず求められるわけですから。

住基ネット判決（最判平成 20 年 3 月 6 日民集 62 巻 3 号 665 頁）は、①法令の根拠、つまり形式的根拠、②実質的理由、③漏洩等の具体的危険のないシステム構造の三つを、その合憲性の主な根拠としていますが、それぞれに求められる内容は、取り扱う情報の性質によって変わってくるはずです。

番号法で、個人番号と、それに紐づけられる個人情報とを合わせた「特定個人情報」は、住基ネットで取り扱われる情報よりもセンシティブなものであることが多いはずですから、これをやりとりする場合には、①「法律」の根拠、②「行政の運営の効率化」以上の実質的で重要な理由、③実効的な監視制度を伴うシステム構造が求められるはずです。税務署から、社会保障関連の役所への特定個人情報の提供は、基本的には「行政分野におけるより公正な給付と負担の確保」を目的とするものですから、別表の規定に具体的に基づいている限りは、憲法上問題ないはずです。

問題になり得るのは、藤谷さんご指摘のように、税務調査で得た情報を、捜査機関等に提供する場合、あるいは共有する場合だと思います。番号法 19 条 12 号は、「刑事事件の捜査、租税に関する法律の規定に基づく犯則事件の調査」が行われるときには、ネットワークシステムを用いた情報の提供を認めていますので、法令上の手当ては一応、なされていることになります。ポイントは、その「提供」が何の摩擦もなく、あまりにスムーズに行われることで、捜査機関が網羅的に個人情報の収集・保存・解析を行うことを制度的にどのように防ぐか、ですね。確定申告調査のために行おうとした帳簿書類などの検査に関する川崎民商事件判決（最判昭和 59 年 3 月 27 日刑集 38 巻 5 号 2037 頁）の趣旨を踏まえつつ、適切な分離の「壁」ないし摩擦を制度的に作り出さなければならないと思います。

この判決は、「検査が、実質上、刑事責任追及のための資料の取得収集に

直接結びつく作用を一般的に有するもの」と認められないからこそ、その検査には犯罪捜査に課されるような手続保障を必要としないとされたわけです。川崎民商事件では、そこに一定の「壁」が予定されていた。嫌疑性などが客観的にチェックされることが前提になっていたと思います。そうすると、課税部門が行う税務調査から、査察部門が行う犯則調査への個人情報の流れに実質的な「壁」がなければ、行政調査と犯罪捜査は明確に区別できないことになりますね。この実践がネットワークシステム化されたとき、さらにスルッといってしまう。システム上、制度上、両者に何らかの「壁」があって初めて手続保障の相違を正当化できるように思います。宍戸さんのご専門ですが、監視機関としての特定個人情報保護委員会の役割などを詰めて議論しておく必要がありそうです。

　他に、やや気になるのは、これまでの申告納税制度、つまり「納税者自身が自発的に真正な税額の確定に努める」（中里実ほか『租税法概説』30頁〔藤谷執筆〕）という制度の趣旨です。これが、マイナンバー制でどうなっていくのか。例えば、課税庁が自ら納税者の情報を収集することで、実体として賦課課税方式に近くなるのか。アメリカでしばしば議論されるように、納税申告が共同体のシチズンシップと何らか関連しているとすれば、マイナンバー制がこれを変容させることはあるのか。この辺り、ご教示いただければと思います。

　藤谷　お話の前半部分は、本日ご教示を頂ければと思っていた問題であり、憲法上考慮すべき論点の所在について大変勉強になりました。また、マイナンバー制の導入を巡っては、1980年代のグリーンカード制度〔利子所得の適切な把握にもとづく総合課税移行を企図して1980年に導入。しかし反対論が強まり、実施時期が延期された後、1985年改正で廃止された〕の挫折の経験もあってか、租税行政の便宜は前面に出されていない印象です。犯則手続との問題についての詰めた議論もこれからでしょう。

　あまりにスムーズに情報が提供されることが問題とのご指摘、そのとおりだと思います。租税法でも、特に国際的な租税情報交換の条約が絡む場面で、マイナンバーで紐づけられ利用しやすくなった租税情報が外国の当局に移転された場合に相手方で本当に十分な権利保障が担保されるのかという問題、

また逆に、(これは必ずしもマイナンバーとは関係しませんが) 相手国において日本とは異なる手続保障の下で取得した情報が持ち込まれることを想定した手当が必要ではないか、という議論がなされるようになっています。

　なお、最後のご質問に関してですが、マイナンバーを導入したからといって、直ちに租税の意味や申告納税制度のあり方が変わることはないのではないか、と考えます。例えば、申告納税の中心を占める事業所得といったものはマイナンバーとは直接関係なさそうです。マイナンバー制度、というよりも納税者番号制度、の主要なターゲットは金融所得だと思いますが、これらはすでにほとんどが源泉分離課税されていますので、直ちに申告納税のあり方に関わるということにはならないかと思います。ただ、将来的に、預金口座への付番がなされると、改めて金融所得を総合課税し、申告納税の範囲を拡大する、あるいはそれによって申告納税ひいては税制全体への信頼を回復する、というシナリオはありうるかもしれません。

　最後のシチズンシップに関してですが、これが国籍ないし市民権という意味だとすると、現行の租税法の考え方とはややずれが生じます。つまり、日本も含め、ほとんどの国の租税法は、国籍よりも居住を要件として租税法上の地位を区別しており、さらに外国人 (ではなく正確には「非居住者」ですが) や外国企業に対しても、自国を源泉とする所得を得る限りは課税しているわけです。ということを踏まえた上で、今後の世界においてその意味をどう考えるか、という観点から、租税とシチズンシップの関係は真剣に考える必要があると考えています。格差が広がる中、富裕層に対する課税強化の必要性が叫ばれますが、例えば日本人の富裕層が、シンガポール辺りの外国に住所を移してしまうという事例が増えています。各国で居住認定の基準は違いますが、例えば一年の半分以上の日数をシンガポールの居宅で過ごせば、租税法上は日本に住所がない、非居住者だ、と認定されることがあり得ます。そうなると、この個人は日本の国籍を保ちながら、日本の再分配的課税をかなりの程度免れることができてしまいます。相続税は国籍基準も使っていますが、所得税についても国籍に移行するのかどうか。ただ、もしそうなると、今度は二重、三重の課税という事態が起こり得ます。

　曽我部　いまのお話は面白いですね。続けて議論いただけますか。

山本 一つ話題提供をしますが、アメリカのある租税法学者が、納税申告というのは「価値ある市民的儀式（a valuable civic ceremony）」だ、といったことを書いています（Lawrence Zelenak, *Justice Holmes, Ralph Kramden, and Civic Virtues of a Tax Return Filing Requirement*, 61 TAX. L. REV. 53, 61 (2007)）。確かに、納税申告の場面では、自分がその共同体の一員であることを否が応でも感じ、共同体が、その支払いに見合うだけの公共サービスを実際に提供しているかどうかを批判的に考えます。納税額と参政権が不可分の関係にあった制限選挙の時代を振り返る必要はありませんが、租税とシチズンシップとの関係は、グローバル化の問題を射程に入れつつ、改めて考える必要がありそうです。

曽我部 そのお話は、近年だと在日外国人の選挙権問題とも絡んできますね。

山本 法人の人権論とも絡みます。八幡製鉄事件判決（最大判昭和45年6月24日民集24巻6号25頁）は、法人の政党への政治献金を、憲法上の自由として認めたものですが、それは、会社も納税義務を負っている納税者だからだ、ということを根拠にしています。この関係性はあまり注目されませんが、大変重要なところだと思います。

曽我部 私も八幡製鉄事件を連想しました。選挙権がないのは国内企業も同じですが、八幡製鉄事件では企業の政治献金の自由を認めました。これは選挙権がないことを逆手に取っているところがあって、実質的には政治参加は確保されているところがあります。

宍戸 議論の前提として、藤谷さんに解明をお願いしたいことがあります。八幡製鉄事件判決も、最終的には法人実在論的イメージがあり、株式会社にも議会制民主主義を支えるという社会的役割が期待されることを、根拠としています。これに対して租税法分野で、特に包括的所得概念から出発して議論をする場合には、法人は技術的なものだというイメージで捉えられているのではないでしょうか。

藤谷 現在の日本の税制の基礎になったと言われているシャウプ勧告において、法人税の前提としては、法人擬制説的な思考が採られており、授業でもそのように説明します。とはいえ、シャウプ勧告を受けて実際に税制を立

案した大蔵省の担当者の議論や、できあがった現実の税制のその後の展開を見ると、法人に対する課税と個人事業者に対する課税とを横並びに理解するというような、ある種素朴な法人実在論的発想が根強いのも事実です。他方で、金子宏先生の租税法の体系書でも、もちろん経済学的な法人税のとらえ方もすべてふまえた上で、法人税の議論をする上で法人本質論に立ち入る必要はない、という醒めた割り切りが示されています（金子宏『租税法〔第 21 版〕』〔弘文堂、2016 年〕300 頁）。

　その上で、現代の租税法学は、とりわけ国際的側面において先ほど申し上げたような発想ですので、課税とシチズンシップや参政権の関係についても強調しませんし、八幡製鉄事件を絡めての検討という議論も、すぐには思い当たらないように思います。お答えになっているかわかりませんが、法人実在説と擬制説について思いつくのは、ひとまずその程度になります。

　私のほうから、租税法的な問題関心として一つだけ敷衍させていただきますと、シチズンシップと「課税の公平」の関係、ということになります。昨今、格差の広がりが問題になっていますが、我々はどの人的広がりの単位で格差を是正すべきだと考えているのか。日本国民かどうかはともかく、日本国内に住んでいる人たちの中に格差があるのでこれは是正しましょうということなのか。例えば、日本人で昨年まで日本国内で大いに稼いだ人が今年からシンガポールに移住してしまって、年間 50 日ぐらい東京に来て稼いでいる。この人はもう外国居住者ということになるけれども、日本のパスポートを持っているのであれば、日本の財政負担を共に担うべきシチズンだと考えて良いのか。従来の国際課税は、いままでは事実上法人課税と同義でしたから、シチズンシップと課税と公平という関連づけが、なぜ法人に課税するのかも含めて曖昧なままで済んでいた部分がありますが、もはや個人もグローバルに居住地を移す時代ですので、個人についても、どの社会のメンバーとして納税すべきなのかが深刻な問題になってくるでしょう。その裏側にあるのが、先ほどの、在日外国人の選挙権問題です。税金は居住者、正確には「永住者」として、完全に払っているけれど選挙権がない。

　曽我部　外国人参政権を考えた場合、この問題は完全な表裏と言えるかはともあれ、関連は確実にありますよね。ヨーロッパだと顕著だと思いますが、

有名タレントがスイスあたりに移住していたり、F1ドライバーがモナコに移住しているという状況は珍しくない。それに対して市民としてのあり方を問う角度から、社会的批判はあるわけです。シチズンシップと課税の問題は厳然として存在します。

宍戸 租税制度があることによって、高額所得者は外国へ移住するという行動を選択している。そして、社会契約論的発想を前提にする近代国家としては、海外移住を止めることができない。こうした行動によって、自らの意思でこの政治共同体のシチズンであることを選ぶという意味で、社会契約論の実効化が実現するのかどうか。強者のつくりたい社会が形成され、経済的に立場の強い人が共同体に強い影響力をもたらしていくだけなら、リベラルな社会の構想に明らかに反するわけです。

そうなったときにどうするのか。一つの道は、どこの国に行っても同じように課税することです。国際協調によって、税が出身国に戻っていく等、何らかの形で課税を中立的にした上で、それぞれの国の中で自らの公共体のあり方を構築するのが理想でしょう。しかし現実のタックスヘイブンを考えると、そうはうまくいかないように思われます。

藤谷 日本は他国と地続きでなかったので、曽我部さんがご指摘下さったヨーロッパの状況は、いままでは対岸の火事であったのが、インターネットの普及と経済のボーダーレス化といったこともあり、そうもいかなくなってきました。折衷的なアイデアとしては、出国税、exit tax というものがあります。出国の自由は認めるが、いままで課税しそびれている所得すなわち未実現キャピタルゲインを一気に清算的に課税するという方法も、一応考えられます。米国はさらに強力で、国籍を放棄しても10年間は米国民と見なして課税する、expatriate tax という仕組みを最近の改正まで持っていました。もっとも、執行が伴わない、という問題はあったようですが。

あとはご提案のとおり、世界のどこへ行っても均一な課税があるという形ですね。本来、税金の支払額と公共サービスの給付額はそれぞれの政治共同体ごとに釣り合っていなければおかしいのですが、例えば所得税は1年単位で課税するので、公教育や安全な環境といった成熟社会からの利益は享受して成長し、大人になって成功したらその成果すなわち所得は外国に逃がして

しまう、というつまみ食い的な戦略がとれる仕組みになっています。これに対抗するために何ができるか、ですが、ある程度の実体税法の平準化を前提とした国際的な徴収共助は視野に入っています。基調報告で触れましたが、自動的租税情報交換などは、10年前には夢物語でしたが、ここ数年で一気に進んでいます。ただ、それを超えて税負担水準の平準化となると、難しいかもしれません。

　宍戸　その裏返しですが、基調報告にあった神奈川県臨時特例企業税事件最高裁判決（最判平成25年3月21日民集67巻3号438頁）は、国に決定権があるという古式ゆかしい立場でした。

　藤谷　この判決は、やはりそのように読むべきでしょうか。

　宍戸　徳島市公安条例事件判決（最大判昭和50年9月10日刑集29巻8号489頁）のロジックももともとそうでしたが、地方分権を進めるからこそ、国が立法によって、国の問題なのか地方の問題なのかを決めるということが、より明確にされたのではないでしょうか。結論の妥当性はわかりかねますが、いままでのロジックに照らせば違和感がない印象です。

　藤谷　私自身、この判決の結論は妥当だと考えていますが、同判決の評釈（平成25年度重要判例解説）にも書きましたように、従来、地方自治体には憲法上保障された自主課税権がある、としてきた議論との辻褄をいかに合わせるかが問題だと感じました。もちろん、地方の課税権相互の、あるいは国との課税権の、抵触が問題になる限り、国の立法者が地方税法という形で調整することは当然に予定されているけれども、逆に言えば抵触があることの論証は必要だということです。もちろん、ほとんどの場合で課税権の抵触は生じるのですが。

　曽我部　地方自治体には、憲法上課税権があるということを前提として、地方税法がその形式を定めている作りだと思います。そのような理解で良いでしょうか。

　藤谷　基本的にそれで良いと思います。ただ、地方税法は形式・外枠を定めるとはいえ、実際には、課税要件の実体部分はほとんど網羅的に地方税法に書かれています。課税根拠としては税条例が別途必要になりますが、税条例自身の規律密度は低く、地方税法の規定を参照・引用する形で定められて

いるのが実情です。条例が課税要件を定め、それを地方税法が規律するというのが建前ですが、実際は地方税法が全部中身を決めて、許されるはみ出しのところだけを若干書いているだけですね。

　条例に対して法律は優位ですから、地方税法が明確に定めている、例えば法人事業税についてはどうしようもないというのは意見の一致を見ています。そこからはみ出すところは、実質的に上書きするけれど形式上は抵触しない。まさにそういう論点だったわけです。

　曽我部　法律の法形式間の優劣関係のみで地方税法が正当化されているような気がして、地方自治の本旨の観点、地方自治体に課税権があるという立論から考えると、そのような単純な議論で良いのか、素朴な疑問がありました。

　藤谷　おっしゃるとおりですね。

Ⅶ　税務行政における私人の利用・把握

　曽我部　前半で藤谷さんにご言及頂いた源泉徴収義務と財産権との関係の論点について、少し議論したいと思います。先ほどのシチズンシップとも関連しますが、私人に徴税義務を課すことが、財産権の制約上そもそも許されるのか。あるいは少なくとも補償は必要ではないかといった議論です。

　この問題提起から連想したのが、インターネットのプロバイダー責任の例に見られるような、私人を介した規制の例です。国家が規制対象者を直接に規制するのではなくて、国家よりも当該規制を有効に行う立場にある私人を、国家の代理人として義務づけて規制を代行させる。インターネット上の違法有害情報についてのプロバイダーの削除義務で問題になっています。日本では削除義務そのものがありませんが、仮に義務づける場合にはプロバイダーを国家の代理人として規制させるという構造になる。

　この場合、国家と代理人たる私人と規制対象者の三面関係になるということで、そこで生じる憲法問題は少なくとも代理人に対する規制の合憲性が問われ、それと代理人が行う規制が合憲かどうかということが問題になります。源泉徴収の事案としては、後者の代理人が規制対象者に行う規制の合憲性が

問われる形ですね。所得税を徴収するということですが、ここでは、給与所得の支払い者であり徴税者である企業や事業者に対して、徴収義務を課していることの合憲性が問題となりました。

源泉徴収制度が企業に事務コストを負担させるという面を捉えるならば、29条の問題になると思います。判決（最大判昭和37年2月28日刑集16巻2号212頁）は29条の問題と捉え、1項、3項との関係でも問題がないとしていますが、理由は必ずしも明瞭ではありません。判決は代理人による規制としての三面関係の問題としてではなく、単なる租税の徴収方法の問題として理解しています。徴税義務者、企業・事業者に生じるコスト負担についても、単に徴税のための規制に伴う負担にすぎない。だから、酒税法判決に近い構造ですね。

三面関係として見れば、徴税義務者は国の徴税事務を代行しているわけですから、仮に源泉徴収制度自体に合理性があって、財産権の問題としては合憲だとしても、補償問題は発生するのではないか。その上で特別犠牲に当たるかどうかという話ですね。その結論は私もよくわかりませんが、給与支払者に普遍的に生じる負担ですから、特別犠牲に当たらないということで良いのでしょうか。

宍戸　特別犠牲に関して形式的要素を重視すれば、その結論になりますね。

曽我部　ただ、一部事業者については大変な負担が生じることですから、別途考えるのかもしれません。源泉徴収制度自体の合理性が、低コストで徴収できることに依拠していますから、補償を要するということであれば制度の合理性に疑問符がつくことになりそうです。

藤谷　三面関係的な規制構造、という捉え方は非常に示唆的で勉強になりました。プロバイダーを媒介させた規制構造のお話を伺っていて、一口に源泉徴収制度といっても、そこで何が鍵となる要素であるかによって、場合分けが有益であるように感じています。

まず、大量反復的に発生する利子や配当等の金融所得について金融機関に支払額の一定割合を一律天引きし納付する義務を課す、という場面。これはあまり問題がないと思います。他方、給与所得者に対する源泉徴収制度は多くの国にありますが、扶養家族の人数や医療費の把握等、年末調整まで使用

者側で行う結果、ほとんどの給与所得者が申告不要となるような非常に精密な、しかし使用者に負担を課す制度は、日本に特殊な仕組みです。

　これはある意味で非常に効率的な仕組みであったわけですが、今後は副業のあり方も含め、多様な労働者が登場してくる。昭和の企業のような、家族ぐるみで把握する考え方とは違う時代が来ています。つまり徴収制度としての合理性はいままでよりは低下する反面、コストは上がるのではないか。租税法学者からは、最初に概算的に徴収して、後で納税者が自ら申告調整・還付請求する制度に変えるべきという提案もなされています。

　また、補償に関してですが、これは昭和37年最判の上告人が指摘しているのですが、昭和15年所得税法の下での同法施行規則により、昭和22年に廃止されるまでの間ですが、源泉徴収義務者の事務負担に配慮して補償金を支払う制度が存在していたようです。もちろん、だからといって憲法論として補償がなければ違憲ということにはならないとは思いますが、そう的外れな主張でもなかったのではないか、ということですね。

　さらに、先ほどの規制構造という議論に触発された点ですが、これから租税法で問題になってくるのは、（徴収を伴わない）情報申告の仕組みです。マネーロンダリング規制等ともかかわりますが、主として金融機関を agent として用いる形で、源泉徴収義務とは別に、支払った内容についての調書を所轄税務署に提供するといった仕組みです。これが金融所得を中心に、税制には相当程度組み込まれていますし、これらが今後はマイナンバーによる紐づけと連動することが考えられますので、先ほどの情報とかプライバシーなどの議論にかかわってきます。直ちに憲法違反とはならないまでも、憲法学の観点から一度光を当てておいていただく意味のあるフィールドかもしれません。

　曽我部　プライバシーの話と併せて考えると、中間団体である企業が家族を全面的に把握するという基本的な構図自体に、昭和という時代を感じます。

　山本　「昭和」という時代との比較では、いわゆる護送船団方式といった、官民関係そのものの変化も考慮に入れる必要があると思います。かつて企業は、インフォーマルな形で官に保護されていたために、徴税義務のような負担を負うこととのバランスが、現実的に、何となく取れていたのかもしれま

せん。これは、行政指導が何となく受け容れられてきたのと近い理屈でしょう。しかし、こういった官民関係が変化しているとすると、負担という部分が前面に出ることになりそうですね。

宍戸 この話全体としては、樋口陽一先生がおっしゃる近代立憲主義、国家と個人の二極構造で中間団体が破壊されていく状況がある面では現実に起きていて、しかし一方ではボーダーレスが進行し、個人が逃げていき、国家が何とか個人を把握しようとするという、2012年の公法学会のテーマですね（公法研究75号参照）。山本さんのご専門である、プライバシーが本当の意味で問題になってきています。

山本 マイナンバー制も、本来そうした観点から考えるべきですよね。そのときの公法学会でも、マイナンバー制によって国家と個人との近代的な二極構造が真に完成する側面もある、といった指摘をしましたが、徴収手続のゆらぎはその一端を示しているのかもしれません。

藤谷 これは民主党政権下の議論で、現在どうなっているか把握していないのですが（補足：座談会後の2015年秋、消費税軽減税率の影響で平成28年度改正での導入が見送られた）、マイナンバーに絡めて、厚生労働省が「総合合算制度」といった仕組みを検討しているという話もありました。要するに、税と社会保障給付について、制度毎にバラバラになっているところを、個々の家計がいくら負担して、いくら給付されているのかを総ざらいして、負担の合計額に上限を設定しようといった話です。税制についても、例えば毎年度の所得の捕捉と、保有財産の把握はそれぞれ別個に考えてきましたので、給与所得からの源泉徴収は完璧に捕捉していたけれど、いくら蓄えているかはわからない、ということもしばしばありました。ここを国家が全面的に捕捉した方が、より精密な福祉国家を展開できるのだ、という考え方なのでしょうね。

宍戸 大屋雄裕さんが論じている世界ですね（大屋雄裕『自由か、さもなくば幸福か？』）。

藤谷 少なくとも表面上は、まさにそうした角度からの議論ということです。

VIII 座談会のまとめ

曽我部 最後に一言ずつ頂戴したいと思います。

山本 租税・財政分野は何となく遠ざけてきたところがありましたが、今回は正面から向き合う大変良い機会を頂いたと思っています。藤谷さんのご論文をはじめ、この分野に関連する文献を読むことで、例えば、政治的自由と納税者たる地位との関連など、憲法学で個別に議論してきたものが、つながって見えてきた感じがします。マイナンバー制の問題も、個人情報保護の問題に矮小化するのではなく、「個人の把握」が、現在の「国家」にとって切実な問題であることを踏まえながら、国家・個人の関係そのものにかかわる基本的な論点として切り出していく必要があると思いました。

宍戸 憲法学はどうすべきか、ますます悩みが深まった回でした。元々、財政はいつか何らかの形で勉強したいと思っていましたが、なかなか勉強する機会がありませんでした。今回改めて藤谷さんの論文を読み、租税法についても多少勉強して、面白さを再確認するとともに、憲法学にとって中心的な一つの領域であり、我々自身の問題として考えていかなければいけない、と強く感じました。

藤谷 まずはこうした貴重な機会を与えて下さった先生方に、心からお礼を申し上げたいと思います。私自身、この領域について取り組んではみたものの、問題の大きさに挫折し研究が停滞してしまっていたものを含めて、今回改めて言語化するきっかけや、反省の機会を与えていただきました。同時に、先生方が投げかけてくださるご質問に十分に答えられなかった、という力不足も痛感しています。

財政の問題は政治と法と経済の境界領域にあり、法規範ですべてを書き切ることはできないけれども、やはり何らかの規範性がある。これは多くの局面で憲法学が向き合ってこられた問いの、応用問題の一つという面があると思います。細かい法技術的な議論は、実定法の我々に任せていただければと思いますが、憲法規範と具体的制度論の間を繋ぐ議論に、私自身も今後取り組むのはもちろんとして、時には憲法の先生方にも降りてきていただければ、

と思っています。今日は、十分にお答えできなかったご質問も含めて、租税・財政法学者として学ぶことがたくさんあると実感しました。ありがとうございました。

曽我部　貴重な知見をご提供いただいた藤谷さんに感謝します。予定調和ではなく自由な議論をしましょうと最初に申し上げましたが、そのとおりになったと思います。多くの論点が出されましたが、今後の検討に委ねるべき問題点がたくさんあり、実りある座談会でした。

財政と租税で、議論のフェーズがずいぶん違ったような気がします。財政は民主主義と法という、憲法学の中心問題でもあり、巨額の財政赤字を抱えていますから、問題が顕著に出ています。ここでの議論は、財政学あるいは政治学でも蓄積がある中で、財政法という窓を通して憲法学に多くの知見を提供していただける分野だと思います。

租税の方は、個人と国家という、これもまた憲法学の基本的なテーマでした。税金は皆にかかわるものですから、問題が先鋭化して表れる領域だと思います。そこでの議論も、財政同様、憲法一般の議論に生かしていけると思われ、大変有益な議論になったと思います。

今日はこれで終わりにさせていただきます。どうもありがとうございました。

(2014年7月22日収録)

4-1

イントロダクション

山本龍彦

1 憲法上の財産権保障論の「隙間」

　今回は、民法学から水津太郎氏をお招きし、日本における「数少ない違憲判決の一つであり、かつ、財産権に関する唯一の『法令違憲』判決である」[1] 森林法判決[2] を素材に、憲法上の財産権保障と民法上の所有権法理論との関係——問いは結局「憲法・民法関係論」[3] 一般にまで上昇するだろうが——について議論したい。

　イントロダクションとして、まず述べておくべきは、憲法上の財産権保障論の「隙間」である。日本国憲法は、29条1項で「財産権は、これを侵してはならない」と規定しながらも、社会福祉国家思想を受けて、2項で「財産権の内容は、公共の福祉に適合するやうに、法律でこれを定める」と規定する。1項をみると、憲法上の財産権は、憲法レベルで確固たるものとして保障され、法律によるその制限を厳に統制しているように思えるが、2項を

---

1) 安念潤司「憲法が財産権を保護することの意味」長谷部恭男編『リーディングス現代の憲法』（日本評論社、1995年）138頁。
2) 最大判昭和62年4月22日民集41巻3号408頁。
3) 山本敬三「憲法・民法関係論の展開とその意義」新世代法政策学研究5号（2010年）1頁以下参照。

みると、法律以前に憲法上の財産権は存在していないようにも思える。この一見矛盾する1項・2項の関係について、これまでの通説は、2項が立法府に与えた財産権の内容形成権限を十分に尊重しながらも、1項を根拠に、その立法府ですら原則として侵せない憲法的防壁が存在するものと観念してきた。すなわち、①私有財産制度の核心（制度的保障）と、②「個人の現に有する具体的な財産上の権利」（現存保障）[4]である。この二つを、1項のいう——法律以前の——「財産権」の内容として読み込んできたわけである。

　しかし、ここに一つの「隙間」を看取できる。①②にかかわらないが、法律により、憲法上の財産権を制限されているように感じる事案の位置づけである。例えば森林法事件の原告は、明治40年の森林法改正以降一貫して分割請求権の行使が制限されてきた「森林」を、昭和22年以降、兄と共有してきたのであり、森林法の分割請求権制限規定（186条）が、原告の「現に有する具体的な財産上の権利」を侵害したわけではない（原告が「現に」有する財産とは、もともと分割請求権の制約された森林である）。おそらく原告は、兄との関係が悪化し後で、ふと、"分割請求ができないのはおかしい。自分の財産を自由に扱えないのは憲法上の財産権の制限だ"と感じたのであろうが（以下、便宜上「直感的制限」と呼ぶ）、森林法186条が原告の現有財産の地位を新たに変更・侵害したものでない以上、従来の通説ではこれを憲法上の財産権制限と捉えることはできない。そうすると、従前の財産権保障論は、①や②に直接かかわらないものの、原告が"何か変だ"と感じる法律上の規定の憲法的取扱いについて、十分に議論してこなかったように思われるのである。

　今回、座談会の素材とする森林法判決（昭和62年）は、この通説の「隙間」を果敢にも埋めようと試みるものであった。しかも、以下の引用文にみられるように、この理屈を「民法」と関連づけた。

　　「共有物分割請求権は、各共有者に近代市民社会における原則的所有形態である単独所有への移行を可能ならしめ、……公益的目的をも果たすものとして発

---

4)　芦部信喜（高橋和之補訂）『憲法〔第6版〕』（岩波書店、2015年）233頁。

展した権利であり、共有の本質的属性として、持分権の処分の自由とともに、民法において認められるに至つたものである。」「したがつて、当該共有物がその性質上分割することのできないものでない限り、分割請求権を共有者に否定することは、憲法上、財産権の制限に該当〔する〕」（傍点山本）。

つまり、先述した直感的な財産権制限を、分割請求権を否定する「森林法」（特別法）と「民法」との"ズレ"の問題に置き換え、憲法上の財産権保障の第三の類型——③立法府の内容形成権限に対する憲法的防壁としての「民法」？——を切り拓いたのであった。

憲法学の通説の「隙間」と、これを「民法」によって充塡しようとした森林法判決の一節を紹介したことで、民法学と憲法学との対話の必要性が明らかになったと思う。それは第一に、「民法」からの離脱がなぜ「憲法」上の財産権の制限となるのか、いいかえれば、森林法判決の"謎"はいかにして解明されうるのか、第二に、いま述べた第三類型について議論し、同類型を理論的に発展させる意義が、憲法学・民法学の双方に本当にあるのか、いいかえれば、判例実務上忘却された森林法判決——財産権事案で近年の最高裁が引用するのは、平成14年の証券取引法事件判決[5]である——の"謎"を、いま解明する必要が本当にあるのか、にかかわる。

2 森林法判決の読み方——"謎"はどのようにして解明されうるか？

憲法29条違反が指摘されてきた多くの立法が「特別法」（森林法、証券取引法〔金融商品取引法〕、消費者契約法、建物区分所有法、等々）で、「民法」本体でないことを踏まえると、"財産権制限を受けた"との直感が、基本法たる「民法」からの離脱と関係していることは容易に想像できる。しかし、「民法」とのズレがなぜ憲法上消極的な評価を受けうるのか、逆に、「民法」がなぜ憲法上の一準拠点たりうるのかが理論上説明されなければならない。以下、本座談会の議論の切り口として、いくつかの見解を簡単に列挙しておきたい。

第一は、「民法典」に特別の意味を見出す考え（法典優位論）。確かに民法

---

5) 最大判平成14年2月13日民集56巻2号331頁。

典は、個別法令とは異なり、法典編纂なる営為を通じて、①包括性、②体系性、③排他性（法統一のための地域的慣習法の廃棄）、④周知性（規範の事前告知による行動自由の確保）をもつだけでなく[6]、日本国憲法に先んじて「個人」を起点とする近代法的価値秩序と接しており、また一般法として中立性[7]も有する。この点で、「民法典」の基本法的地位[8]・優越的地位を認めるにしても、理論的に、なぜそれが憲法的価値をもつのか、また実践的に、形式上「民法典」に含まれる条項のすべてが憲法的価値をもつのかは、なお突き詰めた検討を必要とする。例えば、分割請求権は、確かに民法256条が認めるところであるが、我々の民法典は、分割請求権を制限する規定も同時に含んでいる（257条、676条2項等）。仮に後者を基軸にすれば、森林法186条は「民法」と何らズレていないということになる。そうなると、この見解は、何らかの「理論」ないし「思想」に基づき、民法典の基本原則や基本原理を抽出し、そこから民法典中の諸規定を序列化してはじめて29条の「法理」として実践的に使用できることになろう。実際、森林法判決は、分割請求権が単に「民法典」において認められているだけでなく、それが「近代市民社会における原則的所有形態である単独所有への移行を可能ならしめ〔る〕」ものであること——分割請求権が、民法典の中で特別な意味を有するものであること——を摘示していた。

　第二は、法律家集団内部において"単独所有が所有権制度の標準形態である"との共通了解が存在しているために、これを憲法の想定するベースラインとして観念しうるとする考え（ベースライン論）[9]。この見解は、規範的・実体的な「理論」ではなく、「法律家集団の共通了解」という「事実」の存在によって、広範な民法領域の中から、憲法上特別な意味をもつ基本原則を照らし出そうとする思考形式といえる。ただ、同見解に対しては、法律家集

---

[6]　北居功「法統一のための法典編纂」岩谷十郎＝片山直也＝北居功編『法典とは何か』（慶應義塾大学出版会、2014年）7-8頁参照。

[7]　「民法典」の「政治的中立性」につき、長谷部恭男『憲法〔第6版〕』（新世社、2014年）239頁参照。

[8]　星野英一「民法と憲法」法学教室171号（1994年）6頁。見解は異なるが、山本敬三「基本法としての民法」ジュリスト1126号（1998年）256頁以下参照。

[9]　長谷部恭男『憲法の理性』（東京大学出版会、2006年）134-135頁参照。

団の共通了解によって照射された民法上の基本原則が、なぜ憲法上特別の意味をもつのかについて十分な説明がない[10]とする通例の批判のほか、現実に、法律家集団内部に"単独所有が所有権制度の標準形態である"との共通了解が存在しているのか、といった事実レベルの批判がありうる。「法律家集団」の一部を構成する民法研究者が、所有権制度の標準形態をどのようにイメージしているのか、近年の共同所有論の動向[11]や日本社会に固有の所有権イメージ[12]も踏まえながら、確認しておく必要があるだろう。なお、ここでいう「ベースライン」は動態的なものであるから、法律家集団内部の「議論」[13]によって、憲法ランクの評価を受ける民法上の基本原則が漸進的に変化していく可能性がある。この点で、ベースライン論においては、共通了解形成に向けた法律家集団内部の「議論」が重要な意味をもつ可能性がある（座談会では、平井宜雄の「議論」論[14]との関係で論じられる）。

　第三は、日本国憲法制定者は、明治民法制定者の選択した単独所有（一物一権主義＝ローマ法的・近代的所有権）――「1つの物に対する所有権者は1人であり、その所有権は『自由かつ排他的』である」[15]――という「法制度」を、日本国憲法上の「法制度」として追認・摂取したために、単独所有には憲法上特別な地位が認められるとの考え（法制度保障論）[16]。この見解もまた、規範的・実体的な「理論」ではなく、一定の「事実」から、民法中、憲法上特別な意味をもつ部分を照らし出そうとするものであるが、そこで動員される「事実」は、法律家集団の現在の共通了解に依拠するベースライン論とは

---

10) 山野目章夫＝小山剛「民法学からの問題提起と憲法学からの応答」法律時報 81 巻 5 号（2009 年）12 頁（小山発言）、青井未帆「ベースライン論」法律時報 83 巻 5 号（2011 年）48 頁参照。

11) 山田誠一「共有者間の法律関係(1)～(4・完)」法協 101 巻 12 号 1 頁、102 巻 1 号 74 頁、3 号 70 頁、7 号 68 頁（1984-1985 年）。区分所有につき、伊藤栄寿『所有法と団体法の交錯』（成文堂、2011 年）等参照。

12) 座談会「不動産所有権の現代的諸問題」ジュリスト 1134 号（1998 年）63-64 頁参照〔原田純孝発言〕。

13) 平井宜雄『法律学基礎論の研究』（有斐閣、2010 年）63、219 頁参照。

14) 平井・前掲注 13) 参照。

15) 石川健治「法制度の本質と比例原則の適用」LS 憲法研究会編『プロセス演習憲法〔第 4 版〕』（信山社、2011 年）303 頁。

16) 石川・前掲注 15) 302 頁以下参照。

異なり、徹底して過去のものである。すなわち、①明治民法制定者が、民法典第 2 編「物権」第 3 章「所有権」を書き下ろす際、一物一権主義を、同章を貫く制度理念（法制度）として選択したという事実と、②日本国憲法制定者が、当該制度理念を追認し、憲法レベルで保障しようと決断したという事実[17]である。この法制度保障論は、現在の日本の法体系を説明する理論として、機能的に優れている。それは、大日本帝国憲法から日本国憲法への革命的変化が、明治民法上の法制度に対して同様の「変化」を迫ったと考える[18]のではなく、日本国憲法が明治民法上の法制度をむしろ「追認」・「摂取」したと考えることで、戦前・戦後における民法体系の連続性を正当化しうるからである。法制度保障論は、旧憲法下の基本的な民法体系を無傷のまま温存させることで、「日本国憲法」を知らない民法学——特に、1990 年代前半までの「脱憲法化」した民法学[19]——を肯定ないし是認することができるというわけである。

　しかし、それが「事実」に基づく記述的（descriptive）な理論である限り、まずは前記①に関する民法研究者の見立てを問うべきである。例えば、①旧民法が、家族法制問題とともに、「民法中入会権の規定がない」という理由から廃案となり、法典調査会および民法改正案起草委員会による詳細な調査と議論の末、明治民法第 3 章中に入会権の規定（263 条）が置かれたこと[20]（その意味では、入会権規定は「第 3 章」の不可欠な構成要素ということになる）、②同章に、「相隣関係」に関する詳細な規定が多く置かれたこと、③共有については、持分処分と分割請求の自由というフランス法由来の層と、共有物の管理は多数決によるとする 252 条など、団体法的規律を重視するイタリア法・スペイン法・ドイツ民法第 2 草案由来の層が存在していること[21]などを

---

17)　②の事実につき、いわゆる「原意主義（originalism）」へ向けられるものと同様の批判を浴びせるものに、清水潤「憲法上の財産権保障の意義について」東京大学法科大学院ローレビュー 3 号（2008 年）95 頁参照。

18)　憲法が変わったことで、民法体系も根本的に変わるべきであると考えたものとして、我妻榮の協同体論を挙げることができよう。我妻榮「民主主義の私法原理」『民法研究 I』（有斐閣、1966 年）3、41 頁以下参照。

19)　山本・前掲注 3) 12-13 頁参照。

20)　中尾英俊『入会権』（勁草書房、2009 年）14 頁参照。

21)　山田・前掲注 11)「共有者間の法律関係(2)」132 頁参照。

踏まえたとき、明治民法制定者が、果たして一物一権主義という単色の法制度をイメージしていたのか[22]、民法研究者と膝を突き合わせて議論する意味はある。なお、憲法ランクの評価を受ける民法上の制度は、ベースライン論においては「民法典」中のものに限られないが（特別法によって構成される制度に対して共通了解が新たに形成されることもある）、民法制定者ないし憲法制定者の過去の選択・決断を根拠とする法制度保障論においては、それは「（明治）民法典」中のものに限られる。

第四は、民法も憲法も「近代法」の構成原理を基底的な価値とするから、かかる原理と密接に関連する民法上の基本原則は、同時に憲法上の基本原則ともなるとの考え[23]（基底的価値による融合論）。これは、ベースライン論や法制度保障論と異なり、「事実」ではなく、規範的・実体的な「理論」に基づいて、民法中、憲法ランクの評価を受ける部分を照らし出そうとするものである。この見解によれば、森林法判決は、民法上の分割請求権ないし単独所有が「個人主義」という近代法の構成原理と深く関連するために、これに憲法ランクの位置づけを与えた判決として評価されることになる。この見解は、何らかの基底的価値を中心とする一元的法体系[24]を構想しうる点で魅力的なものであるが、「価値」をめぐるファースト・オーダーの争い（空中戦？）になるだけに、議論の「落とし所」を得にくいというデメリットもある。

3 「森林法判決を読む」ことの意義——"謎"は解明されるべきか？

以上見てきたように、森林法判決は、民法学を憲法学に誘い込み、憲法学を民法学に誘い込む、魅惑的なテクストである。それはまた、公序良俗論を中心に展開された憲法・民法関係論[25]を、所有権論においても開始させるポ

---

22) 山本龍彦「ローカルな法秩序の可能性」新井誠ほか編著『地域に学ぶ憲法演習』（日本評論社、2011年）26頁参照。
23) 笹倉秀夫「『実定法的原理』考」『自由と正義の法理論』（成文堂、2003年）381頁以下参照。
24) 水林彪「『憲法と経済秩序』の近代的原型とその受容」企業と法創造9巻3号（2013年）149-152頁参照。
25) 山本敬三「現代社会におけるリベラリズムと私的自治(1)」法学論叢133巻4号（1993年）1頁以下、木下智史「私人間における人権保障をめぐる学問と実践の狭間」神戸学院法学34巻1号（2004年）83頁以下等参照。

テンシャルを有するものであった。しかし、先に触れたように、最高裁は、その後の財産権事案において、森林法判決を忘却、あるいは黙殺する。消費者契約の解除に伴う損害賠償額等を制限する消費者契約法の規定[26]や、区分所有権を団体法的に制約する区分所有法の規定[27]の合憲性が争われた事案、すなわち、森林法事件と同様、「民法」と「特別法」との"ズレ"が財産権制限を感・じ・さ・せ・る・ような事案においてさえも、森林法判決は一切参照されていないのである。同判決は、判例上、共有物分割の方法に関する、純粋に民法的な先例[28]としてのみ、生き残っていくのである。

　もちろん、これでよい、との考えもあろう。法律上の争訟性さえ満たせば、直感的制限は、敢えて「財産権制限」という論理構成をとらなくとも、「公共の福祉」適合性（29条2項）という観点から客観法的に審査されうるからである[29]。近時の判例は、憲法・民法の関係にかかわる複雑な論点を回避して、理論的負荷の軽い客観法的審査に舵を切ったとみることは可能であり、これに積極的な評価を与えることもできる。さらに、人的結合を強制するような（団体法的拘束の強い）財産上のルールは、憲法13条の個人の尊重原理や、憲法21条の消極的結社の自由を侵害するもの[30]として捉えることが、また「特別法」による直感的制限は、特別法の名宛人の「身分」[31]に基づく差別（憲法14条）として捉えることが、できるかもしれない（財産権エンプティ論）。

　しかし、民法学と憲法学が、協働して、森林法判決の"謎"を解明しようと試みること、「民法」の中に、憲法的価値のある「憲法」的権利や「憲法」的制度を手探りで見つけ出そうと試みることの意義は、小さくないようにも思われる。例えば、「民法」の基本部分が憲法ランクの位置づけを与えられ

---

26)　最判平成18年11月27日判時1958号61頁。
27)　最判平成21年4月23日判時2045号116頁。
28)　最判平成4年1月24日判時1424号54頁、最判平成8年10月31日民集50巻9号2563頁。
29)　主観法的構成をとるとしても、「国に対して『公共の福祉』に適合する財産法の構築を請求する権利」として構成するアプローチはありうる。木村草太『憲法の急所』（羽鳥書店、2011年）185頁参照。
30)　最判平成17年4月26日判時1898号54頁（農災法事件）。座談会での宍戸発言等も参照。
31)　「民法（典）」は、「人」として抽象化された各人を名宛人とする。

ることで、そこからの離脱は裁判所による厳密な違憲審査の対象となりうる。「違憲審査」というコトバは、「特別法」の制定・改正をめぐる議論を、あるいは民法典の改正——「再法典化」[32]——の議論を、より活性化させる可能性がある。また、1990年代前半以降の民法学は、バブル経済の崩壊等を、自らの体系を反省する契機と捉え、憲法ないし自然法を招き入れつつ、これを再編しようと試みているようにも見える[33]。長い歴史をもつ民法学の矜持が、法学における新参者たる憲法学の立入りを快く思わないことは十分に理解できるが、こうした民法体系再編の時代にあって、森林法判決が用意した、民法学と憲法学の対話の場は、育むに値する場であるように思われる。さて、本座談会は、こうした問いにいかなる答えを与えることになるだろうか。

---

[32] 大村敦志「民法と民法典を考える」同『法典・教育・民法学』(有斐閣、1999年) 3 頁以下参照。最近の議論として、加藤雅之「脱法典化と再法典化」岩谷ほか・前掲注6) 47 頁以下参照。
[33] 憲法の私人間適用を扱った山本敬三の記念碑的論文(山本・前掲注25))が公刊されたのは、バブル経済崩壊から2年後の1993年のことであった。さらに、「共通のことがら(res publica)」を踏まえた「市民社会」(共和国) 実現のための規範的な法として民法を捉え直す大村敦志の見解も、こうした大きな流れの中に位置づけられよう。大村敦志「大きな公共性から小さな公共性へ」法律時報76巻2号(2004年) 71頁以下等を参照。

4-2

[基調報告]
憲法上の財産権保障と民法

水津太郎

I 財産権保障と憲法・民法

1 民法206条と憲法29条

　憲法と民法はどのような関係にたつのか。民法学においては、一時期の議論を除けば、この問題が問題であることさえ十分に意識されてこなかった。この状況が一変したのは、1993年である[1]。現在では、憲法・民法関係論が、民法の存在意義や基本原理と深くかかわる重要な問題であることは広く共有されている。

　とはいえ、今日でも、民法の議論の中で憲法が引き合いに出されることはあまりない。その数少ない例外の一つが、所有権の箇所である。民法206条によれば、「所有者は、法令の制限内において、自由にその所有物の使用、

---

1)　山本敬三「現代社会におけるリベラリズムと私的自治(1)(2・完)」法学論叢133巻4号1頁、同5号1頁（1993年）の公刊年。学説史の分析については、山本敬三「憲法・民法関係論の展開とその意義(1)(2)」法学セミナー646号17頁、647号44頁（2008年）、同「憲法・民法関係論の展開とその意義」新世代法政策学研究5号（2010年）1頁、瀬川信久「経済秩序をめぐる憲法規範と民事法規範」企業と法創造6巻4号（2010年）21頁。モノグラフとして、宮澤俊昭『国家による権利実現の基礎理論』（勁草書房、2008年）〔初出2005-2006年〕。

収益及び処分をする権利を有する」。他方、憲法 29 条は 1 項において財産権の不可侵を宣言しつつ、2 項で「財産権の内容は、公共の福祉に適合するように、法律でこれを定める」と規定する。民法 206 条と憲法 29 条 2 項はともに「所有権」を「制限」する規定であるが、前者には「近代的」所有権の特徴がみてとれるのに対し、後者は「現代的」所有権のあり方——はじめから公共の福祉に適合するように組み立てられる——を示しているとされる[2]。

この説明では、憲法 29 条 2 項と民法 206 条は等しく「所有権」を「制限」するものと位置づけられる。民法学者には特に違和感のない叙述かもしれない。だが、立ち入って考えると、ただちに疑問が生じる。憲法 29 条 2 項が「制限」をくわえる「所有権」とはなにか。憲法上の財産権と民法上の所有権はいかなる関係にたつのか。

本報告はこの問題を念頭に、憲法・民法関係論の状況を横目に入れつつも、直接には、森林法判決[3]を契機に展開されている憲法理論について、民法学の観点から考察をくわえることを目的とする[3a]。なお、同判決の後には証取法判決[4]があらわれており、現在では後者が先例として引かれている[5]。この点をどう評価すべきかは、座談会の中で取り上げる予定である。

2 憲法理論

(1) 森林法判決の性格

森林法 186 条は、共有森林につき持分価額 2 分の 1 以下の共有者に対して、分割請求権を否定していた。この規定を違憲と断じたのが、森林法判決である。同判決の合憲性の判断枠組みについては、証取法判決とともに、いわゆる規制目的二分論との関係が議論されている。

---

2) 稲本洋之助『物権Ⅱ（物権）』（青林書院、1983 年）266 頁。
3) 最大判昭和 62 年 4 月 22 日民集 41 巻 3 号 408 頁。
3a) これに対し、憲法学・民法学に共通する視座の構築を目指すものとして、本稿の初出公刊後に、宮澤俊昭「民法と憲法の関係の法的構成の整理と分析」横浜法学 24 巻 1 号（2015 年）153 頁があらわれている。
4) 最大判平成 14 年 2 月 13 日民集 56 巻 2 号 331 頁。
5) 本報告との関係では特に、区分所有法 70 条に関する、最判平成 21 年 4 月 23 日判時 2045 号 116 頁を参照。

だが、より本質的な問題は、本件が「憲法問題」として「性質決定」されたこと[6]自体にある。すなわち、今日の通説によれば、憲法29条1項は、(a)私有財産制とともに、(b)既得の財産権を保障したものである[7]。けれども、森林法186条は私有財産制の核心を害するものではなく（(a)）、また、本件の原告は同条による制限のついた共有森林の贈与を受けた者だから、既得権侵害も問題とならない（(b)）。にもかかわらず、本判決は、森林法186条による分割請求権の制限が憲法上の財産権の制限にあたるとした。同条は、「近代市民社会における原則的所有形態である単独所有」への移行を可能ならしめた民法上の分割請求権を、制限するものだからである。しかし、この判示は一見すると理解し難い。なぜ民法上の分割請求権の制限が、憲法上の財産権の制限にあたるのか。

(2) 財産権保障の構造

　この問いに応接する有力な見解として、①法制度保障論[8]と、②ベースライン論[9]がある。

　①は、現行民法典の制定者が採用した「法制度」としての単独所有（一物一権主義）が、憲法典のレベルで「追認」されているとみる。それによれば、かつての制度的保障論は体制選択の問題——資本主義か社会主義か——と結合されていたけれども、「正調の『制度的保障』論」[10]の一翼を構成していたのはむしろ、こうした「自由で排他的な所有権」が「財産権の原形」であり、この原形が憲法上制度として保障されている、という考え方であった。こうして分割請求権の制限は、憲法上保障された法制度に対する侵害にあたるこ

---

[6]　柴田保幸「判解」『最高裁判所判例解説民事篇昭和62年度』（法曹会、1990年）215頁。
[7]　野中俊彦ほか『憲法Ⅰ〔第5版〕』（有斐閣、2012年）483頁〔高見勝利〕参照。ただし、森林法判決は、(b)をより限定し、「社会的経済的活動の基礎をなす」国民の個々の財産権を保障したとしている。
[8]　石川健治『自由と特権の距離〔増補版〕』（日本評論社、2007年）、同「法制度の本質と比例原則の適用」棟居快行ほか編代『プロセス演習憲法〔第4版〕』（信山社、2011年）291頁、同「財産権①②」小山剛＝駒村圭吾編『論点探究憲法〔第2版〕』（弘文堂、2013年）235頁、241頁。
[9]　長谷部恭男「国家による自由」『憲法の理性』（東京大学出版会、2006年）〔初出2003年〕128頁、同『憲法〔第5版〕』（新世社、2011年）177頁、241頁。
[10]　石川・前掲注8)自由と特権175頁、同・前掲注8)プロセス306頁。

とになる。

　他方で、②は、「法律家集団の共通了解」が、憲法の想定するベースラインを構成するという。国民は、ベースラインに沿った立法を要求する「主観的権利」を有する[11]。この見解によれば、森林法判決は、政治的中立性を有する民法の共有に関する規定をベースラインとしたものだとされる。

　その他の見解で興味深い視点を提供しているのは、③自然権論[12]と、④内容形成論[13]である。両者はいわば両極に位置づけられる。

　③によると、私的所有権は自然権として国家に先行して各人に保障される。これに従えば、所有権の制限の問題は、表現の自由や思想・良心の自由の制限とパラレルに捉えることができる[14]。

　これに対して、④は、財産権は「自然的自由」ではなく、「法により構成された自由」である[15]ことから出発する。財産権の保障は私法上の法制度（法的インフラ）を前提とするからである。憲法が保障するのは、こうした「自律的・自己責任的生活形成」[16]を目的とする法制度である。④は、客観法的保障を志向する点で、①と発想を同じくする。だが、その基礎には、自由な所有権という民法上の法制度の憲法への昇格ではなく、自律的な生活形成という人権論の観念がある。①のように「原形」を観念しない以上、財産権の内容と制限は一体として定まる。また、昇格構成をとらないから、核心部分の不可侵という消極的保障だけでなく、積極的な法制度形成の委託を含むと構成することができる[17]。

　以上の議論は、次のように整序することができよう。第一に、財産権保障

---

11)　長谷部・前掲注9) 理性133頁、135頁。
12)　森村進『財産権の理論』（弘文堂、1995年）。
13)　小山剛『基本権の内容形成』（尚学社、2004年）163頁、同「人権と制度」『岩波講座 憲法2』（岩波書店、2007年）49頁、同「権利の保障と制度の保障」小山剛＝駒村圭吾編『論点探究憲法〔第2版〕』（弘文堂、2013年）46頁。
14)　森林法判決をこの論理で読む可能性を指摘するものとして、清水潤「憲法上の財産権保障の意義について」東京大学法科大学院ローレビュー3号（2008年）101頁。
15)　小山・前掲注13) 内容形成197頁、202頁。
16)　小山・前掲注13) 人権と制度64頁。
17)　内容形成論によって森林法判決を基礎づけることができるか否かについては、"jein"であるとする。小山・前掲注13) 内容形成208頁。

の構造について、原則‐例外関係を観念するもの（①～③）と、これを否定するもの（④）がある。第二の視点は、法制度保障から出発するか（①〔消極的〕と④〔消極的・積極的〕）、主観的権利構成をとるか（②〔制度設営義務に対応する権利〕と③〔財産権の内容〕）である。第三に、自然権論（③）、憲法上の規準に基づく法制度保障（④）、民法を昇格させないしこれを参照するもの（①と②）に分かれる。

3　民法学と憲法学

このように憲法学では、「憲法が財産権を保護することの意味」[18]それ自体が問い直されている。これに対して、民法学では、理論的に突き詰めた説明をすることなく、憲法29条と民法206条を漫然と並置するものが多い。この問いについては、現在の憲法学は民法学よりも、はるかに豊かな議論を展開しているように思われる。

他方において、民法学の知見が憲法学に役立つところもあるかもしれない。民法上の所有権・共有に関する議論は、なんらかの意味で民法を引き合いに出す場合には、憲法学にとっても意味があろう（Ⅱ）。法制度保障論では現行民法の立法者の理解が、ベースライン論では法律家集団の共通了解が問題となる。また、民法の基礎にある評価を捉えるには、民法の基本原理を検討しなければならない（Ⅲ 1）。そのほか、方法ないし理論構成上の問題については、民法学の観点からコメントをつけることができる（Ⅲ 2）。さらに、「所有権」の構造理解は、所有権立法に対する自由権的統制の位置づけを、より明確にすることになろう（Ⅳ）。

---

18) この問題の性質と構造を明らかにした、安念潤司「憲法が財産権を保護することの意味」長谷部恭男編『リーディングズ 現代の憲法』（日本評論社、1995年）127頁のタイトル。

II 民法上の所有権と共有

1 自由な所有権

(1) 所有権絶対原則の神話

　憲法上の財産権の意義を解釈する際に民法上の所有権のあり方を手掛かりとする場合には、そこでいう「所有権」がなにを意味するのかが問題となる。この問いにつき、憲法上保障される「所有権」とは「自由に使用、収益及び処分できる」権利であり、法律によってこの状態に「マイナス部分」を作出すれば所有権の「制約又は制限」にあたる、とみることもできそうである[19]。

　しかし、こうした理解は、民法所有権法の一般的な考え方からは離れている。ここでは、所有権絶対原則の意義が問題となる。

　フランス民法典では、所有権は絶対のものとされている（「最も絶対的な仕方」〔544条〕）。しかし、これは、封建的負担からの解放を意味するにとどまる。制定当初から手放しの自由は認められておらず、むしろ公共的制約が予定されていた[20]。ボワソナードはフランス民法典544条の文言を不注意によるものとし、非制約性を否定する意味で、所有権は「絶対のものではない」と明言している[21]。現行民法の起草過程では、民法206条の「法令の制限内において、自由に」とは、所有権は「本来無制限ノモノデナイ」趣旨であり、「必ズ法律ノ規定ノ範囲ニ限ル」と観念されていた[22]。また、現在の学説をみると、所有権は多くの制約に服することが当然の前提とされている。その構成の仕方を分析すると、次の二つにわけることができよう。

---

19) 柴田・前掲注6) 211頁参照。
20) 吉田克己「フランス民法典第544条と『絶対的所有権』」乾昭三編『土地法の理論的展開』（法律文化社、1990年）192頁。
21) 小柳春一郎「ボワソナード民法草案における所有権の『絶対性』」獨協法学67号（2005年）19頁、同「ボワソナードの所有権論」稲本洋之助先生古稀『都市と土地利用』（日本評論社、2006年）1頁。
22) 法典調査会「民法議事速記録1」法務大臣官房司法法制調査部監『日本近代立法資料叢書1』（商事法務研究会、1983年）743頁〔梅謙次郎〕。

一つは、民法レベルで内容と制限の一体化を唱えるものである。「所有権の内容そのものが法律や判例によって形成されていくのであり、まず絶対的な所有権が存在しそれが法律や判例によって制限されていくのではない」[23]。それゆえ、206条の文言（「制限」）は「ミスリーディング」である。この見解はいわば、"民法上の"内容形成論（Ⅰ2(2)参照）と呼ぶことができよう。これに従えば、民法上の所有権の「原形」そのものが、「法令」（206条）との関係で、原則－例外という構造を持たないことになる。

　もう一つは、「自由な所有権」とその制限、という構造を維持するものである。これには、あくまで自由を原則に据えるもの[24]と、もう一歩進み、所有権は「制限によって認められた範囲内における全面的支配権」とみるもの[25]がある。けれども、いずれにせよ、民法上の所有権は、「法令」（206条）や「公共の福祉」（1条1項）、「権利の濫用」の禁止（同3項）による制限とセットのものであると理解されている。憲法29条1項の保障する「財産権」がこの意味のものだとしたら、同2項の趣旨は民法所有権法の中ですでに実現されているとみなければならない。

(2) 「所有権」の意味と範囲

　憲法にとってレレバントな「所有権」は、民法206条の所有権の観念に限られるか。同条の観念だけでは、民法上の所有権の姿を正しく捉えたことにはならない。そうすると、憲法の参照対象は、民法が定める所有権の基本部分と解されよう。この場合には次の点が問題となる。

　第一は、「民法」の意味である。これについては、民法典ではなく、実質的意味での民法をさすとみるべきであろう[26]。そう解さなければ、例えば建

23）　川島武宜＝川井健編『新版注釈民法(7)』（有斐閣、2007年）314-315頁〔野村好弘＝小賀野昌一〕。

24）　舟橋諄一『物権法』（有斐閣、1960年）343頁、344頁、加藤雅信『物権法〔第2版〕』（有斐閣、2005年）252頁。

25）　我妻榮（有泉亨補訂）『新訂物権法』（岩波書店、1983年）272頁。なお、星野英一『民法概論Ⅱ〔合本再訂版〕』（良書普及会、1980年）112頁も参照。

26）　山野目章夫「私法秩序の基本的部分とその憲法適合性審査」法律時報81巻5号（2009年）5頁も結論同旨。

物区分所有に関するルールは、特別法の制定によって民法から削除された（旧208条）というだけで――評価を介在させることなく――、基本部分から外されてしまうことになる。

　第二に、基本部分の範囲が問題となる。一方で、所有権内容を「総体」として捉え、対抗要件主義（177条・178条）や、即時取得（192条）・付合（242条以下）といった法定物権変動を、憲法の保障する所有権内容に組み込む可能性が指摘されている[27]。これに対して、憲法規範を充填する、という意味での民法は、「社会構成原理を提供する理念的なもの」であり、対抗要件などの技術的な制度は除かれる、との見方がある[28]。

2　共有と個人主義

(1)　共有の法的性質

　共有の法的性質については、次の二つの見解が対立している[29]。共有物上に1個の所有権（共有権）が成立し、各共有者はこの1個の所有権の一部（持分）を有するというもの（単一〔分量〕説）と、各共有者が1個の独立の所有権（持分権）を有し、共有物上にはそれらの複数の所有権が集約した関係（共有関係）が成立するというもの（複数〔独立所有権〕説）である。後者によれば、共有の個人主義的性格が徹底される。しかしながら、現行民法起草者は単一（分量）説に与していた。実際、民法典は「持分」という概念しか知らない。「持分権」なる概念はのちの学説が作り出したものである。すぐ後で述べるように、共有の規定を個人主義的観点だけで捉えるのは無理がある。判例の基本路線も単一（分量）説であった。

　これに対して、森林法判決は、共有者は各々「それ自体所有権の性質をもつ持分権」を有するとし、共有物上の関係を「共有関係」と規定する。当時の通説に従い[30]、複数（独立所有権）説を打ち出したわけである。この判示

---

[27]　山田誠一「所有権」法学教室171号（1994年）37-38頁。
[28]　吉田克己「憲法と民法」『市場・人格と民法学』（北海道大学出版会、2012年）〔初出2004年〕55頁。
[29]　七戸克彦「共有者の一人による不実登記の抹消登記請求(1)(2・完)」民商法雑誌131巻2号43頁、3号66頁（2004年）、簡潔には、同『物権法Ⅰ』（新世社、2013年）199頁。
[30]　我妻（有泉）・前掲注25) 316頁。調査官も同文献を引用している（柴田・前掲注6) 213頁）。

は、違憲の結論への布石として打たれたものと読むことができる。

(2) 共有の法律関係

森林法判決は続けて、共有物分割請求権は、各共有者に「近代市民社会における原則的所有形態である単独所有への移行」を可能ならしめるものであり、「持分権の処分の自由とともに」共有の「本質的属性」に属するという。この大上段に構えた説示は、当時の通説の影響を強く受けたものである[31]。それによれば、共同所有は共有・合有・総有の3類型に区分される。総有がゲルマン法的な団体主義に基づくのに対して、共有はローマ法的な個人主義を基礎とする[32]。共有の個人主義的特質は、持分権の処分と分割請求の自由に示される。

けれども、現在の研究状況にかんがみれば、この説明をそのまま維持することはできない[33]。

第一に、沿革研究によれば、「共有を、単に、個人主義的共同所有とすることは、適切な理解でない」[34]。現行共有法は単層ではなく、フランス法に由来する基層と、イタリア法・スペイン法・ドイツ民法第2草案の影響を受けた第二層から構成されている。従来の通説はこのうち、持分処分と分割請求の自由といった基層部分の規定にしか着目していない[35]。これに対し、第

---

31) 柴田・前掲注6) 213頁が引くのは、我妻（有泉）・前掲注25) 314頁。
32) この図式は、平野義太郎『民法に於けるローマ思想とゲルマン思想』(有斐閣、1924年)により持ち込まれたものである。岡田・後掲33) 81頁。
33) 学説の展開については、山田誠一「団体、共同所有、共同債権関係」星野英一編代『民法講座 別巻1』(有斐閣、1990年) 285頁、岡田康夫「ドイツと日本における共同所有論史」早稲田大学法学会誌45巻(1995年) 47頁。近時では、伊藤栄寿「共同所有理論の現状と課題」民事研修674号(2013年) 2頁、武川幸嗣「共同所有論」吉田克己＝片山直也編『財の多様化と民法学』(商事法務、2014年) 712頁、さらに、小粥太郎「遺産共有法の解釈」論究ジュリスト10号(2014年) 112頁も参照。
34) 山田誠一「共有者間の法律関係(1)～(4・完)」法学協会雑誌101巻12号1855頁、102巻1号74頁、3号492頁、7号1292頁(1984-1985年)。引用は、(4・完) 1353頁。山田・前掲注27) 39頁が森林法判決を評して、我妻説という当時の「民法の解釈学説の支配的見解を手がかりに」(傍点水津)共有において憲法上保障される所有権の内容を決定したものだと述べているのは、意味深長である。
35) 山田・前掲注34) (1) 1882頁、(2) 132頁、(4・完) 1357頁を参照。

二層では、個人主義的要素に汲みつくせない規定が挿入された。共有物の管理については過半数でこれを決すること（252条）、共有者の1人が共有物につき他の共有者に対して有する債権——不分割特約（256条1項ただし書〔登記につき、不登59条6号・65条〕）を含む——はその特定承継人にも行使できること（254条）は、共有における「共同的制約」[36]を予定したものである。

第二は、分割請求権を共有の本質とみる点である。従来の通説は、個人主義的な共有理解を基礎として、共有は早期に分割解消されるべき存在だと説いてきた。これに対し、共有には、①単独所有への解消を念頭においた「分割型共有」のほかに、②共有の存続を前提とした「持分処分型共有」がある、との見解が有力に主張されている[37]。これに従えば、②のタイプでは、分割請求権は共有の本質に属さない。また、共有の発生原因[38]を無視して、分割請求権の存否を抽象的に論じることには無理があろう。

発生原因に目を向けることは、第三に、共有総論の存在意義、ないし原則的な共同所有形態としての共有という描像への批判につながる。共有の規定がそのまま適用されるのは、共有者間の合意も、特別な法規もなく、「共同所有がいわば偶然に成立した場合のみであって、かかることは現実にはほとんど生じえない」[39]。ABCがヨットを購入した、といったケースが共有の典型事例とされている。しかし、そうした場合には、たいていは組合（ないし組合類似の）契約が存する。そして、目的物が組合財産を構成すれば、持分処分と分割請求が制限される（676条1項2項・683条）。この所有形態——合有または特殊な共有[40]——を例外的なものと規定することはできない。組合契約は実定法上、典型契約の一つに位置づけられているからである。

---

36) この用語は、新田敏「共有の対外的関係についての一考察」法学研究（慶應義塾大学）59巻12号（1986年）154頁。

37) 山田・前掲注34）（4・完）1362頁のほか、吉野衛「共有不動産に対する妨害排除」実務民事法5号（1984年）13頁、玉田弘毅「共有類型化論への一つの接近」法曹時報43巻4号（1991年）1頁を参照。

38) この点を強調するのは、岡田・前掲注33）93頁。

39) 鈴木禄弥『物権法講義〔5訂版〕』（創文社、2007年）73頁。

40) 組合財産の所有形態をいずれと捉えるかについて、学説は分かれている。判例によれば、組合財産は「理論上」合有であるとしても、「解釈論としては」特別規定がない限り、民法249条以下の適用を受けるとされる（最判昭和33年7月22日民集12巻12号1805頁）。

第四に、共同所有という法制度の単位が問題となる。すなわち、共有・合有・総有はそれぞれ別の法制度なのか、そうではなく、共同所有という一つの法制度なのか。従来の通説は3類型を理念型としてカテゴリカルに切り分けており、前者に与するとみることもできた。これに対し、現在では、後者を志向する見解が有力であるといえよう。共同所有形態を共有・合有・総有のどれか一つのカテゴリーにあてはめて、そこから演繹的にルールを引き出す、という思考様式には批判が強い[41]。3者の境界は流動的なものである。また、そもそも合有と総有の概念自体に批判がある[42]。民法典は「共有」の概念しか用いていない。

　もっとも、かりにそうだとしても、「共有」の中でいくつかの類型を構成することは可能である。そうすると、問題は、この領域における類型思考の意義をどのように評価すべきかに還元されることになろう。

　第五は、団体法の視角である。総有と合有に関しては、その「ミニ法人論的構造」が指摘されている[43]。他方で、共有にも共同的制約が存する（第一）。そうだとすれば、共同所有における制約の根拠を、主体間の結合の有無・強弱という視点から捉え直す必要もでてこよう。

　最後に、単独所有ないし分割型共有を理念型とする考え方について。たしかに、封建的負担をともなう分割所有権制度の復活を企てることは許されない。けれども、そのことから、持分処分型共有や合有・総有といった他の共同所有形態を一般的に敵視するのは、論理に飛躍があるように思われる。

---

41)　星野英一「いわゆる『権利能力なき社団』について」『民法論集 第1巻』（有斐閣、1970年）〔初出1967年〕306頁、鈴木禄弥「共同所有の状況の多様性について（上）（下）」民事研修483号12頁、484号11頁（1997年）。
42)　伊藤・前掲注33) 6頁、武川・前掲注33) 718頁、小粥・前掲注33) 113頁による整理と分析を参照。
43)　加藤雅信「総有論、合有論のミニ法人論的構造」星野英一先生古稀『日本民法学の形成と課題 上』（有斐閣、1996年）153頁、簡潔には、同・前掲注24) 299頁。この視点から総有論・合有論を再評価している。

III　民法の基礎理論

1　体系と原理

(1)　自由・平等

　次に、民法の基本原理につき、議論の素材を提供するために、いくつかの見方を引いておこう[44]。かつての有力な見解[45]は、民法の指導原理として、「公共の福祉のための個人的自由と全体的平等の調和」[46]を掲げていた。すなわち、①近代の民法は「個人主義的な『自由』」に基づく[47]。これに対し、日本国憲法によれば、基本的人権は「個人本位」ではなく「国家協同体の理念」を基礎とし、「国家すなわち国民全体の向上発展」をその本質的内容とする[48]。②この展開——個人主義から協同体主義、自由の確立から平等の要請——を、戦後の民法は自由の浸透にも留意しつつ受け止めているとみる（新たに挿入された民法1条と1条ノ2〔現在の1条と2条〕）。

　②は、憲法と民法を統合的に捉えている。この見方が適切であるか否かは、憲法・民法関係論の総論に属する[49]。では、①に関してはどうだろうか。

　一方で、憲法の読み方につき、民法学者からも批判がある。代表的な論者によれば、日本国憲法は、秩序論に基づく協同体主義ではなく、13条をとおして、リベラリズムの思想——個人個人が自己のアイデンティティーを求めつつ、みずから「善い」と信ずる生き方を等しく追求できることがなによりもまず保障されなければならない——の採用を宣言したものである[50]。こ

---

44)　鋭利な分析は、山本・前掲注1）法学セミナー(2) 45頁、同・前掲注1）新世代24頁。
45)　我妻栄「民主主義の私法原理」『民法研究I』（有斐閣、1966年）〔初出1948年〕1頁、同「新憲法と基本的人権」『民法研究Ⅷ』（有斐閣、1970年）〔初出1949年〕89頁、同『新訂民法総則』（岩波書店、1965年）2頁。
46)　我妻・前掲注45) 民法研究I 42頁。
47)　我妻・前掲注45) 総則4頁。
48)　我妻・前掲注45) 民法研究Ⅷ 245、246頁。
49)　山本・前掲注1）法学セミナー(1) 18頁、同・前掲注1）新世代9頁。
50)　山本・前掲注1）リベラリズム（2・完）5頁、27頁。

れは、個人の権利を保障することに他の社会的な目標の実現に優先する価値を認める立場、つまり権利論とかさなると説かれている。

　他方で、近代民法の捉え方にも問題がある。ここではドイツの議論を引いておこう[51]。それによると、行き過ぎた個人主義や無制約の自由、といった「近代」のラベルは、「現代」の一時期に個を抑圧しようとした者たちが批判のために作り出したものである。パンデクテン体系の基底に据えられた「自由」は、けっして無制約なものではなく、とりわけ他者の自由によって限界づけられていた。自由と平等は対立概念ではなく、そこで志向されていたのはむしろ、平等な自由の保障である。また、〈売買は賃貸借を破らない〉のように、社会的使命に対応したルールも各所に織り込まれた。そもそも民法だけでなく、特別立法をも視野に入れないと、当時の私法秩序を正しく評価することはできない。ドイツ民法典に対するギールケやメンガーの批判は一面的なものである。同法典を「古典的リベラリズムの遅れて生まれた子」と定式化すること（ヴィアッカー）も、誤りであるといわざるをえない。

(2) 近代・前近代

　森林法判決の読み方として、この判決によると、入会権のような「前近代的権利」は憲法上の財産権として保障されないのではないか、という問いが提起されている[52]。これには民法学者からの応接がある。それによれば、憲法が近代的な権利のみを保障していると考える根拠は見出しにくい。入会権は合憲と解さなければならないとされる[53]。ここで興味深いのは、議論の中身よりも後者の応接の仕方である。すなわち論者は、森林法判決の判旨から「近代」の文言を抜いて読者に提示したあと、「［近代という言葉が］出てこなくても判決の論理は、十分に成り立つ」という[54]。

　民法学でも、「近代」の名を掲げる理論やテーゼは多い。解釈方法論にお

---

51)　さしあたり、水津太郎「現代における法典の擁護」内池慶四郎先生追悼『私権の創設とその展開』（慶應義塾大学出版会、2013年）369-370頁、384-385頁。
52)　中島徹「憲法学からみた東日本大震災」企業と法創造8巻3号（2012年）78頁。
53)　山野目章夫「財産権の規矩としての民事基本法制」企業と法創造9巻3号（2013年）159頁。
54)　山野目・前掲注53）161頁。

ける近代法学派をはじめ、憲法・民法関係論における近代法論、各論的には、近代的（土地）所有権論と近代的抵当権論が著名である。もっとも、法史学や法社会学の研究は別として、民法の解釈論との関係では、「近代」「前近代」という枠組みで議論を組み立てること自体に異論がある。最も良く知られているのは、近代法学派に対する次の批判であろう[55]。同学派によると、「近代法のあり方」が民法解釈の基準とされる。しかし、①「近代」が歴史的事実を指すならば、そこから「かくあるべし」という基準はでてこない。他方、②理念や価値としての「近代」であれば、端的にその正しさをもって論じるべきである。そもそも、③なぜ「近代法のあり方」なのか。「『世界の終末』に向かう流れ」を考えることもできるのに[56]。

この批判は、「近代」という概念のもつ規範的説得力や、そこに内包されている諸価値を否定するものではない。むしろそれらを高く見積もればこそ、語り方に注意を促している。この方向は、さきにみた森林法判決の読解作法につうじるものがあるように思われる。

2　概念と方法

(1)　権利・制度

財産権保障の構造については、これを法制度の保障とみるものが有力である。法制度保障論と内容形成論（Ⅰ2(2)）は、異なる部分も多い——原則 - 例外関係を認めるか、積極的要請を含むとみるか——けれども、この限りでは同一の陣営に属している。問題は、かりに法制度の保障に尽きると考えるなら、その侵害があった際にも、客観訴訟が認められない限り、訴訟で争えないという点である。動産所有権制度が将来に向かって廃止された場合[57]に、主観的権利としての財産権の侵害は存しないのか。ここでは、財産権は法制度の存在・内容に依存する、という命題をひとまず受け入れよう。そうした

---

[55]　議論状況は、瀬川信久「民法の解釈」星野英一編代『民法講座 別巻1』（有斐閣、1990年）71頁。

[56]　星野英一「民法解釈論序説」「『民法解釈論序説』補論」『民法論集 第1巻』（有斐閣、1970年）〔序説の初出は1967年。補論は書き下ろし〕37-39頁、54頁注4、58頁。利益考量論からの批判である。

[57]　この例は、ポイケルト（水津訳）・後掲注73) 463頁を参照。

ときに、なお主観的権利の侵害を認めるロジックをどう構成するか。この問いについては、——制度形成に対する権利を構想するものを除くと——「制度」の捉え方に応じて、次の二つの見方がある。

　一つは、国家以前に人々の間で共有されている法制度を想定する見解である。そうした法制度がなければ、人々は社会生活を営めない。所有権についても、人々のコンヴェンショナルな約束事に基づく権限を観念することができる。この「所有権」は、法律とは無関係に定まる「憲法上の権利としての基本権」にほかならない[58]。前国家的な「私法秩序」を構想する見解[59]も、この系列に組み入れることができよう。

　もう一つは、法律によって構成された制度から出発するものである。これによると、憲法上の権利は観念できないようにみえる。けれども、「制度としての財産権の保障に反する法律は、直接・現実に財産法領域における当事者の自由の縮減を意味する」[60]。この構成には、「憲法上の自由な財産権」を思考の道筋に「密輸入」している、そこでの「自由」は「下位法上の自由」でしかないはずだ、との批判がある[61]。たしかに、法律が制度を法律限りで自由に構成できるのなら、この批判は正当であろう。しかし、内容形成論では、法制度は自律的な生活形成という人権論の観念に適合的なものでなければならない。財産権が法律制度に依存するとしても、法律制度が憲法上の規準に服する以上、この限りで憲法上の権利を語ることは矛盾ではないように思われる。

(2) **事実・規範**

　ベースライン論（Ⅰ2(2)）によれば、ベースラインは「法律家集団の共通了解」によって定まり、そこから乖離する場合には、必要性と合理性をきちんと論証しなければならないとされる。正当化の性質に着目すると、これは

---

[58]　山本敬三「憲法による私法制度の保障とその意義」ジュリスト1244号（2003年）147頁および注43。
[59]　宮澤・前掲注1) 62頁、137頁、154頁。
[60]　小山・前掲注13) 人権と制度 71頁。
[61]　清水・前掲注14) 109頁。

「事実の積み重ね」によるものとみられる[62]。この見解は内容形成論から、「議論の落とし所」にはなっても、なぜ憲法がそれを尊重しなければならないのかを十分に説明していない、と批判されている[63]。これに対する反論は次のとおりである。内容形成義務があるとしても、立法の具体的な選択肢が複数ある以上、ベースラインの設定が不要になるわけではない。そして、法律家集団の共通了解というのはあやふやな根拠のようにみえるかもしれないが、「これ以上に確かな根拠がどこかにあるわけではない」[64]。

　この文脈では、「議論」論をめぐる論争[65]が思い出される。ベースライン論と「議論」論の間には、問題関心・論証方法・理論構成のいずれにおいても大小さまざまな差異がある。けれども、両者は共約不可能なものではない。本報告の見立てによると、「議論」という概念[66]を中核に据えれば、ベースライン論にまつわるいくつかの問題に、新たな角度から光をあてることができる。

　第一に、なぜ法律家集団の共通了解に特別な意味が与えられるのか。「議論」論によれば、主張‐反論‐再反論のプロセス——相互主観的テスト——を経由して正当化された言明は、この意味で、かつその限りにおいて「客観性」ないし「正しさ」を獲得する。言い換えれば、「議論」という生存競争に耐えて生き残った言明は、「それだけ多くの法律家の間の共通の世界の一部」「共有財産」となっている。したがって、この言明が次の段階の「議論」の前提を構成することになる[67]。この見方は、「客観性」は経験的な事実に基づき実証された場合にしか語りえない、という伝統的な科学観に対する根本的なアンチテーゼである。

　第二に、法律家集団の共通了解はどのようにして形成されるべきか。「議論」論は「議論」に提出される言明の資格を、「反論可能性」テーゼによっ

---

62) 山野目・前掲注53) 167頁。
63) 小山剛「基本権の内容形成論からの応答」法律時報81巻5号（2009年）12頁。
64) 長谷部恭男「立法者の基本権内容形成義務とベースライン」『続・Interactive 憲法』（有斐閣、2011年）40頁、43頁注11。
65) これについては、瀬川・前掲注55) 74-97頁。
66) 平井宜雄『法律学基礎論の研究』（有斐閣、2010年）〔初出1988-1990年〕63頁、219頁。
67) 平井・前掲注66) 87頁、225頁。

て定めている[68]。なぜなら、反論可能性が小さければ、「議論」によってテストすることが困難になるからである。権利濫用や信義則といった一般条項を安易に用いてはならないという命題は、この観点から合理的に説明することができる。

　「議論」論に対しては、「実質的価値不問主義」ではないか[69]、との批判が投げかけられている。さきにみたベースライン論に対する批判も、同趣旨のものかもしれない。また、「議論」論の方向を受け入れたとしても、議論のための手続や制度を整備するだけでなく、議論による正当化の構造と方法を明らかにしなければならない。こうした問題関心から、法的正当化のかなめを原理間衡量に求め、その枠組みの構築を試みる見解があらわれている[70]。

Ⅳ　所有権立法の外在的統制

1　外在的統制

　これまでの考察では、「財産権の内容は……法律でこれを定める」（憲29条2項）としたら、財産権の性質の観点から所有権立法を統制することはできないのではないか、という問いを扱ってきた。これが「内在的統制」の可否と方法の問題であるとしたら、財産権の性質以外の観点、すなわち他の憲法上の権利あるいは原理によって統制をおこなう場合には、これを「外在的統制」と呼ぶことができる[71]。その方法として最も重要なのは、平等権（憲14条）による統制であると説かれている[72]。

---

68)　平井・前掲注66) 230頁、243頁注73。
69)　星野英一「『議論』と法学教育」『民法論集 第8巻』（有斐閣、1996年）〔初出1989年〕176頁。反論として、平井・前掲注66) 227-229頁。
70)　山本敬三「法的思考の構造と特質」『岩波講座 現在の法15』（岩波書店、1997年）249頁、253頁。
71)　この用語は、高橋和之「憲法判断の思考プロセス」法曹時報64巻5号（2012年）16頁。
72)　高橋・前掲注71) 18頁。

2　所有権と自由

　もっとも、所有権立法の際には、所有者以外の者たちの自由権による統制が大きな問題となる。このことは、ある者に対する所有権、すなわち物を目的とする排他的支配権の承認・創設は、それ以外の万人の行為自由の縮減をもたらす、という所有権の構造から明らかになる[73]。例えば最高裁[74]が、物のパブリシティ権を否定する際に、所有者の権能は物の有体面にしか及ばないとする一方、物の名称といった無体面の使用については、知的財産権関係の各法律が、「国民の経済活動や文化的活動の自由を過度に制約することのない」ように排他的な使用権の及ぶ範囲と限界を明確にしていることを挙げて、「法令等」の根拠がない以上そうした権利を認めることはできないと述べているのは、所有権と自由の緊張関係をよく示している[75]。

　これに対して、森林法判決では内在的統制のあり方が問題となった。このことは、一の共有者が他の共有者に対して共有物の分割を求めることができるか否かは、すでに排他的支配権を割り当てられた者同士の争いだからであると説明することができる。

---

73)　アレクサンダー・ポイケルト（水津太郎訳）「所有権と自由」慶應法学 19 号（2011 年）425 頁。
74)　最判平成 16 年 2 月 13 日民集 58 巻 2 号 311 頁。
75)　水津太郎「民法体系と物概念」吉田克己 = 片山直也編『財の多様化と民法学』（商事法務、2014 年）〔初出 2014 年〕79 頁参照。

4-3

[座談会]
憲法上の財産権保障と民法

水津太郎　宍戸常寿　曽我部真裕　山本龍彦

I　はじめに

宍戸（司会）　本日は水津太郎さんをお招きし、「憲法上の財産権保障と民法」について議論します。
　まず前半では、特に森林法事件を中心に議論したいと思います。それでは、問題提起の方をよろしくお願いします。

1　財産権保障——民法学からの問題提起

水津　このたびは「憲法学のゆくえ」にお招きくださり、どうもありがとうございます。わたしのテーマは財産権保障です。基調報告では、いわゆる憲法・民法関係論に直接応接するのではなく、森林法判決を起点に憲法学で展開されている議論を、民法学の見地から読み、いろいろな角度から考察や注釈をくわえる、というスタイルをとりました。同判決の先例性には憲法学上議論があるようですが、その点はひとまず括弧に入れています。
　財産権保障というテーマを選択したのは、民法所有権法の一般的な解説に対して疑問を持ったからです。物権法の教科書や体系書を開くと、憲法29条と民法206条がしばしばセットで挙げられています。憲法の条文は民法で

はあまり引かれないのですが、その例外の一つが所有権法です。しかし、憲法上の財産権と民法上の所有権はどのような関係にたつのか、といった基本的な問題にはほとんど論及されません。この座談会を機に、憲法29条と民法206条をなんらの説明もせずに並置する慣行がなくなればいいな、と思っています。基調報告の前半部分では、以下のことを示しました。

　森林法判決のほか、法制度保障論やベースライン論のように、憲法上の財産権保障との関係で民法上の所有権や共有が引き合いにだされる場合に、そこでイメージされている民法上の所有権や共有の観念は、一時期の民法通説を基礎としたもので、今日の民法学においてはかならずしも受け入れられていません。とりわけ重要なのは、自由な所有権や所有権絶対の原則、共有の個人主義的性格の捉え方です。この民法学説の変遷は、現行民法典制定後に生じた社会・経済情勢の変化や理論的研究の深化だけに帰せられるのではなく、実証研究の成果によると、旧通説はそもそも現行民法制定期の所有権や共有の姿をきちんと捉えていなかったとされています。このことはとりわけ、法制度保障論のロジックをとる場合に重要な意味を持つように思われます。

　同じような問題は、民法の基本原理にもあてはまります。報告ではドイツの議論にすこし触れました。近代の民法が自由を無制約に認めていたといったイメージは、ギールケやメンガーによる批判や、ヴィアッカーやラーレンツがくわえた論難に由来するのであって、実証的にみるととうてい維持できないと説かれています。

　まったく反対に、近代は前近代と対抗するかたちで、ポジティブに援用されることもあります。しかし、この意味での近代の語り方についても、民法解釈論の文脈では、留保を付したり、注意を促すものが有力です。報告の中では、近代法学派に対する星野英一先生の批判を引いておきました。

2　森林法判決——憲法学からの受け止め

　宍戸　ありがとうございました。それでは、山本さんからコメントをお願いいします。

　山本　水津さんがご指摘されたように、民法学では、憲法29条の1項と

水津太郎 氏

2項の関係が少々素朴に理解されてきたのかな、という印象をもっています。民法の教科書をみても、まず「憲法上の財産権」なるものが存在するという前提があり、これが、民法206条の「所有者は、……自由にその所有者の使用、収益及び処分をする権利を有する」という部分に、特段の論証なく接続される。そのうえで、29条2項の「公共の福祉」適合性要求を根拠に、この「権利」の制約可能性、あるいは制約の容易性が説かれる。他方、憲法学では、29条2項の「財産権の内容は、……法律でこれを定める」という部分に注目し、そもそも「法律」以前に「憲法上の財産権」が存在するのか、存在するならば、それはどのような権利か、ということを問題にする傾向があります。先ほどの前提そのものが疑われる。ここでは、民法206条の特権的な、あるいは憲法的な地位も、論証を必要とする対象となります。

　このような根源的な議論を誘発したのが、森林法判決であり、安念潤司先生によるその評釈（同「憲法が財産権を保護することの意味」長谷部恭男編著『リーディングズ　現代の憲法』〔1995年〕）でした。憲法学では、従来、29条1項において憲法上保障されているものとして、既得権的利益と私有財産制度を考えてきたわけですが、事件が起きた昭和40年頃の段階で、森林法の分割請求権制限規定は、原告の既得の利益を奪うものでも（原告はもともと分割請求権が制限された森林を有していたわけですから）、私有財産制度の核心を侵害するものでもありませんでした。そうすると、森林法の分割請求権制限規定が、憲法上の何を侵害したかが問題となる。

　しかし、森林法判決は、分割請求権を共有者に否定するこの規定は「憲法上、財産権の制限に該当」する、と述べてしまった。これが、すべてのはじまりです。こう考えるには、民法上の分割請求権を、あるいは、その背景となる単独所有を、憲法上の権利ないし制度と見なければならない。もちろん、ここで問題になるのは、なぜそう見ることができるのか、です。なぜ民法上

の単独所有という考え方が、憲法上特別の意味をもつのか。イントロダクションで論じたように、憲法学の有力説は、いずれも民法学の知見を必要とするものです。

　例えばベースライン論は、法律家集団内部において、単独所有が所有権制度の標準形態であるとの共通了解が存在しているために、これを憲法の想定する「ベースライン」として観念しうるとする考えですが、ここでは、民法学者集団の内部で、こうした共通了解が存在しているかが確認されるべきです。先ほど、民法の教科書では、民法206条が憲法上の財産権と「特段の論証なく接続される」と述べましたが、この論証の欠如は、逆に自由な所有権の原則性が民法の世界で当然の前提とされていること、いまお話しした「共通了解」が存在していることの証左なのかもしれません。他方で、水津さんは、自由な所有権に関するベースライン論的理解は「民法学者の理解とかなりずれがある」とも指摘されました。ベースライン論自体の意味やそこで前提とされる「法律家集団」の意味にもかかわるでしょうが、このあたりの事実の評価について議論を深められれば、と思います。

　また、明治民法が、単独所有＝一物一権主義を、民法第2編第3章を貫く制度理念、すなわち「法制度」として選択し、日本国憲法制定者がこの法制度を追認した、だから単独所有は憲法ランクの保障を受けるのだ、と説明する法制度保障論も、民法学の助けが必要です。そもそも明治民法は、単独所有を「法制度」として選択したのか、という過去の事実問題につき、民法学はどう対応しているのか。水津さんは、明治民法制定期の所有権理解として異論もありうる旨指摘されましたが、この点も詳しくお聞きできれば、と思います。

　結局、こうした「事実」からの説明に問題があるとすると、今度は規範論レベルで、単独所有の特権性を正当化する必要があるわけですが、果たしてそれは可能か。判決中で、単独所有は「近代市民社会における原則的所有形態である」と述べた部分がヒントになりそうですが、憲法上尊重に値する価値がさらに「近代市民社会」から具体的に抽出される必要があると思います。共同的所有形態に対する単独所有の個人主義的価値などがこれに当たるかもしれません。近代法学派に対する星野先生のご批判のポイントをご教示いた

だいたうえで、この点に関する検討も行なえれば、と思います。

単なる整理になってしまいましたが、私の方からはさしあたり以上です。

II　森林法判決をめぐって

1　森林法判決の位置づけ

宍戸　いまの山本さんからのコメントを踏まえ、曽我部さんからもコメントをいただけませんか。

曽我部　私自身は、法制度保障論などの近年の読み方が判例の読み方として本当に適切かについて疑問があるので、その前提でお話をさせていただければと思います。まず森林法判決は、共有物分割請求権を認めないということをもって「制限」だと指摘することから出発しているわけですよね。しかしその後の判決を見ると、最高裁はこの「制限」を特段議論していません。

例えば、平成14年の農地法判決（最判平成14年4月5日刑集56巻4号95頁）を見ると、農地の転用に許可制を導入することについて、特に制約云々を言わずに、目的手段審査的な判断をしているわけです。農地法もおそらく当該農地の取得前から農地法の許可制はあったはずで、その意味では森林法と同型だと思うのですが、その議論がない。かつ、農地法の許可制が所有権の本質を制限しているということではないだろうと思います。

ですから最高裁は制約概念を厳密に捉えて議論しているというよりは、むしろ森林法判決の調査官解説であった、いわゆる「自由な所有権論」ぐらいの捉え方がされているような感じがしています。最高裁は制約を非常に緩やかに捉えた上で、むしろその法制度の合理性を審査しているということではないか。法令そのものの合理性を審査するという一般的な手法からしても、それは整合的に理解できると思います。

基調報告では自由な所有権論の問題点が指摘されているわけですが、最高裁はあくまでも立法の合理性を審査するための一種の基点として自由な所有権論を用いており、所有権本質論がそれほど語られているのかは疑問に思われます。

森林法が制約を認めたという話と並びもう一つ問題となるのは、この判決の審査密度が高かったという点です。ただ、この点については、例えば最近、仲野武志先生がいろいろな法令を悉皆的に調べて、森林法の共有物分割請求、持分1/2以下の者からの分割請求を一切否定するような法律は非常に異例であるという議論をされています（『国家作用の本質と体系Ⅰ』）。最高裁はその観点から深い精査をしたのではないかという説明も十分可能です。
　こうした見方は、疑わしい法律については審査密度を高めるという千葉裁判官のアプローチと通底するものがありそうです。財産権本質論から実体法的な議論をしなくても、十分説明ができるようにも思われます。実際、森林法判決は、共有物分割請求は共有の本質的属性だと、一言触れられているだけです。

　宍戸　森林法判決とはいったい何だったのか、というところから議論したいと思います。森林法判決が、当時の憲法学者が思ってもみなかったものであったということは間違いないでしょう。
　憲法学による 29 条論の一般的なイメージで想定されるのは、例えば建築制限や農地改革などの問題でした。公権力によって自由な財産権の行使を制限するとか、近代立憲主義の前提とする社会を創設するために、旧地主の土地を取り上げるといった場面です。つまり、もともとは公権力によって財産権の領域に介入するという、「侵害」がはっきりとあり、その侵害の合憲性をどのように判断するかという問題構造になじみやすい場面です。
　ところが、森林法は、私人間の財産の帰属に関するルール、あるいは財産権の行使に関するルールでしかなく、公権力の介入自体があるのか疑わしい。これがはたして憲法判例と言えるのかということが、この判決を見たときの憲法学者の最初の疑問です。そこから安念先生の説明が登場し、ドイツ学派の石川健治先生が読み込んでいくという展開が生まれた。その大きな流れに、日本の憲法学の財産権論は巻き込まれてきた、と言えます。
　しかし、最高裁自身も憲法 29 条に関するその後の判例では、証券取引法事件（最大判平成 14 年 2 月 13 日民集 56 巻 2 号 331 頁）を先例として引いています。区分所有法判決（最判平成 21 年 4 月 23 日判時 2045 号 116 頁）も、所有権に関する事件であるにもかかわらず、森林法事件を引用していない。最高

裁の判例史の中でも、森林法判決は鬼子的な扱いを受けているのではないかという感じもします。

水津 森林法判決が特殊である、とされるときは、どのレベルの議論が念頭におかれているのでしょうか。当面の問いを憲法問題として性質決定したこと自体を問題視するものがあれば、その点については特に触れることなく、違憲審査の基準や方法を取り上げるものもあるようですが。

宍戸 一つの考え方は、厳しい違憲審査をした、審査密度を上げてしまったこと自体が、問題ということでしょう。他の財産権に関する判例全体もそうですが、侵害があまり観念できないのに、法制度の合理性それ自体を判断している。強い侵害があって、その侵害が正当化されるかを、目的手段を厳密に見るというやり方で判断するというやり方に、本当になじむ事案なのか。あるいは、およそ財産権についてそうした議論をするべきなのかという点が、疑われるようになってしまった。

自由な財産権を観念し、それに対する侵害という形の見立てをしたことがよかったのかという疑問が、この判決を考える際には抜けないのです。

水津 民法上の分割請求権の制限を憲法上の財産権にかかわる問いだと捉えたという話と、厳しい違憲審査をしたという話の二つがあるように思われます。

宍戸 分けようとすれば、分けて考えることもできますが、両方は連関しているわけです。

山本 そうですね。その連関をどのように説明するかは別として、森林法判決は、森林法という特別法の一規定が「民法」から逸脱していることを憲法上の財産権の制限として重く受け止め、これに事実上、厳格審査を加えた「特殊」な判決です。イントロダクションでは、民法と特別法とのズレから生ずる原告の違和感を「直感的制限」と呼びましたが、その後の「直感的制限」事案では、ご指摘のように森林法判決は無視されます。曽我部さんが挙げた農地法事件でも、森林法事件と同型でありながら引用されない。近年の最高裁は、森林法判決を黒歴史として黙殺しているようにも思えます。宍戸さんが挙げた区分所有法の事案でも、引用されたのは平成14年の証取法判決ですが、そこをどう考えるのかが重要だと思います。

宍戸　最高裁は、関係のある大法廷判決がある場合には必ず引用しますし、特に憲法の場合は、関係があるのかが疑わしいと思われるものまで、やたらと引用する。そうであれば、区分所有法判決でも、本来は森林法判決を引用すべきですよね。さらに言えば、ここで問題になっているのが物権、所有権であるという点で、金融市場の信頼確保という目的で債権を規制する証券取引法事件よりも、事案としてははるかに近いはずの森林法が、引かれるはずなのに引かれないのは、どういうことなのか。

山本　森林法判決の謎かけにハマった学説と、その後の判例との間には確かに温度差がありますね。最近の判例は、曽我部さんのご指摘された方向で動いている可能性があります。権利本質論から距離を置き、もっぱら制度の合理性に着目する軽装の29条論とでもいいますか……。そのなかで、我々が森林法判決を救出する必要が本当にあるのかどうか。憲法学は、判例動向から離れて、森林法判決にやたら深い意味を見出そうとする傾向にあるわけですが。

宍戸　逆に学説が深く意味づけてしまったから、触れられなくなったという可能性もありますよね。

山本　それはあるかもしれません。しかし、私自身は、森林法判決の執拗な読みには意味があると感じています。森林法事件の共有関係は、兄と弟の関係ですね。事件当時、生前贈与した父は亡くなっていますから、兄が家長です。そうすると、本件での弟の分割請求は、典型的な中間集団である家長的家族関係からの解放という側面があります。また、舞台は「森（Wald）」です。「ゲルマンの森」というぐらいですから、森は団体主義的所有観念を有するゲルマン社会の象徴です。こうした舞台背景に引っ張られてか、森林法判決は思わず「近代市民社会」という言葉を口にした。共有に対する敵視ともとれる判旨部分からも、森林法判決は、単独所有・分割請求権に、団体に対する個人の優位、つまり個人主義的価値を見出したのではないかと考えられます。

　こうした意味の発見によって、例えば、団体的規律を強めている区分所有法改正の流れを憲法的にコントロールできる可能性があります。特別法の制定・改正、あるいは民法の再法典化においても、森林法判決の提起した憲

法・民法関係論は一定の指導的な意味をもつかもしれません。

　また、近年の最高裁が、森林法事件と同型の事案でも森林法判決を無視しているという事実は、逆の意味で重要性をもちえます。それは、いまや単独所有は憲法上特別な意味をもたない、というメッセージとして受け取ることができるからです。ベースライン論風にいえば、最高裁は、森林法判決で一旦引いた単独所有＝ベースラインを解消した可能性があるわけです。これは、コモンズ論など、ポストモダン的所有概念を考えるときに興味深い論点を提起するように思います。

　いずれにせよ、森林法判決はいまもなお読まれるべき判決であると考えます。

2　所有権の本質論と森林法判決

　曽我部　仮に森林法判決が所有権本質論に踏み込んだということだとすると、これはいみじくも水津さんの基調報告にあったように、現状はその理解そのものに民法上必ずしも異論がないわけではないということですよね。逆に民法の方できちんと議論してくれないと、最高裁としてもなかなか発展させようがないという部分もあるのではないでしょうか。

　水津　森林法判決は一般論として、複数説に立脚した共有の本質論を展開した後、分割請求権は、近代市民社会における原則的所有形態である単独所有への移行を可能ならしめるものだから、共有の本質的属性であると説いています。これは、我妻栄先生に代表される当時の通説がそのまま語られたものとみることができます。このことは、調査官解説をみても明らかです。

　曽我部　説示の部分の中で、民法の旧通説がインストールされている。

　水津　そのとおりです。ただ、基調報告で書いたような見方が、現在の通説かと問われると、教科書や解説では従来の説明を踏襲しているものもみられますので、すこし留保が必要かもしれません。しかし、論文ないし研究のレベルではそれなりに共有されているので、森林法判決の一般論は、今日では少なくとも通説ではないといってよいかと思います。

　宍戸　その旧通説を引用しているこの判決は、物権法の教科書なり学説なりでは、どういうものとして受け止められているのでしょうか。

水津 森林法判決は現在でも重要な意味をもっており、物権法の教科書でもかならず引用されています。しかしそれは、同判決がその後の判示において、民法258条による現物分割の方法を柔軟化し、一括分割、一部分割および一部価格賠償によることを認め、従来の判例の取扱いを一部あらためたからにほかなりません。この後に、「特段の事情」があるときに全面的価格賠償を認めた、最判平成8年10月31日民集50巻9号2563頁が続くことになります。

これに対し、共有の本質や分割請求権の位置づけについて、森林法判決が現在の民法学説に影響力をもっているようにはみえません。また、民法上の分割請求権の制限が憲法上の財産権の制限にあたる、としたロジックの特異性についても、民法学の関心は低いです。むしろ、民法上の所有権が憲法上の財産権の原型を構成するのは当たり前だ、と考えているふしもあります。

宍戸 森林法判決について、われわれ憲法学者は民法の話を憲法レベルに引き上げたと思ってきたところです。仮に裁判所に違憲審査権がなく、代わりに、財産法に関する法律の内容が憲法に違反するからではなく、不合理なものだから改定する権限をもっている、とします。その場合、森林法判決は単にその権限を発動しただけではないですか。普通の法律家の、法に対する考え方から見て、立法が不合理である、ということですね。

ところが、公式には、裁判所にそうした権限はもちろんありません。だから、その代わりに違憲審査権を行使するかたちを取っただけで、その実質は、最高裁が合理的だと考える法の内容をエンフォースしただけなのではないか。

山本 これはベースラインと時間の問題にかかわりますね。森林法事件当時は、我妻的な旧通説が民法学者の共通了解であり、そこからベースラインが引かれていたが、現在の通説を前提にすると変わってくるのかもしれない。特に水津さんのような若い民法学者からは、森林法判決の共有論や単独所有論は時代錯誤的に感じる。現在の通説的立場、普通の民法学者の視点から、森林法の規定はどう映りますか。

水津 境界標などにかかる共有物の分割禁止規定（257条）は念のためにおかれた注意規定にすぎないと解されていること、分割請求権も5年間は合意により制限することができ、かつその更新も可能であること（256条1項

ただし書・2項。黙示の〔更新〕合意も妨げられない）、登記をしておけば特定承継人にも分割制限を対抗することができること（254条）を考えると、有力説のいうように、民法は分割型の共有のほかに、存続を予定した共有を想定しているとみることができます。

　これに対して、森林法186条は、持分価額2分の1以下の共有者の分割請求権を一切否定していました。この意味ではやはり厳しい規定であったようにもみえます。他方で、今日の議論状況を前提とすると、香川裁判官が反対意見で述べたように、対象が森林法における森林であるにかんがみれば、一定限度で分割を禁じることを民法的な観点から正当化することもできるように思われます。

　森林法判決の中で特に違和感を感じるのは、その一般論です。

　曽我部　一般論としての違和感というのは、共有の本質に関する理解ということですか。

　水津　共有は望ましいものではなく、なるべく単独所有に解消されるべきであるから、分割請求権は共有の本質的属性とみなければならない、としているところです。

　基調報告でも触れましたが、日本民法の共有制度は、全体としてみれば、個人主義的要素に還元できるものではなく、反対に共同的制約も顧慮されています。また、封建的な負担をともなう分割所有権制度の復活を企てることが許されないのはもちろんですが、だからといって、近代市民社会における原則的所有形態である単独所有なる命題から演繹して、共有法を個人主義的に解釈すべきだということにはならないように思われます。

　山本　事実レベルの批判と規範レベルの批判を分けて考える必要がありますね。水津さんご指摘のように、森林法判決は、結局、ベースライン論や法制度保障論といった事実論・記述論から説明するのは厳しいのかもしれない。民法学者集団の共通了解が何かという問題があるし、いま水津さんにご指摘いただいたように、日本民法が共同的制約も顧慮していたとすると、ごった煮的な民法典第2編第3章に単一の法制度をイメージできるかも議論の余地があります。ただ、判決が、個人主義的価値をベースに、単独所有を近代法の原則とすべき、と考えたとすれば、事実レベルの違和感を超えて、我々は

規範論レベルで応答・批判しなければなりません。

宍戸 石川先生の議論をひとまず措いて、多くの憲法学者が、単独所有が近代法の原則だと言う場合には、土地所有権を念頭に置き、一つの物について重層的に所有が観念されること自体が、財産秩序の問題よりも、公の権力の外で何段階かの支配関係を作り出してしまうことの方を、問題視していると思います。樋口陽一先生流の、国家と個人の二極構造を作り出していく、そのためにフランス大革命によって土地を分割して配ったという神話と、密接に関連するものとしてイメージされ、そして日本では、とりわけ戦後の農地改革に紐づけられている。こうした日本の近代化構想をめぐる観念史があって、それとの関係で、単独所有が近代法の原則だということを、憲法学は語りやすい。

そして、そういった世界観にかつての民法学の先生方も相当なシンパシーをお持ちであったところ、いまの民法学がそれには関わらなくなったのは、どういうことなのか。そこが、憲法学と民法学の根底的な分かれ目だという感じもします。

水津 わたしのいい方が悪かったのだと思いますが、分割所有権制度との対抗関係において、単独所有の原則を語ることにはまったく異論がありません。日本民法はそうした制度を否定しています。

もっとも、なぜ分割所有権制度が問題なのかについては、多様な見方があります。例えば第一に、宍戸さんの議論ともかかわりますが、土地所有権の階層性が財産秩序だけでなく、権力ないし支配の秩序にも影響を与えるものであるとみれば、分割所有権制度の否定は、私的所有権を財産秩序の枠内に完結的に定位する試みと捉えられます。第二に、分割所有権制度は、不平等な身分関係を土地所有関係に投影したものであると位置づける場合には、権利主体の平等や下級所有者の自由との関係が問題となります。権利能力平等の原則、所有権絶対の原則、そして一物一権主義は近代において同時に成立したものである、と説かれる際にはこの文脈が意識されています。第三に、一時期有力になった考え方によると、単独所有の確立は、取引安全に寄与するものであることが強調されます。もし一つの物の上に複数の所有権が階層的に成立しうるとしたら、取引参加者には重い調査・確認の負担が課せられ

ることになり、取引が委縮することになるでしょう。

　問題は、これらの根拠づけが、平等かつ自由な複数の主体の間で分割を予定しないタイプの共有が形成されている場合に、これを一般的に敵視することを正当化しうるか、そうした理解が現行日本共有法の解釈として適切か否かだと思います。

III　憲法・民法関係論

1　憲法上の財産権の可能性

　宍戸　山本さんが出された論点に戻りますが、憲法・民法関係論を論じるときに、憲法学は取引の安全などの局面を、どう扱いたいのでしょうか。

　山本　難しい問題です。これも事実論に立つか規範論に立つかで変わってくると思います。事実論は基本的には実体的な根拠を問いません。ベースライン論でいえば、それが個人主義を根拠にしようと、取引の安全を根拠にしようと、ある財産上のルールについて法律家集団の共通了解が形成されていればよい。既得権保障の客観法的な現れとしての法制度保障論でも、取引の安全は憲法的考慮の外に置かれると思います。

　問題は規範論に立った場合です。おそらく取引の安全は、商品交換経済・資本主義経済と結び付いています。この実現を、憲法上の財産権保障の基底的な価値として考慮すべきか、考慮すべきとしてどこまで考慮すべきか、個人主義的価値を含む他の諸価値との関係をどう考えるべきかがポイントになります。結局、憲法上の財産権を支える価値が多元的で、その調整が難しいとすれば、29条2項の立法府の内容形成権限が重要になってくるようにも思えます。

　曽我部　憲法で財産権論を論じるときは、まさに価値レベルで語るのであって、一物一権主義などのレベルでどこまで語り得るかは疑問がありますね。だから一部の基本権では基礎づけ論で議論されていますが、財産権ではこれまであまり議論が深まっていないのだという状況があるのでしょう。憲法では、そちらの切り口が十分あり得ると思うのですが。

水津　ご存じのように、小山剛先生によると、財産権は自然的自由と違って法によって構成された自由であり、その保障は私法上の法制度を前提とすると捉えられています。これによれば、財産権の内容と制限は一体化するから、原則——例外ないし自由——制限、といった見方はとれない。もっとも、法律限りで自由に法制度を形成することができるわけではなく、立法者は憲法上の拘束に服し、かつそこから委託を受けている。
　この考え方は、曽我部さんの言葉を借りると、「価値レベル」において、憲法上の財産権が存在していることを前提としているようにみえます。
　曽我部　制度形成そのものは立法者の任務だと思うのですが、そこで従うべき憲法上の価値を指示するのは、もしかすると可能かもしれない。
　宍戸　個人の尊厳あるいは自己責任を取る個人像から、憲法上の財産権を考えるという出発点に立てば、立法者の制度形成を拘束する原理として、自らの生活設計に必要な範囲の財産の支配権を憲法が保障している、という話になりますね。
　そこでの財産権は、基本的に個人が自らの生活設計をするのに必要な範囲のものですから、物権・債権の区別にすらこだわらない。いままでの財産法の論理とはまったく違う切り口が、憲法上の財産権の核心に置かれることになりますね。
　水津　まったく違う切り口……。
　宍戸　この場合には、憲法の財産権論と民法の財産権論が離れていくことになります。そもそも法人の財産権も、立法者が制度形成のときに作ったものであり、憲法上実現が要請されるものではない。
　水津　憲法は、物権・債権といった概念の構築や、所有権に関する制度の形成の仕方を直接指示しておらず、それらの有り様は立法者が憲法の枠内でみずから決定したということですか。
　宍戸　そうです。個人の自律的な生の設計に必要な物に対する支配の権限、それ以外の個人の生の形成とは直接関係のない物の支配と、法人による物の支配の3種類を、一緒にして所有権と呼び、民法で規定しているだけだ、ということになります。民法の所有権の中には、憲法ランクから見れば層が違うものが含まれていることになります。

山本 小さな財産・大きな財産論を思い出しました。水津さんの印象はどうですか？

水津 民法上の財産権論について、さしあたり二つの問題を区別してみます。一つは、原理のレベルの問題、もう一つは、概念や制度の問題です。

前者の問題は、憲法・民法関係論の中心論点と関連しています。意思原理や信頼原理・取引安全、物権法でいえば公示原則や類型強制といった民法上の諸原理については、①これらを民法固有のものとみる見解、②民法上の評価と並んで憲法上の評価も合わせて顧慮されたものと捉える見解、③すべて憲法的価値に還元されるものと位置づける見解がありえます。とりわけ③の立場にたつと、原理の問題については、宍戸さんの説かれる憲法学上の財産権論と対話することができそうです。

しかし、③の立場を前提とした場合でも、後者の問題、すなわちある概念をどのように規定・区分するか、あるいはいかなる制度を設計するかに関しては、民法の立法者が、憲法と無関係にこれらを自由に決定できるとはいわないまでも、広範な裁量が立法者に認められている、と捉えることは可能です。宍戸さんが憲法との違いとして強調されたのは、このレベルの問題ではないでしょうか。もっとも、原理の問題と概念や制度の問題を、はっきりと切り分けるのは難しいようにも思いますが。

宍戸 先ほどの出発点からは、憲法13条の個人の尊厳ないし私的自治として、対等な市民同士が約束して人間関係を取り結んでいるというのが原理レベルの話であって、それに債権という形を与えるかどうかは制度形成の問題だ、ということになりますね。だから、いまご指摘の論点は、憲法上の財産権論の射程から外すこともできてしまいます。民法から見ると、とんでもない議論になりうるわけです。

水津 そうした構想のもとで憲法上の財産権の体系を描き出すと、どのようなものになりますか。

宍戸 一つは、自律的な生の制度設計を可能にする財に関して、立法者は個人の権限を保障しなければならないことが、憲法上要請されます。二つ目に、立法者は財産権の内容を自由に形成してよいという立法委託が導かれます。三つ目に、憲法上の要請か、立法者自身の選択かは別として、立法に

よって作られた客観法の下で、法主体が取得した個別の財産権を、立法者が簡単に侵してはならないという現存保障、既得権保障が導かれます。最後が財産価値保障、憲法29条3項の正当補償ですね。

曽我部 しかし、そこでの立法委託の中で、民法の長年の英知を生かすということになりますよね。

水津 憲法と民法はまったく無関係というわけではなく、両者の間には緩やかなつながりがある、と把握することになろうかと思います。

宍戸 結局はそうなるでしょうね。

2　憲法・民法関係論を振り返る

曽我部 ある種の憲法上の財産権を観念するときに、宍戸さんが紹介された筋もあるとは思うのですが、他方で例えば松本哲治先生は、人格から出発した憲法上の財産権論が、逆に保障を狭めるのではないかと指摘されています。松本先生がおっしゃるには、憲法は、資本主義、市場秩序をさながら取り込んでいるといった言い方をされていますが、そういう秩序の観点からのアプローチもあるかとは思います。

宍戸 取引の安全という要請を、経済秩序として日本国憲法29条が決断しているのかどうか。体制選択というよりは経済秩序の選択ですね。

曽我部 人格から出発するアプローチと、秩序から設計する道が、憲法上の財産権論としては可能性があるのではないかと。

山本 私自身は、二者択一的ではなく、29条の基底的な価値は多元的であると考えています。だからこそ、そのバランスが難しく、裁判所がある特定の価値から具体的な憲法上の財産権を引き出すことも難しい。だから憲法論が不要かというとそうではなく、憲法論は民事法制の制定や解釈の指針となるべきだと思います。この点で、区分所有法の改正を含め、これまで民事法制の制定・改正の際に、どこまで憲法解釈論が戦わされてきたのか、興味があります。民法の自前の、自律的な議論に終始しているのか、それとも憲法と結び付いた議論が積極的になされているのか。

水津 民法の解釈論・立法論の中で顧慮されるべき価値ないし秩序観は、憲法と接合したものなのかという問いは、すでにみましたように憲法・民法

関係論で争われています。山本敬三先生が近時、基調報告で引用した論文において、門外漢にもわかりやすいかたちで議論を構造化されたため、問題状況はひろく共有されているはずです。もっとも、先生ご自身が書かれているように、大方の民法学者はまだ議論の帰趨を静観している状態だと思われます。

　実務に目を向けますと、司法の場ではもとより、立法過程においても、憲法29条が引き合いに出されることがあります。最近の例では、平成26年6月に成立した改正会社法が挙げられるでしょう。同改正では、キャッシュ・アウトのための新たな手法として、特別支配株主による株式等売渡請求制度が新設されましたが、国会での審議において、特別支配株主が少数株主の意思によらずにその株式の売渡しを強いることができるとするのは憲法29条に反するのではないかとの問題が提起されました。ただ、この議論の際には、山本さんがイントロダクションで説かれた「直感的制限」が前提とされていたように思われます。憲法上の財産権が基礎とする諸価値はなにか、「制限」の性質や構造はいかなるものかといった問題について、立ち入った検討がされたわけではありません。

　なお、曽我部さんの議論との関係では、民法体系論がなにがしか参考になるかもしれません。そこで念頭におかれているのはおもに、人格・環境・競争といった古典的な意味での権利では捉えにくいものをどのように構成・保護するのか、という問題です。秩序から出発する広中俊雄先生の構想が代表的なものですが、権利と秩序の二元的構成を志向するものや、権利の概念を再構成し、あくまで権利を基底に据えるものも登場しています。

山本　山本敬三先生はご自分のことを「エイリアン」と呼んでいますね（笑）。戦後直後は、我妻先生の協同体論など、日本国憲法の新理念を反映した民法体系の再構築が試みられたりもしましたが、少なくとも1990年代前半までは憲法・民法の関係は冷めたものでした。山本敬三先生は「民法の脱憲法化」の時代と呼んでいます。その背景には、この時代が、現実の経済秩序に対して、あるいは民法が前提とする私的自治の世界に対して懐疑的な視点を投じにくい高度成長期・安定成長期に属していた、という事実もあると思います。ただ、1990年代前半以降の民法学は、バブル経済の崩壊などを

自省の契機と捉えて、憲法あるいは自然法との思想レベル・価値レベルでの再接続を試みながら、自らの体系を再編しようと歩み始めているようにも思えます。現在はその延長にある。

水津 そうした 90 年代以降に活発化した議論を、山本敬三先生のものも含め、現代社会の全体構造との関連において包括的に描き出したのが、吉田克己先生の『現代市民社会と民法学』（日本評論社、1999 年）です。そこでは、法を〈国家―社会―個人〉の緊張関係の中で捉える、という視角が設定されています。

この種の議論が最も活発にされたのは、契約法の領域です。非常に複雑な問題ですが、あえて図式的にまとめると、次のようになります。一は、①現代社会では私的自治・契約自由の前提が広く失われているとみて、それと異なる基本原理を構想するものです。これには、(a)契約正義の観念を引き合いに出す見解と、(b)共同体に生きる人々の内在的規範を援用する見解があります。他は、②私的自治・契約自由の原則性を維持するものです。この立場からは、契約に対する介入は、自己決定の存立基盤を整備するためにも認められると説かれます。

宍戸 我妻先生の時代は、所有権や物権のところで、利己主義ではなくて国家協同体だという議論をしていた、と理解してよいですか。

水津 当時の学説も、契約法の領域を射程に収めていました。この文脈では、90 年代以降の議論の火付け役であり、①(b)に位置づけられる関係的契約理論を展開した内田貴先生が、我妻先生や石田文次郎先生の「共同体的思考」を引き合いに出していることが想起されます。

宍戸 ただいまのお話だと、そうした議論を語る民法上のステージは、契約に移っているようですが、物権はそうした議論の受け皿になりませんか。

水津 契約法理論の動向に目を奪われがちですが、民法の基本原理や民法学の課題の再検討につながる動きは、土地所有権法においても、そのほか不法行為法や家族法の領域においてもみいだされます。先に挙げた吉田克己研究の画期的なところは、各領域で生じていたさまざまな動きを拾い上げ、独自の理論枠組みのなかにそれらを位置づけた点にあると考えます。その後も多方面で研究が深化していますので、どこかで議論を整序する作業が必要か

もしれません。現在、民法・民法学はどこに向かっているのかという問いに自覚的に取り組んでいる代表的な論者としては、大村敦志先生はもちろんですが、そのほかに、小粥太郎先生が挙げられるかと思います。

ところで、基調報告で触れた点ですが、我妻先生は日本国憲法の読み方として、基本的人権は個人本位ではなく国家協同体の理念に基づくものである、と説いていました。ここで消極的評価が下されている「個人本位」には、一定の色づけがなされているようにうつります。憲法学者はこの点をどうみているのでしょうか。

宍戸 個人の利己的な私欲の噴出が社会を破綻させるという考えがまず出発点にあって、それが正当かどうかはわかりませんが、ワイマール・ドイツの失敗をそれに求める。そして、そこでの国家協同体は、ナチスが提唱したようなものと同じではないとしても、他方で個人が社会からばらばらに切り離された欲望の主体ではないという理解は、戦後西ドイツでもなお維持されたわけです。なればこそ、ボン基本法において人間像を問題にして、純粋に社会から切り離された個人ではなく、自己責任を負う存在だということが強調される。

宮沢俊義先生も、日本国憲法での個人主義とは、全体主義でも利己主義でもない、としています。このレトリックは、戦後のとりわけドイツになじんだ法学者の言説として、むしろ普通のものだったのだろうと思います。ですから、宮沢先生の言う個人主義が、有名な一元的内在制約説のような公共の福祉論と結びつくのは自然で、現在の憲法学者が言う個人主義とは別物であった、と理解した方がよいのではないでしょうか。

水津さんのご報告からすると、民法の根本原理に遡って近代社会の限界を乗り越えようという議論の仕方は、ヴィアッカーなどが、そもそも敵がいないところに敵を描いていた、ということですね。

水津 ヴィアッカーの『近世私法史』は大変な影響力を持った本であり、日本でも鈴木禄弥先生がその初版を翻訳された（『近世私法史』〔創文社、1961年〕）ため、ひんぱんに引用されてきました。けれども、今日の状況ではみずから内容を精査せずに同書によりかかるのは危険です。ドイツでも日本でも、法史学研究は著しく深化しており、サヴィニー、プフタ、ヴィントシャ

イトといった19世紀の法学者に対して旧来のイメージをもって臨むと、自戒を込めていうのですが、相当痛い目にあいます。

　いまのお話との関係では、自由の原理に関する研究が重要だと思います。19世紀の私法では個人の自由は原則として無制約なものと捉えられていた、というのがかつての通念です。この前提にたって、リベラルなモデルやドイツ民法典に対する批判が展開されてきました。ヴィアッカーがドイツ民法典を、パンデクテン法学と古典的リベラリズムの「遅れて生まれた子」と規定したのも、無制約の自由では当時すでに生じつつあった問題に対処できないと考えたからです。けれども、リュッケルトの弟子であるホーファーの代表的な研究（Sibylle HOFER, Freiheit ohne Grenzen?, Tübingen 2001）によれば、19世紀の私法をこのように捉えるのは不当だとされます。たしかに、自由の無制約性から出発していたものも稀にはいたし、また、そもそも自由ではなく「信頼」を原理に据える見方や、事物の本性を形成原理とする見解もあったけれども、多くの論者が志向していたのは、「限界の中の自由」（S. 279）であった。この陣営には、①個人の自由と共同の利益をともに原理とみる見解と、②自由を原則に据える見解があり、②には、(a)例外的な制限を共同の利益に基づき正当化するもののほか、(b)ある者の自由は他の者の自由によって限界づけられる、という構想にたつものがあった。最後に位置づけられるのが、サヴィニーであり、その著名なオブリガツィオーンの規定がこのことをよく示している。すなわち、そうした関係は、債権者の側からみると自由の拡張にあたるけれども、債務者の側からみると自由の制限を意味する（S. 208）。オブリガツィオーンが他人そのものではなく、その個々の行為に関する支配の関係をさすと捉えられているのも、そのためだとみることができます。

　②(b)の要諦は、自由の共存を確保する点にあると考えられます。そうだとすればここには、時代や文脈はまったく異なるものの、宍戸さんが引かれた一元的内在制約説の発想に一脈通じるものがあるように思われます。

　宍戸　日本の民法典編纂のときに、あるいはその後の法典の運用において、これはロマニストのセールストーク、あるいはゲルマニストのネガティブトークだとは思うのですが、ローマ法的な所有権概念を真に受けて取ってき

てしまったという側面が、あるのかどうか。水津さんの見方はいかがですか。

山本 法制度保障論の評価にもかかわりますね。

水津 基調報告で書きましたように、フランス民法典・ボワソナード・現行民法典の流れをみますと、所有権は制約を受けない権利である、という意味での「自由な所有権」は、どこにおいても認められていなかったと考証されています。「ローマ法的」という形容詞がかりに無制約性をあらわすものであるとすると、その種の所有権は民法典の編纂期においてすでに排斥されていました。ですので、その後の学説において、現代では所有権絶対原則は「修正」されていると説かれるときに、それが無制約な所有権は認められない、という意味であるとすると、そのことをもって修正を語るのは、厳密にはおかしいといわなければなりません。一般的なイメージがなぜ形成されたのか、というのは興味深い問題ですが、それはまた別の話です。

もっとも、この議論は民法上のものですから、これが直接意味を持つのは、憲法が民法を昇格させ、あるいは参照する場合に限られます。

宍戸 それが、この森林法判決であるということですね。

曽我部 議論の構造として、憲法側で民法学の中から特定の理論を選択して憲法化するというのはなかなか難しいですよね。

宍戸 差し当たり、前半はこの辺りとしまして、以降は後半ということにしましょう。

Ⅳ　民法学の基礎理論

1　民法学からの問題提起

宍戸 後半では、民法の基礎理論などのより総論的なテーマについて、議論を深めたいと思います。まず水津さんからの問題提起を、伺います。

水津 民法の基本原理や体系にかかわる話は、前半で議論されましたので、ここでは方法の問題から入りたいと思います。民法学からみて特に興味深いのは、ベースライン論です。わたしがその主張をきちんと理解できているかは疑わしいのですが、この議論は、法律家集団の共通了解から出発している

点で、さまざまな相違があるにもかかわらず、平井宜雄先生の「議論」による法律学の主張と接点を持っているように思いました。基調報告ではこの着想を膨らませて、反対に、「議論」の概念を基礎に据えれば、ベースライン論にまつわる、なぜ法律家集団の共通了解を起点にしなければならないのかといった問題に、新たな角度から光を当てることができるのではないか、との見立てを示しました。それはもはやベースライン論ではない、といわれればそうなのでしょうが、報告ではそのことは問題としていません。

　次に、財産権立法の統制の問題を、外側から構成してはどうかと考えました。森林法判決をきっかけとして展開されているさまざまな議論は、財産権立法を、財産権の性質の観点から統制する場合を念頭においています。しかし、すでに指摘されているように、財産権立法については、財産権以外の憲法上の権利や原理による統制も問題となりえます。後者の方法について、憲法学ではとりわけ平等条項が引き合いに出されているようです。これに対して、基調報告では、所有権立法を念頭に、物を独占的・排他的に一者に割り当てる所有権という権利の構造にかんがみれば、その統制の際にはなによりもまず、所有者以外の他者の自由による制約を考えなければならないことを強調しました。その具体例として引いたのは、物のパブリシティに関する最高裁判決です。

　これまで取り上げてきた話は、すべて財産権の内容に関する問題です。最後に、どのような法形式で財産権を定めるべきかを検討しなければなりません。この問題は、基調報告では紙幅の関係上触れることができなかったので、この場で議論できればと思います。民法206条には「法令」の制限内という文言がでてきます。この「令」には命令も含まれそうですが、所有権を制限するには「法律」（ないしその委任）が必要であると解されています。この文脈で一般に引かれるのが、憲法29条2項です。ここでは憲法を根拠として民法の解釈論が展開されています。もっとも、なぜこの問題につきそうした解釈手法がとられるのか、その理由ははっきりとしません。憲法・民法関係論一般に還元されるのか、当該問題の性質によるのかを明らかにすべきだと思います。これに対し、民法206条の「法令」の意義は、民法そのものの解釈として決しなければならない、という立場もありえます。

さらに、憲法学では、条例による制限が認められるか、という問題がよく議論されています。他方で、民法学においては、議論がないわけではないのですが、一般的な関心は低いです。憲法学の議論をみると、憲法上「法律」で定めるとされている事項を条例で定めることができるかという視点と、「財産権」の内容を法律ではなく条例で定めることができるかという視点が絡み合っているようにみえて、門外漢にはわかりにくいです。この問題も取り上げることができたらと思います。

2　憲法学の受け止め

宍戸　どうもありがとうございました。それでは山本さんからコメントをお願いします。

山本　平井先生の「議論」論がベースライン論の説明になるというご指摘、興味深く伺いました。「議論」論は、法律家集団に特有の思考様式は、主張・反論・再反論という「科学」的な――K・ポパー的意味の――プロセスであり、そのプロセスから獲得された合意を、客観的に妥当な「正しい」規範言明として受けいれるというものですね。ベースライン論には、なぜ法律家集団の共通了解に従うべきなのか、という点についての説明が不足しているといった批判がありますが、「議論」論は確かにこれを埋める可能性があります。ただ私は、ベースライン論は、「正しさ」とは無関係なのではないかと考えています。共通了解があるという事実が重要で、それが科学的な論証プロセスによって獲得されたかどうかは基本的に問わない。長谷部先生自身、それは contingent なものであってよいと指摘しています。ベースライン論では、とにかく何かに決まっていることが大事なのだと思います。ある種の調整問題が重視されている。

その意味では、「議論」論は山野目章夫先生の民事基本法制度論に近い。山野目先生のお考えは、民事基本法制は、さまざまな専門家を擁する法制審議会で喧々諤々議論され、最後は全員一致で決まる、だから憲法上特別な重みが与えられるのだ、というものです。そこでは法律家による科学的な「議論」が重視されているように感じます。ただ、この考えをとると、法制審での議論をとおして成立した私法上の規定の間で序列を付けられなくなる。山

野目先生は、森林法事件を検討する文脈で、民法の分割請求権規定は民事基本法制のコアだと考えているようですが、同じ民法のなかには分割請求権を制限する規定もあるわけで、それにもかかわらず、なぜ分割請求権規定がコアになるのか、説明が必要であると思います。「議論」プロセスを経ているという点では等価ですから。議論の内容や密度で序列をつけているのか、それとも実体的な価値論が混入しているのか、少しわからないところがあります。

2点目は、財産上のルール形成は、憲法29条以外の自由や権利からも統制できるというご趣旨でしょうか。いまパッと思いついたのは著作権法です。著作権法は、29条だけでなく、21条の表現の自由の観点からの統制も受けます。ただ、このような例は水津さんがお考えになっているものと違うような気もします。後でもう少し説明をいただければ。

3点目ですが、これは大変重要な問題提起だと思います。私自身も、29条2項が「法律」による規範形成を求めている意味を改めて検討する必要があると感じています。調整問題状況や取引の安全を考えれば、全国的に統一的なルールが決まっているということが重要です。その意味で、国会の決める「法律」が重要なのか、物に対する支配権を個人から集団に移し、物の扱いを「私たち」が民主的に決めるということが重要なのか。前者のように考えると、全国的なルールが決まっていることが重要なので、「法令」でも構わないことになります。また、「法令」でなければならないということにもなる。後者のように考えると、個人ではなく「私たち」が民主的に決めることが重要なので、条例でもよいことになります。もしかすると、条例という形式すら必要ないかもしれません。例えば、区分所有法は、マンションの管理や処分にかかわるルール形成の多くを区分所有者団体による民主的な決議や規約に委ねるようになってきています。区分所有権の内容形成が、地域的な生活共同体による民主的な決定に実質的に委ねられている事態をどうみるか、という問題も、究極的には「法律」の意味にかかわっているように思います。

V ベースライン／基本法としての民法

1 ベースライン論と「議論」

宍戸 それでは、挙げられた論点を順番に検討しましょう。まずベースライン論はいかがですか。

曽我部 山野目先生の法制審に関する議論ですが、結局専門家が合意して作っているということで専門性の話になって、一般的には最高裁はそれを尊重するという話になるわけです。ただ、この場合は特殊性があって、最高裁も専門家であるというところがあり、一般の専門性の尊重とは少し違う局面になっているかと思います。むしろ最高裁は民刑事についてかなり積極主義に立った判決も見られるわけです。

山野目先生の民事基本法制論との関係では、条例の話とも関わるのですが、やはりコアと周辺の区別があるのではないかと思います。山本敬三先生も憲法からの要請として3種類に分けられています。基本的な権利、仕組みをどう作るか。それを実効的にするもの。これを山本先生は憲法から導き出されているので、憲法論としてこうした区分は可能だと思います。

水津 「議論」論について、すこし補足させてください。平井先生の出発点は、現在の法学教育には非合理主義が支配している、という認識です。先生は学生から、次のような質問を受けたそうです（『法律学基礎論の研究』〔有斐閣、2010年〕243頁注73）。法解釈は価値判断（実質論）で決まると教えられたが、他方で論理（形式論）も大事なようである。両者の関係がよくわからない。また、法律論では権利濫用や信義則といった一般条項はなるべく使うべきではない、といわれたが、なぜいけないのか。一般条項は価値判断を示すのに一番良い法律論なのに。平井先生によれば、この種の質問がでてくるのは、戦後法解釈論の基本的発想が法学教育に持ち込まれた結果であり、こうした「非合理主義」（合理性の意味はハーバーマスによるが、その文脈は捨象されている）は克服されなければならない。そのために導入されたのが、「議論」による問題解決という法律家像です。平井先生の議論は、現在の受

け止められ方はともかく、先生自身の構想としては、「法学教育のための」法律家像の提示を志向しています。なお、すこし注意すべきは、「議論」という概念です。平井先生はこの概念を、日常用語で「議論する」という場合の議論ではなく、現代哲学上の argumentation の意味で用いています。これに対して、そうであるなら「議論」という訳語は不適切である、との批判もあります。

　このように、「議論」論のコンテクストはやや独特です。ベースライン論はどのような文脈で主張された理論なのでしょうか。この考え方も一枚岩ではないようですが。

　宍戸　アメリカでのベースライン論は、とりわけ公私区分論、私の領域に公権力が介入するのはよくないという議論を批判する文脈で、機能してきたのではないか、と私は理解しています。直ちに違憲となるのか、厳格審査に服するかは別に、公私の線引きがあるが、しかしその線引きは、本当は選択の結果引かれたベースラインにすぎない。所有権の絶対性に即して言うと、あたかもそれが自然法的に存在するもののように思うかもしれないが、結局は制度に依存するのだ、という議論だろうと思います。

　これに対して、長谷部先生のベースライン論は、真面目な違憲審査をするかしないかの線引きとしてベースラインが観念できるという議論としても、提唱されています。

　そうすると、裁判所がベースラインとの距離をみて厳格な違憲審査をしたという判例の説明の道具として使われる局面と、他方で、ベースラインは人為的なものでいつでも動かせるという側面との両方が、ベースライン論にあります。長谷部先生は両者を巧みに使い分けられているけれども、文字通りに素朴に受け取ろうとすると混乱するところがあると、私は思っています。この辺り、山本さんいかがでしょうか。

　山本　そうですね。長谷部ベースライン論はさまざまな意味をもっていると思います。宍戸さんご指摘の二つ目の側面との関連で、長谷部先生がベースラインの中立性に言及されることがあります。平井先生の「議論」論も「科学」的に議論することによって、政治性を排した中立性や客観性が生まれ、それが一つの準拠点になるという考えが含まれていますが、こうした点

を強調すると、確かに長谷部ベースライン論と近いようにも感じます。さらに山野目説とも接近する。民事基本法制は、専門家が政治性や党派性を排し、「科学」的に議論した結果だから特別の尊重を受けるという発想は、民法典の中立性の説明にもなっています。

水津 宍戸さんのご指摘のうち、ベースラインはいつでも動かせる、という点は「議論」論にもあてはまります。平井先生が特に強調されたのは、法律家の共有財産である規範言明は、「議論」という生存競争に堪えて生き残った限りで、かつその限度でのみ「客観的妥当」性を獲得する、という点です。星野先生が「価値のヒエラルヒア」の構築を課題とされたのに対し、平井先生によれば価値については、「コンフリクト」しかありえません。そうすると、価値判断の「正しさ」は、先生の言葉でいえば、いわば「進化論的」に（前掲書226頁）、その限りで定まることになります。

他方、「議論」論と長谷部ベースライン論の間の違いとしては、特に次の点が気になっています。第一は、なぜ法律家集団の共通了解を尊重しなければならないのか、という問題です。山本さんがご指摘されたように、ベースライン論では、共通了解があるとの事実だけが重要で、それが形成されたプロセスは問われないとすると、そうした共通了解が「法律家集団」の間で形成されたものであることに特別な意味が付与されるのは、なぜなのでしょうか。専門家だからというならば、共通了解の事実のみでは足らないようにも思えます。問題ごとにさまざまな専門家がいるわけですから、突き詰めて考えれば、当該問題につき議論ないし「議論」のプロセスに参与していない者は、そもそも当該問題との関係では専門家といえないのではないでしょうか。第二は、法律家集団と一般社会の関係です。「議論」論では、法律家特有の言語と思考様式が重視されています。これは、利益衡量（考量）論が、利益衡量（考量）・価値判断という回路をとおして、市民的な法律家像を担保していたのと異なります。この問題については、瀬川信久先生が緻密な分析をされています。長谷部先生の議論ではベースラインの設定につき、法律家集団の間で共通了解が形成されていることと合わせて、世の中で広く受け入れられていることが挙げられています。法律家集団と一般社会の関係にはさまざまな見方がありますが、長谷部ベースライン論ではどのように捉えられて

いるのでしょうか。この問いは、第一の問題にも関連しているように思います。

宍戸 私もわからないのですが、何となく、国民の意思を専門家が体現するという、ある意味でサヴィニーの「使命」論文に近い世界かも知れません。

山本 長谷部先生は、自生的秩序論にも触れています。そうすると、ベースラインは、結局、社会において広く受容されたconventionということになる。このあたりは、やはり「議論」論との距離を感じます。法律家集団は、conventionを認識するためのメディアに過ぎないのかもしれません。

宍戸 専門家集団が社会から自律していることが前提になっていることで、専門家集団が社会全体を体現できるという逆説の関係が成り立つわけですよね。これに対して専門家集団の自律性が弱く、社会の影響を受けやすいところでは、社会のイメージが直接に流れ込んできます。

アメリカにおける法律家集団も、ヨーロッパの専門家集団も、自律性があるといえるかも知れません。しかし、日本の法律家集団はどうなのでしょうか。確かに法制審議会は一つのはっきりした括りで、これは安定した専門家集団ですけれども、法律家一般にそういうことが言えるのか、私にはまだわかりません。

水津 前の話とも関連しますが、法制審議会では専門家の間で議論されるから、政治性や党派性が払しょくされ、部会審議を経た立法は中立的なものになる、という見通しは、例えば今般の債権法改正の経過をみていると、現代の民事立法ではなかなか厳しいように思われます。メンバーには各界の利益の代表が含まれており、部会審議の際には当然のこととして、さまざまな特殊利益が主張されるからです。部会はむしろ、問題により濃淡はあるにせよ、政治性や党派性に彩られた空間であるというほうが、それを残念とみるか、むしろ当然とみるかはともかく、実態に即しているように思います。

2　基本法としての民法とは何か

山本 民法の世界で、民法本体、つまり民法典と特別法との関係はどのように考えられていますか。森林法事件もそうですが、財産権事案の多くは特別法の規定が問題となります。中立的かどうかは別としても、やはり民法が

基本法として捉えられているようにも思えます。他方で、土地基本法2条や消費者契約法のように、基本的な性格を帯びた特別法も存在しています。

水津 その問題を考える際には、次の2点を意識する必要があります。第一は、一般法と基本法の違いです。一般法と特別法は、法の通用範囲の広狭によって区別されるのに対して、「基本法」という概念は、論者により差異がありますが、一つの代表的な見方によれば、私法秩序の基礎となる評価を定め、他の私法のあり方を根本的に規定する法、といったような意味です。民法はたんに一般法であるだけでなく、基本法でもあるといわれます。第二は、形式的意味の法と実質的意味の法の区別です。これは法学の基本ですが、民法ないし民法典と「特別法」の関係、というかたちで問いを立てた際には、問題の所在を明確にするうえで、特に重要な意味を持ちます。

消費者契約法を例にとりますと、まず、形式的に消費者契約法に含まれているルールのなかにも、民法のルールとして一般法化できると説かれているものがあります。典型例は、不実表示（消費者契約法4条1項1号の不実告知の一般法化）です。次に、それ以外のルールについても、それらをたんに特別法と規定するだけでは十分でありません。問題は「特別」の意味です。現行の消費者契約法は、一般的な見方によれば、私的自治・契約自由の原則を排除・制約する社会法的な弱者保護立法ではなく、消費者の自己決定基盤の整備を志向した自立支援立法であると性格づけられています。そうだとすると、消費者契約法は、「基本法としての民法」が定める原理——私的自治・契約自由から出発する立場を前提とします——と矛盾するものではなく、むしろそれを貫徹するものとみるべきです。リュッケルトの用語（Joachim RÜCKERT, Das BGB und seine Prinzipien, in: HKK-BGB, Bd. 1, Tübingen 2003, Rn. 102）に従えば、このタイプの特別法は、原理破壊型特別法に対置される、原理忠実型特別法であるということができるでしょう。形式特別法のなかにも原理忠実型特別法があり、そうした特別法はむしろ、実質民法の体系の枠内に位置づけられます。

宍戸 法学の女王である民法は、基本法であるということと同時に、法学方法論ないし法学教育論と強く結びついていますよね。先ほどの平井先生や大村先生の議論もそうですが、法律家共同体の言語の基本的なところを司る、

その重みを感じます。

山本 先ほどの水津さんのご指摘で、消費者契約法は形式としては特別法だけれども、なかには一般的なルールを規定した部分もあるとのことでした。そうすると、形式的民法と実質的民法とがズレてくる。民法典イコール民法ではなくなりますね。こう考えたとき、これは民法の再法典化の動きとも絡むのでしょうが、実質的民法を規定する理念や原理は何であるのか。

水津 再法典化のプロセスについては、カルステン・シュミットがこれを、「法典化理念のディアレクティク」に位置づけている（Karsten SCHMIDT, Die Zukunft der Kodifikationsidee, Heidelberg 1985, S. 48）のが面白いと思います。脱法典化は法典化の理念と対立するものではなく、むしろ再法典化の原動力となる。脱法典化と再法典化はともに、法典に内在し、繰り返し現れる運動だ、というわけです。問題は、山本さんのいう「ズレ」をいつどのように矯正すべきかにあります。民法の基本原理と整合的なルールは民法典に取り込むべきであるようにもみられますが、再法典化の際には、市民にとってのわかりやすさや法律家にとっての使いやすさ、学習者にとっての学びやすさや法学教師にとっての教えやすさ、それ以外にも法改正の頻度、管轄官庁の相違、立法技術上の問題など、さまざまな視点から問題がたてられます。基本的なルールだけを取り込む、といった折衷的な解決が提案されるのはそのためです。デルナーの比喩（Heinrich DÖRNER, Die Integration des Verbraucherrechts in das BGB, in: Reiner SCHULZE/Hans SCHULTE-NÖLKE（Hrsg.）, Die Schuldrechtsreform vor dem Hintergrund des Gemeinschaftsrechts, Tübingen 2001, S. 182）を借りれば、この種の解決は「錨型」（錨を下ろす）と呼ぶことができます。また、市民にとってのわかりやすさを強調すると、民法典とは別個に、当該事項に関する特別法典を作るべきだということになるかもしれません。

この問題は特に、消費者契約ルールの民法典への取込みをめぐって議論されてきました。すでにみたように、再法典化の可否や方法を規定する視点にはさまざまなものがありえますが、山本さんの最後の質問との関連で、実質民法を規定する価値に注目すると、次のようになります。この文脈で問題となるのは、私的自治・契約自由です。そして、消費者契約法は基本的に自立

支援立法だとみるなら、一般法化できるルールはもとより、それ以外のルールも、実質民法の体系を破壊するものではなく、むしろ私的自治・契約自由を「実質化」するものである点で、民法体系の枠内に定位すべきだということができます。このような視点から、今回の民法改正では残念ながら論点から落とされてしまいましたが、現在でも民法典への取込みに積極的な見方は有力だと思います。

宍戸 不穏な言い方かもしれませんが、労働法のたどった道と重なるでしょうか。成立の段階では、近代法の原理を修正する違う原理に基づくということが強調されたわけですが、時代を経て、労働契約法という形で、また戻ってくる、というように。

水津 借地借家法にも似たようなところがあるかもしれません。

曽我部 「民法が基本法である」ということの意味は何なのか、お話を伺いながら考えています。確かに重みがあるにはあるのですが、それは事実上のことであるような気もする。

やはり民法は法体系の根幹を作っていて、体系的に整合させようとすると、特別法は民法が形作っている体系に対して自らを説明しなければいけないという関係にある、ということでしょうか。歴史が長いとか、それをベースにいろいろな法学方法論が展開されてきたというのは、それが基本法である決定的理由にはならないようにも思われます。

水津 おっしゃるとおりです。民法は私法秩序の基本原理を定め、他の私法を方向づけるものだからこそ、基本法なのだと思います。民法典はなによりもそうした意味での民法を反映したものでなければならないとすると、原理忠実型特別法は原則として民法典に統合すべきことになります。さきにみた積極説は、消費者契約法の基礎にある原理の捉え方とともに、民法の内的体系と民法典の体系の原則的一致を求める、法典論の一つの立場を前提としているものと解されます。

以上とは角度の違うものとして、「基本法」の意義にもかかわりますが、民法典は市民の法ルールをまとめたものであるべきだ、という理解があります。これは、民法典の法情報集約機能に着目したものでしょう。この見方にたてば、原理破壊型特別法であっても、わかりやすさや使いさすさ、学びや

すさや教えやすさの観点から、民法典への統合を正当化することができます。

曽我部 原理忠実立法と原理破壊立法との区別は大変興味深いです。民法の憲法レベルへの格上げと捉えるかベースライン論をとるかその他の構成をとるかはともかくとして、実質的に違憲審査が民法の基本決定からの乖離の正当性を問う形で展開されるとすれば、このような区別は違憲審査にも意味を持ってくるように思います。

VI　財産権の制約とその形式

1　財産権の内在的制約・外在的制約

宍戸 次に、財産権の内在的制約と外在的制約について議論したいと思います。

水津 山本さんは最初に、著作権法は21条の表現の自由の観点からも統制を受ける、という例を挙げられました。構造的にみれば、この例もわたしが挙げたものと同型です。

山本 29条2項の存在から、財産権侵害という構成が難しいとすると、財産権立法の直接の名宛人の、財産権以外の自由権侵害として審査する方向も考えられるということでしょうか。そうすると、ご指摘の14条のほか、13条や21条が考えられます。例えば森林法の分割請求権制限規定も、共有という団体的結合の強制という側面がある。ここを強調すると、個人の尊重・尊厳を謳う憲法13条との関係が出てきます。

宍戸 あるいは消極的結社の自由ですね。

山本 はい。区分所有法の団体的拘束も、財産権侵害ではなく、13条や21条の自由の侵害で考えた方がうまく司法審査にのるかもしれません。その意味では、29条論の実益を改めて検討する必要がありますね。外在的制約に関する水津さんのご指摘は重要なものだと思います。

宍戸 憲法の分野では農業災害補償法事件（最判平成17年4月26日判時1898号54頁）で問題になった論点ですね。強制的に組合を作らせて補償金を積んでおくしくみは、財産権とか職業選択の自由とかの侵害ではなく、実

は消極的結社の自由の侵害ではないのか、という問題ですね。

曽我部 そうすると逆に、財産権は内容形成に一元化されるということになるのでしょうか。

山本 結論はそうなるのかもしれません。

宍戸 まさにその制度形成をどうやってコントロールするかという場合に、憲法の財産権の中に何かあるのかといえば、前半の議論のように、個人の生活形成の自由を認めるぐらいしかありません。それ以外のものは別の憲法条項から引っ張ってくるとしても、基調報告で指摘された平等、あるいは他のより外在的な制約である結社の自由が、出てくることがあるという形でしか、考えられない。

山本さんが小山先生の著書の書評（法律時報82巻10号101頁）で書かれているとおり、制度準拠審査、あるいは制度のコントロールの方向を追求していくというのが、いまの憲法学の見立てだと思います。しかし、この間の最高裁の憲法判例では、とりわけ平等条項が駆使され、平等論が肥大化しています。それは、法律家共同体が考える正義をダイレクトに平等の名において貫徹することになりやすい。しかし本当は、個別的な基本権条項のドグマティクをしっかり分析しないといけないのではないかという気もする。その辺りが難しいところです。

山本 そうなると、やはり29条固有の権利論証形式を議論すべきということになりますか。

宍戸 29条論で登場してこない問題を、なまじ14条でコントロールするというのはかえって危ないのではないか。先ほどの話と矛盾するのですが、例えば法律家共同体の牙城たる法制審議会をスキップする形で議員立法がなされたときに、裁判所が平等条項を使ってそういう立法をつぶしていく、あるいは利息制限法のように解釈によって改変していく。こうした方法が、本当に憲法が想定している民主主義や法形成のイメージなのか。違憲審査制の正統性を研究した身としては、どうしても気になります。曽我部さんのご意見はいかがですか。

曽我部 そのお話との関連では、議員立法に対して最高裁の態度が大変厳しく、それが何を意味するのかが気になります。

2 財産権の制約の形式

曽我部 条例との関係で、ため池条例の事件も財産権の内容と行使だという話があって、行使は条例でできるという議論があったと思うのですが、それもいまの話と関わるのかもしれません。

それと法律の留保論における条例の位置づけですが、伝統的な議論からすると、条例は居場所がなかったのではないかと思っています。戦後、日本国憲法の下で条例が民主的正統性を備えたものとなったということで位置づけが必要になっていて、何となく法律に準じたものとなっているけれども、本当にそれでいいのか。必ずしも据わりのよい状態になっていないのではないか。これが今回の話ではないかと受け止めました。

宍戸 法形式の問題と、内在・外在の両方にまたがるのですが、法の内容形成の問題と外在的な権利行使の制限の区別は、高辻正己さんが唱えて、奈良県ため池条例事件判決（最大判昭和38年6月26日刑集17巻5号521頁）の一つの伏線になっているものですけれども、こうした形での財産権のドグマーティクの可能性は、依然として残っていると私は思っています。しかもそれは公法的な発想からの財産権のドグマーティク構築であって、私法的な財産権や所有権論とはまた違う性質のものになるでしょう。

水津 最初に述べましたように、民法学では一般に、民法206条の「法令」の意義が、憲法29条2項を根拠として限定解釈されています。憲法学者からみると、この点はどのようにうつりますか。

宍戸 大日本帝国憲法は、法律の制定に帝国議会の協賛を要求する反面、天皇の命令制定権も認めていました。古典的な侵害留保原則では、自由と財産の侵害が法律に留保されるのですが、現実には警察命令による制限もありうるので（美濃部達吉『逐条憲法精義』388頁）、民法206条は「法令」になっていた。ところが日本国憲法29条2項は「法律」と書いたので、ずれが生じたとも考えられますね。

曽我部 これは29条2項の問題なのか。29条2項は、財産権の内容形成は法律という形式を指定しています。だから法律に限るという話が一方であり、他方で一般の法律留保論として、原則法律で具体的な委任があれば制定

できる。そこに微妙にずれがある。

山本 そもそも論ですが、侵害留保論は 29 条 2 項では建前上採用できませんよね。法律は財産権を侵害するのではなく、形成するものだとすると、先ほどのコメントで少し触れましたが、ここでは侵害留保論から離れて、なぜ法律という形式が必要なのかを 29 条固有の文脈で考えなければいけません。

水津 我妻先生は、民法 206 条の「法令」の意義を絞り込む際に、憲法 29 条 2 項から「法律」を導くとともに、憲法 41 条と 73 条 6 号を参照して、「命令」によりうるのは法律から（具体的に）委任された場合に限られる、と説いています（『物権法（民法講義Ⅱ）』〔岩波書店、1952 年〕174 頁。新訂版〔1983 年〕では 271 頁）。後者は、国会中心立法の原則とかかわります。そうすると、「法令」を「法律」に限定するために、前者すなわち憲法 29 条 2 項を引き合いに出す必要はないようにも思います。

宍戸 憲法学で法律の留保論はこれまで抜け落ちていたところがあり、最近になってもう一度しっかり議論しなければいけないという関心が高まってきたと思います。それまでは、憲法 29 条 2 項は独自の意味をあまり持っておらず、財産権の侵害の権原を立法府に与えている、とりわけ社会国家的公共の福祉による制限という権原を与えているのだという程度のものだった。29 条の 1 項と 2 項がそれぞれ独自の意味を持つのかどうか、真面目に考えていなかったことが、民法学の場面で増幅している。

29 条 2 項の留保論を考えてみると、自由と財産の制限は法律が必要だということであり、確認的に財産権の保障を憲法が書いているだけであると。これが最も古典的なロジックです。

水津 29 条 2 項の主眼は、形式（「法律」）ではなく、権原（「公共の福祉」）にあるということですか。

宍戸 日本国憲法においてはそうなります。それは社会国家的公共の福祉だと説明されてきた。

水津 法律の留保論があまり取り上げられなくなったのはなぜなのでしょうか。

宍戸 法律の留保論には両方の側面があります。法律によらなければいけないというのは最初の法律の留保論です。ところがそれが、法律によりさえ

すれば何とでも制限できるというもう一つのイメージが強調されてしまったので、法律の留保論が議論されなくなったのです。ただ、財産権については公共の福祉と書いてある以上、社会国家的公共の福祉として、実際にはどのような制限も許されるというイメージが残ってしまった。この辺りの概念史も、混乱している感じがします。

3　財産権の手続保障と区分所有法判決

宍戸　話が変わりますが、かつて公法学会で財産権をテーマに、栗城壽夫先生と藤田宙靖先生が登場されたときは、ドイツの公法上の財産権論をもとに、手続保障の重要性が取り上げられました（公法研究51号参照）。その場合は、都市計画分野が議論の素材として念頭に置かれていたように思います。

基調報告との関連で言うと、財産権の内在的制約と関わると思っています。財産権同士をどう調整していくかといったときに、外から外在的に制約する権利がないとすれば、財産に利害関係を持っている人同士が、「議論」という形になるかどうかはわかりませんが、しかるべき手続の中でルールの形成に参画していく。それによって、例えば建物の外観の問題などを形成していく。本来こうした議論が、区分所有法判決のときに、生きてこなければいけなかったと思います。

山本　さまざまな見方があるのでしょうが、私は区分所有法はそれなりの手続保障を組み込んでいると考えています。例えば、建替決議は、持分を表す議決権と、区分所有者の頭数の双方について5分の4以上の賛成を求めていますね。他方で、共有物の管理に関する事項は、各共有者の持分の価格に従い、その過半数で決します（民法252条）。より多く持つ者の声が大きい。しかし、頭数での多数決では、多く持つ者も少なく持つ者も、平等です。ある意味で、非常に民主的といえます。さらに、区分所有法は、規約の変更の方法や集会決議の方法などについてもかなり詳しく規定しています。

アメリカなどでは、住宅所有者団体は「準政府」とも呼ばれているわけですが、日本の区分所有者団体も、私的団体としてはかなり強い手続的制約を受けています。私が提起した問題は、29条2項が「民主的」正統性を求めるものであるとすれば、こうした地域共同体による財産上のルール決定も憲

法上許容されるのではないかということです。

水津 平成 14 年改正前の建物区分所有法では、建替えには、「老朽、損傷、一部の滅失その他の事由により、建物の価額その他の事情に照らし、建物がその効用を維持し、又は回復するのに過分の費用を要するに至ったとき」という客観的要件（費用の過分性）が求められていました。しかし、この要件はかならずしも明確なものではありません。建替え決議の効力をめぐる紛争を引き起こし、建替えの実施を阻害する要因になっている、との批判を受けました。そこで、平成 14 年改正法は、費用の過分性要件を廃止し、立案担当者の言葉によれば、建替えをすべきか否かの判断をもっぱら、「区分所有者の自治」（吉田徹編著『一問一答改正マンション法』〔商事法務、2003 年〕63 頁）に委ねることにしたのです。この観点から、手続規定の充実も図られました。

費用の過分性要件が削除されたことを正当化する試みの中ではこれを、客観的要件の手続要件化、すなわち裁判所の事後的判断から区分所有者による事前的判断への転換、と位置づけるものが有力です。この方向は、山本さんの分析に近いのかなと思います。

宍戸 実体の問題を、手続の問題に落とし込んでいるということですね。

曽我部 建て替えると財産価値は上がる。その財産価値の観点だけから見ると、建替決議が維持される。確かに実体的な要件がないのはわかります。

水津 ただ、建替えがもっぱら効用の増大のみを目的とする場合に、5 分の 4 以上の多数決決議だけでこれを認めることについては、学説上強い批判があります。効用増は、そうした建替えに反対する少数区分所有者の権利侵奪を正当化するのに、十分でないというわけです。この方向によれば、客観的要件の復活、あるいは色つきのプロセスが求められることになるでしょう。

曽我部 都市計画だとそれでいろいろな制限を受けたりしても、公共の福祉で説明したり、補償も一部用意される可能性があるのですが、マンションの区分所有の場合は必ずしもそういう形で自由にさせられないと思います。

山本 お話を伺っていて、やはり民法学と憲法学の対話が必要だと感じました。建替えの実質的理由が強調されないのは、建替えによる被侵害利益の権利構成がうまくいかなかったことと関係していると思います。この点で、単独所有に憲法ランクの保障を与えた森林法判決を参照し、憲法論をより研

ぎ澄ましておく必要があったように思います。

　もう一つ、この問題の背景には、先ほどお話されたような、29条2項の形式に関する議論の不十分さがあるように感じます。地域的なものとはいえ、財産上のルール形成を、区分所有者団体の決議や規約に実質的に委ねていることと、29条2項との関係が詰められていない。もちろん、その委任は法律によってなされているわけですが、決して具体的なものではありません。私自身は、29条2項は、財産上のルールは適切な制度体が民主的な手続に従って形成されることを要請するものと解釈していますので、ローカルなものについては、「法律」という形式にこだわる必要はないと考えています。

　水津　建物区分所有における「団体」の性格を明らかにしないと、山本さんが提起された問題をうまく受け止められないような気がしています。そうした「団体」は、独立の所有者たちが一つの建物に押し込まれたために構造上しかたなく形成されたものとみるのか、あるいは、組合のようにみずからの意思に基づきすすんで団体の構成員となった場合に近づけてこれを構成するのかで、「民主的」手続のもつ意味も変わってくるように思います。

Ⅶ　座談会のまとめ

　宍戸　議論は尽きませんが、最後に一言ずつ順番にいただいて、座談会を終えたいと思います。

　山本　直前にお話したことと関わりますが、やはり憲法・民法関係論は重要だ、というのが今回の座談会を終えての感想です。消費者契約法や区分所有法のような民事法の制定・改正プロセスを詳しく存じ上げませんが、もっと憲法論の出る幕があったのではないか、と。民法の再法典化には、これを指導する実質的民法概念が必要になるでしょうが、そこでも憲法がお役に立てるかもしれません。もちろん、民法学の歴史や矜持がそれを拒否する可能性はありますが、1990年代以降の民法学が、その再編のための思想やメタ原理を求めているとすれば、憲法との対話可能性はあるように思います。

　たしかに、29条の基底的な価値は多元的ですし、例えば個人の自律といってもさまざまな考え方がありえます。しかし、「自律」について、憲法

学において議論の蓄積がないわけではありません。憲法論が民事法制の行方を決定づけることはないでしょうし、そうあるべきでもありませんが、その立法過程をより豊かなものにすることは可能かもしれません。このような協働の可能性を、若手民法学者である水津さんはどのようにお考えになるか。感想というより、最後もまた質問になってしまいました。

水津　本日はいろいろ勉強させていただき、どうもありがとうございました。民事法の立法過程をすべてフォローしているわけではありませんが、憲法上の財産権侵害が問題となったときでも、前篇ですこし触れましたように、「直感的制限」の存在を前提に議論が展開されることが多く、そこで念頭におかれている憲法上の財産権がどのようなもので、なぜそうした理解がとられるべきなのかについて自覚的に論じられることは、あまりないようにうつります。そうだとしますと、まずこの場面で、憲法学との協働が考えられます。

学問レベルにおいても、憲法学と民法学は、さまざまなかたちで協働できるように思います。私が基調報告で示したかったのは、憲法学を学ぶことが民法学を、あるいは逆に民法学が憲法学を、山本さんの言葉を借りれば、「より豊かなものにする」可能性です。例えば基調報告の中で、民法206条が所有権を法令の範囲内に「制限」していることの意味を、いくつかのレベルに分けて整序してみました。そこで打ち出した視点は、憲法学上の財産権論を学ばなければ、けっして得ることができなかったものです。反対に、お叱りを受けるのではないかと思いつつも、「議論」論の観点からベースライン論の分析を試みたのは、憲法学上の理論の意義や特徴を明らかにするうえで、民法学の知見がすこしでも役にたてば、それはとても素敵なことだと考えたからです。

もっとも、いうまでもないことですが、憲法学と民法学の協働が求められる最も重要な局面は、憲法・民法関係論です。民法財産法の機能的分類に即していえば、契約と不法行為に比して、所有の分野については、民法学の観点からは、近年の研究の進展を踏まえた議論がまだ十分に展開されていないように思います。この領域に関しては、憲法学のほうに研究の蓄積があるようです。そこでの議論と対話しながら、研究を続けていかなければなりません。

曽我部　憲法の財産権論は確かにいままでいろいろと議論があって、徐々

に収斂してきたような感も一部あるのですが、改めて議論してみるとなかなか簡単ではない感じもして、改めてこの問題の難しさを感じた次第です。

憲法が財産権法に対してどういう統制を及ぼせるかというのは難しくて、差し当たり三つほど切り口があるのではないかと思いました。一つは憲法で言う財産権の基本原理なり価値なりを想定し、そこから何らかの統制を及ぼしていくという線ですね。ただ、具体的な形を構想するのは難しい。そもそも民法典自身も基本的な価値自体はすでに共有しているわけで、それでもって目に見えるような統制が行えるかは厳しいものがあると思います。

二点目としては、個別の財産権が問題になる場面での問題のあり方をもう少し分解し、他の条文に還元できるものは還元していくことによって、より地に足を着けた審査の可能性を探る。

最後に、最高裁による審査の内実をどう見るかですね。何度か申し上げましたが、判例そのものは民法内在的な合理性を審査しているので、そこを憲法の観点からどう見ていくのかは考えないといけない。違憲審査をしているというよりはまさに合理性の審査なので、そこをいかに考えていくのかが課題になるのではないかと思いました。

宍戸 全体的なまとめを曽我部さんにしていただいたので、私から付け加えることもないのですが、やはり法学全体における知的なミリューのあり方が、憲法・民法関係論を方向づけているのだろう、という印象を持ちました。山本敬三先生のリベラリズムを基調にした憲法・民法論は、佐藤幸治先生や田中成明先生といった、京都大学という一つの知的ミリューが背後にあるわけです。これが慶應義塾大学であれば、とりわけ所有権、財産権を念頭に置くならば、小山先生を意識しながら、また違った憲法と民法の対話が成立するかもしれないという気がします。

今日は水津さんに切り込んでいただき、いろいろなことを考えさせられました。水津さんが、山本敬三先生に続く第二の「エイリアン」になっていただくことを期待して、座談会を終えたいと思います。今日はありがとうございました。

(2014年10月26日収録)

5-1

イントロダクション

曽我部真裕

1 はじめに

　松尾報告は、アーキテクチャ規制を切り口に、立憲主義の「ゆくえ」を展望するというものである。その際、松尾報告は、アーキテクチャ規制の性質そのものを論じることに加え、それを問題発見的な概念として用いて分析を進めている。その関係もあり、松尾報告はアーキテクチャ概念をかなり広義に使用しており、松尾報告をアーキテクチャが提起する諸問題というふうに狭く捉える必要はない。むしろ、規制をめぐる現代的な状況をある程度幅広く主題化した報告とみるべきだろう。

　アーキテクチャ規制への着目によって明らかになることは、「規制」が分散的なものであること、したがって、これを憲法の観点から問題とすることは、とりもなおさず国家社会二元論を問題とすることを意味し、さらには秩序形成のあり方に関心を向けざるを得なくなるということである。

　以下では、従来の憲法学の立場からすればこうした問題提起がどのように受け止められるのかという観点を中心に、若干のコメントをしたい。

2 アーキテクチャ規制について

(1) 脱コミュニケーション型規制

　松尾報告は、アーキテクチャが「脱コミュニケーション型規制」であるとして、二つの憲法観からその問題性を指摘するが、この「脱コミュニケーション型」ということの意味合いが問題となる。

　そこでは、人間の認識を介在させない効率性（合理主義）ということと、自生主義的な憲法観と対立する設計主義的な合理性ということが問題にされている。後者の自生主義対設計主義という対立図式は、憲法学においても、先年、佐藤幸治・土井真一と高橋和之との間で繰り広げられた法治主義・法の支配論争でも見られたところである[1]。

　しかし、アーキテクチャの脱コミュニケーション的な性格との関係で言及しておくべきは、アーキテクチャの「融通の効かなさ」（機械的適用）という特徴である[2]。つまり、アーキテクチャは適用段階での調整がなされないため、法規制では裁判所等によってなされるコモンロー的な法形成の要素は（よほど高度なアルゴリズムによってそれが組み込まれない限り）皆無である。このことは、自生主義の観点からは大いに問題であることはもちろん、合理主義の難点である規制の設計における知識の限界問題を先鋭化させる。

　次に、同じく程度の差であるが、アーキテクチャが脱コミュニケーション型で無意識型であることにも留意される。松尾報告でも別の文脈で指摘はあるが、公権力の行使としてのアーキテクチャは、規制の存在を認知させること、すなわち可視化が必要である。それは、規制の効果をあげるために必要な場合もあるし、そもそも、民主主義国家では、公権力の行使は公共的な批判にさらされなければならない。

　このことは、データベース問題についても同様である。今日において、

---

[1]　佐藤幸治『日本国憲法と「法の支配」』（有斐閣、2002年）、土井真一「法の支配と司法権——自由と自律的秩序形成のトポス」佐藤幸治ほか編『憲法五十年の展望II』（有斐閣、1998年）79頁、高橋和之『現代立憲主義の制度構想』（有斐閣、2006年）など。

[2]　松尾陽「アーキテクチャによる規制作用の性質とその意義」法哲学年報2007（2007年）241頁（247頁）。

パーソナルデータが利活用されることは不可避である。しかし、どのような情報が収集され、どのような目的で利用されているのかなどについて、可視性・透明性の確保が要請される。アーキテクチャ規制を始め、規制概念を拡張して捉える場合には、この点が重要になってくるのではないか。

アーキテクチャ規制を主題化することの意義の一つは、こうした無意識的な規制に対して注意を促すことにあるといえる。

(2) 非介入性について

松尾報告では、アーキテクチャによる規制が非介入的でありうることの問題が、住基ネットや肘掛けベンチを例にして指摘され、それが提起する問題への対処として、共和主義的自由観念への転換が論じられている。

ここでいう非介入的性格とは、目的指向性、直接性、命令性、法形式性という四つの介入（制約）の指標の一部または全部を欠いていることを指していると思われる[3]。国家の作用形式が命令・強制から非権力的・間接的手段へと多様化していることは夙に指摘されており、ここでも、アーキテクチャはこの問題の一つの象徴ではあるが、それ固有の問題とは言いがたい。逆に言えば、非介入的な規制には多様なものがありうるので、整理が必要ではないか。

この点、肘掛けベンチの例は、松尾報告にあるように、個人の行動を確実に修正するもので、その意味では規制だといえるが、それは事実的・間接的なものである。この種の制約については、理論的には、介入（制約）概念の拡大論によって対処されており、負担が一定の閾値を超えたものだけが介入（制約）に該当するとされる[4]。

もっとも、日本の判例・法制実務ではこのような拡大論は浸透していないため、そもそも、アーキテクチャ規制を法的な意味での規制だと捉える考え方は浸透していない。アーキテクチャ規制は、事実上の措置として行政に委ねられ、アドホックに社会的な論議の対象になるにすぎない。かれこれ20

---

[3] 参照、小山剛『「憲法上の権利」の作法〔新版〕』（尚学社、2011年）35頁。
[4] 同上36頁。

年前の話にはなるが、1996 年、東京・西新宿の地下道にホームレスを排除するための「オブジェ」が設置された。アーキテクチャを規制と捉える視点により、行政によるこの種の規制権力が可視化されることになる。もっとも、このような規制をすべて法的規制と同様に捉えて裁判的に統制することは困難であり、他方でアドホックな批判によって対処することも不適切である。規制権力を可視化した後の統制のあり方の検討が必要である。

他方、住基ネットの事例はまた別の問題を提起する。そもそも、住基ネットの運用によって規制を受ける権利利益をどのようなレベルで捉えるのかが問題となる。これを「個人の自律を基軸とする個人主義的な人権保障の理念」のような抽象的なレベルで捉えてしまえば、違憲審査という枠組みの中で適切な判断ができないのは当然である。

住基ネット判決に若干立ち入ることになるが、この点、最高裁は、「個人に関する情報をみだりに第三者に開示又は公表されない自由」の侵害問題として捉えている。「みだりに」という限定が曲者で、これによって教科書的な三段階審査との対応関係が曖昧になっていると思われるが、それはともかく同判決では、住基ネットの正常な運用と逸脱的運用とからそれぞれ生じる上記自由の侵害の合憲性を二つのレベルに区分して審査を行っているとみられる。本判決で注目されるのは後者であり、そこでは、山本龍彦が「構造審査」と呼ぶところの新規な手法が採用されている。

この「構造審査」で行われているのは、極めて初歩的ではあるが、個人情報漏洩やデータマッチング等のリスクの審査である。個人情報保護の世界では、個人情報の漏洩等のリスクを事前に審査するプライバシー影響評価（Privacy impact assessment, PIA）を取り入れる動きが広がっており、マイナンバー制度においても、特定個人情報保護評価が導入されている（行政手続における特定の個人を識別するための番号の利用等に関する法律 26 条以下）[5]。

本題に戻ると、住基ネットの非介入性の実質は、基本権に対する介入（制約）があるとは言えないが、そのリスクがあるということではないか。

---

5) 一般的な PIA と番号法における特定個人情報保護評価との違いなども含め参照、小林慎太郎『パーソナルデータの教科書』（日経 BP 社、2014 年）175 頁以下。

リスク社会と憲法学というテーマのもとでは一定の議論があるが、これまでは、予防原則との関係で基本権の対抗利益としてのリスクをどう捉えるかという問題が主に議論されてきたところ、ここでは基本権への介入（制約）に対するリスクの捉え方が問題となっている。この点、「治安・安全に関する領域で予防原則の影響を無視できなくなりつつある中、権利侵害についてのみ具体性・蓋然性を強く求めるのは、均衡を失する危険がある」との指摘がある[6]。

松尾報告は、このようなリスクがある状態（「構造的脆弱性」）を「恣意的な支配」とみて、非支配としての自由の侵害とするものである。基本権に対するリスクの問題を、自由観念の転換という形で対処することが妥当かどうかは、その転換の射程（すでに山元一が私人間効力との関係で論じている[7]）や保護義務論などと比較した法的構成の明確性などとの関係でなお検討が必要かと思われる。

3 国家社会二分論と「社会の憲法」

(1) 国家社会二分論と「社会の憲法」

アーキテクチャ規制に着目すると、規制の主体が公権力だけではなく、私人にも分散していることが明らかになる。もっとも、規制主体の分散化はグローバル化にも伴うもので（国際機関、EU 含む外国政府、いわゆる GAFMA〔グーグル、アマゾン、フェイスブック、マイクロソフト、アップル〕、国内の社会的権力）、アーキテクチャ規制に限らないところではある。松尾報告でも言及されている拙稿[8]はこの点について問題の所在を指摘したものであるが、本稿ではこのテーマには立ち入らない。

ここでは、松尾報告がこの点に関連して繰り出す共和主義的憲法論、「社会の憲法論」、自由の環境形成論、多元的憲法論などなどの仕掛けについて

---

6) 土井真一「国家による個人の把握と憲法理論」公法研究 75 号（2013 年）1 頁（16 頁）。
7) 山元一「憲法理論における自由の構造転換の可能性(1) 共和主義憲法理論のためのひとつの覚書」長谷部恭男・中島徹編『憲法の理論を求めて――奥平憲法学の継承と展開』（日本評論社、2009 年）13 頁。
8) 拙稿「自由権――情報社会におけるその変容」法学セミナー 688 号（2012 年）12 頁以下。

コメントしたい。これらの概念によって問題とされているのは、結局のところ、立憲主義における国家社会二元論である。

　教科書的な立憲主義の理解によれば、立憲主義とはまずは国家権力の制限を意味する。しかし、国家権力制限の前提として、国家権力の確立の問題があり、日本では「弱い政府」を克服するために1990年代以降改革が試みられてきた。今日ではこうした取組みの成果が現れてきており、改めて国家権力の制限の問題が論じられるべき局面にあるといえる。

　また、教科書的な立憲主義の理解では、立憲主義とは国家と社会との分離を前提としており、立憲主義が関わるのは国家の領域であるとされている。しかし、アーキテクチャを規制と捉えた場合、社会に散在する規制主体が可視化される。アーキテクチャ規制を主題化することにより、社会の秩序に関心が向くのは当然のことだと思われる。こうした観点からは、松尾報告がアーキテクチャ規制から論を説き起こしつつ、国家社会二分論を問題とするに至ったことは理解できる。

　ところで、立憲主義概念の彫琢に寄与した国の議論の中にも、必ずしもこのような二元論を前提としないものもある。それはフランスの議論であり、ミシェル・トロペールのいう「社会の憲法」論は、国家社会二分論を前提としないフランス的な見方の表れであろう。

　フランスの人及び市民の権利宣言16条は、「権利の保障が確かでなく、権力分立も定められていないような社会はすべて、憲法をもつものではない。」と定めるが、ここではまさに「社会」という表現が用いられていることが象徴的である。また、フランスでは、法律によって自由を実現する「公的自由 (libertés publiques)」の観念がなお根強く存在する一方で、憲法の私人間効力論という問題が立てられてこなかったが[9]、これも対国家での基本権保障と私人間でのそれを相対化する考え方と関連するものと思われる。

(2) 私人間効力論

　もっとも、日本の憲法学においては、こうした国家社会二分論が貫徹され

---

9) 山元・前掲注8) 30頁。

てきたわけではない。それは、私人間効力論に強い関心が集まってきたこと一つをとっても明らかである。フランスとの対比でいえば、国家社会二分論自体は前提とされつつ、他方で、何らかの形で人権規定の私人間効力が認められてきた。

すなわち、私人間効力論においては早くから私人間に何らかの形で憲法の効力が及ぶとする間接的効力説が通説であり、近年ではそれがより洗練された保護義務論も有力に唱えられている。もっとも、これらの議論はその構造上、あくまでも国家と社会の分離を前提としているから、「国家社会二分論が貫徹されてきたわけではない」という先ほどの記述は的確ではないかもしれない[10]。

他方、最近は、効力の及び方が対国家の場合とは異なるものの、一定の憲法規定は私人間でも効力があるとする見解が宍戸常寿によって示されている[11]。この見解はさらに、人権の私人間効力とされた事例の多くは、私人間における個人の尊厳の妥当と、民主主義社会の基本的前提の確保という二つのモデルから整理・分析が可能ではないかとする[12]。

松尾報告においては、規制主体の分散化の問題に加え、「立憲主義のソーシャル・キャピタル」の観点から国家社会二分論の克服が指摘されている。前者は、従来の私人間効力論の文脈でいえば、社会的権力からの人権保障の問題であり、上述の宍戸の表現では私人間における個人の尊厳の妥当ということになろう。また、「立憲主義のソーシャル・キャピタル」は、宍戸のいう民主主義社会の基本的前提に相当するものとも思われる。そうだとすれば、松尾報告と宍戸の私人間効力論には符合が見られることになる。

もっとも、私人間効力論は裁判所による基本権規定の「適用」の問題であるのに対し、松尾報告は立憲主義そのものを問題としており、射程が異なる。松尾報告が引用するトロペールは、18世紀の憲法は「社会の憲法」であっ

---

10) また、そもそも、立憲主義の概念理解の問題と、日本国憲法解釈の問題とは別であるともいえる。
11) 宍戸常寿「私人間効力論の現在と未来――どこへ行くのか」長谷部恭男編『人権の射程（講座人権論の再定位 3）』（法律文化社、2010 年）25 頁。
12) 同上 45 頁。

たが、こうした捉え方は 19 世紀には国家と社会の分離論によって消失するものの、違憲審査制の発達した今日において憲法は再び「社会の憲法」となったとする[13]。ただし、トロペールの「社会の憲法」は、違憲審査制によって法律の内容が憲法に統制されるようになったことに着目しているものと思われ、特定の憲法的価値が社会に浸透することに着目する実体的な見方ではないと思われる。その意味で、「立憲主義のソーシャル・キャピタル」をいう松尾報告とはズレがある。

(3) フランスの事例から

しかし、「立憲主義のソーシャル・キャピタル」の観点から「社会の憲法」を考えてみるとき、フランスの事例は興味深いと思われる。ここでは 2 点指摘したい。

1 点は、近年のフランス憲法改正には、社会の領域を規律しようとするものが見られることである。例えば、2008 年 7 月の憲法改正[14]では、「法律は、選挙で選ばれる代表者的任務、選挙により就任する職務、および、職業あるいは社会における責任ある地位への男女の平等な参画を促進する。」とされ（1 条 2 項）、公職だけではなく、民間企業等における女性に対するポジティブ・アクションが憲法上認められることになった[15]。また、同改正では、メディアの自由、多元性および独立が新たに法律事項とされた（34 条 1 項）。これらの規定はあくまでも法律を介してではあるが、「立憲主義のソーシャル・キャピタル」確保の観点から、社会の領域に憲法が積極的に介入する傾向を示しているように思われる。

もう 1 点は、もちろん、フランスの共和主義原理にまつわる一連の問題である。フランス共和主義は、国家の編成原理であるだけでなく、相当程度において社会の編成原理でもある。

---

13) ミシェル・トロペール（南野森訳）「立憲主義の概念と現代法理論」同『リアリズムの法解釈理論——ミシェル・トロペール論文撰』（勁草書房、2013 年）161 頁。
14) 同改正についてはさしあたり参照、拙稿「フランスの 2008 年憲法改正の経緯」法学教室 338 号（2008 年）6 頁、同「2008 年 7 月の憲法改正」日仏法学 25 号（2009 年）181 頁。
15) 参照、糠塚康江「フランスにおける職業分野の男女平等政策——2008 年 7 月憲法改正による『パリテ拡大』の意義」企業と法創造 7 巻 5 号（2011 年）70 頁。

フランス共和主義の重要な構成要素であるライシテ原理と日本の政教分離原則とを対比してみると、この点が明確になる。後者は、個人に対する間接的制約になる場合もあるが、基本的には公権力に向けられた禁止規範であるのに対し、ライシテ原理においては私人の信教の自由の制約が広く正当化される。その端的な例はもちろん、ムスリム女性のスカーフ着用の可否をめぐる一連の議論である。この問題は、1980年代末から公的論争のテーマとなっていたが、女子生徒の学校におけるスカーフ着用の可否が焦点であった。その後、近年に至り、公の場所一般で顔を隠すことを罰則付きで禁止するいわゆるブルカ禁止法が成立した（2010年10月11日法）[16]。この法律には問題が多いが、ここでは、こうした規制が共和主義あるいはライシテ原理によって正当化されているという点を確認するに留める。

4　おわりに

松尾報告は、アーキテクチャ規制から論を説き起こし、共和主義的憲法論、「社会の憲法論」、自由の環境形成論、多元的憲法論などに論及しつつ、民主的憲法論に到達する。こうした流れは、アーキテクチャ規制による規制の多元性、規制主体の分散性を可視化することを通して、社会の秩序の問題に目を向けさせた上で、国家社会二分論を克服しつつ、社会の秩序形成のあり方を憲法論として模索するものであるといえる。こうした議論の筋は従来の憲法学にとって新しいものであるといえようが、本小論でも若干言及したように、これらの一貫した指摘のそれぞれについては、すでに憲法学においても検討がなされている。今後、松尾報告の問題提起を受け止め、より一貫性のある憲法論を構築していくことが課題となるだろう。

16）　参照、村田尚紀「公共空間におけるマイノリティの自由——いわゆるブルカ禁止法をめぐって」関大法学論集60巻6号（2011年）21頁。

[基調報告]
アーキテクチャによる規制と立憲主義の課題

松尾 陽

「今日の人々の情熱は乏しく、習俗は和らぎ、知識は広く、宗教は純粋で道徳は優しい。勤勉で堅実な習慣を身につけ、美徳においても悪徳においても、ほとんど誰もが限度をわきまえている。これらの事実を思うとき、私が恐れるのは彼らが指導者に暴君を戴くことではなく、むしろこれに後見人を見ることである。…この人々の上には一つの巨大な後見的権力が聳え立ち、それだけが彼らの享楽を保障し、生活の面倒をみる任に当たる。その権力は絶対的で事細かく、几帳面で用意周到、そして穏やかである」(トクヴィル(松本礼二訳)『アメリカのデモクラシー第二巻(下)』(岩波文庫) 255-257 頁)

はじめに

問題の概略を示しておこう。立憲主義への問題提起としてアーキテクチャによる規制を捉えることから出発する。立憲主義は、個人の自由のために、個人の権利と権力分立を制度化することによって、公権力の恣意的な行使を抑止する思想である[1]。その前提には、(フランスの場合には) 公権力の政府

---

1) ここでは近代立憲主義を念頭に置いている。近代立憲主義については、cf. Olivier Beaud, "Constitution et Constitutionalisme," in Philippe Raynaud et Stephane Rials (eds.), *Dictionnaire de Philosophie Politique* (PUF, 1996), 133-142.

への集中があり、国家と社会の分離がある。さらに、その基調には、合理主義的伝統と自生主義的伝統がある。アーキテクチャによる規制は、脱コミュニケーション型規制である点で憲法基礎論、非介入的性格の点で自由論、権力の分散化をもたらしうる点で統治論についての問題を呈示す

オブジェを置くことで腰かけることができない例
（著者撮影）

る。これらの問題の検討を通じて、ポスト立憲主義の可能性を示したい。

　アーキテクチャとは何か。建築学で「構造」の意味で用いられていたこの言葉は、情報技術の世界で、コンピュータの基本設計を指すものとして用いられていた。法学の世界でこの言葉を有名にしたのは、アメリカの憲法学者レッシグである[2]。1990年代、サイバー・リバタリアニストは、インターネットの登場により、人びとが簡単に国境の壁を越え、政府規制の網から逃れることができると期待した。これを批判する形で、レッシグは、いつ誰がどこで何を述べたのかを明示し記録するように設計を変更すれば、むしろネット上での規制可能性が高まるのだと説いた[3]。インターネットのアーキテクチャは、コード（プログラム）である。そのうえで、彼は、「コードは法である」と述べ、コードが法のごとく機能すると説いた。そして、そのコードは変更可能である。現在選択されている設計を「変更不可能な自然」と捉えてしまう間違いを「である主義 is-ism」と呼んだ。彼の議論の意義は、アーキテクチャを規制の一種として捉えたことにある。さらに、彼はその例

---

[2] Lawrence Lessig, *CODE Ver. 2.0* (Basic Books, 2006)（山形浩生訳『CODE VERSION 2.0』（翔泳社、2007年））参照。本書に登場するアーキテクチャ概念の分析や関連文献については、拙稿「アーキテクチャによる規制作用の性質とその意義」『法哲学年報2007』（有斐閣、2008年）241-250頁参照。

[3] レッシグの議論に影響を受けつつ、インターネットが国境なき世界を作ることが幻想だと国際法学の観点から論じるものとして、see Jack Goldsmith and Tim Wu, *Who Controls the Internet?: Illusions of a Borderless World* (Oxford U.P., 2006).

不法投棄を防止しようと呼びかけているが……
(著者撮影)

として肘掛ベンチ、スピードバンプ、家の鍵などを挙げ、情報技術上の展開にその議論の意義を限定していない(写真も参照)[4]。

アーキテクチャによる規制の意義についてはさまざまに議論されている[5]。ここでは、その規制的性質を特定する作業からはじめよう。

I 脱コミュニケーション型規制としてのアーキテクチャと憲法基礎論

1 規制理論の枠組みと法規制の基本的特質

法とアーキテクチャを同じ土俵で論じるために、規制理論を参照しよう[6]。規制理論においては、規制は、社会的コントロールのメカニズムすべてと広く捉えられている。このメカニズムは、設定、モニタリング、エンフォースメントという三つの段階に分けられる。

設定の段階では、ルール、スタンダード、委任などの、さまざまな形式が選択され、成文化され、人びとにその内容が伝達される。モニタリングの段階は、遵守の有無などを監視する段階である。エンフォースメントの段階は、規範の実現へ向けた段階である。この段階には、説得、刑罰、許可の取消など、さまざまな選択肢が存在する。

---

4) その現実空間における例としては、拙稿「環境犯罪論の台頭――状況的犯罪予防論の人間観」仲正昌樹編『叢書アレテイア11 近代法とその限界』(御茶の水書房、2010年)所収参照。

5) 誌面の都合上、大屋雄裕『自由か、さもなくば幸福か?――21世紀の〈ありうべき社会〉を問う』(筑摩選書、2014年)をあげるにとどめる。

6) 規制理論の詳細については、拙稿「規制形態論への前哨――規制の分散化と規制作用の静態的分析」近畿大学法学60巻1号(2012年)119-160頁を参照。

法規制の特質につき、二点、触れておこう。まず、法規制は、抽象的な言語の形で規定される[7]。法が機能するためには、人間の知性が前提とされる。言語を理解する能力——「理解可能性 intelligibility」と呼びうる——を前提とする法はコミュニケーション型規制であると定位できる。

次に、法規制は担い手を必要とする。法規範を設定すれば、自動的に通用するというものではない。行政には要件効果のそれぞれにつき裁量がある。裁判所で、その規範の正当性や正統性が問い直されることもある。人間社会の秩序を維持するためには、法規範を杓子定規に運用しないことがよいこともあり、「遊び」の部分も必要だ。この「遊び」の部分は、法文の中に規定されていることもあるが、しかし、必ずしも書き込まれているわけではない。この「遊び」の部分を司る最重要機関が裁判所である。

2 アーキテクチャによる規制的性質

アーキテクチャによる規制の性質は何か[8]。アーキテクチャによる規制は、「操作可能な物理性」をベースとする。アーキテクチャによる規制の設定は、物理的な事物を設置するか、あるいは、プログラミングするかという形をとる。設置すれば、壊れない限りは、条件が満たされれば機能する。この性質は自動執行性と呼びうる。プログラムは、法規制と同じく抽象的な言語で規定される。しかし、プログラムは、法と異なり、機械的に作動する点では、自動執行性を有する[9]。行為選択肢自体を操作するアーキテクチャによる規制は、モニタリングやエンフォースメントの段階を考える必要はない。

また、法は規制と認知されないと遵守されないのに対して、アーキテクチャは規制と認知されなくとも機能しうる。この性質は意識不要性と呼びうる。さらに、裁量行使や訴訟の中で具体的妥当性が考慮される法規制に対して、アーキテクチャは、規制として認知されないまま所与の環境として受け

---

7) 碧海純一『法と社会——新しい法学入門』（中公新書、1967年）参照。
8) 拙稿・前掲注2) 参照。
9) グリメルマンは、アーキテクチャとソフトウェアとは異なるとし、ソフトウェアによる規制の性質を分析している、see James Grimmelmann, "Regulation by Software" 114 Yale L. J. 1719 (2005). もっとも、共通する部分も多く、ここでは同じものとして扱う。

容れられてしまうことが多い。

　アーキテクチャは、規制される人びとに知性がなくとも機能しうる。アーキテクチャによる規制は脱コミュニケーション型規制と呼べるだろう。

3　合理主義的憲法観と自生主義的憲法観

　脱コミュニケーション型規制としてのアーキテクチャの憲法学的意味は何か。憲法は公権力を統御する法である。それは、人間の知性のもとに公権力を統御するということである。このことの意味を合理主義的憲法観と自生主義的憲法観という二つの憲法観から考察してみよう[10]。

(1)　合理主義的憲法観

　まず、合理主義とは、秩序を人間の意志（設計）の産物とみなす（べきとする）立場である。合理主義的な憲法観としては、まず全員の合意で秩序を基礎づけようとする社会契約論的憲法観があげられる。全員の（仮想的で理性的な）合意があってはじめて強制が正当化される。これを実現するためには、アーキテクチャによる規制を可視化し、合意の対象として意識させる必要がある。

　また、合理主義的な憲法観としては、功利主義的な憲法観もある。社会構成員の厚生を増大させるべく、為政者は秩序を設計する。厚生を増大させる限り、アーキテクチャによる規制は、規制の意識がなくとも、功利主義的には合理的である。むしろ意識不要ゆえに効率的なところもあるから、功利主義的には望ましい。この点がアーキテクチャによる規制が功利主義と親和的だとされる根拠である。しかし、功利主義一般に付随する問題がある。アーキテクチャがどの程度厚生を増大させるかは、完全に予測することは困難である。これは、功利主義の一要素である帰結主義について指摘される、知識の限界問題である。アーキテクチャによる規制の機能はその実施される状況に応じて異なりうる。実行的で効率的な、厚生を改善するアーキテクチャが

---

10)　この区別については、Russell Hardin, *Liberalism, Constitutionalism, and Democracy* (Oxford U.P., 1999), ch. 3. における「契約」と「慣習」との区別もヒントにした。なお、ハイエクの用語法に従うならば、合理主義は設計的合理主義、自生主義は批判的合理主義である。

為政者にとって明らかであるという前提がとられない限り、功利主義的に見て合理的かは判断し難い。

(2) 自生主義的憲法観

人間の秩序の中には、慣習やマナーのように、人間の行為から発するが、しかし、設計によるものではないタイプも存在する。こうした秩序をハイエクは「自生的秩序」と呼ぶ[11]。憲法を自生的秩序として捉える観方を自生主義的憲法観と呼ぼう。憲法上の権利の内容や統治機構の多くは、実際、自生的に、すなわち、意図せざる結果として、生成してきた。

アーキテクチャによる規制は自生主義的憲法観に適合するのか。自生的秩序が規範的な魅力を有するのは、それが、市場という競争過程を経るからである。競争過程の結果として存在するアーキテクチャによる規制は、望ましい自生的秩序だと評価できるだろう。課題はその競争条件を整えることとなる。しかし、スイッチング・コストがきわめて高い標準技術の例を考えればわかるように、競争が生じにくい場合もあるだろう。すでに標準となってしまった場合には、競争は生じにくいし、ダビング10の議論に観られるように、ある時点での選択が決定的に重要である場合、合理主義的に解決せざるを得ない。

(3) 小括

以上の議論では、設計をベースとする合理主義的な憲法観と、自生的な生成をベースとする自生主義的な憲法観を対置させてきた。しかし、常にどちらかを選択したうえで、貫徹しなければならないわけではない。例えば、（自生的秩序を支える）競争秩序の条件を設計するというように、相互補完の関係にあることもある。場合分けも考える必要がある。両者の関係をどのように考察するのかは、法哲学・憲法学の課題の一つであろう。後のⅢの議論とも大いに関係する。

---

11) この概念については、嶋津格『自生的秩序——F. A. ハイエクの法理論とその基礎』（木鐸社、1985年）参照。

II 非介入的アーキテクチャと自由

ここではアーキテクチャによる規制の非介入的性質の意味を考えてみよう。住基ネットに関する憲法学者の問題提起と分析を導きの糸としよう。

棟居快行は、①住基ネットはプライバシー権や個人の自律性に対して間接的事実的不利益をもたらす、②憲法は、個人主義的な人権保障をもとにした直接の規制や侵害には有効に対処できるが、間接的事実的不利益に有効に対処できない、③住基ネットによる間接的事実的不利益は生態系の破壊に似た危害をもたらす、④このことは、国家と国民との関係についての本質的な変化の萌芽を示すと述べる[12]。

これに対して、山本龍彦は、住基ネット問題を扱った最高裁判決を読み解きながら、「構造の脆弱性ゆえに個人情報がみだりに開示等される具体的な危険が認められれば、現実にそのような開示がなされていない段階でも」、憲法13条により保障された「自由の『侵害』が肯定されうる」のではないかと問題提起し、セキュリティシステムの不備を（主観的）権利侵害の評価と結び付ける「構造的脆弱性＝具体的危険＝権利侵害」という図式を析出する[13]。

この問題を自由論の枠組みの中で考察しよう。

1 共和主義的自由論

従来、自由論といえば、消極的自由論と積極的自由論との争いが中心に論じられてきた。しかし、この論争を第一ラウンドとしたうえで、近時、自由論の第二ラウンドが展開されている[14]。この展開を切り開いたのは、フィ

---

[12] 棟居快行「公共空間とプライバシー」長谷部恭男ほか編『岩波講座憲法2 人権論の新展開』（岩波書店、2007年）221頁参照。
[13] 山本龍彦「番号制度の憲法問題」法学教室397号（2013年）53頁参照。
[14] 大森秀臣「優しき巨人は自由侵害の夢を見るか？」平野仁彦ほか編『現代法の変容』（有斐閣、2013年）参照。ペティットの共和主義を憲法学の中に組み込もうとする議論としては、山元一「憲法理論における自由の構造転換の可能性（2・完）——共和主義憲法理論のためのひとつの覚書」慶應法学13号（2009年）83頁以下参照。

リップ・ペティットらが提示した共和主義的自由論である。

　ペティットが問題事例として挙げるのは、いわゆる「幸福な奴隷」問題である。ペティットが依拠する一つの戯曲の登場人物の例を紹介しよう。イプセンの『人形の家』におけるノーラである[15]。

> ノーラの夫である銀行家トーバル・ヘルメルは、19世紀の法律上、ノーラの行動の在り方について巨大な権限を有していたが、しかし、ノーラのことを溺愛していたので、ほとんど彼女の好きなように任せていた。その結果、ノーラは、19世紀の女性ならば、誰しもが望むような生活を送ることができていた。しかし、ある事柄のことで、トーバルは、ノーラのことを散々罵倒する。しかし、その事柄が終わると、トーバルは、再び優しくなる。トーバルがノーラのことを「一人の人間」として遇してくれないことに絶望し、ノーラは家を飛び出す。

　ノーラは自由と言えるのか。ペティットは、介入の有無を問題にする自由論と支配の有無を問題にする自由論の二つに分ける。介入の有無を問題にする自由論は外的障害の欠如という「非介入としての自由」をベースとし、また、その前提には「自然的な」自由観があり、これをリベラリズムの自由観だとする。これに対して、支配の有無を問題にする自由論は「非支配としての自由」をベースとし、また、その前提には「政治的な」自由観があり、これを共和主義の自由観だとする。

　ノーラは、トーバルの溺愛のもと何の外的障害もなく幸福に暮らせているために、非介入としての自由を享受している。しかし、トーバルは、いつでもノーラの生活を左右できる状態にあるために、ノーラは「非支配としての自由」を享受していない。

　ペティットは、自分以外の誰かが一定の選択肢について恣意的な根拠に基づいて介入する能力がある場合に「支配」があると定義する[16]。支配は、人間の相互関係の中で生じ、また、一定の重要な選択肢に関して生じるのだと

---

15) Philip Pettit, *Just Freedom: A Moral Compass for Complex World* (Norton P., 2014).
16) See Philip Pettit, *Republicanism: A Theory of Freedom and Government* (Oxford U.P., 1997), 52.

いう。また、介入ではなく、その能力が問題なのだとする[17]。

介入の能力は、制度がどのように構築されているかに依存する。ペティットは、この点を指して、共和主義的自由を「政治的」自由と位置づけている。「政治的」というのは、自由は、自然状態において捉えられるものではなく、政治体制などの制度との関係において捉えられるというものである。

ペティットの議論に対しては、介入の有無を基調とする論者は、外的障害が発生する危険という潜在的な介入をも問題視すれば、支配の問題も考慮できると反論し、また、介入の可能性を抜きにして介入する能力だけを問題視することはできないと批判する[18]。これに対して、ペティットは、介入の能力の存在が人びとを不安にさせるのだと反論する。

2 非支配としての自由の可能性

非支配としての自由の意義を検討しよう。ここで重要な対立軸は、自然的自由か政治的自由かという対立軸である。この論点を検討するためには、ペティットに大きく影響を与えた憲法学者サンスティーンの「積極的権利」論と、それに対する法哲学者嶋津の批判が参照に値する。サンスティーンは、通常、自然的自由と位置づけられる私的所有権も、第三者からの侵害に対して守ってくれる警察機構などの存在があってはじめて維持されるのだから、「積極的」権利であると述べる[19]。これに対して、嶋津は、憲法上の権利は、政府とは独立に存在する社会の中の常識が反映される形で生成するという意味で自然的な自由であると定位した上で、政治体制と結びつける自由論は全体主義と結びつくと批判する[20]。

プライバシーの問題にひきつけてこの対立を検討してみよう。一人で放っ

---

17) 「恣意性」の捉え方に関しては、①客観的な間違った制御のことを指す実体説、②皆の厚生を阻害する制御が問題であるとする主観的実体説、③手続の公正さを問題とする手続説などがある、see Henry Richardson, *Democratic Autonomy: Public Reasoning about the Ends of Policy* (Oxford U.P., 2002), ch. 3.
18) 大森・前掲注 14) 参照。
19) See Cass Sunstein and Stephen Holmes, *The Costs of Rights: Why Liberty Depends on Taxes* (W. W. Norton & Co. Inc., 2000).
20) 嶋津格『問いとしての〈正しさ〉——法哲学の挑戦』(NTT 出版、2011 年) 166 頁参照。

ておいてもらう権利としてのプライバシーを保障するためには、政府による支援を強く要求するものではないかもしれない。しかし、政府や大企業の中ですでに多くの個人情報が保有されている現在の状況においては、プライバシーの保障は、個人情報が蓄積されたシステムの管理方法、それに対する個人のアクセス方法の在り方と密接に関連する。かかる場合には、制度と自由は密接に関連する。我々の日常生活は、そうしたシステムの中に組み込まれている。このシステムの脆弱性が我々の「生態系」を脅かす。

　この点と関連して、サンスティーンのいう「積極的権利」の「積極的」の意味に注意する必要がある。「積極的権利」は、通常は、政府による保障が必要な権利を意味する。この「政府による自由」の内実が問題である。一方で、生存権を充足するために、政府が個人の財産・生活状況を把握し、自律へ向けたプログラムを定期的に実施していく生活保護制度、他方で、政府や企業が個人情報の適切な管理利用のためのメカニズムを設定すること、この両者の間では、大きな違いがある。確かに、前者の意味の積極的権利の一般化は、政府が個人の善を決定する全体主義への道を開く。しかし、後者の意味での積極的権利は、むしろ全体主義を防ぐための予防的なシステム設計・運営の問題である。この場合、「政府による自由の保障」というよりも、「政府による自由の環境形成」と表現する方が適切であろう。

　他方で、自然的な自由の意義を考えよう。自然的自由の輪郭を規定するのは、政府から独立し対抗する市民社会の想像力である。プライバシーの範囲を画定する「一般人の感受性」という基準もそのような想像力を前提とする。しかし、日本社会においてかかる市民社会が期待できるかという問題とは別に、政府がデータベースの中にある情報をみだりに覗き見ても、我々が覗き見られたことすらわからない状況で、どのような権利が想像可能かという問題がある。また、データベースに高度な情報技術が用いられている場合、一般人の感受性という基準はどこまで有用なのか[21]。ここに棟居のいう「国家と国民との関係の本質的な変化」が存する。

---

21) Cf. Lee Tien, "Architectural Regulation and the Evolution of Social Norms," 7 Yale J. L. Tech. 1 (2004).

自由の環境を形成するためには、恣意的なシステムであるのか否かを考察することが重要となる。ペティットの共和主義的自由論も、山本が析出した「構造的脆弱性」を問う構造審査もそのような議論として位置づけられよう。
　もっとも、この自由が主観的権利と位置づけられるかは別問題である。主観的権利というよりも客観法上の原則と位置づけられるのではないか、主観的権利と位置づけられるとしても、実体的な性格ではなく手続的な性格ではないか、自由の環境形成を促進するために、個人にインセンティブを付与するための道具的な権利ではないかなどの検討が必要だろう。これとは別に、その脆弱性を裁判所が審査できるのかという問題もある。統治論的な考察が必要となる。非支配としての自由が現実的に使える概念であるのかは、法哲学と憲法学が協働して探求するに値する課題である。

Ⅲ　権力の分散化と統治

1　主権論貫徹の困難

　住基ネットという公営アーキテクチャを素材として非介入の性質について自由論の観点からアプローチした。Ⅲでは、民営アーキテクチャを念頭におきつつ、「権力の分散化」の問題を考察しよう。立憲主義の一つの型は、権力を政府に集中させ、その権力を憲法の枠組みの中に閉じ込めることにあった。
　まず、大企業の登場がこの型を大きく揺り動かした。資本家は、生産手段の所有を背景に、労働者に対して不利な労働契約を受け入れさせる。この状況に対応しようと、20世紀の憲法は、所有に義務を負わせ、また、労働基本権を規定した。これが、立憲主義の現代的変容である。
　アーキテクチャによる規制もこの前提を揺り動かす。著作権法の想定以上に、私企業が導入した設計が複製行為を規律し、著作権法に取って代わり、「法の私有化 privatized law」[22]と呼ばれる事態が立ち現れる。アーキテク

---

22)　前掲注2)の邦訳では、「私法化」と訳されている。しかし、これは、法学者には混乱をもた

チャも権力の一種となりうる。

　こうした事態への対応として、社会主義憲法が資本を公権力の中に回収したように、アーキテクチャの力を公権力に回収すること（例えば、グーグルの国営化）も一応は考えられる。独占された標準技術の場合には、公権力の中に回収してもよいかもしれない。しかし、それが効率的あるいは実効的であるようには思えない。グーグルを国営化したところで、利用者は、別の検索サイトを利用するようになるだけだろう。また、非独占型民営アーキテクチャの場合には、公権力に回収することは実効的でも効率的でもないだろうし、競争法的な規律をかけることの方が望ましいだろう[23]。

　公権力のもとに一元化できないとすれば、言い換えれば、主権論を貫徹できないとすれば、個人の自由を抑圧しないように特定の力が突出しないように均衡させるという筋道が考えられよう。そのような議論の先駆として混合政体論が存する[24]。

　もちろん、個人の平等を基礎とする現代において、諸身分に対応して権力を配分する混合政体論をそのまま復活させることはできない。混合政体論の目論見は、諸身分という形で存在する社会の諸勢力を政治体制の中へと組み込むことにあった。ならば、現代における「社会の諸勢力」を分析することを通じて、その目論見を再生させることができよう。ただ、ここで考察する統治論は、組織や作用を直接議論するのではない、メタレベルの議論である。

2　18世紀の立憲主義——機械の憲法、社会の憲法という視点

　そうした分析以前に、こうした発想が立憲主義思想の中にすでに存在することを指摘しておこう。フランスの憲法学者・法哲学者トロペールは、19世紀の立憲主義において失われてしまった、18世紀の立憲主義のうちにあった二つの憲法観、すなわち、「機械の憲法」と「社会の憲法」という考

らすだろう。
23）　曽我部真裕「自由権——情報社会におけるその変容」法学セミナー688号（2012年）14頁参照。
24）　Ⅱで紹介したペティットは、非支配としての自由を実現するための統治論として混合政体論を支持している。

えを析出している[25]。まず、「機械の憲法」とは、憲法を一つの機械装置として捉え、その装置の部品は装置を動かす人間の意思とは関係なく、必然的に一定の効果を作り出すように配列されているという考えである。装置の部品——トロペールはモンテスキューに倣って「バネ」と呼ぶ——とは、例えば、イギリスの混合政体においては、エゴイズムと利害対立である。エゴイズムと利害対立をうまく利用して自由を守る政治体制を作りあげる。この発想は、「野心には野心で」と述べた合衆国憲法起草者マディソンに受け継がれている。これに対して、19世紀の立憲主義においては、憲法は尊重されるべき規範の総体と捉えられ、「言明の力」や名宛人の徳、ひいては、規範を適用する裁判官の徳が重要になる。徳ではなく、ばねを利用して、自由の秩序を作り上げること、これが機械の憲法の目論見である。

次に、「社会の憲法」とは、市民社会から区別された国家ではなく、社会全体を構造化する組織編成として憲法を捉える考えである。19世紀の立憲主義は、公権力の統御へと専心したのに対して、18世紀の立憲主義は、社会そのものを構造化しようとした。構造化といっても、一つの価値観のもとにまとめあげることを意味しない。

とはいえ、公権力の統御へと専心する19世紀の立憲主義の枠組みの中にいる現代の我々からすれば、18世紀の立憲主義の視点は戸惑うかもしれない。現代からすれば、「憲法の非憲法的前提」、「立憲主義を支える社会資本」という異なる表現を与えた方が理解しやすい。

(1) 機械の憲法の継承

こうした18世紀の立憲主義の視点は、現在の憲法学の学説の一部でも継承されている。機械の憲法論の発想は、ロバート・ポストの「多元的憲法領域」論の中にある[26]。彼は次のように述べている。

---

[25] ミシェル・トロペール(南野森編訳)『リアリズムの法解釈理論』(勁草書房、2013年)第9章参照。

[26] See Robert Post, *Constitutional Domains: Democracy, Community, Management* (Harvard U.P., 1995). 社会の憲法の視点を取り入れる異なる構想としては、see Gunther Teubner (Translated by Gareth Norbury), *Constitutional Fragments: Societal Constitutionalism and Globalization* (Oxford U.P., 2012).

フラーの教えの含意は、「憲法上の諸価値は、それらの諸価値が現実に実現する法的な諸構造に内在するということである。これらの構造は、しばしば、『社会秩序化social ordering』の識別可能な諸形式を確立するルールのパターンに関わる。憲法上の諸価値は、社会的秩序化の諸形式と諸形式が促進し可能にする経験との双方の中に不可分に内在する。それゆえ、憲法上の諸原理を実現するためには、憲法と社会秩序の体系的な諸形式との間の関係に綿密に注意を払うことが要請される。…社会秩序の三つの異なる形式が、我々の憲法を理解するうえで、とりわけ重要である。その三つを、コミュニティ、マネジメント、民主政と私は呼ぶ」[27]。

ポストによれば、コミュニティはある信念を共有した集団の領域で、マネジメントは、合理的で効率性重視の官僚集団の領域で、デモクラシーは、政策がどうあるべきかを集合的に決定する領域である。これらの領域はそれぞれに自律しており、また相互に依存している。ここで、法の役割は、相互の関係を適切に境界づけて、維持していくことにある[28]。

レッシグは、ポストの多元的憲法領域論を、すべてに妥当する原理を探求するロールズ的な探求ではなく、原理が適用される領域ごとの性質を探求し、各領域に応じた原理の探求を目指すウォルツァー的な探求だと位置づけている。コミュニティ、マネジメント、民主政の各領分を踏まえたうえで、原理を具体化していく必要がある。

そのうえで、レッシグは、ポストが描き出す世界を、名前とかけて「ポスト立憲主義」と呼んで、次のように評している。

「ポスト立憲主義」が意味するところは、次のことである。立憲主義とは、権力をもったアクターの権限への制約が憲法原理の名のもとで執行される憲法文化の営みのことである。合衆国では、その執行は裁判所による。立憲主義的な抑制を行う裁判所の意志や熱意は、大部分、裁判所が憲法上の要請を実現しているように思われうる程度に依拠している。憲法における明晰さ、単純さ、直截さが、活力になる。この意味での立憲主義は、一定の活力を要請する。

---

27) See Post, supra note 26, 1-2.
28) このポストの構想は、ホーウィッツの「表現の自由の制度」論において継承されている、see Paul Horwitz, *First Amendment Institutions* (Harvard U.P., 2013).

ポスト立憲主義は、これを失ってしまった。憲法上の要請が一見して明確で
　あるわけではなく、あるいは、憲法上の要請が争われ、熱を帯びた、法的では
　ない論争が中心にあることが明らかである場合には、裁判所はその実現に躊躇
　する。裁判所は、そのような喧騒の領域で紛争を解決することに躊躇する。と
　いうのも、喧騒的な問題の解決は、民主的な部門内部の方がふさわしく思われ
　るからだ。喧騒の効果は、憲法的なコントロールから政治的なコントロールへ
　と、立憲主義から民主政へと、問題を移行させることにある。[29]

　ここでいう立憲主義は、先ほどトロペールが描いていた 19 世紀の立憲主
義である。立憲主義の力は、憲法規範の言明の力、それを適用する裁判官の
徳に依存する。しかし、レッシグは、憲法規範の要請が明確でなくなってし
まったので、その言明の力は失われてしまったという診断を下す。そこから、
問題の位置を立憲主義から民主政へと持って行く。これは二つの点で間違い
を犯している。一つは、18 世紀の立憲主義の可能性を忘却していること、
もう一つは、立憲主義と民主政を二者択一の選択肢として捉えていることで
ある。ポスト自身は、あくまで立憲主義の枠内にとどまろうとしているし、
また、立憲主義と民主政との関係を二者択一としては捉えていない。

　また、ポストが言っているのは、原理を実現する社会的秩序化の諸形式に
注意を払えということだけではない。原理（価値）は諸形式と諸形式に関わ
る主体に内在すると述べている。憲法価値を実現するためには、諸形式に内
在するバネが重要となる。そうした議論の延長上に自主規制論があるだろう。
自主規制論においては、政府が後方で支援・規律しながら、各業界が自主規
制をする。こうした自主規制論の背後には、業界の規制力（バネ）をあてに
しながら、秩序を形成するという発想がある。

(2) 社会の憲法の継承

　社会の憲法の視点を継承した論者としては、サンスティーンが挙げられる。
彼が着目する現象の一つが、インターネットによって強化される集団極化で
ある[30]。ネットのおかげで人びとは自分が好むものだけにアクセスし、効率

---

29) Lawrence Lessig, "Post Constitutionalism," 94 Michi. L. R. 1422 (1996), 1424.

的に情報収集することが可能になった。趣味嗜好が合う者同士の交流は深まる。しかし、意見の異なる者との交流は途絶える。意見を同じくする者同士で議論すると、極端な結論の方が支持される傾向にあるというのが、社会心理学のいう集団極化現象である。サンスティーンが重視するのは、集団極化現象が結論の極端化のみならず社会の分裂化をももたらす点である。お互いの異論に耳を傾けず、同調しやすい者同士が集まる社会において、自由な秩序は維持されるだろうか。サンスティーンは、マディソンの継承者を自認しながら、自由な秩序を維持するべく、多様な意見が交錯する社会を組織化する憲法論を構想している[31]。

3 秩序形成への視点

以上の議論を踏まえたうえで、社会秩序化の問題を考えてみよう。

(1) インプット - フォーラム - アウトプット

秩序化については、人びとのニーズや知識などの情報をインプットし、その情報を何らかのフォーラムで処理し、具体的なアウトプットへとつなげるということで、三つの次元に分けられよう[32]。

アーキテクチャによってもたらされるアウトプットの多様化を前提にしたうえで、インプットやフォーラムの多様性をどのように構想すべきか。

フォーラムの多様性に関しては、例えば、法の三類型論がある[33]。そこでは、政治過程の多様性を前提にし、自律型法（＝普遍主義型法）、管理型法、自治型法の三つに法制度を区分したうえで、そのバランスが考察される。

---

30) この議論の詳細については、拙稿「集団分極化と民主的憲法論の課題——キャス・サンスティーン『インターネットは民主主義の敵か』で問われた課題」近畿大学法学59巻第4号（2012年）51-96頁参照。
31) 彼にとって憲法は単に権力を制限するのみならず、構成する装置である。彼の盟友、政治思想史学者スティーブン・ホームズが積極的立憲主義の提唱者であることも想起されたい。
32) こうした区分は、片桐直人氏との議論によって得たところが大きい。
33) 田中成明『現代日本法の構図〔増補版〕』（悠々社、1995年）参照。こうしたフォーラムの多様性と法の支配論との関係については、渡辺康行「『法の支配』の立憲主義的保障は『裁判官の支配』を超えうるか——「法の支配」論争を読む」井上達夫編『立憲主義の哲学的問題地平』（岩波書店、2007年）53-88頁参照。

どのフォーラムが適切であるのかを考察するためには、インプットの観点も重要である。インプットの種類に応じたフォーラムごとの制度適性（制度能力）があるからだ。インプットの在り方に関しては、民主政論を参照することが考えられる。

(2) **民主的憲法論**

ところで、憲法と民主政との関係については、現在、「民主的憲法」という構想が、世界的に立ち上がっている。法哲学者、憲法学者を含めて多くの論者は、民主主義の暴走が立憲主義を傷つけないかという問題をとりあげ、対立の次元に焦点をあててきた。これに対して、民主的憲法論は、双方の対立を強調するよりもむしろ、立憲主義の枠組みが、民主政を可能にし、実質化するという側面を強調する。こうした構想についての多様な議論の紹介と検討は別の機会に委ねるとして、ここでは、二つの視点を取り上げたい。欲望と知識の問題である。

(3) **欲望の問題**

どのような秩序を構想するのかに関して、欲望の問題をわきに置くことは絶対にできない。理性は欲望間の調整役である。ヒュームが述べるように、欲望は社会のバネである。欲望を一定程度反映した統治でないと、統治は立ち行かなくなるだろう。

現在、欲望を反映する利益集団多元主義は批判されることもある。しかし、それ以前に欲望が十分に反映されていない点にも問題がある。

立憲主義の現代的変容においては、産業社会を維持していくために、労使間の調整や老幼障への支援が政府の仕事となった。社会権が後押しし、コーポラティズム的な労使間の調整（三者構成原則）が行われた。フォーラムとしては、管理型法と自治型法があった。しかし、脱産業社会ともいわれる現代では、人びとの欲望は労使関係に還元できない。労働組合の組織率の低下もその現れといえよう。

一つの問題を取り上げよう。（公共選択論の用語でいえば）凝集的な利益を持つ集団（例えば、著作物の権利者団体）の力は、凝集しない利益しか持たな

い集団（著作の利用者側）に対して政治的に優位な力を持ってしまう。かかる場合、管理型法を象徴する行政過程のフォーラムは、圧力団体に乗っ取られてしまう危険が高い。

　こうした危険に対処するためには、管理型法を実施する行政官の徳（能力）に期待するのも一つの方法である。行政官が業界と消費者の利益を調整する。徳の高い行政官をどのように調達するのかが課題である。しかし、そのような徳の涵養・調達が困難であることもさることながら、そもそも消費者側の利益を適切に代弁してもらうためには、消費者側の欲望を一定程度フォーラムの上に載せなければならないだろう。凝集しない利益をくみ上げるべく、何らかのフォーラムの上に載せることである。アメリカ型の集団訴訟の枠組みも考えられる。

(4)　知識の問題

　欲望をうまく充足するためには、知識も必要である[34]。食欲を充足するには、美味しいものについての知識が必要である。病気を治したければ、治療に関する知識が必要である。高度な知識の場合には、専門家に委ねざるを得ない。

　近代立憲主義の現代的変容、とりわけ、そこにおける行政権の肥大化は、専門的知識への信頼をもとに生じたといえる。しかし、専門知は、そのまま統治に応用できない。政策は複数の専門知から形成される。また、専門知には、時間的範囲的限界である「妥当性領域」がある。専門知は、現時点での最先端でしかなく、更新されうるし、また、応用される領域の知識も必要なのである。常に実験的な性格を有し、また、局所的知識も必要となる。

　さまざまな種類の知識を統合し、政策を形成していくためには、統治システムを部分的に分権化し、後に改訂可能な柔軟性のあるものにしなければならない。また、法の支配を前提にすれば、専門知を法という一般的言語に落とし込んでいく必要もある。

---

34)　拙稿「ポスト行政国家時代の立法理学の可能性——藤谷武史報告へのコメント」法哲学年報 2014（2015年）所収参照。

こうした総合をどのようなフォーラムで実現するのかという問題がある。その際に重要なことは、特にレッシグが強調したことだが、技術の選択は価値の選択を孕むということである。技術の選択の過程で、どの価値を重視するのかの選択（例えば、安全か効率か）も行われなければならない。専門技術的裁量という言葉で済ませてよいわけではない。

　もっとも、独占型の標準技術の場合には、別のシステムへと転換することは困難になる。とりわけ、普及してしまったネットワーク効果を有する技術を別の技術に置き換えることは困難となる。技術選択の段階で、慎重さが必要となる[35]。

IV　むすびに代えて

　本稿の目論見は、アーキテクチャによる規制の検討を通じて、別様の立憲主義の可能性（ポスト立憲主義）を提示することにあった。結びに代えて一つ述べておきたい。権力への懐疑が従来の立憲主義の哲学だといってよい。この立憲主義が機能するためには、少なからぬ人びとの心の中にそうした考え・イメージが抱かれていなければならない。しかし、現在、（とりわけ日本の）多くの人びとの心の中に抱かれているイメージは、冒頭でトクヴィルが描くイメージ、優しくキメ細やかな面倒を見てくれる政府のイメージではないだろうか。権力への懐疑ではなく権力への期待である。

　もちろん、地獄への道は善意で敷き詰められているという警句を発し続けることも重要である。しかし、権力への期待をうまく水路づける秩序形成の可能性、この道筋も探求に値する。

---

35)　依田高典＝和久井理子「ネットワーク外部性と技術標準」柳川隆＝川濱昇編『競争の戦略と政策』（有斐閣、2006年）第10章参照。

5-3

[座談会]
アーキテクチャによる規制と立憲主義の課題

松尾　陽　宍戸常寿　曽我部真裕　山本龍彦

I　はじめに

1　法哲学からの問題提起

山本（司会）　本日は、法哲学がご専門の松尾陽さんをお呼びして座談会を行います。まずは松尾さんから、基調報告の要約をお願いします。

松尾　この場に呼んでいただきありがとうございます。法哲学を専攻しております。基調報告では「立憲主義の課題」として提示しましたが、これは憲法学の課題であると同時に、法哲学の課題でもあると考えています。法哲学者の長尾龍一先生はその著作『法哲学入門』において、根源的な懐疑は考え抜かれた専門的議論の中から生まれると述べられています。憲法学も専門的議論の一つであります。

さて今回の報告テーマとしては、アーキテクチャによる規制を憲法学そして法哲学は、どのように受け止められるのかという問題を設定させていただきました。アーキテクチャとはもともと建築、構造などの意味を持っていますが、しかし人間を取り巻く物理的、技術的環境とその構造まで意味が広がっております。そしてこれらの物理的な環境が我々の行動を制御し、一種

松尾　陽氏

の規制（レギュレーション）として機能しています。例えば肘掛けがついた公園のベンチは、路上生活者がそこで眠ることができないようにさせ、またネット上の掲示板ではプログラムの設計によっては、特定のワードが表示できないようにすることも可能となります。

　アーキテクチャによる規制の問題については、90年代末のローレンス・レッシグの著作『CODE』の登場以降、さまざまに議論されてきました。今回、取り上げた問題は、法規制とアーキテクチャによる規制の対比から生じる三つの問題です。

　第一に、法規制は言葉によって人間の規範意識に働きかけ、その違反を罰する際にも執行や裁判という対話のプロセスを経るコミュニケーション型の規制であるのに対して、アーキテクチャによる規制は、機械言語で構成されている場合でも、人間の規範意識に働きかけるわけではなく、またそのオペレーションにおいても対話のプロセスがあるわけではない脱コミュニケーション型規制であります。脱コミュニケーション型の性質は、とりわけ近代憲法の下にあった合理主義や自生主義（経験主義といってもよい）などの思想と、どのように折り合いがつくのだろうかという問題です。これが1点目の問題です。

　第二に、アーキテクチャによる規制は人間の環境を構成するものです。法的権利を直接規定するアーキテクチャもありえますが、しかし、問題となるのは法的権利を事実上制約する間接的な規制です。こういう非介入的なアーキテクチャによる規制は、伝統的な権利論や自由論の枠組みでとりあげにくい。というのも伝統的な、つまりリベラルな権利論や自由論は介入あるいは干渉の有無を問題にしてきたからです。

　そのような状況に、近時、法哲学、憲法学の世界でも着目されている、フィリップ・ペティットの共和主義的自由論が掲げる「非支配的自由」が使えるのではないか。また、山本龍彦さんの「プライバシー論」もこのコンセ

プトに呼応するものではないか。個々の行為の自由ではなく権力の構造に着目する自由論はどこまで有用であるのかという問題を、第二に設定させていただきました。

　第二の問題は政府が創設し運営していく公営アーキテクチャにも生じる問題ですが、第三の問題は民間型アーキテクチャが生み出す問題です。そもそも近代立憲主義は、権力を政府に集中させ、権力を集中した政府の活動を統御することを課題とする。民間型アーキテクチャをすべて公営化するのか、公営化できないとすれば一定の権力分散を認めざるを得ないのではないか。分散された権力状況をいかに統御するのか、というのが第三の問題となります。

　以上三つの問題を扱う中で、私としてはポスト立憲主義という構想を示してみたい。第一に秩序の制限から秩序の形成をも取り込んだ視点。第二に権力を統御するためには既存の社会にあるバネを再組織化する立憲主義のソーシャルキャピタルの視点。第三に立憲主義と民主政の対立的理解から協働的理解へ、という民主的憲法の視点。以上の視点を取り込んだ立憲主義の方向性を示してみたい。

　最後に一言だけ。私は学生に立憲主義を教える際には、近代立憲主義の核心は、権力への懐疑にあるのだと教えます。独裁のほうが、震災復興などの緊急事態には対処できるかもしれない。しかしながら統治の効率性を犠牲にしてでも、個人の自由を守ろうとするところに立憲主義の核心がある、と。しかし権力への懐疑がいまの学生や市民の多くに、どこまで伝わるのかということに関して、非常に疑問があります。代わりに普通の人々の普通の欲望を少し水路づけるだけで、公権力の統御につながる方法はないのか。そういう道筋を探求したいのです。

2　憲法学からの受け止め

　山本　ありがとうございます。続いて憲法学の立場から、曽我部さんにコメントをお願いします。

(1)　脱コミュニケーション型規制の概念

　曽我部　私からはいまの問題提起を、一般的な憲法論からどのように受け

止め、もう少し具体的なレベルで考えてみるとどうか、という形でコメントをさせていただきたいと思います。

まず脱コミュニケーション型規制、アーキテクチャについて。アーキテクチャの概念がかなり広いということから、もう少し類型化なり分類をしたほうが、議論が拡散しないとは思います。ただ今回のご報告は、アーキテクチャの問題そのものを指摘されようとしているわけではなく、「ポスト立憲主義」を展望する上での象徴としてアーキテクチャを取り上げたのだと思います。あらかじめアーキテクチャ概念を明確化せよ、ということは申し上げません。個別の話の中で何が想定されているのかを示しながら、話をしたほうがよいかとは思います。

その上で脱コミュニケーション型規制ですが、この表現については、他の意味合いで問題にしうるかと感じました。松尾さんは以前の論文(「アーキテクチャによる規制作用とその意義」法哲学年報2007(2007年)241頁)で、個別の事案に応じた適用の調整ができないことを、アーキテクチャの特徴として指摘されていました。このことは適用段階で、普通の法規制では裁判所等によって事案に合わせた判断がなされ、いわゆるコモンロー的な法形成が行われるわけですが、アーキテクチャの場合は通常、そういう契機がない。コモンロー的な法形成ができないということが、一つの特徴だろうと思います。

もう一つは、脱コミュニケーション型規制の中に、気づかないうちに規制される、規制されていることを意識する必要はない、言語を介さないという側面も含むわけですが、それにまつわる問題もあります。公権力の行使としてアーキテクチャがとられた場合に、公権力の行使の場合は規制の存在を認知させる、可視化が必要だろうと思います。民主主義国家では公権力の行使は、公共的な批判にさらされなければならないという大前提があるべきですので、アーキテクチャの場合はそれとの関係で問題となります。

基調報告では防犯カメラが挙げられていました。防犯カメラがアーキテクチャ規制かどうかは、よほど広い意味で捉えない限り、これはアーキテクチャには該当しないと思います。ただ無意識的な規制だという、規制になり得るという点で共通点がある。防犯カメラ条例が各地にあって、それを見ると防犯カメラが設置されている旨を告知しなければいけないという規定があ

ります。この場所にカメラを設置することの是非を議論させる、あるいは批判を受ける契機として、こういう規定が必要になります。

脱コミュニケーション型規制の特徴は、従来の規制に関する憲法学なりの考え方からすると、異質なところがあるというご指摘はそのとおりだと思います。

(2) 非介入的規制について

もう一つは、非介入的な規制だというところに注目したいと思います。松尾報告ですと、アーキテクチャによる規制が非介入的でありうる点の問題が指摘されています。その例として住基ネットと肘掛けベンチという二つの例が挙がっていますが、その対処として、自由の観念の転換ということで論じられています。憲法学の教科書的な説明によると、ここでの介入には四つの指標があると説明されています。目的指向性、直接性、命令性、法形式性です。この一部また全部を欠いているのが、非介入的性格の意味だろうと思います。

国家の作用形式が命令、強制手法から、非権力的間接的手段に移行しているのは、つとに指摘されているところです。特にアーキテクチャの規制に固有の話ではありませんが、これもそのうちの一つでしょう。四つの指標の全部また一部を欠くのが非介入的規制だということは、非介入的規制にもいろいろなものがあることを意味します。出していただいた二つの例でいうと、肘掛けベンチと住基ネットの例はかなり違いがあります。

肘掛けベンチの例は個人の行動を修正する働きがあることは間違いないので、その意味で規制があります。このような事実上の規制については、憲法論としては、介入あるいは制約概念の拡大が指摘されています。負担が一定の閾値を超える場合には、制約に該当するという議論です。

ただこれはドイツの影響を受けた学説の議論で、日本の判例実務は介入拡大論を採っていません。「イントロダクション」で新宿の地下街でのオブジェの例を挙げましたが、アーキテクチャ規制の拡大は、実際上は行政による事実上の強制が拡大する恐れがあると思います。

他方、住基ネットについては山本さんが精緻な判例分析をされていますが、

これはまさに基本権侵害のリスクをどう考えるかという話であり、山本さんが強調される住基ネット判決の構造審査はリスク審査をしている。

リスクと憲法学は予防原則などの関係で、憲法学でも少しずつ議論されてきています。その場合はいわゆる基本権の対抗利益のほうがリスクであって、例えば環境に対するリスクがある段階で、どのような基本権侵害が正当化されるのかという形だと思いますが、ここでは基本権侵害のリスクをどう審査するのかという問題ですね。

松尾報告は、共和主義的な自由観念、非支配としての自由ということでこの問題を捉えようとされていますが、その場合、住基ネットに当てはめてみると、住基ネットの構造的脆弱性が恣意的な支配に当たるという理解を前提に、これが非支配としての自由の侵害だとお考えでしょう。ただ、こういう問題を自由観念の転換という形で議論するのが適切かは、なお検討の余地があるかもしれません。

II 〈近代〉とアーキテクチャ

1 アーキテクチャ、人間、尊厳

山本 ありがとうございました。曽我部さんからは、まず、アーキテクチャ概念の同定をとりあえず棚上げしておきながら、脱コミュニケーション型規制の問題を、コモンロー的法形成や自己統治との関係で批判的に語る視座を提供いただきました。松尾さんの方から何かございますか。

松尾 根本的には、アーキテクチャによる規制の新規性は何かを問うご指摘かと思います。

一方で、私もアーキテクチャによる規制の新規性を、必ずしも強調したいわけではありません。というのもレッシグのアーキテクチャによる規制の理論を、主にイギリスで展開されている規制理論の枠組みの中に回収しようとしているわけですから、可能な限り、私自身も既存の枠組みの中に回収できればと考えております。また、アーキテクチャによる規制の性質を分析することで、規制理論の精緻化を図りたいというのもあります。

しかし他方で、新規性もあるのではないかとも考えております。これは、脱コミュニケーション型規制と位置づけた点と関係があります。アーキテクチャによる規制というのは、人間の有史以来あり続けてきました。にもかかわらず、ここ最近、こんなにも着目されているのはなぜかということです。私の作業仮説を説明したいと思います。

近代法の意味から振り返ってみますと、まず近代においては秩序の中心は法でした。物理的暴力を独占した政府の権力が、法を通じて行使される。これはマックス・ウェーバーの話になります。合理主義によれば、ここでいう法とは実定化されたもので、(象徴言語も含む)抽象言語で構成されます。この言語による秩序形成・維持のためには、高度な知性が要求されます。自生主義でも一定の知性は要求されるでしょう。法規制が機能するためには、規範意識に呼びかける言語に呼応できる主体が期待されております。

これに対して、アーキテクチャによる規制が機能するためには、規制客体側に必ずしも高度な知性は要求されません。アーキテクチャによる規制は人間以外の動物にも機能しうるわけで、アーキテクチャによる規制が最近着目される理由は、まさにこの点にあるのではないかという作業仮説を立てているわけです。インターネットの登場という技術の発展に還元できない思想レベルの転換、より正確に言えば、思想の衰退があるのではないか。要するに規範順守を期待される存在としての「人間」への諦めがあるのではないかということです。例証のために、英米における犯罪予防論の展開を簡単に説明したいと思います。

罪を犯した者を矯正し、再人間化していく社会的アプローチと呼ばれるものがあります。このアプローチは福祉国家の興隆とともに登場し、また福祉国家の衰退とともに衰退していきました。この社会的アプローチは、「人間」という理念を前提にしていました。それが衰退して、その代わりに登場したのが物理的な環境を変えることによって、犯罪予防を目指す状況的アプローチです。

重要なのは、状況的アプローチの思想的背景です。割れ窓理論で有名なジェームズ・ウィルソンは「我々は、想像以上に人間のことを知らない」と述べ、人間にそれほど期待しても仕方ないのではないか、また人間を再人間

化することは相当難しいと主張したわけです。状況的アプローチの登場の背景にあるこうした人間観の変遷あるいは希薄化が、アーキテクチャによる規制が着目される所以ではないか。

　ここにおける「人間」という理念は、一部、尊厳と置き換えることができます。そして、状況的アプローチは英米では普及していますが、フランス、ドイツでは普及していないと研究者の間では指摘されています。英米と仏独において尊厳概念が占める重要さの違いを考えると、大変示唆的なことではないか。以上が私の作業仮説であり、アーキテクチャに着目する理由です。

　山本　アーキテクチャによる統治の問題性は、前提とする人間観の変容と関連しているわけですね。たしかに、最近の脳科学や心理学、ヒトゲノム研究などは、ますます「思想」としての「人間」観を失効させているように思えます。この点で、アーキテクチャによる統治は、人間の自然的・動物的側面に着目した管理といえますね。行動経済学の法学的応用に関する議論も、おそらくはこの延長にあります。曽我部さん、いかがでしょうか。

　曽我部　素朴な疑問ですが、要するに人間というものに対する期待の後退が背景にあって、犯罪予防の文脈では近代的な教育による矯正が重視されていたけれども、割れ窓理論のように環境に働きかける方向に変わってきた。それは人間の尊厳とも関わるという話につながります。

　でも見方を変えると、矯正とは、要は本人の思想良心に働きかけるわけで、非常に強い介入であったわけですね。これに対して物理的な環境変化ですが、犯罪者個々人に働きかけるのか、環境を改善して統計学的に数字を減らしていくかという話で全然異なりますが、個々の場面でいうと、物理的変化の場合も機会的に犯罪をしようと思ってもできないということをするわけではなくて、単に割れ窓をなくして犯罪をさせにくくするという、ある種の行動経済学的な話であって、選択肢があるけれど、人間の認知の傾向を利用して対処するという手法ですね。そうすると人間＝尊厳との関係性が、やや見えづらい。その点、もう少しご教示いただけるでしょうか。

　松尾　人間への関心の衰退についてですが、福祉国家と結びついていた社会的アプローチのほうが、ロボトミー手術のように、むしろ強度の侵害があったといわれます。そこを見て、状況的アプローチの側は、我々こそがリ

ベラルだと主張しております。ヨーロッパの強い啓蒙主義から見ての人間の衰退ですが、時に啓蒙主義というのは、人間という理念の下にすごい強制をかけますから。

山本　「強い個人」に改造するわけですね。

松尾　はい。読書をして精神性を高めていくのが人間の本来のあり方だとか。そういった理念の衰退とアーキテクチャによる規制が関連する。

2　近代法モデルとアーキテクチャによる規制

山本　ここまでのお話を受けて、宍戸さんからご意見をお願いします。

宍戸　私は、アーキテクチャを脱コミュニケーション型規制、法をコミュニケーション型規制と捉えるということ自体が、一定の法の理解に基づいており、近代的な法のあり方のさまざまな側面が切り落とされていないか、ということを伺いたいと思います。

松尾さんのご報告では、法は言語によって客体の規範意識に働きかけるという点で、コミュニケーション型の規制である、ということでした。確かに近代法の大前提は公示されることですが、その法典化された法の内容を、近代以降の一般の市民が実際にどこまでわかっていたのか。

法律家は言語で書かれた条文に解釈を持ち込んでコミュニケーションします。しかし、技術の専門家やビジネスの現場には、むしろ法のほうがよほど強制的で融通が利かないものとして、捉えられているのではないか。法がコミュニケーション型規制だというのは、ある意味では専門職の法律家集団の中でのみ通用する議論ではないのか。市民が法をどう受け止め、また法がどう機能しているのかという問題が、あるのではないかと思います。

それから、基調報告は、やはりアーキテクチャとの対比において、法は裁判、執行機関を必要とするという点を挙げ、コモンロー的な法発展の理念に結びつけて、自生的な秩序が形成される、と言われています。しかし、コモンローはそこまで自生的な秩序なのか、むしろ非常に硬い部分もあるのではないか。他方、大陸法の伝統では、裁判官は「法を語る口」、まさに機械のイメージが理想とされ、裁判官の法律拘束が強く要請された時代もあります。さらに、現在、裁判官による法形成が認められるとしても、裁判官がそのよ

うな秩序形成を行っていくことの正当性は問題になるはずです。

　次に、法をもっぱら規制の側面で捉えることにも、疑問があります。法がないと、ばらばらの人間の力を一箇所に集約して、共同的な意思決定や行動を行うことが、そもそも不可能ではないか。資源の希少性が存在する物理的な環境の中で、法は、人間が自由を獲得していく手段でもあったわけです。アーキテクチャと対比することによって、多義的、多面的な現象である法の幾つかの重要な特徴が切り出される反面、違う側面が落ちていくのではないかという気がします。

　法という秩序設計もあれば、アーキテクチャという秩序自生もあるということかと思いますが、現実には、曽我部さんの挙げられた防犯カメラの例のように、法とアーキテクチャの両方を組み合わせる形で、実際の秩序形成あるいは規律が作動する。そのときに法の多面的、多義的な側面と、アーキテクチャの多面的、多義的な側面が、どう結び合わされるかが最重要の問題ではないか。最悪の場合、人が自覚せず、強力な執行能力があるというアーキテクチャの側面と、アーキテクチャの構造を調べようとする人間の行動自体を規範意識に働きかけて遮断するという、PRISMのような組み合わせもあり得ます。逆に、防犯カメラの事例は、条例でカメラ設置を明示することによって、最低限のアカウンタビリティやコントロールの可能性を確保する側面もある。

　要するに、法における歴史的、文化的なさまざまな側面と、アーキテクチャの多様な側面とを、どう結び合わせると、我々の自由にとって脅威であり、逆に自由が拡大されるかが、重要ではないか。法とアーキテクチャを対比するその先で、どういうことを松尾さんがお考えでいらっしゃるのかを、伺いたいと思います。

山本　大きく２点あったと思います。１点目は、近代法＝コミュニケーション型規制という前提そのものへの問題提起ですね。松尾さん、いかがでしょうか。

松尾　特定の法理解が前提にあることは、そのとおりです。ただ、一定の要素を抽出して、法とアーキテクチャ、社会規範などを分析する道具を作ることがひとまずの目標で、法はそのようにしか理解できないと主張するつも

りはありません。実際、中世や古代の法規制でも、アーキテクチャによる規制に近いものも多々あったと思います。また、コモンローでも、裁判所によって確定されるものというよりも、市民が身体感覚で身に付けている常識のようなもので、わざわざ言語化もされないものとして、捉えられると、アーキテクチャによる規制の性質と似たものがあります。

　法をコミュニケーション型規制と位置づける点について、それは現実とは違うのではないかというご指摘ですが、それはその通りかと思います。ただ、説明責任などの議論もあるように、規制的理念としてそのような理解が機能していると考えてもよいのではないか。

　さらに、アーキテクチャをもっぱら規制という言葉で捉えてよいのかについても問題です。権能付与規範のようなアーキテクチャもあるかと思います。ただ、比較の土台として規制理論があるから、研究の糸口としてそれを利用しようというだけです。

　宍戸　おっしゃることには共感できる部分もありますが、もともと近代法のイメージは、法が社会秩序を形成するというよりも、その逆だったのではないでしょうか。ヨーロッパ中世における法は、諸身分、諸主体の間を、主観的な権利義務関係の網の目で結びつけて、秩序を法によって形成していたわけです。

　これに対して、絶対王政や市民革命は、国家に権力を一度集中させることによって、諸身分の封建的な諸関係を破壊した。そして人権宣言を掲げるけれども、それは自律的に活動できる市民社会を構築することが狙いであり、あとはその市民社会で秩序を形成する。国家は民事、刑事の最低限のラインを決め、民法においても基本的には契約、意思自由の原則を貫徹させて、市民社会の自律性を創出するというのが、近代法の建前だったのではないですか。

　松尾さんがおっしゃっているのは、むしろ現代の問題でしょう。行政が法を作り、それによって秩序を形成しようとする。これは、市民社会における社会の自己組織化が一定程度昂進し、それが問題だと考えられたからこそ、国家的な秩序の変容を図ろうとしてきたと見るのではないですか。

　松尾　ヨーロッパでの普通の見方だと思います。

宍戸 そうすると、20世紀後半の福祉国家の下における官僚・国家行政機構による、社会秩序介入型の法の決定の局面まで捉えて、「近代」とおっしゃっているということですか。

松尾 そのとおりです。

宍戸 そうであれば、よくわかります。

松尾 私の出発点は、軍事・警察を権力の中心とイメージする時代から、お金、そして、情報、技術の問題も入ってくる、権力の多様化にどう対応するのかという現代的課題です。

先ほど宍戸さんが触れられたとおり、近代憲法の構築は、市民社会の常識による自律的な秩序形成に期待したものであるということで、私もそれはそのとおりだと思います。しかしこの日本で、市民社会がそれほどに育ってきたのかは大いに疑問です。モンテスキューやコンスタンらは、商業社会の生成と近代的な秩序の生成を結び付けました。日本政治思想史の原武史先生が『「民都」大阪対「帝都」東京』でおっしゃるように、大阪は私鉄の阪急が頑張って政府とは独立に街づくりしようという動きはあったものの、しかし主流は国と一体となって成長しようという東京の在り方でした。「業界は業法をつくって一流なのだ」という言葉があるそうです。要するに一般法である民法や商法の例外を業法で設けていくことが一流の業界だと。日本の場合、商業社会が政府から自立的に形成されたというよりも、国と結託して成長してきたというところがある。

このような意味で大部分において、市民社会の形成ができなかった歴史を振り返るとき、切断よりも公私の協働を利用して秩序形成を考える方向性もあります。悪しき共同体主義がはびこるかもしれませんが、しかし、やはり日本社会の歴史に根付いている、バネとして利用せざるを得ないのではないか。

III　アーキテクチャと自由・権利

1　アーキテクチャの多様性

　山本　議論を整理しつつ、質問させていただきます。まず、アーキテクチャの概念がやや広いのではないか、という曽我部さんからのご指摘がありました。松尾さんの提起する問題を実定憲法学に落とし込む際には、曽我部さんのご指摘のとおり、もう少し射程を明確にした方がよいようにも思います。

　まず、住基ネットやマイナンバー制のような情報ネットワークシステムによる監視ですが、これらはたしかに非介入的規制や脱コミュニケーション型規制といってよい。しかし、これらをアーキテクチャ的な規制と言えるのか、あるいは、そう言うべきなのか。データベース的監視は、人の意識や心理に訴えるような内面的・心理学的な規制と考えることができると思います。ドイツ憲法裁判所の国勢調査判決でも、「心理的な圧力を通じて、個人の行為態様に影響を及ぼし得るものである」と述べていますね。その意味では、まだ「人間」を前提としているところがあると思うのです。東浩紀によるフーコーの整理によれば、規律訓練型の権力ですね。いつもあなたを見てますよ、と。

　他方で、アーキテクチャは、外面的・工学的な規制ですから、そもそも心に訴えかけることすら必要ない。いわゆる環境管理型の権力のようにも思えます。規律訓練の強度によっては、両者は接近してきますが、まずは区別しておいた方が議論の発展に資するとも考えられます。この点について、改めて松尾さんのご見解をお聞かせ願えれば。

　次に、宍戸さんの2番目のご質問とかかわりますが、法学的に主題化すべきアーキテクチャとは何かということを、もう一度お答えいただければと思います。国家によるアーキテクチャの構築すべてを自由の侵害とみなすという方向は考えにくい。宍戸さんが、法とアーキテクチャの組合せ方が問題だ、と指摘されましたが、国家によって構築されるアーキテクチャの中には、法

学的に主題化する必要のないものも含まれている。むしろそちらの方が多いように思います。

　例えば、この点に関して、都市計画とアーキテクチャの違いが気になります。都市計画のすべてが自由侵害的なアーキテクチャと言えるのか。この論点を考えるうえで興味深いのが、19世紀半ばのパリの大改造です。「それまでは迷路のような街だった」が、「グラン・ブールバールという大通りができて、要所に円形広場が設置され……、そこから放射状に道」ができた。これは洗練された街並みに見えるけれども、「実は反権力活動を抑止するために、……防衛しやすいように」設計された、と指摘されているわけです（山本理顕『私たちが住みたい都市　身体・プライバシー・住居・国家』〔2006年〕）。また、公営の集合住宅の構造、例えば戦後の「臨時日本標準規格8坪級」も、生の管理やreproductionの増進といった国家的な目論見と無関係ではありません。こういうアーキテクチャを自由侵害的なアーキテクチャと見てよいのか。仮にそれを肯定しても、都市計画や公営住宅のすべてを法学的に主題化すべきアーキテクチャと言ってよいのか。

　また、法学的に主題化すべきアーキテクチャについても、次のような分類がありうると思います。例えば、法律がすでに立入りを禁止している区域があり、それをより実効的に執行するためにアーキテクチャを設ける場合と、法律をバイパスして、アーキテクチャによって直接、物理的に立入禁止を設定してしまう場合です。前者を執行代替的なアーキテクチャ、後者を法代替的なアーキテクチャと呼ぶことができると思います。これまでの議論では、この両者がやや混同されてきた感があります。前者は主に執行段階での「融通のきかなさ」が問題となるのでしょうし、後者は主に被治者の同意といった自己統治そのもののあり方が問題になると思います。

　松尾　ありがとうございました。まず、最後の混同の点ですが、規制理論の中で設定の段階とエンフォースメントの段階を分けておりますので、理論的には区分しております。

　次に、データベース的統治は内面に働きかけるので、物理的なところを操作するアーキテクチャとは言えないのではないかという質問かと思います。確かに、物理的な操作性とする私の定義は狭いです。

ただ、レッシグの議論を見ても、人間の認知のあり方を問題にしているところもあります。また、サンスティーンは、選択肢の提示の仕方によって心理的に誘導する例をあげ、行動経済学的な認知構造でアーキテクチャを捉えています。

心理的な誘導といっても、多様な意味があることに注意する必要があります。いま述べた認知構造を重視するアーキテクチャは、選択肢の提示の仕方という選択構造を設定し、特定の選択肢を選びやすい心理的傾向を利用するわけで、選択者の規範意識に働きかけるものではないし、また、特定の規律訓練を要するものではない。駅のホームの自殺防止照明として設置されている青色LEDの灯りもそうです。心理的な圧迫で規範意識に呼びかけるか、心理的な傾向性を利用するかでまったく異なります。

このように区分すると、規範意識への呼びかけは規律訓練型権力に対応するのに対して、心理的な傾向性を利用するのは環境管理型権力に対応すると位置づけることもできるでしょう。心の傾向性に抗うことにこそ倫理的主体の意義があるわけですから。もちろん、このように区分しても、融合するところはありえます。

山本 なるほど。私の理解が単純だったかもしれません。「アーキテクチャ」も多元的で、なかには、人の認知プロセスに介入して、あるいは認知的なバイアスや弱さにつけ込んで、行動を誘導するものもある。そうすると、それは、工学的だけれども、心理学的ですね。松尾さんの問題関心が少しわかったような気がします。人間がわりと簡単に環境に左右されるということが、高度に科学的にわかってきて、統治する側も、この高度に科学的に明らかになりつつある人間の脆弱性を利用しつつある。松尾さんはこの環境や構造を広く「アーキテクチャ」と捉えて、その統制のあり方を模索されているわけですね。

ただ、戦略的には、判例上、住基ネットなどのデータベース的統治は、憲法13条のプライバシー論の観点から議論される傾向にあるわけですから、それをあえてアーキテクチャによる規制と位置づけ直す必要はないのではないかとも考えられます。こうした観点から見ますと、曽我部さんが最初にご指摘されたように、両者で問題が共通しているとしても、その間に線を引い

ておいた方が、実定法の議論としては望ましいように思います。

　先ほどの二つ目の点についてはいかがですか。自由論や権利論と結び付けて法学的に主題化すべきアーキテクチャとは一体何か。

　松尾　共和主義的自由論について、少し確認をしておきます。消極的自由拡張論との違いは、構造を直接問うというところです。もう1点は、消極的自由論はもともと自然的自由の発想にあって、ペティットが言うのは自然状態の荒野の中で、何が自由かと考えています。それに対して共和主義的自由は都市の中で考えている。すでに人々のいろいろ交流がある都市の状況の中で何が自由かを考える。その構造を直接問うか、間接的・確率論的に問うか。

　共和主義的な自由論を憲法の中に取り込むときに、必ずしも人権編の中に取り込む必要はないでしょう。一部、人権編、権利論の中に入るところもあると思いますが、統治機構の基礎的な指針を提供する自由論としても、参考になるところがあるのではないかと考えています。消極的自由のほうは、裁判所の枠組みに乗せやすいと思います。個人の痛みがあって「その痛みを除去して欲しい」といった要求は、当事者適格も訴えの利益も満たしやすい。共和主義的自由論は構造を問うものなので、当事者適格も訴えの利益もかなり不確定なもので問いづらいところがあります。

　でも一部客観法を原則化しているものに関しては、法制度でそれを支援する場合には裁判に乗せられることもあるのではないかという形で、共和主義的自由論を全部人権編に押し込める形で使える概念とは、とうてい私も思えないと思っています。ただ立憲主義の目標にある、個人の自由のところには据えられるのではないか。そのために消極的自由論も重要です。

　山本　そうすると、裁判所で問題にし得るアーキテクチャとして、住基ネット以外に具体的にどのようなものがありますか。

　松尾　標準技術の選択などですね。法代替的な場面といった場合、そのときの法の意味も問題になると思います。国民の権利義務に関わる一般的、抽象的法規範という意味では、法ではないと思います。しかし実質、市民の行動を大きく制約ないし規定するという意味では、法と機能的に等価と考えてもよいものとして、標準技術の選択があるかと思います。コピー・ワンスと

かテンスとか、あのときの問題も著作権法の具体化と言えるのか議論はありましたが、別種の業界のこの基準のルールだと考えると法代替的なアーキテクチャと言えるのではないか。著作権法の具体化だというと、エンフォースメントによるのかもしれませんが。

それを行政過程で、業界と官僚が市民の利益を代表して統制をかけている。市民側が働きかけるルートがないものか。憲法論の中で考える余地がないかを模索しているところです。この場合、実体的な統制ではなく、手続的な統制が中心になるかと思います。都市計画にしてもそうですね。

山本　なるほど。まさにレッシグ的なコードの問題ですね。ありがとうございました。

2　共和主義的自由論と消極的自由拡張論

山本　ところで、先ほど、政治哲学的に、共和主義的自由論をとるか、消極的自由拡張論をとるかで、自由侵害の捉え方が変わってくるというお話があったと思います。宍戸さん、このような政治哲学的議論と憲法上の自由・権利論との絡みについて、何かご意見はございますか。

宍戸　共和主義的自由の論点について、いわゆる消極的自由から見れば自由の問題とならないような局面を、共和主義的自由観への転換で捉えられるというのは、介入ないし侵害概念との関係で、消極的自由ではなくて共和主義的自由が望ましいのだというお話だと思います。そのことと自由のサブスタンス、基体が同じ問題なのかどうか、お伺いしたいところです。

共和主義的自由とは、基本的にはみんなの事柄に参加して決定するという話ですよね。

プロファイリングのデータベースを構築されるとか、標準規格を決定されると、個人の生の設計に大きな影響が出ることは確かです。しかし、それを共和主義的自由の問題と呼ぶのは、本来の議論とは少し違うような気がします。

松尾　そこは、ペティットが支持する共和主義のタイプにつながります。非支配としての自由を実現するためには、参加という積極的側面と、支配的な力の除去という消極的な側面がある。ペティットの共和主義は後者の側面

を重視しております。だから、「非」支配としての自由です。

宍戸 そうすると、他人の選好に外部的に介入する局面が、相互に起きるような気がしますが、その調整はどうするのですか。お互いが共和主義的自由だと言って、他人の行動と衝突する世界になる気がするのですが。

松尾 そうですね。だから何をもって支配、パワーと見るかの問題ですね。法哲学でも消極的自由拡張論と共和主義的自由論の決着はまだ全然ついてないので、憲法の具体的議論を通じて、支配概念をどう詰めていくかが鍵となるかと思います。

宍戸 もう一点だけ確認します。共和主義的自由論に根本的に転換させて再編成する。憲法に書いてある消極的防御権的な自由権を、積極的な参与権へと全部読み替えてしまうのではなく、消極的な自由はそれとしてあった上で、その外側に政府による自由な環境形成を憲法の中に確保する。それが統治機構の中にあっても、人権条項の中にあってもよい。例えば環境保全義務を書き込むとか、統治機構で言えば「全国民の代表」といった規定自体がそうなのだ、という言い方もできるかもしれませんね。

松尾 そうですね。ペティットは転換を唱えるのですが、私はそこについていけません。消極的自由の意義は残り続けると思います。ただ、これからの政府規制の中に、消極的自由を直に侵害するような短絡的な規制はそれほど見られないでしょう。

宍戸 恐らくそうですよね。

松尾 その上で、いかにしてベターレギュレーションに変えていくかの指針として、使えるのではないかというつながりです。

宍戸 わかりました。ありがとうございます。

3 自由の侵害／憲法上の権利の侵害

山本 共和主義的自由論と消極的自由拡張論の間に政治哲学的な差異があり、それはそれで非常に重要なのだけれども、両陣営ともに、短絡的で直接的な規制でないもの、すなわち非介入的な規制を問題視し始めたという点は大変重要だと思います。これを何とか自由侵害の問題として認識しなければならない、という点には共通了解が形成されつつある。問題は、これを憲法

上の権利侵害概念に直結させてよいかですね。特に、リスクの問題と権利、構造的脆弱性と権利との関係性をどう考えるべきか。

松尾 例えば、プライバシー侵害における「みだりに」という文言の分析に使えるかもしれない。また、一定の客観法原則に転写できるのではないかという気はしています。

山本 曽我部さん、いかがでしょうか。

曽我部 政治哲学的な構造論と、憲法、実定法学的な、いわゆる法律構成とは別次元の話だと思います。それは松尾さんがおっしゃったように、必ずしも人権編に入れ込む必要はなく、客観法として反映していけばよいのかもしれません。その場合、解釈論的受け止めは、結局のところ保護義務論でという展開になっていくといった感じはします。

それから、ペティットのお話は、山元一先生が私人間効力とのかかわりで執筆されています（「イントロダクション」注7）参照）。保護義務と関わると思いますが、実定憲法解釈論的な話と保護義務論との突き合わせが、当面課題になるかという印象は受けました。

山本 後篇で扱う民間型のアーキテクチャ的規制については保護義務論的構成でよいかもしれませんが、私自身、国家そのものによる非介入的な規制の一部については、政治哲学における共通了解を踏まえて、権利論に積極的に取り込むべきではないかと考えています。データベース的監視などは、人々に激痛は与えないけれど、鈍痛を与える。もちろん、この「鈍痛」をどう説得的に侵害概念につなげるかが難題なのですが。

一つの試金石になるのは、政教分離かもしれません。国家と特定の宗教が制度的・構造的に結び付くことで、宗教的少数派の権利行使がじわじわと侵される。共和主義的自由論からすれば、きっと自由の侵害になりますね。しかし、日本の判例や通説は、あくまで政教分離違反を客観法的地平で捉えてきました。権利行使を直接は妨げない。あくまでリスクの問題であると。

松尾 そうですね。

山本 ただ、それでよいのか、というのがあります。国家が、構造や外部環境を操作して正面からの権利侵害以上の効果をあげようとすることは増えてくると思います。Government speech の問題系も、おそらくこの点とか

かわる。信頼できる元政府関係者から聞いた話なのですが、約10年前に、すでに政府は、政府広報の効果を測るために、広告業界に委託して、脈拍など、受け手の身体反応をリアルタイムで計測・分析するといったようなことを行っていたようです。それが直ちに問題だ、というわけではありませんが、一定の科学的根拠に基づいた誘導や「空気」醸成の危険性には警戒的であるべきだと思います。

ただ、こういう実体なきものを、日本の裁判所がどこまで真剣に受けとめるかは、やはり疑問です。曽我部さんが示唆されたように、日本の最高裁は、政府利益や公共の福祉に対するリスクについては比較的簡単に認める一方で、権利行使に対する目に見えないリスクには冷淡でした。表現の自由の萎縮効果論に対しても必ずしも積極的ではなかったと思います。

私は、今後の方向性として、こういったリスクや心理的影響を、目に見える形で提示していくことが必要なのではないかと考えています。権利侵害として捉えるには、政治哲学的な「理論」だけでは不十分で、心理学や脳科学の実証的な研究や統計データに基づいて、人の心理や行動に与える否定的影響を可視化していく、萎縮効果を可視化していくことが必要ではないか、ということです。アメリカで、不法行為法における精神的損害が認められた背景には、フロイト心理学の影響があると言われます。それまでは精神的損害は弱虫の仮病にすぎないと考えられていたわけですが、それが心理学の発展によって"harm"として承認されていく。実体なきものを権利クレームにのせるには、一定程度科学的な根拠が必要だということです。非介入的規制への批判を陰謀論的な虚言として法的世界から切り捨てられないためにも、心理学や脳科学などの発展を逆手にとる必要があると思います。

松尾 基本的に同じ意見です。一つ付け加えるとすれば、基調報告で述べたように、私は、組織や主体に何ができるのかというところから考えます。その際は、どういう権限があるのか、どういう知識がそこに集まってきやすいのか、という観点から考えたほうがよいと思うわけです。

もっとも、まだ具体的な危害が予期されていない段階で、裁判所が規制過程にチェックをかけるには、いくつか難題があるかと思います。この点も含めてだいたい同じ意見です。

山本　ありがとうございました。この辺りで、前半を終えたいと思います。

IV　権力の分散化と規制概念

1　権力の分散化現象への対応

山本　後半に入ります。冒頭で触れられた権力の分散化について、議論をしたいと思います。

曽我部　まず規制の分散化ということですが、これは規制概念が非常に広くとられていることの当然の帰結ですね。私的な支配関係はあまねく存在しているわけですから、その意味で、問題領域が広がっていくのは当然かと思っています。近年問題とされているのはグローバル化に伴う規制主体の分散です。国際機関、あるいはEUを含む外国政府、そしてグーグルやアマゾンのようなグローバル企業もあります。国内でも先ほど例に挙げていただいたような、標準技術の業界団体によって採用されるという事情がある。これはまたアーキテクチャ規制に限らないように思われます。

　規制の分散化現象にいかに対応するか、憲法としての受け止め方を考えると、松尾さんのご議論の射程が問題になるかと思いました。「社会の憲法」とおっしゃっておられますが、この概念をお立てになって、どこまでの領域を取り込むべきなのかにつき、お考えを伺いたい。社会の憲法概念を立てる大きな意味合いとしては、社会的あるいはグローバルアクターから基本権を保護するという目的が一つ考えられるでしょうか。他方で立憲主義のソーシャルキャピタルという言い方もされていて、これは主に国内の話ですね。例えばヘイトスピーチを規制して、市民としての地位の平等を確保することは、ソーシャルキャピタルに当たるのでしょうか。

　さらにもう一点、民主的憲法論についてです。基本的にまったく異論はないのですが、事例として挙がっているのが、行政と業界団体の間の距離の近さでした。これは日本の市民社会あるいは商業社会の歴史的経路からして必然であったというお話でした。それを受け入れるという話ではないと理解していますが、いかに対処するのか。

この点は毛利透先生を例外として、憲法学ではあまり議論されていません。個人的な印象では、日本の場合、行政と事業者、さらに市民社会の代表が入って、それらが協議することによって正統性を獲得していくことが想定されるわけです。ところが、市民社会の代表が弱いために、結局業界と事業者の二者による秩序形成となっている。

おそらく従来は、ある程度行政が公益の代表者たる振る舞いをしていたのだろうと思います。役所にもよるのでしょうけれども、それが近年弱まった。標準技術の話をされましたけれど、まさにそれは具体的な素材として適切であったかと思います。

個人的には、グローバル企業にどう対応するのかという話に関心があります。

2　「社会の憲法」と「民主的憲法論」の概要

(1) 規制の分散化に対する議論の射程

松尾　ありがとうございます。射程についてですが、まずは国内問題だけを考えています。そこから穴を掘っていけば、国際的な問題にも応用できるアイデアも出てくるのではないかと考えて、国内の問題から考えております。

曽我部　ただ、規制主体が分散する場合には、主題化すべき規制主体がEUなどであれば、民主的統制を受ける主体と言えますが、グローバル企業はそうではありません。そうすると単純に国内問題の延長線上、あるいはEUの問題の延長線上で、という話になるのか、やや疑問もあるのですが。

松尾　とにかく国内問題だけ考えてみて、限界にぶち当たってから考えようかという試みであり、現時点では多国籍企業についてはあまり考えていないということになります。また、インターネットの登場の際に、国家主権が無力化するか議論されましたが、やはり何らかの形で国内レベルの活動があるので、そこへの統御は可能であるという、国際法学者ゴールドスミスやウーによる議論がありました。とはいえ、その検討は今後の課題です。

(2) 「社会の憲法」概念の有用性

松尾　社会の憲法という概念で、どこまでの領域を取り込むべきかについ

てですが、これは憲法観の問題に帰着するところだと思います。どこまで取り込むかに関しては、ロールズがいうところの、社会の基礎構造、すなわち人生の長期的な計画に関わるような構造に関わる、例えば、標準技術といったものに関しては取り入れることが考えられるでしょう。

バンジャマン・コンスタンの古代人の自由と近代人の自由の講演がありました。そこで、彼は、基本的には、古代人の自由は集合体への参加、近代人の自由は私的享楽にふける自由だというふうに対置した上で、商業社会が発展する近代においては近代人の自由が優越すると述べております。しかし同時に、近代人の自由だけを追求して、政治体への参加を忘却すると、結果的にひどい支配を生むかもしれないと指摘しております。

近代人の自由のみでは、いつの間にか日本政府がとんでもない権力を持っている可能性がある。規制過程のどこかに参加して統制していく機会が重要になるでしょう。その前提として民主政が機能する条件がないといけない。だから、社会の憲法のレベルをきちんと考えないといけないということですね。

そこで立憲主義のソーシャルキャピタルの話が登場します。一般的には、民主政が暴走して立憲主義を危胎にさらすという議論があります。私の問題の立て方は逆であり、民主政がなさすぎて勝手に暴走して立憲主義が危胎にさらされるのではないかと考えております。これはキャス・サンスティーンが『インターネットは民主主義の敵か』という著作で、集団極化現象を問題にしたことに通じています。要するにインターネットの世界では見たいものだけを見て、意見の合う者とだけ同調し、極端な結論にいきがちであること、これが社会心理学でいうところの集団極化現象ですが、サンスティーンは、それに加えて、その結果社会が分裂するという局面も重視しております。要するに共通のフォーラムがなくなって、社会が分裂することを懸念している。彼は、共通のアジェンダ設定のフォーラムが失われるのみならず、市民の連帯感覚も失われると懸念しているわけです。このフォーラムや連帯感覚が立憲主義のソーシャルキャピタルと言えるかと思います。

コミュニタリアンのサンデルも、かつての野球場がソーシャルキャピタルなんだといいました。金持ちから貧乏人までそこに集まって、みんな同じ

チームを応援する。それが共通のフォーラムになり、そこで同じ市民だという感覚が育まれる。しかし最近の野球場は、金持ちの席と貧乏人の席が完全に分けられてしまい、ソーシャルキャピタルの役割はまったく果たしていないというのがサンデルの問題意識です。そこまで憲法学が踏み込めるとは思いませんが、何らかの共通のフォーラムが存在すべきであるというのは、憲法レベルでも言えるかと思います。

　この分裂化の話は、ヘイトスピーチが生じる原因と絡み合うようにも思います。同じ政治体の構成員と見做さないわけですから。その規制の問題については、今後考えてみなければならないと思います。国家以外の、社会的権力に対抗する担い手の問題もどこかで考えないといけない。

(3) 行政を通じた秩序形成

　松尾　行政を通じた秩序形成をどう議論すればいいのかは、憲法論として議論されていたのかどうかが問題にもなります。近代立憲主義はあまり行政の秩序形成を考慮していない印象ですが、その現代的変容では、慣例的なルール、例えば、労働問題の政策形成だと三者構成原則があるでしょう。問題が経済的利益の配分に一元化されていたコーポラティズムが1950年代から1970年代ぐらいまで日本では機能していて、自民党と社会党がある程度調整していたと思います。

　一定の経済成長を達成した後、利益が多元化して、かつての調整過程が機能しなくなっている。しかも自民党の支持基盤は地方と農業でしたが、それが弱まって自民党も弱くなれば、同時に官僚の力も弱くなる。これは、官僚内閣制論とは異なる、行政学者村松岐夫先生の『政官スクラム型リーダーシップ崩壊』におけるテーゼです。その崩壊した中で行政の力も弱まるのは当然の話で、これをどう再構築したらいいのかということですね。

　曽我部　憲法学だと、そもそも行政による秩序形成は想定されていません。いろいろな見方があるとは思いますが、行政権というのは、法律の執行であって、独自判断はしないという考え方があります。委任命令もあるけれども、要するに法律の決めた範囲の中で、適宜詳細を決めればよいとの考えです。

行政控除説はいろいろな見方があるのでしょうけれど、行政を実体化するような行政控除説が批判の大きな対象となっていると思います。その場合、能動的な行政が何となく入っていて、ある意味では、裏口から能動的な行政を入れているわけですが、それ以上にきちんと統制原理まで含めて考えているわけではありません。行政による秩序形成は必要ですが、憲法レベルだと、結局法律で議会を通さないと民主的正統化はなされないという想定であり、空白領域に放置されているわけです。

　松尾　その場合、行政は諦めて、裁判に行くのが一つの道筋かもしれません。それが「事前介入型社会から事後救済型社会へ」という転換をうたっていた、司法制度改革の目的であったのだとは思います。司法制度改革で弁護士が多数育って、社会の多様な領域に進出していくことで、彼らが多様な利益を法的な言葉に置き換えて裁判所に持ち込み、下からの秩序形成につなげていく。しかし専門知に関してはかなり弱い面があり、また、標準技術の導入の際には、事前の統御が重要になります。その点で裁判所中心の事後救済型社会には限界があります。

　そこで事前介入型社会も再考していく必要がありますが、共和主義の議論が参考になります。共和主義には、徳に期待するタイプと制度に期待するタイプがあります。曽我部さんがおっしゃったのは、徳に期待するタイプでした。日本社会で大変有能な人が、リクルートされて官僚になって利害調整を担う。それも重要だと思います。現在そのような有能な人のリクルートが危機に瀕していて、それをどう立て直すのかという問題があるかと思います。

　もう一つの、制度に頼る共和主義というのは、ヒュームなどの共和主義です。個々人の徳に期待するのではなくて、社会に存在する場面、これは機械の憲法や社会の憲法、モンテスキューの話につながると思いますが、個々人が欲望をぶつけてみて、それで均衡を保つことによって、圧倒的な権力者が登場しないように抑制していく。健全な商業社会の存在が為政者の暴走を抑える。また、業界の権力がすべてを占めることがないように、別の業界がバランスをはかる。制度に頼る共和主義では、そうしたバランスの設計が主題となります。

　利益が凝集された圧力団体等と、利益が凝集しない消費者の利益を比べ

と、どうしても政治的に後者のほうが無力になりがちです。どのように規制過程に多様な利益を反映されるように設計するのか。

3 グローバル化と民主的憲法論

山本 ありがとうございました。宍戸さんの方からコメントをいただければと思います。

宍戸 最初のグローバル化に関連して、曽我部さんから規制主体の分散の問題が提起されていましたが、それは松尾さんが議論される国内平面においても、かなり強力なインパクトがあるのではないかと思っています。2014年11月に国際人権法学会で報告したとき、この論点に関わる報告をしました（「『自由・プライバシー』と安全・安心」国際人権26号〔2015年〕24頁以下）。

もともと日本の行政機構は内閣の下に統一的に行動しているというよりは、行政各部が割拠していますが、グローバル化とともに、なおのこと専門性を高めて割拠性を強めている。そして割拠したそれぞれの分野が、治安部門であれば世界の治安部門とネットワークを結ぶ、消費者保護部門は世界の消費者保護部門と、プライバシー部門はプライバシー部門と、それぞれコミュニティをつくっています。

そして、さまざまな国際機関の場やバイラテラルな交渉において議論を積み上げ、国際的に決定された内容として、国内に持って帰ってきて、場合によっては世論の反対を押し切っても物事を進めようとする。現在の行政は、そういう形で、グローバル化と同時に、断片化した上でネットワーク化され、各国の政治行政過程を寸断して動いています。

他方で、いわゆる専門家、有識者たちも、断片化してネットワーク化した行政機構にくっつく形で、あるいはそれに対抗する形でネットワーク化して「世界的に見ればこうである」と語る。国際人権の専門家は、ツワネ原則を持ってきて、「国際的標準からすれば、特定秘密保護法なんてとんでもない話だ」と語るし、他方で治安・セキュリティ部門は、「秘密保護法制はどの国でもあるものだ」と言って、お互いの国際了解をぶつけて闘う。

このように、国内での議論が、国家の中で閉じずに、競合する断片的なグローバルスタンダードの引用、浸透、相克という形で進むようになっていま

す。そうすると、グローバル化の問題について、グローバル企業のコントロールを超えて、民主的憲法論に照らしてどのように対処するのかが問われている。こうした主権の貫徹の困難性の別の局面についても、松尾さんのお考えを伺いたいと思います。

山本 グローバル化が、国内の政治過程を集約させるのではなく、現実には、分断させている、との指摘は興味深いですね。そして、分断されたセクションがそれぞれの「国際標準」を主張する。松尾さん、いかがでしょうか。

松尾 国内平面におけるグローバル化の別のインパクトですが、大いに勉強させていただきましたということで、私から新しい話はございません。民主的正統性が問題になるのは、EU の民主主義の欠損の問題と同じかと思いますが、条約の民主主義的規律と、それを担保する議会の承認をどう考えるのかという話にもつながってくると思います。

宍戸 こういう状態の中で、民主的憲法論や民主主義の優位をなまじ単純に説くと、それぞれの断片化された部分ネットワークが外で決めてきたことを、ただオーソライズして国民を縛るだけの位置づけを強く与えてしまう、ラバースタンプを押すのと、同じ結果になりはしないかという危惧はどうでしょうか。「専門家同士で話してきたんですね。」といった程度の位置づけもありうると感じています。

松尾 その危険への警戒については非常に共感します。私が民主的憲法論の課題だと考えるのは、実質的に民主的な決定は稀少な財であり、その稀少な財は多くの前提の上で成立しており、その前提をいかに確保していくのかという問題です。そうしないとラバースタンプになります。民主的な決定が利用できるチャンスは本当に稀少です。

4　「社会の憲法」と法秩序形成

山本 法秩序形成の話はまた後で議論できると思います。宍戸さん、「社会の憲法」論についてコメントをいただけますか？

宍戸 社会の憲法あるいはソーシャルキャピタル関係は、ドイツ憲法を勉強していた私には、なじみやすい話です。憲法は権力を制限するものであるけれども、それ以前に権力を構成するものでもある。社会の中の権力配置を

そのまま反映する場合もあれば、逆にそのままそれを反映させることが公共体のためにならないので、一定のものを削り取るとか、いろいろなやり方があるわけですが、いずれにしてもドイツ流の憲法の観点からすれば自然な話です。

　他方で、ではなぜ日本の憲法学あるいはグローバルな憲法学が、権力の制限という側面を第一義的に強調するのか。このことの意味は考えておく必要があるだろうと思います。

　ドイツで、憲法を公共体の基本秩序として捉えない論者としては、ベッケンフェルデがわが国でも有名ですが、この先生の有名な言葉に、「自由な国家は自らつくり出すことのできない前提によって生きる」というものがあります。そこでいう前提とは、自由な民主政の論理で自分たちの社会を支えるという市民の徳ですが、それを国家権力がつくり出すことはできない。今日の話の文脈で言えば、環境を育成することはできるし、それはやるべきだけれども、国家権力はそれ以上のことはしてはならないということになります。

　同じように、公共体の自己実現・自己保存の観点から議論を始めると、国家教育権説にひたすら流れ込んでしまい、その歯止めを設定するのがなかなか難しいということが、従来の憲法学の根本的スタンスだったと思います。つまり、権力を構成するという憲法の機能・役割はわかった上で、それをどう制御するか、その言語化が非常に難しい。そこで、憲法の条文のうち、まずは消極的な自由を第一義的に考えて、先の機能を押さえ込んでいたのだろうと思います。松尾さんの議論は、まさにその限界を衝いているのではないか。憲法のソーシャルキャピタルをつくっていく必要があるのではないか、憲法学が正面から課題にするべきではないかというご指摘は、重く受け止める必要があるかと思います。

　最後に、行政による秩序形成の点については、曽我部さんと松尾さんの間で議論があったとおりだと思います。日本における「市民社会」なるものが非常に弱い。行政と業界の間で、ある局面においては行政優位で、別の局面においては政治と結合した業界優位で、秩序形成がなされてきたというのは、そのとおりだと思います。

　私が最近関わった問題で言いますと、消費者保護について、消費者の代表

をルール形成に参与させる形で、業界秩序の形成あるいは再編を図るという、生貝直人さんの言う「共同規制」の枠組みの推奨がEUなどではある(『情報社会と共同規制』)。日本の個人情報保護法の改正について、この枠組みが2014年の夏の制度改正大綱に入ってしまいましたが、法案ではだいぶ後退してしまいました(全面施行後の53条参照)。こうした共同規制の仕組みが、日本になじみにくい最大の問題は、法制だけではなく一般の考え方として、最後は「護民官」がいない世界になるのが怖い、ということでしょう。行政の監督が、共同規制の手続だけに限られるならば、消費者の代表と企業の代表が議論をして、消費者側が議論で負ければすべてを失うこともあり得ます。そこは、役所の審議会のように、護民官がいる世界ではないし、政治からも離れており、法のエンフォースメントもないという世界ですから、議論に負けてすべてを失うリスクがある。こうした警戒がある限り、すでに民間で蓄えられた知識なりノウハウを取り込んで、規制を実効化しようというやり方は、いまのところ危険だ、と考えられるのだと思います。

　他方、松尾さんの言葉で言えば制度を重視する共和主義ですが、最適解でないことは当然の前提とした上で、諸勢力間の均衡で、とにかく最悪の事態を防ぐといった意味でのモンテスキュー的な知恵のほうがまだよいのかもしれないという気もします。

　松尾　1点目の、権力の構成も大事だが、しかし、それでも権力制限の論理に頼らざるを得ない、というのは私もよくわかります。そちらのほうがわかりやすいし、変に公共体の基本秩序という話を出すと、訳のわからないものが流れ込んでくる。

　いま法哲学で問題になっているのも、まさにその点かと思います。90年ぐらいからリベラルナショナリズムという立場が登場します。結局リベラリズムは、同じ英語やフランス語という公用語を前提としていた世界を前提にしていたのであり、社会構成文化のように、文化の問題を完全に抜きにすることはできないのではないかという問題提起です。しかし、そのリベラルを支える文化の境界は曖昧であるゆえに、そこにいつの間にか非リベラルなモノが入ってきてしまう。

　といっても、そもそも権力制限のやり方がどこまで機能しているのか。特

に日本の場合は、政府から独立した形で強い市民社会が形成できなかったわけですから、公共体の基本秩序の中身をきちんと議論していかざるを得ないと私は考えています。やはり法的な言語に置き換えるとか、普遍的な言語、相手に対して受け入れ可能な言語で議論していくことは非常に重要なのだと思います。利害対立で何とか均衡させるのも重要ですが、まったく普遍化可能なものを諦めると言い切ってしまうのは性急かもしれません。シヴィリティーを前提にして、語り方のマナーというか、相手に受け入れ可能な形で理由づけをしていくという、公共的理性が重要になってくるかと思います。それができないのであれば、国家をあきらめるのも一つの選択肢かもしれません。

宍戸 普遍化可能な言明以外は、公共性を剥奪して議論するというやり方は、ある意味での合理的な議論をしていると思っているインテリにとってはよいかもしれませんが、いまはまさにその議論のやり方の基盤が掘り崩されている。あるいはそういう議論の背後で、何かいかがわしい動機を追求しているのではないかといった、ポピュリスティックな反応を引き出している側面が、一面においてあります。

他方で、普遍主義的なリーズニングで物事の決着がつけられるのであれば、逆に国家は必要とされない。そうでないから、公共的な議論に載る人もいれば、そうでない人もいる。だからこそ我々は、現実の歴史的な段階において国家が必要なのではないか。そこに、さまざまな勢力を均衡させるためのマッピングを統治機構として持った憲法によって編成される公共体の意義が、あるのではないか。

社会が天使の集まりではないから、国家があって憲法がある。むしろ不完全な人間の存在なり、公共体が不完全な存在であることを前提に考えたほうがよいのではないでしょうか。

松尾 私は実体的な普遍化可能な言語があるとは考えておりません。しかし、最終的に何か共通の言語・マナーがないとなれば、ばらばらになったほうが早いのではないか。普遍的なモノがないとしても、普遍化を試みるマナーのようなものが。共に語るというフォーラムやマナーがなければ、ばらばらになってぶつかって抵触法的に処理していくシステムのみが重要になる

かと思います。それは一つの選択肢としてはありだと思います。

宍戸 それは、モンテスキューが神聖ローマ帝国を「永遠の共和国」と言った構想そのものですね。結局は新しい中世の社会に戻っていく、それぞれの団体があって、それを緩やかに束ねる「国家」が、現在のところ松尾法哲学が最終的に見ている処方箋ということでしょうか。

松尾 そうですね。

宍戸 それは単に領域団体としてだけではなく、人間の生きる生活領域なり機能ごとに、それぞれの決定権を持っている関係性が分化していくということも含まれますよね。

松尾 軍事の問題とかを考えると、小さな団体だけでやっていけるのかという問題はありますが。

山本 松尾さんの考える「ポスト立憲主義」とも関係する大きな問題に近づいてきましたが、法秩序形成の具体的なモデルとして、共同規制のお話が続いていたかと思います。この点について、曽我部さんの方から何かありますか。

曽我部 共同規制の話ですが、たぶん日本版の共同規制と、EUで提唱される共同規制には違いがあると思います。日本では個人情報保護法の改正過程での議論で出てきたように、いわゆるMulti-Stakeholder Processだったと思いますが、1から10まで事業者と消費者団体と行政、みんなでつくっていきましょうという話ですね。その中で利害の衝突が当然あるのだが、ガチンコでやると、市民社会は脆弱なので何も起こらないという懸念があるという図式だと思います。

ヨーロッパでもともと言われていたのは、もっと分節化された話です。まず枠を国のほうで決めます。詳細は知識の偏在問題もあるので、業界で決めても構わないが、しかし枠づけは決めて、国のほうで行う。ヨーロッパといえども市民社会と事業者では基本的に事業者のほうが強いわけです。そこで、国、行政が後見的な観点から抑えていく。そういう分節化された世界だと思います。

それが日本だと、日本的な曖昧さの中で渾然一体となってしまっていて、実際上もあまり良くない結果もありますし、理屈上説明できない状態になっ

ている。共同規制を言うのであれば、もう少し原点に戻って立て直していく必要はあるかと思います。

宍戸 自主規制と共同規制は違うのであり、共同規制は法の枠づけの中でやるものだ、と私も思っていますが……。結局、企業が自主規制でやりたい放題やるということですね、と理解されがちです。

山本 私が理解する限りでは、松尾さんのポスト立憲主義は、憲法価値の実現を、国家機関だけでなく、社会的アクターも含めて民主的に実現していくモデルである。社会も巻き込んでいくわけですね。ただし、やみくもにそう叫んでもカオス化するだけだから、社会に遍在するバネを活かしながら、憲法価値を実現する主体や手続を上手にデザインし、制度化していく必要がある。そう理解しました。

このような民主主義モデルでは、社会的アクターによる憲法価値の実現が重要になるわけですが、それは共同規制的なものを好むのか、自主規制的なものを好むのか。その辺りはどうお考えですか。

松尾 共同規制は法の枠内であり、自主規制は法の枠内とは限りません。業界に対抗する市民社会や社会全般の力がなければ、後見的な介入でやっていかざるを得ないところもあると思います。でもそこは国家の後見的介入がどこまで信じられるのかという問題でして、私はあまり信じていません。

山本 微妙なところですね。松尾さんの理想とする民主主義モデルでは、人々の欲望がバネになって、憲法価値の実現に積極的にかかわる動機になる。公私協働を前提にするような共同規制は、欲望をうまく駆動させたり調整するものとして積極的に評価されるのか、それとも、欲望を馴致し、抑圧するものとして消極的に評価されるのか。共同規制は、松尾さんがお考えになっている、欲望をうまく駆動させていこうという民主主義モデルとは少し距離があるような気もするのですが、この点いかがでしょうか。

松尾 人間の基本には、欲望があります。そこを完全に無視すると、どんな規制でも機能しないかと思います。もちろん、欲望同士が衝突することもあるわけですから、そこを調整する意味でも規制が必要になります。共同規制の問題は、これから考えていきたいと思います。

欲望の問題以外に、知識の問題があります。統治においては、現在、知識

が果たす役割がどんどん重要になっており、専門知の問題を踏まえた民主政論は幾つか出ているものの、法哲学界では受け止めきれているとは言えないかと思います。どちらかというと市民が決定していくという美しさばかり、あるいは、その反対の醜さばかりがクローズアップされて、市民を「アシスト」する専門家の役割をもう少し考えていく必要があると思います。

専門知の理解の仕方についても考慮が必要です。科学技術社会論で言われるように、専門知といっても時間的、範囲的な限界があって、いま現在の最新の知識でしかない。加えて専門家によっては解答が異なり得ることがあるのに、一義的な解があるかのようになっている。このような状況に対抗するために、公権力に取り込まれない外部の専門家の育成に力を入れたほうがいいとは思います。もちろん、それをどう実現するのかが難問なのですが。

5　民営アーキテクチャの規律

山本　松尾さんは、民営アーキテクチャが、権力の分散化をもたらすという前提から、この分散化された権力をいかに統制するのか、という問題を提起されました。基調報告では、グーグル国営化論のように、民営アーキテクチャを公権力の中に回収してしまう方向性と、競争法的な規律をかけて、諸勢力を均衡させる方向性を示されたと思います。そのうえで、松尾さんは後者の優位性を示唆されました。

そこでまず、この競争法的規律と、いま議論のあった自主規制論との関係を確認できればと思います。松尾さんのなかで、良き自主規制は良き競争をもたらしうるという点で、競争法的規律に回収されるものなのか、両者は別個独立した規制手法なのか。

もう一つ、民営アーキテクチャの規律は、競争法的な規律だけで足りるとお考えなのか、改めてご見解をお聞かせいただければと思います。民営アーキテクチャによる個人の自由の抑圧という問題は、競争法的規律のみによって解消されるのか。それとも、曽我部さんが触れておられる保護義務論的構成が必要となるのか。アーキテクチャの不可視性からいっても、消費者の賢い選択を前提とした市場的・競争法的統制には限界があるような気もします。もちろん、競争法的規律の捉え方にもよりますが。

松尾 多様な自主規制があり、その中で最適なモノが自然に探索されるという前提があれば、国家による強い競争法的な規律は不要かもしれません。産業構造を分析する産業組織論の知恵が必要になる部分かと思います。また、競争法的な規律だけで、アーキテクチャによる個人の自由の抑圧の問題は解決されないと思います。そこで保護義務論が導入されるべきかもしれませんが、しかし他方で、保護義務論的な解をそもそも裁判官がどれほど探索できるのか。問題ごとの類型化は必要で、標準化技術のような大きな問題でその解を裁判官が探索するのは大きな困難を伴うでしょう。さらにいえば、アーキテクチャによる抑圧を防ぐための介入それ自体がもう一つの抑圧につながる可能性も考えなければならない。

山本 曽我部さんの方から、何かご質問はあるでしょうか。

曽我部 欲望の視点と知識の視点とが交錯する民主政的憲法論の中で、現代の民主政の問題点として欲望の視点が十分実現していないとされています。欲望を前景化するということで、多元主義的な民主政のイメージだと思います。しかし集団間の競争力が違うので、そこは競争的に是正する必要があるということですね。

他方で知識も必要であるとされている。単なるむき出しの選好の競争ではなくて、それぞれ理論武装して公共的理由を付与して戦いなさいということですが、社会の憲法ということで言うと、競争条件をフラットにするために国家の介入が必要であるということでしょうか。全体の印象を伺うとそのように感じました。そうすると松尾理論と近いところもありつつ、だいぶ違う結論が出てくるわけですが、そのようなイメージでよろしいですか。

松尾 私が考えているのは、欲望が基本にあって、それを実現するために知識があるという関係ですね。例えばゲームで何が面白いかを模索した場合、ハードやソフトについての知識があって初めて具体的な選択肢につながっていく。知識がないと欲望が実現できないところがたくさんあります。また、その実現の際には、他人と協調行動が求められることが多い。むき出しの欲望を相手にぶつけるのは欲望実現として不合理で、相手との合意できる点を探すことが合理的な場合が多いでしょう。商売人も「金が欲しいんや」と公言する人は少数で、「お客様の幸せのために」と正当化するのが普通です。

公共的理由といっても、高邁な理想を探求するイメージではありません。不完全に理論化された合意といってもよい。

　曽我部　競争の結果を尊重するけれど、長期的に何か阻害するようなものがあってはいけないということですね。その一つがアーキテクチャ、標準技術のようなものであると。そういう全体の配置であるような印象を受けました。

　山本　素朴な疑問なのですが、欲望を重視するといった場合に、サンスティンの集団極化の問題をどう考えるのでしょうか。集団極化を欲望の爆発とみれば、松尾さんの民主主義モデルで、これを抑えるということは何を意味するのか。イーライ・パリサーのいうフィルター・バブルについても、消費者自らフィルターに囲まれることを欲するという側面もあるわけですよね。そうすると、究極的には、アーキテクチャによる自由の抑圧を、消費者自身が欲望することもある。この欲望を否定する場合、それは何かこうお行儀の良い欲望という感じがする。

　このことの関連で、前篇でお話された共和主義的自由論と欲望との関係をお話いただければ。市民的な徳や積極的自由を重視するような共和主義モデルと欲望重視型の民主主義モデルとは直ちには接続しないようにも感じます。

　松尾　集団極化はなぜ問題か。松尾の言う欲望重視なら、集団極化はよいことではないかということですね。まず、集団極化が常に悪だとは考えておりません。意見の極端化は必ずしも悪ではない。理由が伴うこともあるわけですから。重視しているのは、集団極化が社会の分裂をもたらす局面です。分裂化が生じると、集団が力を合わせてこそ実現できる欲望を達成できないこともあるからです。

　例えばインフラがない社会よりも、インフラがしっかりしている社会のほうが、長期的に見て、欲望がより充足されます。鉄道や道路の建設などについては、フリーライドの問題が生じえます。フリーライドが生じると、鉄道も道路も利用できなくなってしまう。集団極化による分裂化を放置すると、議論するための共通のフォーラムが失われるのではないか。

　加えて、そこの場に集まれば、何か決定がなされていくというシステムそれ自体も公共財ですし、アジェンダを共有する場もそうです。それをゼロか

ら設計するというのは、ものすごいコストがかかることだと思います。集団極化による分裂化はそうした場を破壊するのではないか。私が問題視しているのは、意見の極端化というよりも、集団極化によりもたらされうる分裂化の方です。

山本 そうすると、一定の集団極化は、松尾さんの民主主義モデルでも抑えるべきもの、規制すべきもの、ということになりますね。この規制は、民間事業者のアーキテクチャのデザインにかかわっているわけですが、こうした民間事業者への要請・規制は、競争法的規律の枠内で可能なのでしょうか。

先ほどの2点目の質問、共和主義モデルと欲望重視型モデルとの関係はいかがですか。

松尾 先ほどのコンスタンの話とつながりますが、積極的自由それ自体を称揚するというよりも、それを忘れると権力が集中して将来的に消極的自由さえ脅かされる危険があるという議論です。そのことを確認したうえで、欲望重視モデルは、ヒュームの共和主義に位置づければ、両立可能ではないかと思います。確かに、それは、公民的共和主義のような、政治への参画こそが唯一の善き生き方だという共和主義とは両立しないでしょう。しかし、制度的な配置によって、特定の権力が突出しないようにする制度重視の共和主義とは十二分に接合する話かと思っています。

山本 松尾さんの人間観が垣間見えて興味深いです。前篇では、アーキテクチャが人間性を否定するから問題なのだ、と説かれているように思いました。しかし、欲望をバネにした「仕掛け」を強調される後篇では、ある意味で人間性への諦めのようなものも感じました。うまく機械を動かしていくために、人間が機械の一部として捉えられているような印象さえ受けます。ただ、このアンビバレントな、ある意味で矛盾を含んだ人間観こそが、現代においては重要なのかもしれませんね。

V　ポスト立憲主義の可能性

山本 最後に、松尾さんがお考えになるポスト立憲主義について、18世紀型立憲主義と19世紀型立憲主義とを対比しつつ考えてみようと思います。

基調報告を拝読すると、18世紀型立憲主義の特徴は、機械の憲法と社会の憲法という視点をもっていたところにある。私は、この立憲主義は「浅く、広く」という立憲主義モデルなのではないかと思います。「機械」というのは、道徳的・実体的な価値に「浅く」しかコミットせず、憲法を、まずは構造的・手続的・機械的な仕掛けと捉える。しかし、この仕掛けは、社会をも取り込んだものであり、その意味では射程は「広い」わけです。「浅い」実体的価値は、この仕掛けをとおして、「広く」社会に浸透することが予定される。他方で、19世紀型立憲主義は、「深く、狭い」わけですね。濃厚な実体的価値を、しかし、公権力に対してのみ、ぶつける。

松尾さんのポスト立憲主義は、18世紀型の「浅く、広い」立憲主義に近いと思いますが、両者を同一のものと捉えてよいのでしょうか。単純な先祖がえりなのか、それとも、18世紀モデルに何か修正が加えられているのか。

松尾 19世紀型憲法観は、憲法規範が根本にあって、その規範を守っていく。その担い手として、例えば、違憲審査制に期待する。その要は裁判官の徳にある。それに対して18世紀の憲法観は徳にあまり依存しないもので、バネをどう社会全体で配置するのかに焦点があります。これがフランスの憲法学者で法哲学者のトロペールの整理です。

現在は身分制がないので、混合政体論をそのままでは再生することはできない。ただ20世紀にはコーポラティズムが働き、資本家と労働者との交渉という形でうまく利害調整をし、そのようなモノとして機能しました。しかし、20世紀末にこれも崩れてきて、もう一度欲望を解析して、どの次元の政治過程に載せていくのかを再考する時期に来ていると思います。憲法は長期的な欲望に関わることを強調したい。長期的な絶対犯してはいけない枠組みには長期的な欲望が関わり、変転する技術の場合には、短期的な欲望に関わるわけです。

それらは法律事項にするまでもなく、あるいはその下の行政レベルで扱えばよいのかもしれません。携帯ゲームサイトが10年もつかどうか私にはまったくわかりませんが、それは憲法事項にする話ではない。憲法と立法、行政、裁判所、市場で、うまく問題を再配置する必要はあるとは思います。

山本 基本的な発想としては、やはり18世紀型の立憲主義なのですね。

松尾　そうですね。この発想は、20世紀のリーガル・プロセス学派にも受け継がれていると考えております。

　山本　そうなると、「仕掛け」をどう組み上げるのか、その制度デザインが重要になりますね。ここで気になるのは、この仕掛けをデザインするときの指導理念は何か、という問題です。通常、何かの目的があって、これをうまく実現するために仕掛けを作るわけですよね。その目的といいますか、理念というのは、やはり憲法に基づくものなのか。松尾さんのお考えを聞かせいただければと思います。

　それともう一点伺いたいのは、「憲法典」の意義です。松尾さんのお考えになっている壮大な仕掛け、あるいは各アクターの配置・再配置は、憲法典に基づくものなのか。つまり、「憲法典」の解釈として論じられているのか、それともある種の政策論として論じられているのか。

　松尾　制度デザインについてですが、人間の多面性を直視するところから出発しつつも、なればこそ、実体的な理念の多くを取り込むことは難しく、手続に求めざるを得ないところはあります。手続に依拠するといっても、知識の非対称性の問題があります。専門知をどう統治に組み込んでいくのか、再考すべきだと思います。憲法典の解釈を規律する憲法理論のレベルとして論じております。

　20世紀の福祉国家は、専門知に過剰に依拠した統治をデザインしてきました。しかし専門知には、時間的、範囲的限界があります。専門知でも解が複数あって、応用領域では局所知が必要になってくる。そういう場合には分権化をして、誰か一者がベターレギュレーションするというよりも、地方自治体に任せていろいろなレギュレーションをさせて、うまいやり方を試行錯誤的に探していくデザインがあり得る。私はその形を比較的支持しています。知識は更新されていくものですから。

　加えて民主的正統性の話になりますが、「法律でこのようにつくりました。良し悪しを判断してください」と言われても、多くの人にとっては他の選択肢がわかりません。選択肢がある方が正統性は高まると考えます。例えば、地方に委ねて、自治体ごとの選択の結果を示し、他の選択肢を可視化していく実験主義を具現化していく方がよい。ただ、標準技術の場合には、実験が

できないという限界はあります。

　宍戸　多くの理念を憲法に書くというよりも、むしろ手続をしっかり書くというご指摘ですが、やはりその手続の理念が求められるのではないでしょうか。民主的正統性という言葉が出てきましたが、それは、人が決定に従うには手続がしっかりしている必要があるということなのか、功利主義的に正しい決定を確保するためにはしっかり手続が含まれている必要があるということなのか。それとも、我々の社会の最終的な構成単位である個人の尊重という観点から正当な手続が要求されているのか。

　民主的正統性といった場合に、集合体として考えれば、個人の尊重という主体的な価値にコミットする必要はありません。そうなのかどうか、憲法学からすると気になります。

　まず社会の基礎的な構成単位である一人ひとりが、個人として尊重されなければいけないから、手続として公正でなければいけない。そのことから広く一般に、いろいろな局面で個人が、あるいは個人が集まった企業なり結社なりについても、それぞれ手続が必要になる。社会の部分領域についても、正しい手続が踏まれることが必要になるというイメージなのでしょうか。

　松尾　そこでの個人の理解ですが、まずは多様な欲望を持った個人がいて、それらをうまく実現するために、さまざまな局面を分けていったほうがよいのではないか、といった程度の認識です。ここで個人といっても、単なる欲望の集積としての個人であり、さらにその延長上に集合体がある。私は功利主義に近いと思いますが、いきなり集合体から考えるということはしません。

　宍戸　どちらかと言えば、功利主義的な発想かなという印象を感じました。

　松尾　功利主義ですが、中央集権的なモデルには疑問があります。

　宍戸　それはいろいろな部分に最適解の決定を落とし、それぞれについての手続と、メタレベルの手続をしっかり制御していくのが憲法のイメージだ、ということですね。

　松尾　アッカーマンの二元的民主政論も、そういう意味でも大いに評価できるのではないかと思うわけです。二元的民主政論の前提にあるのは、人間の多面性に応じて、決定の場面を切り分けていくという発想です。一種の憲法革命の瞬間もあれば、他は代表者に任せて、個人は私的生活を享受するた

めの決定の場面もある。

　アッカーマンは二元と言ったわけですが、「二元」に限定する必然性はないと思います。ウィリアム・エスクリッジも、それを受けて多元的な憲法秩序の形成を語っております。法律制定のレベルでも、国家の基礎に関わるような、きわめて重要な法律である、超制定法が制定される瞬間もあれば、国家の基礎にさほどかかわらない法律のレベルがあって、いろいろと秩序形成のあり方が違う。その多元性を現行の憲法典が規定する以上に考える必要があるということですね。

VI　座談会のまとめ

　山本　憲法典との関係性など、議論は尽きませんが、時間になりましたので、最後に一言ずつ、感想をいただければと思います。
　松尾　最初に言ったとおり、法哲学の課題は専門的な議論から生まれるというところで、私は報告をしに参りましたが、憲法学の諸先生から問題をいただきました。ありがとうございます。
　曽我部　全体としてある種、問題発見的な概念設定というか、アーキテクチャもそうですし、社会の憲法というのもそうで、憲法学が自明視してきた、あるいはよく認識していなかったものを認識させられるような道具立てをご提示いただきました。
　考えてみると社会の憲法には、実は日本の憲法学はずっと関心を寄せていたところがあります。防御的なプロテストの方向でそういうことを言ってきたわけですが、秩序形成を念頭に置いた少しポジティブな方向で考えてみるべきだということを、ご示唆いただいたという感想を持ちました。
　宍戸　松尾さんの非常に幅広い学識から、憲法のいろいろな分野に問題提起をいただいたと思っております。特に民主的憲法論は、この研究会の第二ラウンドにおいでいただいた見平典さんの議論とも通ずるところがあると感じました。憲法学が隣接分野からどのように見られているのかということについても、認識を新たにする回でもありました。今日の研究会で考えるべき素材が豊富に出ましたので、私も引き続き勉強していきたいと思います。

山本　アーキテクチャによる規制や非介入的規制が注目される背景には、情報技術の飛躍的発展のみならず、心理学や脳科学、さらにはヒトゲノム研究などの発展があるように思います。こうした成果が組み合わされることで、人間の自然的・動物的な側面が暴露されつつある。このとき、近代が前提としてきた「人間」という虚構が、はたして虚構としても維持されるのかどうか。松尾さんの議論は、人間の自然的・動物的側面を一方で批判的に捉えながら、他方でバネとして利用するという、両義的な視座に立って、この課題を真剣に受けとめるものだと思いました。憲法学としても、こうした問題提起を真剣に検討する時期に来ているように思います。今回の座談会がその契機になれば幸いです。

　本日はありがとうございました。

（2015 年 2 月 1 日収録）

6-1

イントロダクション

宍戸常寿

1 国際法と憲法秩序

　森肇志氏は、基調報告において、国際法学の視点から憲法学に対して率直な疑問を提起し、また、今後の共同研究を呼びかけている。このイントロダクションでは、取り上げられた三つの論点について、後のディスカッションでの議論のために、簡単な応答を示したい。

(1) 国際法と国内法の関係

　第一の柱である「国際法と憲法秩序（国内法との関係）」では、まず、基本書レベルで見る限り、国際法と国内法との理論的・一般的関係に対する憲法学の関心が希薄化していることが、指摘されている。この点は、国際法学と憲法学の結節点であった純粋法学の後退という観点から説明できるのではないか。例えば、宮澤俊義の八月革命説が国際法優位の一元説を前提にしていたことがよく知られているが[1]、日本国憲法秩序が安定化すると、その正統性を法理論的に弁証する必要性は、自ずと薄れざるを得ない。さらに、人権

---

1) 宮澤俊義（芦部信喜補訂）『全訂日本国憲法』（日本評論社、1978年）809頁以下。齊藤正彰『憲法と国際規律』（信山社、2012年）51頁以下も参照。

論・憲法訴訟論への重点移動に伴い、客観法あるいは国法の諸形式について憲法学が説くことは少なくなっていく[2]。

その後の憲法学は、国際法と国内法の関係という論点について、少し前までは田畑説、近時は山本草二の等位理論を、国際法学説における代表的見解として理解してきた。こうした憲法学の隣接分野の認識それ自体は、おそらく正当であろう[3]。しかし、そこで「継受」されたのは、もっぱら、国内憲法が国際法の国内的効力を決めるという部分であって、国際法と国内法の相互依存関係についての、憲法学の認識は不十分であったとは見えないか[4]。もっとも、等位理論の説く「調整の義務」が、「自己利益についての慎慮（prudence）に関わる問題」以上のものを憲法学に求めるのかは、明らかでない[5]。近時の国際法学には、国内の立法・行政・司法による調整の具体的態様に踏み込んだ動態的把握を説くものも登場しており[6]、ここに憲法学と国際法学の協働の一つの可能性が見られるように思われる。

(2) グローバル化に対応できない憲法学？

次に、国際法分野におけるソフト・ローの拡大に対して、憲法学の意識が不十分なのではないか、という指摘について。まずは、国際社会の共同体的理解を前提にしてその共通利益の実現を図るという現代国際法の特徴を、押さえる必要がある[7]。それ故、国際法からの履行確保の要求に対する国内公法学の態度は、国家主権の観念へのコミットの度合いによって左右される。行政法学がグローバル化への対応において憲法学に一歩も二歩も先んじてい

---

[2] 石川健治「憲法学の過去・現在・未来」横田耕一＝高見勝利編『ブリッジブック憲法』（信山社、2002年）274頁以下。宍戸常寿「法秩序における憲法」安西文雄ほか『憲法学の現代的論点〔第2版〕』（有斐閣、2009年）27頁も参照。
[3] さしあたり植木俊哉「憲法と条約」ジュリスト1378号（2009年）81頁以下、小寺彰ほか編『講義国際法〔第2版〕』（有斐閣、2010年）105頁以下（岩澤雄司）参照。
[4] 田畑茂二郎『国際法新講 上』（東信堂、1990年）55頁以下、山本草二『国際法〔新版〕』（有斐閣、1994年）85頁以下。
[5] 長谷部恭男『憲法〔第6版〕』（新世社、2014年）439頁。
[6] 寺谷広司「『調整理論』再考」村瀬信也先生古稀記念『国際法学の諸相』（信山社、2015年）137頁以下。
[7] 山本・前掲注4）16頁、小寺彰『パラダイム国際法』（有斐閣、2004年）6頁以下。

るのは、故なきことではないだろう[8]。

　視点を変えてみよう。憲法の任務は、組織・権限・正統性・責任の連関を通じて、権力の民主化と統制を実現することにあり、なかでも内閣の一体的な行政権行使に対する国会による一体的な責任追及が、その基本となるしくみである。他方、「国際法における法の実現手法」[9]は、国内平面に限っていえば、国際社会の諸要求が国家機関を統制する手法にほかならない。かかる国際法的な規律の実効性要求を、憲法の想定するコントロールを個別の政策の水準で寸断し破壊するものとして、受け止めるバイアスが憲法学に生じてきたことも、確かであろう。

　外交の国内法的コントロールに関して、これまでの憲法学が好んで扱ってきたのは、国会の承認を要する条約と行政協定の区別であるとか、事後承認を欠いた条約の国内法的効力の問題であった[10]。しかし、留保を付した条約締結や留保の撤回、条約の終了通告の問題をはじめ、憲法学が看過してきた論点は数々存在する[11]。国会による統制の多様化や外交・交渉過程の公開等[12]、政策形成・実施過程のグローバル化の進展に対応した「分業と協働の秩序をいかに形成していくべきか」[13]は、憲法学と国際法学の共通の課題でもあろう[14]。

---

8) 原田大樹「政策実現過程のグローバル化と国民国家の将来」公法研究74号（2012年）93頁以下。
9) 森肇志「国際法における法の実現手法」佐伯仁志編『（岩波講座・現代法の動態2）法の実現手法』（岩波書店、2014年）267頁以下。
10) 阪田雅裕編著『政府の憲法解釈』（有斐閣、2013年）192頁以下は、実務によってこの種の講学上の議論がアクチュアリティを失っていることを示している。
11) 大石眞「憲法と条約締結承認問題」法学論叢144巻4・5号（1999年）96頁以下、淺野博宣「『行政権は、内閣に属する』の意義」安西ほか・前掲注2）166頁等。
12) 植木俊哉＝井上寿一ほか「（座談会）日本国憲法研究⑪　憲法と条約」ジュリスト1418号（2011年）62頁以下。
13) 林知更「立憲主義と議会」安西ほか・前掲注2）138頁。林「外交作用と国会」大石眞＝石川健治編『憲法の争点』（有斐閣、2008年）200頁以下も参照。
14) 近時の憲法学におけるこうした関心の現れとして、石村修『「外交権」の立憲主義的統制』専修ロージャーナル10号（2014年）21頁以下、村西良太「多国間の政策決定と議会留保」法政研究80巻1号（2013年）1頁以下等。特に注目されるのは、山田哲史の一連の研究である。「グローバル化時代の議会民主政(1)～(5・完)」法学論叢172巻2号82頁以下・3号101頁以下・4号103頁以下、174巻1号81頁以下・2号102頁以下（2012-13年）、「国際的規範と民主政」帝

2 国際人権と国内人権

(1) 憲法学と国際人権法学の距離

　次に、基調報告の第二の柱について。引用されている横田耕一の批判後も[15]、最高裁は依然として国際人権条約の直接適用について消極的である（最判平成12年9月7日判時1728号17頁参照）。園部逸夫は、①法律の関係規定の合憲解釈、②憲法の規定の直接適用、③国際人権規約に沿った憲法の解釈、④国際人権規約の国内直接適用という思考順序を挙げ、これまでのところ④を緊急に必要とする事件がなかったとの理解を示しているが[16]、これは実務家だけでなく、多くの憲法学者もいまなお漠然と共有する「前理解」であるように思われる。

　関連して、高橋和之の国際人権批判[17]をめぐる論争が、1で触れた憲法学と国際法学の関係のヴァリアントとして理解できるのではないか、という点を指摘しておきたい。国際法レベルと国内法レベル、自由権と社会権の区別を強調する高橋説は、国際人権法学からは、静態的な権限・ヒエラルヒー思考を反映したものに映ったのではないか。しかし、高橋の議論の力点は、国内憲法における人権の構造と国家機関の権限分配の関連を剔刔し、柔軟な連続的思考で特徴づけられた国際人権の論理を国内平面へ安易に持ち込めば、かかる権限分配が破壊されるおそれがあるという点にあった。その後の国際人権法学により、権力への警戒という憲法学の問題機制が受け止められたという点では、この論争に一定の生産的意義があったように思われる[18]。

　　京法学29巻1号（2014年）223頁以下、「憲法問題としての国際規範の『自動執行性』」同343頁以下。
15)　横田耕一「『国際人権』と日本国憲法」国際人権5号（1994年）10頁。
16)　園部逸夫「日本の最高裁判所における国際人権法の最近の適用状況」芹田健太郎ほか編『（講座国際人権法1）国際人権法と憲法』（信山社、2006年）23頁。石川健治「『国際憲法』再論」ジュリ1387号（2009年）28頁注17は、最高裁が「議会に代わるゲートキーパーとしての役割を過剰に意識している」可能性を指摘する。
17)　高橋和之「国際人権の論理と国内人権の論理」ジュリスト1244号（2003年）69頁以下、「現代人権論の基本構造」ジュリスト1288号（2005年）110頁以下、「国際人権論の基本構造」国際人権17号（2006年）51頁以下。
18)　寺谷広司「私人間効力論と『国際法』の思考様式」国際人権23号（2012年）9頁以下参照。

(2) 直接適用と条約適合的解釈

　基調報告は、人権に関する国内裁判例を直接適用／間接適用（条約適合的解釈）の枠組みで整理すべきことを、示唆している[19]。その前提となる、国際法の国内法秩序における適用可能性については、筆者はもちろん、憲法学一般も十分に理解しているとはいえないので、二つ論点を提起しておきたい。

　第一に、直接適用可能性の概念には個人の権利義務創設を含まないとされ、裁判官が法令や行政行為の合法性を直接に判定できる条約の規定であれば、直接適用可能性あり、とされるようである[20]。このように理解される直接適用可能性は、かつて憲法前文について争われた裁判規範性に相当するように思われるし、政教分離規定、あるいは抽象的権利説で理解されるところの生存権規定もまた、この意味での直接適用可能性を有するものであろう。そうであるとすれば、国際人権法からは離れるが、租税特別措置法の規定が日星租税条約に違反するかどうかを検討した最判平成21年10月29日民集63巻8号1881頁は、まさしく条約の直接適用可能性を正面から取り上げた最高裁判例として理解して良いであろうか[21]。他方、法律の「条約適合的解釈」は多義的であるが、それがちょうど合憲限定解釈のように、法律が上位の法形式である条約と抵触するがためにその適用範囲を限定する作業を指す場合には、それも本来は、国際法規範の間接適用ではなく、直接適用可能性の問題なのではないか。

　第二に、いま挙げた上位法たる条約に適合するように限定する解釈の場面を除く「間接適用」の観念は、そのように解釈しなければ法律が条約に違反するわけではないが、条約に適合するように解釈するべきだという場面、あるいは、憲法規定を条約に適合するように解釈するべきだという場合を指すことになると思われる。例えば、国際人権条約を参照して、憲法32条にいう裁判を受ける権利には、受刑者が弁護士と立会いなく接見する権利が含ま

---

19) 申惠丰『国際人権法』（信山社、2013年）486頁以下、501頁以下も参照。
20) 小寺ほか編・前掲注3) 115頁（岩澤）、申・前掲注19) 481頁以下。
21) 同判決は、日星租税条約の文言解釈に当たってOECD租税条約のコメンタリーを参照する点、法律が実質的に条約に反する余地がないかについても審査している（関連して、岡田幸人「判批」最判解民事篇平成21年度792頁以下は、ウィーン条約法条約26条・31条1項に言及している）点で、国際法学にとっても興味深いものではないかと推測される。

れると解釈する場合は、まさしくこの意味での間接適用に当たることになろう。これに対して、国籍法事件（最大判平成20年6月4日民集62巻6号1367頁）や婚外子法定相続分差別事件（最大決平成25年9月4日民集67巻6号1320頁）のように、立法事実として国際人権条約の展開（国際機関の解釈等も含む）を参照する場合までも、「間接適用」の範疇に含まれるのであろうか。そうだとすれば、いまのような違いは意識されているのであろうか。

(3) **国内平面における国際人権実現のプロセス**

　近時は、有力な憲法学者が国際人権法学会に参加する等、憲法学と国際人権法学の垣根は相当程度に低くなったように思われる。中でも、基調報告で触れられた山元一の「トランスナショナル人権法源論」には、ここまでの議論との関連でも言及しておくべきであろう[22]。山元は、婚外子法定相続分差別事件決定について法律問題と事実問題の混同を指摘する蟻川恒正[23]を批判するが、そこでは「法源」が拡張的に観念され、多種多様なものを含むことが前提になっている。そうだとすれば、裁判官が目の前の事件を解決するに際して何がレレヴァントな、あるいは拘束的な「法源」であるかを取捨選択するための方法・手続が必要であろう。「開かれた人権保障システム」には共感を覚えるが、それはラストワードではなく、むしろ問題の所在を露わにするものである。求められているのは、動態的な国内法プロセスにおいて、どの機関がいかなる手続で、国際的な人権動向をウォッチし、対応していくのが適切なのかという、機関適性と権力分立をめぐる問いの深化であるように思われる[24]。

---

[22]　山元一「憲法解釈における国際人権規範の役割」国際人権22号（2011年）35頁以下、「『憲法的思惟』vs.『トランスナショナル人権法源論』」法律時報87巻4号（2015年）74頁以下。

[23]　蟻川恒正「婚外子法定相続分最高裁違憲決定を書く(2)」法学教室400号（2014年）132頁以下。

[24]　齊藤・前掲注1）111頁以下参照。宍戸常寿「コメント」国際人権22号（2011年）103頁以下は、こうした見方を示唆したものである。さらに立法ネットワークと司法ネットワークの対話という観点を示す、棟居快行「国際人権条約と国内法ネットワークの自己組織化」国際人権25号（2014年）45頁以下参照。

3 自衛権

(1) 憲法学の自衛権理解

　憲法学と国際法学の関係を扱うこの座談会が、集団的自衛権をめぐる現下の動向——それは、周知の通り〈憲法＝内閣法制局〉vs〈国際法＝外務省〉の側面を有する[25]——を逸することは、できない。主著『自衛権の基層——国連憲章に至る歴史的展開』（東京大学出版会、2009 年）のほか、さまざまな場面で学術的な立場から自衛権の多層性を説いてきた森氏を、今回の研究会にお招きした所以でもある[26]。

　まず、憲法学が、（個別的）自衛権の 3 要件のうち、急迫不正の侵害の要件が「すなわち武力攻撃が発生したこと」であることへの目配りがしばしば欠けているとの指摘は、従来の政府見解が集団的自衛権の行使を否定する際にこの点が効いていたこととの関連でも[27]、重く受け止める必要がある。その上で、国際法における自衛権が、武力行使の違法化の下での違法性阻却事由の一つであることと、日本国憲法を語る文脈での自衛権イメージの間のズレは、覆いがたい。憲法 9 条が戦争放棄・戦力不保持を定めるにもかかわらず、その下での自衛隊の合憲性を弁証する機能を、自衛権概念は政府により担わされてきた。自衛権・自衛力の具体的限界をめぐる国会答弁が積み重ねられ、また憲法学も、自衛権概念の否定、あるいは武力なき自衛権を論じ、「現実感覚から浮き上がる」ことを厭わなかったところである[28]。如上のズレは、憲法学がもっぱら責めを負うべきというよりも、日本国憲法 70 年の歴史に深く根ざしたものといわざるを得ないであろう。

---

[25]　阪田雅裕＝川口創『「法の番人」内閣法制局の矜持』（大月書店、2014 年）177 頁以下、松平徳仁「『集団的自衛権』をめぐる憲法政治と国際政治」世界 2014 年 10 月号 140 頁以下も参照。
[26]　森肇志「集団的自衛権行使容認のこれから（上・下）」UP 2015 年 3 月号 1 頁以下、4 月号 45 頁以下等。
[27]　阪田編著・前掲注 10）58 頁。
[28]　石川健治「軍隊と憲法」水島朝穂編『（シリーズ日本の安全保障 3）立憲的ダイナミズム』（岩波書店、2014 年）127 頁。

(2) 森・自衛権論の憲法学へのインパクト

　憲法学説は、「集団的自衛権と憲法との関係」(1972年10月14日)以降の政府見解に準拠しつつ[29]、集団的自衛権は日本国憲法の下で行使できないとの立場を採り、その一部行使を容認したとされる閣議決定(2014年7月1日)、そして武力攻撃事態法改正案等を激しく批判してきた[30]。

　ここで憲法学に理論的な反省が必要だとすれば、政府見解に依拠してきたこと自体の功罪のほか[31]、国際法における集団的自衛権の理解を改めて確認することだろう。この点、集団的自衛権は国際連合本来の集団的安全保障体制とは異質な「鬼子」である、というのが、樋口陽一をはじめとする憲法学の理解であったろうと思われる[32]。そして、こうした理解は、祖川武夫に代表される国際法学の集団的自衛権理解を、裏支えとしていたと見ることが許されよう。ところでその祖川は、集団的自衛権主張の論理的パターンを、①共同自衛、②他国の権利の防衛、③他国にかかわる vital interest (死活的利益)の防衛の三つに分類し、とりわけ③が「自己防衛の原理にもとづきながら、集団的自衛の独自的な存立を主張しうるような論理的構造を画こうとするもの」であって、自衛法益の弛緩とともに、個別的自衛として合憲性を認知させようとするものであることに、注意を促していた[33]。今般の政府見解による憲法解釈の変更は、まさしくこの③説に親和的とみることが可能であり[34]、そのようなものとして従来の憲法学・国際法学の蓄積を、今後の論議に活かしうるように思われる。

　他方、森氏は、集団的自衛権が集団的安全保障体制を補完する側面とそれを瓦解させる側面が、国連憲章の起草過程において意識されてきたことを明

---

[29] 阪田編著・前掲注10) 48頁以下、さらに大石眞「日本国憲法と集団的自衛権」ジュリスト1343号 (2007年) 37頁以下参照。
[30] 奥平康弘＝山口二郎編『集団的自衛権の何が問題か』(岩波書店、2014年)、水島朝穂『ライブ講義 徹底分析！ 集団的自衛権』(岩波書店、2015年)、森英樹編『(別冊法学セミナー6) 集団的自衛権行使容認とその先にあるもの』(日本評論社、2015年) 等。
[31] 井上達夫「九条問題再説」法の理論33 (2015年) 3頁以下。
[32] 樋口陽一『憲法Ⅰ』(青林書院、1998年) 439頁等。
[33] 小田滋＝石本泰雄編『祖川武夫論文集　国際法と戦争違法化』(信山社、2004年) 156頁以下。
[34] 山形英郎「必要最小限度の限定的な集団的自衛権論」法律時報86巻10号 (2014年) 67頁。

らかにし、進んで国際司法裁判所のニカラグア事件判決（1986 年）、さらには国家・国際機関の実行を取り上げて、集団的自衛権が「諸刃の剣」であること、とりわけ他国への武力攻撃の発生の認定が重大かつ困難な課題であることを、指摘してきた[35]。憲法学は、かかる最新の国際法の知見をいかに受け止めるべきであろうか。かかる指摘を踏まえて、なお集団的自衛権が政府見解の論理の「鬼子」たる所以を説くことも一法であろう。国家・国際機関の実行に目を向けることは、ホルムズ湾の事例が存立危機事態に当たるかどうか等のカズイスティックな議論を越えて、より幅広い視野からの集団的自衛権論を可能にするかもしれない。何よりも、武力攻撃の発生の認定の困難さが国際法学からも指摘されることは、「普通の国」対「特殊な憲法 9 条」という文脈に「追い込まれる」ことなく[36]、政治プロセスがその認定の困難に耐えられるかという普遍的な問題として、検討する必要を教えているように思われる[37]。

＊　＊　＊

憲法学は、グローバル化した国際社会において自らの任務を果たすためにこそ、国際法学を正しく理解する必要があるというのが、筆者の見立てであり[38]、おそらくは国際法学にとってもそうであるだろう。この座談会が、憲法学と国際法学の「調整」の一つのきっかけとなることを期待したい。

---

35) 森肇志「国際法における集団的自衛権の位置」ジュリスト 1343 号（2007 年）17 頁以下。
36) ここで筆者は、樋口陽一「『自ら好んで戦いにくい戦場を選ぶような議論』をすることについて」全国憲法研究会編『日本国憲法の継承と発展』（三省堂、2015 年）6 頁に、筆者なりに忠実であろうとしているつもりである。
37) 大石・前掲注 29) 45 頁以下、長谷部恭男「憲法・アメリカ・集団的自衛権」奥平康弘ほか編『改憲の何が問題か』（岩波書房、2013 年）72 頁以下は、この点に関する限り同じ警鐘を鳴らしているように思われる。
38) 集団的自衛権の文脈で、山元一「九条論を開く」水島編・前掲注 30) 82 頁。

6-2

［基調報告］
憲法学と国際法学との対話に向けて

森　肇志

I　はじめに

　本報告では、本企画の趣旨[1]に鑑み、憲法と国際法との関係に関わる問題について、まず国際法学においてどのように考えられているかを簡単に整理した上で、国際法学の立場から憲法学の立場に対して素朴な疑問を提起することとしたい。もとより、百家争鳴と言うべき憲法学説について、憲法学の立場なるものを措定しようとすること自体が無謀な試みであろうが、一門外漢からはこう見えるという図を示すことも無意味ではないであろう。その理解も含めて本企画参加者を含む憲法学者からコメントいただければ、それが対話の始まりともなろう[2]。

---

[1]　宍戸常寿ほか「連載の開始に当たって」法律時報86巻4号（2014年）85頁。
[2]　こうした目的の限りにおいて憲法学の立場を理解する際には、以下の体系書・教科書を主たる参照の対象とした。芦部信喜（高橋和之補訂）『憲法〔第6版〕』（岩波書店、2011年）、大石眞『憲法講義』I〔第3版〕（有斐閣、2014年）、II〔第2版〕（有斐閣、2012年）、佐藤幸治『日本国憲法論』（成文堂、2012年）、渋谷秀樹『憲法〔第2版〕』（有斐閣、2013年）、高橋和之『立憲主義と日本国憲法〔第3版〕』（有斐閣、2013年）、野中俊彦ほか『憲法』I／II〔第5版〕（有斐閣、2012年）、長谷部恭男『憲法〔第6版〕』（新世社、2014年）、樋口陽一『憲法〔第3版〕』（創文社、2007年）。

取り上げる問題は、国際法と憲法秩序（国内法）との関係ならびにその具体的なあらわれとしての国際人権の論じ方および自衛権に関する問題である。

II 国際法と憲法秩序（国内法）との関係

1 国際法学の理解

　国際法と憲法秩序（国内法）との関係については、国際法と国内法との理論的・一般的関係に関する議論と国内法秩序における国際法の位置づけという二つの問題があると整理される[3]。前者については、国内法優位の一元論、二元論、国際法優位の一元論の間で激しい論争が行われたが[4]、これは国際法と国内法との間の妥当性の委任連関という問題であり、後者は現実の適用における優位性という問題である[5]。これら二つの問題は、かつては国際法学における議論においても混在していたが[6]、近年では両者が区別されるとともに、関心が後者の現実の適用における優位性という問題に集中する傾向にあり、前者の理論的・一般的関係に関する論争は歴史的使命を終えたとも言われる[7]。

　後者の国内法秩序における国際法（国際慣習法および条約）の位置づけについては、(1)各国国内法秩序において国際法が国内的効力を有するか否か、

---

[3]　これらに加えて国際法秩序における国内法という問題もあるが、憲法学はほとんど関心を有していないように思われるのでここでは扱わない。この点については山本草二『国際法〔新版〕』（有斐閣、1994年）86-91頁を参照。

[4]　それぞれにつき、小寺彰ほか編『講義国際法〔第2版〕』（有斐閣、2010年）105-107頁〔岩沢雄司〕を参照。

[5]　参照、田中忠「国際法と国内法の関係をめぐる諸学説とその理論的基盤」『国際法と国内法』（勁草書房、1991年）32頁。

[6]　前掲注5) 32頁。

[7]　小寺ほか編・前掲注4) 107頁。国際法と国内法との一般的関係について日本では、山本草二が紹介した等位理論（調整理論）が有力となっているが、これは両者の理論的関係の解明よりも実際的な調整の過程に注目するものであり、このこと自体、妥当性の委任連関という問題から、現実の適用における優位性へと問題関心が移行してきたことを示している。等位理論（調整理論）については、山本・前掲注3) 85-86頁のほか、寺谷広司「『調整理論』再考」江藤淳一編『国際法学の諸相』（信山社、2015年）105-149頁も参照。

(2)各国国内法秩序における国際法の序列（効力順位）、(3)各国国内法秩序における国際法の適用可能性（直接適用および国際法適合的解釈）という、三つの段階に分けて論じられる[8]。

このうち(1)の国際法の国内的効力の有無については、国際慣習法はほとんどの国で国内的効力が認められているため、主たる関心は条約のそれに寄せられる。条約の国内的効力に関する諸国の憲法体制は自動的受容、承認法受容、個別的受容に分類されるが[9]、これは条約に拘束される意思の表明（しばしば批准と言われるが、それに限られない）に際しての、立法府の関与の有無および関与の仕方によって整理されるものである[10]。

また(2)の国内的序列の問題については、各国の憲法等を参考に整理される。日本についても、明示的・黙示的に憲法学説が参照され、憲法、条約、法律の順であるとされる[11]。

さらに、(3)の国際法の適用可能性については、直接適用と国際法適合的解釈（しばしば間接適用とも呼ばれる[12]）とに分けられるのが一般的である[13]。

---

8) 小寺ほか編・前掲注4) 110-127頁。
9) 小寺ほか編・前掲注4) 111-112頁。
10) M. Evans ed., *International Law* (4th ed., 2014), pp. 418-425.
英国などでは、条約締結自体は行政府が単独で行い立法府は関与しないが、立法権は議会のみが有するので条約は国内法としての効力を一切有さない。したがって条約内容を国内法上実現するためには、立法府がそれに関する立法を行うこと、すなわち個別法を作成することが必要になる。これが個別的受容の国である。
これに対して条約締結過程において承認という形で立法府が関与する国は多いが、そうした承認が、立法すなわち承認法の作成によって行われるか、条約承認として議案になり議決になるかにより区別されうる。前者が承認法受容の国と言われ、ヨーロッパ大陸諸国に多く見られる。後者の場合は、立法府の承認を経て締結された条約は国内的に公布されれば自動的に国内法上の効力が生じる。自動的受容の国と言われ、日本やアメリカなどが含まれる。
11) 小寺ほか編・前掲注4) 117-120頁、123-126頁。憲法学説において近年では、条約の国会承認方式が予算と同じであって法律より緩やかであることを指摘して（憲法59条、60条、61条）、条約が法律に優位するとされる点に疑問を呈する見解もあるが（高橋和之「国際人権論の基本構造」国際人権17号（2006年）54頁）、この問題は国際法学ではいまのところ十分に認識されているとは言えない。
12) 小寺ほか編・前掲注4) 116-117頁、122-123頁。
13) これらの場としては主として裁判所が念頭に置かれてきた（参照、小寺彰『パラダイム国際法』（有斐閣、2004年）56-57頁、小寺ほか編・前掲注4) 115頁）。しかし、行政機関における直接適用・国際法適合的解釈の問題についても今後広範な検討が必要であろう。この点について

国際法の直接適用可能性は、「国際法が国内においてそれ以上の措置なしに直接適用されうるかという問題[14]」とされ、国際法上の要件（国際法上直接適用が義務づけられていること）と国内法上の要件（条約が国内裁判所によって適用されるに足る明確性と完全性を有していること）とが挙げられる[15]。なお、この二つの要件はいずれかが満たされればよいのであり、重畳適用されるものではないとされる[16]。

　国内法の国際法適合的解釈は、「国内で裁判所や行政庁が国際法を国内法の解釈基準として参照し、国内法を国際法に適合するように解釈すること」とされるが、同時に条約の形をとらない国際人権文書など、法的拘束力をもたないものも「参照される」とされている[17]。ある国において国際法が国内法上の効力を有しかつ効力順位において国際法が国内法に優位する場合に、裁判所や行政庁は国際法を国内法の解釈基準としなければならないのか[18]、また、法的拘束力を有さないものに対する参照を同列に論ずべきかなど、整理すべき点は少なくない[19]。

　なお、先に触れた条約締結過程における立法府の関与の有無および関与の仕方は、憲法学における内閣による条約締結権と国会による条約承認権との関係という論点にも関わる。この点は国際法学においても条約締結の民主的統制の問題として位置づけられてきたが、国会承認条約の範囲としていわゆ

　　は行政法学の方が先行している（参照、原田大樹『行政法学と主要参照領域』（東京大学出版会、2015年）32-33頁）。
[14]　小寺ほか編・前掲注4）114頁。
[15]　小寺・前掲注13）64-66頁。これら以外に、特定の事項（財政や刑法など）に関する条約は、罪刑法定主義、予算法律主義、租税法律主義等の要請から、いかに明確であっても直接適用可能ではないとされる（小寺ほか編・前掲注4）116頁）。
[16]　この点については見解が分かれている。国際法上の基準に当たるものを主観的要件とし、国内法上の基準に当たるものを客観的要件とし、重畳的に適用されると解する見解も有力である。その場合主観的要件は、当事国が条約の中でその国内適用可能性を否定する意思を表示した場合（排除する基準）と読み替えられる（小寺ほか編・前掲注4）116頁）。
[17]　小寺ほか編・前掲注4）116-117頁。
[18]　こうした立場を示すものとして、徳島地判平成8年3月15日判時1597号115頁（受刑者接見妨害国家賠償請求事件）参照。
[19]　参照、寺谷広司「『間接適用』論再考」坂元茂樹編『国際立法の最前線』（有信堂高文社、2009年）165頁以下、酒井啓旦ほか『国際法』（有斐閣、2011年）403-405頁〔濱本正太郎〕。

る大平三原則が紹介されるにとどまることが多い[20]。

　この点に関する従来の関心の中心は条約の締結という局面にあったが、近年、ごく一部の例ではあるが、条約の終了（1998年の日韓漁業協定終了通告）や留保の撤回（2012年社会権規約に対する留保の撤回）という問題も生じている[21]。こうした局面における立法府の関与の必要性の有無を論じることは、その条約承認権の意味を明らかにする上でも重要であろう[22]。

　小寺彰は条約の直接適用を巡る議論の本質を「[条約上の] 義務の性質や、国内における機関相互の権限分配の在り方の関数」と整理したが[23]、この視点を、条約締結の民主的統制や条約の国内実施[24]など、国際法と国内法との関係が問題となる局面全体の検討へと敷衍していくことが必要であろう。

2　国際法学から見た憲法学の立場

　管見の限りにおいて、国際法と憲法秩序（国内法）との関係という問題（国際法と国内法との理論的・一般的関係に関する議論と国内法秩序における国際法の位置づけという二つの問題を含む）に対する憲法学の関心は、論者によって大きく異なっているように思われる。

　まず、国際法と国内法との理論的・一般的関係に関する関心はそれほど強くないように思われ[25]、そのためか、この問題と国内法秩序における国際法

---

20)　小寺ほか編・前掲注4) 77-79頁〔山本良〕。近年ではNGOの条約作成手続への関与の意義を論ずるものも出てきている（小寺ほか編・前掲注4) 73-78頁）。
21)　前者につき芹田健太郎「日韓漁業協定破棄の法と外交」ジュリスト1130号（1998年）73-77頁、安西文雄ほか『憲法学の現代的論点〔第2版〕』（有斐閣、2009年）166頁〔淺野博宣〕、後者につき中内康夫「社会権規約の中等・高等教育無償化条項に係る留保撤回」立法と調査337号（2013年）44-55頁を参照。
22)　なお、条約が国会で承認されながら、その後国内担保法の制定が進まず結果として条約を締結できない（批准書を提出できない）状況が生じていることについて、中谷和弘「国際関係の変動、国際法の展開と国内法の対応」道垣内弘人編『国際社会の変動と法』（岩波書店、2015年）7-8頁参照。このことは、少なくとも日本における国会による条約締結の民主的統制が、条約承認に加えて国内担保法の制定という二つの局面を有していることを示唆している。
23)　小寺・前掲注13) 63頁。
24)　論究ジュリスト7号（2013年）の「環境条約の国内実施」特集を参照。
25)　一定の関心を示すものとして、樋口・前掲注2) 101頁以下、大石・前掲注2) I、24頁、長谷部・前掲注2) 439-440頁。

の位置づけという問題との区別が不明確なものも見られる[26]。また、日本の憲法秩序における国際法の位置づけという問題も、それ自体を扱うというよりは、内閣の条約締結権や国会の条約承認権および両者の関係や、違憲審査の対象となるかといった個別の論点として論じられることが多いように思われる[27]。さらに、条約が「国法の諸形式」の一つ、とされる場合でも、その直接適用可能性といった、国法の諸形式の一つであることの具体的意味について論じられることは多くはないように思われるのである[28]。加えて、条約の直接適用可能性の問題を扱う論者も必ずしも多くはない[29]。

こうした印象が正しいとした場合、国際法と憲法秩序（国内法）との関係という問題に対する関心が論者によって大きく異なっているのはなぜであろうか。憲法学の射程をどのように考えるかという問題と連関しているようにも思われるが、的外れであろうか。

また、憲法学と国際法学の共通の課題として、グローバル化への対応という点があるように思われる。先に触れた内閣による条約締結権と国会による条約承認権との関係に関する従来の議論が念頭に置くのは国際法上の条約（拘束力ある国際約束）だが、近年では、拘束力ある国際約束以外の合意、宣言、決議、さらにはバーゼル合意や日米防衛ガイドラインのように国家間の合意と区別される当局間の合意などが、その数も重要性も増してきている。これらは講学上ソフト・ローと総称され[30]、条約ではないため国会承認の対象とならないが、外交の民主的統制という観点からは大きな問題を孕むであ

---

[26] 内野正幸「国際法と国内法（とくに憲法）の関係についての単なるメモ書き」国際人権11号（2000年）5-9頁が正しく指摘する点である。
[27] 髙橋・前掲注2）362、411頁、渋谷・前掲注2）567、595、689頁。
[28] 芦部・前掲注2）13頁、野中ほか・前掲注2）第20章。この点を論ずるものとして、大石・前掲注2）Ⅰ、佐藤・前掲注2）、長谷部・前掲注2）が挙げられよう。
[29] 論ずるものとして、大石・前掲注2）Ⅱ16頁、長谷部・前掲注2）437頁、渋谷・前掲注2）102頁。佐藤・前掲注2）117頁以下。こうした論者における扱い方は国際法学におけるそれと大きな違いはなく、だとすれば学説と日本の裁判実務とのギャップ（参照、伊藤正己「国際人権法と裁判所」芹田健太郎ほか編『国際人権法と憲法』（信山社、2006年）5-15頁、園部逸夫「最高裁判所における国際人権法の適用状況」『同』17-24頁）は、両学説にとって共通の課題となるであろうか。
[30] 参照、中山信弘ほか編『国際社会とソフトロー』（有斐閣、2008年）。

ろう。こうした点については、憲法学においても鋭敏な問題意識を示すものがあらわれてきているが[31]、行政法学においてより広く検討されているように思われる[32]。とりわけ、条約と国内法との関係について、単に上下関係の秩序の中で整理するだけでなく、動態的に把握することの必要性を指摘するものがあるが[33]、国際法と国内法との関係における調整理論を実質化するものとして重要な視点であろう[34]。

Ⅲ 国際人権と国内人権

1 国際法学における位置づけ

　国際人権法は冷戦終焉後、大きく進展した。人権の国際的規律自体は第二次世界大戦後に大きな展開を見せ、1945年採択・発効の国際連合憲章（1条3項、13条1項(b)、55条(c)）、1948年採択の世界人権宣言（国連総会決議217（Ⅲ））、1966年に採択され74年に発効した国際人権規約（社会権規約および自由権規約）といった普遍的かつ包括的な人権保障の枠組に加え、特定の種類の人権についても冷戦期を通して多くの条約が作成されてきた[35]。にもかかわらず、冷戦終焉時においては国際人権法を国際法学においてどのように位置づけるかについては明確だったとは言い難い。
　冷戦終焉後の実定法現象として、国際法平面における履行確保措置の拡充

---

31) 林知更「外交作用と国会」『憲法の争点』（有斐閣、2008年）201頁、山田哲史「グローバル化時代の議会民主政(1)-(5・完)」法学論叢172巻2号-174巻2号（2012-2013年）、同「国際的規範と民主政」帝京法学29巻1号（2014年）223-341頁、村西良太「多国間の政策決定と議会留保」法政研究80巻1号（2013年）1-59頁。
32) 原田大樹「政策実現過程のグローバル化と公法理論」新世代法政策学研究18号（2012年）241-266頁、斎藤誠「グローバル化と行政法」磯部力ほか編『行政法の新構想Ⅰ』（有斐閣、2011年）339-374頁、「環境条約の国内実施」特集・前掲注24）など。
33) 中川丈久「総括コメント：行政法からみた自由権規約の国内実施」国際人権23号（2012年）69頁。宍戸常寿「コメント」国際人権22号（2011年）103頁以下も参照。
34) 小寺・前掲注13）53-54頁も参照。
35) 人種差別撤廃条約（1965年）、女子差別撤廃条約（1979年）、拷問等禁止条約（1984年）、児童の権利条約（1989年）など。

には目覚ましいものがある[36]。個人通報制度は冷戦期においては自由権規約と人種差別撤廃条約について存在したに過ぎないが、1990年代末以降には、選択議定書という形で各人権条約において次々と設置されるようになった[37]。国家報告制度についても、1990年以降、各人権条約委員会で「総括意見」が採択されるようになった。これは各国の報告審査後当該国に対する個別の所見として委員会が提示するものであり、当該国に関する主要な懸念事項および勧告を示すものである[38]。その意義は大きく、当該国が人権条約上の義務を遵守しているか否かに関する権威的な見解と言われる[39]。さらには、こうした条約機関における解釈が発展的解釈として注目を浴びるようになってきている[40]。また、国内法平面においても多くの国において国内裁判所における直接適用が見られるようになってきている[41]。

こうした進展を承けて現在では、国際人権法を国際法の各論の一つとして位置づけることが確立する一方で、国際人権法プロパーの研究者も増えて自律的な法分野となりつつもある。さらには国際法全般に対する国際人権法の影響が論じられるようになってきている[42]。

2　国際法学から見た憲法学の立場

いくつかの体系書・教科書を見る限り、国際人権に対する憲法学の関心はそれほど高いものではないように思われ、国際人権にふれる論者も、国際的な制度やその進展を指摘するにとどまる[43]か、ごく部分的に触れている[44]と

---

36) 拙稿「国際法における法の実現手法」佐伯仁志編『法の実現手法』（岩波書店、2014年）274-278頁を参照。
37) 社会権規約につき2008年、女子差別撤廃条約につき1999年、拷問等禁止条約につき2002年、児童の権利条約につき2011年（未発効）に、選択議定書が採択されている。
38) 申惠丰『国際人権法』（信山社、2013年）539-543頁。
39) See, Steiner et al., *International Human Rights in Context* (OUP, 3rd ed., 2007) p. 853.
40) 参照、岡田淳「条約の『発展的解釈』論」国際法研究3号（2015年）104頁以下。
41) 申・前掲注38) 474-485頁。
42) 例えばKmminga & Scheinin eds., *The Impact of Human Rights Law on General International Law* (OUP, 2009). 日本でも阿部浩己『国際法の人権化』（信山社、2014年）が刊行され、国際法学会研究大会（2011年度秋季大会）のテーマともなっている。
43) 長谷部・前掲注2) 90頁、渋谷・前掲注2) 99-103頁。
44) 野中ほか・前掲注2) Ⅰ469頁、高橋・前掲注2) 86頁。

の印象を受ける[45]。

　こうした状況は、横田耕一が1994年——冷戦終焉直後——に「これまでのほとんどの憲法の教科書においては、人権総論部分では『国際人権』に言及するものが増えているが、残念ながら個別人権規定の解釈においては『国際人権』がまったくと言っていいほど無視されており、うまく繰り込んでいるとは言えない[46]」と指摘したことが、なお当てはまるように思われる。

　その一方で、国際人権法学会の活動などを通じ、国際人権法学に対する憲法学からのインプットは好ましい形で行われているように思われる。それを象徴するものの一つとも言いうるであろう、高橋和之による国際人権論批判は、国際人権と国内人権との議論の基本構造の違いを厳しく指摘しつつも、報告者の問題関心からすれば、条約の国内的効力、条約の国内的序列、裁判所における適用という、先に指摘した構造に則って国際人権の国内法化あるいは「国内法化された国際人権」を正しく摘出し、それと国際法レベルの国際人権との区別の重要性を強調するものと受け止められる[47]。

　その摘出の先には、「国内法化された国際人権」を憲法学がどう位置づけるのか、あるいはそれは憲法学の考察の対象外なのかという問いが存在するように思われる。「国内法化された国際人権」と「憲法上の人権」との差異が強調され、憲法学の対象は後者に限定されるという考え方もありうるだろうが、「日本の憲法学は、人権問題の裁判的救済にうまく対応できるのであろうか」という問いを立てるならば[48]、視野に入るものは大きく変わってくるであろうし、条約の直接適用可能性といった問題に対する取り組み方も変わるのではないであろうか。これも憲法学の対象とする人権をどのように考えるかという射程の問題となるであろうか[49]。

---

45) より広く検討するものとして、佐藤・前掲注2) 117頁以下。
46) 横田耕一「『国際人権』と日本国憲法」国際人権5号（1994年）10頁。
47) 高橋和之「国際人権の論理と国内人権の論理」ジュリスト1244号（2003年）69-82頁、高橋・前掲注11) 51-56頁。これに対する反応としては、大沼保昭「人権の国内的保障と国際的保障」国際人権17号（2006年）57-62頁に加え、大谷美紀子「国際人権の私人間効力をめぐる憲法学者と国際法学者の議論の架橋の試み」国際人権17号 69-71頁も参照。
48) 山元一「『憲法的思惟』vs.『トランスナショナル人権法源論』」法律時報87巻4号（2015年）74-79頁。

Ⅳ　自衛権

1　国際法学の理解

　国際法上認められる自衛権と各国の憲法上認められる自衛権との関係については、両者が同一のものと理解されなければならない理由はなく、憲法上認められる自衛権が国際法上認められる自衛権より限定的なものであれば国際法上の問題は生じない。他方で、前者が後者より広く認められるとすれば、国際法上許されない武力行使を憲法上認めることとなり、国際法に違反することになる。ここにも国際法と国内法との関係——国際法秩序における国内法の位置づけ——という問題が存在している[50]。

　国際法上の自衛権は、個別的自衛権と集団的自衛権とに整理される。このうち個別的自衛権については、発動要件に関して憲章制定以来とも言われる学説上の争いがあるが、国際連合憲章51条ならびに国際判例を根拠として、武力攻撃の発生を発動要件とし、その行使に当たっては必要性要件と均衡性要件とに従うと解するのが一般的である[51]。

　他方で集団的自衛権については、発動要件が一国に対する武力攻撃の発生とされる点に争いはなく、争われてきたのはそれを国連の集団安全保障体制との関係でどのように位置づけるかという問題だったと言ってよい[52]。この点に関する報告者の理解は、国連憲章上の集団的自衛権は、本来的には国連の集団安保体制の枠内で、保全的措置としてそれを補完するものと位置づけ

---

49)　こうした延長線上に、人権分野における近年の最高裁判決・決定（国籍法違憲判決（最大判平20・6・4）、婚外子法定相続分違憲決定（最大決平25・9・4））における、国際人権条約さらには条約機関の指摘なども「併せ考慮する」ことや「総合する」ことの意義をどのように理解するかという問題も存在するのであろう（山元・前掲注48）74-79頁）。もとよりこれは、国内法の国際法適合的解釈の問題として国際法学に向けられる課題でもある（前掲注19）およびそれに対する本文を参照）。

50)　前掲注3) を参照。

51)　小寺ほか編・前掲注4) 491-496、499頁〔森肇志〕を参照。

52)　拙稿「集団的自衛権の誕生」国際法外交雑誌102巻1号（2003年）80-84頁を参照。

られていたが、同時に戦争を誘発しかつ拡大させる危険性、さらには集団安保体制を瓦解させる危険性があるという点で、それと矛盾・対立する契機を内包するものであることも明確に認識されていたのであり、こうした二面性は、その発動要件を厳格にする——武力攻撃の発生の場合に限る——ことによって止揚されると理解されており、それこそが国連憲章51条の発動要件が武力攻撃の発生と規定された理由である、とするものである[53]。

2 国際法学から見た憲法学の立場

個別的自衛権に関する憲法学の立場はさまざまであり、報告者には憲法9条の解釈論に立ち入る能力はないが、それに関する議論を概観して気づくのは、個別的自衛権の発動要件として、①我が国に対する急迫不正の侵害があること、②これを排除するために他の適当な手段がないこと、③必要最小限度の実力行使にとどまること、の3点を挙げる傾向がなお強いことである[54]。こうした理解は、かつての政府見解[55]や国際法学説[56]を参照したものとも思われるが、政府見解もその後①について「我が国に対する急迫不正の侵害があること、すなわち武力攻撃が発生したこと」と述べるようになっており[57]、また国際法学一般における理解は先述の通りである。急迫不正の侵害という要件は、主として19世紀まで認められていた国家の権利侵害に対して自衛権を行使することができるとする立場[58]、すなわち武力攻撃や武力行使による侵害に限られないとする立場を、少なくとも想起させるものだという点に

---

[53] 拙稿「国際法における集団的自衛権の位置」ジュリスト1343号(2007年)17-26頁。この点に関する国連憲章51条の起草過程については拙著『自衛権の基層』(東京大学出版会、2009年)250-266頁を参照。
[54] 樋口・前掲注2) 140頁、芦部・前掲注2) 59頁、大石・前掲注2) 69頁、佐藤・前掲注2) 95頁、渋谷・前掲注2) 66頁。高橋・前掲注2) 55頁も侵略概念を使用する。
[55] 阪田雅裕『政府の憲法解釈』(有斐閣、2013年)32頁。
[56] 例えば横田喜三郎『国際法〔新版〕』(有斐閣、1948年)86頁は、自衛権を「急迫不正な危害に対して強力をもって防衛する権利である」と定義する。
[57] 阪田・前掲注55) 31-32頁。こうした政府解釈を反映するものとして長谷部・前掲注2) 60頁、野中ほか・前掲注2) Ⅰ 168頁。
[58] 典型的にはBowett, *Self-Defense in International Law* (Manchester University Press, 1958)。同書の位置づけについては、『拙著』前掲注53) 13-24頁参照。

は留意が必要であろう。

　個別的自衛権に関するきわめて精密な議論から集団的自衛権に関する議論へと目を転じたときに印象深いのは、集団的自衛権についてはそれほど詳細な議論がされていないことである。集団的自衛権とはなにかについて、「自国と密接な関係にある外国に対する武力攻撃を、自国が直接攻撃されていないにもかかわらず、実力をもって阻止する国際法上の権利」という政府見解[59]を引用した上で、「日本国憲法は、集団的自衛権を認めていないとするのが、政府見解である[60]」と指摘することが基本的なパターンと言ってよいであろうか[61]。

　こうした集団的自衛権に関する議論の不在は、従来の議論の焦点が、自衛隊の合憲性という問題を中心として、憲法上個別的自衛権が（どのように）認められるかにあり、また、政府も集団的自衛権の行使は憲法上許されないとしていることから議論する必要がそれほどなかったからだとすれば、もとより理解できる。他方でそうした政府見解の参照については、一方で個別的自衛権に関する政府見解に対する激しい批判があり、他方で政府解釈の変更は立憲主義に反すると主張されるとき、それとの距離感については今後検討の余地もあるように思われる[62]。さらには、2014年7月1日の閣議決定によって集団的自衛権に関する政府見解は修正されたのであり、その憲法上の位置づけに関する今後の議論の進展も期待されよう[63]。

　これに対し、国際法上の集団的自衛権の位置づけに触れるものもある。それらは先に示した報告者が理解する集団的自衛権の二面性のうち、集団安保体制と矛盾・対立する契機を内包するという点を指摘あるいは強調するものであった[64]。国際法学においてもかつては集団的自衛権と集団安保体制との

---

59) 阪田・前掲注55) 52頁。
60) 渋谷・前掲注2) 68頁。
61) 芦部・前掲注2) 60頁、佐藤・前掲注2) 96頁、長谷部・前掲注2) 60頁、野中ほか・前掲注2) Ⅰ188頁、高橋・前掲注2) 55頁。集団的自衛権が憲法上認められるかについて実質的に議論するものとして、大石・前掲注2) Ⅰ72頁。
62) 山元一「九条論を開く」水島朝穂編『立憲的ダイナミズム』（岩波書店、2014年）86-103頁。この点を検討するものとして、藤田宙靖「覚え書き——集団的自衛権の行使容認を巡る違憲論議について」自治研究92巻2号（2016年）7-13頁参照。［2016年5月21日追記］

矛盾・対立の一面のみが強調される傾向にあったのであり[65]、そのことの影響があったのかもしれない。しかし、憲法9条の解釈論が戦後政治における権力問題と化す中で、「憲法学が正当性剥奪に基づく軍事力統制の課題を安易に放棄することが、我が国の国家機構の権力バランスを損なうことにな」るとの認識の下、「正当性剥奪による軍事力コントロール」が立憲主義憲法学の責務であるとするならば[66]、問題の本質は憲法学はなにを目指すのかということであろう[67]。

V　おわりに

以上、門外漢であることをいいことに、素朴な疑問を書き連ねた。汗顔の至りというほかない。対象とした体系書等にまだ反映されていない多くの議論も含めて、憲法学の立場について報告者が誤解している点が多々あることを懼れるものである。

他方で、こうして憲法学の議論を概観することによって、国際法学の議論において欠落しているものを強く意識することができた。さらには、そうした誤解を解くところから憲法学を含む国内法学と国際法学との対話を始めることができれば、少なくとも国際法学にとってその意義は大きい。今回の座談会がそうした一歩となることを期待したい。

---

63) 大石眞「日本国憲法と集団的自衛権」ジュリスト1343号（2007年）37-46頁、木村草太「集団的自衛権と7・1閣議決定」論究ジュリスト13号（2015年）20-27頁を参照。
64) 樋口陽一『憲法I』（青林書院、1998年）439頁。渋谷・前掲注2) 68-69頁。
65) 拙稿・前掲注53) 脚注11-12に対応する本文を参照。その他、祖川武夫「集団的自衛——いわゆるUSフォーミュラの論理的構造と現実的機能」小田滋ほか編『国際法と戦争違法化』（信山社、2004年）139-187頁も参照。
66) 石川健治「軍隊と憲法」水島編・前掲注62) 126-127頁。
67) ここで想起されるのは、高橋和之による国際人権論批判の背景にある、「権力からの自由」と「権力への自由」の中で前者を優先する国内人権の論理と、いずれかを優先するという発想自体が希薄とされる国際人権の論理との対比であり、詰まるところ国際法学はなにを目指すのかという問題が突きつけられることになろう（高橋・前掲注47) 82頁）。その指摘を国際法学において真正面から受け止めるものとして、寺谷広司「私人間効力論と『国際法』の思考様式」国際人権23号（2012年）11-13頁を参照。第一次的な応答である国家の二重機能につき、山本草二「国際行政法の存立基盤」国際法外交雑誌67巻5号（1969年）32-33頁を参照。

6-3

[座談会]
憲法学と国際法学との対話に向けて

森　肇志　宍戸常寿　曽我部真裕　山本龍彦

I　はじめに

曽我部（司会）　本日は森肇志さんをお招きして、憲法学と国際法学との関係について議論をしたいと思います。森さんから基調報告でお示しいただいた論点は、国際法と憲法秩序との関係、国際人権と国内人権、自衛権の問題と3点あります。まず最初の論点について議論を進めていきたいと思います。

森　本日はお招きいただき、ありがとうございます。憲法学の先生方にご意見を伺うよい機会と思い、お聞きしたいことを用意して参りました。

まず国際法と憲法秩序一般の話について、簡単に私の思うところ、あるいは国際法学で考えられているところと憲法学に伺いたい点につき、お話ししたいと思います。

II　国際法と憲法秩序との関係

1　国際法と国内法との理論的な関係

森　現在の国際法学では、国際法と国内法との一般的な関係は、一元論、

森　肇志 氏

二元論を経て、調整理論ないしは等位理論が有力とされていますが、そうした理論的・一般的関係と、国内法秩序における国際法の位置づけを分けて論じるのが一般的です。もっとも、国際法と国内法との理論的・一般的関係が華々しく議論された時代には、一般的関係という問題と国内法秩序における国際法という問題とが、混在して論じられていました。その後この二つの問題は妥当性の委任連関という問題と現実の適用における優位性という問題という形で整理され、両者を分けて論ずるようになりました。

　また、国内法秩序における国際法の問題も、三段階に分けて論じるのが一般的です。一つは、そもそも国内的効力の有無。そして国内法秩序における序列の問題。さらには国際法の国内法秩序における適用可能性の問題です。これは直接適用の問題と、しばしば間接適用とも呼ばれる条約適合的解釈の問題とに整理されます。このうち、国内法秩序における国際法の問題は、日本に限らず多くの国を概観した上で日本について論を進めるのが一般的です。

　憲法学の教科書や体系書をざっと拝見した感想ですが、これとほぼ同じ議論をなさっているのが樋口陽一先生です。しかし憲法学の多くの論者は必ずしもこうした整理の仕方をしていません。そこで、国際法と憲法秩序との関係一般に関して、憲法学においてはどのような位置づけが与えられてきたのかについて、ご教示いただきたいと思います。

　この点と関連して、外交の民主的統制という問題が、憲法学において近年大きな関心を集めているように思われます。この点は内閣による条約締結権と国会による条約承認権との関係という問題だと思いますが、国際法学でも、条約の批准過程における民主的コントロールの問題として論じられることはあります。

　従来この議論で念頭に置かれていたのは、国際法上の条約であり、さらにはその一部である国会承認条約と位置づけられるものであったかと思いますが、近年では、拘束力ある国際約束以外の合意や宣言、決議などの重要性が

増してきています。中にはバーゼル合意のように、国家間の合意と区別される当局間の合意もあり、その重要性も増しています。日米ガイドラインも、こうした当局間の合意の一つです。国際法学においてこれらはソフト・ローと総称されるわけですが、条約ではないため、国会承認の対象とはなりません。しかしそれでよいのかという問題があり、その点について憲法学では近年、若手研究者から鋭敏な問題意識が示されているということだと承知しています。

　また、条約が結ばれた後、それが「成長する」という見方もあります。中でも条約作成プロセスを経ない規範の創出が注目されます。例えば、国際組織等が決議を通して条約の内容を豊富化するなどということです。これらも国会承認の対象とならないまま国家に義務を課すことがあり、この点についてはむしろ行政法学が強い関心を寄せつつあるように感じます。

　また、従来の議論は主として条約を締結するという局面に注目するものですが、近年、ごく一部の例とは言え、条約の終了や、条約に対する留保の撤回の際に国会がどのように関与すべきなのかという問題も議論されています。これらは国会による承認権の意味を明らかにする上でも重要になろうかと思います。

　曽我部　さまざまな問題提起をいただきました。条約の実質的な広がり、ソフトロー的なものの役割が増大しているということですが、それは国会承認という道具立てで対応できるのか。あるいは締結後も、条約機関による解釈や紛争解決を通じて規範が創出され、成長するプロセスをどう受け止めるのか、といったご指摘がありましたが、これを踏まえて宍戸さんからコメントをお願いします。

　宍戸　ありがとうございます。基調報告でご指摘いただいた点に応答するとともに、こちらから逆にいくつかお伺いしたいと思います。

　国際法と憲法秩序の関係に関する一般理論について、憲法学がいまどう考えているのかというご質問がありました。この点についての私自身の見立ては、純粋法学、あるいは例えば宮沢俊義、横田喜三郎といった先達間の知的なインタラクションが強かった時代から、それが後退していったという時の流れで、かなりの程度説明できる気がしています。

憲法学でも、八月革命説と国際法優位の一元論の関係はかなり議論されたものと思いますが、結局、日本国憲法が定着し、その正統性について押しつけ憲法論などを除けば、少なくとも法学的に真面目に議論する必要が徐々に薄れていきました。併せて、憲法学者の関心が憲法訴訟論へ動いていく中で、伝統的な国法の諸形式の議論、客観法規範相互の特徴および優劣を論ずることが、教科書全体から後退していく。この流れの中で、国際法と憲法の関係が、少なくとも憲法の側では希薄化していったという経緯があるのではないかと思います。

　国内法秩序における国際法規範の位置づけについては、憲法学者の多くが田畑茂二郎先生のテキストで学んだものと思いますが、国内法における国際法規範の位置づけは国内法の問題だということが書かれています。その後は、山本草二先生の等位理論ないし調整理論が、その延長線上で憲法学者に受け止められる。その結果、条約については、国内法学者たる憲法学者のほうで位置づけて考えればよいと解され、砂川事件最高裁判決のイメージもあって、憲法、条約、法律という効力関係が憲法学者の中で固定化しました。それによって、関係が切断されてしまったという面がありそうです。

　この点に関連して私から逆質問したいと思います。山本草二先生の調整理論は、同一の事項について国際法規範と国内法規範で義務の衝突がある中で、それをどう調整するかといった動態的な観点が強調されていたように思いますが、森さんからご覧になって、憲法学がそれをきちんと受け止めているように見えるでしょうか。あるいは国際法学の観点から、いまの憲法学に何が足りないか、ご指摘があればお願いしたいと思います。これが1点目です。

　また、ソフトローが国際法、国際機関の中で拡大していくことについて、憲法学者が敏感さに欠けるのではないかとのご指摘があったと思います。

　私の理解は山本草二先生の教科書を昔読んだという程度ですが、この点で最初に考えておかなければいけないのは、現代国際法は国際公益を実現するものであり、そのために国際社会を共同体的に捉える見方だろうと思います。これに対し、憲法学者は常に国家主権の視角があり、それぞれの国家が、いわば古典的な自由主義に従って、社会の中で個人がそれぞれ孤立して存在しているイメージと同じで、国際社会を考えがちではないか。

その意味で、憲法学者が国家主権に寄りかかる理解をすればするほど、国際公益の実現に向けての要求を受け止めきれない面があるのではないかと感じています。むしろこの点を、例えば原田大樹先生などの行政法学者が敏感に受け止めるのは、当然かなという気がします。

曽我部 ありがとうございました。では、いまの宍戸さんのご指摘について森さんいかがでしょうか。

森 第一に、憲法学における国際法と国内法の理論的関係に対する関心の盛衰とでもいうべき点につき、頷きながらお伺いしました。

その点に関連して、頂戴した山本先生の調整理論が憲法学で受け止められているかという点ですが、率直に申し上げると、積極的に受け止められている感じはしないという印象です。ただしそれが憲法学の問題なのかはわかりません。わが国における条約の受け止め方の大きな特徴として、完全担保主義と呼ばれる考え方があることはご承知かと思います。つまり、条約を結ぶときには、国内法を新たにつくるにせよ、従来の国内法を改正するにせよ、国内法を守ればその条約が守られるというところまで作り込まれるわけです。

それ自体が調整の一形態といえそうですが、その結果として、国内法学は国内法さえ見ていればよく、あるいは裁判所も、国内法さえ適用していれば間違いないという状態が生じているのではないか。国際法と国内法との関係について、あまり問題意識を鋭敏化させないことに繋がっているのではないかと思います。

ソフトローとの関係では、林知更先生、山田哲史先生、村西良太先生といった方々のご論稿は、我々国際法学から見ても非常に参考になるものです。逆に国際法学においてソフトローの国内法への浸透という問題が十分に意識されているのかについて疑問があります。憲法学の業績に学びながら、国際法学でも考えていかなければいけないと思います。とりわけ、このお三方の場合は、国際法と国内法との垣根をあまり感じさせない、つまり我々が読んでいても違和感がない国際法の扱い方がされている点は、特筆すべきかと思います。

曽我部 ありがとうございました。それでは、山本さん、ここまでの議論について、ご感想をお願いします。

山本 国際法と国内法との一般的・理論的な関係についてまず私から伺いたいのは、その関係を論じる現代的な意義がどこにあるのか、ということです。宍戸さんご指摘の通り、当初は日本国憲法の正統性の問題があり、ポツダム宣言の受諾や国際法的な承認に頼らざるえない面がありました。まさに八月革命説ですね。ところが、時が経過するにつれ、日本国憲法の「受容」という社会的事実によって、わざわざ国際法からその正統性や有効性を調達する必要性が薄れてきた。このときに、国際法と国内法との一般的・理論的関係を語る意義がどこにあるのか、という質問です。

「国際法」にも、自国がコミットしておらず、ただ客観的に存在している客観的国際法と、条約締結という形で自国がコミットしている主観的国際法がありますね。主観的国際法については、国内法の効力が生じ、国内でそれをどう適用・実現していくのかが具体的に、あるいは手続的に問われる。主観的国際法を前提とする限りは、国際法と国内法の一般的・理論的関係は重要な問題とはなりません。この関係が事実上問題になるとすれば、それは客観的国際法に限られると思います。国際人権法の世界などでは、必ずしも主観化していない「国際法」でも、国際標準としてその国内法的な実現が強く求められることがありますが、このような主張を認める場合には、客観的国際法の意味や、国際法と国内法との一般的関係といった理論上の問題が改めて出てくるような気もいたします。

曽我部 いまの山本さんからの問題提起について、森さんにリプライしていただけますでしょうか。

森 非常にシャープなご質問をいただきました。

第一の問い、国際法と国内法との理論的関係を論ずる現代的意義についてですが、むしろ実益はないという理解が現在の国際法学においても共有されているように感じます。そもそもなぜこうした議論が華々しくなされたのかという点ともかかわりますが、この議論は、国際法の妥当根拠をどのように考えるか、あるいは国際法が国内法と区別される形で存在し得るのか、という問題意識から出されたものです。

この理解によって、一元論と二元論とで分かれるわけですが、そもそも国内法優位の一元論が潜在的にあったところ、これは国際法の否定論にほかな

りません。二元論は、国際法の否定論を否定するために、国際法は国内法と違う形で存在しているのだということを主張しました。そして国際法の存在論を突き詰める形で国際法優位の一元論が出てきたということになります。それは、第一次世界大戦という悲惨な戦争を経験したことで、国家主権に対する忌避感や、国際法に対する高い期待も背景となって主張されたということだと思います。

　しかしながら、これらいずれの見解も、現実を説明する観点からは十分ではありませんでした。そうした観点から、近年では調整理論ないし等位理論と呼ばれる考え方が一般に受け入れられつつ、しかしその実、理論的検討がさほどなされないままに、実際に国際法平面で国内法はどういう意味を持つのかとか、ここでの主題であるところの国内法平面において国際法がどういう意味を持つかといった具体的な検討に、その議論が集中しました。

　国際法と国内法との理論的関係の位置づけを憲法学にお伺いしたいと思ったのは、一般的な理論的関係の議論と、国内法秩序で憲法が優位するのか、条約が優位するのかといった問題との混同が、しばしば見られるように思われるからです。国際法学においても当初はその点一緒に議論していた向きもあり、あるいはその時代に拘束された問題意識の影響があるのかもしれません。憲法学でも内野正幸先生が指摘された点ですが、その二つの問題が混同されたままに現在も議論されているのではないかという点について、少し感じるところがありました。

2　憲法的な統制の意義

　宍戸　国際法の履行確保手続は、森さんの論文「国際法における法の実現手法」(『現代法の動態第2巻　法の実現手法』) から勉強させていただきましたが、国会、内閣、裁判所といった諸国家機関が、国際法によってダイレクトに統制される結果になる。しかし、デモクラシーないし権力のコントロールの実現を役割とする憲法は、例えば国会が内閣の行政権の行使に対し、一体的に責任を追及するというコントロールの秩序を定めているわけです。そうすると、憲法の予定しているコントロールの体系の中に、国際法の国内機関に要求する履行確保手続が、ノイズとして入ってくる。国内憲法体制にお

ける権限、正統性、責任の連鎖に、国際的な規律の実効性という観点から邪魔をしてくるように見えるわけです。憲法学からは、「国際的にこのように約束してきたのだから、もう仕方ないじゃないですか。皆さん呑んでください」といった形で、国内的なコントロールを骨抜きにしてしまうものとして映りがちではないかと思います。

　もちろん、このままではいけません。先ほど森さんが指摘されたとおり、林知更先生が、分業と協働の秩序として外交の問題を考え直す必要があることを指摘されていますが、その方向に向けて山田先生や村西先生など、我々世代の憲法学の研究者が、諸外国の例について研究しています。それらを参考にしながら、国際的な規律と民主的な正統性のコントロールとをハーモナイズさせる形で権力分立を考え直していかなければいけないのではないかと、森さんのご指摘を踏まえて思ったところです。

山本　いまのお話との関連で、条約締結に対する国会の承認権の意味について、森さんのご見解を伺えればと思います。単純に言って、例えば君主制の下で、条約の締結に議会の承認を求めることは、民主的正統性の付与という点で重要な意味をもちえます。しかし、議院内閣制においては、内閣も一応民主的正統性を有する。そうすると、議院内閣制の下における国会の条約承認権の意味、特に民主主義的な意義がどのようなものなのか、改めて考えてみてもいいように思いました。

　ドイツの場合、「条約法律」と呼ばれる承認法がありますが、この条約法律と、日本における承認は同じレベルで扱ってよいものなのでしょうか。日本の場合は、承認を決議で行い、別途、条約を具体化する法律を用意することになると思うのですが、ドイツでいう条約法律は、日本でいう承認決議と実現法律とをセットにしたようなものなのか。

　山田哲史先生は、国会による承認にポイントを置いた議論をなさっていますが、少なくとも日本では、実現法律を制定する段階で、条約に対する国会の影響力を行使できるようにも思えます。条約がルール的なものではなく、抽象性の高いスタンダード的なものであれば、その実現には国会の裁量が認められるわけですよね。そこに民主的な正統性を吹き込む余地を認めることもできる。そうすると、承認そのものの意義が、やはり問題になりえます。

この話の延長で、条約と法律との関係について触れておきますと、私は、両者の客観的な適合性、規範内容相互間の客観的抵触を問題にすることに、多少の疑問を抱きました。いま述べましたように、条約の直接適用の問題は、それがルール的なものか、スタンダード的なものかに左右されます。前者であれば直接適用の可能性が出てきますが、後者であれば、それをどう国内法秩序において実現するかについて、国会の裁量が認められることになりますね。この裁量は、不作為の裁量を意味しない。国会は、自ら「承認」している以上、この裁量権を適切に行使し、条約を国内法的に実現する義務・責任を負っていることにもなります。

　そうすると、これまで条約と法律の規範内容相互間の客観的抵触として論じられてきたものは、国会の裁量権の適切行使義務違反の問題として捉えられる可能性があります。近年は裁判所による立法裁量統制の手法も発展しつつありますから、条約と法律の客観的な抵触関係をみるより、国会の行為の瑕疵をみて、こちらを動態的に統制していく方が、条約の履行確保という点でも有効なような気がします。

　森　条約の国会承認権の意味について、民主主義という観点から捉えるべきかといったご質問を興味深く伺いました。最も極端な回答を致しますと、国際法学としては、実は承認権の問題にそれほど関心を寄せる必要を感じないところであり、その国家が条約を守ってくれさえすればよいということになります。

　こうした議論は、条約の締結プロセスの変化、例えば批准の意味の変化との関わりで論じられ、その変化の背景として、条約締結に関する議会と行政府との関係が変わってきたと指摘されます。そもそも議会による承認の問題はアメリカの憲法で取り入れられたのが端緒とされ、米国では行政と議会とが議院内閣制のような形の連関はしていないということで、民主主義的観点からの意義が際立つように思います。その上で、議院内閣制においてこれをどう考えるべきか、ぜひ教えていただきたいところです。

　ドイツでは承認法の形で条約の承認が行われ、日本では条約を承認する議案を可決する形で行われているわけですが、それを実現する法律をつくることで議会がコミットできているのではないかというご指摘は、その通りだと

思います。実質的な面で議会がどうかかわっているのかを確認する必要があると思いますが、それは今後留意したいと思います。

山本 繰り返しになって恐縮なのですが、ドイツの承認法律は、日本での承認決議と実現法律をセットにしたようなものなのでしょうか。それとも、日本でいう承認決議と同じようなものなのでしょうか。

森 どうも後者のようですね。

山本 では、具体的に実施する場合には、さらに法律を用意することになる……。

森 そうだと思いますが、日本のように担保法をつくることに万全を期す国はそれほど多くないと一般的には理解されています。

山本 EUだとルール的な条約が多く、直接適用の事例が多くなるために、やはり承認そのものにポイントが置かれるのでしょうかね。他方で日本が締結する条約にスタンダード的なものが多いとすると、承認決議以外に実現のための法律が必要になってくる。ここを勝負所にする場合には、やはり承認そのものウェイトは軽くなる。いずれにせよ、議会承認がもつ意味は、統治構造や国際関係上の立ち位置の違いによって、各国で微妙に変わってきそうですね。

宍戸 逆に、日本で承認をする場合は、実施法律を同時に審議するのが一般ですよね。

森 一般的です。

宍戸 わが国における実質的な政治プロセスとしては、国会に承認を求める準備と法案の準備は同じ一体のものとして行政内部でも進め、与党の責任において国会を通しているわけです。だから、承認という国会の行為と法律の議決は別だとしても、実際には一体化してしまっているのではないですか。

森 確かに一体化していますが、条約は承認されたが法案が採択されず、結果として条約を批准しないという場合もごくまれにあるようです。

山本 事後承認の場合には一体化して進むかもしれませんが、事前承認の場合には、承認と、条約を法律に落とし込む際の議論はずれてくるようにも思います。この点はいかがでしょうか。

森 承認をしてから批准をするという意味での事前承認ということですね。

しかし、その場合であっても、承認の前に法律を整備しているのが一般的だと思います。

曽我部　それを全部やって批准するわけですね。

3　国法形式としての条約の位置と裁判所による審査のあり方

曽我部　いまの点に若干関係があるように思うのですが、高橋和之先生が予算との対比で予算国法形式説を唱えています。つまり予算は独特の法形式であり、承認プロセスと予算は類似しているので、条約も予算国法形式説のように捉えて、法律と条約は別形式であるとする。それが国法形式としての条約という位置づけにも影響しているのですが、通常は憲法、条約、法律という階層構造を想定するわけです。しかし、どうもそういう単純な階層構造では収まらず、法律と条約を整合させる政治責任が発生するとおっしゃっているのだと思います。この考え方が、条約と法律の適合関係を問題にすることに違和感があると山本さんがおっしゃったお話に繋がると思うのですが、いかがでしょうか。

山本　そうですね。国際法の世界では、なおケルゼン的な、法段階説的な理解が強いように思います。一旦、これを突き離してみると、新しい世界が見えてくる可能性がある。国会がある条約を承認して自らそれにコミットした以上は、この条約に従って国内法を整備していく義務を負う。そういう自己拘束がかかってくるわけですね。この義務の履行という観点から立法者の行為を統制しようとする場合には、条約と法律との形式的優劣はそれほど問題にならないようにも思えます。

曽我部　立法のフェーズではそのほうが据わりがよい気がしますが、どうでしょうか。

宍戸　明治憲法下では、憲法慣習として、天皇が公布すれば国内法的な効力を持つのだとされ、また明治憲法をつくるときにはそもそも日本が文明国として受け入れてもらう以上、文明国の国際約束を受け入れるのは当たり前だろうという経緯があった。また第二次世界大戦後は、日本は敗戦国なので、当然ながら条約を国内に受け入れる。憲法はさておき、少なくとも法律より条約が上だというのは当たり前だという素朴な理解があったと思います。

他方で、国法の諸形式の背後には民主主義の論理、最終的な主権者である国民との距離がどれだけ近いかによって法規範の拘束力の強さを決するという思考があり、それで憲法、法律、命令というピラミッドを観念する。それと条約の位置づけが合わない。高橋和之先生が指摘するように、条約は法律の制定よりも軽い手続で承認されるわけですから、その意味では条約がむしろ法律の下にあるべきだとも考えられないか、という問題が出てきてしまう。

そこで例えば齊藤先生は、憲法、法律、命令というピラミッドの外に異なる法規範として、予算と同じような形で条約を位置づける。それは一つの考え方ですが、いままでの考え方との関係が問題ですね。

森 その点は、憲法学の中で議論が動いている状況なのでしょうか。憲法学においても従来から、憲法、条約、法律の順で位置づけられると理解されているということを国際法学では前提にしていますが、高橋先生の議論は齊藤先生のお考えとも異なるようですね。

山本 高橋先生は別の観点から条約と法律の優劣関係について批判的な検討をされておりますが、伝統的なピラミッド構造を懐疑的に見るという点では共通している部分があるように思います。ただ、教科書レベルだと、従来どおりの説明がなされており、大きな動きはないといってよいのかもしれません。

宍戸 条約は法律の上にあると位置づけて裁判所自身が審査をしていますし、その前提で国会や内閣法制局も動いていますから、そこを覆すのはなかなか難しいのではないかと思います。

森 にもかかわらず、一度その枠を取り外して考えたほうがよいということでしょうか。

宍戸 承認が持っている拘束力や内容、あるいは法規範の正統性の観点からの位置づけを考えたときには、憲法、条約、法律という序列とはまた違う位置づけができるのではないかという試みですね。

山本 宍戸さんがイントロダクションで取り上げたタックスヘイブン対策税制についての議論（最判平成 21 年 10 月 29 日民集 63 巻 8 号 1881 頁）なども、これをどう考えるのかに繋がりますか。

宍戸 本研究会で藤谷武史さんを呼んだ回でも登場した、タックスヘイブ

ン税制に関して条約適合性の議論がなされた例ですが、私は不勉強なので、少なくとも最高裁判例レベルで、当該法律が条約に違反しているかについて真面目に議論された例を、はじめて見ました。最高裁が判断に際して、ウィーン条約法条約などに依拠していることが私にとっては斬新でしたが、この辺りは国際法からも検討されていますか。

　森　その点は十分ではないと思います。また、同様に最高裁判所はそういった議論をしないのだという印象があるので、むしろそれはなぜなのかを教えていただきたいところです。

　宍戸　実は法律と命令の関係でも、法律の委任の趣旨ないし範囲を超える命令は違法だとされた裁判例はいくつかあるのですが、一般的に裁判所によるコントロールが弱い領域だと捉えられています。その一つの要因は、ドイツであれば規範間の抵触関係を客観法的に見るという視点があるけれども、日本の場合はそれをすべて主観法の平面に落として考えるので、法形式の間に矛盾・抵触があるかを見る観点がやや弱いのではないか。

　もう一つは、憲法裁判所型のシステムではなくて、最高裁ですから、法律が条約に違反するかを審査する構えになっていない。日本の裁判実務上、下級審レベルではいくつかあるにしても、最高裁レベルで議論されず、したがって国家実行の全体の中で強いインパクトを持たない要因ではないかといった印象を持っていました。

　森　関連して教えていただきたいのですが、憲法、条約、法律という効力順位論を前提とした場合に、実際の最高裁での実務について、園部逸夫元最高裁判事が次のようなことをおっしゃっておられます。まず法律を見る、次に法律を憲法に従って解釈する、それで駄目なら憲法を直接適用し、それでもなお駄目なら条約を見るのだという指摘です。このように、何らかの形で主観的な権利が認められるかを判断できればよいのだとすれば、効力順位論に特別な意味はないことになります。こうした判断の傾向は違和感なく受け入れられるものですか。

　宍戸　憲法学者にとっては違和感があるかもしれませんが、日本の法実務の中では違和感がない。つまり、法律をつくるときに憲法違反にならないようつくり込むのが建前なので、行政の発動、裁判所の判決が、法律に従って

いる限りは、それは憲法違反にならない。どうも疑義があるという場合には、独自の憲法判断をするのではなく、むしろその法律を憲法と適合的に解釈して、法律に基本的に吸収してしまう、というやり方ですね。

森 それはわかります。私が気になるのは、憲法の後に条約が出てくるという検討の順番です。

宍戸 その法規範が具体的な事案において何を意味しているかということについて、条約は一般的に憲法よりも不明確であってピンとこない、というのが裁判官の感覚でしょうし、国際人権に批判的な憲法学者にもそう見えているのだろうと思います。

山本 条約のスタンダード的な性格の話と関係していますね。

曽我部 条約は、日本の国内裁判所に解釈権がありそうでいて実際にはないというか、解釈材料も乏しいという実態がある。租税条約は、国内法でも適合性を当然意識してつくられているわけですし、条約自体の制定過程も明らかですから、特殊性があるのではないでしょうか。その対極の典型が人権条約だと思います。

山本 タックスヘイブン対策税制の事件を素材に考えると、対策税制である特別措置法ができたのは昭和53年で、日星租税条約が締結されたのは平成6年です。実際には条約のほうが後。そうすると、問題は、ある領域に法律がもともと存在する中で国会が条約を承認するとき、国会が両者の整合性についてしっかり議論していたのかという点と、承認後に国際情勢が変化して、条約の趣旨と既存法律との乖離が大きくなったときに、国会はその変化にキャッチアップすべく、法律改正の必要性などをしっかり議論したのかという点にあるように思います。

曽我部 税制のことなので、当然かなり綿密に審査しているでしょう。人種差別撤廃条約でも多少議論があったと思いますが、それとは違うと思います。

宍戸 条約を締結する際であれば、現行の国内法を改訂して条約に合わせる必要がないかを綿密にチェックするはずですが、森さんが指摘された論点については、日本の法形成システムはきちんと対応できていないと思います。国内でも、法律をつくった後、その法律を支える立法事実が変化した場合で

あっても、それに対応する法改正が必要かどうか自覚的にチェックするシステムがないので、裁判所によって立法事実の変化を名目として違憲にされるしかないのと、問題の構造が似ている気がします。

山本 いまの点は、条約の「成長」とも関連して重要な問題だと思います。私自身は、先ほどの規範間の抵触関係の議論ですと、ある静態的な「点」で判断しますから、このようなダイナミズムをうまく論点化できないように感じています。他方、立法者の責任モデルでは、国会は常に条約の動向をチェックし、立法過程の中でこれを考慮していかなければいけない。これを怠る場合、いわゆる考慮不尽として、つまり判断過程に瑕疵ありとして、裁判所は、ある法律を審査する際に、立法裁量の逸脱濫用を宣言できるということがあってよいかもしれません。

曽我部 いまの点について森さんのご感想はいかがですか。

森 規範間の抵触関係として捉えるのか、立法者の責任として捉えるのか、この関係で条約の成長を位置づけることを考えると、いろいろな意味で難しさを感じます。まずは情報の問題もありますし、そもそも条約の成長も多様です。例えば条約体制の中で決議が採択されるとか、バーゼル法（特定有害廃棄物等の輸出入等の規制に関する法律）による受け止めなどとの関連もあります。さらには民主主義との関係でよく議論されますが、拘束力を持たない形で規範の解釈がなされる場合、日本なり各国がどう受け止めるべきかという問題もあります。

条約の成長自体、一様ではないわけで、国際法学の側から見ると、そういった問題を国内法秩序にどう浸透させるかを課題としますが、国内法秩序の側からはどう映るのか。異なるものが上から降ってくるようなイメージでしょうか。これへの対応が可能なのかという素朴な疑問と、もう一つは、この種の問題に憲法学より行政法学のほうが鋭敏であるとのご指摘がありましたが、これはどういった理由によるのか。教えていただければと思います。

宍戸 憲法の場合、議院内閣制という形で権力が一括して行政権として行使され、コントロールされる向きがあります。逆にいえば、いままでの憲法学はいわゆるガバナンス、実効的な統治の問題よりも権力の集中による専制を避けるところに関心が強く置かれていたわけです。この点、とりわけ最近

の行政法においては行政の実効性を重視する見解も登場していますし、とりわけ先端的な領域であればあるほど、国際的な協力体制が不可避であるので、ガバナンスに力点を置かざるを得ません。現在のところ、憲法学と行政法学の志向性の違いがそこに現れているような気がします。

森 今後、それは変わり得るのでしょうか。

宍戸 人権を権力から擁護するのだという憲法学の最低ラインを放棄しないことを前提に、同時に実効的なガバナンスを組み入れるという方向に転換するのかどうかによって違ってくるでしょう。

森 そこが山田先生や村西先生の問題意識ではないかと思うのですが、国の外から新たに規範らしきものが降ってくることをどう受け止めるかは、ある意味では人権を守ることとも直結するのではないかと思います。その話と、ガバナンスにどれだけ関心を割くかという方向性の違いといったこととが、いまひとつ腑に落ちないのですが……。

宍戸 どの分野を念頭に置いているかですね。例えば国際的なテロ対策などを念頭に置くと、対立が見えてきます。これを日本国民の安全を守るために行うのだと考えるのであれば、まさに人権の実現でもあるわけです。

森 それは国際公益をどう捉えるかの問題に繋がるわけですか。しかし、それについては常に両面あるといわざるを得ません。

宍戸 芦部先生や高橋先生のように伝統的な憲法学は、古典的な自由権ないし防御権を人権の第一義的なものとして捉える。国際的に決まった事柄を国内で受け止めるときには、それが自由権を侵害するものにならないか警戒するので、国会が拒否できるかどうかに力点が置かれるように思われます。

山本 その説明はその通りでしょう。ただ、その警戒感は、浸透プロセスにおけるガバナンスの複雑さをあまり考慮していないのかもしれません。それ自体人権フレンドリーな条約でなくても、ストンと国内法秩序に落ちてくるわけではない。例えば国会は、実現法律を制定する段階で、関連する憲法価値を適切に考慮しなければならない。ガバナンスを走らせることと、人権配慮的な適切な「浸透」とは必ずしも矛盾しません。問題は適用プロセスにおける機関間の権限配分や、裁判所の統制手法を具体的にどう考えていくかだと思います。この点で、立法者など政治部門が適切に走っているかを裁判

所が過程着目的に審査していくことが、グローバリゼーションとよりマッチしているように感じます。

曽我部 立法事実の変化に関心が動いているということですかね。

森 動態性を強調する点では、国際法学ともそれほど違わないのかと思っています。

Ⅲ　国際人権と国内人権

1　憲法学での議論状況

曽我部 基調報告で、森さんから、人権条約等を最高裁が近時の判決で援用していることについて、その意味合いをどう捉えるかの問題提起がありました。ここで国際人権と国内人権の関係についてご議論いただきたいと思います。

森 国際法平面および国際法学における国際人権のプレゼンスの爆発的な拡大に対し、憲法学から見た国際人権の位置づけは、20年余り前の横田耕一先生のご指摘からさほどの変化がないのではないかという印象を持っています。

先に触れた国際法と憲法秩序との一般的な関係の問題とも関連しますが、憲法学においても、高橋和之先生が指摘されたように、国際人権も国内法化するのであり、国内法化した国際人権を憲法秩序においてどのように位置づけるのかという問題があろうかと思います。その問題は、例えば国内適用可能性の問題として立ち現れ、また憲法学においてどのように位置づけるのかという問題は、憲法学が対象とする人権とは何かという根本的な問いに通じているように思われます。すなわち高橋先生がおっしゃるところの憲法上の人権に限られるのか、それとも国内法化された国際人権を含み得るのか。これらの点についても憲法学のお考えを伺えれば幸いです。

曽我部 国際人権に関しては、国際法学上プレゼンスが増している一方で、憲法学における位置づけは変化があまりないのではないかというご指摘をいただきました。宍戸さん、この点いかがでしょうか。

宍戸 20年前の横田耕一先生のご指摘から憲法学の教科書があまり変わっていないというのは、確かにその通りです。しかしこの間、ドイツ憲法の研究者をはじめ、イギリス憲法、フランス憲法の研究者も含め、人権論を主導している有力な憲法学者の一部が国際人権法学会に参加することを通じて、ある種の融合現象が生じています。それを通じて、国際人権法学の国内憲法学への影響力がじわじわ増してきているのではないか。

ただここでも、これまでの日本憲法学の人権論が付随的違憲審査制を前提に、アメリカ連邦最高裁判所の判例を念頭に組み立てられてきているので、非アメリカ的な国際人権がうまく作用しづらい面があり、それが特に国際人権法の専門家から歯がゆく見られているのが実情かと思われます。

森 私が参照した憲法の体系書が、やや年配の先生方によるものであったのかもしれません。憲法学の先生方が、国際人権法との交流ないし融合をもって憲法理論に反映していただければ、我々にとっても非常にエキサイティングな議論が得られるものと期待しています。

山本 たしかに、ある種の交流や融合は生まれてきていると思います。これは、最近の国籍法違憲判決（最大判平成20年6月4日民集62巻6号1367頁）や、嫡出でない子の相続分違憲決定（最大決平成25年9月4日民集67巻6号1320頁）が、条約や諸外国の立法状況を考慮に入れたことからみても、必然的な現象のように思えます。しかし、国際人権法の位置づけや正統性、裁判所での用いられ方については、なお議論が詰められていないといった印象も受けます。例えば、こうした国際的動向を、人権の普遍性と関連づけた法源として扱うのか、規制手段の合理性判断にとって有用な事実的・経験的情報として扱うのか。特に、日本が批准していない客観的国際法になると、この問題が先鋭化してきます。

2 「法源論」の取り扱い

宍戸 山元一先生が「トランスナショナル人権法源論」という議論を、最近公表されました。そこで目指されている方向はよくわかるのですが、それを「法源論」と表現されるのは違和感がある。おっしゃる内容は、拓かれた人権保障システムの追求であり、あるいは江島晶子先生のいう多元的な人権

保障システムの追求ですが、それは法源の問題とは少し違うのではないか。

　直接適用でも間接適用でも、いずれの方法であっても、国際人権法や外国の人権裁判例などを日本の法秩序の中で動態的に受け止めることは、国内人権の保障の充実にとって有利ですから、伝統的な憲法学のスタンスにもマッチする方向性であるわけです。他方で、結局のところ、裁判官が外から引っ張ってきた材料をもとに、多数者のつくった法律を削除するというわけですから、裁判所での引用には一定の方法が求められる。憲法学には、司法審査の民主的正統性を議論してきた蓄積があるから、そう簡単に引用すればよいとはいえないはずです。その方法が本来重要であるところで、「トランスナショナル人権法源論」として"法源"という形で提唱し、方法の問題は最初からなかったこととして扱うのは問題ではないか。ここで問われているのは、権力分立のプロセスを国内でどのように組み立てていくかという問題だと感じています。

　曽我部　その関連で私も同じような疑問があります。そうした場面で、国際規範のある種の考慮義務があるのか。それがあるとすると、いまおっしゃった問題が先鋭化して問われると思います。現状、国際人権規範は刑事手続上の人権の問題、あるいは難民、女性やこどもの人権として、プロテストの側が依拠する論理として使われていますが、仮に考慮義務があるとなれば大激震が起きるわけです。これをどう考えるべきか。

　他方、考慮義務がないことになれば、援用したいときだけ援用されることとなり、結論がまず先にあった上でその補強、箔づけとして使われる。国籍法判決や相続分差別の判決はそういった色彩が強い気がしますが、先ほど山本さんが指摘された、情報として考慮した事実レベルではないかというのは、たぶんそういうことだと思います。そうなると、山元先生がこれらの判決に期待されている事柄は、やや期待外れとなるのではないか。外国法をアドホックに参照するのと同じ程度の話になってしまい、この方向を突き詰めてもあまり先がない感じがします。そこで考えられるのは、考慮義務がある場合とない場合を切り分けるという議論ですが、この方向性を見いだせないだろうか。

　もう一つ気になったのは、いわゆる法律家共同体の了解をどう評価するか

という点です。これは宍戸さんへの質問にもなってしまうかもしれません。そもそも共同体があるといえるのかが疑問であり、仮に国際的な共同体があったとして、日本の法律家共同体はそこに参画しているといえるのか。仮に日本の共同体は国際的な共同体から分離しているとすると、日本の共同体は一応専門性はありつつも民主的統制の下にあり、国際的な法律家共同体は外部的な専門人として対立することになる。そうした中で国際的な了解を日本に導入するならば、そこには押し付けられるという側面があり、民主制の観点から問題になるのかと思います。

　逆に、国際的な法律家共同体と日本の法律家共同体にインタラクションがあり、日本の共同体が咀嚼できたものだけを取り入れるのであれば、やはり箔づけの話になってしまう。この点、例えばフランスでは、裁判官と裁判所の対話が共通のプラットフォームに乗り、かつ一定のインタラクションが成立している趣があります。「トランスナショナル人権法源論」と表現するかはともかく、トランスナショナルなある種のグローバルスタンダードを持ち込む場合には、そのような基盤を要するのではないかと感じています。

　山本　私も、山元先生の法源という言葉の使い方が気になります。私は、前篇でお話したように、条約締結のような形で日本が主体的にコミットしている主観的国際法と、国際社会に客観的に存在している客観的国際法とは性質がまったく異なると考えています。そこは高橋説と同じです。その辺りを区別しないと、普遍的正義をひたすらに希求するドリーマーになってしまう。

　この区別を前提にすると、前者の裁判的使用は、国内法への適用の問題になりますが、後者の場合は、主権概念や民主主義との緊張関係を孕んできます。後者を法源と呼ぶのはやはり厳しい。これは、有用な事実的・経験的情報として、一次的には立法府が参照すべきで、その参照のあり方を、裁判所が立法裁量統制の手法として斟酌するという筋があると思います。それにより民主的正統性の問題はひとまず回避される。前者、例えば批准した条約については、一応、国内法的な効力が認められるので、法源といえないこともない。もちろん、その具体化の主体として、立法府がよいのか、裁判所がよいのかといった権限配分の問題がありますが。

　曽我部　その前に、人権条約の場合、条約機関をどう受け止めるかという

話があり、法源論あるいは強い考慮義務を求めるときには、その条約機関の正統性が問題になると思います。どうも日本ではその辺りの意識が低く、条約全般が得体の知れないものと思われている感じがする。

宍戸 国際司法裁判所規程38条が学者の学説を補助的法源として扱っているので、法源という言葉が国際法では緩く扱われていて、それを前提に山元先生が使っておられるのかもしれません。国際法学からは、山元説にさほど違和感が生じないものか、森さんに伺いたいと思います。

また、国際人権が日本に下りてくるのが当たり前であるとされるところ、憲法学者が国内法と国際法の違いを主張して、国際人権の浸透を阻もうとしているのはけしからんという雰囲気が、国際人権の先生方にはあるように感じますが、人権を国際水準で扱うべきだと主張するだけでは、裁判官を説得できないのではないか。もともと日本国は、人権というものは普遍的なのだというクレームにコミットしており、さらに世界人権宣言、国際人権規約などを批准して、仮にも法の支配と人権を掲げている国家である。現政権もそうであるわけです。そうだとすると、国際人権を受け入れる最低限の基盤は、もともと日本国内法の中にある。問題は、そこでどれほど強い国際人権の出力を法律家が日本国内で展開するかの問題かとも感じます。

さらに、西洋の基本的な価値観である個人の尊厳を、日本国内において憲法という窓口を通じて実現するのだという日本の憲法学者の自己了解が、民主主義の担い手だという憲法学者のもう一つの立ち位置とどこかで矛盾する面があることも、ここに現れている気がします。

森 さまざまな問題をご指摘いただきました。自分の中で整理ができていない段階ですが、手探りで考えをお話しさせていただきたいと思います。

まず、山元一先生のご議論を受け止めるにあたっても、憲法学が国際人権をどのように位置づけようとしているのか、つまり、そもそも人権条約についても国内法的効力があるとした上で、それを憲法秩序に位置づけようとしているのか、といった点が憲法の教科書を読んでいてもよくわからないというのが正直なところです。「国際人権」という項目を立てて、近年の展開に触れる教科書も見られますが、それが解釈論に生かされているとは思えないというのが私の印象でした。

そのことを非常に際立った形で示してくださったのが高橋先生のご指摘かと思っています。憲法上の人権と国内法化された国際人権というものがあるのだというご議論ですが、国内法化された国際人権については、それ以上の検討がご論文の中ではされていないように思います。そのため憲法学が対象とする人権の射程をどう考えればよいのか。それが私の素朴な疑問です。憲法上の人権と国内法化された国際人権とを区別した上で、憲法上の人権だけを憲法学で扱うべきものと捉えているのか。そうだとすれば、国際法学のほうが国内法化された国際人権の話を担わねばならないのかと考えていたところ、山元先生の論文に接しました。そこでは何でも入るとされていますから、みなさんご指摘の通りそれはそれで大丈夫かという気にもなりますが、そういった途もあるのかと思った次第です。

　それと同時に、山元先生のご論文は、国際人権の問題だけに限らず、蟻川恒正先生のご論文との対比で議論されています。非常に厳格な法的議論に対して、最高裁判決の中で挙げられている「総合考慮」をどう位置づけるかが議論されていますが、この議論の射程は必ずしも国際人権に限りません。その中で関連してくるのが、間接適用という言葉の使い方や意味だと思っています。近年では条約適合的解釈といった言葉がより一般的ではないかと思いますが、国内法を条約に適合するように解釈すべきであると理解することは、まさに考慮する義務があるかどうかというところとかかわってきます。近年の最高裁の展開も受けて、国際法学において論じられる間接適用ないしは条約適合的解釈の対象が広がってきているように思います。

　もともと間接適用の議論がされたときには、小樽の公衆浴場入浴拒否事件が例として出され、そこでは人種差別撤廃条約が民法1条や90条を解釈する際に考慮されるべきであるといった位置づけがなされ、それは条約が国内的効力を持つことの一つの現れであるといった位置づけがされていたのに対し、近年では、対象については条約に限らず人権機関の解釈などにも及ぶとされ、また非常に曖昧な形での参照も含まれるようになっています。宍戸さんがイントロダクションで示されていたように、参照されているにすぎないのではないかとのご指摘は、最高裁についても当てはまり、国際法学における議論としてもそう判断せざるを得ないのではないかと思われます。そこを

まず区別する必要があるのではないかと思います。

　つまり、国家としてコミットした条約を、その国内での効力として、国内法規範と適合的に解釈すべきであるという議論と、そうした拘束力を持たない、例えば自由権規約の個人通報制度の下で自由権規約委員会で出された解釈であれば、それ自体拘束力はなく、また日本は個人通報制度自体にコミットしていないわけですから、これを参照するということとの間には大きな違いがあるのではないか。

　法律家共同体との対話については、ご指摘の通り、ヨーロッパにおけるような制度上の基盤がある場合と日本の場合とで異なるわけですが、具体的な条文の解釈等を参考にするという程度のことであれば、ある種の対話なり参照の仕方として十分に考えられるかと思っています。

Ⅳ　自衛権

1　国際法学からの問題提起

　曽我部　最後の論点として自衛権について議論したいと思います。森さんからまず問題提起をお願いします。

　森　自衛権についてですが、今般焦点となっている集団的自衛権の議論を中心に、憲法学にご意見を伺いたいと思っています。国際法の立場から集団的自衛権についての憲法学の議論を拝見すると、若干肩すかしを食らうような印象があります。憲法9条についての議論の精緻さには、私などは読んでいて目眩がするほどですが、他方で集団的自衛権についてはさほど詳細な議論がなされていないように思います。集団的自衛権とは何かについて政府見解を引用した上で、同じく政府見解がこれを認めていないことを指摘するのが基本パターンかと思います。

　これは、従来の議論の焦点が個別的自衛権にあり、自衛隊の合憲性を中心に議論されてきたこと、さらには政府も集団的自衛権の行使は憲法上許されないとしていたことからして、議論の必要性が希薄であったと見れば理解可能ですが、そこ止まりだったのはなぜかといった疑問も残ります。政府解釈

を変えることがおかしい、立憲主義に反すると主張するとき、もともと政府解釈を受け入れていたことの意味が問われるようにも思われます。この点は、山元一先生のご論文（「九条論を開く」）の中でも指摘されていましたが、そういった点に対する疑問を感じたということです。

また、集団的自衛権と集団安全保障体制との関係について、それと矛盾・対立するという一面を取り上げることが多いと思いますが、その位置づけをどう見るか、皆さんに教えていただければと思います。集団的自衛権が憲法上許されるか否かについて、集団安全保障体制を補完するというもう一つの側面との関係を絡めながら論じる方向にならないのはなぜか、という疑問です。

2　憲法学からの受け止め

曽我部　ありがとうございました。憲法学における9条論は強烈な磁場のもとで議論されることは周知の事実ですが、国際法学からのご指摘に対して、宍戸さんにコメントをお願いします。

宍戸　大変難しいご質問、あるいはご批判を憲法学にいただいたものと感じています。そもそも憲法学が、「個別的自衛権」という概念を国際法学の水準から見てきちんと受け止めているのかという、実はより根深い問題があるのかもしれません。

憲法9条が戦力不保持を定めているにもかかわらず、警察力を上回る実力を持つことが自衛のための必要最小限の範囲で許されるとして、自衛隊の合憲性を弁証することが、憲法学にとっての自衛権の機能です。これに対して、国際法における自衛権は、武力行使の違法化を受けた正当化事由とされています。両者にそもそも位置づけからしてズレがあり、これは憲法学が悪いというよりは、日本国内における自衛権の機能、政府見解における機能にもともと問題があるのではないかという気がしています。

その結果、そもそも自衛権が認められないとか、自衛権があるにしても自衛力を認めるのはおかしいのではないか、あるいは自衛力の概念が国内法上あり得るとしても、現行の自衛隊が自衛のための必要最小限度にとどまっていないのではないか、自衛隊の活動範囲はどうかといった議論が積み重ねら

れるという状況に憲法学は縛られ、自らの議論も集中させた結果、あくまで個別的自衛権の延長線上で集団的自衛権を捉えざるを得なくなっていった。井上達夫先生が別の角度から厳しく批判されているところですが、結果的に憲法学は、集団的自衛権の行使は認められないという従来の政府見解を、いわば側面射撃する形になっていたのだろうと思います。

集団的自衛権は、国連の集団的安全保障体制から見ると「鬼子」であり、軍事同盟を隠蔽する機能を持っているのだという祖川武夫先生の集団的自衛権理解は、樋口陽一先生をはじめ、憲法学の前提として自明視されてきたように思います。祖川学説に代表されるこうした国際法の集団的自衛権理解に、国際法学の中で見直しをされている森さんに今回お出でいただいたことは、憲法学が集団的自衛権の二面性をどう受け止めるべきかについて、議論を深める契機になると思っています。

3　7.1閣議決定と憲法学の議論について

宍戸　以下では、具体的な論点に話を進めたいと思います。

例えば、最近の代表的な論者である青井未帆先生が、今回の7.1閣議決定は、限定された範囲の集団的自衛権を認めるものであっても、一度認めたならば、ゼロがイチに変わるものであり、最終的に広がっていってしまうのではないかと危惧されています（「私たちに何が求められているのか」奥平康弘ほか編『集団的自衛権の何が問題か』）。こうした憲法学の議論をどうご覧になるか。

また、石川健治先生は、イントロダクションで引用した論文で、現行憲法が軍事の権限を配分していない、と論じています。世論に対して、軍事という存在の正統性を剥奪する方法で訴えかけていくのが、憲法学の戦い方たらざるを得なかったし、やめることはできないという見方だと思われます。この議論は集団的自衛権を論じてのことですが、本来は個別的自衛権にも射程は及んでいくはずです。こうした議論を森さんはどうご覧になりますか。

関連してその外側の話ですが、森さんはこの間、メディアの取材などにも応じられて、集団的自衛権を認めるとしても、最終的にそれを政治がどうコントロールしていくかが本当の問題のはずだということをおっしゃってこられました。7.1閣議決定の新3要件、そしてそれをそのまま武力攻撃事態法

で存立危機事態として定義で書き起こすと報道されていますが、こういった日本の集団的自衛権を扱う政治の扱い方をどうご覧になるかについても、教えていただければと思います。

森 いろいろな意味でお答えしづらいご質問をいただきました（笑）。

まず、憲法上の自衛権機能について触れられました。これをどう見るかというご質問ですね。個別的自衛権にフォーカスしたときの憲法学の議論を見ていると、一般的な自衛権の定義の中で、①我が国に対する急迫不正の侵害があることに対し、②これを排除するために他の適当な手段がないこと、③必要最小限の実力行使にとどまることをいわば自衛権の定義として挙げる論者が多いように思います。

これはもともと昭和29年の政府見解を踏まえたものと承知していますが、政府はその後、武力攻撃が発生したときを第一の要件に加えています。そのことを反映なさっている論者もおられますが、反映されず議論される方も結構多い。急迫不正の侵害があるという要件は、かつての、主として19世紀まで認められていたような国家の権利侵害に対し自衛権を行使できるという立場を彷彿とさせるものです。もちろん、それについて国際法学に責任がないわけではなく、戦後一定の時期まで、こうした定義を代表的な国際法学者も提唱していたのは確かです。それが政府見解に、あるいは憲法学に反映されたのではないかとも思われますが、そのことと先ほどおっしゃられた憲法上の機能という話が何かしら連関するのかはわかりません。もしあれば教えていただければと思います。

それから、とりわけ集団的自衛権について、祖川先生の見解が反映されているのではないかという点については、なるほどそういうことかもしれないと思いました。しかし祖川先生のお考えは、集団的安全保障体制との矛盾といった一面性を非常に強調するものであったという印象を持っています。これに対して集団的自衛権の二面性を前提とするのであれば、重要なのは最後に宍戸さんが指摘された政治的コントロールの問題だと思います。これは外交作用といえるかどうか自体が一つの論点として挙げられるかと思いますが、前篇でお話ししたような外交の民主的コントロールという問題に帰着するのではないかと考えています。

それとの関連で、祖川先生が整理される集団的自衛権の論理的構造パターンと7.1閣議決定との関係について一言触れておいたほうがよいかと思います。祖川先生は集団的自衛権の捉え方を、①共同自衛、②他国の権利の防衛、③他国にかかわるvital interestの防衛とに整理されます。ここで重要なのは、①共同自衛の場合の扱いです。XがYを攻撃し、Zをも攻撃した場面で、YとZがそれぞれ個別的自衛権を行使する。この共同行使が集団的自衛権と考えられるのか。なぜこれを集団的自衛権と呼べるのか、個別的自衛権の集団的行使に過ぎないのではないかということになってしまうのですが、これを唱えたのがバウエットという論者であったことを踏まえる必要があります。

バウエットは、個別的自衛権の行使について、国連憲章でいうような武力攻撃が発生した場合に限られるとは考えず、むしろ一定の権利侵害に対し行使し得ると主張しました。現在の一般的な考え方からすれば基準が緩いわけです。ここでは、YもZもその緩やかな捉え方のもとで個別的自衛権を行使していることになります。そうすると、現代の目で見た場合、武力攻撃がYにしか発生していなくても、Zが自らの権利が侵害されたということで行使するのも個別的自衛権であるとして、併せて集団的自衛権を共同自衛として捉えることになる。その点は祖川先生もご承知で、①共同自衛が③他国にかかわるvital interestの防衛に近づいていくといった指摘をされています。

その上で、7.1閣議決定を③と理解できるかという点ですが、その点も微妙だと思います。閣議決定のうち、我が国の存立が脅かされ、国民の生命・自由・幸福追求の権利が根底から覆される明白な危険がある場合を、いわば権利侵害の明白な危険と捉えれば、実は①に近いことになる。それに対し、例えば日米同盟が重要だからというように、明白な危険がどんどん抽象化され、日米同盟が危険になるのであれば集団的自衛権を行使できるのだという立場なら、③に近づいていくという関係にあると考えています。いずれにしろ、②他国の権利の防衛という立場は明確に取らなかったということでしょう[1]。

青井先生のお立場についてどう考えるかという難しいご質問をいただきま

---

[1] 国際法上の性格規定との関係は、後掲注2およびそれに対するテクストを参照。

した。限定的にでも認められれば拡大されるか。もちろんその心配はあるとは思いますが、これも政治的コントロールの問題に帰着するのではないかと思います。

関連して思うのは、7.1閣議決定における「我が国の存立が脅かされる明白な危険」という概念は非常に限定されたものだと考えられるのですが、その結果として、政府が例を挙げようとしても、そうした例がそれに本当に該当するのか揶揄されるような状況に陥っているように思われます。要件を狭め過ぎると、かえって健全な形でコントロールできないのではないかという危惧もあり、青井先生とは視点が異なるものの、ある面では共有しているかもしれません。

石川先生のご議論についても、憲法学がどういった役割を果たそうとされているのかについては関心があります。ここで宍戸さんが指摘されたような、世論に対し訴えかけていくアプローチは、恐らく従来の憲法学が選択してきた戦略だろうと思うわけですが、それが今日ないしは今後有効なのかどうか、またお三方のようなお若い先生方が今後どういった戦略をお考えかについて、むしろお伺いできればと思います。

最後に、政治の扱い方をどう見るかですが、それについては繰り返しになってしまうかもしれません。7.1閣議決定は、文言上厳しい形で集団的自衛権を認めたわけですが、その背景にはさまざまな政治的考慮もあったと仄聞するところ、先ほども触れたような、軍事力の行使を健全にコントロールすることができるものとなっているのかについて疑問は残る、というのが差し当たってのお答えです。

曽我部 政府解釈の変更に対する憲法学の対応という点ですが、従来は一応、学説なりの9条解釈があったけれども、それは必ずしも現実に合致していない中で政府解釈が出てきて、そこからある種の防衛戦を展開していきました。その中で政府解釈のプレゼンスが大きくなってしまい、今回も「政府解釈に過ぎない」とすべきかもしれないものについて、過剰なウェイトを置いて対応しているという状況かもしれません。石川先生の議論もそうだと思いますが、9条を更地から解釈するという実体的なコントロールを半ばあきらめていた面があり、正統性剥奪といった9条の政治的機能にシフトして議

論する傾向がある感じもします。

　山本　たしかに、伝統的に、9条が何を意味するのかという角度から、実体的な枠づけを試みる見解があったわけですが、それは一定の困難性を抱えていたような気がいたします。長谷部先生が9条はルールではなく原理だとおっしゃっていますが、芦田修正が9条2項に多義性を帯びた文言を入れたことで、9条は抽象化・原理化し、その具体的な解釈は後世の「われら日本国民」に投げられたのではないかという考えを私自身は持っています。

　これを最高裁が是認したのが、砂川判決（最大判昭和34年12月16日刑集13巻13号3225頁）の統治行為論ではないか。ここで最高裁は、「わが国の存立の基礎に極めて重大な関係をもつ高度の政治性を有する」問題は、内閣、国会、そして「終局的には、主権を有する国民の政治的批判に委ねられる」と述べています。この最後の部分は非常に重要ではないかと。この点を重視すると、国民の強力なマンデイトがないと、9条の正統な解釈を主張できないのではないかと考えています。

　森さんが期待される新しい方向性かどうかはわかりませんが、このような手続的な観点を前提にしても、やはり現状の安保法案には問題があるといえます。昨年の7月1日に例の閣議決定があり、その後、12月14日に総選挙があって、たしかに自民党が勝利を収めました。安倍首相は、選挙に勝ったということで7.1閣議決定に対するマンデイトを国民から得られたかのように発言していると報道されていますが、高見勝利先生も指摘しておられるように、自民党のマニフェストでは集団的自衛権についての言及がなかった。12月の総選挙では、集団的自衛権の問題はあえて非争点化されたわけです。その選挙に勝ったからといって、国民のマンデイトを得られたと主張することはできないでしょう。そうすると、現政権の9条解釈には、やはり憲法的な正統性がない。

　もう1点、安保法制の立法過程において、いまの内閣や国会が、集団的自衛権に関する国際法的なコンセンサスやベースラインをどこまで考慮しているのかどうか。この辺りは議論を詰める必要があると思いますが、国際法的コンセンサスをあまりに無視した、恣意的な議論がなされている場合には、判断過程の瑕疵として、司法的統制が及ぶ余地があるように思います。

いまお話したようなことは、手続的な拘束ですが、やはり立憲的な拘束といえるかと思います。曽我部さんがご指摘されたように、現在の憲法論は、9条に解釈上のワクがあって、集団的自衛権がそこから逸脱しているという伝統的な議論から離れて、従来の政府解釈の「重み」や、立憲主義の心構えから現在の政権の方向性を批判する傾向がありますが、これに問題がないわけではありません。例えば、「重み」論については、「重み」の憲法上の根拠を提示しないと、今回の新たな政府解釈も、今後既成事実が積み重なれば、国民の主体的な選択なしに、いつの間にか重みづけられることになる。その安定性を立憲主義と考えることもできますが、それは一つの立憲主義解釈に過ぎないと思います。
　ここからは森さんへの質問になるのですが、木村草太先生は、7.1閣議決定を個別的自衛権で説明できるとおっしゃっておられますが、国際法がご専門の森さんからみてどうなのでしょうか。ホルムズ海峡問題のようなケースを「存立危機事態」とみるかどうかがポイントになりそうですが。また、先ほど述べた点とかかわりますが、現在の安保法案の内容と国際法的なコンセンサスとの間にどこまでズレがあるのかをお聞きしたく思います。集団的自衛権の性格については、援助説や自国防衛説など、類型がいろいろあるわけですが、現在の安保法案で想定されている集団的自衛権はどのような性格のものなのかなどを教えていただければ。もう一つ、妙な質問かもしれませんが、日本がコミットしている国連憲章にも日米安保条約にも集団的自衛権のようなことが書かれているわけですが、現在の安保法案は、こうした条約を実現するものとして、つまり、条約の国内適用の問題として議論されているのか、それとは完全に切り離された形で議論されているのか。その辺があまり認識されずに議論されている印象もありますので、この点についてもお考えを伺えれば。

　森　まず国際法的なコンセンサスとの関係ですが、集団的自衛権が現在どう理解されているかということでいえば、山本さんが援助説とおっしゃった理解が共有されています。ニカラグア事件における国際司法裁判所の判決を根拠として、そのように理解されているところです。
　そうしますと、今回の閣議決定で示された理解は、これと異なってはいる

ものの、その枠を超えるものではないので、その点は問題はないだろうと思います。他方で、ニカラグア事件で認められた援助説によれば、武力攻撃を受けた国が受けたことを宣言し、また援助を要請するのが要件であるとされていますので、そのことが法制上どう位置づけられるのかは関心を持って見ています[2]。

　いまの点は実現プロセスなのかという点とも関わります。現在論じられているのは国連憲章上認められる集団的自衛権の枠の中のものなので、実現プロセスというよりは許容された範囲での選択ということになります。この点に関連して、「内閣法制局 vs 外務省」という図式が取りざたされますが、「憲法 vs 国際法」という関係には本来はならないでしょう。国際法が集団的自衛権の行使を義務づけているわけでもなく、また国際法が許容している範囲で憲法の中に枠づけるのであれば、いずれにせよ抵触関係にはないというのが、国際法から見たときの風景かと思っています。他方で日米同盟の実現プロセスという色彩は強いものです。ただし安保条約上の義務の実現ではなく、国家間の条約ではなく当局間の合意と位置づけられている日米ガイドラインを実現するものということになります。もちろんガイドラインが上位規範という意味ではありません。

　7.1 閣議決定が国際法上の個別的自衛権で説明できるのかという点ですが、これについては2点触れられようかと思います。一つは、存立危機事態という概念、我が国の存立が脅かされる明白な危険がある場合がすべて個別的自衛権で説明できるかといえば、これは説明できないだろうと思います。ここは国際法上も議論があるところですが、我が国に対して武力攻撃が発生していない場合でも、武力行使を行いうるのだという部分についていえば、一般には個別的自衛権では正当化できないだろうと思います。

　他方で、ホルムズ海峡問題になると、これを国際法上の集団的自衛権で正当化するのは可能ですが、逆に存立危機事態に当たる事例になるのかは私も疑問を持ちます。他方でなり得ないともいえず、原理上排除もできない。そこはそういった状況になったときに改めて判断するしかないのではないかと

---

[2]　拙稿「新安保法制と国際法上の集団的自衛権」国際問題648号（2016年）6-15頁を参照。

いう枠組みで考えています[3]。

4 概念の変遷をどう受け止めるか

曽我部 基本的な点の確認で恐縮ですが、国連憲章ができて何十年も経過している中で、見方の変遷があるのではないか。濫用事例も見られましたし、国連憲章の成立後、集団的安保体制が必ずしも想定どおりに作動しなかったこともあり、国際法の中でも集団的自衛権に関する考え方に変遷があるのかどうか、お伺いしたいです。

森 集団的自衛権という言葉自体は、国連憲章で初めて登場しました。確かにその後、この言葉の理解をめぐって大きな食い違いが見られました。それが集団的自衛権に関する論理的構造パターンを整理された祖川先生のご議論にも反映されているのだろうと思います。

他方で、機能という点からいえば、私の持論になってしまいますが、戦間期において集団的自衛権という概念は使われていなかったけれども、当時の国際連盟での集団安全保障体制との関係で、当時は侵略という言葉が使われ、それが起こったときにどういう対応ができるかという文脈で議論される中で、すでに二面性は生じていたといえると思います。

学説上の受け止め方は、集団的安全保障体制を補完するのだという一面を強調するものや、それと対立し矛盾するのだという一面を強調するものとがありました。そういう意味では、祖川先生が特異な存在だったということではないのですが、こうした見解の対立があった時期を経て、今日では対立するという側面は、あまり強調されなくなってきているいうことはいえると思います。

曽我部 それが国際法上の理解だとして、憲法学はその一面を強調していたところ、二面性に目を向けることによって理論上どのような影響があるの

---

[3] この点につき政府は、平和安全法制の審議において、ホルムズ海峡での機雷敷設が日本に対する海上封鎖に匹敵するような状況の場合に、存立危機事態に該当する可能性を指摘した（第189回衆・平安特委第4号（平成27年5月28日）、22頁（横畠内閣法制局長官））。他方で、その後の審議時点においてそうした状況が発生することを具体的に想定しているわけではない旨述べている（第189回参・平安特委第20号（平成27年9月14日）、30頁（安倍内閣総理大臣））。

でしょうか。

山本 手続的な側面になってしまうのですが、政治過程で補完的側面だけが過度に強調されている場合、逆に、集団的安全保障体制を瓦解させる危険性が恣意的にオミットされている場合を、憲法政治期に要求される熟議的な判断過程の瑕疵と結び付けるという方向性はありうるかもしれません。

宍戸 もう一つの変遷は、集団的安全保障体制とPKOの捉え方でしょうか。

かつて日本は、PKOに、あるいは広い意味での平和のための国際協力という方向に、舵を切ったわけです。もし集団的自衛権の二面性のうち集団的安全保障体制の補完だという側面を強調すると、実は日本国憲法9条にとってのバイタルな転換点は7.1閣議決定ではなく、PKO法の成立だったという見方もあり得るわけですよね。

山本 興味深いご指摘ですね。PKO法成立のときにバイタルな変化が起きてしまっていたとすると、現在の議論はその延長線上にあることになる。国民の主体的な憲法判断がなされないままPKOについて既成事実が積み重ねられてきたとすると、先ほどお話したようなプロセス上の問題があるようにも思えます。

曽我部 山本さんがプロセスとおっしゃっておられるのは選挙を念頭に置かれていますか。

山本 私は、高度の政治性を有する問題の判断は、イエール大学のアッカーマン教授のいう「憲法政治（constitutional politics）」期でなければならないと考えています。そこでは、「通常政治（normal politics）」期とは異なり、「われら人民（We the People）」が熟議を重ねて主体的に判断することが要求される。その判断は、たしかに実定選挙制度によって示されるわけですが、それは、争点が明確に示され、両陣営に熟議の機会が保障された選挙で、提案者側が圧倒的に勝利した結果でなければならない。アッカーマン教授によれば、複数回の選挙での勝利が要求される場合もある。この点で、シュミット的なacclamatioとは異なります。ちなみに、アメリカはニューディール期に福祉国家へと国家像を大きく変容させるわけですが、それは、こうした憲法政治の結果として説明されます。

森 明確にトピックとして提示した上で選挙をやらなければ、マンデイト

は得られないのですか。

山本 アッカーマン教授の憲法政治の捉え方ではそうなります。砂川判決の統治行為論でも、「終局的には、主権を有する国民の政治的批判に委ねられる」と述べられているわけですが、この「批判」のためには争点が明確化されている必要があるでしょう。

曽我部 山本さんの前提によれば、政府解釈は憲法変遷になるのでしょうか。

山本 9条を原理とみる限りは、「変遷」ということではないと思います。ただ、いまの政府解釈が高度の政治性を孕んでおり、憲法政治において判断されなければならない事項であるということはいえるだろうと。

曽我部 政府解釈の変更ということで、政府の説明責任の問題としても捉えられるかと思うのですが、あえて憲法変遷のアナロジーで解釈するのは、やはり一定の重みを認めるということでしょうか。

山本 以前の体制を変更しているという点では、重要な憲法的なモメントではないかと思います。

森 いまの山本さんのご議論は、7.1閣議決定にいうところの集団的自衛権をどういうものと理解するかという点と連関するのでしょうか。私は、7.1閣議決定は従来の政府解釈の延長線上にあると理解しているのですが。

山本 そこは微妙ですが、先ほどおっしゃったようにホルムズ海峡まで広がる可能性をもつものであり、砂川判決のいう「わが国の存立の基礎に極めて重要な関係をもつ」判断である以上、国民の明確なマンデイトを得ておくべき問題だとはいえるように思います。

森 もう一つ、実体的な統制は困難だということでしょうか。

山本 9条の実体的な意味内容に関する論争は、どうしてもイデオロギーが入り込み、神々の論争になってしまいます。なかなか厳しいようにも思います。

森 木村草太先生がおっしゃっておられる、軍事権と行政権のコントラストの議論はどのように位置づけられるのでしょうか。

曽我部 個別的自衛権は外交権、つまり行政権の範囲内で、集団的自衛権はその範囲を超えるという見方ですよね。

宍戸　そのアプローチは、やればやるほど原点に回帰することになり、個別的自衛権も認められないという話になるかもしれない。
　山本　そうですね。統治機構論からの切り口は魅力ですが、最終的にはそこに行き着くかもしれない。
　宍戸　山本さんご指摘の通り、最終的に概念をきちんと明示的に説明すべきであるという結論には賛成です。たしかに内閣は国会に説明責任がある。
　そのこと自体は私も賛成ですが、それをカテゴリカルに、行政、軍事、外交の概念を定義して、これはそのどれにも入らないから当たらないのだという議論は、現在の局面では貫徹し難いのではないか。この議論は、主権を個別の国家作用にもう一度還元し直し、その個別の国家作用について考える方法ですが、そこから自衛隊を軍事と見るか行政と見るかといった議論は厳しいのではないか。
　山本　警察予備隊とは違いますよね。

V　座談会のまとめ

　曽我部　話は尽きませんが、まとめに入りたいと思います。森さんから最後に一言いただけますか。
　森　まず感謝を申し上げたいと思います。いろいろと誤解に基づくコメントもあったかと思いますが、ご意見を伺い大変勉強になりました。自分なりに勉強させていただき痛感したのは、私自身が憲法学の議論をよく知らないままに、例えば国際法と国内法の関係なども授業で教えてきたのだということです。
　今回は話題に上がらなかったのですが、例えば条約の留保の問題やその撤回の問題などは、逆に憲法学ではあまり触れられていないようです。同じものを逆側から議論しているにもかかわらず、お互いの関心のズレから、共通の素材を持たずに議論してきた恐れがありそうで、今後いろいろな機会で、対話なり、一緒に勉強する機会が得られればと願っております。
　人権の問題にせよ、あるいは自衛権の問題にせよ、問われているのは国際社会の変化の中でどう対応するかです。国際法学はもちろんのこと、ここで

憲法学が担うところも極めて大きいはずですから、今後さまざまな形で協同できればと思いました。

宍戸 私は森さんと近しい同僚だと思っていますが、お話を伺って、自分自身、国際法がよくわかっていないことがよくわかりました。

等位理論ないし調整理論で、実は同じ事項について、国内法と国際法でそれぞれ議論の衝突があるという話になぞらえていえば、憲法学と国際法学で対話が求められているのは森さんご指摘の通りです。憲法では統治あるいはガバナンスとコントロールのバランスという観点から、中でも私自身の関心があるのは司法権ですが、外交権の司法的な統制、あるいは日本の裁判所における国際人権の扱いについて、今後、国際法と国際人権法を両方見ながらもう一度勉強し直す必要があると思いました。

山本 大変勉強になり、また理論的にエキサイティングな問題がたくさんあることを感じた次第です。国際法を国内法秩序にいかに反映させ、実現していくのかというプロセスや主体について考えていくのは、まさに憲法学の仕事かと思います。宍戸さんご指摘のとおり、具体的な権限配分のあり方や、権限の配分された主体に対する司法的統制といった制度的な論点については、憲法学がもっと自覚的に取り組んでよいように感じました。

曽我部 森さん、本日はありがとうございました。グローバル化が進む中で、日本が関与しているけれども主導権を持てない規範が少なくありません。山本さんの言葉でいえば、主観的だけれども実質を見るとそうでもないという規範ですね。それをいかにして民主的にコントロールしていくか。集団的自衛権の話でも、軍事力をどうやってコントロールしていくのかという話があり、役割という言葉がお二方から聞かれましたが、議会はともあれあまりにも道具立てが少ないという現実がある。これは山田先生や村西先生も指摘されていますが、他のさまざまな国内問題の場面でも、議会の弱さが決定的に問題を深刻にする局面が多く、行政改革、司法改革がなされましたが、国会改革が重要だということを今回も感じました。

本日はありがとうございました。

(2015 年 4 月 26 日収録)

7-1

イントロダクション

山本龍彦

　今回の座談会のゲストは、社会保障法学を専攻する笠木映里氏である。イントロダクションでは、社会保障法学と憲法学とが協働して解決に当たるべき問題、とりわけその解決に社会保障法学の知見を積極的に活用することが必要と思われる憲法学上の課題をいくつか列挙することとしたい。

I　社会保障法制に対する司法審査

1　堀木3要素の射程

(1)　「健康で文化的な最低限度の生活」概念の抽象性・相対性 —— 要素ⓐの射程

　(i)　堀木3要素の内容

　最高裁は、児童扶養手当法の併給調整条項が憲法25条等に反しないかが争われた堀木訴訟[1]において、ⓐ25条にいう「健康で文化的な最低限度の生活」概念の抽象性・相対性、ⓑ財政事情、ⓒ専門技術的考察と政策的判断の必要性から（ⓐ～ⓒを、以下、便宜上「堀木3要素」と呼ぶ）、憲法25条の具体的実現に関する立法府の広範な裁量を認めた。また最高裁は、厚生労働大

---

1)　最大判昭和57年7月7日民集36巻7号1235頁。

臣による生活保護基準の改定（老齢加算廃止）が同じく憲法25条等に反しないかが争われた老齢加算廃止事件[2]においても、上記堀木訴訟判決の参照を求め、堀木3要素とほぼ同様の理由から[3]、基準改定に関する厚労大臣の裁量を導出した。遡れば、原告朝日茂により、厚生大臣（当時）の定める生活保護基準が「健康で文化的な最低限度の生活」を下回り違憲であると主張された朝日訴訟[4]でも、最高裁は、堀木3要素に類似した理由から、基準設定に関する厚生大臣の合目的的裁量を認めていた。

　このような傾向から、学説上も、わが国の最高裁は、社会保障法制全般につき、堀木3要素を主たる根拠に政治部門の広範な裁量を認める態度を示している、との基本認識が共有されてきたように思われる。そして、社会保障法制に精通する一部論者の見解[5]を除き、凡そすべての憲法学説は、生存権の抽象的権利としての位置づけもあって、最高裁の上記「裁量」論を詳らかに分析し、各要素の射程等について突き詰めた検討を行うまでには至っていないようにも感じられる。政治部門の裁量の根拠と広狭は、どのような社会保障立法がどのような形で問題となるかによって当然異なってくるはずであるが、権利論の精巧と確立に注力し、裁量論の理論的解明と分析を疎んじてきた憲法学は、この〈差異〉に必ずしも敏感ではなかったのである。「〔憲法学において〕生存権論は、法的性質を論じる局面においても、審査基準を論じる局面においても社会保障制度それぞれの特質に注目することはない」（傍点山本）[6]という行政法学からの批判を、憲法学は重く受け止めるべきであろう。

---

2) 最判平成24年2月28日民集66巻3号1240頁（第3小法廷）、最判平成24年4月2日民集66巻6号2367頁（第2小法廷）。
3) ここで「ほぼ」と述べた理由については、**1**(2)参照。
4) 最大判昭和42年5月24日民集21巻5号1043頁。
5) 遠藤美奈「憲法に25条がおかれたことの意味」季刊社会保障法研究41巻4号（2006年）334頁以下、尾形健『福祉国家と憲法構造』（有斐閣、2011年）、葛西まゆこ『生存権の規範的意義』（成文堂、2011年）、石塚壮太郎「社会国家・社会国家原理・社会法――国家目標規定の規範的具体化の一局面」法学政治学論究101号（2014年）197頁以下等参照。
6) 太田匡彦「『社会保障受給権の基本権保障』が意味するもの」法学教室242号（2000年）121頁。

（ⅱ）立法裁量／行政裁量

　例えば、堀木訴訟と朝日訴訟は、共に憲法 25 条事案でありながら、その性格を大いに異にしている。前者は「社会福祉」に分類される児童扶養手当法に関する事案であるのに対し、後者は「公的扶助」に分類される生活保護法に関する事案である。また、前者は国会の立法裁量に関する事案であるのに対し、後者は厳密には大臣の行政裁量に関する事案である。こうした事案の〈差異〉に着目すると、例えば前記ⓐ（抽象性・相対性）が、後者にそのまま当てはまるのか、疑問が湧く。「健康で文化的な最低限度の生活」なる概念の抽象性は、生活保護法という法律の制定によってすでに一定程度減じられているとも解されるからである。例えば、生活保護基準の設定に当たり大臣が考慮すべき事項を指示する同法 8 条 2 項の存在などから、大臣は「健康で文化的な最低限度の生活」の具体的実現について一定の手掛かりを得ることができる。もちろん、その手掛かりが大臣にとって実際上どこまでの示唆を与えるかについては議論の余地もあるが、少なくとも、立法府が社会保障制度を（始源的に）創設する際に憲法 25 条の抽象的文言のみを手掛かりにすることとは事情が異なろう。そこでの立法府は、25 条しか、頼るものがない。

（ⅲ）一次的裁量／二次的裁量——「基本決定」による立法裁量の縮減

　いま、立法裁量を問題にする場面と、（法律の存在を前提にする）行政裁量を問題にする場面とで、「生活」概念の抽象性・相対性は異なりうると述べたが、こうした違いは「立法裁量」の中にもみられる。例えば堀木訴訟では、立法府は児童扶養手当制度における併給調整を具体的にどのように行うべきか、を一つの論点としたが、この立法府の判断は、そもそも児童扶養手当制度を立ち上げるべきか、立ち上げるとして、これをどのような趣旨・目的の下で行い、基本的にどのような者を対象とすべきかといった第一次的な判断（以下、「基本決定」と呼ぶ）とは次元を異にするはずである。併給調整について具体的に判断する立法府は、いま述べた基本決定を手掛かりにすることができるわけである。このとき立法府が主に参照するのは、憲法 25 条の要請を受けて自らが構築した児童扶養手当制度の趣旨等であって、憲法 25 条の抽象的文言それ自体ではなかろう。換言すれば、併給調整を講ずる立法府は、

25条限りでの抽象的・相対的な「生活」概念ではなく、児童扶養手当制度を通じて一定程度具体化された「生活」概念を前提にすることができる。

こうした手掛かりは、しかし同時に、立法府への足枷ともなる。制度の基本決定を行う際に立法府がもつ——文字どおり広範な——裁量を一次的裁量、基本決定の後、制度の外延を刈り込む際に立法府がもつ裁量を二次的裁量と呼ぶならば[7]、二次的裁量は、一次的裁量権の行使によって予め縮減されたものと解することができるからである[8]。要するに、二次的裁量権は、一次的裁量権の行使としてなされた基本決定に適合的に、あるいはそれと首尾一貫的に行使されなければならない。これを司法審査の手法という観点からみると、裁判所は、立法裁量であっても、それが二次的裁量権の行使である場合には、立法府自身の基本決定を手掛かりに実質的な統制をなしうる、といえる。二次的裁量権の行使が、基本決定と矛盾していないか、それと首尾一貫的であるかを審査できるからである。座談会では、こうした裁量統制（「首尾一貫性審査」とも呼ばれる）が有効に機能する具体的場面を、社会保障法学と協働して探り当てたい。また、ここでいう二次的裁量が、複数の社会保障制度を貫く制度横断的な「基本決定」によっても拘束されるのかについて、社会保障法学からの示唆を得たい。

(iv) 平等原則と「基本決定」

社会保障法制は、憲法25条の観点からだけでなく、憲法14条（平等原則）の観点からその合憲性が問われることがあるが、裁判所は、こうした立法についても堀木3要素を根拠に立法府の広範な裁量を認めることが少なくない[9]。しかし、(iii)の考察を踏まえれば、立法府は、ある制度においてAとBを区別すべきかを具体的に判断するとき、自らが行った基本決定、すなわち当該制度の趣旨等を前提にするはずである。立法府は、この「区別」の合

---

7) ここでの時間的前後関係は観念的なものであり、実際上は、基本決定と制度の外延画定が同時に行われることも少なくない。

8) 立法裁量の「縮減」につき、小山剛『「憲法上の権利」の作法 新版』（尚学社、2011年）176頁、渡辺康行「立法者による制度形成とその限界」法政研究76巻3号（2009年）263頁以下等を参照。

9) 国民年金制度における別異取扱いに関して、東京地判平成25年3月26日判例集未登載、東京高判平成25年10月2日判例集未登載。

理性を、憲法 25 条の抽象的・相対的な「生活」概念から直接判断するわけではない。大阪地裁は、地方公務員災害補償法が、遺族が妻である場合には遺族補償年金の受給に年齢要件を課さないにもかかわらず、遺族が夫である場合には 60 歳以上という年齢要件を課していることの合憲性が争われた事件[10]で、「いわゆる堀木訴訟最高裁判決……が社会保障立法について示した広範な立法裁量までは認め」ず（傍点山本）[11]、結論としても当該区別を違憲としたが、これには、遺族補償年金が損害賠償的性格をもつこと、本件区別が性別に基づく区別（憲法 14 条 1 項後段）であったことに加えて、本件区別を設けようとする時点で、すでに立法府自身が一次的裁量権を行使しており、その裁量が縮減していたことが関係しているように思われる。憲法学説の中には、裁判所は、社会保障立法における区別の合理性については「生存権が生きる権利そのものであること」を理由に、「事実上の実質的な合理的関連性」の基準で審査すべきと説くものがあるが[12]、いくら生存権がこのような性格をもつものであっても、その合理性を審査するための準拠点（制度趣旨）が定まっていなければ、主張されるような厳格な審査は空転するはずである。逆にいえば、このような準拠点が観念できるからこそ、平等原則は、社会保障立法の審査において実質的な意義をもつのである。

(2) **財政事情論——要素ⓑの射程**

以上、堀木 3 要素のうちⓐ（抽象性・相対性）の射程について批判的検討を加えてきたが、同様の視線はⓑ（財政事情）に対しても向けることができる。社会保障法にも、公的扶助を目的とするもの、社会保険を目的とするものなど、実にさまざまなものがあるが、これらすべてに等しくⓑの要素が妥当するかについては慎重に議論される必要があるからである。例えば、救貧的側面の強い——生活最低限度保障にかかわる——公的扶助については、そもそもその基準設定の際に「財政事情」を正面から考慮してよいかが問題と

---

10) 大阪地判平成 25 年 11 月 25 日判時 2216 号 122 頁。
11) 前掲注 10) 123 頁（匿名解説）。さらに、長岡徹「判批」新・判例解説 Watch15 号 19 頁。
12) こうした学説を肯定的に紹介するものとして、芦部信喜（高橋和之補訂）『憲法〔第 6 版〕』（岩波書店、2015 年）133 頁。

なりうる。憲法が「健康で文化的な最低限度の生活」を明文上保障した意味の一つに、かかる「生活」保障については国の財政事情を考慮してはならないということ（財政的抗弁の禁止）があるとすれば、生活保護基準設定に関する厚労大臣の裁量の根拠として、ⓑの要素を直接援用することはできないであろう。ⓑに由来する裁量を正面から認めてよいのは、防貧的ないし自律支援的な——「＋α」保障にかかわる——制度の始源的創設および当該制度に関する基本決定の場面に限られるようにも思われる（この点で、1項2項区別論の趣旨は再評価されてよい）。このような観点に立つと、生活保護基準を問題にした朝日訴訟判決が、少なくともその規範導出部分（裁量を導く箇所）においてⓑの要素を挙げていなかったこと[13]、同じく生活保護基準の改定を問題にした老齢加算事件判決（第3小法廷）が、規範導出部分でやはりⓑの要素を排除していたこと[14]が、改めて注目される。ⓑの射程が公的扶助にまで及ぶかどうかは、かかる扶助に対する予算配分の手続を含む現実の財政過程を踏まえた慎重な検討が必要となろう。

　ここで、仮に公的扶助に関して財政的抗弁の禁止が妥当すると考えるならば、生活保護基準の設定について認められる厚労大臣の裁量は比較的狭いものとなる。裁量の根拠として、要素ⓐだけでなく（1(1)(ii)参照）、要素ⓑも援用できなくなるからである（正面から援用可能なのは、結局、要素ⓒのみということになる）。そうなると、裁判所としては、25条固有の裁量論からは解放され、たとえ具体的な保護基準そのものを統制できないとしても、生活保護法が指示する要考慮事項等を踏まえた厳密な判断過程統制は可能となるようにも思われる。この点で、老齢加算事件判決が、厚労大臣の判断の適否を審査する際に、明示的に判断過程統制を導入したことの意義は過小評価されてはならない[15]。ドイツでも、連邦憲法裁判所が、成人および14歳未満

---

13) しかし、基準の適否を判断する箇所では、基準設定の際に大臣が考慮できる要素として「国の財政状態」や「予算配分の事情」を挙げていた。

14) ただし、同判決は、老齢加算廃止の方法・手続に関する判断に際しては「国の財政事情」を考慮することを認める。また、4月の第2小法廷判決では、規範導出部分で堀木3要素がそのまま使われていた。このような「財政事情」をめぐる判断のバラツキに、憲法学はもっと関心を寄せるべきである。

15) 第2小法廷判決の調査官によれば、「裁量権の範囲をどう解するかは裁判所による法律解釈の

の子どもの生計維持のための（ハルツⅣ法に基づく）基準給付額の基本法適合性が問題となった事件16)で、判断過程や主張可能性に基づく厳密な司法的統制を行い、基準給付額に関する諸規定を違憲と判断していることが注目される17)。わが国の最高裁が老齢加算事件で導入した「判断過程統制」との異同が詳しく検討されるべきであろう。

　なお、社会保険において、財源の一部をどの程度被保険者からの保険料によって賄っているかによって、立法府等が考慮できる「財政事情」は変わってくるかもしれない。「財政事情」が、社会保障法制全般にわたって広範な裁量を基礎づけるマジックワードとならないよう、問題となる制度の性格と現実の財政過程を踏まえつつ、ⓑの射程および内容を適確に見定めていくことが求められよう。

2　社会保障と世代間公平

　以上述べてきた観点から、その「裁量」について特に慎重な検討を要するのが、年金給付の引下げである。年金制度は、財源の一部を保険料により賄っているため、拠出と給付との間に一定の対価性・けん連性があり、その受給について権利性（財産権的性格）を認める必要性が高くなると同時に、いわゆる賦課方式により、当該制度の維持のために現役世代の負担が大きくなるうえ、特例公債による不足分補塡によって将来世代にも負担を課すものであるために、世代間公平といった視点を考慮する必要性も高くなる18)。この両側面に配慮するとき、立法府による給付切下げを憲法上いかに評価するかが悩ましい問題として浮上してくるのである。かかる問題を検討するに当

　　問題であるから、憲法的価値や人権保障等の観点からの制約は当然にある……のであって、本判決もこうした観点から厚生労働大臣の裁量権に一定の枠付けを図ったものといえよう」（傍点山本）。岡田幸人〈最高裁時の判例〉ジュリスト1449号（2013年）94頁。
16)　BVerfGE 125, 175. 本件は、厳密には「立法」裁量（立法府の判断余地）を問題とした事例である。
17)　ハルツⅣ判決の詳細については、王蟲由樹「人間の尊厳と最低限度の生活の保障」福岡大学法学論叢56巻4号（2012年）477頁以下、西村枝美「ドイツにおける社会権の法的性質と審査基準」関西大学法学論集62巻4・5号（2013年）23頁以下等を参照。
18)　藤野美都子「国家の役割と時間軸――社会保障」公法研究74号（2012年）201頁以下参照。

たり、社会保障法学とともに議論を深めるべきは、「社会保障受給権」の財産権的位置づけの根拠（この根拠によっては、例えば先述した老齢加算の廃止も財産権侵害とみなされることになるが、それでよいか）と、その効果であろう。社会保障法学では、法律が一旦構成した受給権を、後に法律により侵害することは、事後法による財産権の内容変更に当たるとの考えから、財産権に関する憲法判例である国有農地売払事件判決[19]の法理を援用すべきであると解する見解が多い。憲法学としては、同判決の法理を年金給付の切下げに適用した場合の帰結はもちろん、給付切下げという点をみれば前記老齢加算廃止事件判決の判断枠組み（判断過程統制）を適用する余地があるにもかかわらず、あえてこれを「財産権 – 侵害」と捉え、同判決の法理を適用することの意義、さらには、同判決の先例的価値[20]などについて、詳細な検討を加えるべきであろう。

　もう一つ、社会保障法学と共に検討すべきは、先述した世代間公平を、年金制度の構築・運営や、その司法的統制に具体的にどう反映させるべきか、である。高齢世代の権利利益を重視することは、現役および将来世代の権利利益の侵害につながるが、これを現時点で「権利侵害」とみなして裁判上争うことは、現在の司法制度を前提にする限り困難といわざるをえない。そうすると、現役・将来世代の権利利益は、主として高齢世代に対する給付切下げを正当化する公共的な「理由」——恒常的な財政均衡ないし「財政事情」の実質的根拠——として援用すべきものなのかもしれない。もちろん、その濫用はあってはならない。「将来世代の権利利益」論の適切な主張・援用のためには、これを憲法上基礎づけ、「憲法論」として精緻化させておくことが重要であろう。この点、フランスには、憲法前文から「国民連帯」なる概念を導出し、そこから将来世代の利益への配慮を憲法上の要請と捉える見解がある[21]。またドイツでは、基本法上の財政収支均衡の原則等（109条、115

---

19) 最大判昭和53年7月12日民集32巻5号946頁。
20) 近年では、事後法による内容変更とみられる事案にも、証券取引法事件判決（最判平成14年2月13日民集56巻2号331頁）の「比較考量」が適用される傾向にある。例えば、最判平成15年4月18日民集57巻4号366頁（損失塡補事件）参照。
21) 藤野・前掲注18) 217頁。このような観点から、フランスにおいて憲法上導入された社会保障財政法律（lois de financement de la sécurité sociale）の制度が興味深い。

条参照）の背景的原理として、世代間正義や持続可能性が挙げられることがある（さらに、前文の「ドイツ国民は、神と人間とに対する責任を自覚し、……この基本法を制定した」とする文言にも、将来世代の利益への配慮が現れているとされる。他に、「来たるべき世代」に言及する環境保護条項〔20a条〕参照）[22]。日本でも、老齢年金保険など、いわゆる長期保険制度の維持、あるいは安定的運営のため、「われらとわれらの子孫のために」という憲法前文、「基本的人権は、……現在及び将来の国民に与へられる」（傍点山本）という11条後段[23]、さらには憲法上の「国民」主権概念──「過去現在未来を通じて継続する単一体としての国民」（傍点山本）[24]──などから、世代間公平を憲法上基礎づける試みが真剣になされてよいように思われる。

II　社会保障法と〈個人〉

1　現実反映モデル／規範的変容モデル

笠木は基調報告において、社会保障法のアイデンティティにかかわる重要な問題提起を行っている。社会保障法は、〈現実〉を前提に、そこにおける必要に対応するものなのか（現実反映モデル）、それとも、〈あるべき社会〉を想定し、それに向けて社会を変革していくものなのか（規範的変容モデル）、という問いである。わが国の社会保障法制は、「男性片働き世帯」を念頭に構築されたものが多く、それが性別役割分担や企業従属的な生き方を固定化するという側面があった。そこで、既存の社会保障法制を、〈個人〉をベースにした制度、あるいは〈個人の選択〉に中立的な制度に組みかえ、〈あるべき社会〉に向けて〈現実〉を変革していこうという規範的変容モデルが有

---

[22]　山口和人「ドイツの第二次連邦制改革（連邦と州の財政関係）(1)」外国の立法（2010年）243号5頁参照。

[23]　ただし、吉良貴之「世代間正義と将来世代の権利論」愛敬浩二編『人権の主体』（法律文化社、2010年）56頁は、将来世代の権利の根拠として憲法11条を参照することに消極的である。

[24]　美濃部達吉『日本国憲法原論』（有斐閣、1948年）120頁。観念的統一体としての「国民」から、主権概念の通時性を読み取る見解として、小山剛＝駒村圭吾編『論点探究　憲法〔第2版〕』（弘文堂、2013年）389-390頁参照（駒村執筆）。

力となってきているという[25]。

　このような規範的変容モデルが実現しようとする社会は、〈個人〉を尊重する憲法の理念（憲法13条参照）に適合的なものと考えられるが、社会保障法の根拠となる憲法25条の解釈に、〈個人〉主義的理念をどこまで反映させるべきかは、別途慎重な検討を要する論点である。例えば、女性が真に働きやすい労働条件等が整備されていない状況の中で、〈個人〉ベースの社会保障制度を先行させた場合、〈個人〉は過酷な環境へと放り出され、かえって生活が困窮する可能性がある。こう考えると、社会変革は、まずは労働・雇用領域におけるアファーマティブ・アクション等に委ね、社会保障はあくまで〈現実〉のニーズに応えるものと捉えておくべきとの立場もありえよう。また、規範的変容モデルが重視する「個人の自律」は、それ自体多義的な概念であって、「強い個人」を前提とする自律論、「弱い個人」にも配慮した自律論、関係性を志向する自律論など、実にさまざまな「型」がある。そうすると、その「型」の選択を伴う社会変革の方向性は、活発な民主的な討議に大きく開かれていると考えることができる。社会変革的な意義を元来もつアファーマティブ・アクションを通してではなく、社会保障法制の変革を通していわば裏側からこの「選択」を行う場合、アカウンタビリティや民主的正統性という観点から一定の問題が生ずるとの指摘もありえよう。

2　〈個人〉ベースの社会保障法と情報技術

　〈個人〉ベースの社会保障は、マイナンバー制の導入と展開によって加速度的に現実化しうる。マイナンバーによって、国家は個人の生活を詳細に把握することが可能になるため、個人は、まさに自らの選択したライフスタイルに合った社会保障を受けられるようになるからである。しかし、パーソナライズドされた社会保障は、国家による過度の監視と結び付き、その帰結として、かえって自律的な生き方が阻害されるということも考えられる（社会保障の媒介項としての「世帯」や「企業」が、国家に対するバッファーとして機

---

25)　問題の所在について、笠木映里「社会保障における『個人』・『個人の選択』の位置づけ」荒木尚志編『岩波講座現代法の動態 3 社会変化と法』（岩波書店、2014年）187頁以下、菊池馨実『社会保障の法理念』（有斐閣、2000年）等を参照。

能し、国家による個人の詳細な把握に対する防壁になっていたという側面をどう評価するか、という論点にかかわる)。このような、〈個人〉ベースの社会保障法論と高度情報技術との〈結婚〉を踏まえると、社会保障の〈社会〉的意味——そこでは〈個人〉は一定程度抽象化される——の軽視にもまた慎重であるべきである。

　最後に、「社会保障法」の外延について社会保障法学からの示唆を得たい。社会保障を国民の「生活保障」と捉える限り、その外延は、雇用の場面[26]、租税(控除)の場面[27]、公共事業創出の場面などにも及ぶ。本来、「生活保障」に関する政策は、こうした諸領域を跨いで首尾一貫的に実現されるべきであるし(例えば、いわゆる第3号被保険者制度の変更は、男女の雇用機会均等や、女性が安心して働ける労働環境の整備とセットで検討されなければならない)、また財源に関する問題も、他の領域に存する「隠れ社会保障」を正確に捕捉しない限り、適切な解決を図ることが難しいように思われる(「隠れ社会保障」として、所得控除や、ニューディール政策の一部にみられた雇用確保のための公共事業の費用等が考えられる。社会保障法制における真の「財政事情」は、これらの「支出」まで通覧してはじめて明らかになる)[28]。このようなことに想到するとき、社会保障法(学)のアイデンティティとは何かが改めて問われよう。もちろん、「生活保障」の実現過程における諸領域間の分断ないし没交渉を解消し、その協働・調整を司法的統制と関連づけるためのロジックを練り上げる責任は、憲法学にあるのであるが。

---

[26] 政治学の業績として、宮本太郎『生活保障』(岩波書店、2009年)、憲法学の業績として、武田芳樹「社会労働領域と憲法学」法律時報85巻5号(2013年)42頁参照。

[27] アメリカでは、社会保障が税法のコードによって実現されるようになってきている、との指摘もある。See e.g., Susannah Camic Tahk, *Everything is Tax*, 50 HARV. J. ON LEGIS. 67 (2013).

[28] ドイツの社会法典は、生活保障(求職者の基礎保障、社会扶助)、労働(労働促進、労災保険)、健康(疾病保険)、老齢(年金保険)、児童青少年の保護・育成(児童・青少年扶助)、障害者(リハビリテーションと介護保険)から成り、連邦専門教育助成法、連邦援護法、住居手当法、連邦児童手当法、連邦育児手当・親時間法などは、社会法典第1篇68条により、それらが社会法典に組み込まれるまでの間、社会法典の各則となっている。さらに、社会国家原理は、社会法だけではなく、労働法、民法の一部(賃借人保護、消費者保護)、訴訟法(訴訟費用扶助、過酷な差押執行からの保護)、さらに租税法(児童扶養控除、累進所得税)によっても具体化されている。石塚・前掲注5) 207頁参照。

[基調報告]
憲法と社会保障法

笠木映里

はじめに

　「社会保障」に関する戦後から1980年代までの法学研究は、憲法・社会保障法のいずれの分野でも、憲法25条、特にその裁判規範性を重要な軸として展開されてきたが[1]、両分野の交流・対話は当時必ずしも活発ではなかった。その一つの背景はおそらく、両分野における当時の主導的思想が方向性を大きく異にするものであったこと――憲法25条を足がかりとした社会保障の権利の充実を目指した議論を、時に社会運動と一体となりつつ行う社会保障法学者と、「社会国家」という新たな国家イデオロギーに「うさん臭さ」を感じ、これと一定の距離を置こうとする憲法学者[2]の間の距離――であろう[3]。そのような状況もあり、両分野における憲法25条論も、とりわけ社会保障制度が一定の拡充・完成をみた1970年代末以降、議論が沈静化する

---

[1]　議論状況につき、菊池馨実「社会保障の権利」日本社会保障法学会編『講座　社会保障法第1巻　21世紀の社会保障法』（法律文化社、2001年）56頁以下、倉田聡「〔特集　憲法「改正」動向をどう受け止めるか〕社会保障法との関係――生存権、公私の役割分担」法学セミナー612号（2005年）43頁。

[2]　棟居快行『憲法学再論』（信山社、2001年）361頁。

[3]　菊池・前掲注1）60頁、注16。

傾向にあったと思われる。また、上記のような議論状況は、憲法と社会保障をめぐる議論が生活保護をめぐるものに集中し、各種の社会保障制度の現実の動きに関わりにくいという状況にもつながった[4]。もっとも、こうした状況は、2000年代初めごろから大きく変容しつつある。社会保障法分野では、社会保障の背景にある憲法上の価値について、生存権の枠を超え、とりわけ憲法13条との関係に注目して論じる学説[5]が注目を集め、憲法学との対話を促した[6]。また、憲法学の分野では、近年の貧困・格差問題の顕在化もふまえ、生存権に関する理論的・基礎的議論や、逆に具体的な実定法制度に立ち入った検討を行う業績も登場している[7]。充実した社会保障の一応の実現と、そうした状況で改めて顕在化する新しい社会問題に直面し、両分野の研究者の関心の親和性は戦後期・高度成長期に比して大きくなりつつある。

本稿では、こうした近年の議論の蓄積もふまえつつ、今日においてさらなる議論ないし対話の深化・発展が望まれると思われる論点を4点取り上げ、問題提起を行う。まず、社会保障立法に関する憲法を基礎とした司法審査のあり方をめぐる新しい議論状況につき論点を指摘する（Ⅰ）。次に、社会保障と男女・ジェンダー平等の価値との関係について、日本の福祉国家のあり方が根本的に問い直されている状況を取上げる（Ⅱ）。続いて、老齢年金について、立法者による制度変更の憲法上の限界や、同制度の構築にふさわしい決定過程のあり方について問題提起を行う（Ⅲ）。最後に、医療分野で進められる予防政策のはらむ問題を取上げる（Ⅳ）[8]。なお、紙幅の制限により、条文・文献の引用をごく限定的なものとしていることを、はじめにお断りし

---

[4] 菊池・前掲注1) 60頁。
[5] 菊池馨実『社会保障法制の将来構想』（有斐閣、2010年）28頁以下。
[6] 一例として、季刊社会保障研究41巻4号（2006年）の特集「社会保障と憲法」掲載の各論文、特に尾形健「憲法と社会保障法との交錯」320-321頁を参照。
[7] 尾形健『福祉国家と憲法構造』（有斐閣、2011年）、笹沼弘志「格差社会と社会的排除——立憲主義の危機と社会権の可能性」法律時報79巻8号（2007年）81頁ほか。
[8] 以上の他、グローバル化と規制緩和・民営化の進行の中で、福祉国家における国家の役割や責任が相対化・多様化すると共に社会保障制度の担い手が多元化・多層化するという状況や、国境・国籍と社会保障との関係といった論点も重要である。浅野有紀「社会保障システムの再構築」ジュリスト1422号（2011年）58頁、原田大樹『行政法学と主要参照領域』（東京大学出版会、2015年）185頁以下、岩村正彦「社会保障改革と憲法25条　社会保障制度における「国家」

ておきたい。

I 憲法 25 条と立法裁量

1 近年の議論の動向

(1) 周知の通り、憲法 25 条の法的性格については活発な議論があったが、今日では、同条が裁判規範性を有することについてはほぼ争いがない。多くの学説は、生存権を具体化する立法について広い裁量を認めつつ、裁量権の逸脱・濫用の場合には法律が違憲無効とされる可能性を肯定する枠組み（一般に抽象的権利説と呼ばれる枠組みと同視できる）を取り、その上で立法裁量コントロールのあり方につき、生存権の性格や理論的基礎づけに遡った議論を構築しつつある[9]。最高裁も、堀木訴訟判決（最大判昭和 57 年 7 月 7 日民集 36 巻 7 号 1235 頁）以降、近年の判例（最二小判平成 19 年 9 月 28 日民集 61 巻 6 号 2345 頁）に至るまで、専門技術的考察や政策判断の必要性を理由に広い立法裁量を認めつつ、それが著しく合理性を欠き明らかに裁量の逸脱・濫用と見られる場合には裁判所による違憲判断を可能とする枠組みを採用している。

(2) 上記の枠組みにおいては、一般論として社会保障立法につき憲法 25 条を根拠とした司法審査が肯定されるが、現実に合憲性が問題とされ得るのは 25 条 1 項を直接に具体化する生活保護制度にほぼ限定される[10]。加えて、生活保護法は保護基準の決定を厚生労働大臣に委ねており、委任のあり方も大臣に比較的広い裁量を認めるものと読めるため（生保 8 条）、裁判所の判断が直接に憲法判断に及びにくい構造となっている（参照、最三小判平成 24

の役割をめぐって」江頭憲治郎＝碓井光明編『法の再構築［Ⅰ］国家と社会』（東京大学出版会、2007 年）。

[9] 尾形・前掲注 7）141 頁以下等。

[10] 本稿では、25 条 1 項と 2 項の峻別論の詳細には立ち入らないが、二つの条項が対象とする事項に質的相異を見いだす（1 項は「健康で文化的な最低限度の生活」の保障に関わり、より厳格な司法審査を要請すると考える）近時の通説的学説に従って議論を進める。参照、岩村正彦『社会保障法Ⅰ』（弘文堂、2001 年）34-35 頁。

年2月28日民集66巻3号1240頁)。

　近年の憲法学の研究では、上記のような伝統的枠組みとは異なる次元で、立法裁量に対するより実質的な司法審査の可能性を開こうとする議論が展開されている。具体的には、社会保障立法に限らず立法府による何らかの制度形成を要求する人権規定に着目をし、そうした制度形成については立法裁量が広く認められるとする一方で、立法裁量に内在する制約[11]による司法審査を確立しようとする考え方である。

2　生存権、社会保障立法への適用可能性

　こうした議論は、主として選挙制度に関する判例を念頭において論じられてきたものであるが[12]、生存権に関する立法裁量との親和性は複数の論者により指摘されている[13]。

　小山剛は、制度形成の場面における立法裁量への司法審査のあり方を、①基本決定への首尾一貫性、②法の下の平等、③制度形成のプロセスに注目する裁量過程統制、の三つに分類している[14]。このうち、②平等原則については、社会保障法の分野にもすでに判例が存在するが、最高裁は、従来、憲法25条を具体化する立法について、憲法14条との関係で実質的な審査を行ってこなかった（参照、最大判昭和57年7月7日民集36巻7号1235頁、前掲最高裁平成19年判決）。これに対して、①、③の手法は、社会保障法学にとって新しい思考の糸口を提供するものである。このうち、①は、制度形成を行う立法者の裁量が、立法者自身による基本決定によって拘束されるとの考え方であり、③は、裁量権行使の過程・態様が適正なものであったか（考慮すべき事項を考慮したか、考慮すべきでない事項を考慮したり、重視すべきでない

---

11)　宍戸常寿「裁量論と人権論」公法研究71号（2009年）109頁。
12)　高橋和之＝佐藤幸治＝棟居快行＝蟻川恒正［〔座談会〕憲法60年——現状と展望」ジュリスト1334号（2007年）24頁以下（蟻川発言）、29頁以下。渡辺康行「立法者による制度形成とその限界——選挙制度、国家賠償・刑事補償制度、裁判制度を例として」法政研究76巻3号（2009年）249頁も参照。
13)　小山剛『「憲法上の権利」の作法〔新版〕』（尚学社、2011年）113頁以下、160頁以下、渡辺・前掲注12) 268頁、301頁ほか。
14)　小山・前掲注13) 174頁以下。

事項を過大に重視していないか）という観点から行われる司法審査であって、行政裁量について用いられる司法審査の手法を立法裁量に応用しようとする考え方を背景としている[15]。

3　期待される議論の深化

　現在のところ、こうした動向を受け止める形で判例・裁判例や法改正について検討を行う社会保障法学の先行研究は多くない。このような状況の背景には、上記のような議論が（日本の判例を念頭においたものである一方で）ドイツ憲法学における判例や学説の蓄積を意識したものであることがしばしばであり、筆者も含め、ドイツ法に関する素養を持ち合わせない者には評価が難しいという事情や、裁判例の数が多くない現状では、議論が歯切れの悪いものにならざるをえないという事情もあろう。もっとも、上記のような違憲審査基準論の文脈とは別に、憲法 25 条が政治部門と司法による協働を通じた具体化を想定する複合的な権利を保障するという考え方を基礎として、憲法 25 条をめぐる新しい裁量統制のあり方（とりわけ裁量過程統制）を支持する学説も存在すること[16]等もふまえれば、こうした議論を改めて具体的な裁判例や立法に引き付けて検討し、憲法学との対話を試みることが有益と考えられる。

　差し当たり首尾一貫性の論理に注目をして論点を挙げておくとすれば、まず、この論理に近い考え方が読み取れる裁判例として（控訴審で覆されたが）、「立法思想の一貫性の観点」に言及する学生無年金訴訟（東京）事件第一審判決（東京地判平成 16 年 3 月 24 日民集 61 巻 6 号 2389 頁）がある[17]。また、近年の社会保障立法、特に、医療・年金・介護等の社会保険制度については、さまざまな理由から、立法思想の一貫性を逸脱するようにみえる制度が存在するし、また、そうした内容の法改正の是非も議論されている。例えば、社

---

15)　渡辺・前掲注 12) 268-269 頁。なお、生活保護基準を引下げる行政立法につき判断過程統制の審査手法をとったとみられる判決として、最三小判平成 24 年 2 月 28 日裁時 1550 号 21 頁。参照、村上裕章「判批」法政研究 80 巻 1 号（2013 年）211 頁。

16)　尾形・前掲注 7) 144 頁以下、155 頁以下。

17)　同旨、渡辺・前掲注 12) 298 頁（注 71)。

会保険において給付との関係が希薄な拠出を求める制度[18]や、所得が高い者の老齢年金給付を減額する法改正等が、拠出と給付の対応関係を前提とする「社会保険」という制度を選択した立法者の制度形成の裁量に内在する制約から限界づけられることがありうるかが問題となりえよう[19]。

いずれの場面に目を向けても、憲法学において議論の主たるフィールドとされている選挙制度の場面とは、人権規定の性格（立法者に付与されている裁量の広狭）や「制度」の性格が大きく異なっており、少なくとも同列には議論できない。また、あらゆる立法に共通することであるが、特に多様な利害関係が交錯し、また経路依存性のきわめて強い社会保障立法が、多くの場合妥協や困難回避的な結論を選びやすいこと[20]を考慮すれば、そもそも首尾一貫した立法をどこまで求められるのかという疑問もある[21]。憲法25条にも応用可能と指摘されている上記の審査枠組みが、具体的にいかなる場面で適用可能であるのかについて、議論の深化が望まれる。

Ⅱ 憲法14条と社会保障法

1 日本の社会保障・「日本型福祉社会」と性別・ジェンダー

高度成長期に発展した日本の社会保障は、男性片働き世帯——男性正規労働者と女性の家計補助労働者ないし専業主婦から成る世帯——を念頭においたものであった。このような制度の構造は、同時期に発展した男性正規労働者を軸とするいわゆる日本的雇用システム[22]と一体となって、戦後の日本の

---

18) 介護保険法の第2号被保険者については、学説により違憲の疑いが指摘されている。菊池馨実『社会保障の法理念』（有斐閣、2000年）199-200頁。
19) 参照、岩村正彦「社会保障の財政」社会保障法研究第2号10頁以下。財産権保障との関係で、社会保障における「交換の原理」に注目する見解として、嵩さやか「公的年金と財産権保障」荒木尚志＝岩村正彦＝山川隆一編『労働法学の展望』（有斐閣、2013年）737頁、特に750頁以下。
20) 新川敏光＝ジュリアーノ・ボノーリ編著、新川敏光監訳『年金改革の比較政治学——経路依存性と避難回避』（ミネルヴァ書房、2004年）ⅳ頁、20-21頁、299頁ほか。
21) 参照、高橋和也「ドイツ連邦憲法裁判所が活用する首尾一貫性の要請の機能について」一橋法学13巻3号（2014年）233頁。

社会経済構造の重要な一端を担ってきた[23]。1970年代末から1980年代初頭にかけては、正規労働者を前提とした企業と、専業主婦を前提とした家庭という二つの基盤の上に構築される社会保障が、理想的な日本型福祉社会のあり方として標榜された経緯もある[24]。結果として、各種の社会保障制度の中には、被扶養配偶者について特別な社会保障給付を整備するものや、男女について異なる取扱いをする制度が散見される。

このような制度が、憲法14条1項後段列挙事由たるところの性別による差別の禁止と緊張関係に立ちうるのは明らかである。もっとも、この論点が社会保障法の分野で活発に論じられるようになったのは、例えば隣接分野である労働法分野に比べるとかなり遅れてのことであった[25]。その背景には、後述するような理論的理由に加え、これらの制度が国民に対する普遍的な社会保障（国民皆年金・国民皆保険等）の確立という目的に現実に貢献してきたという歴史的経緯があると思われる。それゆえ、この問題は、憲法25条と14条の関係について憲法学的考察を要請するものであると同時に、高度経済成長期に構築された日本の福祉国家をいかに評価し、今後いかなる思想の転換を図るかという大きなテーマにつながる。

2 性別に基づいて直接に異なる取扱いをする制度

(1) 各種の社会保障制度には、性別による異なる取り扱いを予定するものが、ごく最近まで、あるいは今日においても存在する。最近改正されたものも含めて例を挙げれば、給付対象を「妻」や「母親」に限定するもの（平成24年改正前国民年金法による遺族基礎年金（改正前の同法37条の2）、平成22年改

---

22) 石田眞「日本的雇用システムと労働法の相互構築」日本労働研究雑誌634号（2013年）79頁以下ほか。
23) 大沢真理『企業中心社会を超えて』（時事通信、1993年）。
24) 自由民主党『日本型福祉社会（自由民主党研修叢書〈8〉）』（自由民主党広報委員会出版局、1979年）、浅倉むつ子「社会保障とジェンダー」日本社会保障法学会編『講座社会保障法 第1巻』（法律文化社、2001年）226頁。
25) 参照、森戸英幸「社会保障における男女差別」森戸英幸＝水町勇一郎編著『差別禁止法の新展開』（日本評論社、2008年）227頁、232頁。労働法と社会保障法における法規範と社会規範との関係について、笠木映里「家族形成と法」日本労働研究雑誌638号（2013年）53-54頁。

正前児童扶養手当法による児童扶養手当（改正前の同法4条））、男女で受給要件に差があるもの（厚生年金保険法は、遺族厚生年金について夫にのみ55歳以上という年齢要件を課す（厚年59条1項1号）。また、夫は受給権を獲得しても60歳まで支給が停止される（厚年65条の2））、同じ障害について男女で障害等級表上の位置づけに差があり、給付水準に差があるもの（労働者災害補償保険法に基づく障害補償給付（労災保険法施行規則別表第一）。後掲の京都地裁判決後に男女差が解消された）等がある。

上述したところからも明らかであるように、近年、これらの制度は相次いで見直しの対象とされている。また、下級審裁判例にも、こうした制度を憲法14条違反と判断するものが登場しており、その一部は法令改正の契機となった（労災保険における障害等級表について、京都地判平成22年5月27日判時2093号72頁。地方公務員災害補償法に基づく、上記の厚年法と同内容の遺族補償給付の要件における男女差を違憲とした判決として、大阪地判平成25年11月25日判時2216号122頁。ただし大阪高判平成27年6月19日判時2280号21頁により覆されている）。これらの制度は、雇用市場における女性の地位が男性に比べて劣位にあるために、扶養者を失った場合の所得保障の必要性が女性について男性よりも大きいとか、母子家庭が父子家庭よりも困窮状態に陥りやすい、といった想定の下で導入され、維持されてきた。そのため、いずれの制度も女性を男性より有利に扱うものとなっている。

今日に至るまでの（下級審）裁判例の判断枠組みは、現実の社会・経済の状況等からみて男女間に現に異なるニーズが存在すると認められる場合、社会保障制度における男女の異なる取扱いは、合理的な理由のある取扱いであり憲法14条に反しない、というものである[26]。すなわち、上記のような制度は、男女間に異なるニーズがあることを示す立法事実が認められる限りで憲法14条違反とは評価されないことになる。

(2) 他方、学説には、この問題につきより踏み込んだ議論をするものが散見される。すなわち、これらの制度においては、直接には男性が女性よりも不

---

[26] 遺族基礎年金に関する東京地判平成25年3月26日（判例集未登載）、前掲・大阪地裁平成25年判決等。

利に扱われているが、こうした見かけ上の「男性差別」の背景には、雇用市場等において女性が劣位に置かれているという状況の国家による追認、場合によっては、立法者の女性の働き方に関する偏見ともいうべき認識が横たわっていることが多い。このような制度は、結果として制度の背景にある女性差別を固定化する恐れがあるし、国家による差別的なメッセージの発信[27]とも評価されうることから、実質的には女性差別の問題として慎重に評価されなければならないのである[28]。このように考える場合、裁判例が男女差を正当化する立法事実として挙げる一般的な家庭モデルや男性優位の雇用市場の状況は、必ずしも上記のような制度を正当化しえない。

　以上の問題状況は、いわゆるアファーマティブ・アクションにも通じるところがあるが[29]、社会保障制度の中でこの問題が論じられる際には、以下の2点に特別な配慮が必要である。まず、①社会保障制度は、長期・多額に及びうる金銭給付を媒介として個人の行動に重要な影響を及ぼすため、社会保障制度が差別の存在を追認してしまうことが、差別の固定化という望ましくない効果をより直接的で深刻な形でもたらすことである（この点は3でも取上げる）。次に、女性を優遇する制度に憲法14条との関係で問題があるとしても、②社会保障の目的が、社会に現に存在するニーズを受け止めることにあるとすれば、女性により大きなニーズが認められる場合、そうしたニーズに応えた給付を行うことが、まさに憲法25条の要求するところではないかと考えられる点である[30]（あまり正面から述べられることはないが、上述した裁判例の判断枠組みの背景にもこうした考え方が存在すると思われる）。言い換えれば、社会に現存するニーズに対して給付を行うことが社会保障の目的であ

---

27) 木村草太『平等なき平等条項』（東京大学出版会、2008年）189頁以下。
28) 嵩さやか「判批」判例時報2238号（2015年）150頁（前掲・大阪地裁平成25年判決の評釈）は、「性別役割分担意識……を助長しうる国家行為は差別的メッセージを発信している」等として、本件で問題となった制度は立法当時から憲法14条違反であったとの立場を採る。
29) 参照、横田耕一「性差別と平等原則」『岩波講座　現代の法11　ジェンダーと法』（岩波書店、1997年）90頁、女子差別撤廃条約4条1項、木村・前掲注27) 190頁。
30) 参照、常森裕介「社会保障給付における男女差の検討」賃金と社会保障1612号（2014年）58-62頁、西和江「遺族年金における男女格差についての一考察」労働法律旬報1759・1760号（2012年）94頁参照。

り、そのニーズを発生させる原因の解決は少なくともその一義的な目的ではないという考え方がありえよう（このように考える場合、差別の解消は、例えば労働法分野の差別禁止法制等、別のアプローチによるべきということになろう）。後で検討する第 3 号被保険者制度のような制度も併せて、男女平等の観点から疑念のありうる制度が、日本における女性の貧困への対応という観点からは現実に重要な意味を持ってきたこと[31]をもふまえ、憲法 25 条と 14 条の関係を社会保障制度の内部でいかに調整するかを改めて論じる必要があろう[32]。

3 特定の世帯モデルと社会保障

保険料を納付せずに年金受給権を獲得する第 3 号被保険者や、厚生年金の被保険者の被扶養配偶者に支給される遺族厚生年金等、「被用者である配偶者の収入により生計を維持する被扶養者」（被扶養配偶者）に特別な取扱いを認める制度も存在する。これらの制度においては、被用者＝男性、被扶養配偶者＝女性という関係が暗黙の前提とされており、2 で論じたのと同様の問題をはらむ。他方、これらの制度は、性別を問わず「被用者＋被扶養配偶者」という特定の世帯モデル（一方配偶者が限定的に就労する共働き世帯を含む）を優遇する制度という面も有しており[33]、そのような観点から、憲法上の原則や価値との関係を検証することも必要である。

近年、第 3 号被保険者制度等を念頭において、個人の働き方や生き方に中立的な制度への制度変更の必要性を唱える学説が有力となっている[34]。こうした学説には、まず、現実の国民のライフスタイルが多様化しているために、社会保障制度をこれに即したものに変えるべきとの趣旨のものがあるが、さ

---

31) 参照、倉田賀世「3 号被保険者制度廃止・縮小論の再検討」日本労働研究雑誌 605 巻（2010 年）50 頁。
32) 同種の問題は障害者政策に関しても議論しうる。障害者政策について、憲法 25 条により対象者に個別にサービスの充実を図るアプローチとは別に差別禁止・平等アプローチを進めることの重要性を説く見解として、菊池・前掲注 5）45-46 頁。
33) 家族法の観点からの検討として、二宮周平「家族法と性別役割分業——法的仕組みの現状と改革の動向」『岩波講座現代の法 11　ジェンダーと法』（岩波書店、1997 年）159 頁以下。なお、近年、男性の第 3 号被保険者数は増加傾向にある（倉田・前掲注 31）51 頁）。ただし、平成 25 年度の第 3 号被保険者総数 945 万人中男性は依然として 11 万人に留まる。
34) 菊池馨実「社会保障の規範的基礎づけと憲法」季刊社会保障研究 41 巻 4 号（2006 年）310 頁。

らに、憲法13条（同条を基礎とした個人の自律の尊重・支援）を社会保障法体系の基礎にある重要な価値と考え、個人の選択に中立的な制度がこうした要請により合致すると考える見解もある[35]。いかなる世帯のタイプが一般的かという問題とは別に、個人のライフスタイルにできる限り中立の制度が望ましいという見解である。こうした議論は、個人の尊厳、自律等の価値に注目をして福祉国家や憲法25条を論じる近年の憲法学分野の議論とも親和性の高いものと考えられる[36]。

そもそも、定型的な保険事故と給付を想定して多数の国民を強制加入させる社会保険制度においては、現に多くの国民の抱えるニーズが、定型化になじむ形でカバーされる傾向がある。そして、社会保険があるニーズに対して給付を行うことで、当該ニーズを生じさせるような私人の行動を容認・促進・固定化する効果が生じる。拠出についても、一般に拠出能力が無いと思われる場面について免除等を行うことで、そのような場面で就労しないという私人の行動を容認・促進・固定化する[37]。他方、制度が想定する以外の行動パターンをとる者は、経済的な不利益を被ることがある。こうして、社会保険制度は本来的に特定のライフスタイルを想定した制度となる傾向を有する一方、この制度が長期にわたりうる大規模な強制拠出と給付作用を通じて翻って私人の行動に及ぼす影響は甚大なものとなる。年金制度が企業における定年年齢・高齢者雇用政策と相互に影響を及ぼし合いつつ労働者の引退過程を画一化してきた経緯も、このような社会保険制度と個人のライフスタイルとの相互作用を示す一例といえる[38]。

今日、ライフスタイルに中立な制度に向けた議論は、多くの場合ジェンダー平等の問題と重なる形で論じられているが、こうした議論は、職業活動からの引退や子どもをもつこと、育児・介護に従事することに関わる選択等、他の問題にも広がりうる。Ⅱで論じた問題ともあわせて、社会保障法体系に

---

35) 菊池・前掲注5) 9頁以下、81頁など。
36) 参照、尾形・前掲注7) 第2章。
37) 岩村正彦「社会保障における世帯と個人」岩村正彦＝大村敦志編『融ける境超える法1 個を支えるもの』（東京大学出版会、2005年）262、263頁。
38) 日本の老齢年金と年齢要件について、島村暁代「高齢期の所得保障――ブラジルとチリの法制度を端緒とする基礎的考察（五・完）」法学協会雑誌131巻4号（2014年）、特に131頁以下。

おいて「個人」がどのように位置づけられ、「個」や「多様性」が強調される社会においてどのような福祉国家が構想されうるのか、という問題につながる論点である[39]。

III　社会保障立法と時間

1　年金立法と民主的決定過程・司法審査——マクロ経済スライドを素材として

(1)　年金のような長期保険の社会保険制度（長期にわたって拠出を積み重ね、原則として一定の拠出を行ったことを条件に給付を行う社会保険であり、複数年度にわたる収支の均衡が目指される制度）においては、将来にわたる制度の安定性・持続性等を考慮した制度設計が現時点での立法者に要求されたり、過去の決定を現時点の立法者が方向転換することの妥当性が問われることがある。そのため、年金制度にかかる立法者の判断に関して司法審査が行われる場合、こうした時間的な広がりを、一時点の立法者の決定に対する現在の裁判所による審査の中でどのように考慮することが必要・可能かが問題となる。また、こうした長期的観点からの制度設計の要請を、どのような立法過程・立法技術により担保するべきかという問題もある。以下では、これらの問題を、2004年に導入され今年度から発動された、いわゆるマクロ経済スライドの仕組みを素材として検討したい[40]。

(2)　2004年の公的年金改革（以下、2004年改正という）により導入された「マクロ経済スライド」は、保険料水準を法律上固定したうえで、政令により一定期間にわたり年金給付水準を物価・賃金に合わせて調整するスライドの係数を引下げることによって[41]、既裁定年金も含めた年金給付の実質価値

---

39)　社会保障実定法レベルでの問題提起の試みとして、笠木映里「社会保障における「個人」・「個人の選択」の位置づけ」長谷部恭男ほか編『岩波講座現代法の動態　第3巻　社会変化と法』（岩波書店、2014年）。

40)　第67回社会保障法学会大会（2015年5月）でも関連する問題が取上げられた（福島豪「公的年金制度におけるスライド」、太田匡彦「公的老齢年金制度における将来拘束」）。本稿執筆にあたり、これらの報告から多くの示唆を得た。

41)　通常、年金額は手取り賃金変動率ないし物価変動率に応じて改定され、これによって年金水

を引下げる仕組みである。政府は、年金財政の現況・見通しからして今後おおむね100年間の財政均衡を保つことができないと見込まれるときに、政令により「調整期間」の開始年度を定めて年金額を引下げる（財政均衡の見通しがつけば、政府は調整期間の終了年度を定める。以上、厚年法34条、国年法16条の2）。調整期間中のスライド係数は、大まかにいうと、現役世代の被保険者数の増減率（3年平均）と平均余命の伸び率を合算した係数に応じて決定される[42]（保険料負担能力の伸びを年金改定率に反映する制度といえる[43]）。

なお、法律上、引下げ後の年金額は前年度の年金額の名目額を下回らないものとされているほか、いわゆるモデル世帯[44]における老齢基礎年金と老齢厚生年金を合わせた額が男子被保険者の手取り賃金の50%以上となる給付水準を将来にわたり確保するとの規定が、改正法附則におかれた。

2 既裁定年金引下げと司法審査

(1) マクロ経済スライドが発動されると、従来予定されていなかった既裁定年金の実質価値の引下げが行われる。この問題について、近時の学説の動向もふまえ、どのような観点からの司法審査が考え得るだろうか。

まず、多くの学説が、年金制度の被保険者が支給要件を充足し、裁定（国年16条、厚年33条）を受けた場合、当該被保険者の年金には憲法29条の財産権保障が及ぶとする[45]。結果として、既裁定年金の引下げについては、引下げをもたらす立法が、事後法による財産権の内容の変更として憲法上許される範囲のものかが問題とされうる[46]。

また、法律上定められた給付を前提として拠出を強制する制度につき、受

準の実質価値が維持される。
42) 堀勝洋『年金保険法　基本理論と解釈・判例〔第3版〕』（法律文化社、2013年）258頁。
43) 中野妙子「老齢基礎年金・老齢厚生年金の給付水準——法学の見地から」ジュリスト1282号（2005年）68頁。
44) モデル世帯の概念については、笠木・前掲注39) 201頁以下などを参照。
45) 以下、中野・前掲注43) 71頁。
46) 中野・前掲注43) 70頁以下、菊池・前掲注5) 90頁等。なお、年金受給権の財産権保障については、受給権が、個人の自由な活動ではなく強制拠出を基礎としたものであることにも留意する必要がある。小山剛＝駒村圭吾編『論点探求憲法〔第2版〕』（弘文堂、2013年）263頁、菊池・前掲注5) 93頁以下参照。

給権具体化後に給付水準を変更することは、制度に対する国民の信頼を害するものではないかが問題となりうる。ドイツの判例には信頼保護原則が憲法上の要請として立法者を拘束すると述べたものがあり[47]、注目される[48]。

さらに、Ⅰで論じた制度形成に関する立法裁量の司法審査に関する新しい議論動向によれば、憲法25条2項を具体化する立法裁量の司法審査の問題と捉えたうえで、首尾一貫性の論理や、判断過程統制の手法による裁量統制の可能性も検討されるべきである（そのような審査の中で、被保険者の信頼が考慮されることも考えられよう）。

(2) 詳細な検討は紙幅の制限上割愛せざるを得ないが、上記の枠組みのいずれを用いて立法裁量の統制を試みるとしても、具体的な考慮要素はそれほど異ならないと思われる[49]。そして、いずれの場合も、実質的に問題となるのは、単に現在における人権の具体化やその国家による侵害からの保護ではなく、過去に立法者によって約束された給付を現在の立法者が変更することの憲法上の限界であり、司法審査によりその変更に歯止めをかけることは、すなわち過去の立法者の判断を一定の範囲で現在の立法者の判断に優先させることを意味する。つまり、この場面の司法審査には、「異時点の立法者の政治決定を例外的に調整する[50]」役割が委ねられる（この意味では、人権侵害や信頼侵害という図式による審査よりも、立法者の判断の一貫性や諸般の事情の適切な考慮を要請する制度内在的な裁量統制方法が、問題の実質にそくしていると

---

47) 参照、斉藤孝「社会保険給付額の引き下げに関する憲法問題──社会保険給付請求権の規範的内容」法学新報98巻5・6号（1992年）110頁以下。なお、フランスでは既裁定年金の保護は従来憲法上の要請とは理解されてこなかった。最近の学説の状況につき、Laure-Emmanuelle Camaji, *La personne dans la protection sociale*, 2008, Dalloz, pp. 290 et suiv., pp. 378 et suiv.

48) 日本法の文脈では、公法分野における信頼保護原則は民法上の信義則を理論的根拠とするものと説明されている。主として個別具体的な事案の妥当な解決を図るという趣旨で用いられてきたと思われる信頼保護原則ないし信義則の考え方を、立法により形成された制度への国民の信頼の保護に応用することについては、さらに検討が必要であるように思われる。参照、稲葉馨＝人見剛＝村上裕章＝前田雅子『行政法〔第3版〕』（有斐閣、2015年）37頁、牛嶋仁「行政法における信義則」『行政法の争点』（有斐閣、2014年）26頁。斉藤・前掲注47)は憲法13条の要請と位置づける。120頁注(1)。

49) 参照、太田匡彦「「社会保障受給権の基本権保障」が意味するもの──「憲法と社会保障」の一断面」法学教室242号（2000年）121頁。

50) 太田・前掲注49) 120頁。

いえるかもしれない)。

(3) なお、このとき、年金額引下げを正当化する議論(財産権との関係でいえば、保護される公益の性質(最大判昭和53年7月12日民集32巻5号946頁))として、現在の国民の保険料負担や国庫負担の軽減に加え、制度の持続可能性[51]、さらには、世代間の負担の公平[52]が挙げられることがある。いずれも、公益・公共の福祉に資することは自明のようであるが、実際には議論の余地がある。例えば、長期的な拠出を前提とする年金制度につき持続性が求められるとしても、現実にどの程度の期間を前提とすべきか、将来世代も含めた持続性が要請されるのかは、さらに論点となる(この点で、現行法が100年先までの財政均衡を要請することの評価が問題となりうる)。また、世代間の負担の公平については、その定義につき議論の余地があるうえ[53]、持続性と同様、将来世代の負担への考慮がどの程度現在世代の権利を制限する根拠になりうるのかが問題となる。

(4) 最後に、上述の通り、2004年改正には、保険料水準の上限と給付水準の下限等、一定の時間的幅のある決定が組込まれているが、同時に、社会情勢の大きな変更や財政収支の著しい不均衡の場面、典型的には、給付水準が法律上の下限を下回ることが想定される状況においては、改めて立法者による年金の給付と負担のあり方の再検討が求められる(国年4条、4条の2、厚年2条の2、2条の3参照)[54]。すでに、給付の下限には暫定的な意味しか無いことが指摘されており[55]、近い将来、2004年改正が設定した枠組みの変更

---

51) 菊池・前掲注5) 95頁、100頁。
52) 中野・前掲注43) 72頁は保険料負担の軽減等が「世代間連帯意識の保持」につながると評価する。
53) 藤野美都子「国家の役割と時間軸——社会保障」公法研究74号(2012年) 210頁は、必要に応じた所得の再分配という観点に注目する。他方、経済学・政治学分野では世代間の負担給付比率を比較する「世代会計」の考え方が用いられることがある。新川=ボノーリ・前掲注20) 319-320頁ほか。なお、社会保障制度改革国民会議報告書『確かな社会保障を将来世代に伝えるための道筋』(2013年)でも世代間「公平」という言葉が用いられているが、その中身は文脈によりまちまちである。
54) 堀勝洋ほか「〔研究座談会〕社会保障法研究の道程と展望——堀勝洋先生を囲んで」社会保障法研究2号(2013年) 151頁の島崎謙治発言。
55) 前掲注54) 座談会151頁の島崎発言ほか。

を行う法改正が行われることも想定される。この場合、2004年当時の立法者の判断がどの程度後続の法改正を制限しうるのか（あるいは、まったく制限しえないのか）が問題とされえよう。

3　民主的決定過程と年金制度

　従来の制度では、5年ごとに立法者が収支の見込みを計算し、法改正により保険料率の引上げや新規裁定年金の引下げを行っていた（財政再計算）。これに対して、マクロ経済スライド導入後は、5年ごとに政府が100年にわたる年金財政の収支の見通しを作成し、調整期間の開始・終了を決定する（財政検証）。いったん調整期間に入ると、給付額は法定の計算式により引下げられ、引下げ幅や引下げのペース等について、新たな法改正によらない限り立法府のその都度の判断・修正が介在しない。このような変化を経て、新しい制度がその枠内で運用される限りにおいて、年金の給付・拠出の設計にかかる立法者の役割は、従来よりも一定程度後退する。他方で、上記の通り、新しい制度は将来の立法者による変更を想定したものともなっており、必要に応じて立法者が改めて介入し、給付と拠出の構造を再検討することが想定されている。

　長期的観点からの制度形成が要求される年金制度において、立法者が将来に向けた負担と給付のあり方について大枠を定めることは、制度の安定性という観点から、ある程度評価され得る[56]。また、高齢化の文脈の中で、制度縮減に向けた圧力と制度変更への強い抵抗の間におかれる年金制度が、世代間の利害関係を先鋭化させがちな制度となっていること[57]も、民主的決定過程から一定の距離をおいた給付水準の調整を正当化する根拠となりえよう。少子高齢化時代の議会制民主主義の下では高齢者世代の発言力が強化され、現在の制度構造が固定化されると指摘もある[58]中で、上記のような制度は、

---

56)　2004年改正の際、制度への国民の信頼の重要性もしばしば強調された。厚生労働省「年金制度改正に係るこれまでの意見の整理」社会保障審議会年金部会（第23回・平成15年8月20日）資料2-2（http://www.mhlw.go.jp/shingi/2003/08/s0820-2b.html（最終閲覧日：2016年4月1日））ほか参照。

57)　新川＝ボノーリ・前掲注20) 8-9頁、藤野・前掲注53) 213-214頁。

58)　菊池・前掲注5) 40-41頁。

既裁定年金の引下げという政治的に困難な課題について、引下げの開始時点および具体的引下げ幅について立法者による直接の判断を回避するための技術とみることもできる。

　他方、年金給付の国民の老後の生活保障にとっての重要性や、年金財政の収支が社会・経済に関する変化に応じて刻々と変わり得ることに鑑みれば、その給付水準は（とりわけ引下げの場合）社会情勢や国民の生活・経済状況、他の社会保障の給付水準・税制等の変化等も考慮しつつ、まさに立法者が政策的考慮の下に決定すべきともいえる。この観点からみれば、新しい制度は、年金制度の重要な論点について民主的な議論を一部放棄するものでもある。現行制度は、下限の枠内で5年ごとに政府に財政収支をチェックさせ、立法者に制度修正の可能性と義務を残すことでバランスの取れた制度となっていると評価できるが[59]、このような制度の導入は、年金制度のような長期的な持続性・安定性を必要とし、かつ世代間の利害対立により民主的決定過程の下でバランスの取れた政策決定が困難とも考えられる制度[60]について立法者が果たすべき役割[61]や、いかなる立法技術を用いてそうした役割を実現することが可能かについて議論する契機となりうる[62]。

IV　社会保障給付費抑制に向けた政策と個人の私的領域への介入について

(1)　多くの社会保障制度と同様、今日、医療保険について、その給付費の抑制が重要な論点となっている。給付費抑制のためには、医療保険がカバーす

---

59)　参照、岩村正彦「2004年公的年金改革——その概要と検討」ジュリスト1282号（2005年）50-51頁。
60)　民主的政治過程自体に修正を加える可能性につき、日本公法学会「国家の役割と時間軸　第二部会討論要旨」公法研究74号（2012年）227頁、231-233頁を参照。
61)　社会保険制度においては、制度の管理運営を保険者自治に委ねるという選択肢もありえ、例えばフランスの被用者年金がその一例といえる。藤野・前掲注53）215頁以下は、将来世代の利益を考慮する決定手続として、フランスの家族金庫の例を挙げる。
62)　財政に関する検討として、神山弘行「財政問題と時間軸——世代間衡平の観点から」公法研究74号（2012年）197頁。

る療養や医薬品の範囲の限定・一部負担金の引上げ等、給付水準を引下げる方法や、医学的に不必要な入院を減らす等、給付の合理化ともいえる方法が想定できる。ただ、いずれの方法も、患者が現に享受している医療サービスに制限を加えることになり、それゆえ慎重な検討の対象とされる。これに対して、患者が享受するサービスに制限を加えずに給付費を抑制できる一見理想的な解決策が、疾病予防政策である。社会保障法学会においては1970年代から、傷病の治療に留まらず、疾病予防・リハビリテーションを含めて医療を総合的に把握し（参照、医療法1条の2）、憲法25条を根拠とした「健康権」を主張する学説が有力であり[63]、疾病予防政策の強化は、この健康権保障の国による具体化、すなわち医療保障の一層の充実を意味すると評価することも可能であろう。

(2) このような文脈の中で、近年、医療保険制度における疾病予防政策の重要性が拡大している。例えば、2008年施行の健保法等改正により、保健事業として40歳以上の被保険者等について特定健康診査等を行うことが各保険者に義務づけられた（高齢者医療確保20条、24条ほか）。この制度は、糖尿病等の予防のためにいわゆるメタボリック・シンドローム（内臓脂肪症候群、以下MSと呼ぶ）に着目しており、40歳以上の対象者の中からMSと見られる者を探知し、生活習慣改善に向けた特定保健指導を行うことを保険者に義務づけている。厚生労働大臣が定めた平成20年度の基本指針（厚生労働省告示150号）は、平成24年度の成果目標として、特定健康診査の実施率を70％以上、平成20年度と比較したMSの該当者および予備軍の減少率を10％とすること等を目標として挙げ、これをふまえて各保険者が特定健康診査実施計画において目標を定めた。目標の達成状況は、各保険者が後期高齢者医療制度に拠出する後期高齢者支援金の額に反映される（高齢者医療確保120条、121条）。平成25年には、同年から平成29年にかかる第二期計画によって成果目標の引上げ等が行われている。

また、第189回国会（2015年）で成立した「持続可能な医療保険制度を構築するための国民健康保険法等の一部を改正する法律」は、保険者が行うよ

---

63) 加藤智章＝菊池馨実＝倉田聡＝前田雅子『社会保障法〔第6版〕』（有斐閣、2015年）144頁。

うに努めなければならない保健事業として、疾病予防等に向けた被保険者および被扶養者等の「自助努力」支援を導入した（改正後の健保法150条1項ほか。平成28年施行予定）。改正に向けた議論の中では、予防の努力をした被保険者に対する現金給付や保険料減額の導入等も議論されており[64]、予防に向けた議論が、直接に被保険者にインセンティブを与える形で個人の努力を求める方向へと進展する可能性をうかがわせる。

(3) 予防概念は疾病概念に比べてもその外縁が明確でなく[65]、個人の私的領域（体型・食生活・生活リズム・喫煙や飲酒・運動等）に際限なく及びうる。また、予防政策の推進のためには、被保険者の身体や健康状態・既往症に関わる情報を保険者が広く、また長期的に管理・把握する必要が出てくる。日本の医療保険が皆保険・強制加入制度をとっていることから考えても、医療費抑制の目的で際限なく国家が個人の私生活に介入する危険があることには、十分に注意が払われるべきである[66]。この問題は、憲法上の問題として論じる場合、個人の自己決定権やプライバシー権の侵害と捉えることも可能だが、より広く（浅く）、国家による個人の身体・私的領域・私生活への干渉という観点から捉える方が問題の性格に合致しているようにも思われる（なお、健康診断の結果等の情報の共有・管理の問題が典型的なプライバシー権に関わることはいうまでもない）。

(4) なお、上記の制度において、予防政策は具体的にはあくまで保険者の事業として行われるのであり、このことを憲法上の問題としていかに捉えるかが理論的にはさらに重要な問題となる。国は、単に保険者に対して検診や被保険者の自助努力を支援する事業を実施する義務ないし努力義務を課しているのみで、具体的にどのような制度を構築するかは各保険者の判断に委ねられる。この問題には、社会保険における保険者自治[67]や、社会保障を実施す

---

64) 厚生労働省「『日本再興戦略』改訂2014に盛り込まれた事項に関する取組について」（平成27年4月14日）5頁　参　照。http://www.kantei.go.jp/jp/singi/keizaisaisei/jjkaigou/dai17/siryou2-2.pdf（最終閲覧日：2016年4月1日）
65) ただし疾病概念の外縁も常に明確というわけではなく、さまざまな検査の「標準値」の設定の仕方によって「健康」と「病気」の境界は容易に変動し得る。
66) 同旨、菊池・前掲注34）310頁、菊池・前掲注5）138頁。
67) 旭川市国民健康保険条例事件最高裁判決（最大判平成18年3月1日民集60巻2号587頁）

る国の責任との関係でのこれらの保険事業の実施主体の位置づけ[68]等、さまざまな論点が関連しうる。

　福祉国家が肥大化し、個人の私的領域への干渉・介入を強めることの危険性については、憲法学・法哲学の分野においてすでに議論の蓄積があるが[69]、Ⅲで論じた問題も含め、改めて現行実定法をふまえた具体的議論が必要とされているように思われる。

　　では、滝井裁判官の補足意見でこの概念が取り上げられた。倉田聡『社会保険の構造分析』(北海道大学出版会、2009年) 227頁以下ほか参照。
[68]　岩村・前掲注8)、特に96頁以下。
[69]　阪本昌成『法の支配』(勁草書房、2006年) 13頁、森村進「リバタリアンが福祉国家を批判する理由」塩野谷祐一＝鈴村興太郎＝後藤玲子編『福祉の公共哲学』(東京大学出版会、2004年) 141頁、特に152頁。尾形・前掲注7) 19-20頁も参照。

[座談会]

憲法と社会保障法
対話の新たな地平

笠木映里　宍戸常寿　曽我部真裕　山本龍彦

I　はじめに

宍戸（司会）　本日は社会保障法ご専攻の笠木映里さんにお越しいただきました。前半では憲法25条と立法裁量の関係、それから社会保障立法と時間、この二つの論点について議論したいと思います。笠木さんから、「基調報告」の概要を簡単にご説明いただければと思います。よろしくお願いします。

笠木　本日は貴重な機会をいただきまして、ありがとうございます。これまで憲法に関連する研究テーマに取り組んできたわけではありませんので、今回、素人ながらいろいろと勉強をさせていただき、私なりに重要と思われる論点を取り上げてみました。

II　憲法25条と社会保障立法

1　憲法25条と立法裁量

笠木　まず1点目、憲法25条を基礎とした立法裁量の司法審査についてです。ここでは特に最近の憲法学説の議論を取り上げ、それを社会保障法の

分野でどう受け止めるかという観点から検討しました。具体的には、制度形成の場面における司法審査のあり方に関する憲法学説の近年の動向を取り上げました。憲法学の分野において、この議論は選挙権、選挙制度を中心的な関心の対象として展開されていますが、生存権を具体化する社会保障立法についても、この枠組みが使えると指摘されることがしばしばあります。

他方で、社会保障法分野の判例や立法論ないし現行法との関係で、上記のような新しい考え方を具体的にあてはめる試みというのは、実はあまり見られません。私の関心は、憲法25条にも適用可能とされる最近の議論が、具体的に、どのような場面で、どのような形で生存権・社会保障立法において適用されうるのかというものです。例えば、制度形成の場面において、立法者の基本決定への首尾一貫性という考え方が、司法審査によるコントロールの根拠となると指摘されることがある。そういう考え方を、社会保障法分野の具体的論点との関係で適用するとどうなるのか。

例えば、基調報告で触れた通り、いわゆる学生無年金訴訟について、下級審判決では「立法思想の一貫性」という考え方が憲法14条、25条との関係で言及されており、首尾一貫性の論理と親和性が高いように読めます（東京地判平成16年3月24日民集61巻6号2389頁）。

また、少し細かい例ですが、あらゆる国民が医療保険によりカバーされるという国民皆保険の原則を掲げる日本において、労災保険と医療保険制度のどちらからも給付を受けられない場面が、2013年の法改正まで残っていました。それについて裁判例（奈良地判平成27年2月26日（裁判所ウェブサイト掲載））は、憲法25条との関係で問題がないとの立場をとりましたが、こうした場面で立法行為の首尾一貫性という考え方を前面に押し出して司法審査をしていく可能性があるのか。少なくとも、選挙制度の場面とは議論の考え方をかなり変えなければならないのではないか。これらの点について、先生方のご意見を伺いたいと思っています。

2 社会保障立法と時間

笠木 次に社会保障立法と時間というところでは、さらに二つに論点が分かれ、前半は1点目の司法審査の問題に関連します。新しいタイプの司法審

笠木映里 氏

査のあり方も含めて、社会保障立法に対する司法審査をめぐって今後議論を引き起こすと思われるのが、いわゆるマクロ経済スライドによる年金水準の引下げです。

マクロ経済スライドについては基調報告で詳しく紹介しましたが、一言で言えば、従来は、すでに受給している人の年金についてはその実質価値を維持する扱いが採られてきたところ、新しい制度において初めて、既裁定年金を含めた年金水準の実質的な引下げを予定している。その点が、憲法上の問題を提起する可能性があります。すでに裁定を受けた年金受給権については財産権としての性格が認められるという学説が有力であり、この立場をとれば既裁定年金の引下げは財産権侵害としての性格を帯びる。あるいは、長いこと拠出を行ったうえで取得できる受給権ですから、立法者の行為に対する信頼が、憲法上何らかの形で保護されるのではないかという議論も見られます。それから、先ほど言及した司法審査に関する新しい議論状況からも、憲法25条との関係で、年金引下げに関する立法者の判断をどうコントロールするのかが問われることになりそうです。

注目すべきなのは、年金引下げの理由として、将来に向けての制度の安定性とか、将来世代の保険料負担の軽減といった事柄が挙げられていることです。そうした将来世代に関わる利益を、過去の立法者が行った決定との関係でどう調整するかという観点から、司法審査のあり方を考える必要があるのではないか。このような、異時点の立法者の判断の調整、という問題について議論したいと思います。

二つ目の論点は、司法審査の問題から離れ、民主的決定過程のあり方に関わります。先ほど言及した将来世代の利益という考慮と関連して、このように世代を跨ぐ長期的観点から制度設計をしなければいけないときに、どのような立法技術が適切か。現存する民主的な立法過程、決定過程は、こうした制度設計の手続きとして適切なのか。基調報告では、特にマクロ経済スライ

ドが年金給付水準の決定にかかる立法者の役割をある程度後退させたとみられることについて、問題提起をしています。

3　憲法学からの受け止め

宍戸　広範な問題領域について手際良く問題点を取り上げていただきました。次に山本さんから、問題点の切り出しをお願いします。

山本　最近の憲法学では、選挙制度に対する違憲審査も、社会保障制度に対する違憲審査も、ともに政治部門の裁量を前提として、これをどのように統制していくか、という方向で議論される傾向にあります。笠木さんは選挙と社会保障で果たして同じ議論は可能か、という問題を提起されましたが、まずは両場面で導入の是非が議論される首尾一貫性審査の問題から議論したいと思います。これは、制度形成に当たり立法者自身が行った基本決定あるいは制度趣旨と、個別の決定が矛盾してはいけない、一貫していなければいけないという考えを前提に、制度内の整合性を審査するという手法ですね。裁判所としては、ある意味で、他人の力を利用しながら、それなりに突っ込んで審査することが可能です。あなたたちが決めた基本決定とずれてますよ、それは裁量権の行使として合理性を欠きますよ、と。これは、裁判所としては比較的言いやすい。判例もある程度この流れに乗りつつあるようです。

この裁量統制の手法は、おそらくドイツの議論から来ています。実際、失業者などの生活保障を目的とするハルツⅣ法の基準給付を違憲としたドイツ連邦憲法裁判所の判決（BVerfGE 125, 175）は、このような手法を使ったとも言われていますね。そうすると、ある程度期待のもてる手法と言える。ただ、その将来性のためにも、首尾一貫性の要請が憲法のどこから来るのかを議論しておく必要があると思います。このあたり、ドイツをご専門にする宍戸さんに伺いたいと思います。

この点と関連して、ドイツで発展してきた首尾一貫性審査の手法を、日本の裁判所が具体的にどう受け取るのかを考えてみたい。例えば平成7年の非嫡出子の相続分規定合憲決定（最大決平成7年7月5日民集49巻7号1789頁）などは、「法律婚主義」という立法者の基本決定と当該相続分規定との整合性をみている。この点で首尾一貫性審査と言えるわけですが、しかし、表向

きは、法令の目的・手段審査というかたちで審査している。こうみると、目的・手段審査の緩やかなバージョンと首尾一貫性審査との関係をどう整理するかが問題になりそうです。

関連して、首尾一貫性審査と判断過程審査との関係も気になります。ハルツⅣ判決では、法の基準給付が、立法者自身の選択した統計モデルに準拠していない、ということを違憲判断の一根拠としていますが、これは首尾一貫性の欠如なのか、判断過程の瑕疵なのか。首尾一貫性の問題は、政治部門における判断過程の問題に回収されるのか。日本に導入する場合には、この両者の関係を詰めて考えていく必要があるのではないか。

もう少し社会保障制度との関係で掘り下げてみます。先ほど笠木さんは、労災保険制度と医療保険制度との隙間に落っこちた事例をご紹介されたわけですが、ここで厳密に問われていたのは、制度間の合理的な連携のようにも思います。そうすると、ここで制度「内」の基本決定に準拠することが本当に有効なのか。むしろ、二つの制度を貫く政策決定があって、それとの一貫性が問題とされているのではないか。社会保障制度への適用を考えた場合、制度を跨ぐようなメタレベルの政策決定を意識する必要があるように思います。基本決定の階層の問題です。この点、堀木訴訟判決（最大判昭和57年7月7日民集36巻7号1235頁）は、「社会保障給付の全般的公平」を併給調整条項の目的としていますが、これを複数の制度間を貫くメタレベルの「基本決定」とみれば、違憲審査では、それとの首尾一貫性が厳密に問われることになるのかもしれません。

やや一般的な話になりますが、なぜ日本では、首尾一貫性審査を含む裁量統制の手法が憲法レベルで活発に議論されてこなかったのか、問題にしてみたいと思います。イントロダクションで軽く触れたのですが、やはり権利論へのこだわりがあったのではないかと思います。裁量論は、ある種まっとうな憲法論からの逃避だと。

確かに、例えば首尾一貫性審査は、立法者自身の基本決定を前提にしますから、基本決定そのものを統制することができない。そうすると、基本決定そのものが存在しない立法不作為などを、憲法上問題視することができません。具体的権利説は、そこに存在意義があったわけです。しかし、社会保障

制度がある程度充実してきた日本の現状で、基本決定それ自体を統制していく必要がどこまであるのか。こう考えると、基本決定を前提とした裁量統制を磨き上げていく方向に特段の問題はないようにも思えます。

また、裁量論に関する議論が不足していたために、堀木訴訟が示した裁量の根拠とその射程について十分な批判的検討が加えられてこなかったように感じます。例えば「財政事情」は、生活最低限度保障にかかわる公的扶助には表立って主張できないようにも考えられる。憲法25条1項の最低限度保障が、「財政の論理」の直接的流入を防ぐところにあるとすれば、かつての1項・2項分離論を鍛え直す余地はあるように思います。

最後に年金引下げの問題に触れていただきました。「保険料を払ってきたんだから……」という対価性を強調すると、受給権の権利性に配慮しなければならない半面、財源のことを考えると将来世代の利益にも配慮しなければならない。世代間公平の問題は、恒常的な財政均衡との関係でも、憲法論としてもっと真剣に議論されてよいと思います。イントロダクションでも触れましたが、フランスやドイツなどと比べて、日本では議論が遅れているように思います。

III　立法裁量と司法的統制

宍戸　どうもありがとうございました。

論点は大きく前半と後半に分かれるように思います。まずは立法裁量と司法的統制、それから後半の民主的政治過程、特に世代間公平の問題とを分けて議論すべきかと思いますが、まずこの段階で曽我部さんからご意見をお願いいたします。

1　基本決定の首尾一貫性審査と社会保障法秩序

曽我部　首尾一貫性の要請を何らかの形でいったん想定することには、実際上の意味があるのかどうか、確認しておきたいと思います。それによってある種のベースラインを設定でき、それで違憲の疑いをかけられている規定が第一次的な基本決定から導かれるベースラインを逸脱するのであれば、そ

の理由を審査する、そういう形で審査を構造化できるメリットがあるのではないか。

　憲法学は司法審査に関心を寄せるわけですが、裁判所が社会保障法秩序の形成に果たしてきた役割がどれくらいあるのか。むしろ政治部門の、とりわけ行政府の役割が大きかったのではないかとも感じられます。もちろん憲法学にも制度形成は必要であるという前提は共有された上で、実際にはその後の司法審査に関心を寄せるという傾向が強かったのではないか。こうした関心のあり方について社会保障法学はどうご覧になっているのでしょうか。

　首尾一貫性審査と判断過程審査の関係という論点もありましたが、いずれにしても仮に司法審査を十分に機能させるとすれば、立法過程における判断の過程が明らかになっていなければなりません。政府における判断は、審議会の資料や答申などいろいろあると思いますが、それはともかくとして、議会における判断過程が明らかになっているかについては疑問がある。日本では議会における手続が貧弱なのではないか。近年は、例えばフランスなどでも、立法影響評価がなされたり、議会の各種補助機関が設置されたり、専門性の高まりに対応する努力が見られます。20年ほど前に社会保障財政法律ができましたが、これにより少なくとも社会保障財源が可視化される意義があったのだろうと思います。

　これらの仕組みは司法審査を可能にするだけではありません。このような前提の有無によって、司法審査のあり方が変わってくるのではないか。例えば、年金制度の設計に際して前提となるさまざまな統計、推計がありますが、議会がそれをきちんとチェックしたのかどうか。判断過程審査というのであれば、そこでの審査も想定される必要がある。これは秩序形成のあり方もそうですし、それ以外の点からも、議会を含めてもう少し検討を要すると感じています。

　それから、基調報告の冒頭と関わりますが、25条の捉え方の問題を確認しておきます。近年、菊池馨実先生をはじめ、憲法13条との関わりで25条を理解する動きがあるようですが、こうした考え方の背景を伺えればと思います。例えば憲法26条の教育を受ける権利というのは、戦後初期には、要するに格差を埋めるために必要だと考えられました。つまり経済的な観点か

ら理解されていたところ、1960年代、70年代に至って、学習権があるのだと捉え直され、学習権を保障するために教育を受ける権利があるのだという展開になりました。こうした経緯と、ある種パラレルな面があるのではないか。つまり25条も単なる金銭給付ではなくて、自律の支援とか、個性の尊重といったケアの提供の契機も見られる。そういう背景があるのかについて、お伺いできればと思いました。

　それとの関係で、司法審査においても個別の事情の法理が考えられないか。社会保障制度という標準モデルがあって制度設計されるわけですが、尾形健先生が提唱されるところの、人の具体的生の状況への尊重と配慮を踏まえて、訴訟の中でも個別の事情、つまり一般に言われる適用審査といったイメージで考えることはできないのか。

　訴訟では、実際には法制度全体の審査がなされているわけです。最近の例だと、地方公務員の災害補償をめぐる大阪地裁の違憲判決（大阪地判平成25年11月25日判時2216号122頁）では、遺族補償年金の要件として、配偶者のうち夫についてだけ年齢要件があるということの合憲性が問題になっていました。判決は、結論は違憲とした上で、立法事実の変化だといった理由を述べています。各種統計も援用されており、要するに共働き世帯と専業主婦世帯が逆転したといったことが大きな理由になっていますが、いまでも専業主婦世帯は少なくありませんから、逆転したからといってそれをどう考慮すべきかは一義的には決まらない。立法事実の変化による違憲論は、ある種恣意的な部分があり、不安定です。逆に言えば、立法事実論に過重負担が掛かるわけです。

　例えば原告である夫が専業主夫である事案であれば、専業主夫であるにもかかわらず年齢要件があるという場合、それこそ本来の立法趣旨、基本決定からすると違憲ではないか。そのような形で判断できないのかが気になります。関連の裁判例も含めてそういった事例があるかどうか、ないのだとすると、それを妨げている事情があるのかどうか、その辺りをお伺いできればと思います。

　宍戸　私からも一言述べさせていただきます。

　首尾一貫性審査は、ドイツの連邦憲法裁判所が用いている違憲審査の手法

として最近注目されています（高橋和也「ドイツ連邦憲法裁判所が活用する首尾一貫性の要請の機能について」一橋法学 13 巻 3 号（2014 年）1065 頁以下参照）。実際にはかなり昔から議論されており、1970 年代には博士論文が見られます（Christoph Degenhart, Systemgerechtigkeit und Selbstbindung des Gesetzgebers als Verfassungspostulat, 1976）。D・メルテンという憲法と社会法を両方専門にしている学者が、首尾一貫性審査が社会保障の領域で使えるか検討しているのを、読んだこともあります（Detlef Merten, Sozialrecht. Sozialpolitik, in: E.Benda, W. Maihofer, H.-J. Vogel（hrsg.）, Handbuch des Verfassungsrechts, 2. Aufl., 1994. S. 981f.）。

　首尾一貫性審査の根拠は分かれますが、従来、平等原則との関係で論じられてきたものが、最近、さまざまな分野に拡張されたものとみることができます。恣意の禁止とか、理由のある合理的な国家活動で、正義にかなった行動をすることを求めるというのが平等原則の根幹にある。そのような前提から、ドイツでは昔、平等原則に立法者が拘束されるかどうかという議論をしていましたが、その国家活動に合理性を求める議論を詰めていくと、社会保障のような制度が複雑になり、体系が精緻になっていくものについて、憲法から直ちに正しい結論は決まらないけれども、立法者がある基本決定をしたのであれば、それに一貫した行動をしていなければ平等原則に違反する、あるいは正義にかなっているとは言えないということになる。首尾一貫性審査の議論は、このような流れで成長してきたのではないかという印象を抱いています。

　日本で首尾一貫性審査をどのように受け止めるかという山本さんの問題提起がありましたが、日本流の目的・手段審査、とりわけ国家活動として合理的であることを求める目的達成手段の合理性審査とも、重なる領域だろうという気がします。そうだとすると、最近の日本の違憲審査制に関する判決、例えば国籍法違憲判決（最大判平成 20 年 6 月 4 日民集 62 巻 6 号 1367 頁）、在外国民選挙権制限事件（最大判平成 17 年 9 月 14 日民集 59 巻 7 号 2087 頁）も首尾一貫性審査に連なるところがあります。衆議院の一票の格差に関する平成 23 年判決（最大判平成 23 年 3 月 23 日民集 65 巻 2 号 755 頁）はまさにそうですね。

ただ、日本の立法技術においては、基本決定があって、さらに具体的な規定が置かれるというよりは、すべて法律事項に当たるもの、国民の権利義務に関するものという形で条文を書き起こしています。したがって、重要度に応じた、あるいは論理的な階層が正面からは見えません。そうした状況下で裁判所が、「この部分は基本決定である。それ以外の部分は付随決定である」と決め打ちをして司法審査することが許されるのかという一般的な問題がある。

それに加えて、社会保障法の領域において、そういうことが言えるのかという問題もあります。社会保障立法は、基本決定とそれに関連する二次的、三次的な決定として組み立てられているのか。そうではなくて、長谷部恭男先生の多元的政治過程論のように、集団的な利益の取引がなされる政治・行政の過程の中で妥協によって社会保障立法が生まれているのだとすれば、裁判所が基本決定とそうでない部分とを勝手に仕分けして、後者が前者と首尾一貫しないと判断すること自体、立法者の形成余地に対する大きな介入になります。そういう基本決定とそれ以外の二次的、三次的決定という考え方が馴染むのか、笠木さんにお伺いできればと思います。

笠木 山本さん、宍戸さんのコメントに関連して、首尾一貫性という時にどこのレベルでの一貫性を見るのかについて考えてみます。税制を含めて、国の社会保障政策全体として一貫していれば良いといった程度のことなのか、あるいは制度ごと、法令ごとの基本決定を想定してコントロールするのかという辺りは、結局、首尾一貫性の根拠をどこに求めるかということに関わってくるのだろうと思っていました。先ほどの宍戸さんの補足をふまえて、恣意的な立法の禁止という考え方を重視するとすれば、これは特定の人権条項との関係で完結する議論でもなく、立法行為に求められる、比較的緩やかな一般原則として論じられるべきなのかもしれません。そうだとすると、個別制度なのか、メタの社会保障制度全体なのか、さらには広く社会政策一般なのか、を択一的に決める必要はない。基本決定は制度を跨いでも構わないし、各個別の制度の中に見出すことができることもある。そういう考え方になるように思われます。

そのように考えたうえで、では具体的に何を基本決定と考えるのかという

と、これは難しい論点です。明確な答えは用意できておりませんが、社会保障立法の歴史的経緯をたどっていくと、例えば国民皆保険とか、国民皆年金といったように、立法者が個別の法律の枠を超えて大きな基本的理念を明確に打ち出して長期にわたり立法を進めていることがあり、これは基本決定と捉えたうえで、これに正面から矛盾する立法についてはその理由について説明することが立法者に求められてしかるべきであるように思われます。他方、例えば年金保険における拠出と給付の一定の牽連関係の存在のように、個別の制度、法令の枠内で基本決定が想定できるものもありそうです。ただ、この場合でも、裁判所が立法者の判断をコントロールする際には、社会保障制度の場合、結局、ほかの制度も考慮しつつ全体としてある程度正当化できれば良いということになるのではないかと思います。基本決定と言えるものを個別の制度の中で選び出したとしても、そこから逸脱する理由は制度を超えて主張されるということもありえそうです。

2　生存権論と選挙権論

宍戸　いまのお話につながるのが、基調報告で強調された、憲法学が生存権を選挙権との類比で論じている点についてのご指摘であり、あるいは違和感のご表明だと思われます。

笠木　はい、そうですね。

宍戸　およそすべての権利に一般論として通用する議論、すべての違憲審査において共通する恣意の禁止、あるいは首尾一貫性の要請といったものが、社会保障分野でどれだけ機能するのかは、私自身も実は違和感があるところです。

なぜ最近の憲法学者が選挙権と生存権を一緒に論じているかと言えば、小山剛先生のご研究に依るところがあります。ドイツにおける三段階審査の考え方、防御権を中心にした憲法上の権利に関する違憲審査の枠組みを前提にした場合、憲法上の権利の保護範囲を立法に先立って観念できない権利類型として、つまりは自由権とは違うものとして、社会権と選挙権が共通性をもってクローズアップされる。そこで同様の手法が両者で使えないかという関心から、憲法学が議論してきたように思うのです。

ただ、もう少しご指摘の背景を考えてみると、選挙権は立法府を構成する選挙のルールであり、それを統制するならば裁判所で行うしかないという観点から、強い審査が要求されてきました。これに対して社会権には、必ずしもそうした事情は存在しません。あるいは選挙権の実現に関する立法裁量を考える際には、山本さんが強調された財政事情のような問題がないのに対して、生存権、社会権の場合には、社会・経済についての判断が当然必要となるわけです。この点でも、選挙権と生存権との間には構造的な違いが憲法上ある。そうだとすると、実は選挙権絡みで彫琢されてきた違憲審査の手法が、直ちに生存権に使えるとは言えないのではないか。こうした違いを踏まえた違憲審査のやり方を憲法学者は考えねばならないと思うわけです。

そこで先ほどの曽我部さんの問題提起に戻るわけですが、生存権は、選挙権とはまた違った意味で憲法上重要である。芦部先生も含めて憲法学者は、生存権はまさに人が生きる権利それ自体であると考えてきました。いま、目の前にいる訴訟を起こした人が、本当に人たるに値する基本的な生存ニーズを下回る状況に置かれているのであれば、何らかの形で司法が救済しなければいけないのではないか。いわば個別事情に即した審査ないし救済という考えが、憲法論としてあり得るはずではないか、とずっと思ってきました。

他方、社会保障の領域は、国民の生活上のニーズを類型的に捉えて、それに対して手当てをしていくという立法的性格が非常に強い。そうだとすると、人たるにふさわしい基本的な生存ニーズが達成されているかを裁判所が個別に確認して、大岡裁き的に救済していくというやり方に可能性はあるのか。そこは公的扶助と社会保障、社会保険とでは違いが出てくるのか。このあたりについて、ここまでの議論をまとめる形で意見交換したいと思います。

3 基本決定と個別事情の読み込み

山本 宍戸さんが最初におっしゃった、日本の立法技術として基本決定が何かがわかりにくいという問題は重要かと思います。笠木さんがご指摘されたように、特に社会保障法制ではそうかもしれません。民事法制ですと、民法が基本法的な位置づけを得ていますから、とりあえず民法をベースラインとして見ればよいことになる。社会保障法制は、民法のような中立性はあり

ませんから、政権の色によって動いていくところがあるわけですね。そうすると、基本決定が何であるかが余計わからなくなってくる。制度が政治的に振り回されて、ごちゃごちゃしてくる。

ただ、だからこそ首尾一貫性が法的に求められなければならないという事情があるかもしれません。そのためには、曽我部さんご指摘のように、立法過程の透明化を含めて、政治部門のアカウンタビリティを高めることが重要ですね。財政規律も含めた社会保障基本法のようなものを作るのは無理にしても、基本的な政策決定を明確なかたちで打ち出す必要がある。

もう一つ、個別事情の取り込みについては、救貧的なものか防貧的なものかで変わってくるように思います。生活保護法は、それ自体、要保護者の個別事情を考えることを促しているわけです。本当に困っている人に純粋な類型的判断を行うことを、法それ自体が予定していない。他方で、社会保険など防貧的な施策について、個別事情を考慮するような裁量が法のなかにどの程度組み込まれているか、確認する必要があると思います。

宍戸 曽我部さんから関連してご意見があればお願いします。

曽我部 先ほど宍戸さんがおっしゃった個別救済と社会保障法の類型関係ですが、私が申し上げた司法的秩序形成か、立法的秩序形成かの関心のズレが反映しているのかなと思いました。また、先ほどのハルツ判決からすると、基本決定はさほど大きな扱いにはならず、要するに制度趣旨に照らすといった程度の意味合いなのではないかという感じもします。

宍戸 それでは、ここまでの議論について、笠木さんにご意見を伺いたいと思います。

笠木 曽我部さんのコメントにあった、個別事情を司法審査の中で考慮できないかというご指摘は、大変興味深く伺いました。若干、制度内在的な審査の考え方に偏りすぎかもしれませんが、私は、司法審査による個別事情のあり方も、社会保険かどうかということで変わってきて然るべきではないかと思います。社会保険は良くも悪くも個別事情を考慮しないことを前提とした制度で、基本的には、実際にその人にお金がないかどうかは別として、一定の拠出をした人が65歳になれば年金を支払うという趣旨の制度です。個別の事情を取り込むことができない制度の作りになっており、そうすること

がむしろ、対象者にスティグマを与えない等の理由で望ましいと考えられてきたと思います。拠出制の制度であることもあって、個別事情を考慮しないことがむしろ制度の建前であるといえましょう（ただ、個別事情の考慮が完全に排除されるわけではなく、条例による国保保険料減免（国保 77 条）は例外的な場面の一例といえます）。こうした制度においては、個別事情に即した裁判所による救済、立法裁量に対する介入も、後退せざるを得ないと考えます。

他方、生活保護であれば、憲法 25 条 1 項が前面に出てきますから、当該個人の現実の生活レベルが問われ、個別事情が考慮されやすい。類型的・画一的な社会保険によってカバーできないニーズをカバーする受け皿としての機能が求められることからも、個別事情の考慮が最も強く求められる分野といえます。

ちなみに、障害者福祉の分野においては、法令の構造として個別事情の考慮を市町村に要請する制度になっています。障害者福祉と似た制度である介護保険は、社会保険方式を採用したうえで、介護の必要性がいかに大きくても一定量以上の給付は支給しない作りになっているのに対して、障害者福祉には法令の建前上は上限も下限もない。類似のニーズ（高齢者介護・障害者福祉）についてこのように異なる制度が用意されていることについては、憲法 25 条を具体化する立法裁量として適切なものかどうか、議論の余地があるかもしれません。

4　政策形成過程と司法的コントロール

宍戸　立法過程、あるいは行政まで含んだ上での政策形成過程がはっきりすれば、それをバックアップする形での司法的コントロールも可能になるだろうというご指摘もありました。

老齢加算廃止事件でも、社会保障審議会の部会での議論がクローズアップされてきましたが、社会保障法の研究者は、あの審議会を通すことが重要であり、そこに専門家の知見が入って政策的に洗練された意思決定ができている、とご覧になっているのか。それとも、審議会にもさまざまな要素があるからこそ、司法が立ち入って確認する必要性があると見るのか。この点はいかがでしょうか。

笠木 まず社会保障審議会についてですが、恣意的な決定を回避するという意味での制度形成に対する司法審査の観点からは、審議会で実際に資料が提出され、少なくとも理由が明示された上で、ある選択がなされていることは、この審査を通過するための一つの重要な足がかりになると思います。その社会保障審議会の議論の中身の是非にまで司法が立ち入っていくのであれば、制度内在的な統制ではなく、むしろ25条1項で外からの司法審査をしなければならないのではないか。審議会でまったく取り上げられていない改正や、取り上げられたにもかかわらず最終的に審議過程と大きく異なる結論が採られたといった場合には、判断過程審査の考え方等が馴染む場面になりそうです。

宍戸 もう一歩踏み込みますが、国の財政負担の問題があり、またシルバー民主主義などと言われるような政治のプレッシャーがある中で、社会保障政策全般について、司法審査に何を期待されるかについても、お伺いさせてください。

笠木 そうですね。社会保障分野においては、厚生労働省が中心となった総合的な政策形成・立法が重要な役割を占めていますし、行政立法の役割も著しく大きい。そのような中、立法に対する司法審査に何を期待するかについて、近年の学界では、実は論争は沈静化しているように思われます。戦後の社会保障法学は、現状の社会保障が不十分であるという認識から、憲法25条を基点としていかに制度拡充の運動を展開し、それを司法審査によっていかに実現するか、といった点に軸足を置いてきましたが、そうした関心は、最近では小さい。最近の憲法学における司法審査に関する議論を社会保障法学の分野で積極的に取り入れて議論しようという動きもあまり見られません。立法論が論じられる場合も、憲法訴訟による制度の改善を期待するより、現行法令を前提に、どのような趣旨で立法が行われてきたかということを分析し、そこから批判を展開する。そういう考え方に移ってきているのだろうと思います。司法審査論としてではありませんが、首尾一貫性や判断過程審査に近いことを学説が議論しているような印象もあります。

私個人としても、こうした学説の趨勢もふまえて、曽我部さんのご指摘にもあったように、立法者の判断過程が透明化されることや、どういう利益が

どう考慮されて最終決定に落ち着いたのか、その説明を求める、ひいては説明可能な立法を求める、という考え方が、制度形成に関する司法審査の議論を契機として発展することに期待したいと思っています。社会保障制度は従来以上に複雑化し、国民にとっては度重なる法改正の内容がますますわかりにくくなっていますし、仰る通り財政的な問題や世代間の利害対立もあり、当事者の利益が複雑に交錯して、ある立法がどのような趣旨の下で行われたのか、正確に理解することは専門家にとっても難しくなりつつあります。このような状況では、立法過程の透明性、説明可能性ということが一層重要になるのではないか。新しい審査手法に関する議論が、翻って社会保障立法のあり方に影響を及ぼすことに、期待をしているところです。

IV 世代間公平と社会保障政策

宍戸 後半に入る前に、世代間公平の話が残っているので、そちらを議論したいと思います。

憲法学者の生存権論は、どうしても司法的な側面に関心が向きがちで、その結果、社会保障政策がどうあるべきかという実体面についてはものを言わない。それは自らの愚を悟っているからなのかもしれませんが、この世代間公平は議論されなければならない問題であり、かつ憲法学による議論に比較的馴染みやすいテーマだとも感じます。この点について、曽我部さんからお願いできますか。

曽我部 これはいわゆるプリコミットメントというテーマですよね。年金のような長期的視野が必要とされる制度については、立法者拘束においてプリコミットメントが必要だと思います。他方で情勢の変化への対応も必要です。その意味では笠木さんが評価されているように、マクロ経済スライド制度は、中身はよくわからないものの、素人目には合理的なのだろうと感じます。それはそれとして、プリコミットメントについては２点ほどお伺いしたいところがあります。

１点目は、プリコミットメントの決定の合理性をどう担保するかということです。そこには、高齢者の意向が反映されるといった、ある種の民主主義

の歪みの問題があります。これにどう対応していくのか。一つには、実体的なアプローチが考えられます。先ほど山本さんも言及されたように、国民連帯とか、原理を立てて処理するというアプローチです。もう一つは、手続的な形ですが、アクターの配置をもう少し変える、もしくはそれを促すようなアプローチが考えられる。具体的には、選挙権年齢の引下げや、子どもを持つ親に2票を与えるなどといった方法、もっと技術的なことで言えば、それこそ基礎的な統計について独立機関に担当させるといった、組織的、手続的なアプローチがあり得るのではないでしょうか。

　もう一つの問題は、プリコミットメントをどのように維持していくのかというものです。マクロ経済スライドが法律で定められているだけであれば、法改正してしまえば無視できてしまう。消費税に関しても、引き上げを叫びつつ上げなかったという経緯があります。フランスを参照しますと、社会保障財政法律、計画法律などといった種類の法律がある。スペインなどもそうですね。この種の、通常の法律よりもやや改正が困難な法形式を創設するというやり方もあるかもしれません。もちろん、2票を与えることを含めて現行憲法上は認められないわけですが、日本国憲法の統治機構は古典的なものですから、世代間公平といった類の新しい問題を考えるにあたっては、頭の体操として、現行憲法を前提としない設計も考えておく必要があるのではないかと思います。

　これは社会保障法学へのお尋ねですが、高齢者の利害が反映されるといった民主主義の歪みは、社会保障法学においてどのように議論されているのか。これを最後にお伺いできればと思います。

　宍戸　いまのご質問に私からも補足、あるいは裏側からコメントしたいと思います。

　社会保障の歴史とデモクラシーの発展、それから国家の戦争の歴史、これらは切っても切り離せない関係にある。デモクラシーの進展が社会保障の充実を求めていくことによって国家の財政が逼迫し、あるいは経済社会のハンドリングが利かなくなり、国民内部の政治的対立が激化して、民主主義が自己を破壊する。その時の政権は社会保障をツールとして政治闘争に勝ち抜こうとするでしょうし、場合によっては戦争に訴えることもあるかもしれない。

いずれにしても民主主義の自己破壊につながり得るということは、少なくとも憲法研究者には非常に深刻に映る問題です。その意味では、社会保障の問題を憲法の中に取り込むこと、あるいは代表民主制のシステムの中に深く引き入れてしまうこと自体、本当に望ましいことなのか。新自由主義的な議論が、単に経済的な利害の主張としてではなく、政治思想として一定の正当性を持つのはこのためではないかと私は思っているのです。現在の日本の状況に照らして見ても、現実の社会保障費の増大が、社会保障以外の日本の政治過程に及ぼしている負荷は甚大なものがあります。

　もう一つ、日本国はグローバルな金融市場によってウォッチされている状況にあります。日本が社会保障政策のハンドリングを間違えれば、今般のギリシャ同様の事態も他人事ではなく、一気に国家的破綻に追い込まれてもおかしくない。憲法学者だけではなく、およそ統治に関わるすべての領域の研究者、有識者が議論を重ねるべきことですが、それだけに曽我部さんから提起された問題が重要となってくる。社会保障の適正化、効率化ということを考えるときに、社会保障法学から見えている世界があれば、ぜひ教えていただきたいと考えています。

　山本さんからも何かあればお願いします。

　山本　いずれも重要なご指摘ですね。宍戸さんのご指摘される社会保障の社会的リスクについてですが、確かに伝統的な社会保障法学では、社会保障の拡張が一つの基底的な考え方としてあったわけですが、近年は財政均衡も含めた捉え方がなされるようになっている。研究者の世代的な要因による地殻変動があったのかどうかわかりませんが、「均衡」を意識した社会保障であれば、理念的にはデモクラシーの内側に抱え込んでもさほどの危険は生じないように思います。

　ただ、現世利益的なデモクラシーだと、どうしても社会保障はリスクになります。私は、第一は将来世代を「国民」概念のなかに含めた国民主権論ないし代表制論に憲法学が取り組み、デモクラシーを規範化すること、第二は、民主的過程のなかに社会保障審議会のような専門知を組み込み、そのプレゼンスを高めること、第三は、いま挙げた二つを裁判所が担保することが、リスク回避のために重要であると考えています。

老齢加算廃止事件では、社会保障審議会の部会が中間とりまとめを発表してわずか4日後に、老齢加算廃止を織り込んだ、平成16年度予算の財務省原案が内示されるわけですね。福岡高裁判決（福岡高判平成22年6月14日判時2085号43頁）も気付いているように、ここでは結論先にありきだった。タイムスケジュール的にみても、専門知などは端から期待されていない。財政の論理から加算廃止は重要なのかもしれませんが、こういった「財政」ごり押しのプロセスでは正統性は担保されないでしょう。専門知を踏まえ、世代間公平や社会保障の真の必要性がしっかり議論されるプロセスが保障される必要がある。

笠木 重要なお話がいろいろとありました。網羅的ではありませんが、いくつかコメントします。

まず一つは、社会保障法学が世代間公平をどう見ているのかという点です。高齢者の利害ばかりが立法に反映されているという問題意識は、ごく最近のものだと思います。少なくとも憲法との関係では、昔ほどではなくとも、人権条項に基づいて制度を充実させていく、あるいは従来作られてきたものをなるべく守る方向性の議論が主流であったと思いますので、高齢者の利害が反映されていること自体を問題視する観点は最近のものです。民主的決定過程の歪みについても、社会保障法学の分野では残念ながらまだあまり議論がないように思います。他方、社会保障立法が若者の利益を十分に反映していない、あるいは子育て、子ども関係の支出が少なすぎるという話は、少し前から活発に議論されてきました。そして、従来は、若者や子どもに対する支援をより充実させていこうと議論される半面で、年金はいままでのまま維持しようという建前であったのが、最近になって、両者のバランス、すなわち世代間の公平とか緊張関係といった点に注目が集まるようになりました。最近では専門家委員会の文書等の中でも、世代間公平が正面から謳われるようになり（一例として、社会保障制度改革国民会議報告書『確かな社会保障を将来世代に伝えるための道筋』（2013年））、その問題が社会保障法学界でも自覚され、本格的な議論が期待されつつあるところかと思われます。マクロ経済スライドによる年金引下げは、基調報告の中で指摘した通り保険料負担能力の伸びを年金改定率に反映するという意味を有しており、具体的な法律の中で

この問題に一つの回答を示したものという印象です。

　そして、当初の社会保障法学にとってのアイデンティティは、やはり制度の拡張であったところ、その状況が変わりつつあるという山本さんのご指摘は、その通りだと思います。もちろん、制度拡張に向けた議論がなくなったわけでも、意味を失ったわけでもありませんが。社会保障を基礎づける価値として憲法13条を重視する立場をとる菊池先生も、特に老齢年金について、制度を一定程度縮小することを提案しています（菊池馨実『社会保障の法理念』272頁ほか）。

　他方で、世代間公平の議論に対しては懸念もあります。この概念は現段階では抽象的で、逆に際限なく広がりかねない。そして、いまの議論の枠組みでは、どうしても既存の受給権を制限する理由づけとしてぶつけられることとなります。例えば、既裁定年金について一定の財産権保障を認めるとした場合、この種の議論があまり簡単に使われると、財産権保障の意味が失われかねません。既裁定年金の引下げに対する憲法上の限界を考えるためには、世代間の負担の均衡が求められる憲法上の根拠が明らかにされること、この点をふまえて、こうした均衡がどのような範囲で考慮されなければいけないのかが議論されることが必要だと思います。

　また、曽我部さんが指摘されたプリコミットメントとの関係では、2012年頃以降の最近の社会保障立法において、異なる世代・対象者に関わる制度の全体像が見渡せるようなプログラム法を用意し、その後、具体的立法によって改革を進めるといった取り組みが行われていることを指摘しておきます（「社会保障制度改革推進法」（2012年）、「持続可能な社会保障制度の確立を図るための改革の推進に関する法律」（2013年））。また、この論点を、社会保険における「保険者自治」の議論と関連づけることも興味深いかと思います。例えばフランスでも（医療保険の分野をはじめとして近年大きく後退していますが）、立法過程と一定の距離をおいた――逆にいえば立法者の介入が予定されない――保険者自治的な決定過程が制度の中に組み込まれていて、例えば年金制度における世代間の公平といったことも、労使間ないし職域ごとの議論の中で考慮されている可能性があります（基調報告・注61も参照）。

V　憲法 14 条と社会保障法

1　社会保障法学からの問題提起

宍戸　後半では、憲法 14 条と社会保障法について話を進めます。まず笠木さんに要点をご紹介いただきたいと思います。

笠木　憲法 14 条との関係では、まず、戦後・高度成長期に形成されてきた社会保障が男女の役割分担に関する考え方と強く結び付いたものであったということは歴史的な事実で、今日でも各種の制度に読み取れるものであります。近年、学説や裁判例の中で、先ほど曽我部さんが言及された遺族年金の問題等をはじめとしてこの点につき議論が活発になっています。さらに、上記のような性格を有する社会保障制度について、今後、何らかの方針転換を図っていく必要があるとすれば具体的にどのような転換が可能であり必要なのかという問題もあります。

具体的に見ていきますと、まず、直接に男女で異なる扱いをする制度があります。男性にだけ特殊な受給要件を課す、あるいはある給付を女性にのみ支給する制度です。こういったものは直接には女性を優遇する男性差別なのですが、その背景には、女性が男性に比べて特に雇用市場において劣位に置かれているといった女性劣位の社会ないしそういった社会観が存在しています。そのことをどう評価するか。基調報告で述べた通り、そのような事実があれば、これを差別的な取り扱いを合理化する事情として捉えるというのが裁判例ですけれども、学説では、そういった制度には国家による差別的メッセージの発信が含まれているので、女性差別の問題として正面から取り上げて、より厳格に現在の制度と憲法 14 条との関係を評価すべきという議論も有力です。

いろいろ考え方はあると思いますが、社会保障制度の背景にある差別的な社会慣行の修正に社会保障法が何等かの役割を果たすことを求めるかどうかで判断が分かれることになるでしょうか。社会にあるニーズはそれとして受け容れた上で給付を行うという法体系なのか——従来はこのように考えられ

てきたと思います——それとも、今日においては、社会を変える役割を社会保障制度に担わせるべきなのかという点が問題になります。

そもそも社会保障制度にあっては、あるモデルを想定し、社会に典型的に予定されるリスクを取り出して、それに対してある程度定型化された給付を行うという制度が用意されていることが少なくありません。社会保険はまさにその典型です。そうした制度の中には、男性女性ではなく、例えば被扶養者という立場の人について特別な扱いをするものもあります。

このような制度についても、男女平等との関係で問題を指摘することができますが、さらに、特定のライフスタイルや世帯モデルを前提とした社会保障制度というものが、憲法14条との関係でどう位置づけられるべきかという問題があろうかと思います。個人を中核的な価値として社会保障法体系を考えるという近年の社会保障法学ないし憲法学の議論で有力な考え方からも、特定のモデルを想定した制度というものに疑念が投げかけられることがあります。

そこで難しいのは、あらゆる生き方に中立的な制度が、本当に社会保障法体系の中で実現できるかです。例えば、第3号被保険者の制度で、被扶養者ではなく、子育てや介護をした被扶養者だけに優遇的な措置を用意しようといった議論もありますが、そうなると、被扶養者かどうかは問われずとも、今度は子どもを持つか、育児・介護をするかといった個人のライフスタイルとの関係で、やはり制度が一定の影響を持たざるを得ない。個人に中立的な制度という要請がどの程度実現可能な課題なのかという問題が横たわっているわけです。

もう一つ、男女平等の問題と被扶養者の問題のいずれにも関わるのですが、あるニーズが社会に存在することを認めるというのはつまり、そうしたニーズのある人の存在をそれとして受け止めることです。これは、ある意味では、社会保障には根本的に差別的性格がつきまとうということでもあるかもしれません。障害者に対する年金給付なども、障害者が雇用市場で劣位に置かれることを現実として受け止めて給付を行うわけです。障害者雇用政策が進められる中、むしろ、障害の有無のみに着目して年金を一律に支給するという制度には差別的な要素があるのではないかという考え方も理論的にはあり得

るのではないでしょうか。

2　憲法学からの受け止め

宍戸　ありがとうございました。それでは山本さんからも論点提起をお願いします。

山本　イントロダクションでは、社会保障法制がもつ社会変革的意味を強調する考え方を規範的変容モデル、現実を反映して、そこに存在する需要や必要性に応えるといった役割を強調する考え方を現実反映モデルと呼びました。あくまで便宜上ですが。そして、前者の課題として、アカウンタビリティと民主的正統性にかかわる問題があるのではないかと書きました。笠木さんがおっしゃったように、例えば第3号被保険者問題にしても、特定のライフスタイルを前提にしているとの批判をベースに制度を変えても、結局はそこでまた特定のライフスタイルを前提とすることになる。個人の尊重や自律は固定的な憲法価値だといっても、その実現方法は多種多様ですから、やはり価値選択を含んできます。

それを社会保障法制の主たる目的にしてよいかですね。ある価値に基づく社会変革は、やはりまずは労働・雇用領域のアファーマティブ・アクションでやるべきではないかという考えもあると思います。アファーマティブ・アクションはもともとそういうものですから、導入となると論争を呼び、民主過程でそれなりに議論される。社会保障法制でこれをやる場合、裏からの社会変革といった印象を与えかねません。変革というより、誘導にならないか。社会の向かう道を私たちが主体的に選択するというより、この生き方だとあの給付がもらえないということで、責任の所在もわからず何となくある方向に社会が動いていくといったイメージです。

もちろん、社会保障法制が積極的な社会変革の役割を負わないとしても、そこでの不合理な差別は許されません。区別をおくとしても、社会事実の変化に即した合理的なものである必要があります。

宍戸　ここまでのお2人の問題提起に対して、曽我部さんはどのようにお考えでしょうか。

曽我部　基調報告とイントロダクションで言及されていた、山本さんの言

葉でいう規範的変容モデルと現実反映モデルとの対比が印象に残りました。現実は社会保障制度の中でその両者が渾然一体となっているわけです。その両者の混入を明らかにするという点で、示唆的な対比であったと思います。その上で、中立性や社会保障における差別的なメッセージの問題についてですが、本当に差別的メッセージの解消を謳うのであれば、アファーマティブ・アクションモデルに全面的に変えてしまうのが一つのあり方でしょう。しかし、男女差別には対応できても、障害者に対する施策としては難しいようにも思われ、こうした全面的な転換には無理がある感じもします。

　もっとも、ライフスタイル中立性やジェンダー中立性に関しては、抽象的なレベルでは、憲法13条や14条に基づいて一応主張できそうです。もっとも、具体的な制度設計なり、あるいは司法審査にいかに落とし込んでいくかは、非常に難しい問題だと思います。社会保障給付の要件とするときのニーズの指標として、例えば「女性」とするのか、「配偶者」「被扶養者」とするのか。現実としてはニアリーイコールで重複する部分があるかもしれませんが、やはりそうであっても「被扶養者」という指標が選択されるべきであるといった程度のことは言えるのではないか。判断過程審査の場面でも同様だと思いますが、選択肢が複数あるのであれば、中立的な指標でもって制度設計がなされるべきだという程度のことは言える。それができないときは、理由を説明させるぐらいのことは要求できる感じがします。

　もう一つは、そうは言うものの、特にライフスタイル中立性ということであれば無限に多様な広がりがあるので、制度設計の段階ですべてを考慮することは実際にはできません。そうである以上、訴訟などの事後的な場面で、個別の事情を読み込んで救済を求めていくことも、14条で考えられそうです。

3　労働法と社会保障法の役割分担

　宍戸　山本さんと曽我部さんのご指摘で議論はだいたい尽きていますが、労働法と社会保障法の役割分担という視点が面白いと感じています。

　私たちは資本主義社会に生きて労働で生計を立てていますが、そこではいろいろな問題が起きています。例えば労働慣行の中で賃金の格差がある。そ

の問題を、労働法で対応するのか、社会保障法で後ろから対応するのか。逆に言えば、社会保障制度を調整することで、その労働慣行をあるべき方向に促すべきなのかどうか。この点を非常に興味深く受け止めました。

例えば荒木尚志先生の『労働法』には、労働法の中で労働人権法という領域が徐々に成長してきているといったご指摘がありますが、もはやこれ以上、労働法的な手法では構造的な手段を講じることができず、社会保障の側から手を着けなければ社会における男女平等を達成できないという状況なのか。そうではなくて、労働法についてこれ以上は政治的に難しいので、社会保障法で裏側から対処すべきだという局面なのか。その辺りの認識を教えていただきたいと思いました。

それから、特定の世帯モデルを前提とした制度の問題もご指摘いただきました。おそらく、世帯という単位が日本においては今後ますます融解していき、個人ベースでニーズを把握していかなければいけない状況が浸透しそうですよね。それとの関係があるかはわかりませんが、ベーシック・インカム論について、社会保障法の世界でどのように受け止められているのか、お伺いできればと思います。

笠木 重要なご指摘です。労働法との役割分担については、現在のところ、そこまで詰めた議論は行われていないようで、体系的な整理のないままにキャッチボールが行われているように思います。労働法分野では、1980年代以降、差別禁止立法が発展しています。そのような中、例えば労働者の家庭生活と職業生活の両立を可能にするような社会保障、いまなお残る女性差別的な雇用慣行を修正するような社会保障が要求されることも依然として多いです。同時に、労働法分野の差別禁止立法の影響も受けて、社会保障の中で女性を特別扱いすることには従来以上に厳しい目が投げかけられている。私の問題意識は、このような中で、山本さんが整理して下さったところの現実反映モデルと規範変容モデルを社会保障法体系の中で調整・整理する必要があるのではないかという点にあります。

なお、少し話が前後しますが、社会保障については、世帯単位か、個人単位かという問題の立て方がよく見られます。一般論としては、できるだけ個人化を志向するというのが近年の議論だと思いますが、あるニーズを適切に

捉えるときに、世帯という単位が便利な場合もある。生活保護について、ドイツでは個人で計算した上で、世帯の利益につき引き算をする考え方があるようです。日本の場合、世帯ごとの利益を正面から考慮して制度設計されています。あるいは、これまで、老後に必要となる年金の水準は世帯を単位として計算されてきました。個人単位とした場合、今度は世帯としての適切な水準の見極めの場面で不便が生じる。これは憲法上の問題というよりは、社会保障立法の技術の問題ですが、生活実態に出来る限り合致した給付を行おうとする際に、個人では割り切れないところがあるということです。

　最後に、宍戸さんが言及されたベーシック・インカム論は、個人を単位とした制度を志向する考え方に馴染む議論だと思います。世帯モデルの話だけでなく、労働者の働き方の多様化が、正規雇用を前提とした社会保障の在り方に大きな問題を呈しています。この点も含め、働き方や家庭のモデルを前提としないベーシック・インカム論に注目が集まりつつあるのでしょうし、今後も、現実的な制度の導入可能性は別として、理論的には重要な論点となると思います。

4　政治・行政と司法審査

　笠木　私から質問させていただきます。遺族年金に関する最近の判決（大阪地判平成25年11月25日判時2216号122頁、大阪高判平成27年6月19日判例集未登載）も示すように、これまで、ある一定の世帯モデルが現に一定程度存在するといった立法理由が、差別的な扱いを正当化すると考えられてきました。憲法14条からこの点をどう考えればよいのか。また、多数派であれば許されるのか、それともそうした世帯がある程度存在するという程度でも良いのか。憲法14条による司法審査で、一定程度そういった世帯がなお存在するという程度で正当化できるとなれば、結局のところ現状肯定型の立法が続くでしょうし、それで良いと判断されることになってくるように思われます（435頁の曽我部発言も参照）。

　曽我部　制度趣旨としては、遺族の生活保障という面があるわけです。実際はもう少し複雑な認定がなされているのだと思われますが、例えば遺族の所得制限のような、もう少しニュートラルな指標を立てられないか。配偶者

が夫であるか妻であるかといった性別で指標を立てることが合理的なのか。

　今回の判決における立法事実論については、先ほど私からも申し上げた通り、ご指摘のような疑問が生じるのは自然だと思います。前篇では、そうした点もふまえて個別事情からの審査の可能性についておたずねしました。

宍戸　平等審査は融通無碍に使えるものであり、社会全体における男女の構造的な不平等取扱いの局面でも、例えば児童扶養手当の支給要件で男女の差別があるといったミクロの具体的局面でも、伸縮自在に使えてしまう。しかし、日本の付随的違憲審査制のシステムは、基本的には、いま目の前で「私は差別を受けています」「逆差別を受けています」といった主張の場面しか扱えない。裁判所がそこを覆す動きを活発化していっても、一つひとつの支給要件で男女平等を推し進めていくことになると、結果的に大きな不平等が改善されないまま男性有利の構造が温存されないか。これはアファーマティブ・アクションなどでもよく見られる現象だろうと思います。ミクロの場面で平等を貫徹するかどうかは、かなりの部分で司法戦略に依存してしまう。その意味では非常に危ない議論でもあるのではないか。

　だから、そうした限界があることを踏まえて、大きな構造は政治・行政の場で推し進め、小さな微調整は司法が担うという判断が求められるように思われます。ごく当たり前のことを言っているだけですが、この問題もそういう役割分担でないとやや危ない感じがします。

笠木　そうすると、その背景にどういう男女の問題があるかにまで立ち入るのは裁判所の役割ではなく、当該制度における取扱いの違いに合理的な理由があるか、それをその制度の枠内で見る限りが司法の役割であるということでしょうか。

宍戸　それが望ましいのではないかという考えです。構造的な男女の不平等がまさにそのミクロの事件で集約的に表れていて、裁判所が男女平等を貫徹することにより、社会全体の取り組みを変えることができるような事例がうまく登場すれば、展開はあると思います。労働雇用の例ですが、日産自動車事件（最判昭和56年3月24日民集35巻2号300頁）などは、まさにその一例だと思います。私は先ほどの児童扶養手当法事件判決に批判的というわけではないのですが、この種の事件で裁判所が男女平等を貫徹することに過剰

に期待するのは果たしてどうか、という気もしているところです。

笠木 司法審査の時点でどうなるかという話と、社会保障立法の指針として憲法14条を捉えたときにどうなるかという観点を分けた方がよいのかもしれません。司法審査の段階ですべてを解決させようとしても、宍戸さんのおっしゃるとおり、そのような役割を司法に求めるのは難題であると思いますが、社会保障立法のあり方としてどういう方向性が望ましいかと考えると、曽我部さんがおっしゃったような、より中立的な指標を立てるのが望ましいというご意見が参考になるように思いました。

VI 社会保障政策と個人の私的領域への介入

宍戸 最後に、予防概念が社会保障政策に出てくることと個人の私的領域の関係について議論したいと思います。笠木さんから問題の所在を教えていただけますでしょうか。

1 社会保障法学からの問題提起

笠木 医療保険制度に対象を絞ります。医療費の抑制が重要な政策課題となる中で、最近の法改正では予防政策の強化という傾向が顕著になっています。一番の関心は医療費抑制ですが、同時にその背景には、医療制度というものを治療だけではなく予防やリハビリも含めた広い概念で捉えて、総合的に構築していこうといった別の流れからの議論もあります。特に近年活発に立法が行われているのは保険者が行う予防事業です。よく知られているのはメタボ健診ですが、最近の法改正でも新たに、被保険者の自助努力の支援が保険者の行うべき事業とされました。「予防」というのは非常に広い概念であり、その範囲に限界がありません。食生活、睡眠時間、運動などの多様な私的領域に保険者を通じて国家が介入していくことが、少しずつ強化されてきています。そのことに危険があるのではないかというのが私の問題意識です。

憲法との関係でややこしいと思うのは、国家が直接に国民に指示を出すのではなく、保険者という主体を一応かませて、そこで保険者をお互い競争さ

せる形の政策になっていることです。保険者がどぎつい予防政策強化の方針を採り、例えば金銭的なペナルティを課してメタボリックシンドロームについて改善を促すというようなことをした場合に、憲法上、それをどう考えればよいのか。これは「保険者」という主体をどう捉えるのかということとも絡んで重要な問題になるのではないかと思います。

2　憲法学からの受け止め

宍戸　ありがとうございました。それでは山本さん、お願いします。

山本　まず、保険者の主体にかかわる問題をおいておき、パターナリズムの問題に触れておきたいと思います。最近の厚労省の動きなどをみると、メタボ健診など、善き生（good life）の領域にかなり踏み込んできているように思います。「パターナリズム」という言葉を知らないのでは、と疑問をもつほどです。憲法学はこれに警戒的でなければならない。

もちろん、「強制ではないよ」というのが政府側のロジックかもしれませんが、それをしないと一定のペナルティが科されるということになれば、それは事実上の強制になる。ただ、事実上の強制だとしても、それが飲酒の制限のようなものだった場合、それが憲法上の権利の侵害か、という疑問も提示されるでしょう。「不健康になる自由」が憲法上保障されているのか、と。もちろん、憲法では、少なくとも一般的自由として、あるいは恣意的な強制からの自由として抵抗可能ですが、「あなた方が健康になるのだから」と笑顔で近づいてくる相手に、「そこに組み込まれたくない」とはなかなか言いにくい状況がある。医療費抑制という、それ自体緊急性を要する課題もあるわけですから。憲法論を洗練させておく必要があると思います。

保険者の主体の問題ですが、政府としては保険者を使って間接的に介入してくるわけですね。保険者の、中間集団としての自治性が事実上確保されていれば、確かに政府による侵害行為はないといえる。しかし、逆に自治性が事実上認められていないのであれば、それは政府の行為であると考えざるを得ない。通常の私人間効力の話とは違うと思います。

宍戸　曽我部さん、いかがでしょうか。

曽我部　笠木さんの基調報告の中では、「個人の自己決定権やプライバ

シー権の侵害と捉えることも可能だが、より広く（浅く）、国家による個人の身体・私的領域・私生活への干渉という観点から捉える方が問題の性格に合致しているようにも思われる」と書かれていますね。

笠木 私の教科書的理解では、自己決定・プライバシーに関する議論は、ある程度対象を画定した上で、その限定された部分について憲法上の保護を実現しようとしているように思われます。不健康でいる自由という話とも関わるのですけど、もっと広く、単に私生活のことに口出しされたくないという気持ちを、いままでの憲法上の自己決定の議論でどう保護するのか。あえて積極的に何らかのライフスタイルを選択するという局面ではなくとも、ごくごく私的な領域に介入されたくないという気持ちをどう捉えるか。そういう趣旨です。

曽我部 つまり基本権などの硬い次元ではなくて、むしろ一般的自由への介入と捉えるというご趣旨ですね。なるほど、おそらくそういうものだと感じます。

その上で、パターナリスティックな介入という捉え方が山本さんから示されましたが、この制度の設計者は、これはパターナリズムではなく、医療費の削減が主題であると言いますよね。制度が高度化していくと、単純に個人の摂生不摂生ですら制度的な問題になっていく。そういう典型例だと思いますが、これを否定しきるリバタリアン的なアプローチを採るならともかく、やはり医療費の削減というのは重要な課題であり、しかも健康になるのだからと言われると、社会的な説得力があってなかなか抗弁しがたいところがあるのは事実でしょう。

それに対して、愚行権といった体裁で対抗するのもあり得る道かもしれませんが、憲法的に構成するのは難しく、まさしく山本さんがいつもおっしゃる「鈍痛」が懸念されます。累積的、複合的に作用し、中長期的に自律を奪っていくのではないかという問題意識ですね。山本さんはプライバシーに関して以前から提起されていますが、それと類似の現象が起こる。個別のメタボ診断はそれとして問題があるのかもしれませんが、それら一つひとつが憲法上の自由に対する侵害であって、訴訟で争えるといった構成は、かなり難しいのではないかと思います。私自身も不摂生ですから他人事ではないの

ですが。

　現状で考えられる構成としては、例えばメタボ診断に根拠がないといった専門家の批判に基づいて、何らか政策形成につなげる解を用意するといった程度でしょうか。例えば政策評価であるとか、それこそ審議会の議論でも良いわけですが、司法に期待するよりはむしろ、政策形成の中で専門的な知見がきちんと反映され、少なくとも根拠のないものを排除する回路が調うべきではないかと思われます。

　もう1点は、山本さんが提起された保険者の話です。保険者を中間集団と見るのは不可能ではないと思いますが、社会保障制度があって初めて存在している人たちですから、中間集団とはいえ元来が制度の手足であるという側面があるのではないか。政策を掲げて保険者を誘導し、あるいは競わせて政策を遂行させる。これは必ずしも私人間の問題ではなく、ある種のステイト・アクションに近い問題として捉えられるのではないか。もちろん制度の精査はしなければいけません。確たることは言えませんが、いまの感触としてはそういう方向性が許されるべきではないかと思います。もちろん金銭的サンクションなどがあれば、話はまた別ですが、単に方向性を促すといった程度では、なかなか権利侵害のレベルで問題を構成しづらい。やはり政策形成レベルで対応せざるを得ない感じもします。

　宍戸　私からは、いまのお2人のご指摘を整理して、加えて私自身が何に触発されたかについて補足させていただきたいと思います。

　最初に、保険者の位置づけの問題があります。ドイツ流に考えていけば、おそらくは自治の主体ということになり、その建前で議論するのも一つの方法です。他方、曽我部さんがおっしゃったように、実はこれはステイト・アクションであり、国家の公的な道具ではないかとも見られる。その両面があるところだろうと思うのです。そこで考えられる一つの議論は、なぜ社会連帯なり自治という理念が、社会保険制度について導入されているのか。そして、そこにもし意味があるのだとすれば、それを生かす方向で公的保険制度が運用されるように、できるだけ保険者の周囲を規律すべきではないか。保険者に対する介入を排除していくという法の役割は、結局そこに収斂していくのではないかと思います。

以前、倉田聡先生のご研究を勉強させていただきましたが、特に租税法律主義との関係で、外側からの強い規律をあまり求めると、かえって保険者の自治が生かせなくなるのではないかとのご指摘は、そのとおりだと私は思いました。他方、単に放っておくだけでは、保険者が自主的に決めているのだとされた上で、実際には外から有形無形の圧力なり誘導なりがあって、結局は被保険者の不利益の方向で動いてしまう。その危険を避けるには、保険者の前提となる知識・情報の開示、ないしは透明性を確保する仕組みが考えられなければならない。この種の中間団体については日本では以前から同様の指摘がなされてきましたが、社会保険についても状況は同じだと思います。

　２点目は、笠木さんからご指摘いただいた自己決定、プライバシーの問題ですね。よく私たちは「大文字の自由」と表現しますが、誰か１人の利益というよりはむしろ、公的領域と私的領域の線引きの問題、ドイツ流に言えば生存配慮国家によって私的領域が浸食されてくるという局面であり、個人に定位した形での人権論・違憲審査が機能しづらい構造的な問題であるというのは、曽我部さんご指摘のとおりだろうと思います。裏側から見ると、国家権力の限界の問題であり、長谷部恭男先生流に考えると、国家が非常に多くの情報・知識を持っており、国民が国家の権威に従うべきだという局面になりそうです。

　他方で、メタボ健診は、本当のところどうなのか。さらに踏み込むと、医療を含めさまざまな分野における専門家の知が、実はそれほど信頼できないのではないか。本当はより新しい専門家の知見があるのに、古い専門家の知見が国家行政組織と結合してしまい、新しい情報が排除されることになってはいないか。どうにもならないところまで突き進まないと是正できない、これが日本のさまざまな局面で見られる構造的な問題だと思われます。その意味で、曽我部さんがおっしゃった、知の世界での刷新がうまく国家行政組織にインプットされる仕組みというものが求められる。これは社会保障固有の問題ではなく、憲法学者が本来、場面を問わず扱うべき問題の、一つの表れなのではないかと感じました。

　余談ですが、国会で審議されているマイナンバー法の改正法案の中では、マイナンバーの活用範囲の拡大が議論され、それにメタボ健診が入っていま

す（2015 年 9 月成立）。なぜ、メタボ健診がそこまで特別扱いされるのか疑問でしたが、今回、事情がよく飲み込めました（笑）。

では笠木さん、どこからでもコメントできる範囲でお願いいたします。

3　保険者自治の見方

笠木　宍戸さんから言及のあったように、残念ながら若くしてお亡くなりになった倉田聡先生は、保険者自治に関する研究の第一人者でいらっしゃいました。倉田先生は、ドイツにおける保険者自治を重要な研究対象としていました（『社会保険の構造分析』（北海道大学出版会、2009 年）ほか）。日本でも、保険者自治の考え方は社会保険立法において常にある程度意識されてきましたが、ドイツと比べた場合、自治の色合いは弱いといわざるをえず、制度の中に自治の仕組みが必ずしも十分に整備されていないことが多い。その関係で旭川訴訟（最大判平成 18 年 3 月 1 日民集 60 巻 2 号 587 頁）の補足意見なども批判されうる面があります。保険者自治と言いつつも厳密にはこの自治について正統性をもつ決定機関が存在しないことが多いのです。建前と現実の違いがある現行法の下で、保険者自治を過度に強調するのは危険です。

保険者にもいろいろと類型があります。全国健康保険協会という国に近い組織もあれば、大企業などが作る健保組合のように、より私的な性格の強いものもあって、色合いが少しずつ異なります。組織の意思決定の過程もそれぞれに違っている。現実にも、国による政策がこのように大々的に展開される以前から、企業の健保組合は予防にも結構熱心で、保険料を引き下げるために、組合員にクーポンを配るなどして積極的に予防を促す活動をしてきたところも見られます。法令上の位置づけや意思決定過程の違いは勿論ですが、それぞれの保険者の現実の活動の違いも考慮しながら議論すべきです。

公私の線引きの議論との関係では、個人の人権侵害ではないものであっても、それが拡大しすぎないようにいかに監視できるのか、その問題は重要だと改めて思います。最近では、努力しない者へのペナルティとまではいかずとも、頑張った人に金銭的にご褒美を支払うといった議論も聞かれます。法改正がされたばかりですから、実際にどういう制度になるかはまだわかりませんが、今後の議論の進み方次第では私的領域への強い介入を含む制度にな

る可能性があるかと思っています。

山本 イントロダクションでマイナンバーの話に若干触れましたが、マイナンバー制度が展開していくと、国家と個人が直接に結び付けられ、技術上は、おそらく個人の一挙手一投足を国家が把握できることになります。個人ベースの社会保障がいよいよ現実的な可能性を帯びてくる。社会保障において、保険者や世帯などのある種の中間集団が、一面においては国家と個人との距離を構成していたところがあって、そこに自由の領域が形成されていたところもある。そういう意味では、マイナンバーの時代に、いかにして中間集団を位置づけるのか、例えば保険者の自治をどのように捉え直すのかが重要になると思います。

先ほどのニンジン作戦ですが、やはりこれをどのように法的議論として構成するかが喫緊の課題になると思います。もちろん、曽我部さんがおっしゃったように、透明性を高めて、マイナンバーの利用方法とともに政治の場できちんと議論するのが一つの方向ですね。その点では、「健康」という誰も抗えないような価値を弾幕にして医療費抑制を狙うような政府の進め方には問題があると思います。

何とはなしに社会が良い方向に向かっていくのだという幻想の中で、制度がどんどん動いていってしまう。いつの間にか超管理社会が到来して、「こんなはずではなかった」、「ところで、これは誰が決めたんだっけ」とならないように、マイナンバーの用い方、特に社会保障との連結については常にウオッチしておく必要があると思います。そこに頼りなさを感じるならば、やはり権利論・自由論として構成して、あるいは法律の留保論などと結び付けて裁判所にお出ましいただくしかない。

曽我部 やや方向が逆向きですが、行政法などでのいわゆる誘導手法は、個人の選択権を一定程度留保する手法であるという見方も可能ですから、評価すべき面もあるかもしれません。しかし誘導であっても、与えられるご褒美やペナルティに限界があって、個人の自律的判断を一定程度尊重した上での誘導だという限りで正当性があるといった議論ができるでしょうか。

山本 キャス・サンスティンなどのいわゆるナッジ（nudge）論者が言う「リバタリアン・パターナリズム」と関連した論点ですね。政府は、行動経

済学に基づいて、環境的にある特定の行動をとるよう個人を「ナッジ」することができる。それは「小突く」ぐらいで、個人にはなお選択の余地があるから、究極的には自由とは矛盾しないというわけですね。ただ、かなり危うさを含んだ議論だと思います。曽我部さんがご指摘のように、「誘導」の限界を考えておく必要がある。

曽我部 一見誘導に見えるものでも、限度を超えると制約と評価される場合があるかもしれません。

4　個人主義と政策の関係

笠木 山本さんの、オーダーメイドの社会保障が実現可能となるというご指摘について、先ほど議論した個人のライフスタイルと社会保障の関係、社会保障の個人単位化とも関連して、興味深く伺いました。社会保険制度は、画一的なモデルを設定することで、個人の生活状況について逐一確認せず、個性を見ないで処理することを目指すはずだったのですが、より効率的な制度にするとか、多様性を増す社会の実態に合った制度にする、といった点からは、どうしても個人の状況を個別に確認すべきだという議論につながる。そうすると、誰がどういったニーズを有しているか、国がきちんと調べて把握しておくべきだとなりかねない。そうなったとき、個人の自由や私生活との関係で、別の問題が新たに生じてしまう。この流れは興味深いですね。

山本 社会保障における個人の尊重が、財源確保の一つの隠れ蓑として機能するという構図に警戒しておく必要があるかと思います。

宍戸 財政と関わる場合に実際に見られる現象ですが、この問題も、医療に関わる方々や財政当局それぞれが目指す政策や特殊利益が、背後でうごめいています。しかもそれが、社会保障の分野に限らず横断的に横たわっている。そうした問題は、政党政治の民主的な責任行政の中で一元的に決定されなければいけないのに、そこがうまく機能しないという問題状況があります。まさに社会保障費の増大によって、政治過程に非常に強いプレッシャーがかかっている。ブレイクスルーが容易に見つからない状況下ですから、公法学・社会保障法学両方にとって大きな課題があるのではないかと思います。

Ⅶ　座談会のまとめ

宍戸　最後に、それぞれお一言ずつ今回のご感想をいただいて、座談会を終えたいと思います。笠木さんからお願いします。

笠木　先生方にスケールの大きい議論をいただきまして、大変勉強になりました。論点は多々ありましたが、司法審査の段階で、裁判所に何ができるかということと、より広い観点に立って、民主的な決定を憲法的価値との関係でどう評価するのか、その二つの観点に分けた上で、それぞれの論点を議論する要があるのではないかと考えました。いずれの論点も、政治的な決定過程が社会保障をどう扱っているかということとの関係を切り離しては論じられません。私自身、実際の社会保障立法の過程を精査しているわけではありませんので、今後の課題とさせていただきたいと思います。今日はありがとうございました。

山本　私も大変勉強になりました。いつも曽我部さんがご指摘される問題を先取りしてしまうと、司法統制の問題とともに、議会統制が非常に重要かなと思った次第です。例えば、生活保護法の基準設定について認められる厚労大臣の裁量は、筋論からいえば、予算の審議過程において国会でまずはチェックされるわけですね。社会保障は予算支出を伴うわけですから、財政的観点から国会で多重的なチェックを受けるはずです。基準設定は、厚労大臣の責任であるとともに、これを予算的に承認する立法府の責任でもある。判断過程審査というかたちで司法統制を入れるにしても、このような議会での審議が透明性をもって行われ、記録される必要がある。その意味でも議会の役割は重要であると思います。

後半で議論になった、マイナンバー制と結び付いた個人主義的社会保障の問題は、健康・福祉といった美しい言葉に惑わされずに、その方向をしっかりと見定めていく必要がある。「個人」をベースとする社会保障は、高度情報技術と結び付いたときに自由と反目しうる、ということに留意する必要があると思います。別の言い方をすれば、情報ネットワークの問題は、個人情報保護の問題にとどまらない、ということです。

曽我部 一般論ですが、現在の憲法学界で、憲法25条や社会保障に関心を寄せている論者は、さほど多くはないと思いますし、私もまったく不勉強でした。ただ、日本の課題という意味では、社会保障は非常に大きな問題です。それこそ日本の命運を握っているとも言い得るのであって、民主主義の課題という面からも、試金石となる大きな問題でしょう。立法裁量や民主主義の議論など、社会保障との関連に限らない課題が確認できましたが、実際問題として非常に大きな問題ですから、議論をさらに深めていく必要があるのではないか。例えば立法裁量でも、選挙制度の審査と社会保障の審査を分けずに同列視していたところがあったわけですが、その違いといった貴重なご指摘もありました。今後、そのあたりも含めて生かしていく必要があると思います。

他方で、将来世代の問題や、あるいは個人の自由な領域への介入の問題とか、これまた必ずしも意識されていない問題も提起されましたので、検討を深めていく必要があると思っています。

宍戸 曽我部さんがおっしゃるであろうことを山本さんが先取りされ、私が言うべきことを曽我部さんに先取りされた感じがあります（笑）。ともあれ、曽我部さんがいまおっしゃられたとおりで、われわれ憲法学者にとって社会保障の問題は、第一義的に憲法25条の問題だということで、同条およびその法的性格論がパッと思い付くところです。しかし今回は笠木さんにご登場いただき、社会保障の広範な領域についてお話を伺えたことで、25条に限られない憲法学固有の問題にも光を当てることができたかと思います。意義深いご報告、あるいは意見交換をさせていただいたことに、深く感謝いたします。

本日の座談会は以上で終わりにしたいと思います。ありがとうございました。

（2015年7月25日収録）

8-1

イントロダクション

曽我部真裕

1 はじめに

　基調報告は、行政学の観点から、地方自治、公務員制度、独立行政委員会等の行政組織という三つの領域を題材としつつ、憲法学における執政権説の帰結について検討したものである。そこでの緻密な分析は、憲法学において、執政権説の射程あるいは具体的な制度に対する帰結に関する議論が充分でないことを示すものであるといえる。

　そこで本稿では、憲法学における執政権説の議論のされ方について若干の検討を行った後、上記の個別領域について基調報告でなされた指摘に対して簡単にコメントすることとする。

2 執政権説をめぐって

(1) 若干の整理

　周知のように、近年の憲法学では憲法65条の「行政権」の理解をめぐり、伝統的な行政控除説を批判した上で、法律執行説と執政権説とが対立してきた。もっとも、これらの説の対立は必ずしも噛みあったものではない[1]。実

---

1) 淺野博宣「『行政権は、内閣に属する』の意義」安西文雄編『憲法学の現代的論点〔第2版〕』

際、「執政」の内容は多様であり、外交交渉や予算の編成のように対国民作用でないもの、あるいは事実行為であるものも含む。したがって、行政権に執政が含まれるとする解釈は、「執政」がまるごと、対国民作用であるはずの「行政権」に含まれることとなってしまう点でむしろ妥当ではないだろう[2]。執政権説を行政権概念に関する理論だと位置づけるのは必ずしも適切ではないように思われる。

執政権説と反対説の実質的な対立点の一つは、執政機能を憲法論上正面から位置づけることの是非にある。すなわち、反対説にあっても、実際問題として、内閣の役割は国会が制定した法律を受動的に執行する（行政各部に執行させる）ことに尽きるとは考えられていないであろうから、対立点は、執政機能を憲法論上主題化するかどうかという点にあると考えられる。執政機能を正面から承認すること自体が内閣権限の肥大化につながるという懸念も理解できないではない。しかし、この点に関する執政権説の関心は、内閣機能の強化と同時に、国民が内閣にもっと責任をとらせることを求めるものであり[3]、内閣に対する統制の強化・再編成を求めるものでもある[4]。憲法が法の領域と政治の領域を区別しているのだとすれば、政治の領域の問題として執政機能を主題化することが適当であろう。

次に、執政権説の大きな関心は、国政における内閣（さらには内閣総理大臣）のリーダーシップを強調することにあり、民主政観としてはウェストミンスター・モデルをとる。これに対して反対説は、国政の中心は国会であるとして、こうした見方を拒否する。もっとも、内閣のリーダーシップには、国会に対するものと行政各部（官僚組織）に対するものとがあるが、反対説においても、後者すなわち行政各部に対する内閣のリーダーシップが確立さ

（有斐閣、2009 年）149 頁。
2) 他方、法律執行説のように、行政権が法律の執行に尽きるかどうかについてはなお精査が必要であるが、法律の執行であっても高度の政治判断が求められるものがあり、その意味で執政的な要素が含まれうるのも確かである（毛利透「行政権の概念」同『統治機構の憲法論』〔岩波書店、2014 年〕239 頁）。
3) 佐藤幸治＝高橋和之「〔対談〕統治機構の変革」ジュリスト 1133 号（1998 年）13 頁（佐藤幸治）、佐藤幸治『日本国憲法と「法の支配」』（有斐閣、2002 年）234 頁。
4) 行政改革会議『最終報告』Ⅱ(3)。

れるべきことは承認されているのではないか[5]。

(2) 執政権説の射程

これまでの憲法学の議論では、執政権説によって内閣（あるいは内閣総理大臣）の能動性・主導性を承認した上で、こうした観点から従来の憲法解釈の見直しを試み、さらに、内閣の主導性発揮への障害となる法制度を批判的に吟味することがなされてきた。前者には、「国務を総理すること」（憲法73条1号）の解釈や、閣議における全員一致原則に対する批判がある。また、後者については、内閣総理大臣の主導性を明確に認めない内閣法の規定などが問題とされてきた。

後者については、行政改革会議の最終報告（1997年）に基づき、1999年、内閣法やその他関連法律の改正や内閣府設置法等の制定が行われて実現された部分がある。しかし、それ以降は、憲法学において、若干の例外[6]を除けば、具体的な制度に即して上記のような吟味が熱心に行われてきたとは言いがたい。しかし、こうした作業がもはや不必要になったわけでは決してなく、基調報告はさらなる検討の必要性を指摘するものである。

実際、執政権説は、内閣やその補佐組織のあり方の見直しを迫るだけではなく、統治機構全体の再編成を視野に入れた広い射程を持つものである。このことは、行政改革会議最終報告書にも明記されている。すなわち、「内閣機能強化に当たっての留意事項」として、「内閣機能の強化は、日本国憲法のよって立つ権力分立ないし抑制・均衡のシステムに対する適正な配慮を伴わなければならない。」とし、地方分権の徹底、国会改革、司法改革、情報公開法制の確立等の必要性が述べられている[7]。

ところで、執政「権」と呼ばれるものの、前述のように、これは必ずしも法的な権限であるわけではないし、そもそも単一のものではなく、多様な内容を含んでいる。執政権説をとったとしても、そこから直ちに憲法あるいは法律上の根拠なく具体的な権限が導き出されるわけではないし、そもそも、

---

[5] 上田健介『首相権限と憲法』（成文堂、2013年）335頁。
[6] なかでも、毛利透（毛利・前掲注2）や上田健介（上田・前掲注5）の業績は重要である。
[7] 行政改革会議・前掲注4）Ⅱ1(3)。

執政権を内閣が独占するわけでもない。その意味では、執政はむしろ内閣の地位の性格づけに関わるものであり、憲法や法律の解釈の指針、あるいは立法の指針と捉えられる。こうした観点から、前述のような制度の吟味が求められる。

やや具体的なポイントをさしあたり2、3述べるとすれば、まず、内閣が執政機能を実際に発揮できるようにする法解釈や制度設計が求められる。先に一言した橋本行革における内閣機能の強化はこうした観点からのものであったといえるが、行政組織法定主義の問題や、基調報告でも言及のある公務員の人事権の問題なども同様である。

次に、機能強化された内閣に対する統制が求められる。統制には、事前の統制と事後の責任追及とがありうる。事前の統制には、法律による静態的な枠づけと、予算や国会同意人事のような個別的な事前統制とがありうる。前者は、インナーキャビネット的な会議体も含む行政組織編成に関する行政組織法定主義や基本法による個々の政策ごとの組織的、手続的な枠づけなどである。この点、第一点として述べた内閣機能の強化の観点からすれば、事前の静態的な枠づけよりも、個別的な事前統制や事後の責任追及の比重が増していくのかもしれない。特に、昨今の状況に鑑みれば、国会同意人事のあり方の見直しは急務である。事後の責任追及には、国会による政治責任の追及と裁判所による法的責任の追及とがありうるが、いずれも強化が求められるところである。このようにして、内閣と統制機関との動態的な協働と対立関係を明確化することには、責任の所在の明確化や解決の透明性、先例の創造といった観点から意義がある[8]。

第三に、執政権説の立場からは、内閣が法案提出権をもつのは当然のことであり、また、対国会関係でも指導性が発揮されるとなれば、法律制定における内閣の主導性も強化される。その結果、他の国家機関の権限が不合理に

---

[8] やや文脈が異なるが、アメリカの憲法政治についての「法的な判決には法的な手段で、立法府として憲法及び法律にしたがって出来る手段を動員する、正面から法的な手段を総動員して両方が対決する、というところにご注意を促したいのです。」「文化、社会というのはおよそ摩擦を起こしつつ進歩していくのだという感覚が、政治部門と司法、あるいは裁判というものを考える場合にも必要ではないか。」という指摘（樋口陽一『転換期の憲法？』〔敬文堂、1996年〕214-215頁）は、本稿の論題にとっても示唆的に思える。

制約されることも懸念され、この点に対する配慮が求められる（後述3⑵も参照）。

基調報告にも、地方自治との関係でこの問題が指摘されている。ここで、執政権説と地方自治の関係という基調報告の論点について一言しておくと、まず、行政改革会議最終報告、および同会議の主要な構成員の一人であった佐藤幸治は、内閣機能の強化と地方分権とを結びつける視点を示している。最終報告は前述のとおり、内閣機能の強化は権力分立システムへの配慮を伴うとし、「国と地方公共団体との間では、公共性の空間が中央の官の独占物ではないという理念に立ち返り、統治権力の適正な配分を図るべく、地方分権を徹底する必要がある。」と述べる。また、佐藤自身も、「一方では、行政の守備範囲をより限定的かつ明確にしつつ、他方では、行政の統括者にして高度の統治作用を果たすべき内閣の立場を明らかに」すべきとしている[9]。

もっとも、基調報告にあるイギリスの例に見られる、執政による地方自治の圧迫に対する備えについては、十分な議論がなされていないようにも思われるが、基調報告の指摘する通り、現行憲法を前提とすれば、結局、地方自治制度が法律事項とされていることの意義を改めて強調するということだろう。それと同時に、より多様な制度構想の検討が期待されるところでもある。

3　執政と公務員制度

(1)　執政者の範囲と政治任用の問題

執政者の範囲と政治任用の問題について、憲法学での議論は十分に行われていないものの、近年、上田健介によって、基調報告とベクトルを共にする精力的な検討が行われている[10]。ここでは、内閣として実質的に政策決定をなし、それを行政各部に徹底できるかが問題となる。上田の見解は、そのための法制度として、内閣の一定の権限を憲法から引き出すものであり、内閣の運営自律権、とりわけ内閣総理大臣の内閣運営権限の承認・強化や、公務員の任命権を内閣に認めるなど内閣による行政各部に対する権限の強化、行

---

9)　佐藤＝高橋・前掲注3) 13頁（佐藤幸治）。
10)　上田・前掲注5)。

政組織法定主義の緩和などである。いずれも、緻密な条文解釈から導出された主張であり、内閣に執政権があること自体から論結するものではないことはもちろんである。

　さて、執政権者の範囲について、確かに、憲法学では内閣と行政各部との区別を認識した上で、執政を担うのは内閣であるとされている。その上で、上述のように、内閣の執政機能を確保するための制度設計に関心が向かったが、その対象は主に補佐機構（内閣府、内閣官房等）であった。他方で、副大臣をはじめとする政務職は、政官関係の文脈で検討対象になるにとどまっていたように思われる。

　しかし、ウェストミンスター・モデルを参照すれば、狭義の内閣に加え、これらの政務職を含めた政治家団が政権チームとなって執政を担うのであり、憲法学においてもそのようなものとしてこれらの政務職を捉えるべきである。もっとも、だからといって副大臣等も憲法上の「国務大臣」（憲法66条1項）に含まれると解釈する必要はなく、内閣の執政機能を確保するための制度設計の中で法律上の存在として考えれば良いと思われる。こうした観点から現行法を見ると、基調報告でも指摘されているが、副大臣・政務官の地位が内閣法ではなく、行政各部に関する法律（内閣府設置法13条、14条、国家行政組織法16条、17条）に規定されていることについては、これらの地位に関する基本的な認識としては疑問を呈することができる[11]。他方、副大臣や大臣政務官の任免が、大臣の申出により内閣が行うとされている点は、上記の観点からも妥当なのであろう。

(2) 公務員の政治的中立性

　この点に関するこれまでの憲法学の議論は、国公法102条と人事院規則14-7による規制の問題（基調報告のいう「外からの政治的中立性」の問題）に集中してきた。また、基調報告のいう人権論と統治機構論のインターフェイスにおいては、基本権がデフォルトだという思考であり、労働基本権にせよ政治的行為にせよ、その規制が立法政策の問題だという思考はとっていない。

---

[11] 吉本紀「日本国憲法と内閣法の間」レファレンス62巻11号（2012年）5頁（13頁）も参照。

そして、憲法学説は「行政官僚制における指揮命令系統の攪乱」の具体的な危険の立証を求めてきた。

堀越事件判決（最判平成24年12月7日刑集66巻12号1337頁）は、表現の自由を参照しつつ「政治的行為」の限定解釈を行い、こうした学説の主張に一歩近づいたかに見えたが、実際にはそうではない可能性もある。すなわち、多数意見に影響を与えたと思われる同判決における千葉勝美裁判官の補足意見は、この問題を統治機構論次元で捉え、立法政策の問題であるとする思考に近いようにも見える。

次に、基調報告のいう「上からの政治的中立性」の問題への認識は乏しかった。これは行政各部のあり方に対する憲法学の関心の低さにもよるものか、あるいはそもそも、自民党の長期政権下で自民党政治家と官僚の選好が接近し、直接的な人事介入が問題化することが少なかったことによるものなのだろうか。ともあれ、基調報告の指摘する通り、今後「上からの政治的中立性」の問題が顕在化する可能性もあるが、その場合の論点は、基本権の問題としてというよりは、官僚組織の自律性の問題として捉えられるのではないか。

この点、憲法学としても、官僚組織の自律性を否定するものではないと思われる。「憲法が公務員関係という特別の法律関係の存在とその自律性を憲法秩序の構成要素として認めていること（15条・73条4号参照）」[12]という著名な主張もこれに関わる。

もっとも、この主張の意味するところはかなり曖昧であるし、公務員関係の自律性確保は自己目的ではなく、官僚組織の専門性や能率性等の確保のための手段だと考えられるから、内閣の主導性を発揮する手段の一つとして人事を利用することは許容される。ただし、具体的制度については、内閣の主導性と官僚組織の自律性との間のバランスを考慮しつつ、さまざまなものが考えられる[13]。さらに、執政権説的な立場からの再検討によれば、憲法上、公務員任命権は内閣の権限であるとして、各省大臣等を任命権者とする国公

---

12) 芦部信喜『憲法学Ⅱ 人権総論』（有斐閣、1994年）259頁。
13) 毛利透「内閣と行政各部の連結のあり方」毛利・前掲注2) 115頁。

法55条を批判的に捉える見解もあるが[14]、このように解した場合にはなおさら、憲法73条4号の「法律の定める基準に従ひ」という規定が重要となってくるだろう。

4　独立行政委員会の捉え方

この問題は、いわゆる行政委員会だけでなく、中央銀行や公共放送、さらには裁判所といった諸機関と内閣、国会とのあり方論にも通じる。

基調報告が指摘する通り、憲法学はこれまで、行政委員会が合憲であるための条件を論じてきた。他方で、例えばかつては日本と類似の理由（議院内閣制）で行政委員会に否定的であったフランスでも、行政委員会が多数設置されている。また、国際的にも、放送・通信や個人情報保護の分野など、むしろ行政委員会を設置するのが国際水準であり、その観点から日本のあり方が問われている局面もある（すでに行政委員会が設置されている領域についても、そのあり方については国際水準の影響を受けている）。

実務において行政委員会違憲論が根強くあったかつてであれば、合憲となる条件を提示することに実際上の意義があった。しかし、いま見たような今日の動向に加え、基調報告が指摘するように行政委員会の設置の可否が政治的状況に左右されているという事実[15]、さらに、本稿冒頭に述べたような内閣の強化に伴う統治機構の再編成の要請等を踏まえれば、今後は、むしろ一定の分野については、行政委員会を（設置しなければ違憲とまでは言えないにしても）設置するのが憲法上望ましいという方向で憲法論を構築していく戦略もありうるのではないか。

この点、実は、行政委員会に関する憲法学の議論内容を見ると、それが合憲となる条件が当てはまる場合とは、むしろ行政委員会の設置が望ましいと言いうる場合と実質的にはほとんど径庭がないように見受けられる。

最後に、内閣法制局についての基調報告の指摘は、基本的に同感である。ただ、内閣法制局は裁判所の違憲審査制が機能していないことを擬似的に事

---

14)　上田・前掲注5）357-358頁。
15)　このことは、これまで行政委員会に十分なリソースが与えられず、期待された機能を十分果たすことができなかったことと関係があるものと思われる。

実上補償する存在であったと見られ、統治機構の歪みの現れではないかと思う反面、それはいかんともしがたく、当面の弥縫策・戦術としてその役割に期待する立論をすることについて、憲法学者のあり様が問われているのかもしれない。また、昨今の変化が定着するとすれば、これまで内閣法制局が事実として果たしてきた「国政秩序形成機能」[16]に対してどのような影響を及ぼすのか、それを受けてどのような制度的再配置を構想すべきか等について、考えていかなければならない[17]。

---

16) 大石眞「内閣法制局の国政秩序形成機能」公共政策研究6号（2006年）7頁。
17) 牧原出「内閣法制局の憲法解釈」季刊行政管理研究143号（2013年）1頁、同「政治からの人事介入と独立性」法律時報86巻8号（2014年）41頁。

8-2

[基調報告]
行政学から見た日本国憲法と憲法学
執政権説の検討を中心に

伊藤正次

はじめに

　報告者に求められているのは、日本国憲法の統治機構に関わる論点について、行政学の観点から整理し、憲法学に幾ばくかでも示唆を与えることであろう。しかし、はたして報告者がその任に堪え得るのか、率直に言って自信がない。

　報告者は、学部学生時代に憲法の講義を履修したとはいえ、憲法学の体系的知識を身につけることなく現在に至っている。また、報告者は、日本の行政委員会制度に関する研究で博士号を取得し[1]、その研究の過程で憲法学の研究成果を参考にしたものの[2]、その後、個別の行政組織の実態や地方自治の制度設計に関する研究を行う中で、統治機構に関する憲法理論や憲法解釈論に直接向き合う機会をほとんどもってこなかった[3]。

---

1) 博士論文は、拙著『日本型行政委員会制度の形成──組織と制度の行政史』(東京大学出版会、2003年)として公刊された。
2) 特に示唆を受けたのは、駒村圭吾『権力分立の諸相──アメリカにおける独立機関問題と抑制・均衡の法理』(南窓社、1999年)である。
3) 例外的に、自治体の基本構造の選択可能性を検討する際して、憲法93条の解釈について若干の考察を試みたことがある。拙稿「自治体・地域におけるガバナンス改革の構想と設計」年報

しかし近年、地方制度改革や地方分権改革に関する調査審議活動に携わる中で、大都市制度や住民自治、公営住宅制度等をめぐる憲法上の論点に接する機会が多くなってきた。この企画にお声かけ頂いたことを契機に、行政・地方自治をめぐる論点を中心として、憲法学に対する一行政学者の雑感を提示することにしたい。

　とはいえ、法律の素人が徒手空拳で挑むには、憲法学の敷居は高い。そこで、憲法について考察した行政学の先達の議論をまずは手がかりとして、憲法学との対話に臨みたい。

I　行政の概念と執政権説

　我が国の行政学者の中で、憲法に関する最も詳細な検討を行ったのは、西尾勝である。西尾の議論は、日本公法学会で行った報告をもとにして『公法研究』に掲載された論稿「議院内閣制と官僚制」[4]によって憲法学界にも知られているであろう。

　この論稿は、1990年に公刊された論文集『行政学の基礎概念』の冒頭を飾る「行政の概念」という章を下敷きとして[5]、①立法・司法・行政、②政治・行政、③執政・行政・業務という三つの側面から行政を捉え直した上で、主に②の側面から、議院内閣制と官僚制の関係を論じたものである。西尾は、高橋和之の「国民内閣制論」に基本的な賛意を表しつつ、「行政学の観点からすると、憲法学界での議論は高橋教授のそれも含め、専ら議会と内閣の関係に集中させていて、任命職の行政官（官僚・行政職員）から構成されている官僚制に対する統制の問題をほとんど完全に無視している点が遺憾に思われる」という認識を示した[6]。そしてそれに基づき、現代民主制における政

自治体学17号（2004年）、同「自治体基本構造の選択と地方政府基本法のあり方」都市問題2010年9月号、同「自治体基本構造改革の課題と展望——現行二元代表制の改革課題を中心に」月刊自治フォーラム2010年12月号、同「column⑦　日本の自治体統治機構の多様化は可能か」（礒崎初仁＝金井利之＝伊藤正次『ホーンブック地方自治〔第3版〕』〔北樹出版、2014年〕所収）を参照。

4)　西尾勝「議院内閣制と官僚制」公法研究57号（1995年）。
5)　西尾勝『行政学の基礎概念』（東京大学出版会、1990年）。

治（政党政治家）と行政（行政官）の関係を、①統制の規範に基づく優越・従属関係、②分離の規範に基づく相互不介入関係、③協働の規範に基づく指導・補佐関係という三つの規範の複合関係と捉える視点を提示した。

しかし、この西尾の報告ならびに論稿が憲法学者の関心を集めたのは、むしろその冒頭で言及された執政・行政・業務という側面から行政を捉える見方であるように思われる。すなわち、内閣に属する行政権を控除説的に解する従来の議論に対し、アメリカ行政学の系譜等を確認しながら執政（executive）と行政（administrative）の作用を区別する議論が憲法学者の注目を集め、内閣の行政権を執政権と見なす議論（執政権説）が提唱される一つの論拠となったと考えられる[7]。

西尾の議論に示唆を受けて、最も包括的かつ野心的に統治機構論の再構成を企てた憲法学者は、石川健治であろう。石川は、執政権概念を統治機構論に取り入れる発想を得た経緯について、「学部時代に西尾教授の行政学を聴いて、これは使えると考えたのがきっかけ」であると述べている[8]。石川によれば、ドイツで発達した近代公法学は、かつて「絶対君主が総覧した包括的な国家作用」である「執政という自由で創造的な『政治』の作用」を立法・司法・行政という「法」で包み込み、「法律による行政」の中に封印することにより、人々の国家からの「自由」を護るというプロジェクトを企ててきた。しかし、そもそも外交や戦争遂行等、「行政」からはみ出す高度な政治問題に関わる領域が存在し、いわゆる「統治行為」論を媒介としながら、近年ではドイツ公法学でも「執政権」を観念する状況が生まれているという[9]。

これを踏まえ、石川は、日本国憲法65条で内閣に属するとされる「行政権」を「執政権」と読み替え、72条の「行政各部」が担う「行政権」と区別することを提唱した。高度な政治作用や国政の総合調整を担う「執政権」

---

6) 西尾・前掲注4)「議院内閣制と官僚制」29頁。
7) 例えば、阪本昌成「議院内閣制における執政・行政・業務」（佐藤幸治＝初宿正典＝大石眞編『憲法五十年の展望Ⅰ・統合と均衡』〔有斐閣、1998年〕所収）を参照。
8)「国民主権、議会、地方自治〔討論〕」法律時報69巻6号（1997年）32頁、石川健治発言。
9) 石川健治「政府と行政——あるいは喪われた言説の場」法学教室245号（2001年）70-71頁。

を顕現させ、「日本国憲法が、こうした執政権をどのような機関に分配し、またどのような統制手段を講じているのか、他の立憲主義諸国との比較においてはどうか」といった設問を明示するような理論構成をとることにより、憲法学における統治機構論の再活性化を促すことが企図されていたのである[10]。

こうした執政権説は、イギリスの政治学でサッチャー政権以降の統治の変化を語る際に用いられた「執政中枢」(core executive) に関する議論や、日本の内閣機能強化論という実践的な議論とも親和性が高く、行政学者にとっても理解しやすい。しかし他方で、この執政権説に対しては、行政学の立場からいくつかの論点を提示することが可能である。

第一に、統治に関連する地方自治にまで執政権説の射程を広げた場合、その効果については慎重に判断しなければならないように思われる。執政権説に対して論拠を提供した西尾は、日本国憲法の地方自治に関する条項を詳細に検討する中で、実は執政権説とは異なる統治機構論を展開していた。

第二に、執政・行政・業務という区分は、公務員の階層に従っており、行政学では、公務員制度・人事行政との関係で執政・行政・業務を位置づけている点にも留意する必要がある。政治・行政関係とも重なる論点であるが、執政権への着目が公務員制度・人事行政に与える示唆について、憲法学からはどのように捉えられるのだろうか。

第三に、独立行政委員会の合憲性という伝統的な論点に加え、内閣の下で専門的な判断を行うことが期待されている機関を、執政権への着目という文脈にどのように位置づけるかという問題がある。特に、憲法解釈に関する専門的な機関であることが期待される内閣法制局のあり方は、執政権説からはどのように理解できるのであろうか。

以下では、ここに掲げた三つの論点について順に敷衍していきたい。

---

[10] 石川健治「執政・市民・自治――現代統治理論にとっての『金枝篇』とは」法律時報69巻6号（1997年）23頁。また、「執政権の統制」という石川の問題関心について、石川健治「統治のゼマンティク」憲法問題17号（2006年）69頁以下を参照。

II 執政と地方自治

　西尾の憲法に関する思索は、中央省庁等改革や地方分権改革、司法制度改革等が進められた 1990 年代より遥か前、1970 年代後半にさかのぼることができる。西尾は、北海道地方自治研究所の求めに応じて、1976 年 8 月に釧路市福祉会館で「憲法と地方自治」と題する講演を行った。この講演は活字化され、印刷・頒布された[11]。この講演録は、当時から入手が必ずしも容易でなかったと思われるため、憲法学界等からはあまり注目を集めなかったようであるが、ここには西尾の憲法論のエッセンスが詰まっている。以下、その概要を紹介してみたい。

　西尾は、当時相次いで刊行された辻清明の『日本の地方自治』（岩波新書、1976 年）と松下圭一の『市民自治の憲法理論』（岩波新書、1975 年）、とりわけ後者に刺激を受け、アメリカの都市行政・地方自治に関する自らの研究を踏まえて、日本国憲法の地方自治に関する条項をアメリカの地方自治制度と比較対照しながら読み解くことを試みた。そこでは、「信託」を基礎とする松下の憲法理論（機構信託論）をベースとしつつ、日本国憲法で用いられている統治に関わる用語の英文版と日本語文を対比し、両者の異同を確認するという解釈手法がとられている。

　第一に、「国」という字のついた用語の英文を比較検討することにより、「地方公共団体」の憲法上の位置づけを再確認することを試みている。西尾によれば、日本国憲法の英文版では、主権者である国民の総体を指すときには the people、この国民が形成する国民国家のことを the nation と呼び、国民国家の統治機構全体、つまり中央政府と地方公共団体の双方を指す場合（例えば前文の「そもそも国政は国民の厳粛な信託に基づくものであつて」にいう「国政」）には、government の語を用いてそれぞれ区別している。他方、国の中央政府のみを指すときには、the state が使われている。ここから西尾

---

[11]　西尾勝『学習資料第 I 集・憲法と地方自治——「現代地方自治講座」講演記録』（北海道地方自治研究所、1977 年）。

は、日本国憲法の構成について、まず国民（the people）の主権に基づいて国民国家（the nation）の樹立を宣言し、次いでその統治機構として中央政府である国（the state）と地方公共団体（the local public entities）という2種類のgovernmentを創り、その後で国（the state）の機関として、国会、内閣および裁判所を創ったという理解を提示するのである[12]。

これを踏まえて第二に、アメリカの地方自治研究をベースとして、憲法92条の「地方自治の本旨」の意味が探究される。西尾は、一般に不確定概念とされる「地方自治の本旨」について、国の官僚のみならず、国と同様に国民の信託に基づいて創造された地方公共団体、さらに主権者である国民が、自分なりの意味内容を自由に与えることができる概念として捉え直すことを提唱する。それを前提とすれば、地方公共団体の財政自治権に対する制約や機関委任事務制度、住民投票を経ずに行われる地方公共団体の廃置分合等も、「地方自治の本旨」に反すると解釈される余地が生まれるという。さらに西尾は、団体自治があって初めて住民自治があるとする公法学者の論理構成について、ドイツ的な発想に「何のためらいもなく頼りすぎている」と指摘し[13]、アメリカでは住民の発意によって自治体が設立される点に注意を促した。国民主権に基づいて国民国家が直接地方公共団体を創造したという論理構成をとるならば、中央政府が地方公共団体の団体自治を認めることで初めて地方自治が保障されるというドイツ流の伝来説的な発想は、必ずしも採用される必要がないということであろう。

第三に、地方公共団体の組織・運営（92条）、統治機構（93条）、条例制定権（94条）に対する国の制約が論点となる。まず西尾は、これらの条項に定められた地方自治に対する国による制約を行いうる主体は、憲法上は、「法律の範囲内で」あるいは「法律の定めるところにより」というように、あくまでも立法府である国会であることを強調する。また、地方公共団体による

[12) ちなみに、同じ「国権」が使われていても、9条と41条で英文が異なる点も指摘されている。9条では、a sovereign right of the nation とあり、国民国家が発動する戦争の放棄が唱えられている。これに対し、41条にいう「国権の最高機関」の英文は、the highest organ of state power であり、国会は、あくまで中央政府内部における最高機関であるということになる。
13) 西尾・前掲注11)『憲法と地方自治』46頁。

法律の解釈や条例制定に関する判断を行うのは裁判所であるとされる。そのため西尾は、日本国憲法は、地方自治に対する抑制機能を国会と最高裁判所には究極的に与えているが、行政府を構成する内閣と各省には与えていないと主張する。しかし実際は、地方自治法14条が「法令に違反しない限りにおいて」地方公共団体に条例制定権を認めており、政省令等に基づく行政府の関与が幅広く行われている。西尾は、こうした状況を憂慮していたのである。

　第四に、地方公共団体の長と議会議員等の直接公選を定めた93条に関する問題がある。まず、この93条が地方公共団体の間接民主制を規定した条項であって、アメリカの自治体で採用されているイニシアティヴやレファレンダムといった直接民主制的な制度を導入する余地はないという解釈について、西尾は、「市民参加について憲法が明文で何も語っていなくても、市民参加にささえられた市民自治こそが地方自治の本来の姿であるということは、国民主権に基く信託という理論構成からいっても当然」であると批判し[14]、直接民主制的な制度を採用することも憲法上許されるという見解を提示している。また、93条がいわゆる二元代表制を採用し、地方公共団体が別の統治形態をとることを憲法は認めていないという解釈について、議事機関と長が必要であり、両者は公選でなければならないが、議事機関と長が相互に独立の機関でなければならないとは93条には書いていないとして、地方公共団体が多様な統治形態を採用し得る可能性について言及している。

　第五は、自治憲章制度と特別法に関する論点である。西尾によれば、19世紀の半ばから世紀末にかけて、アメリカでは州議会が立法権を通して個々の自治体に介入する事例が相次ぎ、これを批判する市政改革運動の成果として、州憲法に州議会が個々の自治体を狙い撃ちにした特別法を制定することを禁止する規定が置かれることになった。しかしアメリカでは、その後、さらに自治体の自主性が認められ、州憲法に自治体が採り得る組織形態・権限等を提示する選択憲章制度や、自治体自ら制定した憲章を州議会が承認する自治憲章制度が広まった。こうした状況の変化を踏まえ、西尾は、95条と

14）　西尾・前掲注11）『憲法と地方自治』65頁。

自治憲章制度を結びつける解釈の可能性を模索している。すなわち、95条の解釈として、国会が恣意的に特別法を制定することに住民投票で歯止めをかけるという 19 世紀末のアメリカ的な理解に加え、地方公共団体が求める特別法を国会が引き取って立法することで、自治憲章制度に近い運用を行うという解釈の余地はないか、思考をめぐらせているのである。

このように、西尾は、松下の機構信託論を前提としながら、日本国憲法に定める地方自治の意味を探究したが、上記第三の論点に示されるように、内閣および各省が地方公共団体に対して裁量的に介入することについては否定的な立場をとっている。西尾は、執政権説よりも、むしろ高橋和之が提唱した法律執行説、すなわち、「立法権と行政権を法律制定と法律執行という関係に設定し、国政において生じた問題の第一次的判断権を立法権に独占させる国民主権モデル」[15]に近い立場で、内閣の行政権を理解していると捉えられよう[16]。

これに対し、石川は、「日本における地方自治活性化論は、しばしば心情連邦主義的であり、主権国家を前提にした単位的自治・単位的自己決定に固有の問題を看過する傾向がないとはいえないだろう」と述べ[17]、地方分権改革に対して慎重な姿勢を示していた。他方、石川は、最新の論稿では、西尾が掲げた上記第 5 の論点と関連して、日本国憲法第 8 章の形成過程の分析から、自治憲章制度という「未完の夢」の可能性を導き出している[18]。

日本では、1990 年代以来、内閣機能強化論と地方分権論の「平和的共存」が見られるが、「強い執政」の典型例と考えられてきたイギリスではしばしば政権によって地方自治制度が改編されていることからも明らかなように、そもそも内閣の執政権を正面から認めることと、地方分権により垂直的な権力分立を強化することは、相互に矛盾する可能性がある[19]。内閣の行政権の

---

[15] 髙橋和之『現代立憲主義の制度構想』(有斐閣、2006 年) 133 頁。
[16] 髙橋の法律執行説については、毛利透『統治構造の憲法論』(岩波書店、2014 年) 240-242 頁、宍戸常寿『憲法 解釈論の応用と展開〔第 2 版〕』(日本評論社、2014 年) 252-253 頁の整理も参考にした。
[17] 石川・前掲注 10)「執政・市民・自治」25 頁。
[18] 石川健治「未完の第八章」自治実務セミナー 2015 年 8 月号 2-6 頁。
[19] この点については、金井利之「現代日本の国制遷移と分権改革」法学新報 118 巻 3・4 号

あり方をめぐる議論が地方自治に与えるインプリケーションについて、あらためて憲法学と行政学が相互に対話することが求められているのではなかろうか。

Ⅲ　執政と公務員制度

　西尾によれば、執政・行政・業務の概念は、官僚制内部で形成されている身分制を前提としつつ、20世紀初頭以来、アメリカを中心に形成されてきた。アメリカでは、大統領や州知事、市長といった行政府の長がChief Executive（執政長官）等と呼ばれ、これに仕える人々がAdministrative Staff（行政職員）とされ、さらにその管理下でexecutionやoperationといった業務に従事する職員がいる[20]。アメリカの政治学者ジェームズ・Q・ウィルソンも、行政官僚制を執政者（executives）、管理監督者（managers）、業務執行者（operators）の三層に分け、その実態を分析している[21]。こうした行政官僚制の人的な階層構造と、内閣の行政権に関する憲法論はどのような関係に立つのだろうか。

　第一に、執政を担う主体の人的範囲について、憲法学の執政権説と行政学の双方の前提の間には距離があることを確認しておく必要がある。執政権説が原則的執政権者と見なす内閣が、「その首長たる内閣総理大臣及びその他の国務大臣」（66条1項）で組織された合議体であって、行政権を担う「行政各部」と区別されるとすれば、行政学で想定する執政は、より広い主体を包含する概念であるといえる。すなわち、西尾は、執政を「政治家が行政府入りして政権担当者として活動する局面のみを指している」概念と限定的に捉えているものの[22]、現代日本の中央政府では、少なくとも副大臣・大臣政務官や内閣官房副長官（政務）、内閣総理大臣補佐官といった政務職が、執

　　（2011年）を参照。
20)　西尾・前掲注5)『行政学の基礎概念』10頁。
21)　James Q. Wilson, *Bureaucracy: What Government Agencies Do and Why They Do It,* Basic Books, 1989.
22)　西尾・前掲注5)『行政学の基礎概念』10頁。

政を担う主体に含まれるであろう。

　他方、ウィルソンは、アメリカの各層政府における執政者を、大統領や知事、市長等によって外部から自由任用される政治的執政者（political executives）と、各省組織内部から登用される生涯職執政者（career executives）に分類している[23]。また、イギリスの内閣研究が着目する「執政中枢」は、「中央政府を調整し、政府機構の各部門間の紛争を最終的に調停するすべての組織や手続」、具体的には首相、内閣、閣僚委員会、各省幹部職員、与党幹部のほか、諮問機関や非公式会合等を含むネットワークと捉えられる[24]。このように執政を広く捉えるならば、日本の中央政府における執政者は、先に掲げた政務職のほか、ウィルソンのいう生涯職執政者、すなわち、内閣総理大臣秘書官、内閣官房副長官（事務）以下の内閣官房の幹部職員、各府省の事務次官・局長等の幹部職員、さらには与党幹部を含むことになろう[25]。

　これに対し、執政に関わる人的範囲と、執政権をとりまく法制度の間には、齟齬があるように思われる。例えば、執政者として各府省を政治的に統制することが期待されている政務三役のうち、副大臣・大臣政務官については、内閣法ではなく、「行政各部」を規律する内閣府設置法 13 条・14 条および国家行政組織法 16 条・17 条にそれぞれ規定されている[26]。他方、内閣官房長官・副長官以下、内閣官房に置かれる職や組織については、内閣法に規定がある。執政権説から見て、内閣および行政各部を規律する法制度と、実際に執政に携わる政治的主体の関係は、どのように理解されるのであろうか。

　第二に、内閣の総合調整機能を強調する執政権説に立てば、「行政各部」に対する統制を強化するために、中央人事行政機関としての内閣総理大臣の権限を強化し、場合によっては政治任用職の範囲を拡大するといった方策が考えられるかもしれない。国家公務員制度改革関連法の成立によって 2014

---

23)　Wilson, op. cit., pp. 197-198.
24)　Martin J. Smith, *The Core Executive in Britain*, Macmillan, 1999, pp. 4-8.
25)　中央省庁等改革後、民主党政権に至る日本の中央政府の執政中枢については、拙稿「統治機構──内閣主導体制の理想と現実」（森田朗＝金井利之編著『政策変容と制度設計──政界・省庁再編前後の行政』〔ミネルヴァ書房、2012 年〕所収）を参照。
26)　副大臣・大臣政務官の地位の不明確性を指摘するものとして、毛利・前掲注 16）『統治構造の憲法論』126 頁。

年5月に内閣人事局が設置され、審議官級以上の各省幹部人事の一元管理が制度化されたことは、執政権説の立場からは肯定的に評価されるであろう。

しかし、執政に関与する幹部職員の人事については、第二次安倍内閣以降、官邸主導の運用が強まっているという指摘もあり、人事に対する民主的統制と、公務員の政治的中立性の確保のバランスをどのようにとるかが課題となる。これは、憲法15条1項（国民の公務員選定罷免権）と2項（公務員の全体奉仕者性）のバランスをどうとるか、という問題と関連するように思われる。

周知の通り、戦後日本の公務員制度は、制度設計を主導したブレイン・フーヴァーの意向を踏まえ、政治任用の範囲を限定し、労働基本権を一部制限することによって、公務員の政治的中立性を確保することを強く要求している。行政学の観点からは、アメリカにおける資格任用制が下級職員から適用されていったという経緯からも明らかなように、執政・行政に関わる幹部公務員のみならず、日常的な管理監督や業務執行に携わる職員の政治的中立性についても特に配慮すべきであるということになる。これは、執政者の党派的志向によって管理監督者・業務執行者の処遇が不当に左右されることを防ぐ（いわば「上からの政治的中立性」の確保）とともに、政府外の政治勢力の党派的影響によって行政官僚制における指揮命令系統が攪乱されることを防止する（いわば「外からの政治的中立性」の確保）ことが肝要であるということになろう[27]。

関連して第三に、公務員の労働基本権に関する問題がある。民主党政権下で公務員の労働基本権制限の緩和が試みられ、その後の自公政権で従前の通り労働基本権の制限を前提とした公務員制度改革が行われたように、公務員の労働基本権に関する制度自体が、国会の多数党に基盤をもつ内閣の党派的選好によって変更される可能性がある。こうした「立法政策」的な制度選択

---

27) この点について、堀越事件判決は、国家公務員法102条1項の「政治的行為」を「公務員の職務の遂行の政治的中立性を損なうおそれが、観念的なものにとどまらず、現実的に起こり得るものとして実質的に認められる政治的行為」と限定した上で、「管理職的地位」にあるかどうかで政党機関誌の配布行為の有罪と無罪の判断を分けた（宍戸・前掲注16）『憲法 解釈論の応用と展開〔第2版〕』54-55頁、91頁）。これは、執政と業務を媒介するという意味において行政の中核に位置する管理監督者に関しては、「外からの政治的中立性」を業務執行者よりも高い水準で確保することを要求したものといえるかもしれない。

に対しては、基本権制限の代償措置のあり方とも関連して、憲法28条の解釈による歯止めがかけられることが期待されるであろう。

ただ、内閣の執政権を正面から認める立論は、民主党政権時代に試みられたように、給与法適用職員についても団体協約締結権を認めた上で人事院および人事院給与勧告制度を廃止し、中央人事行政機関を内閣総理大臣に一本化するという制度設計と親和性があるかもしれない。これは独立行政委員会としての人事院の合憲性とも関連する論点であるが、公務員の労働基本権問題という人権論と統治機構論のインターフェイスにおいて、執政権説はどのような示唆を与え得るのであろうか。

IV 執政と各種行政組織

1 執政と独立行政委員会

内閣を原則的執政権者と捉え、行政権を行政各部に振り分けるとしても、その位置づけが議論を呼ぶ各種行政組織が存在する。すなわち、内閣から相対的に独立した合議制行政機関としての行政委員会や、専門的な観点から内閣に対して助言・支援を行うことが期待されている機関等である。

このうち、独立行政委員会の設置が憲法上許容されるのかという問題は、憲法学では、行政権に関する伝統的な論点の一つとされてきた。執政権説の立論からすれば、独立行政委員会は、内閣の一元的な執政を妨げる可能性があるため、原則的執政権者としての内閣はその設立には慎重な姿勢を示す一方、執政をめぐって国会が内閣と対抗関係にある場合、国会が独立行政委員会の法定化を試みるという図式が導かれるであろう。

この点について、駒村圭吾は、行政権の内容に関して執政と法律執行を区別した上で、前者は独立行政委員会に委ねることはできないが、後者については、憲法73条1項が「法律を誠実に執行」することを内閣の職務としたことの裏面として、内閣が誠実に執行できないような種類の事務については、むしろ内閣から独立した機関に委ねるべきであるという説を提示した[28]。この駒村説は、行政委員会の設立根拠と独立性の保障に関する有力な説明であ

ると考えられるが、毛利透は、「『誠実な執行』の成否について客観的基準がより詳しく示されないと、国会による独立行政委員会設置への歯止めとはならないのではないか」という疑問を提示している[29]。

　行政学の観点からすると、拙著で明らかにした通り、各種行政委員会の新設・改廃は、当該組織が担当する事務の性質によるというよりも、その時々の「政治」による制度選択の結果として理解される[30]。実際、衆参両院で与党が多数を占める内閣の下では、行政委員会の設置が忌避される一方、衆参の「ねじれ」がある時期の内閣や少数与党内閣の下では、野党が行政委員会の設置を主張し、与野党の妥協の末に行政委員会が設置されることがある[31]。他方で、運輸安全委員会や個人情報保護委員会の例に見られるように、内閣がその事務の性質に配慮して制度選択を行う場合もある。

　これらは、執政権説が想定している図式と符合しているように思われるが、結局、行政学の視点からは、行政組織法定主義を採用した日本では、独立性の高い行政組織の制度選択は内閣と国会をとりまく「政治」の作用により決するとしかいえない。内閣が誠実に執行できない性質の事務を列挙し、一定のガイドラインを設けることができたとしても、それに従って行政組織の制度選択が行われる保証はない。むしろ憲法学に期待されているのは、個々の行政委員会の合憲性・違憲性を判断する基準を追究することよりも、日本国憲法はそもそも行政組織法定主義の採用を要請しているのか、仮に府省や庁といった独任制組織についてはそうでないとしても、国会が執政をめぐって内閣に対抗するために、行政委員会制度自体を法定化しておくことの意義があるのかどうかといった論点を、あらためて問い直すことなのではないだろうか。

28）　駒村・前掲注2）『権力分立の諸相』。また、駒村圭吾「内閣の行政権と行政委員会」（大石眞＝石川健治編『新・法律学の争点シリーズ3　憲法の争点』〔有斐閣、2008年〕所収）を参照。
29）　毛利・前掲注16）『統治構造の憲法論』243頁。
30）　拙著・前掲注1）『日本型行政委員会制度の形成』。
31）　1998年12月に小渕内閣の下で設置された金融再生委員会や、2012年9月に発足した原子力規制委員会の例がある。

2 執政と内閣法制局

　行政委員会のような相対的独立性が法的に保障されていないにもかかわらず、2015年の平和安全法制の整備をめぐる議論の中で、あたかも高度な独立機関であるかのように憲法学者から扱われたのが内閣法制局である。内閣法制局に対する憲法学の見方は、報告者から見て相当に違和感があるので、執政権説との関連で最後に言及しておきたい。

　安倍内閣が平和安全法制を整備するに際して、多くの憲法学者は、従来の人事慣行を破って内閣法制局での勤務経験のない外務官僚を長官に据えた上で、長年にわたり内閣法制局が苦心して造り上げてきた「ガラス細工」のように繊細な9条解釈を、「一内閣の一存で」変更し、集団的自衛権の容認に至ったことを強く批判している[32]。この新たな憲法解釈やそれに基づく平和安全法制の内容の是非についてはひとまず措くとして、内閣法制局にその時々の内閣から超然とした特定の憲法解釈の護持者としての役割を期待し、その組織的自律性と自主的判断を内閣としても尊重すべきであるという立論には違和感を覚える。

　第一に、あらためて確認するまでもなく、内閣法制局はあくまで内閣に置かれる組織であって、行政委員会のように独立性を保障された組織ではない。内閣法制局長官は内閣が任免する特別職の国家公務員であり、内閣の交代に際しては形式的には依願免官の手続がとられる。また、内閣法制局長官は、3人の内閣官房副長官とともに閣議に列席し、閣議のメモをとる役割を担っている場合がある。内閣官房の機能が発達していなかった自民党長期政権の下では、内閣法制局長官が人事や政策の調整を担うこともあった[33]。内閣法制局には、確かに法律の専門家集団として客観的に意見事務・審査事務を処理することが期待されており、内閣法制局長官は、内閣の途中で辞任するこ

---

[32] こうした批判は枚挙に暇がないが、内閣法制局の役割に着目したものとして、南野森「禁じ手ではなく正攻法を、情ではなく理を」(奥平康弘=山口二郎編『集団的自衛権の何が問題か——解釈改憲批判』〔岩波書店、2014年〕所収)。

[33] 東京大学先端科学技術研究センター御厨貴研究室=東北大学大学院法学研究科牧原出研究室編『吉國一郎オーラルヒストリーⅠ』(2011年3月) 12頁、22-23頁。

とにより、「なるべく内閣と進退を共にしないようにして、法制局というのは独立しているんだという格好を、少し無理してとっていた」といわれているが[34]、その人事は原則的執政者としての内閣が政治任用を行うことも可能な制度を採用している。内閣法制局は、その組織・人事の制度的な位置づけという面では、元来「政治」の作用に対して脆弱な構造をもっているのである[35]。

　第二に、多くの憲法学者は、内閣法制局の人事運用や憲法解釈におけるこれまでの「伝統」や「慣習」を重視し、安倍内閣がそれを「破壊」したことを批判している。確かに、内閣法制局長官は内閣法制次長から登用するという人事の慣習が存在し、憲法9条の解釈についても政府見解の精緻な積み重ねが伝統となることによって、これまで内閣法制局の組織的自律性と我が国の安全保障に関する法的安定性が保たれてきたといえるかもしれない。しかし、憲法の運用と解釈をめぐる伝統と慣習の力を強調し、「一内閣」がそれに反する判断を行うことを「禁じ手」であると批判する言説は、「時効」（prescription）の意義を説いたエドマンド・バークの保守主義と軌を一にしているように思われる。日本の憲法学界では、いまやバーク流の保守主義の立場に立って憲法解釈を行うことが当然視されていると理解してよいのだろうか。

　第三に、内閣の執政作用に着目する見解からすれば、「一内閣」による憲法解釈の変更は、国家安全保障という高度な執政に関わる第一次的な判断として許容される余地が大きいように思われる。こうした内閣の判断の正当性について、訴訟を待たずに審査を行い、法的安定性を堅固にするための新たな制度や組織の設計を行うことは論理的には考えられる。しかし、内閣の下

---

34)　前掲注33)『吉國一郎オーラルヒストリーⅠ』41頁。
35)　出雲明子によれば、内閣法制局長官が特別職とされたのは、戦前、法制局長官と並んで「内閣の両番頭」とされた内閣書記官長の後身である内閣官房長官と同等の地位を付与すること、すなわち、「内閣との一体性を担う上での内閣官房長官との関係が重視された」ためであるという。他方、特別職とはいえ、行政府外部から内閣法制局長官を起用することは想定されておらず、今日に至るまで外部人材の登用は行われていないが、それもあくまで慣行によるものとされる（出雲明子『公務員制度改革と政治主導——戦後日本の政治任用制』〔東海大学出版部、2014年〕57-61頁）。

に置かれ、その独立性も制度的に保障されていない内閣法制局にそうした役割を期待するのは、お門違いといえないだろうか。

おわりに

　本報告では、内閣の行政権をめぐる憲法学の議論のうち、執政権説をとりあげて行政学との関係から検討を行ってきた。日本の議院内閣制・官僚制をめぐる政治・行政の現実を、執政という作用に着目して捉えようとする執政権説は、確かに行政学と問題関心を共有している。しかし、その射程を中央政府の統治機構論のみならず、地方自治論や公務員制度論、安全保障論、さらには人権論に広げていった場合、どのような全体像を結ぶことになるのか、素人目にはわかりづらいところがある。

　本報告で提示した疑問やコメントは、当然のことながら我が国の行政学者の認識を代表するものではなく、あくまで報告者個人の見解に基づいている。また、憲法学の研究を十分渉猟できていないため、臆断や誤解に基づく報告になっている可能性が高い。一行政学者の文字通りの雑感とご海容頂いた上で、憲法学との対話を進めさせて頂ければ幸いである。

[座談会]
行政学から見た日本国憲法と憲法学

伊藤正次 宍戸常寿 曽我部真裕 山本龍彦

I 「行政」概念と執政権説

山本（司会） 本日は行政学がご専門の伊藤正次さんにお越しいただきました。最初に「行政」の概念と執政権説との関係、その後に執政と地方自治との関係についてご説明ください。

1 行政学からの問題提起

伊藤 よろしくお願いいたします。行政学から見た憲法、あるいは憲法学ということですが、私は素人ですので、先達の議論を借りながら、少し切り口を開いていこうと考えた次第です。

まず、行政の概念というのは行政学でもなかなかの難問です。他方、憲法学では行政権とは何かという議論が立てられていると思います。行政の見方にはいろいろありまして、西尾勝先生は、①立法・司法・行政、②政治・行政、③執政・行政・業務という三つの軸を立て、その関係について論じられました。このうち、従来の憲法学の権力分立の観点からは、①立法・司法・行政の議論がなじみ深いでしょうか。もっとも、行政学は政治学の一分野ですから、政治・行政関係で行政を捉える見方が、行政学の基本であるといえ

ます。

　三つ目の執政・行政・業務という概念ですが、かつてこれを西尾先生が打ち出した際に、非常に新しい議論であると受け止められました。これが公法学会でも紹介され、特に執政と行政との関係から、行政権の概念を捉え直そうという議論が憲法学で登場したと理解しています。それが執政権説ですね。石川健治先生らが非常に精力的に議論を展開された。執政とは、高度に政治的な作用や行政各部の総合調整に関する権能を含んでおり、単なる行政権という概念では捉えられない、政治的な作用も含めたトップマネージメントのようなイメージで提示されたと理解しています。

　特に1990年代以降、いわゆる平成の統治構造改革として、行政改革や地方分権改革、政治改革、選挙制度改革等が進められました。執政権説は、その中での内閣機能強化という議論と、非常に親和的な議論であったと理解しています。行政学から見ても、執政権説は非常に魅力的な議論であり、立法・司法・行政といった教科書的な三権分立の議論よりも、現実の政治・行政の動きを捉えるには、大変理解しやすい概念だと思われます。

　ただ、この執政権説あるいは執政に関する議論をさらに他の領域に広げていったときに、行政学の観点からは、いろいろと疑問が生じます。特に内閣の権能を強化する議論と親和的であることで、国政レベルのトップマネージメントを担う執政という機能を強化するとなると、中央政府と地方政府の関係で捉えられる地方自治と、一体どういった関係に立つのかが疑問として残されるわけです。内閣の機能が強化されれば、内閣が国政全般のイニシアチブを握ることが前提となり、そうすると場合によっては、地方自治あるいは地方分権という議論と抵触する可能性が考えられるのではないかと思います。

　そこで、執政・行政・業務という概念を提示した西尾先生の議論を振り返りますと、1970年代に日本国憲法と地方自治に関する講演をなさっており、その講演録を読むと、今日から見てもかなり独特の議論がなされています。その講演では、日本国憲法の英文版と日本語の対比から、いろいろな概念の整理を行っているということは基調報告の中で述べたとおりです。この憲法解釈の方法自体が望ましいかは議論があるところですが、西尾先生はその中で、地方公共団体は国と並ぶ政府であるということを、日本国憲法の解釈か

伊藤正次 氏

ら直接に導き出されています。

　内閣は日本国憲法上、国会や裁判所とは異なり、地方公共団体に対して裁量的に介入する権限は持っていないのではないか。唯一の立法機関である国会と、最終的に紛争解決を担う裁判所、具体的には最高裁判所が、国と地方の関係を規律するということですが、行政権に関しては、裁量的な介入は抑制されるべきではないかという解釈が導き出されています。

　私の理解が正しいかはわかりませんが、これは高橋和之先生が提唱された「法律執行説」の考え方に近い。内閣の独自のイニシアチブで地方に介入することを許す内閣機能強化と地方自治の両者を結び付けるには、最終的には国会が制定する法律によって地方自治を規律するという「立法」作用を通じて行うべきだという考え方に立っているのではないか。そのように導き出せると思います。

　90年代以降の改革の中で、内閣機能強化論と地方分権論が両方唱えられ、両者は両立可能なのだという前提で議論がなされてきました。行政学者もこの点は同じで、両者にコミットする形で現実の議論にも関わってきたと思います。ただやはり、執政を強化するならば、地方自治に対して選択的に介入する余地も出てくるわけで、両者は論理的には対立し得る概念だと思っています。

　そうした中で西尾先生の議論をあらためて読み返しますと、地方分権や地方自治のほうに、かなり軸足を置いた議論であったと理解できると思います。ですから、90年代以降、執政権に関する議論が憲法学で提唱されたことと、地方自治に関する問題が憲法学ではどのように捉えられるかという点については、行政学の観点からは疑問があります。もちろん、行政学も両者の関係について真面目に考えてきたとはいえない部分がありますので、まずはこの点について議論ができればと思っています。

2　憲法学からの受け止め

　山本　ありがとうございました。では、曽我部さん、憲法学側からのコメントをお願いします。

　曽我部　伊藤さん、ありがとうございました。

　憲法学では、執政をめぐって、内閣の政治的な機能を正面から主題化してこなかったところがあったと思います。行政権概念は控除説が長く支持されてきたわけであり、積極説も一部唱えられたりしたわけですが、内閣の政治的機能を位置づけるという問題意識は、長らく希薄だったのではないかと思います。

　90年代ぐらいから西尾先生の問題提起なども受けて、執政をめぐる議論が登場したわけですが、おそらく最初は、そもそも執政というものを主題化してよいかという問題から始まって、現在でも、それを正面から主題化すべきではないという見解は比較的有力なのではないかと思います。他方で執政権説のように、正面から位置づける見解も出てきています。

　ただ、執政権説の中でも、関心は非常にさまざまです。行政権概念を整理するという関心から検討する論者もいれば、実際に内閣機能を強化しなければいけないという実践的な関心で主張されている論者もいます。また、国会と内閣との関係で、どちらが国政の中心なのかという、民主政観と結び付けて議論する場合もある。

　ただし、行政各部と内閣との関係において、内閣の主導性が確立されるべきだという点については、おそらく異論はないと思います。国会との関係で内閣にどれだけの役割を担わせるかは議論があると思いますが、行政各部との関係ではあまり異論がないでしょう。ですから、この問題は執政権説という形で語る必要が必ずしもないのかもしれません。

　内閣機能を強化し、内閣の役割を強めるべきだという主張に対しては、警戒感も示されていますが、私はこれと少し違う理解をしています。佐藤幸治先生も指摘されていますが、内閣に責任をきっちり負わせるための出発点として、内閣の執政機能を正面から位置づけるべきではないか。それを前提にしつつ、地方自治や独立行政委員会との関係も含めて、統治機構全体を再構

築していく。あるいは権限の再配置をしていく起点になるような考え方が、執政権説の意義なのではないかと考えています。

　執政と地方自治との関係では、行政改革会議の報告書でも書かれているとおり、内閣に政治的な役割を負わせる一方で、守備範囲を明確化して限定するという視点も強く打ち出されています。他方で、地方自治も強化していくということで、もともとセットで語られていたところがありました。その意味では先ほどお話があったとおり、両者が手を携えて歩んできた面もありつつ、潜在的には伊藤さんご指摘のとおり、矛盾する面があるのかもしれません。

　今般の沖縄での辺野古基地建設に関わる問題で、紛争が制度的に処理されようとしているのは非常に示唆的で、あのように紛争を顕在化させて、裁判所か他の機関であるかはともかく、透明性をもって裁定していくことが、執政と地方自治との調整の在り方なのかもしれません。

　もっとも辺野古の場合は、市長の持っている免許権限を介しての争いなので、必ずしも執政と地方自治で本来想定されているような紛争ではないかもしれません。つまり地方自治体の、例えば権限を削減するとか、組織を改編するという争いではないわけですが、執政による地方自治の介入にはそういうものも含まれると思われます。それについては結局、西尾先生もご指摘になっている地方自治の制度設計が法律に留保されていることに注目すること以上の憲法上の手立てがない。一つ考えられるのは95条の住民投票ですが、これはかなり形骸化した解釈がなされています。それを再活性化するアイデアもあるかと思います。もっとも、これは地方自治制度自体への介入には無力です。

　山本　伊藤さん、ここまでのところで何かご感想があればお願いします。

　伊藤　確かに90年代の改革以降、国と地方の関係は制度化が進み、紛争が起きたときも係争処理制度で裁いていくという形がとられていますし、国の関与の類型化もなされました。透明性が高まっているということは、曽我部さんのおっしゃるとおりです。執政と地方自治との役割分担といいますか、守備範囲の明確化は、90年代の改革において佐藤幸治先生らがご尽力された成果であると思います。

ただ、そもそも地方分権改革を行うかどうか、あるいはどういう地方制度を設計するかは当然、国が考える話となります。例えば小泉内閣のときに、三位一体改革というものがありました。内閣機能強化の結果つくられた経済財政諮問会議などでの非常に激しいバトルの末、地方税財政の改革が行われたわけです。これを地方自治の観点からどう評価するかについては一様ではありませんが、少なくとも自治体の中には、三位一体改革の結果、財政的に厳しい状況に置かれることになったという議論があります。

他方で、平成の大合併が進みましたが、これも国が主導する形で行われました。評価はいろいろとあり得ますが、内閣が責任を持って地方行財政に関わる制度改革を進めていくということと、個々の自治体にとって、いろいろ厳しい局面が出てくるということがあって、これらが地方分権改革の文脈でどのように理解されるのかは、議論になり得るところではないかと思います。

3　執政権とは何か

(1) 執政作用の性格

山本　それでは、まずは最初の論点である執政権論について宍戸さんからコメントをお願いします。

宍戸　伊藤さんからは、石川健治先生の議論を中心として、執政権に関する憲法学の議論に触れていただきました。その際に、いくつか気を付けなければいけないところがあると思います。一つは曽我部さんからお話があったように、この執政権論は内閣機能強化という文脈で注目されたところがあるわけですが、石川先生の見解には、その一枚後に控えている議論があります。

統治機構論全体として見たときに、我々の持っている立憲主義憲法の基礎、概念装置は、君主制の時代にできている。その君主大権が国制の共和制化によって消えていったときに、元首の作用（acte de gouvernement）がどこにいくのか。議会による執政を目指す方向に結びつくのか、そうではなくて政党内閣が掌握するところにいくのか。石川先生は、日本国憲法ではその明確な決着がつかないままに、官僚が行政の一部として実質的な執政作用を担っていたというストーリーを描き出すと同時に、現実に起きている内閣機能の強化のような問題に対して、執政を責任の体系、財政の体系、象徴の体系で

統制する方向で議論されてきたわけです。

　こうした、執政をコントロールするという方向での議論について、行政学の研究者からご覧になって、違和感があるかどうか伺いたいと思います。行政学の関心は、まずは執政中枢（core executive）をしっかり構築することにあり、それが例えば第一次安倍内閣のように執政不能に至る要因を解明するといった方向にご関心があるようにも思われます。

　伊藤　執政のコントロールは非常に重要な議論ですが、行政学ないし政治学では、国会と内閣という機関同士の関係というよりも、やはり議院内閣制の下での、国会の多数派である与党と行政府、内閣の関係に注目してきた面があります。そこが憲法学と問題関心が少しずれているところでしょうか。

　自民党長期政権下で、政府と与党が二元的に分立しており、両者の意思決定が異なる場合もあるということに対して、行政学は規範的には一元化すべきだと考えてきました。これはイギリスをモデルとする発想に立っています。一方では、執政という機能自体が、与党という国会の多数派、ひいては国民の多数が選挙を通じて選んだ政治的な主体によって基礎づけられており、同時に執政自体がそうした国会内の政治をも含めて統治している。政府と与党、両者の協働関係を前提としていることになります。

　そうなると、野党も含めてですが、内閣をコントロールするという発想とは少し異なっている。法的な議論と政治的な議論の差異があり、行政学はどちらかといえば政治学の一分野ですから、政治的な関係でこの両者を理解してきたといえるのではないかと思います。

　宍戸　少し別の系統の議論になりますが、執政作用を伝統的な憲法学の権力分立ドグマに位置づけようとすると、うまく収まらない部分があり、あるいはまた別の議論の道筋となるわけです。立法・行政・司法という三つの作用は、小嶋和司先生が指摘されたように、国家の対人民作用、つまり法律で国民の権利義務を決定する作用、それを現実に執行する作用、それに関する争いを裁定する作用という形で整理されています。権力分立原理、三権分立原理は、端的にいえば、法治行政の観点から仕組まれています。そこからはみ出る部分、例えば外交作用や財政作用などを執政作用という形で、いわば権力のカテゴライゼーションの問題として執政を位置づける議論があるわけ

です。私たち多くの憲法学者は、外交や財政、あるいはこの間の国家行政組織の改革、地方分権も含むような「この国のかたち」をreconstructionする作用も含めて「執政」と観念して、それはまた他方で、官僚的な発想に捉われない、高度に能動的な政治的作用であるという、いわば権限行使に必要な作用の性格づけや機能を類推する。佐藤幸治先生は、そこからさらに、内閣という機関全体の性格づけや、それを支えるための仕組み、組織法的な含意まで引き出されたという面がある。

　このように憲法学者は、法治行政の観点から、行政と統治、執政作用は性質が違うと考えがちです。それに対し、行政学の観点では、両者をあまり区別せず、基本的には同じようなものとして議論できると考えておられるように感じます。

　伊藤　そうですね、外交や財政において、首相なり内閣の主導性が高まっています。これは世界各国で共通していえることだと思います。他方で、これは行政学というよりも行政法の世界なのかもしれませんが、分担管理の原則があって、外務省があり、防衛省、財務省がある。もちろん日常的なものと、高度に政治的な判断を必要とするものの区別があり、後者については、首相なり、内閣が主導権を握らなければいけない部分は、あり得ると思います。しかし、果たしてそこを切り分けて法的に議論することに意味があるのか。そこは行政学からは若干疑問があります。結果的には、その中でどういうリーダーシップが果たされるか、あるいはそれを可能にするような組織体制が備わっているかといった議論の立て方が考えられるかと思います。

(2) 行政学における規範的議論の意義

　山本　曽我部さん、ここまでのお話でご感想はお有りでしょうか。

　曽我部　先ほど規範的な議論ということで一元化の話題がありました。行政学における規範的な評価の問題について、少しお伺いしたいと思います。

　また、日本の憲法学では例えば内閣中心構想や国会中心構想などが議論されますが、これらは行政学あるいは政治学から見ると、どのようにご覧になるのか。このあたりはいかがでしょうか。

　伊藤　日本の行政学の場合、規範的な議論の位置づけは難しいところがあ

るのですが、アメリカの行政学では、政党政治の腐敗や政治的な介入に対して、行政の中立性や能率性をどう確立するかという発想が非常に強く見られます。できるだけ政治から距離をおいて、行政の能率性や専門性を確立したいという発想に立っている。

日本の行政学では、そこは共有しつつも、一方では戦後の民主化、民主主義を重視します。戦前の官僚支配を打破するという見方です。そのために国会の権限が強化されましたし、それを通じた民主的統制というものをきちんと及ばさなければいけないという発想がある。

特に行政官僚制と内閣の関係に関する議論では、伝統的に官僚制のセクショナリズムに焦点があります。これ自体が本当かは措くとしても、規範的な議論では、その克服が長らく行政学者から提唱されてきました。セクショナリズムは一方では、行政の能率性を害する可能性があります。他方では、国会・内閣を通じた民主的な統制がうまく効いていないから、そうした官僚たちの省益追求的な行動を許しているのだという発想に立つわけです。

そこをうまく調和させる改革の議論として、総合調整という概念が登場する。そしてその担い手として、内閣を考える。これは第一次臨調の時点から、長らく議論されてきましたが、90年代の統治構造改革でもやはり提唱されました。これに対して異論を唱える議論もあり得るのですが、一般的な規範的議論としては、そういう流れできました。ですから、その延長線上に執政権という話があると、行政学の規範的な議論と調和しやすいと思われます。

その際に国会中心か内閣中心かという議論が憲法学で見られるとのことですが、西尾先生の議論のベースにもなっている松下圭一先生の議論として、「国会内閣制」論があります。つまり、究極的には国会を中心に見ていくべきだという発想は、政治学・行政学にもあるわけです。ただ、この国会中心の議論と内閣機能強化論が整合するのかどうかは、私が見るところ、実はあまり行政学者が突き詰めて考えていなかった面があるのではないか。もちろん、西尾先生や山口二郎先生などは、きちんと考えておられたと思いますが、先ほど触れたとおり、やはり与党と政府という発想で、議院内閣制をどう作動させるかという関心が強く、どちらを執政の主体として考えるかという問題関心自体は、あまり強くなかったのではないか。

別の切り口ですが、行政官僚制に対する民主的統制という観点から、戦後の自民党政権の下での政治と行政の関係をどう評価するかという議論があります。伝統的な考え方としては、やはりセクショナリズムが跋扈していて、結果として官僚制が非常に強い権力を持っているという理解がある。国会を通じた、あるいは与党を通じたコントロールはあまり効いていないという評価があったわけです。これに対し、京都大学におられた村松岐夫先生は、むしろ戦後に日本国憲法が制定されて、国会が国権の最高機関になったのだから、当然、国会が究極的にはその統治の中心であって、かつ政治的な主体としての政党が影響力を増してきたのだと主張されます。官僚といえども、与党のいうことを聞かないわけにはいかないという議論が出てきました。

　しかし、与党と行政官僚制、与党と内閣の関係で、統治なり執政を見るのが行政学の発想です。その背後には国会がイメージされてはいますが、直接そこを執政の中心として位置づける議論は、あまりなされてこなかったのではないかと思います。

(3) 行政学における「執政」概念と現政権

　山本　執政権説について一通り論点は出ましたが、議論を深めるために、ここで改めて行政学における「執政」概念のイメージを確認させていただきたいと思います。まず、具体的にはどのような作用が含まれるのか。憲法上の概念として取り込むには、やはりその外延をある程度明確にしておく必要があるように思います。

　次に、執政に対する統制、特に法的統制のモメントを行政学がどうお考えになっているのかを確認できればと思います。例えば、憲法学における執政権説にも、執政が法の論理に包摂されることを一応前提にしているような比較的穏当な見解と、石川先生がお考えになっているような、法的拘束から自由な、創造的な政治作用を認める見解がありますね。行政学的な「執政」イメージはやはり後者に近いのでしょうか。アメリカで、9.11以降の権力分立論として注目された、ポズナーとヴァーミュールの議論（ERIC A. POSNER & ADRIAN VERMEULE, THE EXECUTIVE UNBOUND〔2011〕）も後者のイメージです。

ところで、石川先生が日本にも執政領域があると主張されるときに根拠とされるのは、あの統治行為論です。統治行為肯定論が通説だということは、行政作用とは区別された執政作用の存在を承認する見解が現に通説なのだ、というわけです（石川健治「統治のゼマンティク」68頁）。砂川判決（最大判昭和34年12月16日刑集13巻13号3225頁）がいうところによれば、執政作用、つまり「高度の政治性を有する」行為には裁判所の審査が原則及ばないことになりますが、行政学でもやはりこういうイメージなのか。

　もう一点、少しお答えしづらいかもしれませんが、行政学の執政権論を前提にしたとき、現政権（第二次安倍内閣）はどう評価されるのか。内閣機能の強化を主張してきた憲法学説からすると、現政権の評価は、実際には少し複雑なものになるのではないかと思います。強い内閣という意味では積極的な評価を与えなければならないが、安保の問題があるわけですね。他方で、行政学的な理解だと、オールOK的な、もっと突き抜けた評価になってくるのでしょうか。

　伊藤　まず、執政を行政学でどう捉えているかについてですが、実はあまり行政学者もきちんと議論を詰めていません。高度に政治的な判断ですとか、あるいは統合調整ということで理解をしていると思います。

　執政・行政・業務と並べる場合には、具体的にどういう人が担っているかということが、行政学の関心事です。公務員法上の特別職と同視していいのかは議論がありますが、政治的に任用される職、プラスアルファという集団がいて、場合によっては与党まで含め、国政に関する最終的な意思決定を方向づける役割を担っている。あるいは、そこに参与できる人たちの集団が果たしている機能という形になるので、狭い意味の内閣だけではないということはいえます。ですから内閣官房や内閣府、場合によっては各省の幹部職員も含めたものが執政なのではないかと思われます。

　次に法的な統制と執政の関係ですが、これも一般にはあまり意識されていないと感じています。もっとも、西尾先生はそこも意識されていて、これはおそらく高橋和之先生とほぼ同じ理解に立っているのだろうと思います。最終的には立法府の民主的な統制、政省令ではなく特に法律を通じた統制ということを考えられているのではないか。とはいえ、行政学の中にはイギリス

のウェストミンスターモデルで日本の統治機構改革を理解し、提唱するという発想があり、議会主権を前提としつつ内閣がかなり自由に統治できることを理想視する場合があります。石川先生が提唱されているような面まで含めて、内閣のイニシアチブを発揮してもいいという議論も成り立ち得るわけです。

その線引きに対して、行政学の観点からはなかなか一概にはいえないところだと思います。

これはまた後で議論したいと思いますが、行政学者によっても見方がそれぞれ違うものの、先ほどの法的な統制をどこまでかけるかという話と連動していると思います。ただ、私は個人的には特にいまの安倍政権がとっている行動自体は、90年代の内閣機能強化、あるいは中央省庁再編を含めた統治構造改革の帰結だと感じており、必ずしもそこから逸脱しているとは思っていません。その部分では、憲法学の先生方がおっしゃるほどの懸念は持っていないということになります。

宍戸　行政学が執政という言葉で議論されるときには、機関ないしそれを誰が担うかという担い手が意識される。私たち憲法学の言い方では、組織法的な、あるいは公務員法的な部分がクローズアップされてくる。その観点からご覧になると、憲法学の執政権論はまだ純作用法的なレベルでの議論にとどまっていないか。全体をまとめると、そういうお話になるような印象を受けました。

それともう一つ、90年代以降の統治構造改革は、その中身の評価はともかく、行動自体は第二次安倍政権と同じだというご指摘に関連して、お伺いしたいことが二つあります。

一つは小泉改革です。小泉政権は非常に強い首相を現出したわけですが、いまの統治構造改革の成果という観点では、現在の安倍政権も同じものだと見てよいのかが、一つ目の疑問です。

そして二つ目の疑問ですが、第一次安倍政権や福田政権、あるいは麻生政権はいわゆる執政不能の状態に陥りました。民主党政権もそうでした。行政学ないしは伊藤さんの観点から見て、その執政不能の状態と、統治構造改革の成果としての総合調整や高度に政治的な裁量が発現する状態との違いは、

どこから出てくるのでしょうか。

伊藤 最初の点ですが、執政権という話を出す場面では、内閣と行政各部しか憲法上は出てこないわけです。実態を見ると、その間にはいろいろな領域があり、行政学はそこに関心を寄せています。ただ、逆に憲法学の議論の射程として、そこまで広げるとたぶん戦線が拡大しすぎて、よくわからなくなる懸念があるので、打ち出し方として、純作用法的な議論というのは理解できます。

2点目は非常に難しい問題ですが、行政学というよりも政治学ですね。現代日本政治研究として、小泉内閣に関する各種の研究がなされており、その中で新制度論の視点を採用しているものがあります。政治の現象を制度によって説明できるかどうかという議論です。小泉内閣が進めた改革や政治は、政治学における新制度論の射程を測る上では非常におもしろい例です。一方では、橋本行革以来の内閣機能強化や経済財政諮問会議の設置、あるいは小選挙区制導入という選挙制度改革によって、与党の中での幹部の影響力が強くなったという話と併せて、制度によって説明するという議論があります（竹中治堅『首相支配』中公新書、2006年、待鳥聡史『首相政治の制度分析』千倉書房、2012年など）。ただそうすると、その後の第一次安倍内閣以降の短命内閣が説明できないという話になり、他方では、結局は人で説明できるのではないかという見方がある。リーダーシップやパーソナリティといった側面を見て、政治史などの研究者の方々は、むしろそちらで説明するという話になるわけです（御厨貴『ニヒリズムの宰相・小泉純一郎論』PHP新書、2006年など）。

ここでは制度か人かという話になりますが、おそらく二者択一的な話ではなく、制度が変わったことで、そこでのアクターの行動の仕方が、かつての自民党政権のときとはまったく違うということが一つある。そして、政権担当者がどのようにそこをコーディネートするのかという話があるので、結果としては両者を見ていく必要があると思います。

憲法学の安倍内閣に対する議論は、むしろ人の部分を強調しすぎているのではないかとも感じます。制度が変わっていることによって、プレイヤーの行動が変わっているという部分も見る必要があるのではないかと思います。

⑷　行政学における「裁判所による統制」

曽我部　山本さんと伊藤さんのお話を伺って思ったのですが、憲法学者と行政学者とで「統制」という言葉に対するイメージがかなりずれている感じがしました。憲法学者は法的統制を念頭に置き、中でも裁判所による統制を意識します。まさに統治行為の例を出されたところで、裁判所による統制をお考えであったのだと思いますが、行政学の場合は、法的統制というとき、立法の場面を念頭に置いているのではないか。そしてそれ以外に、政治的な統制がある。

逆に憲法学は、政治的統制はあまり議論しない傾向にあるように思われます。その点、高橋和之先生がおっしゃった「法の領域」「政治の領域」の区分は、非常に鋭いご指摘だと思います。統治行為のところはこの両者が交錯する領域であり、憲法学と行政学とでこのイメージが大分違うので、そこのすり合わせが必要ではないかと感じました。その関連でお聞きすると、行政学の場合、「裁判所による統制」はどのように受け止められるのでしょうか。

伊藤　まず、「統制」というときに、行政官僚制の外部から加えられるコントロールというものがあります。行政統制論は一応あるのですが、そこでは制度的な統制だけではなくて、非制度的な事実上の統制まで含めて、非常に広く議論するというのが行政学の特徴です。司法による統制というのは、もちろん重要な制度的統制であって、何らかの判決なり、裁判所の判断が出た場合には、それに応じて法律の解釈が変わったり、あるいはそれに基づいて、行政活動を実際に展開する際の基準が変わったりすることがありますから、それによって官僚制の行動が変わるということはいえるわけです。

行政学では正面からその部分は扱わず、行政法にお任せするという形になっています。やはりメインは、政治的統制、あるいはマスメディアと世論を含め、社会的なリアクションに官僚制がどのように対応するかという話になります。

それから、官僚制組織の中でもコントロールが見られます。上司から部下へ、あるいは同僚同士とで、非常に広がりがある議論なので、法的統制と政治的統制という区別をした上で、法的統制のほうに関心を寄せるということは、いままで必ずしもなかったのではないかと思います。

山本 アメリカでもポズナーなどは政治的統制を強調しますが、アメリカで政治的統制を駆動させているのは、ある種のリーガリズムだったりするわけですね。例えば、法を尊重していないことが政治的社会的なリアクションにつながる。政治的統制の背景にリーガリティを重視するような法文化があって、それが司法的統制なしでも立憲政治を成り立たせるポイントになる。日本の場合そこが怪しい。裁判所が何も言ってこないなら何でも OK みたいな世界になる。この点でも、曽我部さんのいう「すり合わせ」は必要ですね。

II 執政と地方自治

1 「地方公共団体」のイメージ

山本 執政と地方自治に関する論点に移ります。宍戸さんからコメントをお願いします。

宍戸 それでは、私のほうから論点を切り出してみます。

行政学の先生方は、地方分権改革の折に、まさに権力の民主化、あるいは住民自治の拡充に、コミットされてきたと思います。ここで私が石川説との関係で伺いたいのは、「地方公共団体」をどうイメージするのかという点です。伝統的に憲法学者は、主権国家を前提にして、地方自治の保障を制度的保障説で説明することが多かったのですが、最近の教科書ではそうした説明を飛ばして、憲法では「地方自治の本旨」を保障しており、それは住民自治・団体自治の保障である、という以上の言い方をしないようになっています。

その上で、本当の問題は、地方公共団体を統治団体というイメージで見ているのか、それとも住民に身近な公共サービスの供給主体として見るのかであり、この見方の差が、実は大きな違いであると思います。

例えば、定住外国人ですでに東京都の公務員になっている看護師の方が管理職試験を受けようとして、それが最終的に認められなかったという事件（最大判平成17年1月26日民集59巻1号128頁）があります。そこでの問題

は、東京都を統治団体として見るのか、そうではなくて普通のサービス供給主体であると見るのかの違いだ、というのが石川評釈のポイントでした（判例セレクト 2005（法学教室 306 号別冊）5 頁）。

地方分権関係の議論では、石川先生が指摘される「心情連邦制」的な、統治団体であることを前提にして地方公共団体をイメージする議論が多く見受けられる気がします。そのあたりはどのように理解したらよいのか、そこが最初の問題だと思います。

伊藤 これも実は規範的な議論であって、行政学者の中でもおそらく、意見が分かれているところだと思います。先ほどのセクショナリズム批判と同じように、日本の行政学は、日本が中央集権国家であると非常に強く批判をしてきました。その中でも機関委任事務制度の集権性や国から地方への関与に関する指摘があり、国の関与を何とか減らして自治体の自由度を高めるべきだ、国から地方へ権限を移譲すべきだという議論になっているわけです。ですから、地方分権改革自体は非常に望ましいものであるということに対して、コミットしている行政学者は多い。私自身も一定程度、そう思っています。

サービスの供給主体か統治団体かということですが、これには分権改革の文脈の中から出てきた「地方政府」という概念が関わります。アメリカでは local government という言葉を一般的に使います。西尾先生の講演の中でも登場する言葉ですが、地方公共団体は、local government として理解すべきではないか。つまり統治団体でありつつ、当然、地域の公共サービスを総合的に担う主体でもある。法人格を持っていて、課税権も持っている。住民代表という機能も持っているということですから、国の政府に対して、地方の政府なのだという理解です。これは石川先生も指摘されていましたが、行政学は、政府 government という英米的な発想をする学問であり、その部分については、憲法学あるいは判例と大分異なっているのではないかと思います。

それゆえ、東京都もまた、一つの政府であるという理解となります。もちろん日本は主権国家で、憲法上、国会が国権の最高機関ですから、その統制には当然服するわけですが、一定程度自立性を持った政府であるし、その存在を前提とすることが最終的には住民にとってもメリットがある。そういう

立論の仕方をするということです。

2 国・地方関係における国会の位置づけ

宍戸 いまの話に出てきましたが、国会、立法権によって、国・地方関係をしっかり規律すべきなのに、行政がそれを超えて地方にいわば介入してきたことが問題なのではないかということが、基調報告のトーンだったと思います。それに関連してお伺いしたいのは、国会の位置づけです。

西尾先生の nation、state、local government という言い方を進めると、state の行政作用が国民に対して向けられるときに、法律上の根拠がなければならず、根拠を提供するという意味では、国会は基本的には state の一機関であるわけですが、同時に nation の機関でもある部分がある。憲法が state と local government を両方創設している。そして、state と local government の間の関係を調整するという役割を、nation の機関として実は国会が担っているというのが、伊藤さんのご意見だったのではないか、という気がします。

そのことは、日本国憲法 94 条の定める条例制定権の限界に関わってくる。条例制定権は憲法により local government に与えられている。法律が条例制定権の限界を定めるというのは、state の一機関としての国会ではなくて、むしろ憲法 94 条が national な調整を国会の立法権に明示的に授権したのだ、と考えられる。ここまで明示的にいうかはともかく、最近の 94 条論の背後にはそうした思考があるだろう、と私は思っています。そうだとすれば、先ほど伊藤先生が話された、行政学あるいは西尾先生の理解と、憲法学はそれほど遠く隔たっているわけではないのではないか。

それから国・地方の間の関係をどのように規律し調整していくかという問題は、先ほど申し上げた法治行政の観念を核につくられてきた日本の憲法学の権力分立からは、登場してこない。そこで、対人民作用を念頭においている立法・行政・司法の外側に求めることになる。とりわけ、先ほど話された駐留米軍基地のような高度に政治的な作用であり、外交にも関わるという分野を含めて、国・地方の関係を調整するタームとして執政を理解することは、私はそれほどおかしくないと思っています。

もちろん、その先に統制の問題があって、やはり国会が立法で統制すべきだという考えもある。あるいは、憲法裁判所のようなシステムをつくり、裁判所が司法的に国・地方の関係を調整すべきだという考えもあり得る。住民による執政というか、住民による国・地方関係の裁定ということもありうるだろうと思います。そういう見立てで問題がないか、ご意見を伺えればと思います。

　伊藤　憲法94条の条例制定権と国会の関係は、おそらくそのとおりで、宍戸さんがおっしゃったような理解を西尾先生もなさっているのだろうと思います。

　国・地方の紛争解決について、例えばそれこそ外交・安全保障に関わるようなことについては、第一義的には執政が判断をするということですが、究極的には司法による解決が想定されている。これは90年代以降進められた第一次分権改革の中で、係争処理制度と裁判との接続ということで制度的に解決が図られてきています。

　ただ、95条について、西尾先生は1940年代当時のアメリカの州での議論を踏まえて、かなりラディカルな議論をなさっています。私自身は、そこまで日本国憲法に読み込めるのかということには疑問を持っています。現実問題として、95条を活用して最終的に住民が判断するという、一種の立法を請願する話になるわけですが、果たして統治の制度として機能するのか、疑問があります。95条が憲法学でどう捉えられるかわかりませんが、ほぼ死文化しており、あまりこの法的論点を議論しても意味がないような領域になりつつあるのではないかと思います。

　山本　国・地方関係を調整する主体として、日本国憲法が国会を想定しているのではないか、とのご指摘は面白い。ここで一つ単純な質問をさせてください。伊藤さんの基調報告の中で、「強い執政」の典型例とされてきたイギリスでは、政権によって地方自治制度が改編されていると指摘されていますが、この場合でも一応法律を媒介にしますか。

　伊藤　あくまで法律をつくります。内閣が新しく法律を立案する。いまのキャメロン政権は、Localism Act を制定しましたが、これまでもイギリスでは、政権が変わるとすぐに地方政府をどうするか、合併するとか、あるい

は大都市部の二層制を廃止して、一層制だけにしてしまうとか、そういったことを立法で次々に行ってきました。いままでのウェストミンスターモデルでは、議会の多数は内閣が政治的な基盤としていますから、内閣の思うままに法律でいろいろなことができる。かつ、日本だと憲法で「地方自治の本旨」が一応ありますから、例えばいきなり一層制にするといった話が果たしてできるのかは憲法問題になり得ると思いますが、イギリスではそうしたハードルが低く、かなり自由です。

山本 なるほど。そうすると、議院内閣制の下では、地方に対する行政的介入を、法律の制定を通して国会が統制するということは現実には難しいということになりますね。ただ、第二院である参議院の位置づけによっては状況は変わりうる。選挙制度改革との絡みで、そこに地方代表的な要素をどこまで認めるかが関係していますね。例えば、参議院が地方の利益を代弁するような存在になれば、国会が国・地方関係を調整するといった役割を果たすことは可能になるかもしれません。

宍戸 全国知事会の「憲法と地方自治」研究会では、まさにそのような議論をしています。地方代表を国会に送り込まなければいけないというのはわかるのですが、議論の混乱は、地方がstateの中に手を突っ込む必要があるというイメージが非常に強いことにあります。これは、意思決定をしっかり行うというstateの論理からも反発を受けるし、投票価値の平等を推進してきた議論にも抵触する。

他方で、state側が一方的にnationを完全に乗っ取って、地方公共団体とりわけ都道府県に介入してくることが困るという面も、よくわかります。例えばドイツの連邦参議院はstateとは違うレベルで存在しており、連邦制において連邦と州または各州間の調整を行う機関です。そうした思考の整理をしないで、地方公共団体側がstateの中に手を突っ込もうとするならば、かえってstateの論理から反発を受けて、弾かれるだけに終わる気がします。

伊藤 地方の利益を代表するということであれば、いまでも地方六団体があって、事実上、政治的な影響力を行使しています。国と地方の協議の場も制度化されている。もちろん運用の仕方は、国側がイニシアチブをとって、変えられてしまう部分があるかもしれませんが、制度としては存在している。

参議院については、選挙区の代表が果たして地方の代表者といえるのか。知事がそうした主張をすることは私も理解に苦しむところがあります。知事さんたちは、自分たちこそ住民の代表であると胸を張っておっしゃればよいと思います。

　西尾先生は参議院を地方自治保障院、すなわち、権限を縮小した上で地方代表を送る第二院とすべきだという議論をなさっています。これについては、私は賛同できませんが、発想としてはあり得るでしょう。

　山本さんのご指摘にあった、法律さえ変えれば自由に介入できるではないかという点は、私も気になっていた部分です。仮に内閣に執政機能が一元化された上で、法律を通すにせよ国会の多数派も握って、地方制度を自由に改編できるとすれば、その歯止めはどこにあるのか。日本国憲法では、「地方自治の本旨」という一言でしか、歯止めがかけられないということになっているようにも見えます。これが裁判規範として果たして機能するのかどうか、危惧すべきというべきか、考えねばならない点だと思います。

山本　これまでのご議論をうかがっていると、日本国憲法は、状況や問題に応じて執政権の担い手を変えているようにも思えます。内閣だけが排他的に執政権をもつという固定的なイメージではなく、例えば国・地方関係の調整権限は国会に移ったり、と。ただ、議院内閣制の下で、「国会に移る」ことの意味を慎重に検討する必要があるということですね。

　沖縄の基地問題は、いわゆる代理署名の事案（最大判平成8年8月28日民集50巻7号1952頁）も含め、安全保障条約の履行という側面があり、きわめて執政的な要素をもちます。最高裁は、代理署名事件で、駐留軍用地の使用認定には「政治的、外交的判断を要する」といった執政的理由などから、使用認定に関する内閣総理大臣の広い裁量を認めます。そこでは、確かに執政的なるものが地方自治的なるものに覆いかぶさってきている。最高裁も、これを統治行為論的な発想から是認しているようにみえます。

　ただ、少し注意が必要だと思うのは、内閣総理大臣の使用認定は、一応、駐留軍用地特措法という法律によって根拠づけられているということです。これまでの議論から、この法律の存在意義をどうみるか、興味深く思います。例えば、この観点から、辺野古の問題との違いを語ることができるのか。

曽我部 法律上は、公有水面の埋立免許制度がありますね。

山本 しかし公有水面埋立法は基本的には基地問題、つまりは執政作用と関係したものではありません。他方で、代理署名の背景にあった特措法は直接に執政と関係したものです。この点では、地方介入的な内閣の執政的権限を、国会が具体的に規定したともいえる。

宍戸 それを廃止して国の事務に持っていったと。

山本 それも執政と地方自治との関係を考えるうえで興味深い流れだと思います。特に辺野古の問題では、政権と沖縄県との関係に注目が集まり、nationalな調整主体としての国会の役割があまりクローズアップされていないような印象を受けましたので、問題提起させていただいた次第です。

Ⅲ　執政と公務員制度

山本 後半では、柱を二つ用意しています。一つは執政と公務員制度。もう一つは執政と各種行政組織との関係についてです。後者では、独立行政委員会や内閣法制局の位置づけも射程に入ってきます。

　まずこの二つの柱に関して、伊藤さんから問題提起をいただければと思います。

1　行政学からの問題提起

伊藤 行政学的な関心を呼び得る領域としては、執政権、地方自治に次いで、公務員制度が考えられます。執政概念の行政学的な理解という観点でお話ししたところと重なりますが、執政・行政・業務という並びで理解する場合には、人的な主体がそれぞれどうなっているかということに行政学は関心を寄せています。これはアメリカの行政学・政治学でも共通の理解だと思います。

　執政は、政治的な意思決定に直接関わるアクターの問題であり、業務はルーティンワークや現場レベルでの業務執行に関わるということですし、両者をつないで組織の管理・監督を行う行政職員がいるという理解に立っています。もちろん、正確に分かれるわけでありませんが、行政官僚制の人的構

成というのは、この三つの概念によって整理できるのではないか。

そうして見ると、憲法学で執政という場合、その対象が狭いと感じます。行政各部を統制する内閣が原則的な執政権者であり、国会が執政作用を担う場合も想定されていますが、ここでの「国会」とは何なのか。内閣も文字どおり国務大臣の集合体としか理解できないとなれば、それを支える補佐機構などは射程に入ってこない。いわゆる core executive の議論では、政治任用職や各省のトップ、さらに与党幹部を含む概念として使っていますから、その差をどう理解するかが、一つの論点だろうと思います。

関連して、90年代の統治構造改革の文脈で出てきた副大臣・大臣政務官の位置づけも、実は曖昧です。他方で、執政に関わる幹部職員は、政権の政治的な意思の下に活動することが強く期待されていますので、その人事は非常に重要となります。行政学の発想からすると、人事を通じて行政に対する民主的・政治的コントロールを行う側面が重要な関心事でした。ですから、執政機能を強化するという場合には、内閣主導の人事行政が想定されるわけです。

しかし、日本国憲法15条の「全体の奉仕者としての公務員」という、政治的中立性が期待される部分との関係をどう捉えるのか。先ほどの執政・行政・業務という三層構造を前提とすると、まずは執政を担当する職員を政治任用するなどして、政権と政治的な意思を統一するのが当然かもしれませんが、その下で活動する行政職員がどう位置づけられるのかが問われます。

私が見るところ、憲法学における公務員の問題は、労働基本権の問題として理解されており、その政治的中立性との絡みが議論になってきたわけですが、外部からの政治的中立性をどう保つか、あるいは、どこまでそれが求められるのかという議論であったように思われます。行政学の観点としては、執政が組織内部でリーダーシップを発揮していくときに、その下で命令を受けて働く職員に対するコントロールが、政治的な色彩を帯びる可能性が出てくる。その問題をどのように理解するかが、議論の焦点になり得るのではないかと思います。

最後に、執政と各種の行政組織についてです。特に行政各部としての各府省以外の組織との関係をどう理解するか。

この例の一つが行政委員会です。これについては私も研究をしたのですが、憲法学でも伝統的に人事院をはじめとする独立行政委員会の合憲性に関する議論が積み重ねられてきました。法律の誠実執行という観点から存在根拠を基礎づける議論は、私も理解できます。ただこの議論も、そもそも行政委員会としてつくるかどうかということ自体が政治的に決まる側面があり、その大前提として、国家行政組織法に基づく組織制度としての委員会がある。政権側が、組織形態を選択するという形で、行政委員会の創設が行われていることになります。

　この面で、客観的な基準を立てるのは、執政ないし内閣に対する法的なコントロールとも絡み、重要な憲法上の論点になり得るとは思いますが、行政学から見ると、果たしてそれだけで規律づけができるのかが疑問です。現実の政治の力でどうとでもなる部分があるのではないか。行政組織法定主義のあり方を含めて、議論になると思います。

　最後は内閣法制局についてです。一言でいえば、やはり内閣に属する組織ですから、内閣法制局に独立性を期待するとか、独自の判断を維持すべきと期待するのが、そもそも間違いではないかということです。歴史的に見れば、内閣法制局長官が政治的に動く局面もありました。もちろんいままでの慣行に基づいて人事運用等がなされてきたわけですが、いざとなると、それは変更可能であろう。内閣法制局に日本の安全保障をめぐる憲法上の秩序維持機能を期待すること自体が、当の内閣法制局自身にとっても迷惑ではないかと、勝手に忖度しています。これは大方の憲法学者と見解を異にするものと自覚しており、また行政学者の中でも意見の対立はありますから、やや思い切った発言かもしれません。

　もっとも、安倍内閣による憲法解釈変更といった具体的な動きが出てきたときに、それをどう受け止めるかは、将来的な制度設計の議論としてはいろいろと検討の余地はあると思っています。

2　憲法学からの受け止め

　山本　ありがとうございます。それでは、曽我部さんからコメントをお願いします。

曽我部　執政権論が提起した問題は、権限を認知することの反面として、責任の所在も明確化させるものだということは、前半でも述べました。権限と責任を一致させた上で、統制の問題を考えるという視点を導入したのが重要だと思います。

　その話を組織的な観点から見ると、組織を分節化し、分立が明確化されるという側面があると思います。西尾先生の公法学会でのご報告では、三つの規範として「統制の規範」「分離の規範」「協働の規範」をお示しになったわけですが、いったんは分離の規範というものが前に出てきた上で、協働なり統制をするという形で、明確化される傾向を伴うのではないかと思います。これを行政内部の話に移すと、憲法論としては、広い意味での行政部における政治的な役割を担う内閣およびその周辺、官僚機構の分節化と、その接続のあり方という問題になる。

　執政・行政・業務と三層の区分をお示しになったわけですが、憲法学では「執政とその他」という区分に強い関心を寄せていそうです。内閣と官僚組織の分節化とその関係ですが、おそらく一方では、民主的正統性のある内閣が官僚組織を統制していくという視点がある。他方で公務員組織についても、憲法上の承認を与えているのではないかという議論がある。芦部先生も「公務員関係の存立と自律性」といった趣旨の内容を仰っておられましたが、いまのような文脈で、このフレーズを捉え直すというのも、伊藤さんに問題提起されたように感じています。

　補佐機構の問題については、確かに憲法ではあまり議論されていないところですが、憲法上は内閣の地位を明確化して、当然ながらその補佐機構は必要とされるものです。そうすると、憲法上、内閣に期待される役割を果たすためには、どういう組織が望ましいのかという論法になっていくのだと思われます。上田健介先生の議論は基本的にはそうした観点からされており、おそらくそこでは憲法学と行政学であまり違うところはないのではないか。基本的に、行政学の知見に乗って憲法学が議論している面があるので、それはある意味で当然です。

　その関係で先ほども言及した、西尾先生の出された三つの規範が注目されます。これらの相互関係は、要するに実際の行政現象を分析するための視点

ということなのか、それとも、もっと規範的な要素があるのでしょうか。

　公務員の政治的中立性については、統治機構の問題として議論するのか、人権の問題として議論するのかといったアプローチの違いがあり得ますが、憲法学の通説は、基本的に人権問題として議論してきました。これに対して、合憲論を唱える側は統治の問題として議論してきた。この視点のずれが長く存在し、平行線をたどってきたというのが経緯ではないかと思います。

　イントロダクションにも書きましたが、裁判所も堀越事件判決（最判平成24年12月7日刑集66巻12号1337頁）はどうも統治機構、あるいは制度設計の問題だと見ている節があって、そこは最近の動きとして大変興味深いところです。行政学的視点からは、これも統治の問題として見ざるを得ないのでしょうか。

　他方で、幹部公務員の中立性の問題は、憲法学でもおそらく統治の問題として見るテーマだと思われますが、従来あまり考えられてきませんでした。政治が決めたことについて同じ方向を向いて働くということは、別に政治的に偏頗だとはおそらく思われていません。ここでは政治的中立性の捉え方について、議論しておく必要があるかと感じました。

　それから独立行政委員会についてです。伊藤さんが指摘されたように、結局は政治の中で設置するかしないか決まっていく、あるいはどういう権限を要するかが決まっていくのだとすると、憲法学の一つの対応としては、いままでは設置した場合の合憲性の問題を議論してきたところですが、これを転換させるべきではないか。むしろ一定のものについては独立させるべきであり、ある領域については独立行政委員会の存在が憲法上望ましいといった方向で議論していくこともあり得るかと感じました。

　特にこれは安倍政権の問題とも絡みますが、権限をフルに行使する傾向が顕著に見られるところであり、それ自体は橋本行革以来目指されてきた結果ですから、私としては伊藤さんのような見方がしっくり馴染むのですが、他方で、それに対応する制度的な不備があらわになりつつあるように思われます。

　内閣法制局については、基本的に同感とまでいってしまってよいかはわかりませんが、制度の不備からくる歪みが、この問題に表れているとも感じています。

山本 それでは、伊藤さんに簡単にお答えいただいた後、宍戸さんからコメントをいただきたいと思います。

伊藤 公務員制度の話で、西尾先生の三つの規範の関係につきご質問をいただきました。私の理解では、機能的に三つの軸が設定できる話と、歴史的な展開を踏まえた話とがあります。行政学がアメリカで誕生した当初は、政党政治が官僚の人事を左右していたので、両者を分離すべきだという規範が生まれました。しかし他方で、民主主義の要請からは、行政に対していかに政治家がコントロールをかけるかが課題となる。この両者のせめぎ合いが、先進国の近代民主制において課題となりました。民主性と能率性のバランスをどう取るかということです。

現代の複雑化した統治を前提とすると、やはり両者の協働関係を考えざるを得ません。そういった歴史的経緯を踏まえつつ、機能的に考えられ得る規範として導き出されたものと理解しています。

もう一つは、執政・行政・業務と見たときに、政治的な影響力が及んで国民にとって一番困るのは、やはり業務の部分です。国民と最も接する部分で、政治的な意向で行政活動がなされるのが最も懸念されるところであり、そこでいかにして中立的な職員体制あるいは業務の執行体制を築くかが問われます。その場面で、一つは官僚制の上層部が政治化した場合に、業務レベルまで政治的な影響力が浸透してしまうのではないかという観点があります。他方で、外部の勢力から政治的な圧力を受けることにどう対処するか、という視点があります。

ここは私もまったく理解できていないかもしれませんが、堀越事件判決は管理職的地位にあるかどうかで判断が異なるということなので、行政学の関心とはむしろ逆なのかもしれません。行政学では、業務執行こそ政治的中立性を保ってほしいと考えると思います。もちろん、業務執行職員には、職務権限自体は実はありませんから、官僚制全体の秩序維持という観点からすると、判決のような結論も理解できます。

政治的中立性の捉え方ですが、猿払事件判決（最大判昭和49年11月6日刑集28巻9号393頁）は、無色透明な政治的中立性を求めているようです。これは政治的にあり得るのかどうか。アメリカ的な文脈では、一時的にあちこ

ち振れてもいいけれど、長期的に能率的な官僚機構が維持されていればよいという発想に立っています。それに対して日本は、自民党政権が長く続いた影響もあって、政治的中立性の概念自体に、政党政治との関係があまり意識されていないところがあります。政権交代があり得る時代に従来の政治的中立性の概念でよいのかについては、議論になるのではないでしょうか。

　最後に独立行政委員会についてですが、行政法学ではその存在根拠について、政治的中立性や専門的判断の必要性等、機能的な説明を行っています。ただ、それでは全然説明ができないので、私が研究を始めた際、制度で説明したという経緯があります。行政委員会に新しく求められる機能から設置根拠の議論を出発するのは、実際には難しいという印象があり、仮にそれができるとしても、これを実現するための政治力を発揮できる政権に期待しなければいけない。そのジレンマを解消できるかは、疑問が残るところです。

3　公務員制度の位置

　山本　ありがとうございました。それでは、宍戸さんからご発言をいただけますか。

　宍戸　まず公務員制度の見方について、大変興味深く伺いました。特に堀越事件判決については、憲法学者の中でもさまざまな見方はありますが、最高裁は「国民としての政治活動の自由」という耳慣れない表現を使っています。業務に関わる公務員にも、普通の国民としての側面もある。そう見れば、官僚制の外側の問題になり得るのだということです。

　その意味で、千葉裁判官の補足意見で、基本法として首尾一貫した形で国会がつくることができるとされているのは、現在の公務員法制の説明なのか、もう少し動態的にそれを変更して、国民としての政治活動の自由の部分にまで浸食していってよいということなのかは、慎重に吟味されるべきところです。補足意見の位置づけ方自体に、慎重さが必要とされると考えています。

　その延長ですが、公務員の天下り規制の問題があります。問題のある言い方ですが、この種の規制を進めると、一面において公務員の士気を下げ、行政官僚制の能率性を損なう面も、ある意味では見られる気もします。公務員をめぐる議論自体が、政治的な執政の関心というべきか、執政に対して国民

の支持を集め、政治勢力を結集するための手段になっていることについて、どう考えたらよいか、伊藤さんにお伺いしたいところです。

　もう一点、core executive について、政治職には、大臣、副大臣、政務官といった政治家たちだけではなくて、牧原出先生流にいえば「内閣官僚」も入ってくるというのはそのとおりで、憲法の建前にまで取り込むかはともあれ、憲法学者が意識して考えておかなければいけない問題だとは思います。しかし私が気になっているのは、core executive とイギリスでいう場合の諮問機関や非公式会合等を含む「政策ネットワーク」のような外部有識者をどう見るかです。

　実際に小泉改革などを見ても、あるいは第一次臨調のときから、大学の研究者、経済界、あるいは民主党政権においては労働側の代表者等、外部の有識者がさまざまな形で政治過程に参画している。そこでは、議院内閣制あるいは代表制の論理が問題にするような、透明性と責任の論理が欠けている場合が、しばしばある。「選任者の責任がある」といわれますが、実際にそんな責任は追及できるわけもない。

　そういう、ある意味では普通の国会議員などよりよっぽど強い影響力を行使している、core executive に関わる人の任用を、行政学ではどのようにお考えなのでしょうか。

　伊藤　まず職務に対するインセンティブについて、天下り規制をしたから官僚の士気が低下するというのは、やや官僚側に立った議論ですよね。

　宍戸　それはわかっています（笑）。

　伊藤　全体として、官僚制に対するバッシングを行い、政権の評判を高め、国民からの支持を調達するという構造になっているのは確かです。前田健太郎先生の『市民を雇わない国家』（東京大学出版会、2014 年）でも明らかにされたとおり、日本の公務員の数や就業者に占める割合は、他国に比べかなり少ないのが現実です。それでも公務員が多いといわれ、常に行革が提唱される。そういわないことには選挙に勝てない実態があります。

　これを正面から突破するのは非常に難しいわけですが、先ほど「協働の規範」に基づき、政治家と行政官が協力して統治に当たらざるを得ない局面はたくさん見られます。その面に照らしても、現状は非常に憂慮されるという

程度のことしか、お答えができません。

　次の外部有識者の問題ですが、宍戸さんご指摘のとおり、はっきりいえば責任を負わない人たちに core executive の一端を担わせることの意味は、よく考えるべきだと思います。この政治的な意味はいえますが、しかし法的にどう見るかという問題は、かなり大きい問題であると思います。例えば私たち行政学者が議論に関わってもほとんど影響力はないのですが、実を結ぶとしても、最終的には国会のフィルターを通すことで政治的な正統性は得られるわけです。最終的に国会が承認しなければ通らないという仕組みになっていれば、その議論の過程で制度設計にどの程度寄与したかが判断される程度のことでしかありません。

　ただ、経済財政諮問会議のような場合はどうか。内閣の基本政策に関する意思決定を行うときに、官僚が舞台回しをしているのかもしれませんが、民間議員として関わっている方が国民に対して究極的には責任を問われないという位置づけになっていること自体は問題かもしれません。イギリスでも、非公式の政策アドバイザーが舞台回しをしていることが問題視されました。伝統的な議院内閣制論からは、批判があり得ます。

　他方で、先ほどからの議論につながりますが、執政の自由意思をより認める立論からすると、最終的に執政が統治の責任を取るという議論はあり得る。仮にアベノミクスが失敗したら、民間有識者の提案であったとしても、最終的には安倍首相の責任になるということから、政治的なレベルでは責任の取り方はいろいろあり得るでしょう。

4　政治の論理と専門性の論理

　山本　先ほど、政治の論理と専門性の論理の協働に関するお話がありました。ここで確認したいのですが、結局、執政権論とは両者の協働をイメージしているのか、それとも、政治によって専門性を統制していく方向をイメージしているのか。

　これは行政改革の一つの結果なのかもしれませんが、私は、近年の統治プロセスにおいて専門性の論理が危機に陥っているように感じます。例えば、前回の笠木映里さんとの座談会で、老齢加算廃止の問題が話題に上りました。

最高裁判決（最判平成24年2月28日民集66巻3号1240頁）は、厚労大臣の生活保護基準設定に関する専門技術的な裁量を認めるわけですが、廃止のプロセスを詳細に見ますと、経済財政諮問会議が最初から廃止の方向を示しているわけですね。経済財政諮問会議の答申を受けた閣議決定が、厚労省の専門委員会の設置前になされている。また、専門委員会がとりまとめを出したわずか4日後に、財務省がもう廃止を前提とした予算原案を内示しています。こうしたプロセスを見ますと、厚労大臣やスタッフが、果たしてその専門性を発揮できていたのか、やや疑問です。専門性の論理が、執政・政治の論理に押し潰されているようなイメージを抱きます。

　先ほど申し上げたとおり、最高裁は、厚労大臣の生活保護基準設定について裁量を認めたわけですが、その根拠として、専門技術的考察と政策的判断の必要性をともに挙げています。そこで念頭に置かれているのは、専門技術的考察と政策的判断とのバランスのようにも思われます。そうすると、専門性の論理が執政の論理に押し潰されるような廃止プロセスは、判断過程に瑕疵あるものとして法的にも否定的な評価を下すことができそうです。いずれにせよ、執政論と専門性の論理との関係について改めて確認させていただければと思います。

　もう一点、司会の立場で恐縮ですが、公務員の中立性がいかなるものか、もう少し検討してみたく思います。「中立性」と一口にいっても、大別して2種類のものがあると思います。一つは、政権についたどの政党の色にも染まれる、という無色透明性です。受動的な、いわば弱い中立性です。もう一つは、逆にどの色にも染まらないという強い意味での中立性です。芦部先生のおっしゃったような「公務員関係の自律性」には、そのような強い意味が込められているように思います。

　伊藤　まず専門性と政策的判断の関係ですが、90年代以降の統治構造改革の文脈からすると、執政の判断が優先されるということになります。「協働の規範」というより「統制の規範」で判断されているのは確かでしょう。民主党政権でも政治主導が掲げられました。

　ただ、専門性といっても多様なレベルで議論ができます。例えば、経済財政諮問会議の影響力は小泉内閣のときほどではありませんが、一定程度あり

ます。そこで例えば生活保護であれば、社会保障法や社会福祉学の専門性と経済政策や経済学の専門性が競合する。ここでの経済学は統治の学問として、小泉内閣以降、非常に強い影響力を持っています。何としても財政再建が必要である、だからありとあらゆるものを削らねばならないという判断も、一つの専門性の反映となり得るわけです。

山本 なるほど。しかし、老齢加算廃止事件で最高裁が裁量を与えている先は、内閣ではなく、あくまでも厚労大臣なのですね。判決では、その裁量を「国の財政事情」からも基礎づけているので、少々悩ましいのですが、ここでの「専門性」はやはり社会保障制度の実現に関するスキルなのではないでしょうか。内閣そのものに裁量が与えられていればまた違うのかもしれませんが。

宍戸 それは生活保護法という法律を所管しているからではないですか。郵便貯金目減り訴訟（最判昭和57年7月15日判時1053号93頁）では、経済政策全般なので内閣の裁量ということになります。生活保護法という一つの法律を執行するという形で裁判になると、その範囲内での専門性、裁量性を国会が厚生労働大臣に認めているという建て付けになるのではないでしょうか。

山本 経済政策全般まで配慮せよということになると、内閣ではなく厚労大臣に委任していること自体が問題になるようにも思います。財政や経済状況に関する専門性の発揮を厚労大臣に求めること自体に少々無理がありますから。厚労大臣の裁量を認めていることは、あくまでも専門的考察を踏まえた政策的判断が期待されるからではないでしょうか。

伊藤 ただ、分担管理原則からすると、どこかに割り振りをしなければなりません。法的には、そこで判断せざるを得ないでしょうか。

　もう一点ご指摘の中立性のお話は、大いに考えさせられました。これについては私も気になっています。ある意味で融通無碍にその時々の政権に従うことで、長期的に見れば中立的な判断として理解できることがある。もう一つ、どの色にも染まらないという、行政官僚制自体の中立性という面があるのだろうと思います。

　しかし日本の行政学では、日本は官僚制が強い国だという自己認識があります。そこから、官僚制に民主的統制を及ぼさなければいけないという規範

的な議論が根強くあり、官僚組織あるいは公務員が、その時々の国民の代表である国会、さらには内閣のいうことを聞かずに独自の意思決定を行うことに対しては、批判的な考え方が強かったわけです。それもあって、90年代以降の改革では、官僚制に対する政治的統制の強化が要請されてきました。その結果、内閣人事局ができ、幹部公務員の一元管理というところまできたというのが今日の状況だと思います。

そこで議論が一巡する。先ほどの天下り規制を含めた官僚に対するインセンティブという話もそうですが、あまりに官僚に対する政治的統制が強まると、自分たちの自律性が脅かされることに対して官僚の士気が低下する等の問題が出てきます。無色透明な中立性などあり得ないとは思うものの、一定程度政治から距離をとり、安定した業務執行体制を維持できる環境の整備は、いま再び重要な課題になっているのではないかと思います。

宍戸 山本さんのいわれる強い中立性と、弱い中立性の問題は、公務員は「一般意志」としての法律の家来なのか、執政の家来なのかという問題でもあると思います。ただ、実際には法律があるといってもその規律密度が低く、あるいは行政自身が閣法という形で法律をつくるというメカニズムに照らすと、公務員が法律の家来だといってみても、業務に関わる公務員はともかく、狭義の行政に関わる公務員は、行動の幅がかなり広い。なればこそ、そこを執政で押さえなければいけないという話だと理解しています。

国会内閣制等の議論をしていて落ちてしまうのはこの論点ですね。中立的なものとして守らせるべき領域を何らかのフォーマルな決定で定める部分と、その時々の執政で動かしていかなければいけない部分が、きちんと切り分けられていないまま、すべて執政に従えというのは非常に問題があるのではないかと思いました。

IV　執政と各種行政組織

1　独立行政委員会

山本 いまの点についてはもう少し突っ込んでみたい気もいたしますが、

時間の関係もありますので、独立行政委員会の位置づけに関する最後の論点に入りたいと思います。宍戸さん、続けていかがでしょうか。

宍戸 まず独立行政委員会について考えてみたいと思います。一つは、伊藤さんの基調報告には、行政組織法定主義を採用していること、あるいは行政委員会制度自体を国会が容認していることの意味をあらためて見直すべきだというご指摘がありましたが、ご趣旨をよくのみ込めていませんので、もう少し敷衍していただければと思います。

実際には、法律をつくると同時に予算と人員をつけなければ、独立行政委員会は動きません。2016年1月に個人情報保護委員会も発足しますが、組織をつくっても実際に動かすのがさらに1年、2年先となるのはよくある現象です。この問題は結局全体を捉えて考えなければいけないのではないか。しかしそうだとすると、予算サイクルの問題等にも発展していく議論になりそうです。

次に2点目ですが、伊藤さんが博士論文でお書きになっているとおり、独立行政委員会以外にも、多様な行政組織のあり方が考えられる。例えば消費者委員会は、分担管理されているいくつもの行政分野を横串に刺しており、個人情報保護委員会にもそういった側面がある。そうなると、それぞれの行政事務を横串に貫く機能を独立行政委員会に委ねることが、内閣の総合的な行政の実施との関係で、問題がないのか、どうしても気になっています。

伊藤 一つ目の行政組織法定主義の話から考えてみます。実は博士論文をまとめる際、時間切れでここはきちんと詰め切れなかった部分がありました。上田健介先生のご著書で紹介されているようですが、国際比較で見ると日本の行政組織のあり方はかなり特殊であり、戦後の経緯があって、法律で府省を設置するという形になっています。議院内閣制の国でこうした形態はあまり見られません。普通は政令で柔軟に組織が設置できるという形態になっているはずです。憲法上、これがどこまで想定されているのか。行政組織法定主義を、行政各部にまで適用するのが果たしてよいのかは、議論があるところだと思います。

ただ、行政委員会に関して、執政に関わりつつも、そこから一定の独立した判断を行う機関をつくらなければいけないという問題関心が仮にあったと

しても、非常に強い権能を持っている内閣は、独立機関設置のインセンティブを持ちません。そこで、執政をめぐって内閣と国会が競合関係にあるときに、執政から一定の独立性を持つ機関を国会の側が設置するための形式としては、法律が想定されてしかるべきではないか。戦後直後の議論ではそうした意見も見られたようであり、内閣の下に置かれる各府省と、独立性を持った委員会組織で、設置の形態なり形式が違うというのも考えられる仕組みではないかと思いました。そこから、国会が認容しているという表現を使った次第です。

次に横串的な組織についてですが、これも設置形式はいろいろあり得ます。消費者委員会のほか、消費者庁も併行して存在しており、やや変わった組織になってはいますが、委員会でなければいけないということはありません。委員会にする場合も、いわゆる三条機関的なものとするかしないかは、その時々の判断で行われており、財政を含めて全体を見渡して組織を設計しますから、行政学としてはその選択の理由に関心を寄せています。

曽我部 行政組織法定主義についてですが、国会側から見てみると、法定主義は一つの行政統制となります。それと関連して、最近やたらと「基本法」と名の付く法律が増えている。そこではだいたい○○本部といった組織を設置して、実施すべき施策が書かれるわけですが、組織面でも統制があります。ここでは事前に行政を統制するという手法がずっととられてきました。ただ、最近は憲法でも、行政組織法定主義は行き過ぎではないかといった議論があり、仮にこの議論が強まると、国会の統制はその分後退して、むしろ事後の責任を問う方向性に結びつくかと思います。そうなった場合に、全体のバランスはどうなるでしょうか。

伊藤 基本法の性格をどう理解するかにも関係すると思いますが、組織の話もセットで書き込むことが果たしてよいのか。純粋に作用法的な立て付けにして、具体的な組織設計については内閣に委ねるということではいけないのかということです。国会が基本法に基づく何らかの本部なり組織をつくることまで前提にした議論をすべきなのかは、やや疑問があります。

もちろん議員立法で基本法をつくることもできますから、それを内閣に命じることもできるでしょうし、内閣から提案する基本法については、内閣が

自由な組織設計を希望し、国会を説得することもあり得るので、形式はいくつかあり得ると思います。それによって、実質的に国会の関与が弱まるという懸念はないのではないかと、私は感じています。

曽我部 日本の国会は、事後の責任追及に不慣れな気がしていたものですから、仮に行政組織法定主義を緩和することになると、それはそのまま国会の行政統制力の低下につながる面もあるかと思い、お伺いしました。

宍戸 この問題は、財政法と国債特例法の関係に似ているところがありますね。赤字国債が認められていないので、毎年、国債特例法を出してきた。それと同じで、行政組織法定主義で各省設置法があり、それで縛っているから、各省がそれぞれ自分はこの法律の所管であり、この行政分野は自分の担当だと主張することになる。そして、内閣がリーダーシップを発揮しようとした場合に、基本法を用意して本部を内閣につくることの許可をアドホックに国会に求めることになる。伊藤さんがおっしゃる行政組織法定主義の緩和は、逐一内閣が要求しなくても済むことになると思います。ただ、曽我部さんがおっしゃるように、それで本当に大丈夫なのかという懸念が生じるのも、そのとおりでしょう。

伊藤 その懸念に対しては、予算を通じた統制や、事後的な行政監視を含めて、いくつか手段があり得ると考えています。

山本 行政組織の編成権を誰がもつかは、憲法には具体的に書かれていませんね。所在がわからないものは「国権の最高機関」としての国会がもつのだ、というのが学界の通説的見解だったわけですが、こうした憲法学説との関係はどのように考えるべきでしょうか。

宍戸 新統括機関説でもそうですし、政治的美称説でも、権限推定は認め得るという議論ですね。

曽我部 それは上田先生がいろいろと書かれているところです。41条、66条1項、73条4号で論じられています。

伊藤 戦前は大権事項だったのでしょうけれど、それをどう割り振るか、日本国憲法では結局語られなかったところですね。

宍戸 そこがまさに石川健治先生の世界ですね。ドイツであれば、ベッケンフェルデの著作のように大きな課題とされていますが（E.-W. Böckenförde,

Die Organisationsgewalt im Bereich der Regierung, 2.Aufl., 1998)、日本の場合はそれがよくわかっていない。民主党政権のときの国家戦略室問題などが典型ですね。

山本 アメリカでも、伝統的には、行政組織編成権は連邦議会がもつと憲法上考えられてきましたが、行政国家化の進む 20 世紀前半以降では、大統領のイニシアチブが強く認められた時代もありました。大統領による組織編成プランが、議会が拒否しない限り通る、といった議会拒否権的なアプローチもとられてきた。その意味で、行政組織編成権の所在について揺れてきたといってよい。

曽我部 だから多くの条文を引っ張ってきて総合的に考えることになり、行政組織編成権は法律事項であるという議論がある。ただそれは、個別に見ると怪しいところもあります。

2　内閣法制局

山本 このあたりも憲法解釈上詰めておくべき課題ですね。最後に、内閣法制局についてご議論いただければ思います。宍戸さんからお願いします。

宍戸 ここでの本質的な問題は、法制局独自の組織カルチャーの捉え方に関わるかと思います。第一部長を経て、次長となり、長官となる。そうやって鍛えられた人が、また次の第一部長を育てていくといった形で、国会での憲法解釈の答弁が継続性をもって現在に至りました。だから、急に長官だけを変えても組織は変わらない。

そのような内閣法制局総体をもって、憲法学者からの信用が獲得されてきたところが一面にあります。そして、国会の場における野党との論争の中で、その憲法解釈が鍛え上げられてきた。ある種の消極的な形で、いわゆる護憲派も解釈形成に参与してきたというところがあるのだろうと思います。

内閣法制局という組織それ自体が執政に対して脆弱だというのは伊藤さんご指摘のとおりですが、実は最高裁判所も、内閣が単独で任命できるという点では共通しているわけです。こうした事情を背景に、最高裁の憲法解釈よりも内閣法制局の解釈の方に、実は護憲派の声が届きやすかったという構図があったのだと思います。

そこで一つの問題は、法制局という機関が執政との関係で vulnerable だとした上で、それをどうすべきかということでしょう。例えば、第189回国会での議論が、十分になされたという見方もある一方で、きちんとした議論にならなかったという見方もあるでしょう。いままでどおり国会での質疑という方法に期待する、あるいはもっと専門的な議論を国会でやっていくことで、憲法解釈に限らず、行政の専門性を議会の審議で担保するというやり方がよいのか。

憲法解釈については、例えば憲法裁判所も含む裁判的な統制が他方で存在しています。司法機関で、しかも、政治的な中立性なり専門性の根拠があるような裁定機関に期待するのが望ましいのか。もし行政学の観点から制度的なアレンジメントについてご意見があれば伺いたいと思います。

伊藤 私はその点何ともいえませんが、もし専門性や独立性を強調されるのであれば、やはり内閣から距離を置いた組織を考えるのが一つの道だと思います。この場合、憲法改正が必要になります。もちろん、最終的に裁判所で判断するというのも一方の極ではありますが、宍戸さんがおっしゃったように、最高裁自身が、実は内閣の任命という組み立てに入っていますから、そこは非常に難しい。

曽我部 憲法解釈をどのようにするかは、それ自体まさに執政ですから、内閣がそれを行うことは当然です。裁判所は、内閣のそれとは別に、合憲か違憲かの解釈を示すというのが、本来のあり方だと思いますが、そうなってこなかったことの歪みを考えなければいけないと思います。

山本 宍戸さんがおっしゃるように、最高裁が執政に対して脆弱な部分をもっているということは現実としては否定できません。ただ、憲法上も制度手続上も内閣法制局とは異なる。何より、統治行為論というかたちで、執政の自律性を、最高裁自身が認めてきた、という点が重要かと思います。統治行為論というのは、法から一定程度自律的な統治行為を最高裁自身が定義し、その存在を法的に容認したものと考えられます。そこでは、統治行為とは「高度の政治性を有する」ものであり、その判断は内閣、国会、「主権を有する国民」によって行われると宣言されています。執政の影響を受けているようで、逆に、執政の範囲と担い手を憲法レベルで決定し、その暴力性を法的

に囲い込んでいるようにも見えます。

　そして、言うまでもありませんが、この担い手のなかに内閣法制局は含まれていません。最高裁の統治行為論から規範的意義を引き出すとすれば、統治行為の担い手は一者には委ねられず、内閣・国会・国民との三位一体的な領域に委ねられている、ということかと思います。まずは内閣が明確な憲法解釈を示し、それを争点化したかたちで議員選挙を行い、国民の自覚的な判断を仰ぐ。この最高裁の示したプロセスからは、内閣法制局それ自体の権威は出てきません。こうしたイメージは、伊藤さんのご議論からもさほど距離が離れていないように思います。

V　座談会のまとめ

　山本　まとめに入りたいと思います。伊藤さんから一言ずつお願いできるでしょうか。

　伊藤　いままで勉強しなかった部分についても、あらためて勉強させていただき、非常によい機会をいただきました。

　執政権説からスタートしたわけですが、統治機構に関する憲法学の見方を、いろいろな分野に広げていったときに整合的に説明できるのか、それが今回の基調報告を行う上で、最終的に行きついた問題関心です。もちろん、憲法学者の先生方はそれぞれご専門の分野で詰めた憲法解釈をなさっていると思いますが、統治機構論は少し政治的な面もあり、ある判断がどういった根拠を基に議論されているのかが、外からは見えにくい領域であったという感想を持ちました。ありがとうございました。

　曽我部　伊藤さんに大変有益なご示唆をいただいて、憲法学のある種のバイアスをあぶり出していただいたと思います。執政は憲法学でも最近議論されるわけですが、その視点で統治機構全体を眺めたときに、どういう再構成になるのか。あるべきアレンジメントがどうなるのかについてまでは、視野が広がっていなかったように思うので、今回の問題提起は大変貴重であったと思います。ありがとうございました。

　宍戸　曽我部さんがおっしゃったとおりですが、執政の概念を中心にした

憲法学内部の議論が、果たして現実に対して整合的な説明力を持っていたのか、確かに反省する必要があると、今日あらためて実感しました。また、行政学あるいは政治学一般と憲法学の間で、実際に重なっている問題をそれぞれ違う方向から扱っているのだと思いますので、今後とも有益な議論ができるきっかけになったのではないかと、私としては満足しています。ありがとうございました。

山本 内閣機能の強化に向けた行政改革や選挙制度改革に憲法学者も後方支援してきた側面があるわけですね。それによって、現実に政治が走り始めたところがある。ただ、今後は「走り過ぎ」の部分をどう適切に統制していくか、走り過ぎる内閣にどうブレーキをかけていくかの具体的な議論が必要であるように感じました。議会における統制を考えるならば、野党の位置づけや第二院の位置づけなどの再検討が急がれるように思います。また、走る政治に対して専門性の論理をどう維持していくべきか、公務員の「中立性」の問題などに絡めて議論していく必要も感じました。いずれにせよ、伊藤さんには、こうした必要性を痛感させる重要な問題提起をいただいたと思います。

本日はどうもありがとうございました。

(2015年10月29日収録)

索　引

あ行

アーキテクチャ ……………269, 278, 297
旭川市国民健康保険条例事件……139, 151, 163, 426, 460
朝日訴訟 ………………………………398
アッカーマン ………………………393
アファーマティブ・アクション…406, 416, 450
アミカス・キューリー制度（裁判参加制度）………………………65, 82, 88, 99
蟻川恒正 ………………20, 44, 344, 382
安念潤司 ………………………………230
違憲審査と民主主義……………63, 92, 99
石川健治 …………170, 233, 385, 476, 491
萎縮効果……………………………30, 316
一物一権主義 ……………………205, 231
インターネット ………26, 61, 192, 279, 303
Winny 事件 ………………………19, 46
ウェストミンスター・モデル …………466
エックス線検査 ……………………10, 35
大嶋訴訟 ……………………134, 149, 161

か行

外交の民主的統制 …………341, 351, 362
学生無年金訴訟 ……………183, 412, 429
神奈川県臨時特例企業税事件 ……153, 193
金子宏 …………………………………164
可罰的違法性 ……………………4, 19, 49
議会主権 ………………………………501
機械の憲法 ……………………289, 333
機関委任事務 …………………………505
規制目的二分論 ………………………211

規範的変容モデル ………………405, 450
基本法 …………………………………255
行政委員会 …………………472, 485, 493
行政官僚制 ………………………482, 498
行政控除説 …………………321, 465, 493
強制処分………………………………1, 9, 27
行政組織編成権 ………………………525
行政組織法定主義 …………468, 486, 512
共同規制 ………………………………325
協同体主義 ………………………221, 244
京都府学連事件 …………………………9
共有 …………………………202, 217, 229
共和主義的自由論 …………271, 284, 302
「議論」論 …………………205, 225, 249
近代立憲主義 ………134, 197, 233, 295, 299
グローバル化 …153, 164, 273, 322, 340, 353
経済財政諮問会議 …………………167, 495
現実反映モデル …………………405, 450
現存保障 …………………………202, 243
憲法裁判所…………………82, 127, 170, 373, 526
憲法上の財政規律条項 …………………173
憲法争議 ……………………………134, 162
憲法適合的解釈………………………………29
憲法的対話………………………………………72
憲法と刑事手続…………………………8, 25
憲法と刑法 ……………………15, 25, 42
憲法・民法関係論 ……………207, 210, 240
公共の福祉 …………135, 162, 201, 230, 422
合憲限定解釈 ………………5, 21, 29, 343
公聴会制度 ………………………………87, 99
行動経済学 ………………………………304
公務員の政治的中立性……20, 31, 470, 484, 511
合理主義的憲法観 ………………………282
功利主義的憲法観 ………………………282

国際人権 …………………………322, 342, 354
国際法適合的解釈 ………………………351
国際法と憲法秩序（国内法）の関係…339, 349, 361
国勢調査判決 ……………………………309
国籍法違憲判決 ……………109, 344, 378, 436
国民内閣制 …………………138, 176, 475
国有農地売払事件 ………………………404
小嶋和司 ……………………………171, 496
55 年体制 ………………………110, 135, 146, 167
個人情報保護……………2, 33, 272, 325, 463
個人の私的領域 ……………………424, 455
個人の尊厳（尊重）…66, 208, 241, 275, 335, 381, 406, 418, 462
国公法二事件 ……………………5, 20, 26, 471, 514
個別的自衛権 …………………345, 357, 383
小山剛 ……………………………411, 438
婚外子相続分規定違憲決定……65, 109, 344, 378
混合政体論 ………………………………333
コンスタン ………………………………308
「comply or explain」ルール …………173

さ行

在外国民選挙権制限事件 …………………436
財産権……139, 150, 195, 201, 210, 228, 420, 430
　　──の内容形成論 ……………………213
財政憲法 ……………………………………146
財政事情 ……………………………180, 397, 433
財政制度 ……………………………145, 160
財政の実体法的把握 ………………138, 148, 172
裁判員制度 ……………………14, 25, 64, 85, 129
裁判官任命諮問委員会 ……………………70
裁判所抱え込み計画 ………………………125
裁量上告制度 ………………………………98
佐々木雅寿……………………………72, 115
佐藤幸治 ……………………114, 267, 270, 469, 493

差別禁止立法 ……………………417, 452
猿払事件 ………………………………515
三条機関　→行政委員会
サンスティーン ……………………286, 311
三位一体改革 ……………………………494
GPS ………………………………………11, 23
自衛権 ……………………………345, 357, 383
ジェンダー ………………………413, 451
自己決定権 ………………………426, 456
私人間効力 …………………209, 274, 456
私人を介した規制 ………………………194
自生主義的憲法観 ………………270, 283
自生的秩序 ………………………………255
自然権論 …………………………………213
シチズンシップ …………………………188
執政 ……………………136, 170, 465, 476, 491
執政中枢（core executive）…477, 483, 496
司法行動分析 ……………………………106
私法上の法制度 …………………………241
司法政治学………………………63, 76, 96
司法制度改革 ……………64, 85, 100, 321
司法積極主義 ……………………78, 105
　　──の政治的構築………………67, 107
嶋津格 ……………………………………286
社会契約論的憲法観 ……………………282
社会の憲法 ………………273, 289, 317
社会保障審議会 …………………………441
社会保障法 ……………………397, 408, 428
社会保障立法と時間 ……………419, 430
住基ネット………36, 154, 187, 271, 284, 301
集団極化 …………………………………319
集団的安全保障 ……………………346, 357, 384
集団的自衛権……………………74, 345, 383, 357
取得時中心主義 ……………………1, 10, 23
首尾一貫性 ……………………400, 411, 429
証券取引法事件 ………………203, 211, 233
消費者契約法 ……………………203, 256
条約締結に対する国会の承認　→外交の民主的統制

索引　531

条約適合的解釈 ……………343, 382
条例制定権 …………………479, 506
シルバー民主主義 ………………442
新自由主義 ………………………445
新制度論 …………………………502
森林法判決 ……………110, 211, 228
杉原泰雄………………………2, 62
ステイト・アクション …………458
砂川判決………………74, 364, 500
生存権 ……………………409, 438
制度後退禁止………………………38
制度準拠審査 ……………………260
制度的保障 ………………202, 212
世代間公平 …………403, 422, 443
世田谷事件　→国公法二事件
選挙権 ……………………190, 438
選挙制度改革 ……………………491
専門的正統性………………………69
ソーシャルキャピタル ……275, 299
祖川武夫 …………………346, 385
租税法律主義 ………135, 146, 163, 459
園部逸夫 …………………342, 373
ソフト・ロー ……177, 340, 353, 362

た行

高田事件 ……………………14, 25
高橋和之 ………127, 270, 342, 371, 475, 492
多元主義的憲法秩序形成 ……72, 93
立川自衛隊宿舎立入り事件 ……4, 17, 26
脱コミュニケーション型規制……270, 280, 299
建物区分所有法 …………203, 233
男女平等 …………………………449
地方公共団体 ……………478, 504
地方自治の本旨 …………479, 504
地方分権 …………………478, 491
抽象的権利 ………………343, 398, 410
調査官制度 …………………79, 98

直接適用可能性 …………343, 351
辻清明 ……………………………478
土井真一 …………………114, 270
等位理論（調整理論）……340, 349, 362
統治行為論 ………394, 476, 500
統治構造改革 ………136, 144, 519
トクヴィル ………………104, 278
独立行政委員会　→行政委員会
トランスナショナル人権法源論 …344, 378
トロペール ……………274, 289, 333

な行

内閣機能強化論 …………481, 492
内閣法制局 ………345, 372, 472, 487, 510
ナッジ ……………………………461
7.1 閣議決定 ……………346, 359, 385
奈良県ため池条例事件 …………261
二院制 ……………………………147
二元的民主政論 …………………335
西尾勝 ……………………475, 490
二重の基準論 ……………134, 161
日本銀行 …………………………138
日本的雇用システム ……………413
任意処分 ……………………13, 27
ねじれ国会 ………109, 135, 147, 159
農業災害補償法事件 ……208, 259

は行

陪審制度 ……………………39, 122
バウエット ………………………387
長谷部恭男 ………………253, 389, 437
パターナリズム …………………456
八月革命説 ………………………339
判断過程統制（判断過程審査・裁量過程統制）………141, 402, 411, 421, 432
樋口陽一………68, 123, 197, 239, 346, 362
ビデオリンク方式…………………13

批判法学 …………………………125
プライバシー…2, 10, 27, 137, 154, 161, 272,
　284, 298, 426, 456
プリコミットメント ………………169, 443
プロセス法学 ……………………132
分割所有権 …………………220, 238
ヘイトスピーチ …………………317
ベーシック・インカム ……………452
ベースライン ………182, 204, 212, 252, 433
ヘーベルレ ………………………113
ペティット …………………285, 298
辺野古基地 ………………………494
法科大学院…………………61, 102
法源 ………………………………344
法原理機関 ………………………120
法制審議会……………………37, 250
法制度保障 …………205, 212, 229
法の私有化 ………………………288
法律の留保 ………28, 163, 261, 461
保険者自治 ………………………447
保護義務論 …………………273, 315
ポスト ……………………………290
ポスト立憲主義 ………279, 296, 299
堀木訴訟 ……………183, 397, 410, 432
堀越事件　→国公法二事件

ま行

マーベリー対マディソン ……………104
マイナンバー（制）…154, 187, 272, 406, 459
マクロ経済スライド ………419, 430
松井茂記 …………………………128
松下圭一 …………………………478
宮沢俊義 …………………246, 363
民主的憲法論 …………………294, 317

民主的正統性……67, 80, 100, 170, 263, 323,
　368, 406, 513
棟居快行 ……………………183, 284
村松岐夫 ……………………320, 499
名誉毀損 …………………6, 16, 26
モンテスキュー …………………308

や行

八幡製鉄事件 ……………………190
山本草二 ……………340, 349, 364
山元一 ………273, 315, 344, 378
横田耕一 ……………342, 356, 377
予算編成過程 ……………………147
予防原則 ……………………273, 302

ら行

ライフスタイル ……………184, 417, 449
ラディカル・デモクラシー………94, 116
リアリズム ………………………124
立憲主義 ………135, 274, 288, 332, 359, 384
立法裁量 …141, 149, 161, 369, 397, 410, 428
立法事実 ……………………54, 415
──の変化 ……………………374, 435
リバタリアン ……………………457
リベラルナショナリズム ………325
令状主義 …………………………13, 36
レッシグ ……………………279, 298
老齢加算廃止事件 ………141, 398, 441, 519

わ行

我妻栄 ……………………………236
割れ窓理論 ………………………303

■執筆者一覧（執筆順）
＊各執筆者の肩書は、2016年7月現在のもの

山本龍彦（やまもと たつひこ）　　慶應義塾大学教授
亀井源太郎（かめい げんたろう）　　慶應義塾大学教授
宍戸常寿（ししど じょうじ）　　東京大学教授
曽我部真裕（そがべ まさひろ）　　京都大学教授
見平　典（みひら つかさ）　　京都大学准教授
藤谷武史（ふじたに たけし）　　東京大学准教授
水津太郎（すいず たろう）　　慶應義塾大学准教授
松尾　陽（まつお よう）　　名古屋大学准教授
森　肇志（もり ただし）　　東京大学教授
笠木映里（かさぎ えり）　　ボルドー大学・CNRS一級研究員
伊藤正次（いとう まさつぐ）　　首都大学東京教授

■編者

宍戸常寿（ししど じょうじ）　東京大学教授
　専攻　憲法学・国法学・情報法
　主要著書
　『憲法裁判権の動態』（弘文堂、2005年）
　『憲法 解釈論の応用と展開』（日本評論社、第2版、2014年）

曽我部真裕（そがべ まさひろ）　京都大学教授
　専攻　憲法学・情報法
　主要著書
　『反論権と表現の自由』（有斐閣、2013年）
　『憲法論点教室』（日本評論社、2012年）〔編著〕

山本龍彦（やまもと たつひこ）　慶應義塾大学教授
　専攻　憲法学・アメリカ憲法理論
　主要著書
　『遺伝情報の法理論』（尚学社、2008年）
　『現代アメリカの司法と憲法──理論的対話の試み』（尚学社、2013年）〔編著〕

けんぽうがく
憲法学のゆくえ──諸法との対話で切り拓く新たな地平

2016年9月20日　第1版第1刷発行

編著者──宍戸常寿・曽我部真裕・山本龍彦

発行者──串崎　浩

発行所──株式会社日本評論社
　　〒170-8474　東京都豊島区南大塚3-12-4
　　電話　03-3987-8621（販売）　-8592（編集）
　　FAX　03-3987-8590（販売）　-8596（編集）
　　振替　00100-3-16
印　刷──株式会社精興社
製　本──株式会社松岳社

Printed in Japan © J. Shishido, M. Sogabe, T. Yamamoto 2016　装幀／有田睦美
ISBN 978-4-535-52184-1

JCOPY 〈(社)出版者著作権管理機構委託出版物〉
本書の無断複写は著作権法上での例外を除き禁じられています。複写される場合は、そのつど事前に、(社)出版者著作権管理機構（電話03-3513-6969、FAX03-3513-6979、e-mail: info@jcopy.or.jp）の許諾を得てください。また、本書を代行業者等の第三者に依頼してスキャニング等の行為によりデジタル化することは、個人の家庭内の利用であっても、一切認められておりません。

事例研究 憲法［第2版］
木下智史・村田尚紀・渡辺康行［編著］

新しい問題を多数収録。全問の解説を主張→反論→検討の流れで再構成して、より使いやすくバージョンアップ。判例の扱いやミニ講義も充実。　◆本体3,800円＋税

憲法 解釈論の応用と展開［第2版］
宍戸常寿［著］■法セミ LAW CLASS シリーズ

学習者の誤解を芯からほぐし、憲法解釈論の深い理解を導いた初版から3年。この間の新判例、文献を網羅して刊行する待望の第2版。　◆本体2,700円＋税

新・判例ハンドブック 憲法 高橋和之［編］

「芦部・判例ハンドブック」が新時代によみがえる。2000年以降の激動の憲法判例を盛り込み、新執筆者陣が鮮やかに解説する。　◆本体1,400円＋税

憲法Ⅰ 基本権　渡辺康行・宍戸常寿・松本和彦・工藤達朗［著］

「三段階審査」を基軸とする、初めての本格的な体系書。判例とその理論を重視した、新しい時代の基本となるべき1冊。　◆本体3,200円＋税

憲法理論の再創造　辻村みよ子・長谷部恭男［編］

『法律時報』誌に2008年～2010年に連載された「憲法理論の再創造」研究会報告をもとにした、意欲溢れる渾身の論稿を掲載。　◆本体5,500円＋税

憲法論点教室
曽我部真裕・赤坂幸一・新井 誠・尾形 健［編］

「普段抱きがちだが教科書等に手掛かりがない疑問」「答案でありがちな誤り」を解消する画期的な学習参考書。憲法の学習をワンランク上のステージに導く。　◆本体2,200円＋税

新・コンメンタール 憲法
木下智史・只野雅人［編］

日本国憲法の条文の趣旨を、関連法令、重要判例、学説を踏まえながらしっかり解説。学生から実務家まで活用できる、充実のコンメンタール。　◆本体4,500円＋税

日独公法学の挑戦　グローバル化社会の公法
松本和彦［編］

国境や公私の区分などの「境界線の溶融」が現代公法の世界に与えるインパクトを、日独の研究者が論じる。大阪大学とベルリン自由大学によるシンポジウムの記録。　◆本体5,300円＋税

日本評論社
https://www.nippyo.co.jp/